I0128683

LA

LOGIQUE SOCIALE

8°R

12642

DU MÊME AUTEUR

La Criminalité comparée. 3e édition, 1894. 1 volume in-12, de la *Biblio-thèque de Philosophie contemporaine* (Félix Alcan, éditeur)   2 fr. 50

Les Transformations du Droit. 2e édition, 1894. 1 volume in-12, de la *Bibliothèque de Philosophie contemporaine* (Félix Alcan, éditeur)................................   2 fr. 50

Les Lois de l'imitation. Etude sociologique. 1 volume in-8, 1890 (Félix Alcan, éditeur)..........................   6 fr. »

La Philosophie pénale. 1 volume in-8, 2e édition (1891, Storck et Masson, éditeurs)............................   7 fr. 50

Etudes pénales et sociales. 1 volume in-8 (Storck et Masson, éditeurs, 1891)....................................   7 fr. 50

LA

LOGIQUE SOCIALE

PAR

G. TARDE

843
94

PARIS

ANCIENNE LIBRAIRIE GERMER BAILLIÈRE ET Cⁱᵉ

FÉLIX ALCAN, ÉDITEUR

108, BOULEVARD SAINT-GERMAIN, 108

—

1895

Tous droits réservés.

PRÉFACE

Ce livre est la suite et le complément de l'essai de sociologie générale, j'allais dire élémentaire, que j'ai publié il y a quelques années sous le titre de *Lois de l'Imitation*. Un de ses chapitres, celui qui est intitulé *Les lois logiques de l'Imitation*, était comme une pierre d'attente placée là pour relier intimement l'un à l'autre cet ouvrage et le nouveau volume — un peu gros, j'en demande pardon au lecteur — que je fais paraître aujourd'hui. L'un montrait comment se forment les tissus sociaux, plutôt que les corps sociaux, comment se fabrique l'étoffe sociale plutôt que le vêtement national ; l'autre va s'occuper de la manière dont ces tissus s'organisent, dont cette étoffe est taillée et cousue, je veux dire se taille et se coud elle-même.

Ce serait le moment, je le sens bien, d'entamer quelque dissertation sur la place de la sociologie parmi les sciences, sur son état actuel et son rôle à venir. Mais, si l'on prend la peine de me lire, on devinera bien ce que je pense là-dessus. Au lieu de disserter sur les mérites de cet enfant qu'on a eu l'art de baptiser avant qu'il ne soit né, achevons, s'il se peut, de le faire naître. Avant tout, il convient de s'entendre sur le caractère propre et distinctif des phénomènes sociaux. Je crois avoir indiqué l'insuffisance des définitions qu'on en donne d'ordinaire, sous l'empire de préoccupations juridiques ou économiques. Il n'est pas vrai que tout lien social soit fondé sur l'idée de contrat ou sur l'idée de service. On est associé de fait sans avoir jamais contracté, même implicitement ; et l'on est souvent membre de la même société, non seulement sans se rendre aucun service, mais en se nuisant réciproquement : c'est le cas des confrères, qui presque toujours se font concurrence. A l'inverse, on peut se rendre mutuellement, entre castes hétérogènes, de même qu'entre animaux différents, les services les plus signalés et les plus continus, sans former une société. Plus étroite encore et plus éloignée de la vérité est la définition essayée récemment par un sociologue distingué qui donne pour propriété caractéristique aux actes sociaux d'être imposés *du dehors par contrainte.* C'est ne reconnaître, en fait de liens sociaux, que les rapports du maître au sujet, du professeur à l'élève, des parents aux enfants, sans avoir nul égard aux libres relations des égaux entre eux. Et c'est fermer les yeux pour ne pas voir que, dans les collèges même, l'éducation que les enfants se donnent librement en s'imitant les uns les autres, en humant, pour ainsi dire, leurs mutuels exemples, ou même ceux de leurs professeurs, qu'ils *s'intériorisent*, l'emporte de beaucoup en importance sur celle qu'ils reçoivent et subissent par force. On ne s'explique une telle erreur qu'en la rattachant à cette autre, qu'un fait social, en tant que social, *existe en dehors de toutes ses manifestations individuelles.* Malheureusement, en poussant ainsi à bout et objectivant la distinction ou plutôt la séparation toute subjective du phénomène collectif et des actes particuliers dont il se compose, M. Durkheim nous rejette en pleine scolastique. Sociologie ne veut pas dire ontologie. J'ai beaucoup de peine à comprendre, je l'avoue, comment il peut se faire que, « les individus écartés, il reste la Société ». Les professeurs ôtés, je ne vois pas bien ce qui reste de l'Université, — si ce n'est un nom, qui, s'il n'est connu de personne, avec l'ensemble de traditions qu'il exprime, n'est rien du tout. Allons-nous retourner au *réalisme* du moyen âge? Je me demande quel avantage on trouve, sous prétexte d'épurer la sociologie, à la vider de tout son contenu psychologique et vivant. On semble à la recherche d'un *principe social* où la psychologie n'entre pour rien, créé tout exprès pour la science qu'on fabrique, et qui me paraît beaucoup plus chimérique encore que l'ancien *principe vital.*

Mais, qu'il s'agisse de contrats, de services ou de contraintes, il s'agit toujours de faits d'imitation. Que l'homme parle, prie, combatte, travaille, sculpte, peigne, versifie, il ne fait rien que tirer des exemplaires nouveaux de signes verbaux, de rites, de coups d'épée ou de fusil, de procédés industriels ou artistiques, de formes poétiques, de modèles en un mot, objets de son imitation spontanée ou obligatoire, consciente ou inconsciente, volontaire ou involontaire, intelligente ou moutonnière, sympathique ou haineuse, admirative ou envieuse, mais de son imitation toujours. C'est la pierre de touche la plus nette pour distinguer ce qui est social de ce qui est vital. Tout ce que l'homme fait sans l'avoir appris par l'exemple d'autrui, comme marcher, crier, manger, aimer même dans le sens le plus grossier du terme, est purement vital, tandis que marcher d'une certaine façon, au pas gymnastique, valser, chanter un air, préférer à table certains plats de son pays et s'y tenir convenablement, courtiser suivant le goût du jour une femme à la mode, tout cela est social. L'inventeur qui inaugure une nouvelle espèce d'acte, telle que tisser à la vapeur, téléphoner, mouvoir électriquement une voiture, ne fait lui-même œuvre sociale qu'en tant qu'il a combiné des exemples anciens et que sa combinaison est destinée à servir d'exemple.

Remarquons que le même critère s'applique aux sociétés animales. Assurément, on ne peut pas dire de celles-ci qu'elles ont pour caractère essentiel d'être contractuelles; non seulement l'idée du contrat, qui est la forme réciproque du commandement, leur est étrangère, mais l'idée du commandement même, qui, naturellement, a dû précéder celle-ci, ne s'y dégage pas. Et, si nous recherchons d'où le commandement procède, que voyons-nous? Dans un troupeau de singes, de chevaux, de chiens, d'abeilles même et de fourmis, le chef donne l'exemple de l'acte qu'il ordonne *in petto*, et le reste du troupeau l'imite. Par degrés, on voit l'intention impérative confondue d'abord avec l'initiative de l'acte commandé, se séparer de celle-ci. Le chef se borne à ébaucher cet acte, plus tard il en fait seulement le geste. Du geste on passe au signe ; ce signe est un cri, une attitude, un regard, enfin un son articulé. Mais toujours le mot réveille l'image de l'action à accomplir, — action connue, bien entendu, car on ne commande pas une invention, on ne décrète pas le génie — et cette image est l'équivalent de l'exemple primitivement donné par le chef.

Mais je ne veux pas insister davantage sur cette manière de voir, à l'appui de laquelle je me persuade avoir apporté d'abondantes preuves. J'ai eu le plaisir de la voir admise par beaucoup de philosophes compétents ; et surtout d'en voir quelques autres, qui disent ne pas l'admettre, forcés de la confesser à leur insu (1).

(1) Je n'en citerai que deux exemples, mais bien significatifs. M. Durkheim, absorbé dans son point de vue, dont nous venons de reconnaître l'insuffisance manifeste, ne peut évidemment accepter le nôtre, qu'il semble, du reste, avoir très mal compris. Mais, dans la note même (voir *Revue philosophique*, mai 1894, p. 473) où il déclare que ses recherches l'ont éloigné de notre idée, il écrit : « *Sans doute, tout fait social est imité*, il a, comme nous venons de le montrer, une tendance à se généraliser, mais *c'est parce qu'il est social.* » Je n'en demande pas davantage. — Dans le texte même de son article, ainsi que dans ses autres écrits, cet auteur laisse échapper des *aveux* analogues et bien plus complets encore. — Dans son livre intitulé *Dégénérescence*, M. Max Nordau, en sa qualité d'aliéniste lombrosien, commence par traiter d'assez haut l'explication des choses sociales, et en particulier des maladies sociales, par des causes d'ordre social, notamment par « l'imitation ». Mais, quelques pages plus loin, quand il se demande pourquoi l'hystérie, la neurasthénie, la dégénérescence, toutes les infirmités nerveuses à

Seulement on s'est quelquefois mépris sur le genre et le degré
d'importance que j'attribue à l'imitation. Elle n'est à mes yeux
que la mémoire sociale, et, si la mémoire est le fondement de
l'esprit, elle n'en est pas l'édifice. Poursuivons maintenant nos
études de psychologie sociale, montrons le jugement et la volonté
en œuvre dans les sociétés : c'est là proprement le sujet de ce
livre. — Il n'y a rien de plus clair ni de plus profond à la fois
que notre conscience, sorte d'estomac vitré, de ruche transparente, où se révèle à nous le secret des plus intimes opérations
de la vie, qui nous émerveilleraient prodigieusement si nous n'en
apercevions que du dehors les résultats, c'est-à-dire la conduite
des êtres conscients. De là l'avantage ou plutôt l'obligation de
demander à la psychologie, et non à la biologie avant tout, la clé
de la sociologie.

Il y a quelque chose de profondément vrai pourtant au fond
de la conception métaphorique de l'organisme social, aujour-
d'hui si démodée. Nous verrons que la société, si elle n'est pas
comparable à un organisme, l'est à un organe privilégié : le cerveau. La vie sociale est d'ailleurs l'exaltation extraordinaire de
la vie cérébrale. Mais, en somme, l'être social diffère de l'être
vivant sous bien des rapports, et d'abord, différence trop peu
remarquée, en ce qu'il est beaucoup moins nettement tranché que
celui-ci dans le temps et dans l'espace. Les divers individus
vivants, animaux ou plantes, sont distincts chacun à part, et ils
meurent comme ils naissent à un moment précis. Mais qu'est-ce que
l'être social ? Si c'était seulement le groupe politique, on pourrait
dire que, les frontières des peuples étant d'habitude tracées avec
une suffisante précision, ces êtres sociaux se distinguent assez
nettement les uns des autres. Par malheur, les nationalités ne
coïncident pas toujours avec les États. Le groupe linguistique est
fait de lambeaux de peuples empruntés à des États différents ; il
en est de même du groupe religieux, du groupe juridique, et,

la mode, sont si fréquentes de nos jours, comment répond-il ? La principale cause
à ses yeux est l'extraordinaire abondance d'inventions (t. I, pp. 67 et s.) qui se
sont accumulées dans notre siècle, bouleversant toutes les conditions d'existence et
décuplant la fatigue humaine. Voilà donc cet auteur forcé à son insu de se placer à
mon point de vue relativement à l'importance de l'invention et aussi, par conséquent, de l'imitation. Car, ces inventions dont il parle, supposez qu'elles n'aient
pas été accueillies, pratiquées, imitées : est-ce qu'elles auraient exercé la moindre
action débilitante sur le système nerveux de nos contemporains ? C'est donc à
l'imitation contagieuse et effrénée de ces inventions que l'épuisement nerveux de
notre génération, si épuisement il y a, doit être imputé. — Par ce dernier exemple,
je tiens à montrer surtout que, loin de contredire en rien les données de la patho-
logie mentale, mon point de vue permet de les employer et de les compléter, à
charge de revanche.

par suite, du groupe national, qui, fort difficile à définir et à délimiter, suppose la combinaison originale d'une religion, d'une langue, d'un droit, d'un ensemble de coutumes et d'usages, le tout circonscrit, s'il se peut, dans une région particulière du sol, entre des limites naturelles. C'est comme si, divers individus naissant et vivant attachés les uns aux autres, intimement soudés par toutes les parties de leurs corps, sortes de monstres-multiples dont nos monstres-doubles nous donnent exceptionnellement une vague idée — la fonction circulatoire, respiratoire, digestive et autres s'accomplissaient dans plusieurs d'entre eux à la fois, pendant que leurs têtes fonctionneraient à part.

En outre, et comme conséquence de ce qui précède, la mort sociale, pas plus que la naissance sociale, ne se produit à une date tant soit peu précise. Elle se répand sur de longues périodes, au cours desquelles on voit successivement, — et non presque simultanément, comme il arrive pour les êtres vivants, — naître ou mourir les diverses fonctions sociales : la langue, la religion, le régime politique, la législation, l'industrie, l'art.

C'est là une grave et essentielle différence. Mais est-elle un indice d'infériorité du corps social comparé au corps vivant? Non, je crois le contraire. Il y a, dans la séparation trop nette des vivants, une source d'illusion profonde qui les pousse à accentuer leur égoïsme, à s'exagérer leur indépendance, à oublier leur solidarité et la réalité de leur commune substance. L'absence d'une pareille solution de continuité entre les sociétés coexistantes ou successives évite à celles-ci, dans une certaine mesure, une erreur analogue. L'indétermination de leurs frontières réelles, leur mutuelle et continue pénétration, est propre à leur rappeler ce qu'a de factice ou de secondaire leur « principe d'individuation », et tend à leur suggérer l'idée d'une fin commune, aussi bien que d'un fond commun. A mesure qu'on s'élève des degrés infimes aux degrés élevés de la vie, on voit l'individualité s'accentuer par une séparation plus radicale, un air d'autonomie plus affecté ; à mesure, au contraire, que les sociétés s'élèvent en civilisation, leur personnalité propre devient quelque chose, non pas de moins en moins réel, mais de moins en moins tranché et discontinu, de plus en plus fondu et, pour ainsi dire, *internationalisé*. Cette progression inverse est remarquable. Le père (ou le parrain) de la sociologie a pu concevoir l'Humanité comme un seul et même Grand Être ; l'idée n'eût jamais pu lui venir de personnifier pareillement l'ensemble des créations de la vie.

Quoi qu'on puisse penser de cette conception hautement reli-

gieuse, il suit de la différence indiquée une conséquence qui a
son intérêt : c'est que, en sociologie, l'étude des choses interna-
tionales, — des étoffes ou des tissus sociaux, comme nous disions
plus haut, — a une importance relative bien supérieure à celle
des tissus vivants en biologie. Les nations semblent ne s'être
divisées que pour mieux collaborer à l'enrichissement de leur
grand patrimoine indivis, religieux, scientifique, industriel, artistique, moral. J'ai dit les nations ; mais ce n'est pas le seul nom
qu'on donne aux groupes sociaux, et la multiplicité même de ces
noms indique déjà le caractère en partie artificiel de leur distinction. Pour ne citer que les principaux, on les distingue en *nations*
ou en *patries*, en *Etats* ou en *Eglises*. Ce sont quatre délimita-
tions distinctes et non concordantes à des points de vue divers
dont les deux premiers ont trait à l'origine du lien social et les
deux derniers à sa nature. Que l'humanité — ou qu'une humanité — se trouve fractionnée en *tribus*, ou en *cités*, ou en *peuples*,
ou en empires et fédérations, il y a toujours lieu d'envisager la
réalité sociale sous ces quatre aspects. Dans l'idée de nation
domine la préoccupation de la *consanguinité* qui unit les individus d'un même peuple, non moins que les membres d'une
même tribu, et peut-être même davantage, car la plupart des
tribus sont encore plus hétérogènes que nos peuples modernes,
et la proportion des étrangers naturalisés, par adoption ou asservissement, y est plus forte que celle des immigrants dans nos pays.
Dans l'idée de patrie se marque le lien produit par la cohabitation
sur un même sol, impression intense qui se fait énergiquement
sentir aux cités et aux tribus primitives elles-mêmes, avant même
que celles-ci ne soient devenues sédentaires ; car la pérégrination
des nomades est un cycle, un voyage circulaire qui s'accomplit
toujours dans les mêmes régions. L'idée de l'Etat a trait surtout
aux intérêts communs, à la volonté commune de les défendre et
de les étendre ; à ce point de vue, le clan primitif est un petit
État. L'idée de l'Église envisage le groupe social, petit ou grand,
n'importe, sous le rapport complémentaire du précédent, à savoir
comme un faisceau de croyances communes ; aussi oppose-t-on
l'État à l'Église, tandis qu'on ne songera jamais à opposer
l'Église ou l'État à la patrie ou à la nation. — Or où a-t-on
vu le domaine de la nationalité ou de la patrie correspondre
exactement à celui de l'État ou à celui de l'Église et celui de
l'Église à celui de l'État ? Il le faudrait cependant pour qu'une
société, synthèse de ces quatre idées, fût quelque chose d'aussi
individualisé qu'un animal ou même une plante. Non seulement
cette correspondance précise ne s'est jamais vue, mais elle se

voit de moins en moins, et la civilisation a pour effet de faire
croître à la fois ces quatre domaines, mais d'un pas si inégal
qu'on peut voir aujourd'hui des Européens, tels que les Belges et
les Suisses, compter des coreligionnaires chrétiens ou scientifiques dans toute l'Europe et la majeure partie du reste du monde,
tandis que le cercle de leurs compatriotes ou de leurs concitoyens
se réduit à quelques lieues de rayon.

Je m'arrête, de peur d'être conduit à flatter la mode socialiste du
jour. Dans cet ouvrage, on trouvera bien des pages qui s'inspirent
des problèmes anxieux de l'heure présente ; on n'y trouvera pas
une ligne, je l'espère, qui ne respire l'indépendance d'esprit, sans
parti pris d'aucun genre, à l'égard des solutions régnantes. Mes
idées sur l'imitation ont eu au mois cela de bon, de m'apprendre
à me tenir en garde contre le prestige du succès, quelle que soit
sa durée ou son étendue, puisque, dans ces deux sens, triomphe
signifie routine et passivité d'esprit. Je sais bien que la plupart
des gens aiment mieux se tromper avec tout le monde qu'avoir
raison tout seuls ; mais le philosophe, comme le navigateur, doit
se méfier des courants ; et, plus ils sont violents, plus il doit s'en
écarter.

Autant que de ces entraînements passagers, il doit se méfier
aussi d'une tendance beaucoup plus enracinée et non moins
illusoire qui est à nos yeux une des principales sources d'erreurs
en sociologie. Quelques mots de développement à ce sujet ne
seront pas une inutile digression.

Au début de l'évolution sociale, presque partout nous voyons
que tous les lieux comme tous les jours sont fastes ou néfastes.
Une idée superstitieuse, de favorable ou défavorable augure,
s'attache alors au fait qu'un événement se produit à droite ou à
gauche, à l'est ou à l'ouest, tel jour ou tel autre jour de la
semaine ou de l'année, le matin ou le soir. Il a fallu, comme
le remarque M. Espinas, tous les travaux des géomètres grecs
pour détruire peu à peu la première de ces deux susperstitions,
et élever les savants, puis le vulgaire même, « jusqu'à l'idée
générale de l'espace et à la conception du lieu comme un
ensemble de rapports moralement neutres (1), indifférent au
bonheur ou au malheur de l'homme. » Il a fallu aussi les tra-

(1) M. Delbœuf, récemment dans une étude très remarquable sur la Méta-géo-
métrie, a contesté cette indifférence absolue de l'espace *réél* relativement à la
nature de son contenu matériel, et a fait de cette qualité un attribut de l'espace
abstrait, le seul dont s'occupent les géomètres. Est-il nécessaire d'ajouter cependant
que cette idée du profond savant belge ne nous ramène en rien aux superstitions
augurales ?

vaux de tous les savants quelconques, principalement naturalistes et historiens, pour déraciner la superstition relative au
temps et nous montrer l'instant où un phénomène se produit
comme indifférent par lui-même à sa production heureuse ou
malheureuse.

Mais remarquons que cette seconde superstition a été bien
plus lente à disparaître que l'autre, et qu'il en reste des vestiges
plus nombreux, surtout plus importants. Maintenant, personne
n'aura l'idée de tourner la façade de sa maison vers le levant
ou vers le nord pour accroître sa prospérité ; on la tourne du
côté le plus riant ou le plus animé, on lui donne l'exposition la
plus salubre. On n'oriente plus même les tombeaux depuis des
siècles. On ne croit plus que, en plaçant la tête du mort à l'est
et lui faisant regarder l'ouest, direction supposée des âmes
émigrantes vers la patrie future, on facilite son émigration. On
ne se préoccupe plus de savoir si l'oiseau qu'on voit voler vole
à droite ou à gauche, si l'on est parti du pied gauche (comme
toutes les statues funéraires égyptiennes) ou du pied droit. On
ne croirait par porter malheur à ses convives en faisant circuler une bouteille ou un plat autour de la table dans un sens
et non dans le sens inverse. Au contraire, beaucoup de gens
persistent, bien qu'ils ne l'avouent pas, à redouter l'influence
maligne du vendredi ; et la preuve, bien connue, en est que, ce
jour-là comme le treize de chaque mois, les recettes des omnibus
et des chemins de fer diminuent sensiblement. Presque personne ne voit une araignée le soir sans se répéter — en sou-
riant — le proverbe : « Araignée du soir, espoir. » Il n'y a pas
un paysan sur mille qui oserait ensemencer n'importe quoi au
dernier quartier de la lune ; j'ai eu un coiffeur qui n'a jamais
voulu me tailler mes cheveux qu'à la *lune nouvelle*, persuadé
qu'ils repousseraient plus vite ; et, bien qu'ici l'efficacité propre
attribuée à cet astre magique soit surtout un jeu, il s'y ajoute
certainement une impression dérivée de l'antique théorie des
temps fastes ou néfastes. Enfin il est remarquable que le prestige du lointain dans l'espace ait tout à fait disparu, tandis que le
lointain dans le temps, qu'il s'agisse des profondeurs du
passé ou de celles de l'avenir, a gardé sa force impressionnante
sur les imaginations et même sur la raison. La foi dans le
progrès indéfini en est la démonstration manifeste, de même
que la foi antique et inverse dans la chute indéfinie.

Quand un astronome nous apprend que tout notre système
solaire se transporte vers la constellation d'Hercule, peu nous
importe ; quel que soit le point cardinal visé par le déplacement

gigantesque, nous ne sommes portés à en augurer rien de bon ni de mauvais pour nous. Nous n'imaginons plus que, suivant sa direction, ce voyage nous conduise à l'Eden de nos songes ou à l'Enfer de nos cauchemars. Mais nous n'en sommes pas encore arrivés à nous défaire de cette autre idée, non moins puérile, que, dans le très profond passé suivant les uns, dans le très profond avenir suivant les autres, se cache une ère de félicité divine, de pureté et d'harmonie céleste, ou bien un chaos affreux, un pêle-mêle de toutes les atrocités et de toutes les grossièretés imaginables. Beaucoup de savants qui se croient positivistes sont entraînés inconsciemment par le vieux penchant superstitieux à regarder à priori les hommes de la préhistoire comme des bêtes fauves, des monstres abominables, et à se persuader que, malgré la progression de notre criminalité et de nos maladies, nous courons vers une époque de bonheur surhumain. Combien de gens, même éclairés, sont convaincus que nous sommes à la veille d'une véritable palingénésie sociale, *vita nuova* collective ! Il n'est pas de révolution, malheureusement, qui ne se soit flattée d'inaugurer une ère nouvelle. Le calendrier révolutionnaire de nos ancêtres de 1792 n'est pas chose nouvelle dans l'histoire. Après les Vêpres siciliennes, les massacreurs des Français, en 1282, datèrent leurs actes de « l'an Ier de la domination de la sainte Eglise et de l'heureuse République ». Rienzi, au siècle suivant, pendant sa brève dictature, datait aussi « de l'an Ier de la République délivrée. »

L'idée spencérienne de l'homogène relatif situé dans le passé se rattache à ce préjugé antique. On n'a généralement aucune peine maintenant à adopter l'idée que les planètes sont habitées comme la Terre, que, autour des étoiles les plus éloignées, même invisibles, circulent des terres composées des mêmes éléments que les nôtres, géographiquement aussi pittoresques et diversifiées que notre habitat, peuplées d'êtres vivants comme notre sol, et d'êtres vivants aussi différents entre eux quoique *différemment différents*. Nous avons cru cela tout d'abord, dès les premiers rudiments de l'astronomie moderne, avant même les révélations du spectroscope. Mais que de progrès scientifiques encore ne faudra-il pas pour nous persuader que, dans le temps comme dans l'espace, tout est constamment, a été ou sera différencié, et que, si la différenciation va différant, différant de nature et d'objet, elle ne va pas diminuant, en somme ! Notre esprit a la plus vive répugnance à accepter cette idée — très plausible cependant — que, dans le passé comme à présent,

les hommes ont différé les uns des autres par le caractère,
l'esprit, les inclinations, la physionomie ; que, dans leur
nombre, il y a toujours eu des inventeurs ou des initiateurs
hardis, qui ont eu des rêves grandioses, des ambitions et des
amours extraordinaires. Nous sommes trop portés à regarder
les créations sociales qui se sont produites dans la préhistoire
comme des produits inconscients. Il nous semble paradoxal
de penser que les gens de ce temps-là ont su, comme nous,
ce qu'ils faisaient et ce qu'ils voulaient. Et ce préjugé est, à
mon avis, l'une des illusions qui retardent le plus l'avènement
de la véritable science sociale. Il nous empêche de comprendre
la formation des langues, des religions, des gouvernements,
des industries, des arts.

On aurait pu croire que la vulgarisation de l'Évolutionnisme
contribuerait à dissiper cette erreur. La théorie de l'évolution
nous affirme, en effet, que la vie universelle se compose d'une
série sans fin d'ascensions suivies de déclins, avec des variantes
insignifiantes. Progrès et décadence n'y ont qu'un sens relatif
et limité à la phase ascendante ou descendante de chacune des
ondes de l'ondulation infinie. Mais les évolutionnistes sociologues oublient sans cesse cela, et j'ai pensé qu'il n'était peut-
être pas inutile de le rappeler en tête de ce travail.

PREMIÈRE PARTIE

PRINCIPES

LA LOGIQUE SOCIALE

CHAPITRE PREMIER

LA LOGIQUE INDIVIDUELLE

Revenir sur la discussion des points nombreux de logique que d'éminents penseurs anglais, allemands et français ont débattus dans ces dernières années serait une prétention que je ne me permettrai pas, et un ennui que je crois devoir m'épargner aussi bien qu'au lecteur. Mais il me semble que, par certains côtés encore négligés, la logique se rattache plus intimement qu'on ne l'a supposé jusqu'ici à la psychologie d'une part, à la science sociale de l'autre, et que, envisagée sous ces mêmes aspects, elle est susceptible d'accroissements nouveaux. Voilà le thème que je me propose non de développer, mais d'esquisser dans cette étude. Le point de vue auquel je vais me placer, je l'ai depuis longtemps exposé ailleurs (1), et j'ai eu plusieurs fois occasion de l'appliquer en passant soit à la morale, soit à l'économie politique. Avant d'en faire une nouvelle application, résumons en deux mots ce qu'il nous importe actuellement d'en retenir : 1° A l'exception de quelques éléments premiers et irréductibles de la sensation pure, présents par hypothèse sous ces couches stratifiées de jugements sensitifs immédiats et *subconscients* que nous appelons presque indifféremment sensations ou perceptions, tous les phénomènes intimes et, par suite, tous les phénomènes sociaux dont ils sont les sources, se résolvent en croyances et en désirs. 2° La croyance et le désir sont de véritables quantités, dont les variations en plus et en moins, positives ou négatives, sont essentiellement, sinon pratiquement, mesurables, soit dans leurs manifestations individuelles, soit

---

(1) V. les numéros de juillet et août 1880 de la *Revue philosophique*.

G. TARDE.

plutôt et avec beaucoup plus de facilité dans leurs manifestations sociales. Non seulement, en effet, d'un état à un autre état d'un même individu, mais encore d'un individu à un autre, elles restent essentiellement semblables à elles-mêmes et peuvent, par suite, s'additionner légitimement par divers procédés indirects, *psychophysiques*, par exemple, dans le premier cas, statistiques dans le second. — Notons enfin que le désir a toujours une croyance pour objet, et ne saurait se présenter séparé de la croyance, tandis que celle-ci peut être considérée à part du désir.

I

Je sais bien que tout le monde n'est point d'avis de m'accorder tout cela ; mais je ne puis reprendre cette discussion à fond, comptant plutôt sur le développement de ces données que sur leur démonstration directe pour amener le lecteur à reconnaître leur vérité. Je dois cependant, dès le début, écarter quelques préventions défavorables que m'opposent à ce sujet des penseurs de l'école expérimentale. Rarement ils ont eu à étudier, même en passant, la croyance et le désir, et, quand ils en parlent, c'est assez dédaigneusement. Pour eux, ce sont là de simples propriétés des sensations et des images, et des propriétés comme d'autres. Cela s'explique : ils font de la psychologie purement physiologique, purement individuelle ; ils prennent l'individu à part, et comme, pour bien comprendre, il faut commencer par bien analyser, leur science toute récente ne croit réellement avancer en psychologie qu'au fur et à mesure qu'elle discerne dans le moi isolé de nouvelles nuances du sentir et du souvenir. C'est ainsi qu'un chimiste occupé à analyser un seul corps isolément, à spécifier sa couleur, son goût, sa température, etc., pourrait être conduit à penser que son poids et sa mobilité sont des propriétés comme d'autres. Des sensations et des images, donc, ajoutez des ressemblances et des contiguïtés entre elles : c'est là tout aux yeux de nos psychologues, et il convient d'admirer en effet la richesse de leurs modulations scientifiques sur ce thème. Les sensations et les images sont le côté différentiel de l'esprit, le dictionnaire de sa langue, et l'étude du dictionnaire doit précéder un peu celle de la grammaire (1).

Qu'est-ce que la liaison des images dont toute conception se compose, si ce n'est une conviction affirmative ou négative, et un certain degré de cette conviction, *toujours fondamentalement la même*, résultat d'un jugement antérieurement formé ? L'association des images : voilà, par exemple, un mot vraiment vague, presque aussi vague peut-être que le mot évolution, si on ne l'explique pas ; et, si on l'explique, que trouve-t-on ? Serait-ce seulement des similitudes et des contiguïtés ? Quant aux similitudes, j'aurai occasion d'en parler plus loin ; mais une contiguïté quelconque, quand elle est accompagnée d'une adhérence, suppose l'exercice d'une force d'attraction. Il peut aussi se faire que deux choses contiguës se repoussent, et ce n'est pas leur contact non plus qui suffit à expliquer cet effet. Les psychologues en général semblent persuadés implicitement que, lorsque deux images se présentent liées, leur lien est toujours affirmatif (pour employer un langage qui n'est pas le leur, mais qui, dans le mien, traduit leur pensée). Or il n'est pas difficile de constater ce que le moindre *percept* renferme d'éléments négatifs. Si, comme le veulent Bain et Spencer, le discernement est le premier acte d'esprit, nier est le début de la vie mentale. Quand je perçois la perpendicularité d'un mur, l'image de sa chute à droite et l'image de sa chute à gauche, jointes à sa vue, composent ce percept, mais saisies dans deux jugements (antérieurs) par lesquels je nie l'attribution de ces images à la sensation visuelle de ce mur. Quand un souvenir d'hier surgit parmi les impressions qui constituent mon état actuel, il est bien contigu à ces impressions, il est même semblable à quelques-unes d'entre elles, mais, précisément à cause de cela, il faut, pour qu'il ne se confonde pas avec elles et se lie à d'autres souvenirs portant sa date, que sa liaison avec les impressions actuelles

(1) Aussi quand, incidemment, dans son livre sur la *Psychologie du raisonnement*, — où il a essayé de fournir à la théorie de l'association la logique qui lui manquait et la seule peut-être qu'elle comporte, — M. Binet se dit (p. 134) qu'on pourrait bien lui reprocher d'avoir négligé le point essentiel, l'explication du jugement, de la croyance; il répond aussitôt : « Croyances, conviction, assentiment, sont de ces phénomènes vagues, flous et mal définis qui abondent en psychologie. » Il en dirait autant certainement du désir. Tant il est vrai que la chose la plus claire et la plus précise, si on ne la regarde pas, paraît indistincte et informe et même d'autant mieux qu'on l'a plus constamment sous les yeux.

soit niée ; d'où la conséquence que sa liaison avec les autres souvenirs d'hier doit être affirmée, ce qui veut dire que ces mots liaison, jonction, association, sont des lanternes dont les mots affirmation et négation, c'est-à-dire le mot *croyance*, sont le flambeau (1).

Nous constatons parfois, entre deux images ou entre une sensation et une image, qui n'ont pas cessé d'être présentes à la pensée, le passage graduel d'une liaison affirmative à une liaison négative ou inversement. Me réveillant à l'aube dans un wagon, en voyage à travers un pays nouveau, j'aperçois un peu au-dessus de l'horizon une dentelure blanche dans le bleu du ciel : je *perçois* une chaîne de montagnes. Cela veut dire que j'affirme l'attribution à cette impression visuelle de vagues images différentes, visuelles, tactiles, musculaires, qui me restent de mes excursions dans les montagnes. Mais ensuite il me semble apercevoir une légère déformation de cette silhouette, et l'idée que c'est peut-être un nuage se présente à moi : autre jugement d'attribution qui va grandissant à côté de l'autre qu'il contredit. Alternativement, je vais de l'un à l'autre, j'oscille entre les deux ; mais, le second continuant à croître, le premier finit par être vidé de toute la croyance affirmative qu'il contenait, puis rempli d'une croyance négative croissante, et enfin résolument nié. Cependant, durant toute cette évolution intérieure, l'impression visuelle de la dentelure blanche est restée associée dans mon esprit aux autres images dont j'ai parlé, et celles-ci ne se sont ni affaiblies ni avivées (2) pendant que leur lien s'affaiblissait, puis se refortifiait après avoir *changé de signe* et passé de + à —. Leur contiguïté est restée la même toujours, y compris le moment d'équilibre où, n'affirmant plus du tout et ne niant pas encore, l'esprit n'établissait, à vrai dire, aucun lien entre

---

(1) J'en dirai autant du mot *fusion*. Autre chose est la *fusion* des images hétérogènes, par exemple d'une image tactile et d'une image visuelle s'entre-pénétrant pour ainsi dire dans l'idée d'un solide ; autre chose la *fusion* des images semblables. Celle-ci serait une confusion, celle-là une attribution.

(2) Mais ne négligeons pas de noter en passant l'action puissante du jugement sur la sensation elle-même en ce qu'elle semble avoir de moins judiciaire à première vue. En lisant de mauvaises écritures, il nous arrive fort souvent de rencontrer des mots qui sont susceptibles de plusieurs *leçons* différentes. Tout à l'heure, par exemple, dans une lettre d'un inconnu, j'ai lu *carreau* sans effort, passivement, de telle sorte que cette façon de lire m'a fait l'effet d'une sensation spéciale ; mais je me suis aperçu ensuite que j'aurais aussi bien pu lire *cancan* ou *carcan*.

les termes contigus en lui. — Dans un ordre supérieur de faits intellectuels, je rappellerai que l'opinion générale des savants, relativement à la réalité des phénomènes hypnotiques (sinon télépathiques), a passé en assez peu de temps de la négation la plus décidée à l'affirmation la plus énergique. J'ajoute que le plus grand nombre des personnes aujourd'hui convaincues du *oui* après l'avoir été hier du *non* n'ont pas ajouté grand'chose à leurs connaissances sur ce sujet ; elles *imaginent* toujours les mêmes choses quand elles y pensent ; leur foi affirmative présente en la suggestion leur a été *suggérée* d'autorité comme l'avait été leur foi négative, et c'est même là, soit dit en passant, un bel exemple de suggestion sociale à l'état de veille (1).

Affirmer et nier, attribuer et désattribuer : ce sont là des états entre lesquels l'esprit alterne continuellement, et ils sont aussi opposés que peuvent l'être les deux pôles d'un aimant ou d'une pile électrique. Or toute opposition bien nette, comme l'est celle-là, suppose l'identité fondamentale de la force dont elle exprime deux manifestations inverses. Les deux pôles de l'aimant supposent un même magnétisme. Qu'y a-t-il donc d'identique au fond de l'affirmation et de la négation, si ce n'est la croyance ? (2) — Je dirai de même : le plaisir et la peine ou, pour mieux dire, le côté agréable, comme tel, des sensations quelconques, et leur côté pénible, comme tel également, constituent une autre opposition rythmique et essentielle de l'âme ; et qu'y a-t-il d'identique au fond du plaisir et de la douleur, si ce n'est le désir ? Dans les *sentiments*, comme dans les *percepts* et les concepts auxquels ils correspondent (car les sentiments sont en quelque sorte des percepts ou des concepts moraux, et les percepts ou les concepts des sentiments intellectuels), nous remarquons toujours une polarité positive ou négative, c'est-à-dire un caractère de joie ou de tristesse qui les divise en deux grandes classes, suivant que, dans leur formation, les attraits l'ont

---

(1) Il est clair que le public scientifique est depuis quelque temps en veine de crédulité inouïe à cet égard, et qu'il y a quelques années, des haussements d'épaules auraient accueilli les preuves jugées aujourd'hui les plus fortes.

(2) J'adopte ce mot de la langue commune, soit dit une fois pour toutes, en le dépouillant des acceptions diverses que restreignent la généralité du sens où je l'entends. Il m'eût été facile, assurément, de forger un néologisme tiré du grec ou du latin, ou des deux à la fois. Mais j'ai peu de goût pour ce genre d'invention. Il est donc entendu que *croyance* ne signifie pas ici foi religieuse, mais bien adhésion de l'esprit à une idée quelconque.

emporté ou non sur les répulsions, les amours sur les haines.

La croyance et le désir manifestent, à l'égard des sensations et des images, une indépendance qui peut aller presque jusqu'à la séparation complète. Je vois ce clocher et je perçois sa hauteur, je conçois son ancienneté. Est-il vrai que cette perception ou cette conception consiste essentiellement en images jointes ensemble ou avec mon impression visuelle? Cela est si peu vrai que, quoique ma perception de hauteur ou ma conception d'ancienneté soit très vive, je ne songe nullement aux images musculaires et autres dont l'idée de hauteur est réputée constituée, ni aux souvenirs historiques dont l'idée d'ancienneté est, dit-on, la synthèse. Devrait-on même accorder aux psychologues qu'une ombre des images, d'où l'on a extrait à l'origine une notion, passe sur l'esprit au moment où cette notion se présente? Comment seraient-ils autorisés à voir dans cette réapparition infiniment faible, à coup sûr presque toujours inconsciente, l'élément actif de cet état mental, souvent si puissant, qu'ils appellent percevoir ou concevoir? Ont-ils jamais remarqué que l'intensité d'une perception de solidité, de dureté, de distance, se proportionnât à la netteté des images qu'ils disent réveillées par la sensation présente? (1) Le contraire serait plus exact, car lorsque, en faisant de l'analyse psychologique, nous parvenons à discerner ce que nous entendons exactement par la solidité de ce corps qui est devant nous, notre perception de sa solidité s'est affaiblie, dissoute dans le doute idéaliste. Cependant, il est très clair que, lorsque nous percevons un objet connu, il y a autre chose en nous que la sensation actuelle. Qu'y a-t-il donc? Il y a ce qu'il plaît à Lews et à M. Binet d'appeler l'*attitude du moi*, mais ce qui s'appelle, dans le langage de tout le monde, une conviction, *une certitude survivante à ses termes.* Pareillement, il nous arrive souvent de constater que nous sommes sous une certaine impression chagrine ou joyeuse dont nous avons tout à fait oublié le motif, sous une impression

_____

(1) Pendant le rêve, les images que nous associons sont extrèmement faibles, ce qui ne les empêche pas de nous inspirer les illusions et les passions souvent les plus fortes. Remarquons à ce sujet que les associations les plus anciennes, les plus indissolubles en apparence, les plus automatiques, celles de l'ami intime et de son nom, ou de notre parenté avec nos proches, etc., sont rompues en rêves, et qu'avec leurs éléments disjoints nous formons des associations nouvelles fermement crues, attribuant, par exemple, à Paul le visage de Jacques ou nous attribuant pour frère un étranger, chose qui m'est arrivée bien souvent.

d'amour ou de haine pour une personne à laquelle nous ne songeons pas, et c'est parfois en prêtant attention à la couleur caractéristique de cette impression qu'on remonte à sa cause, d'abord à sa cause générique, car on distingue bien si le chagrin dont il s'agit, par exemple, provient d'un mauvais compliment ou d'une lésion d'intérêts pécuniaires, puis à sa cause spéciale. Tout à coup, en effet, le vrai motif, l'image de l'objet qui chagrine ou plaît, de la personne aimée ou haïe, se présente vivement, et le sentiment se complète. Nous trouvons aussi en nous fréquemment certaines convictions aussi fortes qu'aveugles, dont la nuance propre nous aide à retrouver le jugement dont elles sont le reste indélébile. Je vois passer un homme, et je me sens sûr de l'avoir vu déjà, mais je ne saurais dire où ni quand. Que cette impression de *déjà vu* soit causée par l'application de la sensation actuelle sur le vestige physiologique, inconscient d'ailleurs, de la sensation antérieure, je l'admets sans peine ; mais, quoi qu'il en soit, cette impression est une conviction, et, par suite, il n'est pas vrai que la conviction soit un simple rapport de deux images ou d'une image et d'une sensation, car ici l'image est absente de la conscience. L'image n'apparaît que lorsque, réfléchissant à la manière dont je suis convaincu, au sentiment léger de peine ou de plaisir d'un certain genre dont ma croyance est teintée (1), je me dis que j'ai dû voir cet homme dans une visite ennuyeuse ou dans une fête agréable : défini ainsi d'abord par son genre, le souvenir cherché ne tarde pas à me revenir avec ses circonstances de temps et de lieu. Mais ma croyance, pour avoir retrouvé son objet spécial, n'est pas devenue autre ni même plus forte.

Il est très rare que nous nous arrétions à analyser de la sorte les impressions de tristesse ou de joie, d'inquiétude ou de paix, qui sont le fond de notre humeur, pour remonter à leurs sources. Un homme heureux songe rarement à sa santé et à sa jeunesse, à ses propriétés et à ses titres de rente, mais il goûte continuellement l'espérance fixe que lui donne tout cela, et son désir satisfait se repose dans sa plénitude sans penser même à l'objet qui le satisfait ou le satisfera. Même quand rien ne lui rappelle

---

(1) C'est peut-être toujours ce reflet d'une peine ou d'un plaisir sur une croyance qui donne à celle-ci sa modalité, comme c'est le reflet d'une croyance sur un sentiment qui colore ce sentiment.

précisément une image riante, tout lui sourit. Un malheureux à côté a beau ne pas penser à son malheur, il en souffre sans cesse. Pareillement, il est très rare que nous prêtions attention à l'impression de *déjà vu*. En général, elle passe inobservée, bien qu'elle fasse le fond de notre vie ordinaire, je ne dis pas seulement de celle des gens routiniers, mais de celle des irréguliers ou des touristes, qui, pour une nouveauté aperçue par eux, revoient mille choses semblables à très peu près. Aussi nous voyons beaucoup et nous ne regardons guère, et, à mesure surtout que notre vie se régularise ou que nous avançons en âge, nous glissons plus légèrement à travers un monde qui nous offre presque partout un visage familier. Parmi des bruits, des spectacles, des êtres tout pareils, nous ne nous demandons point : où, quand ai-je vu ceci ou cela ? Mais, de ces sensations multiples qui se suivent en nous, reconnues du *coin de l'œil*, il se dégage une certitude pour ainsi dire massive et profonde, rassurante et fortifiante, qui est le charme de l'existence et le fondement de la pensée. Quand cette impression générale vient à nous manquer, au début d'un exil, d'une vie entièrement renouvelée, nous nous sentons privés de notre bien le plus précieux, car chacun de nos regards devient une question sans réponse au lieu d'être une réponse à une question oubliée, et notre vie mentale devient un questionnaire au lieu d'être un crédo continuel (1). Rien de plus *certifiant*, rien de plus rassurant, que l'habitude ; de là le besoin que nous en avons. De là ce *misonéisme* qui n'est pas particulier aux bêtes, mais que l'homme le plus imaginatif ressent aussi. Ovide, exilé, avait la nostalgie de Rome. On eût pu le qualifier *misonéiste*.

Notre foi en la réalité des objets extérieurs, foi impliquée en toute perception, se ramène en général à l'impression du *déjà vu*. Il est vrai que, si nous nous demandons quelle idée cette foi a pour objet, nous serons d'avis de répondre avec Stuart Mill : *une possibilité de sensations*. J'ajoute que, si nous pressons le sens de ce mot possibilité, nous devrons le définir ainsi : *nécessité conditionnelle*. Cela veut dire qu'à la vue d'une orange, par exemple, je suis certain du goût sucré et acidulé qu'elle me

(1) La jeunesse diffère de l'âge mur, mentalement, en ce que, dans l'esprit jeune, la proportion des problèmes l'emporte sur celle des solutions, tandis que l'esprit *rassis* est plein de solutions et presque vide de problèmes.

procurerait si je m'en approchais et si je la mangeais. Nécessité conditionnelle ne signifie rien ou signifie certitude, certitude nullement sous condition, mais déjà réalisée. Que la nécessité soit simplement l'objectivation (illusoire ou non) de notre conviction superlative, qu'elle soit l'ombre portée de celle-ci en même temps que son objet, cela paraîtra clair si l'on réfléchit à la progression de ces trois termes, *possibilité, probabilité, nécessité*, où se reflète si visiblement l'échelle des degrés de la croyance depuis le doute jusqu'à la pleine conviction. — Mais ce n'est pas tout ; notre foi réaliste a-t-elle besoin, pour exister, d'avoir présente la nécessité conditionnelle dont il s'agit, et, par suite, l'image des sensations jugées conditionnellement nécessaires ? Pas le moins du monde. Nous avons telles sensations visuelles, et immédiatement nous sommes certains. Certains de quoi ? Nous n'y pensons pas. Mais, pour être dépourvue d'objet, cette foi n'en est pas moins énergique, et le réalisme enfantin, qui ne s'est jamais réfléchi lui-même, est assurément le plus fort de tous les réalismes.

Toute perception, disions-nous, implique une condition, un *si*, et je voudrais bien qu'un psychologue associationniste m'expliquât un peu clairement ce monosyllabe. A nos yeux, c'est fort simple. Si, à l'apparition d'un couple d'images ou d'idées, nous éprouvons deux tendances contradictoires, l'une à affirmer qu'elles sont liées d'une certaine façon, l'autre à le nier, et si nous voulons sortir du doute produit par cette neutralisation réciproque ou par notre oscillation entre ces deux pôles opposés, nous exprimons à la fois notre doute et notre désir de ne plus douter, en émettant une hypothèse, une conjecture, une question. Le *si* n'est que la question déguisée en conjonction.

Soit dans les opérations, soit dans les œuvres de l'esprit, autrement dit soit dans ses jugements et ses volontés, soit dans ses notions et ses sentiments, nous ne pouvons voir que des transformations ou des consolidations de la croyance et du désir. Tout ce qui nous est connu a commencé par nous être nouveau ; tout ce qui nous est passivement agréable ou pénible a commencé par nous attirer ou nous repousser activement. Ce que je comprends maintenant rien qu'à le voir, rien qu'à l'entendre, j'ai dû le regarder, l'écouter dans le passé. Ce qui m'affecte, j'ai dû l'expérimenter. Et c'est par degrés, c'est le plus aisément du

monde, que nous voyons le jugement ou l'action se clore en
notion ou en sentiment, et, inversement, la notion s'ouvrir en
jugement sous l'œil de l'analyste, ou le sentiment en action.
Preuve que, sous ces formes en apparence si dissemblables, il y
a en réalité quelque chose de constant et d'identique.

La sensation et aussi bien son image change non seulement
d'un individu à un autre, mais d'un état à un autre état, à coup
sûr d'un âge à un autre âge dans le même cerveau; cependant
le croire n'est-ce pas toujours le croire, le désirer n'est-ce pas
toujours le désirer, et le croire ou le désirer de Pierre n'est-ce
pas le croire ou le désirer de Paul ou de Jean, si différents que
puissent être les objets de leur croyance ou de leur désir? Jeune
ou vieux, à l'état de rêve comme à l'état de veille, malade ou
bien portant, hypnotisé ou éveillé, j'affirme ou je nie, je veux
ou je résiste. Il n'y a que cela de semblable en psychologie, il n'y
a que cela de communicable en toute rigueur. Si je veux suggérer hypnotiquement une couleur à un aveugle-né ou un morceau de musique à un sourd-muet, je n'y réussirai pas ; si je
suggère la vue du rouge à un daltonien, il verra du vert; mais je
puis leur suggérer le plus aisément du monde mes principes ou
mes passions, ou les principes et les passions de qui bon me
semble. Si, appartenant à ce que nos psychologues appellent le
type visuel, je suggère une perception à un magnétisé apparte-
tenant au *type auditif*, il n'*imaginera* pas comme j'aurais imaginé à sa place, mais il croira de la même façon que moi. — Et
qu'est-ce que la suggestion, à vrai dire, si ce n'est une continuelle expérimentation sur la croyance et le désir? Est-ce que,
dans ses expériences répétées, l'hypnotiseur ne voit point
croître ou diminuer à son gré, comme un fleuve qui monte ou
s'abaisse, la foi dans les hallucinations qu'il suggère, le désir
d'accomplir les actes qu'il suggère aussi? Est-ce qu'il ne lui
arrive pas d'opposer hallucination à hallucination, tendance à
tendance, et de constater le point où l'une de ces quantités égale
ou surpasse l'autre? Ne semble-t-il pas que le magnétisé renferme en quelque sorte une provision plus ou moins grande de
foi et de désirs latents, indéterminés, dont le magnétiseur a seul
la direction et la distribution? Comment donc se peut-il qu'un
hypnotiseur de première force puisse refuser à ces « phénomènes *vagues et mal définis* » l'honneur de faire *l'objet d'une*

étude méthodique ? Quand on a lu dans *Hack Tuke* (*le Corps et l'esprit*), ou dans les ouvrages sur Lourdes les miracles que fait la foi, les cures qu'elle opère, les montagnes qu'elle soulève, on doit être fixé sur la réalité d'une telle force. Il y a, sans nul doute, dans l'animalité inférieure, des spécialités innombrables de sensations qui nous sont inconnues. L'état mental de l'abeille dans sa ruche, du pigeon voyageur en l'air, du hareng qui émigre, du chien même qui flaire se compose en grande partie d'affections de la vue, de l'ouïe, de l'odorat, d'un sens électrique peut-être (ou d'un sens de l'orientation) qui nous seront toujours lettres closes. En quoi donc sommes-nous assurés de ne pas nous tromper quand nous essayons de pénétrer le secret de leur psychologie ? C'est en tant que nous en possédons une clé en nous-même, et cette clé ne peut être que quelques éléments premiers de la conscience, identiques chez eux et chez nous parmi tant de différences. Le chien, en effet, a beau appartenir à celui des *types sensoriels* qui nous est le plus étranger, au *type olfactif*, nous avons beau n'avoir pas la moindre idée de ce riche clavier de l'odorat qui lui permet de différencier à l'odeur chaque espèce animale, chaque race humaine, chaque homme, et de suivre à la piste non pas un lièvre seulement, mais tel lièvre déterminé, nous n'en sommes pas moins sûrs qu'en suivant cette piste il *croit* s'approcher de ce lièvre et qu'il *désire* l'atteindre. Puis, quand nous voyons ce chien dépisté hésiter, bientôt flairer d'un autre côté, nous savons qu'après avoir affirmé en lui-même son rapprochement du lièvre par la première voie, il l'a nié, et que, dans l'intervalle de cette affirmation et de cette négation inarticulées, mais intenses, il a douté, absolument comme en cas analogue nous doutons nous-même. Sir John Lubbock a prouvé que les fourmis voient les rayons lumineux situés au delà du violet, rayons qui sont invisibles pour nous, qui pour nous ne correspondent à aucune sensation de couleur ; il est donc très probable que leur gamme de sensation est tout autre que la nôtre (1) ; mais, quand nous voyons les fourmis aller, venir, revenir sur leur pas, travailler, se battre,

---

(1) Sans descendre au-dessous des mammifères, ne savons-nous pas (V. notamment , *Rev. scientif.*, 19 mars 1887) que non seulement les animaux inférieurs, mais les chèvres, les moutons, les bœufs, les chevaux, *pressentent* les tremblements de terre, c'est-à-dire ont des sensations spéciales pour répondre à ces frémissements du sol, à ces bruits souterrains, pour nous imperceptibles, que nos sismographes

nous avons une idée très claire des jugements qu'elles portent, des désirs qui les animent, et nous nous rendons ainsi suffisamment compte de leur psychologie. Nous ignorons l'espèce de plaisir instinctif que trouve l'oiseau à couver ou même à chanter sa chanson, mais nous savons qu'il désire quelque chose, et, quand nous le voyons fuir effarouché, nous savons qu'il craint quelque chose ou quelqu'un. Je ne veux pas dire, malgré tout, qu'affirmer et nier, désirer et repousser, soient autre chose qu'un rapport entre des sensations ou des images ; mais c'est un rapport qui ne change pas pendant que ses termes changent, à peu près comme la force motrice, autre rapport, reste la même, quelle que soit la nature chimique de la matière mue.

En somme, la croyance et le désir n'auraient-ils d'autre caractère à part que leur universalité et leur uniformité d'un bout à l'autre de l'échelle animale, d'un bout à l'autre de la vie psychologique, cela suffirait, sans parler même de leurs variations en degrés et de leurs changements de signes, qui signalent en eux de vraies *quantités de l'âme*, pour justifier amplement leur importance à mes yeux. En tout cas, le choix de tels phénomènes pour point de départ de la *psychologie sociologique* n'aurait pas besoin d'autre justification, alors même que la *psychologie physiologique*, très distincte quoique complémentaire de l'autre, ne saurait se fonder sur eux. — Sous le nom impropre de *volonté*, Schopenhauer a passé sa vie à étudier l'un de ces deux termes, le Désir, et si, au lieu de chercher à prouver que le vouloir est la substance fondamentale de tout être, animé ou inanimé, n'importe, il s'était borné à montrer que le désirer est l'un des côtés fondamentaux de toutes les âmes animales ou humaines ; il n'aurait assurément pas trouvé de contradicteur. C'était là le noyau de vérité indiscutable qui, caché au fond de sa grande hypothèse, l'a rendue plausible aux yeux de tant d'esprits. Mais, remarquons-le, il aurait eu, s'il lui eût semblé bon, exactement les mêmes raisons d'objectiver à l'infini le jugement, — lisez la croyance, — qu'il en a eu d'objectiver à l'infini la volonté, — lisez le désir. Tout un système reste à écha-

---

et nos microphones nous attestent seuls ? « Ce fait est à ce point marqué (dit l'auteur de l'article cité) que, dans les régions où les convulsions du sol sont fréquentes, les habitants ont l'habitude d'observer attentivement l'allure des animaux domestiques pour y surprendre le pressentiment des secousses et se prémunir contre le danger. »

fauder sur cette autre base : avis aux architectes. Mais ce n'est pas une construction aussi ambitieuse que nous projetons ici. Tout d'abord, dans ce qui précède, nous avons voulu restituer aux deux termes d'où nous partons, en vue des développements qui vont suivre, leur nature et leur rôle vrais.

II

S'il en est ainsi, la psychologie et aussi bien la sociologie, qui est, pour ainsi dire, le microscope solaire de l'âme, le grossissement extraordinaire et l'explication des faits physiologiques, se divisent en deux grands embranchements, l'un qui traite de la Croyance, l'autre qui traite du Désir. A cette distinction correspond vaguement, *grosso modo*, dans la première de ces deux sciences, telle qu'on l'entend d'ordinaire, la division admise entre l'étude de l'intelligence et l'étude de la volonté ; dans la seconde, la séparation qui s'opère d'elle-même entre un groupe de recherches relatives à la formation et à la transformation des langues, des mythes, des philosophies et des sciences, et un autre groupe relatif à la formation et à la transformation des lois, des mœurs, des arts, des institutions, des industries. Mais il serait plus exact de remarquer qu'il n'est pas une de ces branches de la sociologie où ne se montre un double aspect, suivant qu'on envisage son objet comme impliquant un désir ou comme impliquant une croyance.

Prenons pour exemple la linguistique, précisément parce que ce double aspect y est moins apparent qu'ailleurs. Les mots dont s'occupe le linguiste, ce ne sont pas seulement des articulations verbales qui, nées quelque part, se propagent ensuite par imitation des parents aux descendants, des conquérants aux vaincus ; ce sont avant tout de véritables notions qui, jointes aux articulations, se transmettent de la même manière. Ces notions sont devenues telles, *comme toutes les notions d'ailleurs*, par la répétition et la consolidation graduelles d'anciens jugements, manifestes encore chez l'enfant qui apprend à parler. Au fond des mots il n'y a que des jugements de nomination, comme au fond des idées d'espace et d'étendue il n'y a que des jugements de localisation. Chaque mot que l'enfant prononce

équivaut pour lui à une phrase. Il a conscience, en le pronon-
çant, de juger que ce mot signifie telle chose. Ce jugement,
devenu de plus en plus rapide et indistinct à mesure qu'il répète
ce mot, implique un acte de foi, qui, au lieu d'aller s'atténuant,
se fortifie au contraire par ses répétitions ; si bien qu'il vient un
moment où on est aussi certain de la signification vraie de ce
mot, qu'on peut l'être de la couleur d'un objet qu'on voit, ou de
la température d'un objet qu'on touche. Une langue considérée
dans son évolution vivante n'est donc qu'une somme d'actes de
foi en train de croître, ou aussi bien, ajoutons-le, de diminuer.

Ces actes de foi sont d'intensité très différente. On est bien
plus *sûr* des mots fréquemment usités que des mots rares et
techniques. Quand un mot a trois ou quatre acceptions, trois ou
quatre âmes différentes, alors même qu'elles n'ont rien de contradictoire, on ne l'emploie jamais avec la même assurance
imperturbable qu'en faisant usage d'un mot à signification
unique. D'autre part, quand un mot est en train de perdre son
acception ancienne et d'en acquérir une nouvelle, c'est avec un
degré de doute de plus en plus marqué qu'on l'emploie dans son
premier sens, et avec une foi croissante qu'on l'emploie dans le
second. Il y a là des mouvements continuels de hausse et de
baisse qu'on ne prend pas la peine de remarquer, apparemment
parce qu'ils sont évidents. Mais il n'en sont pas moins importants.

A chaque mot nouveau qui se forme, cette somme de croyance
augmente ; à chaque mot ancien qui tombe en désuétude, elle
diminue. Elle est variable d'ailleurs d'un homme à l'autre, parmi
ceux qui parlent la langue dont il s'agit ; dans la mesure où le
vocabulaire habituel de chacun d'eux s'enrichit ou s'appauvrit,
sa quantité de foi linguistique, pour ainsi dire, s'élève ou s'a-
baisse. L'ensemble de toutes ces quantités individuelles constitue
une énergie sociale de premier ordre ; on s'en aperçoit bien en
politique quand le génie d'une langue, chez un peuple *vaincu* par
exemple, s'oppose à la pénétration d'idées, de lois, de religions,
de littératures, d'institutions, qu'on prétend lui imposer et qu'il
accepterait probablement sans les résistances psychologiques
nées de son idiome. Le bas-breton a plus fait pour empêcher
l'assimilation de la Bretagne à la France que le christianisme n'y
a aidé ; et la langue arabe n'est pas un moindre obstacle que l'is-

lamisme à la *francisation* de l'Algérie. Cette force sociale, il
appartient aux philologues d'en étudier l'origine, les progrès, la
direction, la circulation sous ses formes multiples. Les variations
soit dans le son, soit dans le sens des mots, dont ils tâchent de
formuler les lois ou pour mieux dire les pentes habituelles, soit
spéciales à chaque idiome, soit communes à l'esprit humain en
général, ne sont en définitive que la substitution de nouveaux à
d'anciens jugements de nomination, soit par le changement du
sujet de ces jugements (l'attribut, c'est-à-dire le son verbal,
restant le même), soit par le changement de l'attribut (le sujet,
c'est-à-dire l'objet signifié, ne variant pas). Mais, en même temps,
l'acte de foi inhérent aux anciens jugements s'en est détaché
pour s'attacher par degré aux nouveaux. Il est donc certain que
les linguistes, peut-être sans le savoir, étudient des courants
de foi, tout aussi bien que les mythologues. Quant à ceux-ci, la
chose est trop claire, et je ne fais que l'indiquer. Au cours d'une
évolution religieuse, n'est-ce pas une certaine quantité de foi
croissante ou décroissante, qui, passant de mythe en mythe,
de légende en légende, constitue toute l'âme et la vie cachées
de cet enchaînement de phénomènes ? La foi se déplace comme
la force, mais, comme la force, elle persiste. C'est ainsi qu'en
se substituant, chez un peuple religieux, notamment aux États-
Unis, aux religions établies, des philosophies telles que le posi-
tivisme de Comte, l'idéalisme de Kant, l'évolutionisme de Spencer, deviennent de nouvelles religions prêchées dans de nouveaux temples à Boston, New-York et ailleurs. Religions, en
effet, par la profondeur et le *volume* de la foi qu'elles ont dé-
tournée des dogmes.

Telles sont les langues, telles sont les religions, considérées
comme croyances. Mais, bien que ce soit là leur côté dominant,
elles peuvent être ausssi envisagées comme désirs. Si les notions
verbales et les notions religieuses d'un peuple sont une partie
toujours considérable de son savoir (erroné ou non), les services
que lui rendent sa langue plus ou moins riche ou perfectionnée,
et sa religion plus ou moins élevée ou pure, en répondant dans
une mesure variable à ses besoins de tout genre, et d'abord aux
besoins littéraires développés par le génie de sa langue, aux
besoins moraux développés par le caractère de sa religion, sont
une partie notable aussi de sa richesse. Toutefois, c'est surtout

dans ses mœurs et ses institutions politiques, dans ses industries et ses arts, qu'il faut chercher les courants principaux de son désir, qui, de desseins en desseins, de passions en passions, de besoins en besoins, circule à travers les âges.

En généralisant, on peut dire qu'une nation, à un moment donné, dispose pour alimenter sa religion ou ses industries, sa langue ou sa législation, sa science ou ses institutions politiques, d'un budget de croyance ou de désir limité, dont un chapitre ne peut s'accroître aux dépens des autres, du moins aussi long-temps que de nouvelles *sources* de foi et de désir, c'est-à-dire de nouvelles découvertes ou inventions capitales, ne sont pas venues s'ajouter aux anciennes. Aussi voit-on, d'un âge à l'autre, la proportion de ses diverses dépenses de ce genre varier énormé-ment ; ici, par exemple, la majeure partie de la croyance s'immo-biliser en traditions et en dogmes, là s'écouler en théories ou en connaissances expérimentales ; ici la plus grande somme de désir se figer en coutumes et en institutions, là se répandre en législation et en industrie. N'avons-nous pas quelques raisons de conjecturer, notamment, que la quantité proportionnelle de foi engagée dans les mots et les formes verbales a beaucoup décru depuis les temps primitifs, où tout mot paraissait un être, toute entité une réalité, où la vertu du langage, mythologique d'ailleurs dans sa source, suffisait à créer des dieux (*numina nomina*), où non seulement l'infaillibilité du mot devenu idole, mais la toute-puissance de la parole appelée prière, ne rencon-traient pas d'incrédule ? En revanche, n'y a-t-il pas lieu de penser que la quantité de croyance dépensée, sous le nom de science, en études de tout genre, relativement auxquelles la langue n'est qu'un instrument, et, sous le nom de confiance ou de crédit, en contrats, en affaires, en relations multiples de la vie sociale, a beaucoup grandi proportionnellement ? Incidemment, observons que le scepticisme croissant des sociétés en train de se civiliser peut fort bien s'expliquer à ce point de vue. Si une même quan-tité de croyance nous est donnée à répartir entre nos diverses idées, la part de chacune d'elles est d'autant plus forte qu'elles sont moins nombreuses. La multiplication des idées doit donc marcher de pair, en général, avec l'atténuation des croyances.

Or l'économie politique nous a appris, dans une certaine mesure, à totaliser de la sorte le désir, qu'elle étudie non directement et en face, il est vrai, mais, ce qui revient presque au même, dans les *richesses* propres à le satisfaire. A ses yeux, tout est évaluable, depuis les denrées jusqu'aux chefs-d'œuvre de l'art, depuis la protection plus ou moins assurée que procurent aux intérêts les institutions ou les mœurs d'un pays, jusqu'aux satisfactions que donnent les vérités scientifiques ou les sécurités religieuses. Le tout lui paraît valoir une certaine somme d'argent. Qu'est-ce que cela signifie, sinon que, sous la multiplicité de ses formes et l'hétérogénéité de ses objets, le désir humain est identique, susceptible d'accroissements ou de diminutions comme toute chose homogène ? L'économie politique, remarquons-le, traite des richesses, comme la mécanique traite des forces : elle s'occupe de leur production, de leur conservation, de leur distribution, de leur emploi et de leurs métamorphoses. Si l'on écrit désirs au lieu de richesses, on verra qu'elle a pour objet propre le second des deux aspects de la science sociale, tels que je les définissais plus haut. Notons cependant qu'elle ne l'embrasse pas tout entier et qu'elle demande à être complétée par la Politique, la Morale et le Droit, dont l'ensemble forme avec elle la Téléologie sociale ; pourtant l'idée de valeur est le fond commun de toutes ces sciences, et l'Économie politique qui se l'est en quelque sorte appropriée peut prétendre à les absorber sous ce rapport.

Mais, quant au premier aspect, nulle science existante ne s'en inquiète. Il n'y en a pas, en effet, qui, avec une largeur analogue, embrasse les diverses branches de la pensée humaine sous un même point de vue, comme l'économie politique confond dans le sien les divers courants de l'activité humaine. La monnaie est la mesure commune des divers biens ; quelle est la mesure commune des diverses idées, des diverses vérités ? Cependant tout le monde sent bien que la source est la même, où puisent inégalement toute leur force les catéchismes et les théories, toujours luttant pour se la disputer ; qu'à travers les propositions de nature dissemblable qui constituent tout l'avoir intellectuel d'une époque, dogmes, théorèmes, opinions politiques, et aussi bien prévisions et espérances, principe de tous nos contrats, de toutes nos entreprises, de toutes nos guerres, de toutes nos révolutions, passe un fleuve de foi multiforme et continu, identique et multicolore ; et qu'il y aurait peut-être lieu de se demander si la naissance de ce fleuve, la distribution de ses eaux et leur direction générale ne sont pas soumises à des lois.

III

Dirons-nous que la tâche de la Logique devrait être précisément de remplir ce vaste programme? Oui, mais à la condition d'élargir singulièrement le sens du mot Logique, au point d'y faire rentrer l'illogique même ; et semblablement il faudrait que a Téléologie, pour accomplir une œuvre analogue, étudiât non seulement l'accord des moyens aux fins, mais le désaccord des fins entre elles. Avant tout, commençons par mettre en dehors de chacune de ces deux sciences la production des sommes de croyance ou de désir qu'elle manie sciemment ou à son insu, et dont la répartition entre des jugements ou des desseins divers doit seule l'occuper. Ces forces psychologiques sont comme un fleuve grossi par les affluents les plus multiples et les plus obscurs à leur source. Le courant de foi où puisent toutes nos idées déborde le matin au réveil, surtout par un jour de bonne santé, de soleil, de voyage instructif; il va s'abaissant vers le soir, tombe au-dessous de l'étiage et tarit tout à fait au moment du sommeil. Outre ses conditions organiques, il dépend du hasard des perceptions qui nous stimulent le long de notre route; il dépend aussi de l'étendue et de la netteté de notre mémoire qui emmagasine ces excitations. Notre courant de désir, de même, dérive non seulement des dispositions variables de nos organes, mais encore des rencontres fortuites que nous avons faites, par exemple de la vue d'une femme dans la rue, et de la vivacité de notre imagination qui perpétue en nous l'effet de cette secousse. Voilà pour l'individu. Quant au courant non moins variable de foi et de désir, qui arrose une société, en tant qu'il n'est pas seulement formé par la juxtaposition des petits courants individuels, mais qu'il est produit par l'action sociale de ces individus les uns sur les autres, il est sous la dépendance de causes semblables sous d'autres noms. Indépendamment de la race et du climat (1), il est alimenté par l'afflux

(1) L'un et l'autre sont toujours plus ou moins modifiés et refondus par l'action sociale et les causes historiques.

des découvertes (sortes de perceptions difficiles des sociétés comme les perceptions sont des découvertes faciles de l'individu) et des inventions (sortes de rencontres heureuses) qui éclosent dans le sein d'une nation ou sont importées du dehors, avec une précipitation ou une lenteur très inégale aux diverses époques, et qui sont propagées par une fièvre plus ou moins intense, plus ou moins épidémique d'imitation (sorte de mémoire sociale). Ces accès d'enthousiasme et de torpeur, de fanatisme et de scepticisme, qui soulèvent ou abattent les peuples au cours de leur histoire, ne s'expliquent pas autrement.

Mais laissons là l'étude de ces causes. Elle appartient à la psychologie et à la sociologie élémentaires, à l'une notamment par une bonne théorie de la perception et du souvenir (V. à ce sujet M. Ribot), à l'autre par une explication de l'invention ou de la découverte et les lois de l'Imitation. Prenons maintenant, en un même tas, toutes les croyances et tous les désirs qui existent, à un moment donné, disséminés entre mille jugements et entre mille projets formulés ou implicites, et posons dans toute sa généralité le problème qui s'impose à la Logique d'une part, à la Téléologie de l'autre. Disons d'abord que ces jugements et ces desseins peuvent être groupés soit dans l'enceinte d'un même cerveau, soit dans les limites d'une même nation. Dans le premier cas, ils feront l'objet de la Logique et de la Téléologie individuelles ; dans le second, de la Logique et de la Téléologie sociales. Ces deux branches de chacune de ces sciences se rattachent d'ailleurs intimement l'une à l'autre, on le verra, comme deux espèces d'un même genre. Sans doute, il importe de distinguer si les idées qui se combattent ou s'accordent, si les penchants qui s'entravent ou s'entr'aident, sont inhérents à une même personne ou à des personnes différentes ; mais les effets de ces conflits et de ces concours dans les deux cas se ressemblent étrangement ; et, puisque nous avons constaté ci-dessus le caractère identique des impressions appelées par nous croyance et désir, à travers les esprits les plus dissemblables comme à travers les sensations les plus hétérogènes, nous ne devons voir aucune difficulté à déployer en sciences sociales deux sciences confinées jusqu'ici, la première du moins, dans le domaine de l'individu isolé, autant dire abstrait et artificiel.

Cela dit, quelle est la tâche de la logique, soit individuelle, soit sociale, mise en présence d'un tas de jugements divers et groupés, qui se divisent entre eux la somme de foi d'un homme, d'un peuple? Parmi ces jugements, il en est qui se contredisent, d'autres qui se confirment, d'autres qui ne se confirment ni ne se contredisent. Elle doit indiquer les changements qu'il conviendrait de faire subir à la répatition de la croyance affirmative ou négative, et de ses divers degrés, entre les termes dont se composent ces jugements, pour éviter leur contradiction et obtenir leur accord ou leur non-désaccord, c'est-à-dire pour permettre aux doses de croyances engagées dans les divers jugements de s'additionner ensemble sans soustraction ou sans déchet.

Quelle est, de même, la tâche de la téléologie, soit individuelle, soit sociale, devant un chaos de tendances et de volontés que lui présente un homme ou un peuple, qui en partie se contrarient, en partie convergent, en partie se côtoient indifféremment? Elle doit dire comment il convient de distribuer le désir, soit changé de signe, de désir proprement dit devenu répulsion, ou vice versa, soit changé d'intensité, entre les divers objets des tendances et des volontés dont il s'agit, pour que la convergence des désirs sociaux parvienne à son comble, et leur contrariété à son minimum, c'est-à-dire pour que leur *somme algébrique* donne la quantité la plus élevée.

Je suppose qu'on veuille faire l'inventaire des richesses et des lumières d'une nation. On a bien souvent essayé, fort mal il est vrai, l'inventaire des richesses nationales, du moins l'inventaire partiel; M. Bourdeau nous apprend, par exemple, que la valeur des produits annuels dus aux animaux domestiques est égale en France à 7 milliards. Mais personne n'a songé à inventorier les lumières nationales, bien que ces deux termes se correspondent à merveille et que la distinction du capital et du travail, spécialement, s'applique à l'un comme à l'autre. Si, en effet, nous entendons comme il faut l'entendre cette fameuse distinction sur laquelle les économistes ont versé tant d'encre inutile, si nous réservons le nom de capital à l'ensemble des *inventions* dont une nation dispose, dont elle a le goût et la possibilité de se servir, et si nous attribuons le nom de travail à l'ensemble des produits obtenus par l'exploitation de ce capital, par la reproduction à millions d'exemplaires de la première œuvre produite par chaque inventeur, nous verrons qu'une distinction analogue se montre en fait de connaissances. N'y a-t-il pas à distinguer, d'une part l'ensemble des *découvertes*, des principes, inscrits en tête des catéchismes, des grammaires, des lois, des sciences, d'une société, et, d'autre part, la reproduction à millions d'exemplaires de ces notions effectivement *capitales*, par les séminaires, les prédications, les collèges ou les pensionnats, les Ecoles de droit ou de médecine, les tribunaux, etc.? Bien mieux, la manière dont se grossit le capital est la même ici et là. Parmi les innombrables inventions brevetées ou non que chaque année voit éclore, et qui toutes aspirent à se propager, il en est un petit nombre seulement qui se propagent, et celles-ci s'ajoutent au patrimoine industriel, artistique, militaire, de la nation. De même, parmi ces flots de renseignements divers, d'informations de tout genre et de tout pays, en un mot de découvertes petites ou grandes, dont la presse quotidienne ou périodique est le torrent, et qui prétendent également se perpétuer dans la mémoire humaine, la majorité s'oublie, se dépense, le reste est économisé en partie et ajouté au trésor scientifique, juridique, historique, intellectuel, de la communauté. En outre, une bonne part des inventions nouvelles qui viennent ainsi accroître le capital de l'action sociale, consiste en améliorations, en perfectionnements suggérés par la pratique des inventions précédentes ; et de même une portion notable des découvertes nouvelles qui enrichissent le capital de l'intelligence sociale consiste en développements des découvertes anciennes, provoqués par l'enseignement ou l'application de celles-ci : les ingénieurs font ainsi progresser l'industrie pendant que des hommes de loi font avancer la science du droit ou les professeurs une science quelconque.

Tout ceci montre que les lumières d'une nation peuvent être traitées comme ses richesses, et totalisées de même. Eh bien, si l'on essaie ce double inventaire, on remarquera deux choses à propos de chacun d'eux. En premier lieu, à égalité de désir condensé en richesses nationales, tout autre devra être leur inventaire, suivant que ce désir général se divisera en désirs spéciaux dont les uns servent à produire l'objet des autres, c'est-à-dire sont le moyen dont les autres sont le but, et réciproquement, en sorte que leurs produits peuvent s'échanger par le

commerce, — ou que ce désir général se divisera en désirs spéciaux dont les uns ont pour objet d'empêcher ou de détruire
l'objet des autres, c'est-à-dire sont un obstacle pour ceux-ci. Ce
dernier cas, à l'époque féodale, se réalisait par les dépenses que
faisait chaque château pour s'armer et se fortifier contre ses voisins ; il se réalise encore de nos jours par le temps et l'argent
employé en guerres électorales, ou en procès, ou même en concurrences commerciales en tant que les industriels rivaux font
des frais pour dénigrer la marchandise d'autrui et non uniquement pour vanter la leur (1). Or n'est-il pas certain que, dans le
cas des désirs s'entre-servant, leurs produits doivent être addi-
tionnés les uns aux autres, tandis que, dans le cas des désirs
s'entre-nuisant, leurs produits doivent être soustraits les uns des
autres, dans l'inventaire *social* qui en est dressé par hypothèse ?
— De même, en sommant la croyance générale de la nation, il
y aura à distinguer si elle se répartit en croyances spéciales qui
ne se contredisent pas, qui souvent même se confirment et peuvent se servir d'argument les unes aux autres, s'échanger par
l'enseignement ou le renseignement mutuel les unes contre les
autres, — ou si elle se fractionne en opinions contradictoires, en
connaissances qui servent d'objection les unes contre les autres,
soutenues par des religions qui s'anathématisent, par des écoles
rivales et hostiles, par des tribunaux dont la jurisprudence est
contraire, par des sectes politiques en lutte, par des livres ou des
journaux en polémique. Dans le premier cas, il y aura lieu à
addition, dans le second cas à soustraction des lumières inven-
toriées. Par suite, à quantités égales de croyance et de désir,
l'inventaire du double actif dont je parle donnera des chiffres
proportionnels au degré d'harmonie systématique des intérêts
et des idées. — Aussi, quoique, dans une large mesure, la contradiction soit un ferment nécessaire comme la concurrence,
comme la liberté de l'enseignement, de la presse et de la conscience, comme la liberté du commerce et de l'industrie, et
quoique la logique elle-même et la téléologie exigent ces anomalies, car toutes deux poursuivent un maximum encore plus qu'un

(1) Quant aux frais exigés pour l'armement de la nation et pour la justice criminelle, ils servent à protéger tous les intérêts nationaux, et c'est seulement si l'on
faisait un inventaire général des richesses de plusieurs nations à la fois qu'on devrait
considérer les premières de ces dépenses comme devant être *soustraites* les unes
des autres et non *additionnées*.

équilibre de croyance et de désir satisfaits, et l'équilibre seulement en vue du maximum ; cependant il est clair qu'à travers
ses agitations le monde social s'achemine vers un terme lointain
où la solidarité des intérêts aura absorbé presque toute division
et l'unanimité des esprits presque toute dissidence. En attendant, nous voyons le socialisme d'État marcher dans cette voie
à pas de géant, mais de géant borgne qui s'entrave lui-même
dans sa précipitation et atteint souvent le contraire de son but.
Car les croyances qu'il supprime sont souvent des collaborations
inconscientes, bien préférables aux coopérations forcées qu'il
établit.

Voilà pour le premier point. Admettons maintenant que tous
les désirs contraires aux désirs les plus forts, que toutes les
croyances contradictoires aux croyances les plus fortes, aient
été éliminés par sélection. Cela suffirait-il ? Non. En second lieu,
il y aura à se demander si les désirs servant de moyens sont
d'une intensité proportionnée à celle des désirs qu'ils ont pour
but de satisfaire, c'est-à-dire si l'activité de chaque production
est inférieure ou supérieure aux exigences de la consommation
correspondante ; grave problème que les socialistes espèrent
résoudre dans l'avenir par la prévoyance fondée sur la statistique. Pareillement, la question pourra et pourrait déjà s'élever
de savoir si, dans ce vaste atelier universel de la science ency-
clopédique où tous les savants s'entre-éclairent de rayons purs
sans nulle interférence ténébreuse, et collaborent à une même
synthèse future, les diverses branches d'études sont embrassées
avec une ardeur intellectuelle en rapport ou non avec leur importance théorique ; si, par exemple, l'érudition historique et
archéologique en ce moment n'est pas en *surproduction* à certains égards.

Il me semble qu'à présent les définitions données ci-dessus
de la logique et de la téléologie doivent commencer à s'élucider.
Revenons-y. Comme premier corollaire de ces définitions, nous
voyons que la logique et la téléologie partent de certaines données dont l'origine leur importe peu, dont elles n'ont ni à augmenter ni à diminuer le nombre, et qu'elles trouvent toutes
faites dans l'esprit d'un homme ou dans les esprits d'un peuple ;
ces données sont les notions propres à servir de sujets ou de
prédicats affirmés ou niés, dans des prémisses ou des conclu-

sions, et les modes d'action ou de satisfaction à fuir ou à rechercher, propres à servir de moyens ou de fins. Comment, dans le syllogisme classique, les notions de *Socrate*, d'*homme*, de *mortel*, se sont-elles présentées à l'esprit du logicien qui les combine ? Celui-ci ne nous le dit pas. La logique sociale n'a pas non plus à se demander tout d'abord d'où viennent les conceptions mythologiques ou linguistiques, scientifiques ou juridiques, qui se disputent, à un moment donné, l'opinion populaire ; par la même raison que la morale est étrangère à l'apparition des articles fabriqués, des œuvres d'art, des utilités spéciales qui, à une phase donnée de la civilisation, font appel aux convoitises des consommateurs. La morale se borne à conseiller de repousser l'offre des uns, d'user des autres, et de les repousser ou d'en user avec un certain degré variable d'énergie, le tout pour la plus forte organisation possible des volontés nationales sous l'empire de l'une d'elles momentanément ou constamment prédominante. La logique sociale donne dans sa sphère des indications toutes pareilles en vue d'organiser le système des opinions nationales par leur ajustement et leur subordination à l'une d'elles, dogme ou principe constitutionnel, dont la souveraineté est reconnue.

Il suit de là que l'objet exclusif de la logique et de la téléologie est le maniement, la direction de la croyance et du désir. Seulement, nous voyons aussi par nos définitions que cette direction est de deux sortes ; et il est à regretter que cette distinction ait si complètement échappé aux logiciens, sinon peut-être aux moralistes (qu'on pourrait appeler, en somme, ainsi que les économistes souvent, des téléologistes sans le savoir). D'une part, en effet, la logique nous dit qu'il y a lieu, si nous tenons à ne pas contredire nos principes les plus sacrés, soit proprement les nôtres (logique individuelle) soit ceux de notre société (logique sociale) de nier précisément telle chose que nous affirmons, d'affirmer telle autre chose que nous nions ; comme la morale nous dit qu'il y a lieu, si nous voulons ne pas entraver dans son accomplissement notre but majeur, le salut chrétien, la gloire, la fortune (morale individuelle) ou le but majeur de notre patrie (morale sociale) de rechercher telles occupations, telles affections que nous évitons et de fuir telles autres que nous poursuivons. Pour nous permettre de vérifier si nous avons affirmé et nié quand il le fallait, la logique nous présente et nous recommande une excellente pierre de touche, le syllogisme ; et nous verrons qu'il y a une pierre de touche analogue, un syllogisme téléologique, à l'usage de la morale. D'autre part, la logique doit nous dire aussi, à mon avis, avec quel degré d'énergie il y a lieu d'affirmer ce qu'elle nous conseille d'affirmer, de nier ce qu'elle nous conseille de nier, si nous voulons ne pas nous contredire en un autre sens différent du premier ; comme la morale nous apprend dans quelle mesure et avec quelle force nous devons nous livrer à tel plaisir qu'elle approuve et nous sevrer de tel autre plaisir qu'elle blâme, si nous voulons être pleinement conséquents avec nous-même et proportionner l'énergie des efforts dépensés dans le moyen à la force du vouloir incarnée dans le but.

Jusqu'ici les logiciens ont absolument négligé cette seconde partie de leur tâche ; ils ne se sont attachés qu'à la première, et encore ne l'ont-ils remplie que bien incomplètement. Toute leur théorie du syllogisme se fonde sur la classification des propositions en quatre types : l'universelle affirmative et l'universelle négative, la particulière affirmative et la particulière négative. Cela signifie qu'ils distinguent simplement l'affirmation et la négation et qu'ils subdivisent chacune d'elles suivant que la chose affirmée ou niée est une particularité ou une universalité. Mais, si nous analysons cette dernière distinction, nous verrons qu'elle a pour termes des composés obtenus par la combinaison des termes de la première. Qu'est-ce, en effet, que cette idée de totalité, d'universalité, sur laquelle on a tant débattu ?

Un jugement universel peut se former en nous de deux manières : soit par une seule constatation, si elle me montre que le sujet et l'attribut sont la même chose vue sous deux aspects différents (toute ligne droite est le chemin le plus court), soit par un certain nombre de constatations conformes les unes aux autres (tout corps pèse). N'importe, quel qu'ait été son mode de formation, le jugement universel, en tant qu'universel, signifie ceci : 1° qu'on songe à la répétition réelle ou possible, présente, passée et future, de la constatation du sujet et de la constatation de l'attribut, par *soi-même* ou par *autrui* ; 2° qu'on affirme le fait que le lien indiqué entre le sujet et l'attribut sera constaté ou pourra être constaté ainsi un certain nombre de fois, un nombre de fois d'ailleurs essentiellement indéterminé, par des observateurs non hallucinés, dans l'intelligence desquels on a eu, on aura ou on aurait confiance ; 3° qu'on nie le fait que, même une fois, la non existence de ce lien a été ou sera ou pourra être constatée (1). Quand je dis que tout corps pèse : 1° en pensant ce *tout* je pense à *des* corps qui ont été, seront ou pourront ou auraient pu être soumis à la balance, *non seulement par moi, mais par des savants* réels ou possibles, jugés par moi ou par autrui suffisamment compétents (que d'actes de foi, que de certitudes conditionnelles impliquées dans toutes ces possibilités (2) pensées!); 2° j'entends dire que je crois me souvenir d'avoir soumis des corps à la balance et les avoir trouvés pesants, et que je crois que des savants réels ou possibles, à la condition d'être suffisamment capables, ont expérimenté ou expérimenteront ou auraient pu expérimenter le même phénomène ; 3° j'entends dire enfin, et c'est là le point essentiel, que je nie avoir une ou plusieurs fois trouvé un corps ou des corps non pesants, et que je nie avoir appris une ou plusieurs expériences négatives de ce genre faites par des savants dans l'habileté desquels j'ai confiance. — De ces trois éléments, on le voit, le premier n'est que l'application de l'idée du nombre, supposée préexistante dans l'esprit, au sujet et à l'attribut, pensés comme nombrables, c'est-à-dire affirmés tels ; nous en reparlerons plus loin. Quant aux deux derniers, ils consistent à affirmer une pluralité d'observations semblables et à nier une unité dissemblable, combinaison d'où résulte ce que nous entendons par totalité. C'est tout ce qu'il y a dans cette idée de l'universel, dont celle du particulier ne diffère que parce que la négation de l'unité non semblable manque à celle-ci et est remplacée par l'affirmation d'une pluralité non semblable, en contradiction avec l'affirmation d'une pluralité semblable. Tout jugement particulier, en effet, implique une contradiction réelle ou apparente, qui, plus ou moins ina-

---

(1) Voilà pour l'universelle affirmative. Quant à l'universelle négative, elle a pour éléments : 1° (*idem*); 2° l'affirmation qu'un certain nombre de fois le lien indiqué entre le sujet et l'attribut a été constaté comme n'existant pas ; 3° la négation qu'une fois il ait été constaté comme existant. Cela revient au même.

(2) Ce qu'il y a de plus essentiel dans la notion du tout, c'est la pluralité *possible*, c'est-à-dire, je le répète, certaine sous condition. Parfois, celle-ci, à elle seule, constitue toute cette notion. Exemple, le jugement par lequel on affirme que tout mouvement d'une certaine vitesse *se continuerait* indéfiniment avec la même vitesse dans le vide absolu. On sait que le vide absolu n'a jamais été ni ne sera constaté.

perçue, ne laisse pas de gêner l'esprit. Aussi le raisonneur aspire-t-il toujours à bannir cette forme de proposition et à lui substituer la proposition générale. « *Quelques* vertébrés sont des mammifères. » Cette manière de s'exprimer, peu scientifique, suppose un esprit ou un certain nombre d'observations qui ont montré que les caractères dits du vertébré joints à d'autres caractères dits du mammifère, se trouvent en conflit avec un certain nombre d'observations qui lui ont fait voir les premiers caractères non joints aux seconds. Pour éviter ce qu'il y a de confus, c'est-à-dire en réalité de contradictoire (je dis contradictoire, car on n'a pas soin de dire et de remarquer que les caractères du vertébré joints aux caractères de mammifère ne sont pas tout à fait les mêmes, ou dans les mêmes conditions, que les caractères du vertébré non joints aux caractères du mammifère), dans cet énoncé, familier aux esprits mal dégrossis et mal accordés, un savant dira : « *Tous* les vertébrés qui ont des mamelles sont des mammifères. » Et l'on sait les efforts qu'ont faits les logiciens de ce siècle, Morgan et Hamilton en tête, efforts malheureux du reste, pour remédier à l'imperfection sentie du jugement particulier. C'est qu'en effet le jugement universel, y compris le jugement individuel, qui en est l'équivalent pour la perception, est le jugement par excellence, le seul pur et sans mélange de contradiction. Pour une pensée vraiment philosophique, il n'y aurait pas lieu à la distinction scolastique des quatre propositions. Il suffirait de distinguer la proposition affirmative et la proposition négative, l'une et l'autre constamment universelles ou individuelles, ce qui reviendrait au même. D'ailleurs, en tant qu'elle sert vraiment à penser et à raisonner, la proposition particulière elle-même se présente avec un caractère d'universalité facile à reconnaître. Celle-ci : « Quelques cygnes sont noirs » signifie que tous les observateurs, sans une seule exception, s'accordent et ne peuvent pas ne pas s'accorder à constater la noirceur de certains cygnes. Le malheur est qu'on ne spécifie pas ici quels sont ces cygnes; au contraire, la proposition individuelle est très nette à cet égard, aussi nette que la proposition universelle. Quand je dis que Paul est blond, ou que la bataille d'Austerlitz a eu lieu le 2 décembre 1805, j'entends que tout le monde, sans exception, doit s'accorder là-dessus, et je désigne le terrain précis de cet accord. La proposition individuelle, dirai-je, est pour la perception l'équivalent de la proposition universelle : en effet, quand je perçois la blondeur de Paul, suivant la manière de percevoir propre à un esprit humain, j'entends ou je sous-entends que l'*on* (c'est-à-dire tout le monde) a perçu, percevra ou devra percevoir la blondeur de Paul, toutes les fois qu'on a remarqué ou qu'on remarquera son teint, — comme, lorsque je conçois la mortalité de tous les hommes, je veux dire que l'on a conçu, concevra ou devra concevoir la même idée et jamais l'idée contraire (*devra concevoir*, c'est-à-dire concevra si l'on remplit les conditions de raison et d'intelligence que je *crois* requises). Aussi l'on raisonne fort bien sur les (1) perceptions et sur les faits historiques qui sont essentiellement des jugements individuels (2). Que ne déduit-on pas, en histoire, d'une date bien avérée? Mais la proposition particulière des anciens logiciens se présente, de prime abord, comme une proposition non universelle, et, par ce caractère négatif, elle achève de démontrer que la vieille logique, comme je viens d'essayer de la mettre en lumière, a construit son échafaudage sur la simple différence de l'affirmation et de la négation.

C'est dire, encore une fois, qu'elle s'est uniquement occupée de la croyance sans y prendre garde, mais de la croyance envisagée par un seul de ses aspects, avec un parfait oubli des autres. Le *degré de conviction* avec lequel les affirmations ou les négations dont il s'agit sont prononcées par l'esprit ne paraît intéresser nullement le logicien ; et il ne semble pas se douter que l'*importance du jugement universel se proportionne au degré de confiance qu'on a* dans la fidélité de ses souvenirs personnels ou dans la sincérité des renseignements d'autrui sur la foi desquels on affirme ou on nie les observations qu'il exprime. Même quand il a pour origine l'abstraction rationnelle et non l'association empirique, la séparation de deux idées incluses l'une dans l'autre ou paraissant telles, et non la réunion de deux idées extérieures l'une à l'autre ou paraissant telles, l'analyse qui four-

---

(1) Ce que j'accorde pleinement à M. Binet, c'est que la perception est la conclusion d'un raisonnement. Quand je perçois qu'un son entendu par moi est un son de cloche, je me suis rappelé que tout son affecté d'un timbre spécial *est* un son de cloche (majeure), et j'ai remarqué que ce son a ce timbre spécial (mineure), d'où j'ai conclu que c'est un son de cloche.

(2) César était chauve ; cette médaille représente César ; donc cette médaille représente une tête chauve. — Desaix est mort le jour de la bataille de Marengo ; la bataille de Marengo a eu lieu en 1800 ; donc Desaix est mort en 1800.

nit les données du jugement est loin d'entraîner toujours la conviction avec une égale force, et, par suite, on n'est pas toujours également convaincu en affirmant la reproduction possible ou réelle du fait dit nécessaire un nombre illimité de fois, et en niant la réalité ou la possibilité d'une exception à ce fait. Le mathématicien, dont c'est pourtant le métier, comme l'a dit Taine, de fabriquer des vérités à priori, est tout autrement sûr de l'axiôme d'Euclide sur les parallèles que d'un théorème mathématiques supérieures nouvellement découvert. A vrai dire, il ne sera bien persuadé de la vérité de ce dernier qu'après qu'il l'aura vu accepté unanimement ou à peu près unanimement (car l'unanimité même en géométrie est lente à s'établir) par ses confrères ou par les maîtres de la science, fût-il maître lui-même.

Il y a, en effet, toujours à tenir compte, si l'on veut expliquer une généralisation quelconque, *de la communication sociale des croyances;* et je m'étonne qu'on ait cru pouvoir, par les seules ressources de la psychologie, sans faire appel aux phénomènes sociologiques, tenter cette explication. Y a-t-il des idées générales dans l'esprit de l'enfant qui ne parle pas encore? En tout cas, y en aurait-il sans une prédisposition héréditaire due à l'usage de la parole chez ses parents et ses aïeux? C'est fort improbable. Sans doute, la mémoire visuelle, auditive, tactile, renferme les traces des sensations passées, traces qui sont des signes pour nous, — pour nous seuls, avant que ces signes aient été à leur tour signifiés et singulièrement éclaircis par des mots, — j'ajoute même que ces signes-là, au moment où ils se représentent, ont lieu d'intéresser grandement l'animal, car ils lui permettent de *classer* jusqu'à un certain point la sensation qui les réveille, et, par une sorte d'action réflexe assimilable de très loin à un raisonnement, de prévoir la reproduction prochaine d'une sensation accompagnée de plaisir ou de peine. Mais ce vague *classement* doit rester indéfiniment inconscient et incomplet, et les signes-images, pseudo-genres dont les sensations sont les pseudo-espèces, ne sauraient apparaître comme genres véritables, indépendamment de leurs espèces discernées elles aussi comme telles, ni être classés à leur tour dans des genres supérieurs. Pourquoi? Parce que, tant que l'esprit ne songe pas à communiquer ses images intérieures, il lui est inutile de prêter attention à elles isolément en l'absence de leurs sensations, et parce que, si par hasard il s'y arrêtait, il ne trouverait pas dans sa mémoire sensitive les genres supérieurs dont il s'agit, les images d'images, les signes de signes, que les mots d'une langue peuvent seuls lui fournir, et à défaut desquels ces marques sensitives ne s'auraient s'organiser le moins du monde. Dans un esprit formé, c'est-à-dire qui parle, une sensation se rattache à l'image (semblable ou différente), qu'elle évoque, de la même manière que cette image elle-même se rattache à son nom, qu'elle évoque aussi, et de la même manière que ce nom se rattache à un nom plus général par lequel on le définit. L'image visuelle ou tactile de mon *couteau* est en quelque sorte le mot dont le contact ou la vue de mon couteau est le sens ou l'un des sens, de même que cette image est le sens ou l'un des sens du mot *couteau*, et de même que le mot couteau est le sens ou l'un des sens du mot *outil*. Le rapport de la sensation à l'image s'est modelé à la longue sur celui de l'image au mot. — Ainsi, c'est le besoin de communiquer à d'autres esprits ses propres images, besoin créé et servi, développé et satisfait parallèlement, par le langage au cours de ses progrès, qui a seul permis à ces images de se préciser d'abord, d'apparaître comme elles distinctement par une sorte de généralisation embryonnaire, puis de se généraliser en idées susceptibles d'apparaître elles-mêmes comme telles, sous la forme indispensable des mots de la langue. Et quand, devenu de la sorte tout verbal, l'esprit est devenu par conséquent tout social par son habitude de penser à l'usage ou à l'adresse d'autres esprits, eux-mêmes orientés vers d'autres, il est clair que le jugement universel ne saurait jamais se limiter à exprimer des expériences ou des analyses personnelles, jointes aux prévisions personnelles suggérées par ces expériences ou ces analyses, mais qu'il doit inévitablement, essentiellement, comprendre l'idée, implicite ou explicite, des expériences ou des analyses d'autrui, et des prévisions d'autrui. C'est dire que le jugement universel se compose en majeure partie non de certitudes, de convictions superlatives auxquelles certains esprits refusent à tort le nom de croyances, mais bien de croyances contestables et souvent extrêmement faibles. C'est donc une lacune très grave de n'avoir paru attacher aucune importance à cette considération des degrés de foi.

Avant de montrer les suites de cette négligence, j'ouvre une parenthèse pour me demander d'où provient ce besoin de généralisation et de classification auquel l'idée générale et le jugement universel donnent satisfaction, mais qu'ils supposent avant tout. Pourquoi, à la vue ou à l'idée d'un objet, si nouveau qu'il soit pour nous, sommes-nous portés à chercher en lui des ressemblances avec d'autres, à le décomposer en ces similitudes élémentaires et à le croire à priori susceptible de se reproduire tout entier un nombre indéfini de fois? Parce que nous vivons dans un monde essentiellement répétiteur, où même ce qui ne se répète pas, par exception, la nuance individuelle la plus fugitive, a une tendance manifeste à se répéter, et parce que nous-mêmes, participant à cette tendance unanime et profonde, vivant par le cerveau, « organe essentiellement répétiteur » aussi, nous ne songeons toujours qu'à nous répéter ou à répéter autrui de mille manières, par nos habitudes machinales ou par nos imitations moutonnières dont se composent au fond nos caprices les plus singuliers et nos innovations les plus libres. Et voilà peut-être ce qui explique la fécondité logique du rapport de ressemblance; c'est qu'il implique un rapport de répétition, c'est-à-dire de filiation et de causalité (1). — Pourquoi, en outre, éprouvons-nous le besoin de coordonner entre elles, par une classification savante, par une superposition d'espèces et de genres de plus en plus élevés, ces exemplaires réels ou possibles de chaque chose qui vient de se présenter à nous comme un modèle à copier? Parce que la nature n'est pas seulement une répétition, mais une répétition variée, et que notre esprit s'est formé à son image. Si tout en elle était répétition, il n'y aurait qu'un genre sans espèces, c'est-à-dire que similitudes sans différences ; si tout en elle était variété, il n'y aurait que des espèces sans genre. Notre classification mentale de genres et d'espèces, sur laquelle se fonde toute notre faculté de raisonnement, n'a donc été rendue possible, comme cette faculté elle-même, que par le caractère de répétition

---

(1) Quand une sensation nouvelle rappelle son image qui lui ressemble (d'ailleurs bien vaguement) est-ce celle-ci, à raison de sa ténuité et de sa fragilité, qui se rattache et s'appuie à celle-là ? Non, c'est l'état fort qui se reconnaît la copie de l'état faible antérieur à lui et qui se subordonne mentalement à ce vague modèle. Ce n'est donc pas l'intensité du sentir ou de l'imaginer qui est efficace dans ce jugement de perception. Ne vaut-il pas mieux observer qu'*à l'état faible est inhérente une foi forte* dans sa réalité antérieure?

variée, propre à l'univers où nous vivons. — En se pénétrant de cette explication, on voit sans peine ce qu'il y avait de factice et de faux, pour une bonne part du moins, dans la réforme de Morgan et d'Hamilton. Leur tentative part de ce principe qu'on doit pouvoir préciser numériquement la proportion suivant laquelle le sujet est contenu dans le prédicat, ou du moins que cette proportion existe *toujours*. Au lieu de : « les mammifères sont vertébrés », on devrait dire par exemple : « les mammifères sont le *dixième* des vertébrés ». Mais, en admettant que cette proportion fût connue et fût exacte pour le moment, elle ne doit avoir aucune valeur à nos yeux sous peine de nier cette possibilité de répétitions sans fin, *sans nombre*, que nous avons jugée essentielle à toute réalité non conventionnelle. Savons-nous et pouvons-nous savoir les espèces nouvelles que le type vertébré en général, que le type mammifère en particulier, peuvent émettre en des circonstances données? Et ces espèces possibles indéfinies, ne les constituent-ils pas autant et plus que toutes leurs espèces réelles, éteintes ou vivantes ? — Mais, quoi qu'il en soit de cette hypothèse accessoire, refermons notre parenthèse.

Recherchons maintenant les transformations qu'opérerait, d'abord dans la théorie du syllogisme, puis dans le système entier de la Logique, et aussi de la Téléologie, le point de vue auquel nous nous plaçons.

IV

Une conduite est en désaccord avec elle-même, tantôt parce que les moyens employés ne sont pas propres à atteindre le but, tantôt parce que, en employant les moyens appropriés, on s'y attache avec une ardeur disproportionnée au désir qu'on a de voir le but atteint, c'est-à-dire plus forte ou plus faible que ce désir dont elle ne devrait être que la réapparition sous une autre forme. Si, par exemple, pour avancer dans sa carrière, un fonctionnaire se fait recommander par un ennemi du ministère, on peut dire qu'il est dépourvu de finalité ; mais il ne l'est pas moins si, pour obtenir un petit avancement qu'au fond il souhaite médiocrement, il se laisse aller à faire toutes sortes de démarches qui lui coûtent beaucoup auprès de personnages d'ailleurs influents. De même, une population ouvrière se conduit d'une manière peu sensée quand, pour développer sa prospérité, elle impose par la grève des salaires exagérés, qui vont avoir pour effet de faire écraser son industrie par la concurrence étrangère ; mais quand, dans le but de se créer un nouveau débouché colonial qu'elle désire un peu, pas beaucoup, une nation industrielle fait à grands frais d'hommes et d'argent une expédition lointaine, où elle déploie tout son enthousiasme patriotique, non sans succès du reste, on peut dire, — et c'est ce qu'on dit en effet de beaucoup de peuples, et non pas seulement de notre pays, — que cette manière d'agir n'a pas été très conséquente. L'inverse est aussi fréquent. Combien de fois, en vue d'un immense intérêt national, qui lui tient cependant fortement à cœur, un gouvernement fait-il ce qu'il faut faire, mais mollement et sans énergie, comme un chrétien qui, tout en souhaitant passionément de gagner le ciel, récite ses prières avec distraction !

Il y a donc deux manières de pécher contre la téléologie. Il y a aussi deux manières analogues de pécher contre la logique, dont la téléologie, y compris la morale, n'est qu'une application à la vie pratique. Tirer de deux prémisses une conclusion qui n'y est pas contenue, c'est être illogique ; les logiciens jusqu'ici ne se sont occupés que de cette façon de mal raisonner. Mais, en second lieu, on peut, tout en concluant juste, être inconséquent, si, de prémisses posées avec un certain doute, on déduit une proposition affirmée avec une entière conviction, ou vice versa (1). Pourquoi ce second genre d'inconséquence, si fréquent pourtant, passe-t-il inaperçu ?

Je l'ignore. Certainement il importe de remarquer, avec la logique ordinaire, que de deux prémisses négatives on ne peut rien conclure (ce qui pourtant n'est pas toujours vrai) ou que deux prémisses affirmatives ne sauraient engendrer une négation. Mais vraiment il faut être bien distrait pour violer de telles règles en raisonnant, au moins en ce qu'elles ont d'exact. Au

(1) C'est ainsi qu'il y a deux manières de mentir : l'une, relativement assez rare, qui consiste à dire ce qu'on ne pense pas ; l'autre, très commune dans la vie privée et surtout dans la vie politique, qui consiste à affirmer avec énergie ce qu'on pense avec doute. Il est bien peu de philosophes mêmes qui, tels que Cournot, ne se bornent pas à exprimer exactement leurs pensées, mais s'efforcent de suggérer au lecteur la mesure exacte de la confiance qu'elles leur inspirent.

contraire, n'arrive-t-il pas presque toujours que l'on affirme avec
plus ou avec moins de conviction qu'il ne conviendrait la conclusion à laquelle on arrive légitimement ? Voici, par exemple,
deux remarques inverses qu'on peut faire assez souvent. D'une
part, quand un jeune géomètre mesure pour la première fois la
surface d'un terrain, ou la hauteur d'une tour, ou la capacité
d'une cuve, il fait un syllogisme dont certains théorèmes de géométrie ou de trigonométrie sont la majeure et dont la mineure
est fournie par ses mesures linéaires. Or, bien qu'il ait une foi
absolue dans la vérité de ces théorèmes et dans l'exactitude de
ces mesures, il ne se fie pas sans réserve à la justesse du résultat
auquel il arrive mécaniquement. Beaucoup d'astronomes mêmes,
sans nul doute, ont de la peine à croire sans hésitation que la
rotation de la terre s'accomplisse avec cette rapidité vertigineuse, inimaginable, dont leurs observations et leurs calculs ne
permettent pourtant pas de douter. En général, dans les déductions mathématiques et physico-chimiques, la croyance est
difficile à entraîner à la suite du raisonnement et reste en retard
sur lui. — D'autre part, quand on discute en philosophie ou en
politique, on commence d'ordinaire par des assertions modérées,
timides, d'où, par degré, on fait jaillir les affirmations ou les
négations les plus tranchantes. Du probable ici on tire le certain, comme plus haut du certain on tirait le probable, et la
croyance marche trop vite comme plus haut elle allait trop lentement. Un député monte à la tribune. D'abord calme, il expose
les difficultés et les raisons pour et contre son amendement;
il confesse que la réforme proposée n'est peut-être pas
demandée par la majorité, ni très fortement par une minorité;
il convient même que le moyen préconisé par lui pour la réaliser
n'est pas infaillible ni sans inconvénients; mais, peu à peu, il
s'anime et finit par arracher des applaudissements en concluant
de là que l'utilité, la nécessité de voter la mesure en question
est incontestable. Telle est la logique de la tribune. Celle du jury
n'est pas toujours meilleure. Il ne serait peut-être pas inutile de
faire observer à de pareils raisonneurs que la croyance a ses
degrés imposés par la logique.

L'étude des vastes champs habituels où s'exerce la logique
vivante, réelle, où se fabriquent chaque jour des milliers de
syllogismes, s'impose forcément au philosophe. Toutefois, que

de traités de logique ne semblent pas se douter de ce qui se passe dans les salles d'audience ou dans les assemblées législatives ! Sans un tel oubli de la réalité, verrait-on des maîtres éminents dire expressément que la question de la croyance est indifférente à la logique ? Indifférente, pourquoi ? Est-ce, par hasard, parce que la logique pure, comme dit l'un d'eux, traite des notions sans se demander si elles correspondent ou non à la réalité, et « les considère dans la pensée, non hors de la pensée ? » Mais, justement, ce qu'il y a de plus subjectif, de plus inhérent à la pensée en elle-même, n'est-ce pas la croyance ? Elle est, à coup sûr, ce qu'il y a de plus *formel* dans la logique dite formelle. Allez donc dire à un avocat qu'il lui importe peu de convaincre plus ou moins son juge de l'innocence ou du bon droit de son client !

Remarquons aussi qu'à l'audience la *conclusion* des syllogismes est toujours connue avant les prémisses. Elle est formulée au seuil des débats. Il en est de même dans les discussions parlementaires, où la proposition à démontrer est présentée d'avance sous la forme de projets de loi, d'amendements, d'ordres du jour. Il ne s'agit pas là, en raisonnant, de faire engendrer la conclusion par les prémisses, comme on le suppose dans les écoles. C'est seulement la foi ou l'accroissement de foi en elle qui reste à produire. En fait, l'utilité du raisonnement réel, pratique, consiste, non pas à faire naître des propositions nouvelles, induites ou déduites (qui se présentent toujours on ne sait comment, *extra-logiquement* dans tous les cas), mais bien à modifier notre opinion, — j'ajoute : ou l'opinion d'autrui principalement, — c'est-à-dire à faire hausser ou baisser notre foi ou la foi d'autrui en ces propositions, ou à la faire même changer de signe, d'affirmative devenue négative ou inversement. A vrai dire, le syllogisme sert bien plus à discuter qu'à méditer; il a trait aux opérations de la logique sociale plus qu'aux fonctions de la logique individuelle ; or, quand on discute, c'est pour persuader. Par suite, traiter de la logique, abstraction faite de la croyance, c'est ôter à cette science sa raison d'être.

Cette lacune, à dire vrai, est si énorme que, même sans l'apercevoir, on a cherché indistinctement à la combler. De là l'obligation où l'on a cru être d'imaginer une nouvelle logique, appelée inductive, pour compléter l'ancienne, manifestement insuffisante. L'appareil compliqué et artificiel de la nouvelle n'est pas propre à la recommander, et l'on ne voit pas bien comment elle se rattache à l'autre. Il serait plus simple de ne voir, au fond de cette distinction des deux logiques et comme sa seule justification, que les deux aspects inséparables d'une logique unique. Dans la logique déductive, on est censé ne manier jamais que des certitudes (écrivez des convictions intenses et toujours, du reste, plus ou moins intenses). Dans la logique inductive, on convient qu'il ne s'agit que de probabilités dont on cherche à élever le degré. C'est presque notre point de vue. Mais, par probabilités, on entend des espèces de propriétés objectives, au lieu de reconnaître le caractère chimérique d'une telle objectivation et de désigner les degrés de probabilités par leur véritable nom : degrés de croyance. — Est-ce que le médecin désireux de confirmer ses hypothèses sur la nature d'une maladie, est-ce que le magistrat instructeur qui cherche à voir un peu plus clair dans une affaire obscure, est-ce que l'historien qui fouille aux archives pour y contrôler indirectement une de ses conjectures, s'adressent à Stuart Mill pour savoir comment ils doivent procéder ? Les *canons* de l'induction leur sont aussi inutiles que les modes et les figures du syllogisme peuvent l'être aux géomètres. Mais, après avoir fait d'instinct des raisonnements, qualifiés inductifs et en réalité déductifs d'une parfaite rigueur, ils sont souvent embarrassés pour décider s'ils sont autorisés à croire au résultat de leurs investigations, précisément autant qu'ils y croient. Là est le seul point difficile. Ces investigateurs ont tant de peine à transformer parfois un simple doute en présomption légère qu'ils se reposent un moment sur ce gradin inférieur de foi pour se rendre compte du gain qu'ils ont fait ; et alors [c'est une satisfaction pour eux de penser qu'en élevant de la sorte au rang de vraisemblance une hypothèse, ils ont élevé au même niveau, si bas qu'il soit, des propositions logiquement liées à la première. |

De ce qui précède, nous pouvons commencer à dégager notre définition de la logique individuelle. Elle ne consiste pas seulement à dire aux gens qui veulent raisonner juste : « Si vous êtes sûrs de ceci, vous devez être sûrs de cela. » Notre manière de voir fait rentrer cette prescription comme un cas particulier dans cette formule plus générale : « Si vous croyez, suivant tel degré donné de croyance, à *ceci*, et que vous désiriez ne pas courir le risque de vous écarter davantage du vrai, ni courir à ce prix la chance d'en approcher par hasard plus près, vous devez croire à *cela* au même degré ou à tel degré supérieur ou inférieur. » Les lois logiques conçues ainsi dans toute leur généralité apparaissent comme des équations ou plutôt comme des équivalences de croyances sous des conditions déterminées. En d'autres termes, le but de la logique est de nous indiquer le sens (affirmatif ou négatif) *et, dans chacun de ces deux sens, le degré de la croyance* que nous devons transporter de nos anciennes propositions à des propositions nouvelles, si nous voulons être assurés de faire participer celles-ci au degré précis de vérité qui est propre à celles-là. Or voici ce qu'il faut entendre par ce degré de vérité, sans entrer dans d'interminables discussions sur la réalité du monde extérieur. Pascal, avant l'expérience du Puy-de-Dôme, croyait déjà un peu à la pesanteur de l'air; il eût été bien plus dans le vrai encore en y croyant beaucoup. C'est ce qui est arrivé après son expérience barométrique (suggérée par Descartes, comme l'a montré M. Fouillée). Le degré de vérité d'une opinion est donc simplement l'intervalle plus ou moins grand qui la sépare de la conviction *maxima, dans le même sens*, à laquelle elle se trouverait élevée par le contrôle expérimental. Et si, parmi toutes nos convictions parfaites, le groupe des convictions parfaites attachées aux jugements immédiats des sens s'appelle *vrai*, c'est parce que le caractère distinctif et exclusif des affirmations ou des négations de cette classe est de pouvoir s'accumuler indéfiniment sans contradiction, c'est-à-dire additionner toujours leurs quantités propres de croyance sans nulle soustraction, tandis que les convictions d'une autre origine, dogmatiques par exemple, ne sont accumulables que jusqu'à un certain point, et, au delà, ne sont que substituables les unes aux autres. Pendant que les sciences diverses en voie de croissance vont se solidarisant de plus en plus, les religions différentes, à mesure qu'elles se développent, vont se heurtant de plus en plus. Si donc l'esprit, comme j'ai cru le montrer ailleurs, tend essentiellement à un *maximum de croyance*, c'est vers les premières qu'il doit finir par se tourner décidément.

Remarque essentielle. Ce caractère propre à tous les jugements de nos sens, à l'état normal, de ne jamais paraître se contredire, n'est peut-être pas une garantie suffisante de leur vérité supérieure. Quand deux sensations différentes, c'est-à-dire dont l'une n'*est* pas l'autre (*car toute différence implique une double négation*), nous frappent simultanément, nous levons leur contradiction en les localisant dans des points différents de l'espace ; ou bien, quand nous localisons deux sensations diffé-rentes dans un même point de l'espace, nous levons la contra-diction en affirmant qu'elles sont successives et non simultanées. Il est possible que l'espace et le temps, en somme, soient de pures fictions subjectives dont toute la raison d'être consiste à nous dissimuler la nature contradictoire de nos croyances préci-sément les plus fortes, et à nous éviter le sacrifice pénible des unes aux autres. C'est ainsi que, par la fiction d'un *sens spiri-tuel* des Ecritures, le théologien, également et profondément persuadé de la vérité des textes inconciliables qui s'y rencon-trent, parvient à les sauver ensemble. C'est ainsi que, par l'hypothèse d'un soi-disant *esprit de la loi*, le jurisconsulte couvre les antinomies de ses articles. Les nations, comme les individus, sont fertiles en expédients ingénieux et inconscients du même genre, pour fermer les yeux sur les démentis inces-sants qu'elles se donnent à elles-mêmes par leurs préjugés les plus chers contraires entre eux et contraires à leurs nouvelles maximes les plus ardemment accueillies, par leurs mœurs con-traires à leurs principes, par leur religion contraire à leur point d'honneur. Elles concilient ou tâchent de concilier tout cela par des *distinguo* à l'infini. Mais la plus éclatante preuve donnée par l'homme social de sa puissance d'imagination conciliante et synthétique, n'est-ce pas l'idée même qui sert de fondement aux sociétés, l'idée du Droit ? Un groupe d'hommes est là, aux pas-sions discordantes, aux avidités contradictoires ; il s'agit de voir ces contradictions sous un jour qui les accorde. Rien de plus simple : à ces facultés en lutte on assigne une place spéciale dans cette sorte d'Espace ou de Temps moral qu'on appelle la Justice, et où les droits divers sont censés ne pouvoir pas plus s'entre-nier que les différents corps ne peuvent, par hypothèse, s'entre-pénétrer dans l'Espace géométrique. Cela est si vrai que lorsque deux droits sont en conflit, ce qui est fréquent comme on sait, les tribunaux qui tranchent la difficulté n'avouent jamais

qu'il y a deux droits en présence et nient purement et simplement la réalité de l'un d'eux, à peu près comme, lorsque deux
témoignages contraires portent sur le même fait, on est persuadé
d'avance que l'un des témoins ment ou se trompe.

Observons-le aussi : quand un jurisconsulte ou un législateur
formule un droit, il est convaincu qu'il *découvre* quelque chose,
une chose préexistante à sa formule, absolument comme un chimiste qui découvre un corps simple juge la réalité de ce corps
antérieure à sa découverte. Si cependant nous réputons par
hasard chimérique ce mystique objet, appelé Justice, que les
législateurs et les jurisconsultes inventeraient en croyant le
découvrir, quelle raison avons-nous de réputer plus réel l'objet,
appelé espace et temps, où les savants se flattent de découvrir
et le vulgaire de percevoir ? Dira-t-on que la mutuelle confirmation, sans nulle contradiction, des jugements de nos sens à l'*état
normal*, nous assure de la réalité de leur objet? Mais les droits
jugés véritables, ne se contredisent pas plus que les jugements
des sens jugés sains. Prouver la réalité des objets extérieurs par
l'accord des jugements *vrais* portés sur eux, et prouver la *vérité*
de ces jugements par la réalité supposée des objets extérieurs :
c'est un cercle vicieux comparable à celui où l'on tomberait en
fondant la réalité de la Justice absolue sur l'accord des droits
vrais, et la vérité des droits sur l'hypothèse de la réalité de la
Justice.

Tout ce que j'ai voulu montrer par là, c'est qu'il importe de
laisser à la porte de la logique la question du réalisme et de
donner pour but à cette science non la recherche ou la révélation de la vérité, mais la direction de la croyance. Rappelons-
nous le raisonnement que s'est fait Pascal avant de monter au
Puy-de-Dôme. Il s'est dit, ou à peu près : « Si l'air, *comme je le
crois un peu*, est pesant, moins sa couche est épaisse, moins il
doit peser dans le même moment (connexion que je tiens pour
certaine); donc, le niveau du baromètre doit baisser à mesure
qu'on s'élève sur la pente des montagnes. » C'était bien rai-
soner ; mais eût-il été cependant conséquent avec lui-même si,
tout en ne croyant qu'un peu à la pesanteur de l'air, il eût cru
beaucoup à la baisse de niveau du baromètre élevé sur les hauteurs? Non, quoique par là il se fût rapproché davantage de la
vérité. La logique n'est donc point, en ce sens, l'art de décou-

vrir le vérité, mais l'art de changer de pensées tout en conser-
vant, sans augmentation ni diminution, la distance qui nous
sépare du vrai ou du faux. En cela, le problème qu'elle résout est
analogue à celui que résout le tracé d'un cercle : se mouvoir en
restant à la même distance d'un même point. Ce point autour
duquel gravite l'esprit raisonneur dans ses évolutions mentales,
c'est le maximum de croyance inhérent aux perceptions dites
immédiates.

On me répondra que, si tel est le rôle de la logique déductive,
le rôle de l'induction consiste à nous faire aller tout droit ou le
plus droit possible vers ce point, au lieu de nous laisser circuler
autour. Mais, remarquons-le, en tant qu'il raisonne seulement,
qu'il fait acte de logique, le logicien inductif se borne à indiquer,
par voie de déduction, les expériences à faire, — disons plutôt,
et ce point est important, les *découvertes à faire*, — pour élever
au rang de conviction ou de croyance très forte la simple présomption ou l'incertitude complète attachée à l'une des propositions qui constituent ce raisonnement déductif, et pour élever
par suite au même rang, en vertu d'une déduction nouvelle,
l'autre proposition réputée solidaire de la première. Puis, quand
il expérimente, il ne raisonne plus. Raisonner, c'est une action
simplement nerveuse ; expérimenter ou même observer, c'est
une action nerveuse à la fois et musculaire. Et, quand il découvre, de même, il ne raisonne plus. On raisonne, on ne découvre
pas à volonté. — Pascal déduisait en faisant le raisonnement qui
précède, et qui est souvent cité pourtant comme un exemple
classique d'induction. Il faisait, au fond, ce syllogisme : « L'air
est pesant (jugement qui se présentait à lui comme une simple
opinion à peine probable ; or (proposition à laquelle il adhérait
pleinement), plus une chose pesante s'amincit, toutes choses
égales d'ailleurs, plus la balance placée sous elle se trouve
allégée ; donc (proposition à laquelle il croyait ou devait croire)
précisément au même degré qu'à la majeure), placé sous une
couche d'air plus mince, le mercure du baromètre, qui est la
balance du gaz, montrera qu'il est moins chargé. » Pascal, on le
voit, en induisant ainsi, c'est-à-dire en déduisant véritablement,
n'a eu le droit de faire passer dans sa conclusion que la *moindre
des deux doses de foi* inhérentes aux deux prémisses. C'est une
règle sur laquelle nous reviendrons plus loin. — Mais ensuite, il

a gravi, baromètre en main, le Puy-de-Dôme, et il a vu, de ses yeux vu, à mesure qu'il montait, le mercure baisser dans la grande branche. Dès lors, sa faible foi en la conclusion de tout à l'heure a franchi d'un bond, avec continuité néanmoins, tous les degrés inférieurs de la croyance et est devenue ce qu'on appelle une certitude, à la suite de ce nouveau syllogisme rapide et inaperçu : « Placé sous une couche d'air plus mince, le mercure a été moins pressé (proposition jugée certaine) ; or (même mineure au fond que tout à l'heure), quand, placée sous une chose qui s'est amincie, la balance paraît d'autant plus allégée, c'est que cette chose est pesante ; donc (proposition accueillie, elle aussi maintenant, avec une entière confiance), l'air est pesant. » Ce nouveau syllogisme est fait avec les mêmes éléments que le précédent. Il n'y a entre eux, au point de vue de la logique ordinaire, qui ne tient nul compte des degrés de croyance, qu'une différence de forme insignifiante. Nous voyons cependant qu'ils diffèrent beaucoup au fond ; mais ils ne diffèrent que par les degrés de foi qui s'y trouvent engagés. Autre exemple où il s'agit, non d'expérimenter, mais de découvrir. Un savant, ayant déjà trouvé dans une couche de terrain tertiaire des os de balénotus (cétacés fossiles) marqués d'incisions particulières, s'était fait ce raisonnement : « Ces incisions, assez probablement, ont été faites par des couteaux de silex ; or, très certainement, l'homme est le seul animal qui ait jamais su fabriquer et manier ces instruments ; donc, l'homme a existé, assez probablement, mais non certainement, aux temps tertiaires. » Une découverte ultérieure est venue changer, pour quelque temps, cette légère probabilité en quasi-certitude : on a trouvé des couteaux de silex, à côté d'os incisés de la sorte, dans des couches appartenant à l'âge géologique dont il s'agit. Est-ce aux canons de l'induction que cette trouvaille est due ?

L'induction, donc, en tant que raisonnement, consiste à déduire, et les déductions de ce genre ne se distinguent de la déduction proprement dite ou vulgairement dite, que parce qu'elles s'appliquent aux bas et moyens degrés de la croyance, c'est-à-dire à l'immense majorité des jugements ordinaires de la vie, au lieu de se limiter arbitrairement aux convictions parfaites. On dirait qu'aux yeux des logiciens, pleins de mépris pour toutes les assertions émises avec le moindre doute, l'exception seule mérite d'être examinée, la règle non. La condition tout à fait exceptionnelle dans laquelle ils se placent implicitement et qu'ils jugent seule digne d'être légiférée, est celle d'une solidarité réputée rigoureuse et certaine entre propositions réputées certaines et rigoureuses aussi. Mais, en fait, on se trouve à chaque instant en présence soit de propositions que l'on croit médiocrement, mais dont on aperçoit, avec une conviction plus ou moins parfaite, la solidarité, soit de propositions qu'on juge certaines ou presque certaines, mais dont on n'affirme le lien qu'avec un doute plus ou moins prononcé, soit enfin de propositions qu'on juge douteuses et dont on juge le lien douteux aussi. Or ces différents cas, y compris le cas si rare prévu par les logiciens, ne diffèrent en rien, si ce n'est par le degré de foi attaché aux propositions données. De là, à notre point de vue, quatre types au moins de raisonnements, susceptibles d'ailleurs d'autant de subdivisions qu'il y a de degrés de croyance, à savoir :

1° Jugements certains, jugés certainement liés ;
2° Jugements probables, jugés certainement liés ;
3° Jugements certains, jugés probablement liés ;
4° Jugements probables, jugés probablement liés.

On verra que les raisonnements dits inductifs se ramènent aux trois derniers types. Donnons des exemples de chacun d'eux. Pour le premier, c'est superflu. Le second est réalisé par le syllogisme prêté plus haut à Pascal. Ces deux propositions, *l'air est pesant*, et *le baromètre baissera quand je gravirai la montagne*, lui apparaissent comme de simples opinions ; mais, grâce à la mineure (qui traverse simplement son esprit et joue le rôle d'entremetteuse), il les juge avec conviction solidaires l'une de l'autre. De même, examinant les restes fort mutilés d'une espèce fossile, un paléontologiste dira avec assez de doute : *ce doit être un carnassier, et il doit avoir eu le tube digestif court*, mais il tient pour certain que la première de ces assertions implique l'autre. Cette dernière conviction a été acquise d'ailleurs et lentement acquise. Les anciens naturalistes qui ont, à l'origine de l'anatomie, disséqué des animaux, ont dû concevoir d'abord comme une simple possibilité ce qui est devenu une certitude. En disséquant, ils ont dit avec conviction *cet animal est un carnassier, et cet animal a le tube digestif court*, et ils ont conçu comme simplement possible ou probable que l'un de ces jugements entraînait l'autre. C'est justement la réalisation de notre troisième type. Le quatrième enfin abonde dans les discussions archéologiques et anthropologiques dans toutes les sciences embryonnaires. La plupart des lettres de l'alphabet phénicien paraissent ressembler (ressemblent probablement) à quelques-unes des formes cursives de l'écriture hiéroglyphique propre aux Égyptiens ; d'autre part, les Phéniciens paraissent avoir eu des rapports de commerce et de guerre avec l'ancienne Égypte, et il est probable que la similitude probable des deux alphabets s'explique par les relations probables des deux peuples. C'est par ce type inférieur et pourtant délicat de raisonnement que débute nécessairement toute science d'observation ; elle ne s'élève aux types supérieurs que par des accumulations d'observations et d'expériences suggérées par des multitudes de syllogismes non classés par les logiciens. Mais pourquoi sont-elles suggérées ainsi ? Parce que l'esprit sent l'inégalité ou l'insuffisance des croyances maniées par lui dans ses raisonnements et qu'il aspire, d'une part, à les égaliser, d'autre part, à les élever toutes ensemble au plus haut niveau possible. La vie intellectuelle la plus élémentaire procède de la sorte. Je vois de très loin un groupe formé de deux enfants. Je crois reconnaître vaguement dans l'un d'eux mon fils *Paul*, et vaguement aussi reconnaître dans l'autre son camarade *Jean* ; mais ce dont je suis à peu près *sûr*, c'est que, si l'un est Paul, l'autre est Jean, car ils ne se quittent pas. Pour changer ma croyance faible en croyance plus forte, je m'approche (ce qui est la forme la plus primitive de l'expérimentation suivie de l'observation), et, à chaque pas que je fais, je me sens plus sûr de reconnaître Paul et Jean.

Dans ce qui précède, j'ai toujours supposé qu'il s'agit de deux jugements liés par un troisième ; ce n'est pas *qu'au résultat* des opérations logiques de la pensée, un plus grand nombre de jugements ne puissent se trouver mis en faisceau ; mais chacun d'eux a été successivement ajouté au groupe déjà formé, en sorte qu'*au cours* des opérations intellectuelles, il y a toujours eu deux termes simplement mis en rapport. Ma supposition à cet égard n'a donc pas besoin de plus ample justification pour le moment. Il n'en est pas de même d'une autre, arbitraire celle-ci. J'ai supposé, en effet, implicitement, que les deux jugements soit certains, soit probables, sont ou certains ou probables au même degré. C'est là l'exception. Il reste à prévoir le cas, bien plus fréquent, où les deux jugements liés par un troisième, certain ou probable, *sont animés* de degrés inégaux de foi. Il se peut, ou bien que l'un soit certain quand l'autre est probable, ou bien que l'un soit plus probable ou plus certain que l'autre ; et il se peut aussi que la probabilité ou la certitude, la croyance en un seul mot, du jugement qui les lie, soit inférieure ou supérieure à celle de l'un et de l'autre à la fois. Qu'advient-il alors ?

Examinons la dernière hypothèse. Un égyptologue, à la vue d'une antique statue égyptienne en granit noir, est fermement persuadé que cette statue est un portrait très ressemblant et très réaliste ; il estime, en outre, avec un degré de croyance égale à 10, par exemple, que cette œuvre est de la période appelée l'Ancien Empire ; puis il s'aperçoit qu'avec un degré de croyance égal à 15, il est précédemment arrivé à penser (jugement propre à souder les deux autres) que toutes les statues égyptiennes d'une ressemblance et d'un réalisme très prononcés datent de l'Ancien Empire. Aussi il sent instinctivement qu'entre ces trois jugements il y a désaccord, quoiqu'ils s'accordent parfaitement si l'on ne tient nul compte des degrés de foi. Il y a inconséquence dans le fait de croire avec une intensité déterminée que toutes les statues très réalistes sont de l'Ancien Empire, et de croire plus faiblement que cette statue, jugée très réaliste, date de cette époque reculée. Mais est-ce la croyance égale à 15 qui doit s'abaisser à 10 ? Les données ne permettent pas de trancher la question ; et, *précisément parce que l'indétermination du problème réduit à ces données est sentie par l'esprit*, il fait de nouveaux efforts et de nouvelles recherches. Si donc l'archéologue en question constate qu'il a des raisons spéciales de n'affirmer qu'avec l'intensité 10 la fabrication de cette statue sous l'Ancien Empire, il devra faire descendre à ce niveau la confiance qu'il avait jusque-là en sa proposition universelle servant de lien. Si, au contraire, ces raisons n'existent pas, et qu'il en ait au contraire de sérieuses de se confier, dans une mesure égale à 15, à cette proposition universelle, celle-ci devra faire monter l'autre à son rang. Enfin, si c'est avant d'avoir remarqué le caractère réaliste de cette statue que l'égyptologue l'a datée du premier Empire, en vertu de considérations étrangères à celles qui lui ont permis d'établir son principe général, le niveau de la foi s'élèvera (nous y reviendrons plus loin) dans les deux propositions à la fois.

Le mérite de ce point de vue instinctif, dont notre étude actuelle n'est que l'expression réfléchie, c'est donc de contraindre la pensée à marcher jusqu'à ce qu'elle ait atteint *l'équation* demandée de la croyance, et avant tout sa *majoration*. La croyance court à son propre niveau comme l'eau court à la mer, mais l'équilibre où elle tend est en haut, non en bas. C'est sous l'aiguillon de ce vœu pressant, c'est pour échapper aux tourments de leurs dissonances intestines de foi et les absorber pleinement en un harmonieux unisson, que les ouvriers de la science travaillent avec tant d'ardeur. Est-ce au moment où des milliers de chercheurs en mythologie, en linguistique, en ethnographie, en anthropologie, en histoire, travaillent sur les confins de la probabilité la plus frêle, qu'il convient de limiter encore la logique au champ de la certitude ? Cela pouvait être bon au temps de Port-Royal, quand le domaine des sciences était principalement, presque exclusivement, mathématique et physique, c'est-à-dire baigné dans la pleine lumière. Le paysan qui fauche en plein midi peut mépriser la clarté des lampes ; mais elles sont nécessaires au mineur moderne qui pioche dans le demi-jour ou les ténèbres des profondeurs (1).

---

(1) Pour expliquer l'infériorité scientifique des femmes, qui n'ont jamais produit un ouvrage de science tant soit peu original, Alph. de Candolle remarque qu'elles ont « l'horreur du doute, c'est-à-dire d'un état de l'esprit par lequel toute recherche dans les sciences d'observation doit commencer et souvent finir. » Le doute ainsi défini, c'est simplement la grande étendue des degrés inférieurs de la croyance.

Il est certain que les degrés de croyance intermédiaires entre l'affirmation et la négation intenses, sont des états instables, et qu'il n'y a de stabilité que dans les deux états extrêmes. Voilà pourquoi la majorité des hommes, et avant tout les femmes, traversent avec tant de rapidité cette série de positions mentales qu'ils n'y prennent pas garde et n'en ont nul souvenir. Mais l'instabilité de ces états et la vitesse avec laquelle on les parcourt ne les empêchent pas de former avec les états stables où l'on s'arrête longtemps, une même échelle continue, une quantité homogène. L'eau des montagnes qui tombe d'un lac dans un autre lac inférieur ne s'arrête pas longtemps en route ; cependant le niveau des deux lacs n'en forme pas moins avec tous les niveaux intermédiaires une même série quantitative d'altitudes. Pour apprécier le caractère continu et homogène de cette série, il faut faire usage du baromètre. Malheureusement, il n'y a pas de baromètre psychologique. Si nous n'avions pour mesurer les *altitudes* d'autres indications que les torrents des montagnes, dont la rapidité et la force varient à chaque instant et qui ne se reposent qu'aux deux extrémités de leurs parcours, nous aurions beaucoup de peine à accepter l'idée que ces extrémités et leur intervalle sont même chose

A première vue, j'avais été frappé de ce fait, que dans un syllogisme la conclusion est toujours prononcée avec une dose de confiance égale, non pas à la plus forte, mais au contraire à la plus faible des deux doses de foi contenues dans les prémisses. La remarque est exacte ; elle l'est du moins dans l'hypothèse habituelle aux logiciens, où la proposition conclue est censée se présenter pour la première fois à l'esprit, aussitôt après le prononcé de la majeure et de la mineure. Dans ce cas, il est certain que, ne se présentant pas avec une dose de confiance déjà acquise et inhérente à ses termes, la proposition conclue ne saurait agir sur les prémisses pour modifier la croyance qui leur est propre, et ne peut que recevoir d'elles son intensité affirmative ou négative en même temps que ses termes, son âme en même temps que son corps. Or, dans ce cas exceptionnel, ce n'est jamais *la plus crue* des deux prémisses, c'est la *moins crue* qui lui impose son niveau. Le raisonnement ci-dessus prêté à Pascal en a déjà fourni la preuve. En voici d'autres exemples. Cette nation importe plus qu'elle n'exporte (croyance égale à 100) ; or les nations qui importent plus qu'elles n'exportent sont les nations riches (1) (croyance égale à 25) ; donc cette nation est riche (croyance égale à 25 et non à 100). L'invention de la poudre à canon a favorisé l'assiégeant au détriment de l'assiégé, et par suite la centralisation conquérante au détriment de l'indépendance locale (croyance égale à 50). Or, les Arabes ont inventé la poudre à canon (croyance égale à 100). Donc, les Arabes ont contribué à notre centralisation moderne (croyance égale à 50 et non à 100). Prenez tel syllogisme que bon vous semblera, en

au fond. Il en est ainsi pour la croyance. L'obscurité viendrait, dans l'hypothèse où je me place, de ce qu'une quantité d'un certain genre, la force motrice ou la vitesse, serait chargée de nous en traduire une autre, l'altitude, et s'acquitterait mal de cette traduction. De même, psychologiquement, nous n'avons conscience des degrés de la quantité-croyance que par les degrés de la quantité-désir (appelée ici curiosité) qui les parcourt fréquemment, avec une vitesse très variable. De là notre difficulté à accueillir le point de vue psychologique que je voudrais faire prévaloir, et qui me paraît essentiel pour l'avancement et l'éclaircissement de la sociologie aussi bien que de la psychologie.

(1) Inutile de dire que je ne prends pas la responsabilité de ce prétendu axiome des économies optimistes. La supériorité, soit dit en passant, des importations sur les exportations, du moins lorsqu'elle n'est pas simplement apparente et explicable par une évaluation différente des mêmes marchandises à leur sortie du port national et à leur entrée au port étranger, pourrait bien dénoter l'appauvrissement des nations riches, et la supériorité inverse l'enrichissement des nations pauvres.

barbara, *darii*, *baralipton* ou autre, attachez la moindre dose
de foi à la majeure où à la mineure, n'importe, la règle que
j'indique s'appliquera toujours.

Cette observation demande à être rapprochée de cette maxime
connue des logiciens : *Pejorem sequitur semper conclusio par-*
tem. Cela signifie, comme on sait, que, de deux prémisses dont
l'une est universelle et l'autre particulière, on ne déduit jamais
qu'une proposition particulière. Toutes les labiées ont la tige
carrée ; or, quelques-unes de ces plantes sont des labiées ; donc,
quelques-unes de ces plantes ont la tige carrée. On aurait pu
ajouter, pour donner de la précision à cette règle vague et insignifiante, que lorsque, malgré l'adage fautif *nil sequitur gemi-*
nis è particularibus unquam, on tire une conclusion de deux
propositions particulières numériquement définies à la manière
de Morgan, la plus faible des deux particularités, et même une
particularité inférieure à la plus faible, mais d'ailleurs rigoureusement déterminée elle-même, entre dans la conclusion. Par
exemple : les deux tiers des personnes atteintes de la petite
vérole en meurent ; or, un quart de la population de telle ville
est atteint de cette maladie ; donc *deux douzièmes* de cette
population vont en mourir.

On voit que, soit sous le rapport de ce que les logiciens appellent exclusivement et abusivement la *quantité* des propositions,
sans se douter qu'elles en puissent contenir une autre, soit eu
égard à cette autre quantité bien plus vraie et bien plus insépa-
rable d'elles que j'appelle la croyance, le raisonnement déductif, entendu à la manière ordinaire, occasionne à l'esprit une
sorte de chute inévitable. Faut-il donc se hâter de dire qu'il est
un amoindrissement fatal, une *minutis capitis* de la pensée ?
Non, pour plusieurs raisons. D'abord, je le répète, il n'est pas
vrai que la proposition conclue apparaisse toujours pour la première fois quand elle se présente comme conclusion ; le plus
souvent, elle préexistait dans la mémoire, et, en réapparaissant,
elle apporte avec elle sa dose de foi habituelle. Or, si cette dose
de foi se trouve être supérieure à la plus faible dose de foi des
deux prémisses, celle-ci pourra s'élever jusqu'à celle-là aussi
bien que celle-là s'abaisser jusqu'à celle-ci ; et même, en général,
c'est le premier phénomène qui se produira conformément au
vœu spirituel d'un maximum de croyance. Ici donc, le syllogisme

aura eu pour effet une ascension et non une chute. Mais, même
dans l'hypothèse familière aux logiciens, il n'y a jamais perte de
foi en définitive par l'opération syllogistique; il y a gain de foi
au contraire, puisque la conclusion n'efface pas les prémisses,
mais s'ajoute à elles dans le trésor de la pensée. Si, cependant,
oubliant ses prémisses, ce qui arrive parfois, l'esprit raisonneur
marchait intrépidement de conséquence en conséquence et
s'absorbait à chaque instant dans la dernière apparue, il abou-
tirait infailliblement, j'en conviens, comme bénéfice final de
ses acquisitions successives, au doute absolu. Mais pourquoi ?
Parce qu'il aurait eu le tort de se fier à l'incomplète logique
ordinaire, de songer aux mots et non aux degrés de croyance,
au corps et non à l'âme de ses idées. Une doctrine qui conduit à
regarder la logique comme le chemin de l'incertitude montre
clairement son insuffisance.

La nôtre, au contraire, est la réhabilitation complète du raisonnement déductif. Pour le prouver, reprenons méthodiquement son examen, en partie sous de nouveaux aspects. L'importance du sujet motive notre insistance. Un archéologue, je le
suppose, est convaincu dans une certaine mesure que tous les
édifices percés d'ouvertures ogivales contemporaines de leur
construction sont postérieurs au xi⁰ siècle. D'autre part, il y a
dans son voisinage une petite ruine qu'il a des raisons de faire
remonter au x⁰ siècle. Mais voici qu'en l'examinant mieux, il y
découvre un vestige d'ogive qu'il n'avait point remarqué jusqu'alors. Aussitôt un conflit se montre à lui entre deux propositions contradictoires, ou plutôt entre *deux syllogismes* qui solli-
citent à la fois son adhésion. D'une part : « Tout monument
ogival est postérieur au xi⁰ siècle ; or, ce monument est ogival;
donc il n'est pas du x⁰ siècle. » D'autre part : « Ce monument
est du x⁰ siècle ; or, il est ogival; donc il n'est pas vrai que tout
édifice percé d'une ogive soit postérieur au xi⁰ siècle (1). » Voilà
deux syllogismes ayant la même mineure; mais la majeure du
premier est niée par la conclusion du second, et la majeure du
second est niée par la conclusion du premier. Entre les deux,
l'esprit doit opter. — Ce cas est-il exceptionnel ? Nullement. Il est

---

(1) On remarquera incidemment que, dans ce second syllogisme, très rigoureux
cependant lui-même, les prémisses sont deux propositions particulières, malgré la
règle *nil sequitur geminis...*, etc.

implicitement, dans la vie pratique, se présentent par couples, et leur enchaînement n'est qu'une suite de duels. Ajoutons que tantôt ce duel a lieu *sous un même crâne*, tantôt entre deux esprits qui cherchent à se mettre en équilibre social de foi. Car autre est en chacun d'eux l'équilibre psychologique de foi, autre l'équilibre social entre eux. Il y a donc lieu de faire sa part, et sa large part, à la logique que j'appelle sociale. Nous pouvons supposer, par exemple, dans notre espèce, qu'une discussion a lieu entre deux archéologues, phénomène assez peu rare.

Toute la vertu du syllogisme a consisté ici, on le voit, à mettre en relief ce fait, inaperçu jusque-là, que deux propositions précédemment affirmées à la fois par le même esprit, ou par deux esprits dans une même société, impliquaient leur mutuelle contradiction, comme on voit dans une même ville deux ennemis mortels cheminer côte à côte sans se reconnaître, jusqu'au moment où ils se dévisagent. — Que va-t-il arriver alors ? Ce problème ne se pose pas pour la logique ordinaire qui, par l'hypothèse implicite d'où elle part, à savoir celle de propositions prononcées avec une conviction toujours parfaite, et par suite toujours égale, exclut la possibilité du duel interne que je suppose, ou, si elle l'admet, le rend sans issue. Elle nous apprend bien qu'une chose ne *doit* pas être affirmée et niée en même temps ; mais si, en fait, une chose est en même temps affirmée et niée, et l'un et l'autre avec une foi absolue, que peut-il résulter de ce choc, sinon la destruction réciproque et complète des deux adversaires ? Aussi je ne comprends pas de quel droit on ajoute, pour faire suite au fameux principe de contradiction, le principe du milieu exclu, formulable ainsi : Si une chose doit être affirmée, elle ne doit pas être niée, et vice versâ. C'est supposer que l'affirmative et la négative, dont on dit que l'une doit chasser l'autre, ont coexisté un moment et cependant ne se sont pas mutuellement détruites. Or la survivance de l'une n'est concevable que si sa quantité de foi est supérieure à celle de l'autre. Sans l'inégalité de ces deux croyances, le principe du milieu exclu est inapplicable. La question des degrés de croyance importe donc essentiellement. Supposons que, dans notre exemple, cette différence de degrés n'existe pas, l'archéologue se trouvera arrêté court (1), à moins que chacun de ces deux

syllogismes accouplés et contradictoires ne fasse souche de nouvelles déductions, susceptibles de se prolonger indéfiniment en
deux séries parallèles, mais absolument vides de foi, véritable
procession de fantômes. Au contraire, s'il est plus persuadé de
l'une des deux propositions contradictoires que de l'autre, celle-ci
disparaîtra, *non en tant que proposition* (car son souvenir lui
survivra) *mais en tant que croyance*. Et remarquons *que la proposition victorieuse aura été amoindrie par son triomphe.* Par
exemple, imaginons que notre antiquaire renonce à dater du
x⁰ siècle sa petite ruine et consente à en reculer la date jusqu'après le xiᵉ, son principe général sera sauvé, mais un peu
affaibli sans nul doute, à cause des raisons qu'il avait eues
jusque-là d'antidater ce monument. Dorénavant il sera un peu
ou beaucoup moins persuadé que tous les édifices à ogive sont
postérieurs au xiᵉ siècle.

Faisons une hypothèse différente de la précédente. Notre
savant, que nous supposons toujours pénétré de son principe
général, aperçoit une vieille église dont il n'a pas encore songé
à conjecturer la date. Il y découvre une ogive ; aussitôt, sans la
moindre hésitation, il prononce, conformément à sa règle générale, que ce monument a été construit après le xiᵉ siècle. Par
cette assertion, d'ailleurs, sa foi déjà acquise en cette règle
n'aura été ni augmentée ni diminuée. Ce cas est le seul que les
logiciens prévoient ; et vraiment, s'il n'y en avait pas d'autre, je
conçois que la fécondité du syllogisme fût mise en doute. En effet,
la nouvelle proposition : « Cette église est d'une date postérieure
au xiᵉ siècle » est bien un gain, si l'on veut, un *gain d'idée* pour
l'archéologue. Mais si, alors même qu'il n'aurait acquis aucune
idée nouvelle, il avait aperçu, déjà préexistantes en lui-même
comme idées, des raisons de croire plus fermement à la vérité
de sa généralisation, le gain eût été bien autrement important.

Autre remarque : Dans le cas dont il vient d'être question, un
seul syllogisme, et non deux, s'est présenté à l'esprit. Cela tient
à ce que, par exception, le syllogisme a été réellement ce qu'il
est à tort réputé être toujours, la genèse de la conclusion, qui ne

(1) Ou, dans le cas de la logique sociale, s'il y a deux archéologues en présence,
en contradiction l'un avec l'autre, et l'un et l'autre parfaitement convaincus, il sera
utile d'ouvrir une discussion.

lui préexistait pas. Ou plutôt, cela tient à ce que, avant le syllogisme, l'esprit du raisonneur, soit qu'il eût déjà songé ou non à
faire croiser ensemble les idées composantes de la conclusion, à
savoir la *vieille église* en question et *sa date postérieure* au
xIᵉ siècle, était en tout cas indifférent relativement au lien affirmatif ou négatif à un degré quelconque de ces deux termes. Mais
il est extrêmement rare que deux idées se rencontrent ainsi en
nous sans révéler aussitôt, soit en nous, soit surtout en autrui,
si nous discutons, une affinité ou une hostilité intime, antérieure
à l'opération syllogistique qui a provoqué parfois leur rapprochement. Supposons deux archéologues qui adhèrent au même
principe général, ci-dessus formulé, et qui visitent ensemble la
vieille église en question, recherchant sa date. L'un d'eux montre
à l'autre l'ouverture ogivale, et lui fait part de sa déduction : « Ce
monument est postérieur au xIᵉ siècle. » Le plus souvent, quoique
d'accord sur les prémisses, l'autre fera difficulté d'accepter cette
conclusion ou de l'accepter aussi fermement qu'il le devrait pour
être conséquent avec lui-même et achever de s'accorder avec son
confrère.

Une dernière hypothèse nous reste à examiner. Notre archéologue, toujours attaché à son grand principe, étudie un vieux
clocher, et, en vertu de considérations étrangères d'ailleurs au
caractère ogival ou non de ses ouvertures, sur lesquelles son
attention ne s'est pas encore arrêtée, il lui assigne une date postérieure au xIᵉ siècle. Mais sa croyance en cette dernière estimation
est inférieure de moitié, par exemple, à sa croyance en sa proposition générale. Puis, sur l'une des parois, il découvre une
fenêtre en ogive. S'apercevant alors que son jugement sur la
date de ce clocher rentre dans son principe ci-dessus, il fait
participer celui-là à sa foi supérieure dans celui-ci, dont la crédibilité lui paraît doublée. Mais ce n'est pas tout. La crédibilité
de la règle générale sera elle-même augmentée, grâce à cette
confirmation qui lui est apportée inopinément par un jugement
formé en dehors d'elle et réputé auparavant n'avoir rien de commun avec elle. Elle sera augmentée dans la mesure de la crédibilité inhérente à ce jugement avant la découverte de l'ogive (1).

_____

(1) Autre exemple. L'étude des monuments égyptiens a fait croire à un savant
que l'âne était connu en Egypte dès les temps les plus reculés et qu'il est sans
doute d'origine africaine, tandis que le cheval n'y a été importé (probablement

Et, comme il faudra que la croyance se mette au même niveau
dans les deux, la foi dans le jugement en question aura, en définitive, plus que doublé. Il y aura eu non seulement addition de
deux doses de foi, mais encore multiplication en quelque sorte.
Il en sera de même si deux archéologues, après avoir visité chacun séparément la même ruine, lui ont fixé, indépendamment
l'un de l'autre (par des considérations analogues d'ailleurs ou
différentes, n'importe) une date identique ; ou si, chacun suivant
le cours de ses études indépendantes, ils sont arrivés à formuler
le même principe général : au moment où ils se feront part de
leur opinion, la foi de chacun d'eux dans la sienne devra grandir
en raison de celle de l'autre. Ce cas, qui appartient à la logique
sociale, est très fréquent dans les sciences et habituel dans la
vie. L'enthousiasme et la foi des savants s'exaltent par les confirmations inespérées et en apparence fortuites qui leur viennent
de divers côtés ; et le fanatisme des foules se nourrit surtout de
la similitude de leurs idées qui ont l'air de se confirmer mutuellement. Il est vrai que cette apparence est trompeuse, et que
cette unanimité factice, c'est-à-dire d'origine vraiment sociale,
a pour cause la communauté de tradition ou l'entraînement de
la mode, l'imitation d'un même modèle antique ou nouveau ;
mais le plus souvent on ne songe pas à cette source, on n'est
frappé que de son effet, l'identité des croyances et la coïncidence des esprits. De là, dans les sociétés conformistes, c'est-à-
dire dans toutes les sociétés, une intensité hallucinatoire d'illusion suggérée, dont elles n'ont pas conscience. Un bouddhiste
se met à voyager en pays bouddhiste ; plus il voit de gens persuadés comme lui de la vérité des incarnations de Bouddha, plus
sa foi en ses dogmes se fortifie.

d'Asie), qu'à l'époque des pasteurs. L'étude des langues aryennes lui a fait penser,
à l'inverse, que le cheval a été connu des aryens primitifs, tandis que l'âne n'a
été employé par eux qu'après leur séparation. D'autre part, il est convaincu, comme
presque tout philologue, que, lorsque le nom d'un objet dans une langue est
emprunté à une langue étrangère, cet objet a été importé par le peuple qui parle
ce dernier idiome. Or, un jour, il vient à s'apercevoir que le nom de l'âne dans les
diverses langues aryennes provient d'un radical sémitique. D'où il conclut qu'il ne
s'était pas trompé en croyant déjà à l'origine sémitique de la domestication de
l'âne ; et cette confirmation nouvelle de sa conjecture sur ce point réagit aussi sur
son principe général, auquel il adhérera dorénavant plus fermement que jamais.
Il en serait de même si ce savant découvrait que le nom égyptien du cheval (kana)
se rattache étymologiquement au sanscrit açva, ce qui confirmerait son hypothèse
sur l'origine asiatique et aryenne de la domestication de cet animal.

Pour revenir à la logique individuelle, il n'est pas douteux que le raisonnement syllogistique soit toujours productif de foi dans notre dernière hypothèse ; et elle se réalise fréquemment. A chaque instant, le chimiste dans son laboratoire, le médecin auprès du malade, ont la joie de constater que les conséquences de leurs principes théoriques s'accordent avec des constatations faites sans songer à leurs principes ; d'où un affermissement de leur foi en ceux-ci. Mais, même quand le syllogisme nous force, comme plus haut, à éliminer l'une des deux propositions dont il nous dévoile la contradiction, il n'est jamais destructif de foi, par cette simple raison qu'un homme, après avoir payé ses dettes, n'est pas moins riche qu'avant. Les croyances contradictoires que nous portons en nous à notre insu sont un *œs alienum* qui ne fait point partie de notre avoir intellectuel, mais encombre notre *bourse* cérébrale. En outre, par cette épuration, comme par les acquisitions précédentes, la cohésion de nos croyances se trouve fortifiée, ce qui importe autant que leur accroissement. Car il n'est pas indifférent à un maçon d'avoir le même poids total de pierre en une multitude de petits moellons ou en un seul bloc. Autre chose est la quantité, autre chose est la force de la foi. Mais la fécondité du syllogisme va se montrer à nous bien plus manifeste encore.

V

Dans tout ce qui précède, il n'a été question que du raisonnement logique servant de règle aux transmissions de la croyance pure de désir ; maintenant il convient de désigner à part cette espèce singulière de raisonnement que j'appellerai téléologique et qui a trait aux transmissions de la croyance et du désir combinés ensemble. C'est un syllogisme dont les auteurs ne parlent pas, bien qu'il précède et gouverne chacune des actions de notre vie. Si l'on a pu accuser de stérilité le syllogisme ordinaire, ce reproche (comme je l'ai fait remarquer ailleurs) n'atteint pas, en tout cas, le syllogisme téléologique, où, de deux prémisses accouplées, dont l'une exprime un but et l'autre un moyen, jaillit un devoir, combinaison originale qui ne ressemble en rien à ses éléments. « Je *veux* faire mon salut ; or le jeûne est un moyen de se sauver; donc je *dois* jeûner. » Ainsi raisonne implicitement le chrétien, chaque fois qu'il jeûne. S'il ne prend pas la peine le plus souvent de prononcer la majeure, c'est que le but dont il s'agit est établi chez lui à demeure et domine absolument sa vie. Un dessein dont on est possédé sert de majeure inconsciente à tous les raisonnements moraux d'où l'on conclut une obligation. Plus cette majeure est profonde et cachée, plus l'obligation déduite paraît souveraine.

Au point de vue de notre arithmétique logique, le syllogisme en question introduit une complication nouvelle. En effet, dans le *jugement-dessein* : « Je désire ceci » ou : « Un tel désire cela », il y a deux quantités distinctes à considérer, à savoir le degré de désir (positif ou négatif) dont il s'agit, et le degré de croyance (affirmative ou négative) dont ce désir est l'objet (1). Distinguons le cas où le jugement-dessein a *je* pour le sujet, et celui où il a pour sujet *autrui*. Dans le premier cas, la réalité du désir ne fait pas le moindre doute, et c'est toujours avec une conviction parfaite que j'affirme ou que je nie vouloir telle chose, si faible d'ailleurs que soit ce vouloir. Aussi, à égale intensité de désir, l'énergie du devoir conclu dépend-elle simplement du plus ou moins de confiance que j'ai dans l'efficacité du moyen à prendre. Mais l'intensité du *désir cru* peut parcourir tous les degrés d'une échelle très étendue. Plusieurs hypothèses se présentent : désir faible et confiance forte dans l'efficacité du moyen, ou *vice versa*, désir fort et confiance faible, ou bien soit faiblesse à la fois, soit force à la fois de la confiance et du désir. Il y aurait lieu à examiner aussi comment se combinent la croyance

---

(1) Dans un passage de ses beaux travaux sur la Volonté (*Rev. Phil.*, juillet 1882), M. Ribot semble croire que, « du côté psychologique et intérieur », le jugement ne se distingue pas de la volition, c'est-à-dire du choix d'un but. Ce choix, dit-il, « est une affirmation pratique, un jugement que j'exécute », en sorte que, abstraction faite du mouvement qui accompagne ou suit le jugement-volition, à la différence du jugement proprement dit, celui-ci devrait se présenter à la conscience confondu avec celui-là. Or je n'aurais rien à objecter contre cette assimilation s'il s'agissait non de la volition, mais du jugement téléologique qui lui est joint, c'est-à-dire de la mineure du syllogisme téléologique et même en partie de la conclusion. Cette mineure, c'est en effet le choix, la désignation du *moyen*. Mais, quant à l'élection du but, elle n'est un jugement que dans son expansion verbale, dont elle peut parfaitement être dépouillée sans abdiquer sa nature propre : « Je veux faire ceci »; il y a ici, en effet, un sujet, un verbe et un régime, la proposition est complète. Mais le fait d'avoir un but, reflété verbalement de la sorte dans le miroir de l'intelligence où la Volonté de l'homme social aime à se peindre en naissant, n'est nullement une proposition. C'est un désir.

affirmative ou négative avec le désir négatif ou affirmatif ; et, chemin faisant, force assertions inexactes des logiciens devraient être redressées. Mais je ne puis entrer à fond dans ce détail. Bornons-nous à examiner l'hypothèse où, pendant que *mon* désir affirmé monte ou baisse, *ma* croyance en l'efficacité du moyen baisse ou monte. Soit, par exemple, ce syllogisme moral que font tant de pères de familles de notre époque : « Je désire procurer à mes enfants la plus complète instruction possible ; or le séjour d'une grande ville est seul propre à réaliser cette fin ; donc je dois émigrer dans une grande ville. » Si le désir dont il s'agit dans la majeure vient à croître dans mon cœur, ma foi dans la mineure restant la même, mon devoir d'émigration me paraîtra avoir grandi ; il en sera pareillement si, mon désir restant le même, ma foi dans la mineure augmente ; et, inversement, l'énergie de mon devoir s'affaiblira si ma foi ou mon désir diminue. Mais il peut se faire que je devienne de plus en plus soucieux de faire complètement instruire mes enfants, et qu'en même temps je sois de moins en moins persuadé de ne point trouver hors d'une grande ville les ressources demandées d'enseignement. Admettons que, malgré ces variations en sens contraire, le devoir d'émigrer se fasse sentir avec un degré d'énergie qui n'ait point varié. Ne sera-ce pas la preuve que la quantité dont le désir s'est accru est, à l'égard de cette combinaison de chimie intime appelée devoir, l'*équivalent* de la quantité dont la croyance a été diminuée ? Cela peut sembler subtil, mais cela n'a rien d'imaginaire ; et l'utilité de ces subtilités pourrait apparaître dans leur application aux mouvements sociaux du devoir, à ses changements généraux d'intensité et surtout aux modifications survenues dans l'intensité relative des divers devoirs, sous l'influence notamment de telle invention qui, en se propageant, a surexcité tel désir, ou de telle doctrine, de tel renseignement qui, en se propageant aussi, a inspiré confiance en une mesure jugée naguère dangereuse ou inefficace. Par exemple, au sein de l'Arabie, endormie depuis des siècles dans sa paix demi-barbare, l'apparition de Mahomet (que je me permets d'assimiler à un inventeur) suscite le désir national de prosélytisme conquérant ; et, pendant trois ou quatre cents ans, le devoir de subjuguer religieusement le monde s'est maintenu à un même niveau d'intensité dans le cœur des fils du

Prophète, parce que, si l'ardeur enthousiaste du début avait perdu graduellement sa flamme première, la foi dans la probabilité d'un nouveau succès avait grandi par la connaissance répandue des victoires précédentes. Après saint Louis, le désir de délivrer le tombeau du Christ n'avait point beaucoup diminué dans le cœur des chrétiens ; mais une série de défaites avait fait considérablement décroître la confiance dans une nouvelle croisade ; aussi le devoir de l'entreprendre en fut-il très affaibli. Le désir de voir augmenter les salaires a beau croître dans une population ouvrière (par suite des inventions industrielles qui ont multiplié ses besoins comme ceux de tout le monde), si la grève lui apparaît de moins en moins (par suite de l'insuccès connu de grèves récentes) comme le meilleur moyen d'atteindre son but, il se pourra qu'elle sente s'affaiblir en elle, et non grandir, le devoir de se mettre en grève. Le désir de prendre sa revanche d'une défaite (désir né des heureuses combinaisons militaires inventées par les généraux vainqueurs) a beau s'attiédir dans une nation, si elle apprend que la puissance qui l'a battue vient de subir à son tour un grand désastre, tel que notre retraite de Moscou en 1812, elle sentira avec une intensité toute nouvelle le devoir de mettre à profit cette bonne occasion et de lui déclarer la guerre.

Jusqu'ici j'ai supposé que *je* ou *nous* était le sujet du jugement-dessein, et, par suite, qu'il n'y avait nul doute possible sur la réalité du désir affirmé ou nié, quelle que fût son intensité. Il en est autrement quand, cherchant à prévoir les déterminations d'autrui, nous nous demandons ce qu'il désire et ce qu'il pense, pour conclure ce qu'il éprouvera le désir de faire. Tout industriel avant de fabriquer, tout candidat avant de poser sa candidature, raisonne à peu près ainsi. Je suis porté à croire (jusqu'à tel point) que ces consommateurs désirent (jusqu'à tel point) acheter du vin non drogué ; or je crois (*id.*) qu'ils croient (*id.*) à la sincérité de mes vins ; donc je crois (*id.*) qu'ils croient devoir m'en acheter telle quantité. Ces électeurs (j'ai lieu de le penser) veulent avant tout un député influent : or ils sont tous plus ou moins convaincus (j'ai des raisons de l'être moi-même de leur conviction) que je dispose d'une grande influence ; donc ils croiront devoir voter pour moi.

Ici la complication des éléments à combiner devient telle, qu'il serait impossible de spécifier chacune des combinaisons possibles. Il suffit de montrer, et cela me paraît clair, qu'elles se réalisent à chaque instant de la vie. Le syllogisme de ce genre, non pas téléologique, mais logique si on l'étudie de près, est la source de toutes les *évaluations* soit industrielles et commerciales, soit politiques ; il est l'explication vraie de la *valeur*, notion capitale à travers laquelle l'Économie politique, avec son ambition de devenir la Téléologie sociale tout entière, envisage tous les phénomènes sociaux indistinctement. L'idée de valeur, comme la notion du droit, doit sa clarté et sa fécondité à ce qu'elle présente des volontés, des appétits, des vœux, comme de purs jugements, le rapport de moyen à fin comme un rapport de principe à conséquence, et à ce qu'elle permet ainsi de traiter en langue logique, mathématique même, des problèmes au fond téléologiques. Revenons au cas précédent pour remarquer l'importance du syllogisme téléologique dont la majeure a *nous* et non *je* pour sujet. *Nous* ou bien *on*, cela revient au même quand *nous* s'applique à tous les hommes que l'on connaît. Le jugement-dessein universel ainsi formulé : « Nous voulons conquérir Carthage, — nous voulons aller au Paradis de Mahomet, — on aspire à être propriétaire », ne se formule en général qu'implicitement. Et plus il est implicite, plus il a la vertu d'engendrer comme conclusion un devoir proprement dit : « Il nous faut avoir du courage, — il nous faut nous abstenir de boire du vin, — nous devons économiser. »

Avant de finir sur ce point, il est essentiel d'observer que les syllogismes téléologiques, comme les syllogismes simplement logiques, se présentent par couples d'ordinaire, c'est-à-dire toutes les fois qu'on ne se décide pas sans peine à reconnaître un devoir. Quand je dis : « Je désire devenir savant ; or on ne s'instruit qu'en travaillant ; donc je dois travailler », si je n'accepte cette conclusion qu'avec répugnance, c'est que je n'aime pas le travail, c'est-à-dire que je désire ne pas travailler ; et, dans ce cas, j'oppose à ce syllogisme un autre syllogisme, à savoir : « Je n'aime point le travail ; or on ne s'instruit qu'en travaillant ; donc je dois renoncer à être savant. » Entre ces deux conclusions la lutte s'engage dans ma conscience, et, si ma répugnance au travail l'emporte, par exemple, sur mon amour du savoir, la seconde prévaut, amoindrie d'ailleurs par son triomphe même. La vie d'affaires est une suite de luttes pareilles. Toutes les fois qu'un acheteur hésite à donner d'un article dont il a besoin le prix demandé par le vendeur, il songe à quelque autre besoin qu'il a et que cette dépense excessive l'empêchera de satisfaire. Entre ces deux besoins conclus en lui-même et *soupesés* tour à tour, il choisit le plus fort. — Le seul cas où il n'y ait point de syllogismes téléologiques accouplés est celui où le moyen indiqué par la mineure (qui est toujours commune aux deux, comme plus haut) n'exige aucun effort plus ou moins pénible, plus ou moins répugnant : « J'ai soif ; voilà une source ; allons-y. » Quand ce moyen non seulement n'est point pénible mais est agréable par lui-même, c'est toujours un devoir qui est conclu, mais un devoir d'une nature inverse en quelque sorte. « Je désire gagner de l'argent ; or rien n'est plus lucratif pour moi que de composer des pièces de théâtre, occupation qui, du reste, me plaît vivement ; donc faisons des pièces de théâtre ! » Combien de jeunes littératures ont raisonné de la sorte ! — « J'aspire aux honneurs ; or la vie électorale y mène, et précisément elle m'amuse fort ; lançons donc notre profession de foi ! » Combien de politiciens font ce calcul ! (1) L'ardeur avec laquelle chacun de ces raisonneurs s'attache à l'obligation intense qu'il se crée de faire des comédies ou des programmes électoraux est supérieure, observons-le, à la somme des deux désirs concomitants dont l'un est jugé par eux auxiliaire de l'autre. Volontiers je dirais qu'il y a là multiplication et non simplement addition de désirs, comme plus haut, dans un cas tout à fait analogue présenté par le syllogisme proprement logique, j'ai dit qu'il y avait multiplication et non addition de croyance. — Mais ce n'est pas par suite du redoublement d'intensité ainsi obtenu, que le désir se transforme en devoir ; c'est à cause de sa combinaison avec la croyance engagée dans la mineure. Je désire guérir ma bronchite ; or je crois *un peu* qu'une saison passée à Cauterets, dont le séjour d'ailleurs me plaît *beaucoup*, me guérirait ; ma conclusion : « Allons à Cauterets » est sentie comme un devoir bien moins intense que si, croyant

---

(1) Quand Charles d'Anjou (1265) fit son expédition de Sicile sur l'offre du pape, il y vit le double avantage de gagner le ciel en gagnant un royaume ; mais, pour être un très doux devoir, cette prétendue croisade n'en était pas moins un devoir à ses yeux, non moins qu'un calcul.

très fort à l'efficacité des eaux en question, je ressentais *faible-ment* l'attrait de cette station thermale, ou même redoutais son ennui. Elle est sentie comme un devoir en raison composée du désir de la majeure et de la foi en la mineure, sans nul égard au désir contraire ou conforme de celle-ci ; mais elle est sentie comme un désir en raison composée de deux désirs.

Au surplus, cette combinaison d'une croyance avec un désir n'offre rien de mystérieux. Elle signifie que, désirant la chose A et jugeant la chose B propre à l'obtenir, par suite je *désire dési-rer B*, autrement dit je regrette de ne pas éprouver ce dernier désir, si je ne l'éprouve pas. Ce *désir du désir B*, impliqué dans le dé-sir A, m'est rendu manifeste par ma croyance et d'autant plus ma-nifeste que ma croyance est plus forte. Peu importe que ce désir de désir soit satisfait ou non par avance, et dans quelle mesure il est déjà satisfait ou difficile à satisfaire. Il est devoir en tant qu'il est le désir d'un désir, et devoir proportionnellement à son intensité propre, non à celle du désir qui lui sert d'objet. C'est le degré de croyance avec laquelle on affirme l'efficacité du moyen, qui détermine la proportion suivant laquelle le désir de ce moyen (désir préexistant ou non), je ne dis pas *doit être*, mais *est* désiré. Quand je désire désirer B que je repousse ou que je répugne à désirer, il y a proprement devoir, c'est-à-dire douleur, dans le sens habituel du mot. Quand je désire désirer B qui m'est indifférent et qu'il m'est indifférent de désirer au degré voulu, il y a encore devoir, mais devoir non senti, à défaut de résistance intérieure. Quand je désire désirer B que déjà je désire un peu, mais moins que je ne le désire désirer, on peut dire qu'il y a plaisir naissant plutôt que devoir ; car la simple constatation de cet accord, tout incomplet qu'il est, procure une satisfaction. Quand je desire désirer B que déjà je désire à un degré égal ou supérieur au degré désiré, cette satisfaction devient parfaite ou même excessive. Mais, pour être devenu agréable, de pénible qu'il était tout à l'heure, le devoir n'a pas changé de nature ; il est resté essentiellement identique à lui-même.

J'ai supposé jusqu'ici que le désir désiré était un désir d'ac-tion, et que, par suite, il constituait un devoir, soit un devoir relatif, sciemment utilitaire, le *il faut* des hommes pratiques, soit un devoir qu'on peut appeler absolu, utilitaire aussi, mais inconsciemment, car sa majeure est sous-entendue, le *il faut* des hommes de dévouement et d'honneur. Mais il arrive tout aussi souvent que le désir désiré est un désir de possession, un désir d'avoir et non de faire. Je désire respirer librement; or je crois qu'un temps sec et chaud est favorable à ma respiration embarrassée; donc je sens le besoin d'un temps sec et chaud. Je désire une bonne récolte de foin pour mes bœufs; or je suis persuadé qu'un peu plus de pluie ferait pousser l'herbe de mes prés; donc j'ai besoin qu'il pleuve encore. Combien de fois nous arrive-t-il ainsi d'éprouver un désir dont l'accomplissement dépend de circonstances sur lesquelles nous ne pouvons rien! Notre volonté étant réduite à l'inaction forcée, le devoir n'a pas lieu d'apparaître; mais le *besoin* se fait sentir. De l'un à l'autre on passe fréquemment au cours de la vie. Un jeune homme qui désire se marier avec une jeune fille et qui pense obtenir sa main à la condition d'être nommé député, sent vivement, en conséquence, le désir de s'agiter beaucoup pendant la période électorale; puis, au moment où tous les bulletins sont dans toutes les urnes, mais où le résultat du vote, sur lequel il ne peut plus rien désormais, n'est pas encore connu, il sent vivement le besoin d'être élu. Le devoir ici s'est transformé dans le besoin qui semble n'en être que la continuation. L'inverse se voit toutes les fois qu'une barrière tombe aux yeux ravis d'un homme ou d'un peuple et lui montre la possibilité d'obtenir dorénavant par ses seuls efforts ce qu'il convoitait naguère dans ses vœux stériles et ne croyait pouvoir attendre que du hasard. Le nouveau monde est découvert: aussitôt tous les gens ambitieux et avides qui jusqu'alors avaient senti simplement le besoin de la faveur fortuite d'un grand ou de quelque bel héritage pour réaliser leur rêve, sentent le devoir de s'embarquer pour l'Amérique. Un ordre social est ébranlé; aussitôt toutes les ambitions et tous les appétits se mettent de même en mouvement; et les révolutions ne sont précisément que cette transformation de besoins antérieurs douloureusement éprouvés, en devoirs nouveaux, sentis violemment. On peut dire que la vie sociale est mue par le jeu alternatif de ces deux grandes forces complémentaires: le Devoir et le Besoin. Tout n'y est qu'activités professionnelles, productrices, ou qu'avidités consommatrices, celles-ci se dissimulant sous celles-là, et celles-là travaillant pour celles-ci. Mais ce qu'il faut observer ici, c'est que le sentiment du Besoin, comme le sentiment du Devoir, n'est que la conclusion de syllogismes téléolo giques conscients ou non.

VI

L'application de la théorie du syllogisme à la logique sociale telle que nous l'avons définie plus haut n'a été qu'effleurée dans ce qui précède, pêle-mêle avec son application habituelle à la logique de l'individu. Elle mérite d'être un instant examinée à part. — Quand une personne croit sur la parole d'autrui, le mot *foi* qu'on emploie à son sujet prend un sens tout à fait spécial ; quand elle agit sur l'ordre d'autrui, le mot *devoir* sert à désigner spécialement le sentiment qui l'anime. En effet, si j'ai pu appeler devoir jusqu'ici la conclusion du syllogisme téléologique déduite par l'individu de sa propre volonté prise pour majeure, il n'en est pas moins vrai que dans la bouche de tout le monde cette conclusion s'appelle proprement *volonté*. Vouloir, c'est se pro- poser de faire ce qu'on ne désire pas en général, mais en vue de ce qu'on désire. La volonté, c'est le désir médiat. Le devoir pro- prement dit, c'est la volonté aussi, mais au service d'une autre volonté ; c'est la volonté médiate. Un ordre est la création d'un devoir. Le roi absolu qui se commande dit ou se dit : « Je veux ceci (écraser la marine anglaise, abaisser la maison d'Autriche); or ceci a pour condition cela (l'inscription maritime, des levées d'hommes, des impôts); donc mes sujets doivent se soumettre à cela (aller se faire tuer bravement, mener gaiement la vie de ma- telot, payer la taille). » Le planteur qui fait de l'industrie agri- cole avec ses nègres ne raisonne pas autrement. Un ordre, donc, n'est que la volonté d'une volonté d'autrui. Or un devoir n'est que la réciproque d'un ordre. Ce qu'il y a d'étrange, en effet, c'est que le sujet fidèle, et aussi bien l'esclave résigné, pronon- cent intérieurement l'écho de ce raisonnement de leur maître : « Mon roi veut ceci ; or ceci a pour moyen cela ; donc je dois faire cela. » Tel est le premier genre de l'accord social des vo- lontés. Plus tard, c'est la *demande*, c'est l'*ordre* du public, qui, dans une société démocratique, se substitue peu à peu, plus sou- vent cependant en apparence qu'en réalité, à ce commandement monarchique. « Le public veut voyager confortablement ; or il

fait froid ; donc je dois remplir les bouillottes, » se dit l'employé
des gares. Tous les devoirs professionnels se déduisent de la
sorte. « La majorité électorale ordonne ceci, par l'organe de ses
représentants, or cela est le moyen d'exécuter ceci, donc je dois
faire cela, » se dit le citoyen moderne. Ainsi, le devoir, c'est le
vouloir social ; et les crises révolutionnaires qui précèdent l'enfantement d'un nouveau Pouvoir, d'un nouvel Idéal, source d'un
système nouveau de devoirs, sont exactement comparables aux
perplexités mentales qui conduisent à une grande résolution, à
un but nouveau d'où procédera un enchaînement d'actions nouvelles.

Cela dit, considérons ces syllogismes si fréquents, sans lesquels nulle société ne subsisterait une minute : « Le prêtre (ou
le savant, ou le père) est sûr de ceci (que la venue de l'Antechrist
annonce la fin du monde, ou que la baisse du baromètre
annonce l'orage) ; or je suis sûr (ou un autre prêtre, un autre
savant) est sûr de cela (que l'Antechrist a apparu quelque part,
ou que le baromètre baisse) ; donc *je suis* sûr de telle autre
chose (que la fin du monde va arriver ou que l'orage va éclater).
Le maître, roi ou public, veut ceci ; or je sais que cela est la
cause de ceci, donc *je* dois faire cela. » Sont-ce là des syllogismes sociaux à proprement parler ? On peut objecter qu'ils ne
diffèrent en rien d'essentiel des syllogismes ordinaires ; qu'en
effet la combinaison des croyances et des désirs dont ils se composent s'y opère toujours dans un *même* cerveau, et, en outre,
que la croyance ou la volonté d'autrui, dont il y est question, y
agit non par elle-même, mais par sa reproduction dans l'esprit
ou le cœur du fidèle ou du sujet qui se l'approprie en tirant ces
déductions. Objection spécieuse, qui s'évanouira cependant si
nous avons égard aux effets bien connus de la suggestion hyp-
notique où, comme à travers un verre grossissant, se révèle à
nous clairement l'efficacité de la suggestion sociale, moins
directe mais plus longue, moins intense mais plus large, moins
rapide mais plus profonde. Car il n'est rien de tel que certaines
anomalies pour faire comprendre la fonction normale. On le
sait, l'halluciné auquel une perception fausse ou une action criminelle est suggérée croit penser et agir d'après lui-même, bien
qu'il soit le jouet de son magnétiseur. Supposez cependant que
celui-ci, au lieu de spécifier au somnambule chaque idée qu'il

doit avoir et chaque acte qu'il doit faire, lui laisse une certaine part, non pas d'autonomie, mais de collaboration à ses propres fins et à ses propres pensées. Ce magnétiseur devra *dogmatiser* et *légiférer* de haut, proclamer des principes généraux et des règles générales qu'il communiquera à son sujet, laissant à l'initiative soi-disant libre, à la liberté assujettie, si l'on aime mieux, de ce dernier, le soin d'*appliquer* ses dogmes et d'*exécuter* ses lois. C'est précisément ce qu'ont fait de tout temps, ce que font encore les chefs des peuples, j'entends les vrais, morts pour la plupart, fondateurs de religions ou fondateurs d'empires, poètes régénérateurs de langues ou philosophes inventeurs de droits, grands savants ou grands ingénieurs, sans oublier tout à fait les législateurs et les hommes d'Etat. Aussi une nation peut-elle être considérée, en toute rigueur, comme un syllogisme complexe, à la fois logique et téléologique, dont les *majeures* sont l'ensemble des enseignements ou des commandements réputés divins, plus tard des vérités ou des volontés jugées souveraines, des Dogmes ou des Lois, en un mot, — dont les *mineures* sont fournies à chaque instant, pour chaque sujet, pour chaque citoyen, par un spectacle ou une circonstance quelconque de sa vie, qui lui désigne, lui conseille une application nouvelle du Dogme ou une exécution nouvelle de la Loi, — et dont les *conclusions* sont tout ce qui se juge ou se décide, tout ce qui se dit ou se fait conformément aux Principes et aux Maximes suprêmes d'un peuple, c'est-à-dire l'immense majorité des pensées et des activités en fermentation nationale. Un ancien entend tonner, il dit que Jupiter est en colère ; s'il voit voler un corbeau à sa gauche, il prévoit qu'un malheur va lui arriver, et, suivant les cas, il spécifie ce malheur. Ce bruit de tonnerre (mineure) lui a rappelé l'explication mythologique du tonnerre en général (majeure), peut-être quelques vers d'Homère où cette théorie est formulée ; ce vol de corbeau (mineure) lui a rappelé le principe général des livres d'augures sur la signification des vols d'oiseaux (majeure). Il a conclu logiquement. Un Arabe ou un Corse rencontre son ennemi (mineure), il songe que la coutume ordonne la vengeance (majeure), et il sent le *devoir* de tirer un coup de fusil sur son ennemi (conclusion). Si cet ennemi entre en hôte sous sa tente, il se souviendra que l'hospitalité est commandée par le Prophète et croira devoir lui offrir une tasse de café. — Toutes ces majeures, qui dominent de si haut, comme des monts, l'écoulement quotidien de leurs conséquences dans le bassin d'une cité ou d'un État, expriment des thèses ou des injonctions antiques dont les auteurs le plus souvent sont oubliés, pas toujours cependant, car il est rare que le protestant zélé ne s'appuie pas formellement sur l'Évangile ou le musulman sur le Coran à propos de tout, même dans les affaires les plus insignifiantes de leur vie ; mais, en tout cas, elles sont placées sous la garde d'une élite, clergé ou noblesse, corps savants ou corps constitués, qui les fait siennes et les incarne aux yeux du reste de la nation. Ainsi, dans cette grande opération syllogistique d'une société, les diverses classes se sont divisé le travail : aux unes les majeures, aux autres les conclusions.

Or tout ce que nous avons dit à propos du syllogisme ordinaire s'applique à ce syllogisme supérieur. Le danger d'inconséquence ici, d'instabilité sociale, est double également. D'une part, les conclusions peuvent être mal tirées, le génie d'une religion peut être obscurci par les superstitions populaires qui éclosent d'elle, l'esprit d'une loi peut être méconnu par la pratique judiciaire, et l'on voit de la sorte un clergé éclairé mal compris par les masses qui pourtant l'écoutent, un pouvoir intelligent mal servi par les populations qui pourtant le respectent, inconvénients propres au régime des castes sans rapports entre elles ou au morcellement des provinces non centralisées. D'autre part, si correcte que soit la déduction, la société reste en désaccord avec elle-même, quand, professée et pratiquée en bas avec une entière conviction, avec un dévouement absolu, une religion ou une constitution est remise en haut à des gardiens sceptiques et indifférents, ou quand, ce qui est plus exceptionnel, l'inverse a lieu. Ces désordres d'ailleurs sont fréquents, mais transitoires, et il y est remédié dans les deux cas par les courants continus de l'imitation qui, circulant de haut en bas, rompent les barrières des castes et des provinces, propagent dans le sein du peuple la foi ou le zèle, le doute ou l'inertie de ses conducteurs, et répandent jusqu'aux moindres bourgades les exemples de la capitale. Ce rôle de l'imitation est comparable en ceci, comme sous tant d'autres rapports, au jeu de ces fonctions psychologiques élémentaires, de ces courants de souvenirs nerveux, pour ainsi dire, incessamment répétés en nous, qui mettent fin

aux inconséquences correspondantes du raisonnement individuel. Par suite, tous les progrès des communications, en ouvrant
à l'imitation de nouvelles routes ou élargissant ses voies
anciennes, contribuent à la rigueur et à la promptitude des
déductions sociales, à la consolidation systématique des sociétés,
et y contribuent d'autant mieux que, par la même cause, les discordances entre les diverses majeures, entre les diverses conclusions, tendent à disparaître une à une. Les dogmes s'organisent
donc, et les lois se codifient pendant que s'accroissent et s'uni-
formisent l'orthodoxie religieuse ou intellectuelle et la discipline
rituelle ou laborieuse des foules. Par suite, aussi, cette œuvre
d'assimilation progressive, bien qu'elle puisse et même doive
aboutir au nivellement démocratique, s'accomplit pour la plus
grande gloire des pensées et des volontés dirigeantes dont elle
aplanit, élargit, stimule et accélère l'action. Alors ce ne sont pas
seulement ni surtout les idées, les volontés des ancêtres, propagées pendant des siècles, qui font foi et qui font loi ; une
vérité nouvelle est à peine découverte par un savant et adoptée
par ses confrères que tout le monde jure par elle ; un décret est
à peine rendu après un vote des Chambres que tout le monde
lui obéit. Le syllogisme national voit ses majeures dominantes
changer d'année en année, entraînant tout le reste, et tout un
grand peuple évoluer comme un régiment.

L'objection habituelle contre la déduction syllogistique qui
n'apprendrait rien, dit-on, car on ne tirerait des prémisses que
ce qu'on y a déjà mis, ne porte pas, en tout cas, contre le syllogisme social. On ne prétendra pas, je suppose, qu'un peuple
pourrait se passer de principes et de lois : ce sont là des prémisses semblables à ces bouteilles magiques d'où l'on tire une
infinité de choses que leur auteur n'y a jamais mises.

Une nation, ai-je dit, est un syllogisme complexe. Mais qu'est-
ce qu'un syllogisme complexe ? C'est un *système* ou, au point
de vue téléologique, un *plan*. Un système, en effet, est une proposition générale ou un faisceau de *quelques* propositions
générales servant de majeures à un très grand nombre de
déductions syllogistiques par lesquelles on explique les faits
quelconques qui se présentent. Un plan est un but ou un groupe
de buts liés entre eux (entrer de force dans la capitale d'un État,
par exemple, et conquérir une ou deux de ses provinces) servant

de fondement à un très grand nombre de devoirs pratiques syllogistiquement déduits de cette volonté-mère en toute occasion. Quand des syllogismes nombreux ont ainsi la même majeure, il y a système ou plan. Une nation est donc un vrai plan et un vrai système. Ce n'est pas à dire, remarquons-le, que les principes et les buts de l'individu soient toujours les principes et les buts de l'État. Parfois, l'individu en a de contradictoires à ceux de l'État et est de la sorte conduit au crime ou à la révolte, puis châtié par l'excommunication nationale sous diverses formes, incarcération, amende, révocation, exécution capitale. Bien plus souvent, l'individu a des principes et des buts personnels qui ne confirment ni ne contredisent ceux de l'État. C'est la sphère des opinions libres et des intérêts privés. Ces intérêts ou ces opinions peuvent être en conflit ou en concours les uns avec les autres, sous les noms de concurrence ou de polémique, de procès ou de discussions, ou bien de contrats et d'assentiments, d'associations et de confréries, et s'entre-nuire de la sorte ou s'entre-servir, quoiqu'ils n'aident ni n'entravent les grands intérêts de la nation et ne renforcent ni n'affaiblissent ses grands principes. Mais c'est toujours à l'ombre de ces grands principes et de ces grands intérêts, sous la protection des vérités et des lois reconnues, que ces guerres et ces alliances ont lieu entre les individus ou les sociétés élémentaires dont une société proprement dite se compose. Cette soumission à une double autorité commune qui exige, il est vrai, le sacrifice de bien des idées et de bien des velléités, est la condition sans laquelle ne saurait être obtenu l'avantage d'une certaine liberté de pensée et d'action, sans compter la certitude attachée à la pensée expressément orthodoxe et la sécurité propre à la conduite expressément morale. Le service que l'individu rend à l'État par sa foi et son obéissance est donc, jusqu'à un certain point, réciproque.; et cette réciprocité va ou semble aller croissant à mesure que, par la diffusion du pouvoir politique et de la libre pensée dans les masses électorales, le Dogme et la Loi deviennent l'expression des idées et des volontés populaires. Le *système* ou le *plan* national est alors comparable à l'une de ces grandes synthèses philosophiques, celles de Kant, de Hegel, de Spencer, par exemple, où des légions de savants ont cherché abri pour travailler ensemble chacun dans sa petite spécialité, leur demandant l'explication des faits connus et leur apportant l'appui des faits nouveaux, acceptant leur direction féconde et leur imposant d'utiles modifications. Toutefois, comme on peut le voir par cette comparaison, la réciprocité dont il s'agit est toujours plus apparente que réelle. Une philosophie, pour se faire bien venir des savants, a beau se vanter humblement d'être un simple résumé des faits découverts par eux, on sait bien qu'elle est avant tout une hypothèse indémontrable à la rigueur, et qu'une fois accréditée, tout en laissant l'illusion de la libre recherche, elle asservit véritablement la science, devenue *ancilla philoso phiæ*. C'est ainsi que, lorsque un programme politique s'est implanté au pouvoir, il subjugue le peuple souverain et le mène tout droit, logiquement, à l'encontre de ses plus précieux intérêts. Aussi, quoi qu'on en ait dit, à aucun moment de l'histoire, pas même au nôtre, il n'est exact de prétendre que le lien politique des citoyens réunis en monarchie ou en république ait les caractères d'un contrat synallagmatique, même tacite, et d'un libre assentiment. Les trois quarts du temps, l'individu n'apparaît, comme être physique, que pour endosser la livrée anatomique et prendre le mot d'ordre physiologique de son espèce ; comme être social, que pour rendre témoignage à l'infaillibilité de son Église et pour rendre hommage à la majesté de son État. Quelques révoltés, quelques indépendants surgissent çà et là ; mais, autant parfois ils rendent service à leur milieu social par leurs innovations, autant ils lui sont étrangers et parfois hostiles. Je ne sais pourquoi l'on a affecté de ne pas prendre au sérieux les anathèmes de Rousseau contre la société. Quand on sait au juste ce qu'elle coûte, on peut hésiter à la bénir.

Si, dans le sein de chaque nation, il existe des procès et des contrats, des concurrences et des conventions entre particuliers, le sens de ces phénomènes nous apparaîtra par comparaison avec ces *couples de syllogismes* dont nous avons parlé précédemment. Nous avons dit que, dans le cerveau d'un même homme, deux syllogismes différents sont souvent en présence, et que cette dualité, propre à mettre en relief la contradiction ou l'accord soit de leurs conclusions, soit de leurs prémisses, est la manière habituelle de penser et de vouloir. Nous avons dit aussi que ces syllogismes peuvent résider dans deux esprits distincts. Ce cas se réalise précisément en logique sociale, quand deux

industriels ou deux candidats se font concurrence, chacun d'eux
voulant empêcher l'autre de réussir, et quand deux journalistes
se combattent dans la presse, à grands coups d'arguments contraires, ou deux plaideurs dans un tribunal à coups d'arrêts et
d'autorité ; ou, inversement, quand deux contractants, un acheteur et un vendeur, par exemple, font une affaire ensemble, chacun d'eux se proposant d'exécuter le désir de l'autre, et quand
deux coréligionnaires, s'apprenant l'un à l'autre qu'ils sont du
même avis pour des motifs divers, s'apportent de nouvelles raisons de professer leur opinion commune.

Ces chocs de thèses ou desseins, comment finissent-ils ? Par
la défaite de l'un des adversaires ; c'est fatal ; tout procès aboutit
à un jugement ou à un arrêt ; toute concurrence aboutit à un
monopole ; toute lutte religieuse ou philosophique prépare une
orthodoxie. Et ces accouplements de thèses ou de desseins,
comment se terminent-ils eux-mêmes ? Soit par le mécontente-
ment de l'un des contractants, qui trouve le contrat désavanta-
geux et se sépare brouillé, ou par la dissidence de l'un des coréligionnaires, qui va faire religion à part ; soit par le besoin
senti de resserrer les liens de l'alliance et de transformer le contrat simple, assistance mutuelle de deux intérêts différents, en
association, convergence d'intérêts différents vers un même but
devenu bientôt loi suprême, ou par le besoin non moins éprouvé
de rendre plus intime l'accord des esprits en substituant au
simple échange des lumières de savant à savant leur éclairage
commun d'en haut par quelque grande lampe philosophique où
convergeront tous les yeux. — Le résultat est ou doit être, non
seulement la suppression des concurrences et la multiplication
des monopoles, mais la diminution même des contrats proprement dits, des affaires, et le développement des associations,
dans chaque nation en progrès. Par bonheur, en même temps
que les associations, et pour la même cause, les dissidences se
multiplient, comme nous venons de le voir, et de nouvelles concurrences naissent pour remplacer les anciennes, stimulant nécessaire de la vie sociale.

Ce n'est pas tout. Entre les grands syllogismes complexes,
nationaux, sur une tout autre échelle, il se produit des duels ou
des hymens aussi ; soit que deux de leurs majeures se heurtent
ou s'unissent directement ; soit, le plus souvent, que des

conclusions momentanément, mais unanimement déduites de leurs majeures, devoirs ou convictions patriotiques de circonstance, apparaissent en lutte ou en accord. « Nous voulons aller au ciel; or, le ciel nous est assuré si nous mourons en combattant pour le tombeau du Christ ; donc, nous devons attaquer les musulmans à Jérusalem. — Nous voulons aller au paradis de Mahomet; or, l'extermination des chrétiens nous y conduira; donc, nous devons défendre Jérusalem contre les croisés. » Les croisades ont été le long éclair jailli du choc de ces deux devoirs contraires; les majeures d'ailleurs de ces syllogismes téléologiques ne se heurtaient en rien. Quant aux syllogismes purement logiques dont les conclusions nationales s'affrontent en luttes armées, ils se produisent sous forme religieuse ou sous forme juridique. Combien de fois les rues d'Alexandrie ou de Constantinople et les champs de bataille de l'Europe ont-ils été ensanglantés par des conflits d'opinions entre chrétiens qui, de principes identiques, déduisaient des conséquences momentanément contradictoires relativement à l'union des deux natures divine et humaine dans le Verbe, et à l'efficacité de la communion sous les espèces du pain et du vin à la fois ou sous l'espèce du pain seulement ! Combien de fois, au moyen âge, les guerres de château à château, de royaume à royaume, avaient-elles pour prétexte ou pour cause des droits contraires à l'héritage d'un fief ou à la possession d'un trône, droits déduits par chaque prétendant d'un principe de droit souvent reconnu par les deux ! Les prétentions de Guillaume le Conquérant au trône d'Angleterre et les résistances d'Harold, les prétentions de Louis XIV au trône d'Espagne et les résistances de l'Europe, sont des exemples éclatants de ces discussions juridiques entre puissances. Il est certain qu'en général ces contradictions de thèses dissimulent des conflits d'intérêts ou d'ambitions et qu'elles suffisent rarement par elles-mêmes à créer des *casus belli ;* mais elles contribuent fortement à rendre terribles les mêlées de peuples où elles jouent leur rôle. Elles interviennent rarement dans les guerres européennes des temps modernes ; car, quand nos nations-sœurs se battent, il devient de plus en plus clair, de moins en moins dissimulé, qu'il s'agit là de purs conflits d'intérêts, sans nulle opposition de principes; d'où l'adoucissement singulier des mœurs belliqueuses depuis le xvi⁰ siècle. Si la lutte fratricide des États-

Unis a présenté un caractère exceptionnel de sauvagerie, c'est que l'antagonisme du Nord et du Sud au point de vue des intérêts se compliquait de convictions diamétralement opposées sur la question du droit à l'asservissement des noirs.

Quoique plus rares que les chocs de conclusions nationales, les chocs de majeures nationales éclatent parfois. D'ailleurs, il arrive souvent qu'un devoir patriotique, ou une opinion religieuse, après avoir été suggéré à titre de conclusion par une circonstance, s'enracine, s'implante dans le cœur d'un peuple et y prend rang parmi ses volontés ou ses convictions souveraines, parmi ses majeures : tel a longtemps été, pour le musulman, le devoir de conquérir Constantinople, et, pour les byzantins, le devoir de repousser le Turc ; telle a été, pour bien des villes d'Italie, la foi exclusive dans le pouvoir miraculeux d'un certain saint, ce qui impliquait la négation d'un pouvoir égal attribué au patron de la ville voisine. Entre Athènes et Sparte, entre Rome et Carthage, entre Venise et la Turquie, la lutte pour l'hégémonie de la Grèce ou pour la domination sur la Méditerranée avait fini par être un conflit, non de devoirs seulement, mais de vouloirs absolus, héréditaires, passés dans le sang. Entre protestants et catholiques, la lutte pour ou contre la sainteté de la Vierge avait pris à la fin les proportions d'un conflit de dogmes fondamentaux.

L'importance que j'attache à la considération des degrés de foi ou de désir ne paraîtra pas excessive maintenant. En effet, quand une nation dit oui et que l'autre dit non, quand une nation dit *je veux* et que l'autre dit *je ne veux pas*, la grande question est de savoir quelle masse et quelle force de conviction nationale, de passion nationale, sont engagées dans ces propositions et ces décisions qui s'affrontent. Quand, volontairement, par voie diplomatique, l'une des deux nations renonce à sa prétention avant tout combat, c'est qu'elle n'y tient guère. Quand, avant toute prise d'armes entre deux partis religieux, un *colloque* aboutit, par hasard, à obtenir de l'un d'eux la renonciation volontaire à sa foi en ce qu'elle a de contradictoire à la foi de l'autre, c'est que sa foi lui est médiocrement chère (1). Si donc

(1) Qu'est-ce qui correspond, en logique individuelle, aux colloques et aux pourparlers diplomatiques suivis de résultat ? La méditation, la discussion mentale. Il faut, pour qu'elle soit possible, que les idées ou les volontés entre lesquelles on hésite et dont l'une abdique enfin, soient l'obj.. d'une foi et d'un désir faibles. Dans le cas contraire, il y a folie, nous le verrons.

la foi et le désir passent un certain degré, la guerre devient inévitable. On voit s'il importe d'apprécier ce degré, et si toutes les
évaluations indistinctes et approximatives qu'on en peut faire,
surtout au moyen de la statistique intelligemment conçue, méritent examen. Ce n'en est pas le seul emploi. La question de
savoir si et quand la peine de mort peut être abolie, se ramène
à cet ordre de considérations. Quand un malfaiteur, comme on
a souvent lieu de le croire par la statistique de ses récidives, ne
saurait volontairement renoncer à ses penchants criminels, contraires au but social, la peine de mort n'est-elle pas une mesure
nécessaire ?

Si les conclusions ou les majeures des syllogismes nationaux
s'opposent trop fréquemment, on les voit aussi s'accorder ; s'il
y a des guerres, il y a des alliances de peuple à peuple, tantôt
parce que deux peuples ont la même volonté traditionnelle et
suprême (refouler l'Islam, nuire au roi de Perse, etc.), ou le
même principe dominant (Mahomet est le prophète d'Allah,
Jésus-Christ est fils de Dieu, etc.); tantôt parce que, portant
dans leur cœur des ambitions sourdes et contraires au fond, deux
peuples ont pour le moment un intérêt identique, déduit séparément de leurs volontés opposées (se coaliser contre Louis XIV
ou Napoléon) ou parce que, bien que divisés de principes religieux ou juridiques, ils arrivent par des motifs différents, dans
un congrès, à reconnaître un même droit, à partager une même
espérance. L'espoir, commun à deux peuples, de voir bientôt un
événement se produire suffit parfois à les réunir, comme on voit
deux joueurs à la hausse ou à la baisse s'associer en vertu de
leurs communes prévisions.

Du reste, le résultat de ces guerres et de ces alliances n'est
pas autre que celui des procès et des contrats entre particuliers.
Quelle est l'issue de la guerre ? La victoire, comme le monopole
est le dénouement de la concurrence, comme le jugement est le
dénouement d'un procès. Il est vrai qu'il y a souvent des paix
boiteuses et des transactions après litige, qui ressemblent à ces
arrangements éclectiques par lesquels un esprit ondoyant s'imagine concilier des opinions opposées entre lesquelles il se ba-
lançait. Mais l'équilibre obtenu par cette feinte ou incomplète
subordination de l'un des adversaires à l'autre, est instable et ne
tarde pas à nécessiter des résolutions plus énergiques. En

somme, des deux grandes masses de foi et de désir qui se rencontrent en une bataille, la plus forte ou la mieux organisée
l'emporte, brise et dissout l'autre, monopolise à son profit le
droit de vouloir ou le droit d'affirmer. La guerre, confrontation
éclatante du *oui* et du *non* incarnés dans deux armées, n'est
comparable, en logique individuelle, qu'à l'accès de folie où,
dans un même cerveau, champ de bataille d'une perception et
d'une hallucination contradictoire, d'une passion et d'une autre
passion, l'absurdité règne en maîtresse, éclate en perplexités et
en angoisses, et se *résout fatalement* par l'apaisement ou la
mort, par le retour à l'état lucide ou la dissolution. Une bataille,
n'est-ce pas l'absurde social dans toute sa splendeur ? Si de telles
crises se suivent de près, à bref délai, comme pendant la guerre
de Cent ans en France, de Trente ans en Allemagne, on peut dire
qu'il y a folie chronique, véritable démence sociale. Quand un
peuple n'en meurt pas, comme l'Allemagne en est morte sous
Richelieu (sauf à ressusciter, hélas !), il sort de là épuisé, mais
unifié, comme la France après sa lutte séculaire contre les Anglais. Toute guerre est un acheminement vers la conquête et
l'unanimité universelle (1).

Et quelle est l'issue des alliances? Soit la rupture finale des
traités, d'où sortent de nouvelles guerres, terminées comme les
précédentes ; soit le resserrement des liens de la fédération par
le rêve et enfin la réalisation de l'unité. Les Français n'ont pas
besoin qu'on leur cite ici des exemples. Or qu'est-ce que l'unité,
si ce n'est la concentration en un seul État des petits États
naguères fédérés, dont les forces et les volontés concourent
maintenant en haut, en un seul point, par l'envoi de députés et
de troupes au siège de l'Empire, pour le salut et la gloire de
l'Empire, tandis qu'auparavant ils se bornaient à s'entre-secou-
rir à l'occasion, ou à échanger des marchandises? L'Empire, c'est,
en réalité, l'un des membres de la confédération qui s'est érigé en
chef, et de ses anciens égaux a fait ses vassaux. Le lien fédératif
redevient donc, finalement, ce qu'il a presque toujours com-

(1) Le progrès de la civilisation, d'après les statistiques bien ou mal comprises,
semble développer la folie chez les individus, et, d'après l'histoire, diminuer la
guerre dans les sociétés. Y aurait-il donc une sorte de compensation entre la folie
individuelle et la folie sociale dont l'une s'accroîtrait aux dépens de l'autre ? Ce
n'est pas le lieu d'étudier cette question ; mais je crois que ce rapport inverse est
une pure illusion.

mencé par être : un lien de vasselage international, ou demandé
ou imposé de force. Il en est ainsi au point de vue logique aussi
bien que téléologique. Cette communion des esprits nationaux
dans une même doctrine de Droit Public ou dans un même corps
de science, dont les États européens et les États du nouveau
monde donnent le spectacle aujourd'hui, ne résulte pas, quoi
qu'on puisse dire, de leur mutuel enseignement. Nous sommes
loin ici de la mutualité. En fait, il y a toujours eu en Europe un
peuple, la France, puis l'Italie, puis l'Espagne, puis la France
encore, puis l'Angleterre ou l'Allemagne, puis, si l'on veut, un
groupe formé par l'Angleterre, l'Allemagne et la France ; et,
dans chacun de ces peuples, il y a eu une ou plusieurs villes,
Paris, Florence, Rome, Madrid, Berlin, qui ont servi aux autres
peuples et aux autres villes d'instituteurs publics. Cette ville ou ce
peuple étaient la source où tout le monde allait puiser ses principes, sauf à en déduire les applications. Qu'a fait l'Amérique
jusqu'ici, que fait-elle encore, si ce n'est tirer en inventions pratiques les conséquences de nos découvertes théoriques ? Tout
récemment le Japon s'est mis à l'école de l'Europe, ébloui et subjugué : toutes les communions spirituelles débutent, ainsi, par
des conversions. Ainsi l'antique Égypte a fasciné et converti la
Grèce, ou la Mésopotamie l'Asie, ainsi la Grèce a illuminé et
converti l'Empire romain. — On dira que ce ne sont pas là des
alliances ; car il y a eu don et non troc. Mais la lumière offerte a
été acceptée, et cette offre suivie de cette acceptation constitue un
traité implicite, le plus durable même et le meilleur de tous les
traités. Trop souvent il est arrivé qu'une nation s'est refusée à
laisser entrer le rayonnement d'un autre peuple, ou que cette
autre nation, trop jalouse de ses lumières, comme l'Égypte pendant longtemps, s'en est réservé tout l'éclat.

Donc, au résumé, guerres ou alliances, conflits ou accords,
tout pousse les sociétés aux grandes agglomérations, aux grandes
centralisations, c'est-à-dire à la formation de systèmes majestueux dont les proportions grandissent toujours et où la Logique
sociale s'admire elle-même en pyramides de syllogismes plus
hautes et plus fortes que nul tombeau des Pharaons.

Dans tout ce qui précède, je crois avoir déjà pleinement justifié la distinction des deux Logiques et des deux Téléologies.
Mais je suis loin d'avoir tout dit. Poursuivons en montrant

d'abord que les deux Logiques se complètent ainsi que les deux
Téléologies. Je suppose que, comme on le fait d'habitude, la
logique individuelle existe seule ou seule mérite examen. Les
problèmes resteront en partie indéterminés. En effet, même
éclairée par l'introduction de notre point de vue, elle enseigne
bien à l'individu isolé, abstrait par hypothèse, quelle doit être la
direction et l'intensité *proportionnelle* de ses diverses affirmations ou négations comparées les unes aux autres ; mais, quant
à leur intensité absolue, peu lui importe. C'est une simple affaire
de tempérament. Elle vous dit : « Si vous croyez dans une certaine mesure, égale à 10 par exemple, que toutes les espèces
animales dérivent par génération et transformation lente les
unes des autres, et si vous croyez avec une intensité double,
égale à 20, que l'homme est un animal, vous devez nier avec une
énergie de conviction égale à 10 seulement la création de
l'homme *ex abrupto*. » Mais vous dit-elle si c'est au degré 10
précisément, ou bien au degré 15 ou 20 ou 30, ou à n'importe
quel autre, que doit s'arrêter votre foi évolutionniste ? Non. Il est
vrai qu'elle vous impose celle-ci en vertu d'autres syllogismes
fondés en définitive sur des observations et des expériences vérifiables par vous-même, sur le témoignage de vos sens. Mais la
foi dans le témoignage des sens varie considérablement d'un
individu à un autre, et encore plus la foi dans les principes régulateurs de l'exercice des sens, dans les postulats et les concepts fondamentaux de chaque science. La détermination de
votre croyance reste donc inachevée, tant que la logique individuelle opère seule. — Mais, fort heureusement à ce point de vue,
la nécessité d'être constamment en accord de logique sociale avec
ses compatriotes et ses contemporains ou, s'il s'agit d'un savant,
avec ses confrères qui sont sa vraie société à lui, impose à l'individu un certain ton de foi et de confiance, de confiance en soi
ou en autrui, dont il ne doit jamais trop s'écarter, sous peine
d'être banni de son milieu et jugé sévèrement. Le résultat du
contact journalier des intelligences, après bien des luttes et des
discussions, est l'établissement d'une sorte d'*équilibre approxi-
matif* des convictions, comparable à l'équilibre des mers, qui
n'exclut pas les vagues et les marées. Être soustrait, au delà d'une
certaine mesure, à l'empire de ce nivellement général, c'est
donner un véritable signe de folie. L'homme social, en état de

parfaite raison, doit être influencé dans ses opinions par celles
de ses concitoyens ou de ses confrères. Il y a, par exemple,
une confiance en soi d'un degré moyen ou plutôt normal, qui
constitue l'état de santé morale, d'harmonie avec le milieu
social. Au delà, on est *maniaque;* en deçà, *mélancolique.* La
manie et la mélancolie, on le sait, sont les deux grandes catégories reconnues, les deux pôles opposés de l'aliénation mentale, l'une surexcitante, l'autre déprimante.

Du reste, à chaque changement dans l'ordre social, à chaque
découverte importante qui force la société à se reconstituer sur
un nouveau type, le *taux normal* de la confiance licite en soi
s'élève ou s'abaisse. Il eût fallu être fou à certaines époques,
pour être orgueilleux comme le sont la plupart des Anglais ou
des Américains actuels les plus raisonnables. Élever d'un simple
cran la dose d'orgueil qui est compatible avec l'ordre social,
c'est là un progrès de premier ordre. Le besoin de liberté, dont
on fait tant de bruit, n'est au fond que la tendance à cette élévation, même extrêmement faible, de la foi générale en soi-même.
— Disons aussi que, dans un même état social, les diverses
classes comportent des degrés fort inégaux de confiance en soi.
L'air de suffisance qui *convenait* à un homme de qualité sous
l'ancien régime, et qui ne dépare pas trop, de nos jours même,
le visage d'un ministre ou d'un grand banquier, eût été jadis chez
un paysan un trait de démence. Notre paysan actuel, malgré le
suffrage universel, qui lui a infusé la conscience de son pouvoir,
est encore remarquablement timide et défiant d'allures.

De même, supposons que la téléologie individuelle, — par
exemple, l'hygiène, — nous dise : Si vous voulez êtres agile à
la course et robuste au pugilat, vous devez rigoureusement
suivre tel régime. Mais dans quelle mesure dois-je vouloir ce
genre d'agilité et ce genre de force ? C'est affaire aux influences
et aux fins du milieu social de répondre à cette question. Cette
volonté devra être tout autrement énergique à Athènes, au beau
temps des Jeux olympiques, qu'à Paris au temps actuel.

Ainsi, à ce double égard, le point de vue individuel se complète par le point de vue social. — En outre, un même fait peut
être une inconséquence flagrante au premier point de vue et
une déduction rigoureuse au second, d'où il résulte que l'un sert
en quelque sorte d'équivalent à l'autre.

Rien de plus contraire à la logique, en apparence, que la
rhétorique. La rhétorique n'est-elle pas essentiellement l'art des
virements non logiques (et *non téléologiques*) de la croyance et
du désir? Oui, au sens individuel du mot logique. Mais, au sens
social, elle est l'instrument logique par excellence, le procédé le
plus puissant de diffusion *imitative* des idées et d'équilibration
ascendante des croyances. Ceux que la rhétorique persuade,
d'ailleurs, sous la forme du livre, du journal ou du discours,
ont besoin d'être persuadés et sont presque toujours impuissants à se convaincre et à se diriger eux-mêmes. Un passage de
Maudsley, à cet égard, est bien propre à nous montrer l'insuffisance de la logique individuelle réduite à ses seules ressources.
« Il y a des personnes, dit-il, qui ont l'habitude de peser si minu-
tieusement leurs raisons (c'est-à-dire, suivant nous, de se conformer si exactement aux règles de la logique individuelle) qu'elles
arrivent difficilement à prendre une décision ; *et on les secourt
grandement* si l'on endosse ou simplement *si l'on répète sur
un ton de confiance* qui leur donne la prépondérance les raisons
qui les font pencher d'un côté. Ces personnes se sentent
soulagées, *bien qu'au fond elles puissent n'avoir aucune estime
pour le jugement de celui qui les a conseillées* et qu'à la réflexion
les idées adverses puissent se trouver en opposition comme
auparavant. » Cette action prestigieuse d'un individu sur un
autre se produit, on le voit, en violation de toutes les lois de
la logique individuelle isolément considérée ; mais, en tant que
les deux individus en question forment un groupe social distinct,
l'influence non raisonnée de l'un sur l'autre est socialement l'équivalent de ce qu'est individuellement un bon syllogisme, c'est-à-
dire un transport direct et niveleur de croyance. Seulement, si
les deux individus considérés se rattachent à une société plus
étendue, il se peut que le prestige autoritaire de la personne
dominante sur la personne dominée se soit exercé dans un sens
contraire à la pression plus puissante encore de l'opinion générale, qui ne tardera pas du reste à prévaloir et à résorber en
elle, comme un accident passager, cette sorte d'inconséquence
sociale.

L'ascendant personnel d'un homme sur un autre, nous le
savons, est le phénomène social élémentaire, et ne diffère qu'au
degré près de l'ascendant du suggestionneur sur le sugges-

tionné. Par sa passivité, sa crédulité, sa docilité aussi incorri-
gibles qu'inconscientes, la foule des imitateurs est une espèce
de somnambule, pendant que, par son étrangeté, sa mono-
manie, *sa foi imperturbable et solitaire en lui-même et en son
idée*, — foi que le scepticisme ambiant n'atténue en rien, car
elle a des causes extra-sociales, — l'inventeur, l'initiateur en
tout genre, est, conformément à ce que nous avons dit plus
haut, une sorte de fou. Des fous guidant des somnambules :
quelle logique, dira-t-on, peut sortir de là? Cependant, les uns
et les autres concourent à la réalisation de l'idéal logique, et ils
semblent s'être divisé la tâche, la moutonnerie des uns servant
à conserver et à niveler la foi sociale, autant que l'audace des
autres sert à l'élever et à la grossir.

C'est en politique surtout qu'il importe d'avoir égard à la distinction, à la comparaison fondamentale sur laquelle repose tout
notre travail. Je n'ai pas à m'étendre sur les avantages d'une
politique large et libérale qui laisse aux vaincus (comme faisaient
les Romains) ou aux colons (comme font les Anglais) la libre
pratique de leurs coutumes juridiques et de leur culte, le main-
tien de leurs formes politiques, et se garde bien de ridiculiser
leurs manières et leurs admirations. Mais il ne suffit pas d'apprécier l'utilité de cette habile tolérance, il faut voir dans cette incohérence féconde une œuvre logique au premier chef. Qnand on
dit que l'amour de la logique à outrance est fatal à un homme
d'État, on veut parler de la logique individuelle, et en ce sens
on a raison. Mais dans un sens différent, on aurait tort. L'esprit
critique, exclusif et puriste, qui tient avant tout à ne jamais se
contredire, est, en logique individuelle, ce qu'est, en logique
sociale, l'esprit de despotisme et d'inquisition qui ne hait rien
tant qu'une dissidence; et la tendance systématique, hospitalière, à concilier supérieurement le plus d'idées possible plutôt
qu'à se contredire le moins possible, a pour pendant la politique
de transaction qui cherche à pacifier plus qu'à unifier.

L'intelligence de l'histoire exige aussi qu'on distingue les deux
points de vue. L'historien, par exemple, s'étonne souvent de
remarquer à certaines époques l'alliance de l'intolérance et de la
licence. Il signale les florentins du xiii° siècle comme aussi indul-
gents pour les plus grands désordres de conduite que sévères
pour le moindre soupçon d'hérésie. Il pourrait rapprocher de

ces Italiens les Français de nos jours qui se sont montrés parfois
d'autant plus enclins à fermer les yeux sur certaines sortes de
corruptions chez les dépositaires du pouvoir, chez Danton, par
exemple, qu'ils étaient plus exigeants en fait d'orthodoxie politique. Mais le phénomène n'a rien d'étrange à notre point de
vue. Car c'est en vertu du même besoin de *conformisme* qu'une
classe dominante excuse chez ses mandataires ses propres vices
et exige d'eux l'adhésion à ses propres idées. Un dissident, soit
par l'incorruptibilité de son caractère, soit par l'originalité de sa
pensée, est pour elle à double titre un adversaire, qu'une logique
rigoureuse, mais étroite, lui commande d'expulser. Pour un
politique de cette école, une dissidence est une *contradiction
extérieure* aussi choquante que peut l'être une contradiction
interne pour un logicien à la Stuart Mill. Il n'en est pas moins
vrai que les gens les plus intolérants, les plus scandalisés par le
spectacle illogique d'un pays où se coudoient des dogmes et des
institutions contradictoires, sont précisément les plus remplis
de contradictions d'idées. La tolérance, en revanche, — comme le
montre l'exemple de l'illustre Anglais dont je viens de prononcer
le nom, — se rencontre à un degré exceptionnel chez les logiciens,
non pas seulement parce que l'habitude de l'analyse use à la
longue leur force de foi et leur ardeur de propagande, mais surtout parce que, accoutumés à découvrir au fond de leurs idées
les plus claires en apparence des obscurités, et entre leurs idées
les mieux liées des dissonances, ils sont portés à l'indulgence
pour des désaccords analogues, plus apparents mais non plus
réels, qu'ils aperçoivent sans surprise dans la société. La conduite des florentins du xiiie siècle était donc logique à sa
manière.

Ce n'est pas que je ne regarde comme contradictoire une
vie licencieuse associée à la proclamation d'une morale spiritualiste et chrétienne. Mais n'oublions pas que les contradictions
dont on n'a pas conscience sont comme n'existant pas, et que
celles dont on a la conscience la plus vive sont les premières
qu'on s'efforce de supprimer. Or le *démenti* qui choque le plus
un homme irréfléchi et *extériorisé*, ce ne peut être celui de ses
idées qui jurent entre elles ou de ses actions qui jurent avec ses
idées. Il le remarque à peine. Mais ce qui le révolte, autant
qu'un sophisme évident blesse un philosophe, ou une incorrec-

tion un écrivain, c'est le démenti manifeste donné à ses idées où à ses actes par les actes ou les idées *d'autrui*. Il en doit être ainsi, puisqu'il a toujours les yeux ouverts sur le dehors et jamais retournés sur soi. Pour lui, donc, *épuration civique* signifie essentiellement *rectification logique*. Fort heureusement, ajoutons-le, quand il a écarté de force les démentis extérieurs qui le tourmentaient, il lui arrive de se sentir gêné par ses propres démentis internes et de faire effort pour les supprimer. Je dis que c'est fort heureux, car ce besoin tardif est, au fond, la seule garantie efficace des minorités vaincues contre l'arbitraire des majorités gouvernantes. On commence donc, secte ou parti, par répandre *manu militari*, s'il le faut, son évangile ou son programme incohérent; puis, à mesure qu'il s'étend, on s'avise de le creuser, d'y démêler des points embarrassants et d'y mettre de l'ordre. Les grands théologiens ne sont jamais venus qu'après les grands apôtres. Par la même raison, l'unité de législation, d'administration, d'armée, a précédé en France la codification des lois, la création d'un système administratif et d'une organisation militaire; et, dans notre Europe contemporaine, l'uniformité de civilisation est presque opérée déjà que le souci d'une civilisation plus harmonieuse commence à peine à s'éveiller, çà et là, chez quelques socialistes dont le mérite, parmi tant de rêves dangereux, est d'avoir montré les premiers des discordances inaperçues. Cela revient à dire au fond qu'après avoir conformé autrui à soi, on cherche à se conformer à soi-même et qu'ainsi, contrairement à ce qu'on aurait pu penser, le développement de la logique sociale précède et provoque celui de la logique individuelle. Si les deux genres d'accord, l'un social, l'autre individuel, pouvaient arriver ensemble à leur terme, l'idéal serait atteint. Au moins nous en rapprochons-nous; et c'est ainsi qu'après s'être séparées, la logique sociale et la logique individuelle cherchent à se réunir, à accorder leurs deux accords distincts, jusqu'au jour lointain ou, comme nous le verrons, la première ne sera plus que le prolongement extra-individuel de la seconde, et la seconde qu'une réduction de la première.

Mais revenons. S'il est des états d'esprit où domine le besoin d'avoir des idées qui ne s'opposent pas et où l'on se contente à ce prix, il en est d'autres où l'on se préoccupe surtout d'avoir beau-

coup d'idées qui concourent et se confirment, sans s'inquiéter
d'ailleurs outre mesure si quelques-unes se combattent. Et, suivant que l'un ou l'autre de ces deux états est plus fréquent chez
un homme, on le classe parmi les critiques ou parmi les théoriciens, parmi les hommes de goût ou parmi les poètes, parmi les
hommes pratiques ou parmi les inventeurs (1). De même il est
des états sociaux où l'on cherche plus à éviter les dissidences
qu'à multiplier les collaborations; d'autres dont le principal
souci est de faire converger le plus de forces possible, même
dissidentes, vers un grand dessein pacifique ou guerrier, d'expansion commerciale ou de conquête à main armée. Et, à ce
point de vue, les peuples ne diffèrent pas moins entre eux que
les individus. Ici intervient la question de race. Le Nègre, par
exemple, est imaginatif mais incohérent, il combine plus qu'il
ne coordonne ses pensées. Le Peau-Rouge a plus de suite dans les
idées, mais il a moins d'idées. Le Polynésien, supérieur aux
deux, est déjà capable de systématiser, de dramatiser, d'organiser. Parmi les races caucasiques, le Sémite a l'esprit conséquent
et pratique, mais plus étroit que l'Aryen. Parmi les Aryens, les
Allemands, on le sait, sont portés aux généralisations, sinon
précipitées, du moins ambitieuses, achetées au prix d'inconséquences flagrantes. Les Anglais sont des outranciers en logique;
quand ils généralisent, c'est lentement et sûrement, et ils n'ad-
mettent pas l'ombre d'une contradiction de leurs théories par
les faits, quoiqu'ils supportent sans peine des contradictions
énormes dans leurs croyances et leurs lois. Comme on le voit
par ce dernier exemple, les peuples qui, socialement, sont libéraux et *synthétiques* peuvent être composés en majorité d'individus à l'esprit *analytique* roide et exclusif, par la même raison
que, inversement, une nation composée d'esprits systématiques
aux larges synthèses, de philosophes allemands par exemple,
pourrait fort bien pratiquer une politique étroite et intolérante.

Il y a plusieurs motifs pour donner, logiquement même, la
préférence aux sociétés composites sur les sociétés pures. En
premier lieu, une législation telle que le Droit romain, où le
masque d'acier du vieux droit quiritaire religieusement conservé

---

(1) Je ne parle pas des esprits enfantins, dont le propre est de recevoir toutes
sortes d'idées de provenance quelconques sans songer à les accorder entre elles le
moins du monde.

contrastait si fort avec le visage adouci et humanisé chaque jour du droit prétorien ; un corps d'institutions ou d'inventions de tout genre, tel que la constitution ou la civilisation anglaises, où les coutumes, les lois, les besoins, les usages les plus disparates se sont agglomérés par stratifications séculaires, sans que les nouvelles strates soient jamais parvenues à recouvrir entièrement les anciennes ; de pareils systèmes sont-ils moins propres que nos codes, nos constitutions, nos civilisations françaises, si souvent remplacées presque en entier et formées tout d'une pièce, à produire la plus grande somme de foi, de confiance et de sécurité nationale ? Non. Car la grande source de la croyance, c'est la tradition ; il importe donc de ne pas rompre brusquement ni volontiers avec une coutume enracinée, parce qu'elle implique contradiction avec une mode nouvelle. Un peuple faiblement traditionnel est toujours un peuple faiblement croyant et peu rassuré, où il y a des opinions qui jouent leur petit rôle destructeur, mais point de ces convictions fortes qui préparent des fondements inébranlables aux édifices de demain. Mieux vaut donc pour les affaires d'un pays, en attendant l'idéal futur, une législation bizarre mais stable qu'une législation plus rationnelle mais sans cesse remaniée. Mieux vaut, pour bâtir, un sol bosselé et ferme qu'un terrain mouvant et aplani, alors même que les mouvements de ce dernier ont pour effet de l'aplanir toujours davantage.

D'ailleurs, et en second lieu, ce n'est pas seulement par le nombre et l'énergie des contradicteurs de la doctrine reçue, soit religieuse, soit politique, que la *somme algébrique* de foi nationale est diminuée ; c'est encore par le nombre et l'importance des contradictions plus ou moins implicites que cette doctrine porte en soi. Car, même implicite, même non remarquée expressément, une contradiction réelle entre deux dogmes, ou entre un dogme et un jugement habituel des sens, ne laisse pas de se faire sentir par l'affaiblissement de la foi du croyant. Si donc, d'une part, il importe de veiller le plus possible à l'unanimité nationale, d'autre part il faut se préoccuper de rendre le credo national de plus en plus conséquent et cohérent, c'est-à-dire vrai. Mais cette poursuite de la vérité suppose la liberté d'examen et de critique, qui est confisquée par les inquisitions de toute forme. Ainsi, quoique la recherche de la vérité et celle de l'unanimité

tendent également à un même but, le maximum de foi nationale,
les voies et moyens employés pour atteindre ces deux fins con-
vergentes vers une même fin peuvent être incompatibles; et il
en est ainsi quand l'unanimité est imposée de force, par le saint-
office ou la loi des suspects. Mais cela prouve qu'elle doit être
poursuivie autrement, librement aussi, comme la vérité.

Comme on le voit, la logique, dans ses deux sens, vit d'inconséquences, et la téléologie pareillement. Il n'est pas nécessaire
de recourir aux prestidigitations de Hégel pour expliquer cette
antinomie. Rien de plus simple si l'on se souvient que la logique
et la téléologie se bornent à régler la manière dont la croyance
et le désir, une fois produits, doivent se répartir entre les idées
pour atteindre au maximum et à l'équilibre demandés. Si nous
distinguons, comme nous l'avons fait, cette production et cette
répartition, soit dans un individu, soit dans une société, nous
verrons que l'œuvre poursuivie par la logique et la téléologie
ne saurait être accomplie en toute rigueur sans aboutir au suicide même de ces deux autorités régulatrices, c'est-à-dire que
l'élimination de toute contradiction entre les croyances ou les
désirs distribués conduirait à tarir leur source; en sorte que,
au moment où la répartition deviendrait parfaite, la production
cesserait. Ce serait, précisément, soit dit en passant, la réalisation de certains programmes socialistes qu'on pourrait définir:
la destruction des biens sociaux en vue de leur meilleure distribution. Effectivement, la vie éveillée, pour se maintenir éveillée,
réclame un renouvellement continuel de *perceptions* parmi
lesquelles il ne peut pas ne pas y en avoir d'hétérogènes, et
d'*idées* parmi lesquelles il ne peut pas ne pas y en avoir de contradictoires. Ou bien, s'il n'y en a aucune de contradictoire, il
n'y en a aucune qui étonne, et l'esprit s'endort. Le cerveau le
plus épris de coordination systématique est donc obligé de courir tout le jour après les étonnements, autant vaut dire après
les contradictions au moins apparentes. J'en dirai autant d'une
société. La plus éprise d'ordre social doit, pour rester forte,
tolérer, rechercher même les dissidences et les oppositions; car,
pour rester enthousiaste et croyante, elle a besoin d'un afflux
incessant de découvertes et d'initiatives nouvelles, qui la piquent
et la réveillent par leur pointe d'étrangeté. C'est ainsi que, dans
une sphère inférieure de la réalité, la vie organique, équilibre

rompu à la recherche de lui-même, a besoin sans cesse d'excitations déséquilibrantes pour avoir la fo▪ ▪ de se rééquilibrer.
Pourtant, le but poursuivi ne doit-il pas être atteint finalement,
et n'est-il pas inévitable qu'un jour ou l'autre l'intelligence de
l'individu se consomme ou s'anéantisse dans l'inconscience, la
volonté de l'individu dans l'indifférence, qu'un jour ou l'autre la
civilisation la plus brillante et la plus féconde s'anéantisse dans
l'ignorance et la torpeur, comme il est nécessaire que toute vie
arrive à la mort? C'est possible, quoique rien ne me paraisse
moins certain. Observons seulement, que, si l'on répondait par
l'affirmative, on aurait trouvé une explication sociologique fort
nette à un problème qui, en biologie, est insoluble. Nous ignorons, en effet, profondément pourquoi tous les vivants doivent
mourir, mais la mort psychologique et la mort sociale ne doivent
plus être des mystères pour nous, si ce que nous venons de supposer est vrai; et peut-être est-ce seulement par leur comparaison que le problème de la mort physiologique peut s'éclaircir. La
contradiction étant un équilibre instable, on ne saurait admettre
que les éléments contradictoires dont se compose en partie tout
état d'esprit ou tout état social gardent éternellement leurs positions, sans avancer ni reculer, vis-à-vis des éléments harmonieux,
comme deux bataillons ennemis qui, tout en faisant de nouvelles
recrues, se feraient la guerre sans jamais se vaincre ni traiter
définitivement. Donc, de deux choses l'une, peut-on dire : ou
bien le plus faible des deux groupes, malgré son recrutement
incessant, finira par être vaincu tout à fait et disparaître; ou
bien, se fortifiant, il finira par tenir l'autre en échec et le contraindre à une scission définitive; d'où, à la longue, si de telles
scissions se répètent, le morcellement du tout. Dans les deux
cas, ce sera la fin de l'antagonisme; mais dans le premier cas,
ce sera, pour l'individu comme pour la société, la mort naturelle
du penser et du vouloir par épuisement, par apaisement, par
extinction; dans le second cas, la mort violente, appelée démence
pour l'individu, schisme et dissolution pour la société.

  Mais, pendant qu'ainsi les esprits et les volontés, les religions
et les civilisations, brillent puis s'éteignent, pendant que les
âmes succèdent aux âmes, les sociétés aux sociétés, après avoir,
les unes indépendamment des autres, réalisé l'accord intérieur
qui leur est propre, un grand travail se fait dans l'histoire

humaine pour effectuer, s'il se peut, un accord suprême, qui serait l'harmonie future de ces deux harmonies. La distinction, la séparation des deux logiques et des deux téléologies a été imposée fatalement à l'origine des sociétés, par la dissemblance des grossièretés et des égoïsmes, des sensations et des appétits, qu'il s'agissait de soumettre à une même pensée et de faire converger en une même action ; mais elle veut être suivie jusqu'au bout, c'est-à-dire jusqu'à sa propre suppression, où elle aspire. En ayant égard à cette considération, on comprendra, par exemple pourquoi la logique sociale a longtemps exigé l'idée de Dieu et de vérité (1), aussi impérieusement que la logique individuelle exigeait l'idée de matière et de réalité, et pourquoi il vient un moment où la religion, développement de la première idée, tend à s'évanouir devant la science, à mesure que celle-ci confond les deux idées en une seule, celle de réalité vraie, de substance divine. On comprendra de même pourquoi le commandement d'un maître et l'obéissance à contre-cœur d'un sujet étaient, au début, des conditions de finalité sociale au même titre que la volonté et l'action sont les conditions de la finalité individuelle, et pourquoi, plus tard, l'absolutisme a dû se tempérer de libéralisme quand la morale a entrepris de mettre fin au duel du devoir et du vouloir et de substituer au devoir d'obéissance le devoir de conscience, le *devoir voulu*, où les buts de la société se confondraient avec les buts mêmes de l'individu. Quoi qu'il en soit de cette espérance, on voit, grâce à elle, les deux logiques et les deux téléologies se rapprocher indéfiniment sans peut-être se toucher jamais, comme l'asymptote et la courbe.

Une question si grave ne saurait être traitée en quelques lignes. Nous pouvons dire cependant que l'accord historiquement poursuivi, des deux logiques et des deux téléologies, peut s'accomplir par deux méthodes différentes. L'une, qui consiste à annihiler la logique et la téléologie individuelles devant la logique et la téléologie sociales toutes-puissantes, est propre aux anciennes théocraties de l'Asie et de l'Afrique, où, non seulement la distinction du sacré et du profane n'existe pas, comme le dit

(1) Peut-être, en effet, la plus haute utilité des religions aura-t-elle été de couver cette idée et cette soif de vérité, qui, sans elles, n'existeraient pas, et qui, en se développant, tendent à les détruire.

le Dr *Le Bon* à propos de l'Inde (1), mais où celle de l'article de
foi et du simple savoir n'existe pas davantage, parce que tout y
est sacré et article de foi, parce que la divinité y intervient, impérieuse ou dogmatique, dans tous les actes de la vie et dans
toutes les opérations de la pensée, parce qu'il n'est pas de mouvement corporel qui n'y soit un rite, une obéissance à un ordre
d'en haut, ni une perception des sens qui n'y soit intimement
mêlée à une conviction religieuse ; en sorte qu'il ne reste plus
enfin à l'autonomie et à la raison de l'individu le moindre cantonnement réservé d'actions et de pensées personnelles. Ce cantonnement existait sans nul doute à l'origine ; mais, par le progrès
successif de la théocratie, il est allé s'amoindrissant jusqu'à disparaître, ou peu s'en faut. Ainsi se font les peuples patients et
doux, Hindous, Égyptiens, Chinois même, dont la longévité extrême, simulant l'éternité, repose sur une résignation imperturbable soutenue par une inébranlable foi. Ce procédé a réussi
plusieurs fois dans l'histoire du monde par la consommation
de la crédulité et de la docilité sans bornes.

L'autre méthode, tout européenne et moderne, réussira-t-elle
aussi bien ? C'est le grand point d'interrogation du moment présent. Cette voie est précisément inverse de la précédente ; il
s'agit d'étendre sans cesse le cantonnement individuel dont je
viens de parler, jusqu'à ce que, à force de reculer devant ces
empiètements, le domaine dogmatique et autoritaire s'évanouisse
à son tour sans péril pour l'ordre social. Ce serait là, pense-t-on,
le résultat merveilleux de la science et de la morale achevées,
parfaites, vulgarisées universellement, qui dispenseraient de
religion et de gouvernement. Je dis que cette manière toute positiviste de penser et de vouloir, si elle pouvait jamais s'établir à
l'exclusion de toute hypothèse collective et de tout idéal commun, serait le triomphe de la logique et de la finalité individuelles ; car, quoique la science positive, quoique la morale
positive, soient le fruit d'une accumulation sociale d'expériences,
les preuves alléguées ici sont toujours des sensations à la portée
de l'individu instruit scientifiquement, les mobiles invoqués ici
sont toujours des intérêts de l'individu moralement élevé ; toutes
les conclusions ici prétendent se déduire ou pouvoir se déduire

(1) V. *Revue philosophique*, déc. 1886.

d'expériences ou d'observations personnelles et tous les devoirs
de calculs ; les seuls concepts fondamentaux, enfin, dont on fasse
usage ici sont les catégories innées, ou individuellement acquises, de la force et de la matière, du temps et de l'espace, du
plaisir et de la douleur, sans nul emploi d'autres concepts,
d'autres catégories, d'origine sociale, dont nulle société n'a pu
se passer jusqu'ici : l'idée du maître et l'idée du Dieu, l'idée du
Bien, l'idée du Mal (1). Il est peu probable, assurément, que
la complète élimination de ces derniers ait jamais lieu (2) sans
un ébranlement dangereux des sociétés. Mais il est certain
qu'ils déclinent et s'affaiblissent chaque jour chez nous ; et si,
comme je le crois, c'est une philosophie et non une science,
c'est une morale idéaliste et non une morale utilitaire, qui
ont chance de suppléer un jour, pour la plus grande paix des
hommes, les Catéchismes et les Lois, on peut prévoir au moins
que cette philosophie aura pour caractère de ne contredire
aucune sensation, aucune certitude, c'est-à-dire aucune croyance
superlative individuelle de qui que ce soit, et que cette morale
ne heurtera de front directement aucun intérêt majeur. Le
trait spécial de la pacification suprême obtenue par nos civilisations occidentales aura donc été de subordonner le social à
l'individuel, contrairement à ce qui s'était vu sur la terre
avant elles. Cette entreprise singulièrement hardie est la vraie
nouveauté des temps modernes. Il vaut bien la peine de vivre
pour la seconder ou pour y assister...

(1) La science, en somme, n'est que le développement social de la logique individuelle, de la raison, et non de la logique sociale, de « la foi » comme disent les
religieux. La morale positive, de même, telle qu'elle tend à s'établir ou y prétend,
serait le développement social de l'utilité, non pas sociale, mais individuelle, de
la volonté et non du « devoir ».

(2) Pour n'en citer qu'une preuve, l'intérêt individuel, par malheur senti chaque
jour d'avantage, est d'avoir très peu d'enfants, et l'intérêt national est, en France
du moins, qu'on en ait beaucoup. L'utilitarisme ne parviendra jamais à résoudre
cette antinomie.

CHAPITRE II

L'ESPRIT SOCIAL

I

Les cellules groupées dans un cerveau n'apportent pas seulement des sensations ou des éléments de sensation, des appétits ou des impulsions élémentaires, à l'association cérébrale dont elles font partie ; elles y apportent le sang dont elles sont baignées, les substances chimiques dont elles se composent, leur température et leurs autres qualités physiques. Mais la psychologie, même la plus physiologique, néglige nécessairement tous ces apports d'ordre physique ou vital ou n'y a égard que dans la mesure où ils conditionnent les premiers. Elle considère avant tout l'esprit comme un faisceau de petites sensations ou de petites appétitions cellulaires, échos les unes des autres. Ainsi doit procéder la sociologie, simple psychologie sociale, si elle veut avoir son domaine propre et sa raison d'exister. Les membres et les organes, la physionomie et la conformation des hommes d'une société ne peuvent lui être indifférents ; elle s'en occupe même beaucoup, mais l'apport vraiment social de ces hommes, à ses yeux, ce sont leurs idées et leurs intérêts, leurs convictions et leurs passions. Elle doit, ne serait-ce que par une nécessité d'analyse méthodique, s'attacher à cela exclusivement et faire abstraction de tout le reste. Simplifiée de la sorte, la science sociale apparaît sous un aspect tout nouveau, non avec la pureté d'un schème abstrait, mais avec la force et la densité d'un système fort, rigoureux et bien vivant. On voit alors que cette psychologie des sociétés présente avec la psychologie des personnes les analogies les plus frappantes. C'est ce que nous allons tâcher de montrer dans ce chapitre, où nous nous occuperons spécialement des conditions de l'équilibre logique, c'est-à-dire du côté *statique* de notre sujet.

Ce que les cellules cérébrales élaborent de spirituel, chacune à part, dans leur longue phase de nutrition préliminaire, nul n'en sait rien ; la personne, objet de la psychologie, commence au moment où, après être entrées en communication et avoir traversé sans nul doute une période de lutte, de désordre, plus ou moins abrégée grâce à une tendance héréditaire et à une prédisposition organique au groupement personnel, elles manifestent ce double phénomène d'ensemble : une croyance et un désir, le tout impliqué assez communément dans une sensation. On me permettra de ne voir dans la première croyance et le premier désir conscients que la prééminence enfin reconnue, je ne dis pas d'une cellule sur toutes les autres, mais du contenu spirituel d'une cellule sur celui des autres dans lesquelles il s'est propagé, non sans des résistances probablement très fortes. La croyance et le désir en question sont donc le *reste*, probablement très faible, de *soustractions* intérieures. Mais, en vertu des mêmes causes qui l'ont fait surgir, ce reste tend à s'accroître, et j'entends par logique la voie suivant laquelle s'opère cet accroissement dont le terme idéal, souvent approché par l'adulte à son apogée, mais jamais atteint, serait l'harmonie sans nulle dissonance, l'addition sans nulle soustraction, des quantités élémentaires de nature inconnue élaborées par toutes les cellules du cerveau. Nous dirons donc que la croyance et le désir, quand ils se montrent à la conscience, sont déjà le produit d'une coordination logique des éléments sensationnels, et que celle-ci va progressant jusqu'à la formation de ces deux grandes fonctions mentales : le jugement et la volonté. Ajoutons que, si elles s'opposent souvent, la première cependant est hiérarchiquement supérieure à la seconde et tend à se la subordonner.

Tout ce qui précède s'applique au monde social. Des sauvages ou, si l'on veut, des singes anthropomorphes, ont beau être réunis sur un même territoire, s'y battre et s'y tuer, voire même s'y accoupler, il n'y a rien là de sociologique encore. Nous devons traverser d'abord bien des séries de générations muettes et sans lien, où les familles isolées ne se rencontraient que pour s'exterminer sans se comprendre, et où, dans le sein de chaque famille, encore toute bestiale, dépourvue de toute communication verbale, la crainte du plus fort était connue, mais non l'obéissance à l'ordre du père ni la foi à l'enseignement du père.

Après cette phase pré-sociale, d'une durée indéterminée, il vient un âge où les sensations et les impulsions, les jugements et les volontés, qui naissaient et mouraient jusque-là isolément dans chaque cerveau individuel parviennent à se communiquer des parents aux enfants, et réciproquement, par la vertu de quelques gestes, puis de quelques signes sonores; ces jugements et ces volontés se reconnaissent dès lors en conflit ou en accord, en conflit le plus souvent peut être, et un travail intra-familial de lutte et de discipline, qui échappe d'ailleurs à nos investigations, aboutit à cette première coordination logique des idées et des tendances individuelles de la famille primitive : la religion et le gouvernement domestiques (1). La société, seul et unique objet de la sociologie (cela est trop clair, mais ce n'est pas une raison pour l'oublier) commence alors. Combien frêle et humble devait être cette première ébauche de foi religieuse et d'organisation politique, nous pouvons aisément le supposer. Car il faudrait bien se garder d'en chercher l'image dans ce que nous savons de l'ancienne *gens* romaine, grecque ou hindoue. Les plus antiques documents ne nous laissent, en effet, entrevoir la famille antique que déjà adulte et achevée, sorte d'Église et d'État minuscule, qui a dû exiger des millions d'années pour atteindre sa perfection propre et pour se répandre comme telle sur toute la surface du globe par voie d'exemple et d'hérédité à la fois. Il est à croire qu'à ce début ultra-antique où la préhistoire même ne remonte pas, la part de leurs perceptions, de leurs hallucinations personnelles, par laquelle se confirmaient entre eux les divers membres de la famille, et la part de leurs activités par laquelle ils collaboraient, étaient fort minimes. Mais elles tendaient à grandir, par la raison même qui les avait fait naître, et ce que j'appelle logique sociale, c'est la direction des faits sociaux qui donne satisfaction à cette tendance. L'idéal poursuivi serait que l'unanimité et la collaboration des membres d'une société fussent complètes, sans nulle dissidence. Mais le progrès est déjà énorme quand, les familles s'étant élargies en tribus, puis agrégées en cités, le fétichisme et le despotisme domestiques sont

(1) C'est probablement une seule famille plus avancée que les autres, qui est parvenue à fonder en elle un culte et une autorité patriarcales, et son exemple a dû être suivi. Mais il y a lieu de croire que beaucoup de familles n'ont pu le suivre, comme on voit des cerveaux mal organisés où n'éclôt qu'une personnalité confuse multiple. La sélection élimine tous ces arriérés.

devenus par degré ces deux grandes fonctions nationales : une religion et un gouvernement dignes de ce nom. Ajoutons que, si elles se combattent fréquemment, l'harmonie tend toujours à se rétablir entre elles par la prééminence reconnue de la première. L'ordre n'existe que lorsque tout pouvoir a un caractère religieux ; aussi, quand la religion vraie est devenue ce que nous appelons la science, tout pouvoir aspire à revêtir un caractère scientifique.

Or comment ces deux grandes facultés de l'âme sociale, double aspect du même moi social, se sont-elles constituées ? De la même manière que se sont formées les deux facultés correspondantes de l'âme individuelle, double aspect du moi individuel. Les faisceaux familiaux d'abord, puis nationaux, des énergies individuelles envisagées comme intellectuelles ou comme volontaires, c'est-à-dire ce faisceau de crédulités semblablement dirigées qu'on appelle une religion et ce faisceau de docilités semblablement dirigées qu'on appelle un gouvernement, supposent au moins deux points communs de visée, deux foyers produits par cette convergence de rayons, mais deux foyers accouplés, intimement unis et paraissant se rattacher ensemble à un même Être, faute de quoi l'unité sociale se romprait. Cet Être imaginaire soit, mais nécessaire, source supposée de tous les enseignements admis et de tous les ordres reçus, incarnation même du vrai et du bien, cet objet créé et inévitablement affirmé par la pensée et la volonté collectives, c'est le dieu particulier de la famille, de la tribu ou de la cité, dont on sait l'importance capitale dans le haut passé de tous les peuples. Fractionné ou multiplié par l'adjonction de dieux étrangers, il peut donner naissance à un polythéisme tumultueux et transitoire, mais non sans une tendance évidente et prédominante enfin au rétablissement du monothéisme primitif. — Or l'idée de Dieu, si je ne me trompe, joue précisément dans la formation première d'une société le rôle joué dans la formation première du moi par l'idée de la matière. Cet objet, dont l'affirmation est impliquée dans toutes les sensations du moi, cette Réalité extérieure jugée à la fois substance et force, corps et âme, par l'invincible et naïf réalisme de tous les hommes, à l'exception de quelques philosophes tout au plus, n'est certainement pourtant que l'effet du travail d'objectivation dont il paraît être la cause, et qui consiste dans la collaboration des énergies cellulaires du cerveau, envisagées sous leur double aspect, moniteur ou impulsif.

Mais, pour que la convergence judiciaire ou volontaire des sensations et des impulsions dans l'esprit, pour que la convergence religieuse ou gouvernementale des jugements et des volontés dans la nation, parviennent à s'opérer, la première condition est que les sensations et ces impulsions, ces idées et ces volontés soient mises en communication, s'échangent entre elles, et, par conséquent, possèdent et reconnaissent une commune mesure de leur valeur. Ce moyen d'échange est fourni, en psychologie individuelle, par ces deux entités singulières : l'espace et le temps, que j'aimerais mieux désigner en un seul mot, l'Espace-Temps, tellement leur lien est intime, et en psychologie sociale, par cette autre entité non moins étrange, non moins féconde en idolâtries ou en illusions réalistes : la langue, qui, comme nous le verrons, a deux faces bien distinctes. Il y a d'ailleurs à remarquer, disons-le tout de suite, que ces entités, l'Espace-Temps et la langue, quoique étant la condition du développement de ces réalités : le Monde et Dieu, ont dû se développer parallèlement à celles-ci et se sont formées peut-être de leurs débris lentement accumulés ; car toute notion a commencé par être un jugement, et tout moyen par être un but.

Ainsi, soit pour la personne, soit pour la société, nous distinguons avec soin entre les fonctions et leurs objets, entre les rayons convergents et leurs foyers, entre les opérations et les œuvres, c'est-à-dire entre l'intelligence ou la volonté, la vie religieuse ou la vie politique d'une part, et, d'autre part, l'Espace-Temps, la Matière-Force, la Langue, le Dieu. Ces objets, ces foyers, quand il s'agit de la personne, on les appelle catégories : c'est le nom qu'on donne, dans la terminologie de Kant et de son école, dont je ne partage pas d'ailleurs l'esprit, à l'Espace et au Temps, à la Matière et à la Force (ou à la substance et à la cause). Si on leur conserve cette appellation, il y a tout autant de raisons de considérer la Langue et la Divinité comme les catégories de la logique sociale. Mais on comprend qu'un si bref énoncé de thèses, en apparence si paradoxales ou si arbitraires, ne puisse suffire, et qu'elles exigent des explications.

II

LES CATÉGORIES DE LA LOGIQUE SOCIALE

Je n'entends point par catégories des moules rigides et co-éternels dont la pensée en fusion serait forcée de subir la forme inflexible et innée, sortes de types spécifiques à l'usage des logiciens, et soi-disant créés à part, sans transition concevable de l'un à l'autre, tels que les types spécifiques à l'usage des naturalistes d'avant Darwin. Non, les catégories que je reconnais sont purement et simplement des conditions permanentes, nécessaires, de l'équilibre plus ou moins stable, d'où s'écartent souvent, mais où aspirent et reviennent toujours les éléments tumultueux de la vie mentale et aussi bien de la vie sociale. Et ces conditions sont des foyers plus ou moins nets, virtuels ou réels, peu importe, où doivent converger ces éléments pour s'accorder ; en d'autres termes, des objets conçus avec une précision inégale, mais des objets généraux, susceptibles de se ramifier en variations d'une fécondité exubérante. — Ainsi, je me garde de confondre les fonctions et les catégories. Le jugement et la volonté, la religion et la politique, sont des fonctions ; mais la Matière-Force ainsi que l'Espace-Temps, la Divinité ainsi que la Langue sont des catégories. Ce sont là des catégories *logiques*, c'est-à-dire n'ayant trait qu'aux fonctions intellectuelles du Jugement èt de la Religion. Mais il y a aussi des catégories ou demi-catégories *téléologiques*, qui répondent aux fonctions pratiques de la volonté et du gouvernement. L'*agréable* et le *douloureux* sont l'un poursuivi, l'autre évité par le vouloir de l'individu primitif comme des choses qui existent en dehors de lui, et qu'il incarne dans les objets matériels de ses perceptions : de même, le *bien* et le *mal* sont poursuivis ou évités par le devoir de l'homme social, comme des réalités idéales ou des idéalités réelles qu'il cherche à fixer et qu'il fixe en effet en les incorporant dans les objets divins de son adoration. Il y a donc, en tout, pour l'esprit individuel, les catégories suivantes, logiques ou téléologiques : la Matière-Force, l'Espace-Temps, le Plaisir et a Douleur ; et pour l'esprit social : la Divinité, la Langue, le Bien et le Mal. Essayons de montrer leur mode de formation, leurs analogies et leur rôle (1).

Supposez que l'idée de matière manque au cerveau de l'enfant et imaginez le trouble inapaisable de son esprit dans ce chaos de sensations visuelles, tactiles, sonores, olfactives, qui l'assailleraient en même temps. Forcé de se les attribuer à lui-même et à lui seul, du moins après que le sentiment net ou confus du *moi* a pris naissance par une première convergence centrale de ses énergies, il se trouverait formuler à la fois dans ses perceptions les propositions les plus contradictoires : « Je suis ce rouge et je suis ce bleu, je suis ce bruit et je suis ce son, je suis ce froid et je suis ce chaud, etc. » On dira peut-être qu'il lui serait loisible de rattacher ses sensations, non à lui-même, mais les unes aux autres, de dire par exemple : « Ce cri a cette couleur (ou est cette couleur) ; cette odeur *est* ou *a* cette température, etc. » Mais dans ces jugements, le choix du sujet serait arbitraire ; et, en outre, tant que leurs termes, les sensations différentes, ne seraient pas jugés autres que lui-même, ces nouveaux jugements impliqueraient au fond la même contradiction que les précédents. Le besoin de ne pas se contredire, et, autant que possible, de se confirmer, oblige donc le cerveau naissant à imaginer *l'autre que soi*, à affirmer cet inconnu et cet inconnaissable pour mettre fin à ses difficultés intérieures. Ce *non-soi*, produit d'une négation hardie et féconde, d'une projection spontanée du moi qui se multiplie hors de lui-même, devient à chaque instant le sujet des jugements internes qui ont des sensations pour prédicat. A chaque instant, l'esprit imagine un corps auquel il attribue, non pas diverses sensations d'un même sens (blanc et noir, chaud et froid, son grave et son aigu, rudesse et poli, etc.), mais une sensation de chaque sens (blanc, chaud, son grave, rudesse, etc.). Car les diverses sensations d'un même sens s'excluent et se contredisent, tandis que des sensations appartenant isolément à divers sens ne se contredisent point, et même ont l'air de s'appuyer et de se confirmer en se rencontrant

(1) Les considérations, les analogies qui vont suivre, ont un caractère aventureux qui pourra effaroucher nombre de lecteurs. Mais, bien qu'elles rentrent assez naturellement dans le plan de ce livre, elles pourraient en être retranchées sans que leur condamnation entraînât celle du reste. Je tiens prudemment à noter ici ce défaut de solidarité entre ce qu'il y a de conjectural et ce qu'il y a de démontré ou de plausible dans nos idées.

sur le même corps ou corpuscule. Il est clair que la logique oblige l'esprit à concevoir un nombre indéfini de corps ou de corpuscules de ce genre, c'est-à-dire autant qu'il discerne de sensations différentes de même nature. La multiplicité et la discontinuité des atomes, et l'impossibilité d'écarter cette hypothèse aussi nécessaire que décevante peut-être, se trouvent expliquées ainsi.

Mais, si le concept de la *matière* doit se développer de la sorte en un nombre indéfini de *matières*, il reste à coordonner celles-ci de telle sorte que leur juxtaposition confuse dans la même pensée n'y donne pas lieu à des contradictions aussi choquantes que les absurdités évitées par cette notion. Le cerveau obtient ce résultat par un classement que lui procure l'idée de l'Espace. De même qu'il a attribué ses impressions à des corps, il attribue maintenant les corps à des lieux, bien qu'à vrai dire les lieux ne soient que le souvenir de corps absents, le fantôme incorporel des corps, pour ainsi dire, provoquant la prévision des corps futurs ou possibles. La notion de l'Espace se forme en effet par une suite d'expériences tactiles, puis visuelles, c'est-à-dire de jugements portés sur des objets matériels qu'on affirme après les avoir désirés. Du chaos de ces objets accumulés par ces tâtonnements naît tout l'ordre géométrique. Ces lieux, qu'il juge homogènes, quoique distincts, l'esprit n'a pas de peine à les supposer liés ensemble et à en former un système merveilleux de propositions impliquées les unes dans les autres, ne se contredisant jamais et se confirmant toujours.

Simultanément, d'autres contradictions à éluder contraignent l'esprit à compléter le concept de Matière par celui de Force, et le concept d'Espace par celui de Temps. Un état d'esprit se compose non seulement de sensations, mais de sensations et de souvenirs, et certaines sensations se trouveraient en conflit sans issue avec les images d'autres sensations si l'idée de Force n'intervenait. Je juge ce fruit doré, mais je me souviens de l'avoir jugé vert; ce fleuve est rouge et grondant, mais je me souviens qu'il était bleu et murmurant. Est-ce donc le même fruit? est-ce le même fleuve? La perception du mouvement donne lieu à des problèmes presque pareils. On attribue tel corps à *ce* lieu, mais on se souvient de l'avoir attribué à *d'autres* lieux. Comment un même corps peut-il occuper divers lieux? On lève la contradic-

tion en affirmant qu'il ne les occupe pas dans le même instant.
Mais qu'est-ce que l'instant? On crée les corps à l'image intime
de soi-même. On les *anime*, on leur prête une âme, un *désir*
d'action et de changement, une force. On embrasse dans le
même état d'esprit divers corps indépendants, animés séparément de forces autonomes grâce auxquelles diverses sensations
appartenant même à un seul sens peuvent être attribuées à chacun d'eux. Or la *simultanéité* n'est pas autre chose que l'*identité*
d'un état d'esprit où sont perçus des changements indépendants.
Mais la simultanéité, c'est ce qu'il y a d'essentiel et de caractéristique dans l'idée de l'instant, élément du temps. Car la simultanéité de choses séparément changeantes implique en elles
quelque chose de commun, la durée. La durée est le souvenir
des actions disparues, le fantôme inanimé des forces passées,
provoquant l'hypothèse des forces, des actions qui auraient pu
être aussi et faire partie du même état d'esprit.

En somme, c'est pour prévenir ou apaiser son anarchie intérieure que le moi doit faire appel aux puissances du dehors;
c'est pour établir l'ordre en soi qu'il se projette nécessairement
hors de soi, non sans se réfléter dans son objet; et sa foi dans
la Réalité extérieure, dans la Matière et la Force, dans l'Espace
et le Temps, couple de dualités si visiblement suggérées par la
sienne, par celle de la croyance et du désir, n'est si tenace et
inébranlable que parce qu'elle est pour lui la première condition
de vie mentale. — Ajoutons que, pour compléter les catégories
dont il vient d'être parlé, la volonté se crée de la même manière
la catégorie téléologique du Plaisir et de la Douleur, — dualité
correspondante, celle-ci, aux deux pôles, positif et négatif, du
désir; car le désir a deux pôles comme la croyance, qui est
affirmation et négation. L'agitation produite par les impulsions
divergentes des divers organes serait sans terme, si, après quelques expériences agréables ou pénibles du goût, du toucher, et
des autres sens, le plaisir et la douleur n'apparaissaient comme
des réalités extérieures, incarnées d'ailleurs dans les objets
précédents, et créés tout exprès pour servir d'écoulement à l'activité.

En vertu de nécessités toutes pareilles, le groupe social, quand
il cherche à se former, est obligé de se créer des objets nouveaux
pour orienter vers eux, non plus les sensations et les appétits

seulement d'un même individu, mais les pensées et les desseins d'individus différents qui, chacun à part, se sont accordés avec eux-mêmes comme il vient d'être dit, mais qui se heurtent maintenant et se contredisent entre eux. Un chaos de sensations et d'impulsions hétérogènes qui se pressent et se heurtent : voilà le cerveau du nouveau-né ; et, par une sorte de polarisation systématique, l'attraction des grands objets ci-dessus nommés a organisé ce fouillis en faisceaux. Cela fait, un autre problème se pose. Un chaos d'idées et d'intérêts en lutte entre individus distincts et rapprochés : voilà le premier groupe social ; et il s'agit avec cela de former le faisceau le plus fort et le plus volumineux de croyances qui se confirment ou ne se contredisent pas, de désirs qui s'entraident ou ne se contrarient pas.

Certainement, dans une mesure limitée, les catégories qui ont opéré l'accord interne de l'individu peuvent servir à préparer ce nouveau genre d'accord. S'il n'y avait à accorder en société que des perceptions, il n'y aurait nul besoin d'imaginer de nouvelles catégories; les précédentes suffiraient. En effet, les jugements portés par les différents hommes sur le nombre, le poids, la résistance, la couleur, la distance, le volume, la vitesse des objets, s'harmonisent d'ordinaire et se concilient merveilleusement (1). Les perceptions ne sont donc pas ce qu'il y a de difficile à concilier dans une nation. Elles naissent d'accord, grâce surtout aux jugements géométriques et chronologiques qu'elles impliquent; et, quand elles se rencontrent socialement, mises en présence par le langage (sans lequel, il est vrai, remarquons-le, elles n'auraient nulle conscience de leur similitude d'homme à homme, c'est-à-dire de leur vérité dans le seul sens que nous puissions donner à ce mot), elles n'ont qu'à se dévisager pour se reconnaître sœurs. Encore faut-il observer que le langage, en leur donnant le sentiment de leur identité, précise et déploie

(1) Admirons effectivement le merveilleux pouvoir conciliateur de l'Espace et du Temps. Non seulement, en se localisant de ces deux manières, les sensations hétérogènes de chaque état d'esprit individuel parviennent à s'accorder, soit qu'elles cessent d'impliquer contradictions (impressions différentes attribuées à des points différents), soit qu'elles se confirment (impressions de divers sens relatives à un même point); mais encore les états d'esprit produits de la sorte chez des individus distincts concordent toujours, sauf des anomalies morbides, soit qu'ils ne se contredisent pas (états intérieurs d'hommes regardant des paysages différents), soit qu'ils se confirment (états intérieurs d'hommes regardant de différents points de vue le même paysage).

chacune d'elles par l'effet de leur mutuel reflet et redouble la
foi avec laquelle chacune d'elle est saisie. L'Espace et le Temps,
tels que nous les concevons, tels que la science les analyse, les
ouvre et les fouille, en vue d'y trouver une explication toute
mécaniste de l'univers, sont, autant que la Matière et la Force,
le fruit d'une longue élaboration sociale et non pas seulement
psychologique. Il fallait donc, pour développer les catégories en
question et les rendre propres à un emploi social, que le langage fût d'abord conçu et formé.

Mais, avant tout, il fallait que la divinité apparût. Voici pour
quoi : outre des perceptions, il y a à accorder, en société, des
pensées et des volontés. Or, c'est précisément parce que les
divers individus perçoivent semblablement les mêmes objets
matériels, que leurs pensées se combattent, ces objets éveillant
en eux les associations d'images les plus variées, et, primitivement, les hallucinations les plus originales. Et c'est précisément
parce que, dans bien des cas, ils incarnent dans les mêmes objets physiques le plaisir, que leurs volontés se combattent,
chacun d'eux voulant posséder seul ces choses en trop petit
nombre pour tous. L'accord individuel ici produit donc le désaccord social. Pour remédier à ce désordre, un seul moyen s'offrait.
Parmi les hallucinations contradictoires que la vue de la nature
suscitait en foule chez les premiers hommes, il fallait qu'une
seule ou quelques-unes propres à un homme marquant, finissent
par s'imposer aux autres. Il en a été ainsi par le prestige personnel de cet homme et la crédulité imitative de ses semblables.
L'objet auquel la vision de cet homme a prêté une *âme* d'un certain genre cesse d'être un objet comme un autre (1) ; il devient
un fétiche, une espèce de dieu, où il est aisé de reconnaître dès
l'origine deux aspects : une *personne* et une *puissance* surnaturelles. De l'unanimité ainsi produite jaillit, pour la première fois,
l'idée de vérité. La pensée individuelle s'était arrêtée à l'animisme
qui lui avait fourni l'idée de force ; la pensée sociale commence
par l'animisme, qu'elle transfigure et qui lui fournit l'idée du
divin. En même temps, parmi les volontés capricieuses et contraires des premiers hommes, une volonté plus forte ou plus

---

(1) Quel qu'il soit d'ailleurs. Car, ce qui importe, ce n'est pas la nature de
la vision, mais sa propagation ; c'est une foi commune qui est exigée, non une
foi vraie.

G. TARDE.

despotique s'est imposée, celle d'un homme prestigieux qui est
parvenu à se faire obéir volontiers, même par ceux qui trouvaient
l'obéissance douloureuse. Cette communion des activités, pour
la première fois a donné l'idée du Bien et du Mal. Ces objets
de la volonté collective, fort distincts du plaisir et de la douleur
ont été situés en dehors de la société, comme le plaisir et la
douleur, en dehors du moi. Ils ont été situés dans la vie posthume et incarnés dans les dieux mêmes qu'il s'agit d'aller
trouver ou de fuir dans des régions extra-terrestres où l'on tend
de plus en plus à les localiser, et qui se divisent en deux
grandes classes : les dieux *bons* et les dieux *mauvais*.

Soyons plus explicite. De même que le premier germe de
l'ordre mental a été fourni au cerveau naissant par l'apparition
du moi, le premier germe de l'ordre social a été donné à la société primitive par l'apparition du chef. Le chef est le moi social,
destiné à des développements et à des transformations sans fin.
Mais le jugement de *subjectivation*, origine de l'esprit, a dû
inévitablement conduire aux jugements *d'objectivation* les objets
n'étant que la multiplication hypothétique du sujet, et le sujet
n'étant que l'objet primitif et fondamental ; et pareillement l'in-
tronisation d'un homme, la prostration et l'asservissement d'une
foule à ses pieds, ont fatalement amené des apothéoses, les dieux
n'étant que la multiplication imaginaire du maître, et le maître
n'étant que le premier des Dieux. On objective par la même raison qu'on a d'abord subjectivé ; on fait des dieux aussi nécessairement qu'on fait des rois. — D'ailleurs, à y regarder de plus
près, l'idée des Dieux est déjà impliquée dans celle du maître,
comme l'idée des objets dans celle du moi. Le roi apparaît parce
que le seul moyen d'accorder un groupe de personnes auparavant sans lien est que la personnalité de l'une d'elles s'étende à
toutes les autres par l'effet de la *suggestion prestigieuse*. Ce que
le chef croit est cru par tous. Mais ce chef, que peut-il croire, si
ce n'est ses propres visions qui lui montrent la réalité pleine
d'âmes déjà divines ? Et que peut-il vouloir, si ce n'est la satisfaction de caprices bizarres provoqués par ses visions ? Ainsi
l'essence même du roi est de désigner le dieu. Mais le roi meurt,
et son dieu lui survit, car il n'y a pas de raison pour que son Dieu
soit mortel lui-même. D'ailleurs, après sa mort, il y aurait danger
de dissolution sociale si ce moi fascinateur qui a animé jusque-

là ce groupe humain paraissait détruit. Il est donc jugé persistant, immortel, et ses pensées comme ses volontés passées revêtent un caractère immuable et sacré qui double leur force impérieuse. Par une suite d'apothéoses pareilles, aussi bien que par une suite d'hallucinations magistrales, le ciel mythologique s'accroît jusqu'à ce que de cette multiplicité de dieux nés pour établir l'ordre naisse un nouveau chaos, un fouillis de contradictions, d'où l'on sort lentement par un effort de concentration monothéiste. — N'est-ce pas ainsi que le moi changeant et passager crée hors de lui des atomes jugés immuables et immortels ? L'objectivation n'est-elle pas l'apothéose du moi passé et remémoré, du moi immortalisé qui se multiplie confusément au dehors jusqu'à ce que la raison, sorte de monothéisme, se débrouille dans ce désordre où elle introduit l'unité ? Et, du reste, cette idée ou cette sensation élémentaire qui, ai-je dit, en se propageant dans tout le cerveau, est devenu le moi, en quoi a-t-elle pu consister, si ce n'est en une objectivation quelconque ? Le moi et le non-moi, le roi et le dieu sont donc donnés en même temps, quoique l'un soit le reflet de l'autre ; et ils se développent parallèlement.

L'idée divine a lui. Dès lors, mais à cette condition seulement, sous l'empire d'une suggestion commune qui se perpétue et se complique au cours des âges, les pensées et les volontés disciplinées sortent de l'anarchie, entrent dans l'ordre, marchent d'un pas lent, mais en masse, dans la voie des progrès futurs. Il est inévitable, au début des sociétés, que l'ensemble des idées vraies, des propositions investies du privilège de la foi unanime, se présente comme un legs des aïeux transmis verbalement de génération en génération à partir de quelques *révélateurs* inspirés par les Dieux. La Révélation, qu'il s'agisse d'oracles et de songes prédisant l'avenir ou de livres sacrés racontant le passé et la formation de l'univers, est et doit être jugée alors la source de toute vérité, en sorte que, le trésor des dogmes *révélés*, des prédictions et des enseignements soi-disant divins, étant donné, la question de savoir si une proposition est vraie revient à se demander si elle est d'accord avec ces prophéties ou ces dogmes. Pour les Grecs, après chaque réponse de la Pythie, la grande affaire était de la bien interpréter. Non seulement *omnis potestas*, mais *omnis veritas* est censée découler *a Deo*. Par la même

raison, la source de toute autorité doit être cherchée primitivement non dans l'utilité générale, si difficile à préciser et si dis-
cutable, non dans la volonté générale, si aveugle, mais dans
l'Ordre ou la Défense d'un Dieu, dont un homme se fait l'inter-
prète, par délégation supposée du Pouvoir divin. Ces délégués
des Dieux le sont, soit en vertu du sang divin qui coule dans
leurs veines, soit, plus tard, en vertu d'une consécration élective
qui s'est transmise fidèlement à partir d'un Dieu bon. La vérité
et l'autorité sont conçues d'abord comme des choses qui se
transmettent et se conservent en se transformant, mais qui ne
s'engendrent pas spontanément. Pour l'homme du moyen âge
encore, il y a une certaine somme non seulement de vérité,
mais d'autorité qui passe, toujours canalisée et close, de main
en main, sans jamais s'accroître, suivant des modes de transmission traditionnels et seuls légitimes, et dont la source est
Dieu, l'ennemi du Diable, le Bien, ennemi du Mal.

Observons que de la conception du vrai comme chose révélée
découle la nécessité, à la longue, d'un clergé, c'est-à-dire d'une
corporation essentiellement enseignante, réputée infaillible soit
dans la personne de son chef, soit dans sa collectivité ; et que de
la conception du Bon comme chose voulue par un Dieu, découle
la nécessité d'une dynastie ou d'une noblesse, d'un corps essentiellement souverain qui est réputé l'exécuteur autorisé des commandements divins.

Des Dieux donc tout procède, aux Dieux tout revient ; ils sont
la réponse obligée et facile à tous les problèmes de physique et
de cosmogonie, à tous les embarras de la conscience. C'est eux
qui soutiennent le monde et le dirigent ; aussi sont-ils le sujet
de tous les jugements d'un ordre un peu élevé pendant que les
corps matériels continuent à être le sujet des jugements inférieurs. Effectivement, la notion de divinité joue le même rôle
dans l'intelligence sociale que la notion de matière et de force
dans l'intelligence individuelle, et le *déisme* est aussi essentiel à
la première que le *réalisme* à la seconde. A la foi absolu et naïve
qu'inspirent les mythes religieux des âges reculés rien ne se
peut mieux comparer que la foi profonde de la pensée naissante
en la réalité du monde extérieur. Douter des Dieux au temps
d'Homère même, ç'eût été comme si l'un de nos enfants de
dix ans s'avisait de révoquer en doute l'existence des corps,

sorte de scepticisme fort lent à venir d'ailleurs, fort rare et très peu contagieux. Si l'irréligion et l'athéisme paraissent faire plus de progrès au cours de la civilisation que l'idéalisme subjectif au cours de la pensée individuelle, la différence n'est qu'apparente; les athées sont rares et sont toujours les gens les plus portés aux apothéoses; ils divinisent ce qu'ils appellent la Matière et qui est devenu l'Olympe de toutes les puissances universelles, ils divinisent parfois le génie humain sous ses formes les plus éclatantes. C'est seulement en entrant dans le dogmatisme scientifique qu'on sort pour de bon du dogmatisme religieux, non sans en retenir un cachet ineffaçable, indispensable (1). Dogmatiser est toujours le besoin le plus irrésistible des esprits groupés en face les uns des autres, comme objectiver est celui de l'esprit isolé en face de la nature, je veux dire en face de son propre fouillis d'impressions confuses. Il importe de reconnaître à la religion le mérite d'être ou d'avoir été socialement une condition d'accord logique, aussi fondamentale que l'objectivation l'est individuellement. C'est ainsi seulement qu'on peut s'expliquer l'universalité, aujourd'hui reconnue par les mythologues les plus éminents (2), d'une foi religieuse chez tous les peuples. Si la religion était fille de la peur, sa présence dans les tribus et les cités les plus braves serait une énigme ; si elle était née de l'imposture, il faudrait nier qu'il y eût eu çà et là des peuples clairvoyants. Si elle était le fruit du despotisme, la verrait-on fleurir parmi les nations ou les peuplades les plus libres ? Mais toute difficulté s'évanouit si elle est fille de la raison, de la faculté qui coordonne et systématise, et l'un de ses premiers-nés, au même titre que l'idée de substance et de cause.

(1) Au surplus, ce réalisme supérieur, le déisme, n'est jamais ébranlé, on le sait, sans danger pour l'ordre social. Si l'hypothèse divine est écartée, il n'y a plus rien qui paraisse, je ne dis pas certain, mais *obligatoirement croyable*, je ne dis pas bon, mais *obligatoirement désirable*. Or c'est là l'essentiel au point de vue de la société. L'idée de matière est à la fois embarrassante et indispensable en logique individuelle, au même titre que l'idée de divinité en logique sociale, c'est-à-dire en politique. Voilà pourquoi les sciences, qui sont le développement de la logique individuelle *par la société*, mais nullement de la logique sociale, travaillent souvent à se passer de la notion d'atome, sans jamais pouvoir s'en défaire; à peu près comme la civilisation, développement de la logique sociale, s'efforce fréquemment d'expulser l'idée de Dieu, sans jamais y parvenir. Mais nous avons dit plus haut que la logique sociale chez les Européens, cherche à résoudre sa contradiction avec la logique individuelle en se subordonnant à celle-ci : d'où, à la longue, peut-être, l'athéisme relatif des civilisations futures.

(2) Notamment par MM. Albert Réville et Tylor.

Tout nous porte à croire qu'il y a eu dans les sociétés primitives une véritable débauche de création mythologique, une exubérance de divinités qui, séparément, contribuaient à l'accord social, mais, par leur nombre excessif, par leurs batailles incessantes, tendaient à ramener l'anarchie. Il fallait percer d'avenues cette forêt, débrouiller cette broussaille. Par bonheur les langues naissaient en même temps que les religions, et, je crois, naissaient d'elles quoiqu'elles aient beaucoup aidé ensuite au développement de celles-ci. Renversant la thèse, démodée, du reste, de Max Müller sur les mythologies considérées comme des maladies de croissance du langage, je penserais volontiers que la parole est une conséquence de la floraison et de la succession des mythes. Parler, en effet, c'est essentiellement *personnifier*, animer divinement toute chose, qualité ou action, qui devient un être existant par soi et doué d'une puissance prestigieuse ; et il me semble que, dans les idiomes naissants surtout, cet animisme linguistique reflète étrangement, au lieu de lui servir de modèle, l'animisme mythologique d'où les cultes les plus nobles sont issus. Je ne puis comprendre les mots primitifs que comme des espèces de fétiches sonores, produits spontanés de l'adoration des objets naturels ou des actes humains les plus frappants, dont le nombre a grossi à mesure que cet émerveillement ou cet effarement religieux saisissait de nouveaux objets et de nouveaux actes, cessant de s'attacher aux anciens. Une racine verbale ne serait donc qu'une idole usée et conservée pourtant (1), et une langue ne serait que le détritus séculaire de fétichismes préhistoriques, de religions naïves successivement éteintes, la cendre en quelque sorte des antiques feux sacrés. La langue des premiers temps a dû être le résidu des mythologies par la même raison qu'aux temps postérieurs elle a été, nous le savons, le résidu des mœurs, des lois, des connaissances, des événements historiques. A coup sûr, le privilège, fort rare aux temps primitifs, d'être dénommé, n'a pu appartenir qu'à des phénomènes jugés merveilleux par tous les membres de la tribu, et jugés tels parce que l'attention de tous a été dirigée sur ces faits par quelqu'un (2)·

(1) De même qu'un *lieu* n'est que le souvenir d'un *corps* disparu, et de même qu'un *moment* n'est que le souvenir d'un ancien phénomène évanoui.

(2) Ou bien parce que des caractères exceptionnels ont signalé ces objets, par exemple le soleil, la lune, les étoiles.

De là une série d'apothéoses philologiques qui expliquent la forme essentiellement personnifiante de la phrase en tout idiome (1).

Or, grâce à la langue, et quelle que soit d'ailleurs son origine, l'ordre s'établit, un ordre relativement admirable, dans le fouillis des visions et des hallucinations contradictoires qui troublent le cerveau des premiers âges. Quand chacune de ces *apparitions* (*phénomènes*) a un mot qui lui correspond, elles se trouvent toutes *localisées* pour ainsi dire, mises à une place distincte dans les grands compartiments du dictionnaire et de la grammaire ; et, si elles se contredisent encore, au moins ne se confondent-elles pas, ce qui permet à leur contradiction *d'apparaître* à son tour et de donner lieu à l'élimination d'une partie d'entre elles. En outre, les jugements de nomination qu'implique l'expression d'idées quelconques ne se contredisent jamais dans un même idiome, du moins quand on le parle correctement ; et souvent ils se confirment, de même que les jugements de localisation géométrique ou chronologique portés sur des sensations quelconques. La langue est un arrangement logique préexistant qui est donné à l'homme social, comme l'espace et le temps sont donnés à l'homme individuel. Et, si c'est du jour où le moule de l'idée d'espace et de temps s'impose à ses sensations que le nouveau-né entre vraiment dans la vie psychologique, c'est du jour où l'enfant commence à parler qu'il entre dans la vie sociale. Enfin, à force de parler de même, les hommes finissent par penser à peu près de même. Chaque mot exprime une notion, une découpure arbitraire du réel, imposée par la société, et qui d'elle-même ne se serait pas produite dans l'esprit de l'enfant, lequel, en revanche, livré à lui-même, eût conçu bien des notions que l'envahisse-

(1) M'objectera-t-on que nous voyons force tribus sauvages de nos jours réduites à une pénurie presque complète d'idées religieuses, malgré la richesse et la perfection de leur idiome ? Mais, s'il est vrai que la langue soit une alluvion antique de la religion, le fait ne doit pas surprendre. Il est en Asie-Mineure, par exemple, bien des cours d'eau très maigres, presque toujours taris, qui traversent de larges et fertiles plaines ; et l'on ne dirait jamais, si l'on n'en avait la preuve irrécusable, que ces plaines sont simplement le limon accumulé de ces rivières. Du reste, le lien intime, profond, qui rattache les unes aux autres les origines mythologiques et philologiques est senti par tous les philologues et par tous les mythologues. Ceci est hors de doute. Mais les philologues ont été plus loin, et ont prétendu parfois voir dans les mythes une maladie de croissance de langage. Ici l'insuffisance de leur point de vue saute aux yeux. Si cette insuffisance est reconnue, il ne reste plus, forcément, qu'à faire naître les mots des mythes, et non les mythes des mots.

ment des idées sociales virtuelles, je veux dire des mots, empêche de naître. On voit bien chez les jeunes enfants (1) cette
tendance de l'esprit à former des idées générales auxquelles ne
correspond aucun mot de la langue. Ainsi, la forme déteint sur
le fond ; l'unité de la langue grecque, et l'ignorance méprisante
où étaient les Hellènes des idiomes étrangers, n'est pas pour
rien dans l'harmonie de la pensée grecque. A coup sûr, comme
on en a fait la remarque bien souvent, la métaphysique des philosophes grecs leur a été suggérée irrésistiblement par le prestige souverain de leur langue, beaucoup plus que par l'observation de la nature.

La langue est donc, pour ainsi dire, *l'espace social* des idées.
La comparaison paraîtrait plus juste ou plus frappante si l'évolution sociale qui a conduit à la formation des langues avait déjà
eu le temps d'aboutir à son terme, comme l'évolution spirituelle
qui a produit l'idée de l'espace a atteint le sien. Cette remarque
s'applique aussi bien aux autres catégories comparées. Les
catégories sociales sont toujours moins nettes, moins arrêtées,
moins absolues, que les catégories spirituelles, individuelles,
correspondantes, par la raison bien simple que la société est
toute jeune et que l'individu spirituel est très antique. Le terme
de la transformation linguistique, quel sera-t-il ? Assurément,
dans quelques siècles, une langue unique et universelle, qui se
distinguera par son caractère éminemment rationnel. Eh bien,
l'espace, tel que l'esprit humain le conçoit, l'espace catégorique
intellectuel, supérieur aux sensations qu'il coordonne, ne s'est
lui-même sans doute formé qu'à la longue ; il a été précédé dans
le crépuscule mental des animaux inférieurs, par des espaces
sensationnels, multiples, par un espace tactile, un espace visuel,
un espace sonore, juxtaposés et non encore fondus. L'espace
pur et simple, géométrique, est la langue universelle et rationnelle, comme nous jugerions parfaitement logique tout ce qui
serait grammatical s'il n'y avait qu'une seule langue connue. Il
n'en est pas moins vrai que la notion de l'espace renferme des
étrangetés inexplicables, par exemple ses *trois* dimensions, où
son origine sensationnelle apparaît.

Cela dit, continuons notre analogie en observant le caractère

(1) Je renvoie sur ce point aux analyses bien connues de Taine, dans son livre
magistral sur l'intelligence.

illimité des combinaisons auxquelles la langue se prête. Comme l'espace est inépuisable en formes toujours nouvelles, c'est-à-dire en jugements de localisation indéfiniment variés et accumulables, une langue ne tarit pas de phrases et de discours, c'est-à-dire de jugements de nomination différemment combinés. Mais de là aussi la vertu illusoire qui semble inhérente à la langue comme à l'espace, et qui a porté si longtemps les plus grands hommes, qui porte encore tant d'hommes de talent à se persuader que l'essence et la quintessence de toutes choses est d'être formulables en mots ou d'être décomposables en formes et en mouvements : double illusion qui rabaisse à la *grammaire* et à la *géométrie* chez les anciens, pour ne pas dire chez les modernes, l'honneur d'être à elles deux la science tout entière, hors de laquelle rien ne paraissait mériter le nom de vérité, si ce n'était la physique et la théologie. C'était dire, implicitement, que, après les divinités et les corps, mais bien plus lumineusement, la langue et l'espace étaient les réalités par excellence. On peut voir cette antique superstition *se survivre* dans l'aphorisme de Condillac, suivant lequel en plein xviiie siècle, « une science n'est qu'une langue bien faite ». Aujourd'hui, nous sommes un peu revenus, en ce qui concerne la langue, de notre naïveté première, mais pas autant que nous le pensons. Et, quant à l'espace, malgré les spéculations récentes sur l'espace courbe, notre ingénuité primitive paraît incurable (1).

(1) On peut appliquer à toute langue, au degré près, la remarque profonde de Cournot relative à la langue de l'algèbre : « Il n'en est pas, dit-il, de l'algèbre comme des notations chimiques qui ne rendent que ce qu'on y a mis avec préméditation. Tout au contraire, il n'y a rien de plus épineux pour l'algébriste que d'accepter, puis de comprendre, puis d'expliquer aux autres les conséquences auxquelles la langue de l'algèbre le conduit malgré lui et comme de surprise en surprise : cette langue, qu'il ne façonne pas à son gré, qui s'organise et se développe par ses vertus propres, étant encore plus un champ de découvertes qu'un instrument de découvertes. »

Il en est donc de la langue de l'algèbre comme de l'idée de l'espace. Celle-ci également est un champ de découvertes où l'on est conduit de surprise en surprise; et la géométrie en cela ressemble étonnamment à l'algèbre. Le mathématicien travaille indifféremment, également, sur des figures de géométrie et sur des signes algébriques.

Le rapport que j'ai établi entre *l'espace* et la *langue* me paraît trouver dans ces considérations un sérieux appui. Si le mathématicien travaille sur des figures géométriques et des signes algébriques, le littérateur, le poète, vit au milieu d'un monde de formes et d'un monde de phrases, et ces formes aussi bien que ces phrases apparaissent à ses yeux comme des révélations. Quand la strophe saphique a été découverte, la langue grecque n'a point paru agrandie; il a semblé que cette beauté nouvelle faisait déjà partie de son fonds inépuisable, comme, lorsque la Vénus de Médicis a été sculptée, il a semblé que l'espace déjà contenait virtuellement cette forme admirable.

Mais ce n'est pas seulement à l'espace, c'est au temps, que j'ai comparé la langue. Effectivement, il y a en tout idiome une dualité fondamentale, celle des signes qui expriment des substances ou des qualités, et des signes qui expriment des actions. La combinaison de ces deux aspects, — distincts mais inséparables, — est nécessaire pour la formation de la phrase, comme la combinaison de l'espace et du temps, également distincts mais inséparables, est nécessaire pour la formation du mouvement, d'où dérive toute forme. On peut se demander, en psychologie, si c'est l'idée de l'espace qui a précédé et provoqué l'idée de temps, ou *vice versâ*; et une question analogue est agitée par les linguistes quand ils se demandent si les racines d'où ils font dériver toute la végétation des langues d'une même famille sont des *noms* ou des *verbes*. Dans la famille indo-européenne, elles sont des verbes, et, par ce caractère elles attestent, d'après Sayce (1) la supériorité des races aryennes, leur esprit « actif, conscient, cherchant à dominer la nature extérieure » et, par suite, puisant dans la conscience de sa propre activité, déployée dans le temps, l'explication des choses du dehors. Mais c'est une erreur de croire, d'après cet éminent philologue, qu'il en soit ainsi dans toutes les langues. Les idiomes de la Polynésie, nous dit-il, et les langues sémitiques « nous ramènent à des racines *nominales* aussi nettement que les langues aryennes nous reportent à des racines *verbales*. Le verbe sémitique présuppose un nom aussi bien que le nom aryen présuppose un verbe. Là donc c'est le concept de l'objet qui fait le fond du langage ; c'est une intuition où le sujet s'ignore, ou plutôt s'absorbe dans l'objet ; on perd de vue l'action du sujet et le développement de la volonté. » Les linguistes qui se sont bornés à l'étude des langues indo-européennes sont donc portés à tort à croire que toutes les racines sont verbales, par la même raison peut-être que les psychologues, confinés dans l'étude de la psychologie humaine et ne pouvant descendre, au moins par *introspection* et intimement, dans la psychologie animale, sont portés à croire que l'idée de temps, comme l'idée de force, est la première en nous. N'est-il pas probable, au contraire, que chez les animaux, à coup sûr

(1) *Principes de philologie comparée.*

chez les animaux inférieurs. la localisation dans l'espace est déjà nette quand la localisation dans la durée est à peine ébauchée? et n'est-il pas à croire qu'ils *matérialisent* les objets de leurs sensations avant de les *animer* ?

Une autre question, à rapprocher des deux précédentes, est celle de savoir, en mythologie comparée, si des deux grandes sortes de divinités qu'on trouve chez tous les peuples, c'est-à-dire des dieux naturels et des ancêtres divinisés, ce sont les premiers ou les seconds qui ont la priorité. J'appellerais volontiers racines mythologiques, en souvenir des racines philologiques, ces conceptions élémentaires du divin, très antiques, qu'on retrouve les mêmes, dans chaque famille de religion, sous le luxe de désinences ou d'inflexions légendaires dont l'imagination pieuse les a surchargées. Or, il est à remarquer que, à l'instar des philologues, les mythologues à ce sujet sont partagés en deux camps : les uns, ceux qui ont surtout ou exclusivement étudié les religions supérieures, tendent à voir sous les mythes les plus naturalistes, comme leur élément primitif, l'adoration des *esprits* paternels, spiritualisme ou animisme primordial d'où le grand fétichisme des puissances naturelles, l'apothéose du soleil, des vents, des fleuves, seraient plus tard sortis. D'autres, plus adonnés à l'étude des religions inférieures, ne voient dans le culte des sauvages pour les âmes de leurs pères que la suite d'un culte antérieur ou encore subsistant, pour quelque petit fétiche nullement spirituel, pour une pierre, un arbre, une fontaine. Il faut bien distinguer les mythes solaires suivant qu'ils ont l'une ou l'autre origine. Pour les Grecs, le soleil était la transformation d'un Dieu humain, d'Apollon ; pour les anciens Péruviens, l'Inca était la transformation du soleil. C'est précisément l'inverse.

Au surplus, par l'une ou l'autre voie, le résultat final est le même : de même que tout cerveau finit par posséder l'idée de l'espace et celle du temps, de même que toute religion finit par avoir des mythes naturalistes (ou des légendes cosmogoniques) et des hommes faits dieux, pareillement toute langue compte dans son dictionnaire des noms et des verbes à la fois.

On remarquera la plus grande analogie entre la scission par laquelle, à partir de la sensation première, la notion de Matière-Force s'est séparée de celle d'Espace-Temps, et la scission par laquelle, à partir de l'animisme ou du fétichisme primitif, le développement des religions s'est séparé du développement des langues. L'espace et le temps sont des *catalogues de signes* dont l'individu a besoin et qu'il porte en lui, pour son propre usage, afin de se reconnaître en lui-même au milieu de ses sensations multiples et de ses états changeants, en les étiquetant de la sorte (1). La langue est de même un catalogue de signes dont l'individu a besoin pour se faire entendre de ses associés, pour se reconnaître et leur permettre de se reconnaître avec lui au milieu de leurs idées et de leurs volontés incohérentes. Eh bien, au début de la vie mentale, quand, par hypothèse, la sensation seule existait, il a bien fallu que les lieux eux-mêmes fussent sentis ; mais ces sensations-là, objectivées d'ailleurs comme les autres et prises aussi pour des réalités, ont dû avoir pour caractère de plus en plus exclusif d'être des *marques* de toutes les autres sensations. Les diverses durées, les divers moments, de même, n'ont pu être conçus d'abord qu'en étant *imaginés*, comme n'importe quel phénomène ; mais ces images-là ont dû avoir pour qualité de plus en plus spéciale et unique d'être les marques de toutes les autres images, de tous les autres souvenirs d'action. Pareillement, les mots ont dû commencer par être, comme tous les autres objets du dehors remarqués en société et adorés, des idoles; mais ces idoles-là ont fini par ne servir, comme il le fallait, qu'à signifier les autres idoles, devenues en se multipliant de simples idées. Mais, quoi qu'on pense de ces dernières conjectures, on ne saurait, je crois, contester une large part de vérité aux analogies précédemment indiquées entre les grandes notions fondamentales de l'Esprit, auxquelles les logiciens donnent le nom de catégories, et les grandes institutions fondamentales de l'Ordre social, auxquelles je me permets de donner le même nom.

III

Il est encore d'autres analogies entre la vie mentale et la vie sociale au point de vue, non plus de la pensée principalement, mais principalement de l'action. J'ai déjà dit que les premières

(1) C'est, au fond, la théorie des signes locaux de Wundt et d'autres psychologues.

conditions de l'accord téléologique individuel et social étaient le
Plaisir et la Douleur, le Bien et le Mal, conçus comme des réalités ou des demi-réalités d'un genre à part. Mais, en outre, le
nouveau-né trouve en lui, comme moyen d'action individuelle,
des instincts, habitudes héréditaires qu'il y a lieu de croire
formées par une répétition consolidée d'actes volontaires, de
recherches de l'agréable et de fuites du pénible, pendant le long
passé de la race ; et l'homme trouve autour de lui, comme
moyen d'action sociale, des coutumes, sortes d'instincts sociaux
qu'il y a tout lieu aussi de croire formés par une suite de
devoirs accomplis, c'est-à-dire de vouloirs collectifs réalisés en
vue d'atteindre le Bien et de fuir le Mal, pendant tout le passé
de la tribu ou de la nation. Instincts et coutumes ne sont point
des catégories, n'étant jamais regardés comme des réalités extérieures (1), mais ce sont pourtant, comme l'espace ou le temps
et comme la langue, des extraits et des coordinations d'antiques
expériences, où l'on puise les ressources exigées par des expériences nouvelles. De même que l'espace, système de notions où
se condensent de vieux jugements sensitifs, rend seul possible
des jugements nouveaux, l'instinct ou l'habitude, système de
moyens où se résument des millions d'anciens buts, est nécessaire pour permettre à des buts nouveaux de se réaliser. De
même que la langue, système de notions qui furent des affirmations oubliées, est indispensable pour la formation de propositions nouvelles, la coutume ou la loi, système de procédés qui
tous séparément furent des commandements du maître exécutés
par devoir, est indispensable pour l'exécution de nouveaux
ordres du chef. Les coutumes, les mœurs d'un peuple, en effet,
sont l'œuvre lente de ses gouvernements successifs ; le Droit
est, en ce sens, l'alluvion de la politique. Subjugué par la fascination d'un homme qui se dit organe d'un dieu et montre un
nouveau Bien à poursuivre ou un nouveau Mal à éviter, un
peuple primitif obéit et contracte ainsi des habitudes communes
d'activité, des coutumes, qui ne changent pas après qu'une
nouvelle fascination s'est substituée à la première (2). Par des

(1) Cependant le Droit, forme précisée de la coutume, tend à être l'objet d'un
réalisme spécial. Car l'homme du moyen âge, par exemple, croyait certainement
que ses *droits*, ses privilèges, étaient *quelque chose* de réel hors de lui.
(2) Parmi les actes du pouvoir, il en est d'une certaine classe qu'on ne peut nier
avoir été la source des coutumes : à savoir les jugements judiciaires. Sumner Maine

complications de routines et de survivances semblables s'est
formée la Cérémonie, que Spencer a si brillamment étudiée,
mais qui n'a jamais été un gouvernement distinct, en dépit de
la peine qu'il se donne pour démontrer cette thèse étrange. Ce
qui est certain, c'est que la Cérémonie a toujours été le reli-
quaire des despotismes antérieurs. Même dans les quelques
siècles qu'éclaire l'histoire, et jusqu'en nos civilisations avancées, la suite de cette transformation est évidente ; nous voyons
les usages, les étiquettes et les politesses monarchiques, en se
simplifiant parfois, mais en se généralisant toujours, survivre
aux monarchies, et aussi bien les lois napoléoniennes à Napoléon, le Droit romain à l'Empire romain. Ajoutons bien vite que,
si les codes de Napoléon ou de tout autre législateur ont duré,
c'est qu'ils innovaient fort peu en définitive et se bornaient à
consacrer des éléments traditionnels. L'activité législative, par
les nouvelles lois qu'elle ajoute, sous l'inspiration politique, au
corps de la coutume établie, du véritable Droit national, ne doit
être à ce Droit que ce que la production des néologismes est au
fonds de la langue. Il y a des époques où le sentiment du droit
s'obscurcit, par là même raison qu'à d'autres époques le génie
de la langue ; alors surabondent les lois nouvelles et les mots
nouveaux. Un projet de loi ne devrait être admis par les
Chambres qu'après une période d'acclimatation (1) ; c'est ainsi
que l'Académie ne se hâte pas d'insérer les néologismes dans
son dictionnaire. Puis, il est essentiel que toute innovation juridique, en entrant, revête la livrée de principes de Droit recon-
nus, de même qu'un mot étranger introduit en langue française
doit s'y franciser.

J'ai à faire sur ce qui précède une remarque assez importante.
Il n'y a pas à nos yeux, on le voit, entre le Droit et le Devoir ce
rapport de corrélation symétrique qu'on s'est plu à imaginer sur
le modèle du *Doit* et *Avoir* des commerçants. Ce n'est qu'en
prenant le mot Droit dans une de ses acceptions, et non la plus

fait dériver la coutume et la loi de *jugements inspirés* antérieurs à toute législation. Tout chef, en effet, est à l'origine un justicier ; mais, en outre, tout justicier,
tout vieillard ou homme influent dont les sentences sont respectées, devient chef et
prend part aux délibérations politiques ; et ce n'est pas seulement par des accumulations de jugements *judiciaires*, c'est aussi et surtout par une suite de décisions
gouvernementales que le droit se forme ou se transforme.

(1) Un économiste distingué, Donnat, a émis à ce sujet une idée aussi juste
qu'ingénieuse dans sa *Politique expérimentale*.

vaste, — à savoir dans le sens de droit de créance sur quelqu'un
qui a le devoir de vous faire ou de vous donner quelque chose,
— ce n'est qu'à ce point de vue exclusif et borné que l'antithèse
ci-dessus peut se soutenir. — Mais le droit réel et vivant, tel
que l'homme des premières civilisations le conçoit et le chérit
et ne cesse de le chérir jusqu'aux âges de décadence même, le
droit pour lequel meurt un peuple ou une peuplade, sorte
d'amour austère comme le patriotisme et l'honneur, est tout autre
chose que cela. Il est un ensemble d'habitudes d'agir dans des
limites déterminées qu'on ne sent plus comme des limites, mais
bien comme des remparts. Voyons naître un droit ; rien de plus
simple. Une loi vient d'être émise par un despote ou votée par
une assemblée, dans un intérêt politique toujours. Elle décide,
par exemple, que le fonds dotal est inaliénable. Cette loi est
d'abord obéie par *devoir*, elle est sentie comme une prohibition
gênante ou comme une prohibition non demandée et non
attendue ; on ne peut la respecter qu'en songeant à l'*autorité* du
législateur qui l'a établie. Elle a donc deux caractères : elle est
plus ou moins pénible ou surprenante, et elle est une volonté
extérieure à celui qui s'y conforme. Mais, si cette loi dure, à
mesure que les générations se succèdent sous son ombre, elle
perd ces deux caractères : elle est obéie par *habitude*, par goût ;
en même temps, celui qui l'exécute se l'est appropriée, il se l'est
faite sienne pour l'avoir reçue des siens comme un bien de
famille, comme un patrimoine national ; et alors elle est sentie
comme un *droit*, c'est-à-dire comme une garantie et non comme
un ordre. Voilà pourquoi, après le renversement de l'Empire
romain, les populations gallo-romaines et autres, habituées à la
législation impériale, qui pourtant leur avait primitivement été
imposée par la violence, ont vu en elle le trésor de leurs libertés
les plus précieuses, leur meilleure garantie contre l'arbitraire
des chefs barbares auxquels elles obéissaient en murmurant,
sauf, plus tard aussi, à s'approprier comme autant de privilèges
les coutumes féodales formées par suite de leur nouvel assujet-
tissement. Or pour les chefs barbares qui laissaient les populations latines continuer à suivre les lois impériales (du moins en
tant qu'elles n'étaient pas directement opposées au nouvel état
de choses), qu'était-ce que le *Corpus juris* ? ou plutôt le *Brevia-
rium Alaricum*, compilation wisigothe des textes romains ?

C'était tout simplement un *moyen de gouvernement* pour eux. Chacune de ces lois, lors de sa promulgation, avait été l'expression d'un but momentané ; eh bien, elle était devenue, en devenant une habitude, un simple moyen destiné à rendre possible la réalisation de nouveaux buts.

Le droit n'est donc que cela : un ancien devoir, devenu le point d'appui nécessaire d'un devoir nouveau ; une autorité d'abord extérieure et gênante, devenue par degrés intérieure et auxiliaire, un but devenu moyen. Le droit est l'alluvion du devoir ; le devoir, tel qu'il a été compris et pratiqué par des générations sans nombre, est le fleuve dont le droit est le limon accumulé. Aussi voit-on, par exemple, qu'à chaque progrès du pouvoir royal en France (c'est-à-dire à chaque extension du devoir d'obéissance au roi) correspond un progrès du droit monarchique, et qu'à chaque progrès du pouvoir de la papauté au moyen âge correspond une extension du droit canonique.

L'origine du devoir, en société, est comparable à l'origine du vouloir dans la conscience. La volonté substitue à l'antagonisme des désirs leur subordination hiérarchique, leur orientation finale ; le devoir met fin à l'antagonisme des volontés par leur orientation idéale. M. Ribot nous a décrit les maladies de la volonté. Ne pouvons-nous pas les comparer à ces périodes de la décrépitude des peuples que caractérise la paralysie ou la perversion du dévouement ? L'égoïsme radical, l'anéantissement du patriotisme, n'est-ce pas là une véritable *aboulie* sociale ?

Aussi bien ce qu'on pourrait appeler les maladies de l'habitude, c'est-à-dire l'ataxie locomotrice, l'incoordination des mouvements musculaires, l'interruption du courant d'activité machinale qui sert à faire tourner les roues de la volonté, n'est-ce pas l'équivalent de ces crises révolutionnaires qui, bouleversant les mœurs et les usages des peuples, rendent l'action gouvernementale impossible et aboutissent à l'anarchie ?

En résumé, nous voyons que, dans ses efforts et ses tâtonnements séculaires pour parvenir à équilibrer les croyances et les désirs contenus dans son sein, la société s'est trouvée aboutir à des fictions ou à des créations d'objets généraux qui correspondent aux objets déjà créés ou imaginés par l'esprit individuel pour harmoniser les impressions et les impulsions confuses de son cerveau. Un même problème a conduit à des solutions analogues : il n'y a rien là d'étonnant. Mais quand, séparément, la logique individuelle et la logique sociale ont réalisé les conditions de leur accord interne, est-ce que leur tâche est achevée ? Non. Il reste un désaccord fondamental à effacer, senti chaque jour davantage à mesure qu'une civilisation avancée met en pleine lumière toutes les contradictions. Il reste, avons-nous dit, à faire en sorte que les deux logiques se réduisent à une seule, et qu'il n'y ait plus analogie seulement, mais identité entre les catégories de l'une et de l'autre confondues. C'est le but inconscient, mais profond, de tous les savants qui travaillent à chasser du crédo populaire les êtres *divins* et les entités *verbales*, le réalisme théologique et le réalisme philologique (autrement dit métaphysique) (1) et à propager un Credo nouveau où tout sera expliqué par des *substances* chimiques et des *Forces* physiques, par des formes ou des mouvements dans l'*espace* et des changements dans le *temps*. C'est aussi le but inaperçu des utilitaires qui s'efforcent de ramener les idées du Bien et du Mal à celles d'une somme de plaisirs et de douleurs, et de supprimer le devoir en le ramenant à l'intérêt individuel, au vouloir intelligent ; et les révolutionnaires concourent à la même fin quand ils rêvent d'une société qui, sans *coutumes* nationales fidèlement respectées, marcherait très bien par le seul jeu des *habitudes* individuelles librement formées.

Mais qui ne voit le caractère chimérique de ces dernières illusions ? Toujours la vie nationale imposera à l'individu le sacrifice de ses habitudes les plus chères à la discipline commune, et le sacrifice de son intérêt particulier à l'intérêt général. L'accord des deux *téléologies*, individuelle et sociale, ne peut donc s'opérer que par voie de transactions réciproques. Il en est de même de l'accord des deux logiques. On n'a pas eu de peine à montrer que ces matières et ces forces par lesquelles nos savants expliquent tout sont d'anciens Dieux sous de nouveaux noms ; il n'y a pas très loin de l'Allah de Mahomet à l'Inconnaissable de Spencer. L'Inconnaissable est l'Inconnaissable, et Spencer est son prophète. Il n'est pas difficile non plus d'observer que ce

(1) On sait à quel point la métaphysique des Grecs est incompréhensible sans une certaine connaissance de la langue grecque, et combien le génie de la langue allemande est nécessaire pour l'intelligence de la métaphysique allemande.

n'est point par des formes et des mouvements seulement, mais avant tout par des *formules* qu'ils rendent compte de l'Univers : leurs lois ne seraient rien si elles n'étaient pas des phrases, elles ont besoin d'une langue quelconque pour se soutenir, pour être quelque chose, et, sans la langue, elles ne seraient absolument rien. Impossible donc d'anéantir la logique sociale dans la logique individuelle. Leur dualité est irréductible, mais comme celle de la courbe et de l'asymptote qui vont se rapprochant indéfiniment.

IV

LA CONSCIENCE SOCIALE

Jusqu'ici, nous avons vu la société, dans ses efforts pour résoudre son problème logique d'équilibre, reproduire sous des formes agrandies les solutions mêmes, ingénieuses et originales, imaginées par l'esprit individuel aux prises avec un problème analogue. Mais, en y regardant de plus près, il va maintenant nous sembler apercevoir une différence importante entre les deux logiques comparées par nous. Elle n'est d'ailleurs qu'apparente, comme nous le verrons plus loin. Quoi qu'il en soit, examinons-la. Ce n'est pas tout que d'avoir accordé négativement et positivement les jugements objectifs d'attribution et de causalité, et même les jugements-desseins, les espérances et les craintes, qui se pressent en se heurtant dans la mêlée humaine ; il reste à concilier de même, ou plutôt c'est par là qu'il a fallu nécessairement commencer, et ce n'est rien moins qu'aisé, les jugements subjectifs d'amour-propre, les vanités et les orgueils. Cette difficulté, qui paraît de prime abord n'avoir point d'équivalent en logique individuelle, est le plus terrible écueil peut-être de la logique sociale.

Naturellement les amours-propres sont en conflit, en contradiction, puisque chacun de nous, en naissant, est très fortement porté à s'estimer supérieur aux autres. Comment lever cette contradiction ? Comment arranger les individualités associées, de telle façon que leurs tendances respectives à avoir pleine foi en leur propre mérite et pleine confiance en leur propre talent, reçoivent la meilleure satisfaction possible, c'est-à-dire que la

somme algébrique de ces doses de foi et de confiance additionnées, durablement unies, soit le plus forte possible? — Ce problème ardu est résolu aux époques avancées de l'histoire, mais
imparfaitement, et superficiellement toujours, par la politesse. La
politesse est, ce semble, le plus confortable arrangement des
amours-propres entre-pressés le plus doucement ou entre-
heurtés le moins durement qu'il se peut. Elle consiste avant
tout à rendre les orgueils invisibles ou impalpables les uns
aux autres, moyennant force interprétations de mensonges com-
plaisants.

La Politesse, dans une certaine mesure et à certains égards,
est donc aux amours-propres ce que le droit est aux intérêts.
Les intérêts naissent hostiles, contradictoires; le droit les déli-
mite, et, se substituant à eux, les rend extérieurement conci-
liables par cette substitution. Quand l'individu tient à ses droits
comme à la chose capitale, la paix devient possible, car ils lui
font oublier l'illimité de ses désirs et de ses ambitions natives;
s'attacher à ses droits, c'est s'intéresser à la limitation même de
ses intérêts. De même, quand l'homme civilisé, — et aussi bien
le barbare et le sauvage même, car le sauvage même est poli à
sa façon, — met son orgueil à paraître bien élevé, c'est-à-dire à
ménager l'orgueil d'autrui et à masquer le sien pour le protéger
de la sorte, la vie urbaine, la vie sociale à vrai dire, devient possible, et l'on commence à goûter les douceurs du savoir-vivre.

Mais la politesse, qui permet aux orgueils de se juxtaposer, ne
les fait pas s'entre-pénétrer; d'ailleurs elle n'est propre à *som-
mer*, même extérieurement, que des doses modérées de foi et
de confiance en soi-même. Si ces doses sont dépassés, si l'orgueil et l'ambition se mettent à pousser de forts élans dans des
cœurs naguère modestes, adieu les formes agréables et cares-
santes de l'urbanité! Or les orgueils et les ambitions, à l'origine, ont dû être immenses. Je ne parle pas surtout des orgueils
individuels, car, primitivement, les individus comptent peu par
eux-mêmes; mais, en revanche, les orgueils collectifs des membres de chaque famille et de chaque village sont prodigieux et
éminemment contradictoires. Chaque groupe social s'estime
ridiculement et méprise son voisin. Cette contradiction profonde
des jugements d'amour-propre local est peut-être la difficulté la
plus grande qui s'oppose en tout pays primitif à l'établissement

d'un ordre social, qui mette fin à ces mépris réciproques et aux querelles sans fin dont ils sont la source. Comment lever cette antinomie? La politesse n'a rien à voir ici. Une autre solution, plus profonde et plus complète, a donc été requise dès le début, et, à vrai dire, elle ne cesse pas d'être toujours nécessaire, ne serait-ce que pour rendre l'autre possible. Elle a été fournie par le phénomène de la Gloire. La Gloire, c'est l'orgueil prodigieux d'un seul, redoublé et approprié par l'admiration des autres, dont l'orgueil, par le fait même, s'élève ou tend à s'élever à son niveau. L'admiration est un plaisir ou une peine; elle est un plaisir, c'est-à-dire un accroissement de foi en soi-même, quand son objet peut être précédé du pronom possessif *mon* ou *mien;* dans ce cas, elle est l'extension du *moi* obscur à quelque moi glorieux qu'il s'approprie; elle est l'effacement des limites du *moi.* Voilà le miracle et l'avantage de l'association. Une autorité glorieuse, forte et respectée, vers laquelle se tendent tous les yeux, est la seule conciliation possible des amours-propres anta- gonistes, soit individuels, soit collectifs. Le morcellement féodal, à cet égard comme à tout autre, n'a fait place à l'assimilation et à la fusion modernes que grâce à l'éclat du pouvoir royal. Quand la foule admire *son* chef, quand l'armée admire *son* général, elle s'admire elle-même, elle fait sienne la haute opinion que cet homme acquiert de lui-même, et qui rayonne en fierté de race ou de génie sur le front d'un Louis XIV ou d'un Cromwell, d'un Alexandre ou d'un Scipion, voire même d'un tribun quelconque. Cette admiration unanime est l'aliment de cet orgueil, de même que cet orgueil a été le plus souvent la source première de cette admiration. Elle et lui croissent et décroissent parallèlement. Voyez s'exalter à la fois l'audace orgueilleuse de Napoléon et l'enthousiasme de ses soldats pendant sa triomphante période, d'où une puissance énorme de foi dépensée; puis, quand le cours des défaites commence, voyez la Grande Armée s'attrister, perdre foi, et Napoléon lui-même douter de son étoile (1).

(1) Il est rare qu'un immense orgueil, parfois même ridicule, ne soit pas en tête de toutes les grandes créations. L'orgueil *précède* la *gloire,* qui n'est que son rayon- nement imitatif en quelque sorte. Sans l'orgueil démesuré du père de Frédéric le Grand, son fils eût-il été si ambitieux et si glorieux, et l'Allemagne serait-elle aujourd'hui ce qu'elle est? Tous les initiateurs de génie, Rousseau, Napoléon, Hugo, ont été des montagnes d'orgueil. L'orgueil des rois, et aussi bien des consuls et des sénateurs, fut de tout temps la condition de la grandeur des peuples.

Sous Louis XIV, on a vu, par une coïncidence heureuse, la plus élégante politesse — qui serait ridicule à présent — s'unir à la plus brillante gloire monarchique pour produire une intensité remarquable d'orgueil national, en même temps que par d'autres apports, par l'épuration de la langue mûrie et la régularisation du Droit, par les progrès de l'unité religieuse et du pouvoir royal, le fleuve de la foi et de la conscience nationale grossissait au delà de toute espérance. De telles coïncidences ne sont point des exceptions fortuites ; elles se reproduisent plus ou moins à chaque grande époque historique, sous Périclès comme sous Auguste, sous Ferdinand et Isabelle comme sous Soliman. La tendance que montrent ainsi à se rassembler dans leur plus vif éclat les grandes conditions d'accord logique révèle assez, remarquons-le en passant, leur racine commune et leur étroite parenté. Mais ce que je tiens surtout à signaler ici, c'est le raffinement ou le renouvellement de l'urbanité, consécutif d'ordinaire à l'éruption d'une grande renommée qui se consolide et s'asseoit, à peu près comme une nouvelle flore apparaît aux pieds d'une montagne qui se soulève. La politesse, en effet, est la menue monnaie de l'admiration et de la flatterie, elle en est la forme mutuelle et la vulgarisation, comme la gloire en est la source et la forme unilatérale. La gloire a dû précéder la politesse, et seule encore elle l'entretient, comme l'esclavage a précédé le travail industriel et l'échange des services, et comme la tutelle d'un pouvoir fort est indispensable à la prospérité de l'industrie.

Mais nous ne pouvons bien comprendre l'importance capitale du phénomène social de la gloire, qu'en le comparant, maintenant, à son véritable équivalent individuel, le phénomène psychologique de la conscience. A l'origine des sociétés, le chef est le moi social. Le chef, en effet, à cette aube de la vie sociale, monopolise toute la gloire à son profit. Mais, plus tard, il n'en est plus de même. La gloire se répand, se distribue entre un certain nombre d'hommes marquants qui sont *chefs*, chacun dans leur sphère, en tant que glorieux. La conscience est le rayonnement du moi, elle fait qu'un état intime est *mien*, et la gloire est le rayonnement du maître, elle est ce qui donne un caractère *magistral* à un homme. Cette comparaison, qui paraîtrait à tort étrange ou superficielle, éclairera singulièrement ses deux termes l'un par l'autre. L'esprit, nous le savons, est une société de petites âmes commensales du même système nerveux et toutes aspirantes à l'hégémonie, un concours d'innombrables petits états nerveux différents qui, probablement nés chacun à part dans quelque élément distinct du cerveau, cherchent tous à se propager extrêmement vite d'élément à élément, à s'entre-étouffer, à s'entre-conquérir, ou plutôt à s'entre-persuader. Au milieu de cette tourbe éclôt sans cesse de cette lutte un groupe plus ou moins étroit d'impressions plus ou moins triomphantes, c'est-à-dire conscientes, et, dans ce groupe, se dégage toujours avec une netteté variable l'une d'elles, tour à tour visuelle, auditive, tactile, musculaire, imaginative, point saillant du moi en perpétuelle agitation. Cette impression, et, à divers degrés, toutes les autres de cette élite, font participer sans doute à leur rang privilégié, aussi longtemps que dure leur succès cérébral, leurs cellules natales; et, puisque la conscience claire et lucide est un plaisir, une harmonie sentie en nous, il est permis de croire que ce rang supérieur est moins conquis de force qu'obtenu par acclamation pour ainsi dire : on peut supposer que le moi est en quelque sorte le pôle où convergent momentanément toutes les ambitions et tous les égoïsmes cellulaires, à peu près comme la gloire est la polarisation sociale des espoirs et des orgueils individuels. — Il est certain, au moins, qu'en émergeant à la conscience, qu'en se rattachant ou paraissant se rattacher au moi, foyer réel ou virtuel de l'esprit, la multiplicité des états d'esprit les plus dissemblables prend un air d'unité; et il est certain de même qu'en parvenant à la célébrité, les genres de mérites les plus divers dans une nation paraissent se confondre en une réalité supérieure qui leur est commune. La conscience est ainsi, à proprement parler, la première catégorie de la logique individuelle, d'où découlent toutes les autres ; et la gloire, point de mire hallucinant de tous les yeux, est la première catégorie de la logique sociale, source de toutes les autres également. Rien, par exemple, n'a été divinisé qui n'ait été glorieux ; la gloire est le chemin nécessaire de l'apothéose ; et rien n'a été objectivé, matérialisé, qui n'ait été senti ; la conscience seule mène à la perception.

L'analogie se poursuit, si l'on examine avec plus de détails la nature, l'origine et le rôle de ces deux grands faits. La conscience est une réalité à deux faces. Qu'est-ce qui est conscient? C'est tantôt une nouvelle croyance claire, tantôt un nouveau désir vif ; ou, en d'autres termes, c'est tantôt une perception, tantôt une volition. — La gloire s'attache pareillement aux deux versants correspondants de la vie sociale. Qu'est-ce qui est glorieux dans le sens le plus large du mot? C'est tantôt une innovation théorique, une instruction favorablement accueillie, tantôt une innovation pratique, une direction docilement acceptée et obéie ; en d'autres termes, c'est tantôt une découverte, tantôt une invention imitée (si l'on veut bien étendre un peu, comme il convient philosophiquement, le sens de ces termes). Les perceptions, nous pourrions le montrer, équivalent en psychologie aux découvertes en sociologie ; et nous pourrions aussi bien dire que les volitions équivalent aux inventions. Une volition n'est que l'aperception très aisée (1), tandis qu'une invention est l'aperception en général assez mal aisée d'un moyen propre à atteindre une fin, et cette fin elle-même est, dans le premier cas, très facile, et dans le second cas plus ou moins difficile à imaginer. Voilà toute la différence. Un enfant gourmand voit des raisins mûrs suspendus à un ormeau : l'idée lui vient spontanément de manger ces fruits et, pour cela, de grimper à cet arbre, et il veut aussitôt grimper. Dans une nation européenne, un voyageur a le premier l'idée que les viandes conservées d'Amérique, si elles étaient transportées sans altération, seraient d'une consommation excellente et économique pour la classe ouvrière : il imagine le frigorifique, et, à la faveur de ce moyen inventé par lui, non sans difficulté et avec un succès passager, il répand dans le peuple, non sans peine, le désir d'acheter les viandes américaines. On peut dire qu'à chaque heure la vie éveillée oblige l'individu, pour la satisfaction de ses moindres besoins, ou de ses fantaisies sans cesse renaissantes, à une dépense d'ingéniosité continue sous la forme de petits décrets, de petits arrêtés intérieurs nécessités par des difficultés jamais les mêmes, comme les volumes accumulés de notre Bulletin des lois, ou comme l'inépuisable série de nos brevets d'invention. En cela la vie des nations ressemble étonnamment, on le voit, à celle des individus ; il y faut une consommation effrayante de génie, d'heureuses idées brevetées ou non qui, écloses aujourd'hui sur un champ de bataille ou dans un congrès

(1) V. Lachelier sur Wundt, *Revue philosophique*, février 1885.

de diplomates, demain sur la scène, un autre jour à une exposition, illustrent un homme et font d'un Turenne, ou d'un Richelieu, ou d'un Corneille, ou d'un Stephenson, le héros du jour, quand ce n'est pas d'un Bossuet ou d'un Newton, d'un théologien ou d'un savant. De même, en effet, que le *moi* se promène, instable, à travers toutes les catégories de l'Esprit logiques ou téléologiques, s'attachant à une localisation dans l'espace ou à une attribution matérielle, à une localisation dans le temps ou à un jugement de causalité, — ou bien à la réalisation d'une fin quelconque; de même, dans son vol capricieux, la gloire traverse toutes les catégories logiques ou téléologiques du monde social, et alternativement se repose sur un grand rénovateur de la langue tel qu'Homère, ou sur un grand réformateur des mœurs ou des lois, tels que Lycurgue, ou sur un créateur de dogmes tel que Luther, et de vérités tel que Newton, ou sur un propagateur de nouveaux principes de gouvernement, et d'organisation sociale, tel que Rousseau, enfin sur quiconque a enrichi de nouvelles lumières l'esprit humain ou bien sur quiconque, orateur, légiste, artiste inspiré de la religion ou de la science, homme d'état, ou capitaine, ou colonisateur, ou promoteur d'industrie, a grossi de nouvelles utilités, pourvu de nouvelles puissances et de buts nouveaux le vouloir humain. Il y a cependant un certain ordre dans ce désordre. La plus grande gloire, par exemple, est d'abord la gloire militaire, bien avant la gloire artistique, par la même raison que la conscience intense du danger évité ou de la proie poursuivie précède celle de l'amour.

C'est toujours d'ailleurs une innovation qui est glorifiée. Car il ne faut pas confondre avec la gloire le respect profond qu'inspirent aux peuples les vieilles institutions ou les vieilles idées, glorieuses à l'origine, devenues simplement majestueuses à la longue avec les monarques ou les pontifes qui les incarnent, quand ceux-ci ne se distinguent par aucune entreprise personnelle. Ce respect, cet attachement, à peine remarqué de ceux qui l'éprouvent, né de l'imitation des ancêtres, est à la célébrité lumineuse, née de l'imitation des contemporains, ce que la foi, le dévouement fermes, mais presque inconscients, de l'individu, aux notions et aux règles depuis longtemps établies en lui et primitivement très conscientes, sont à ses remarques et à ses décisions de chaque instant. Il y a, entre ce respect et la gloire,

entre cette foi et la conscience, cette différence, que ce respect
et cette foi sont les œuvres lentes dont la gloire et la conscience
sont les outils, et que ce respect et cette foi ne sauraient s'interrompre sans péril mortel dans la vie mentale ou la vie sociale,
et de fait y sont ininterrompus jusqu'à la folie ou à la mort,
tandis que la gloire et le moi sont sujets, même durant la veille,
même en temps de civilisation, à des éclipses ou à des intermit-
tences (1).

Ce serait une égale erreur, on le voit, de penser que ce qui
est inglorieux est socialement inférieur en importance à ce qui
est en renom, ou que l'inconscient a psychologiquement un
moindre rôle que la conscience. Cela n'est vrai que de l'inglorieux qui n'a jamais passé par la gloire, et de l'inconscient qui
n'a point traversé la lumière du moi. Mais, à ce compte, l'homme
le plus obscur qui vit honnêtement de son humble métier peut
se rassurer et s'honorer lui-même, puisque, depuis l'éducation
de ses enfants ou la célébration de son mariage jusqu'au fait
d'allumer son feu, de pousser sa brouette, sa navette ou sa charrue, il n'est pas un acte de sa vie qui n'applique et n'exprime, en
se l'appropriant, une maxime, une formule, une recette, une
idée, glorieusement un jour révélée au monde, et qui sans lui,
ou sans ceux qui font comme lui, disparaîtrait du monde. —
Trop d'illustrations à la fois, de découvertes et d'inventions,
peuvent bouleverser un peuple, comme trop d'impressions à la

(1) Dans un ingénieux et intéressant article de la *Revue scientifique* (26 août
1887), intitulé *la Conscience dans les sociétés*, M. Paulhan, a raison de poser en
principe que le phénomène social, auquel correspond le phénomène psychologique
de la conscience, doit, comme ce dernier, avoir été provoqué par une interruption
du cours machinal et inconscient de l'habitude. Mais il a tort, à mon avis, de
faire consister cette interruption dans la production de l'un de ces actes *solennels,*
périodiques et prévus d'avance, quoique rares, qui s'accompagnent de cérémonies.
La cérémonie est-elle autre chose elle-même qu'une habitude sociale, et des plus
assoupissantes ? Une innovation au contraire naît toujours sans nulle escorte de
formes rituelles ; une initiative vraiment exceptionnelle, clou d'or auquel va se suspendre toute une chaîne d'événements, par exemple une déclaration de guerre,
une entreprise militaire, la découverte d'un nouveau continent, l'apparition d'un livre
à sensation, etc., peut bien accidentellement se rattacher à quelque solennité : par
exemple : après un bel exploit, on va processionnellement chanter un *Te Deum,*
suivant l'usage. Mais ce n'est pas cette solennité, ce n'est point cette conformité à
une vieille coutume, qui constitue l'éveil de l'attention générale. C'est le reten-
tissement que la nouveauté dont il s'agit a dans le public ; notoriété, célébrité,
gloire : ces mots expriment les degrés divers de cette attention collective qui
s'exprime par des groupes confus, des conversations animées, des rassemblements
autour des marchands de journaux, des ovations spontanées, nullement par des
cérémonies.

fois, de spectacles ou d'émotions, peuvent rendre un homme fou.

Mais l'obscurité d'où jaillit la gloire n'est pas seulement composée d'éléments purements conservateurs, et, de même, l'inconscience d'où éclôt le moi n'est pas seulement composée de souvenirs. Nos psychologues savent qu'en outre une fermentation sourde d'images ou de traces cérébrales, incessamment accouplées à tâtons, prépare les associations d'idées qui s'élèvent jusqu'au sens intime ; et, pareil à cette *cérébration inconsciente*, se poursuit le labeur des demi-inventeurs sans nombre et sans nom qui laborent dans l'ombre le champ du génie. — Ajoutons qu'un état nerveux, en devenant conscient, ne change pas de nature, comme une invention, en devenant célèbre, ne se transforme pas, mais qu'il acquiert une tout autre énergie, non pas créée, empruntée seulement aux cellules nerveuses où il se répand, comme l'invention devenue célèbre devient une puissance formée par les forces additionnées des individus qui l'emploient. En même temps, l'état nerveux conscient prend une valeur psychologique qu'il n'avait pas, par son aptitude singulièrement accrue à s'associer avec d'autres états, comme l'invention célébrée prend une valeur sociale qui lui manquait, par ses chances incomparablement plus grandes désormais de se combiner avec d'autres idées magistrales.

Dégageons une nouvelle analogie, implicitement supposée dans ce qui précède. Sans la conscience, pas de mémoire ; et sans la mémoire pas de conscience. Ces deux termes sont solidaires. Ce dont on a eu le plus nettement conscience, ce qui a le plus frappé ou passionné, c'est, toutes choses égales d'ailleurs, ce que l'on oublie le moins ; et il n'est pas de conscience éveillée sans lucidité du souvenir. De même, sans gloire (ou sans notoriété, petite ou grande), point d'imitation, et, sans imitation, point de gloire. L'un ne va pas sans l'autre. L'éclat d'une doctrine se mesure au nombre de ses adeptes, et un dogme ou un rite, une connaissance et un procédé, courent, toutes choses égales d'ailleurs, d'autant moins de risquer de tomber en désuétude ou en oubli qu'ils se sont imprimés en exemplaires plus nombreux dans les cerveaux publics, c'est-à-dire qu'ils ont eu plus de renommée. Enfin, il n'est pas de grande gloire possible dans un pays sans moyens nombreux et rapides de communication et de correspondance, en d'autres termes

sans facilités d'imitation. — L'imitation se trouve ainsi correspondre exactement à la mémoire ; elle est en effet la mémoire
sociale, aussi essentielle à tous les actes, aussi nécessaire à
tous les instants de la vie de société, que la mémoire est constamment et essentiellement en fonction dans le cerveau. —
Précisons mieux encore. La mémoire est double comme le moi.
En tant qu'elle répète et retient des jugements, elle est souvenir proprement dit, notion ; en tant qu'elle répète et retient
des buts, des décisions, elle est habitude, moyen. Semblablement, l'imitation est de deux sortes, comme la gloire : quand elle
consiste dans la répétition d'une idée nouvelle, d'une découverte,
propagée de bouche en bouche, elle se nomme préjugé, notion
sociale ; s'il s'agit de la répétition d'un procédé nouveau, d'une
invention, elle prend le nom d'usage. Or, un usage n'est-il pas
une habitude sociale ? et le préjugé, dans la meilleure acception du mot, n'est-il pas le fixateur social des découvertes (plus
ou moins vraies du reste) comme le souvenir est le fixateur
cérébral des perceptions ? Et n'est-ce pas toujours et uniquement par une série continue d'illustrations variées, de tous
degrés et de toutes sortes, que s'alimente, que se grossit indéfiniment le trésor séculaire des préjugés et des usages, comme
c'est par une suite continue d'actes de conscience que l'individu
s'approvisionne et s'enrichit d'habitudes et de souvenirs ? (1)

V

Ou je me trompe fort, abusé peut-être, mais abusé bien profondément, par le mirage de l'analogie, ou l'histoire en réalité
se comprend mieux, grâce au point de vue que j'indique. Son
désordre n'a plus lieu d'étonner, car il n'est que superficiel. On
a cherché en vain le lien et la loi des événements historiques, la
raison de leur enchaînement bizarre, où l'on a voulu voir bon
gré mal gré un développement. C'est qu'en fait ils se suivent, non
seulement sans se ressembler, mais sans se pousser toujours ou
du moins sans se déterminer rigoureusement ; ils s'entre-cho-
quent plus qu'ils ne s'entre-expliquent ; et ce n'est pas au pré-

(1) Voir à ce sujet, p. 129, la note finale qui sert d'appendice au présent chapitre.

cédent ni au suivant que chacun d'eux se rattache par un lien
vraiment logique, mais à une ou plutôt à plusieurs séries de
répétitions régulières, vitales ou sociales, dont il est le point de
rencontre supérieur. Ils se précipitent les uns sur les autres
comme les états de conscience successifs de l'esprit individuel.
Qu'un homme s'amuse à noter, avec toute l'exactitude possible,
et par le menu, la suite des petites sensations visuelles, acous
tiques, olfactives, des petites actions musculaires ou autres, pas,
gestes, paroles, etc., dont s'est composée une de ses journées ;
et qu'il essaie ensuite de trouver la formule de cette série, le
mot de ce rébus ! Il n'y réussira ni mieux ni plus mal que l'historien ne parvient à *légiférer* l'histoire, série des états de conscience nationaux. Qu'importe, après tout, que l'entrée des sensations et des suggestions dans les réservoirs du souvenir et de
l'habitude, ou l'entrée des découvertes et des inventions dans les
musées de la Tradition et de la Coutume, soit accidentelle et
désordonnée ! L'essentiel est que ces choses entrent ; après
quoi, elles se classent et s'organisent dans chacune des catégories distinctes, ci-dessus énumérées, de la logique individuelle
et de la logique collective. L'ordre historique cherché, il est là,
dans les produits accumulés de l'histoire, dans les grammaires,
dans les codes, dans les théologies ou les corps de sciences,
dans les administrations et les industries ou les arts, d'une civilisation donnée, mais non dans l'histoire elle-même : pareillement l'harmonie de l'âme est dans l'arrangement intérieur et
vraiment merveilleux de ses souvenirs, non dans l'activité du
moi qui les a recueillis à droite et à gauche.

Autant les découvertes scientifiques, par exemple, ou les
inventions industrielles qui se succèdent immédiatement dans
un temps, s'enchaînent peu ou s'enchaînent mal, autant, à une
époque quelconque, le groupe des anciennes découvertes qui
constituent la géométrie ou l'astronomie, la physique même ou
la biologie de cette époque, et le groupe des anciennes inventions qui composent son art militaire, son architecture, sa musique, ont de cohésion relative. Car, parmi les innovations, toutes
un moment célèbres et à la mode, que leur vogue a introduites
dans le chœur sacré de leurs aînées, le temps opère un triage ;
beaucoup sont éliminées, comme révélant quelque contradiction
cachée avec la majorité des anciennes ; et l'importance définitive

de celles qui sont maintenues est loin de se proportionner au degré d'éclat de leur introduction. Celles qui se confirment ou s'entraident se rapprochent à la longue, celles qui se sont étrangères se séparent ; et leur fécondité véritable, lentement apparue, en lumières ou en forces, en vérités ou en sécurités plus ou moins précieuses, établit entre elles une hiérarchie momentanément fixe que les degrés divers de leur premier succès ne faisaient nullement prévoir.

En d'autres termes, ce n'est pas précisément entre les diverses innovations successivement célèbres, mais surtout entre les diverses imitations prolongées dont chacune d'elles est le foyer d'émission, que l'accord logique apparaît. Et il est à remarquer que, par suite d'une épuration logique incessante, leur cohésion est proportionnelle à leur ancienneté. Dans leur tassement social en effet, les découvertes et les inventions qui se répandent et s'enracinent par degrés, traversent des phases comparables à celles que parcourent, dans leur consolidation analogue au fond de la mémoire individuelle, les perceptions et les actions ; et, comme celles-ci, elles se distinguent en plusieurs *strates* qui se réduisent, ce me semble, à trois. A la surface, est cette couche assez peu homogène d'idées apprises et d'habitudes acquises plus ou moins récemment qui forment ce qu'on appelle l'*opinion* et les *goûts* d'une peuple ou d'un homme. Au-dessous repose un ensemble de convictions et de passions plus longuement élaborées, et plus cohérentes entre elles quoique, d'ailleurs, elles puissent être en contradiction avec les éléments de la couche supérieure : à savoir la *tradition* et la *coutume*, quand il s'agit d'une société, l'esprit et le cœur quand il s'agit d'un individu. Mais, plus profondément encore, il y a ce tissu serré de principes et de mobiles à peu près inconscients et incommutables qui se nomme le *génie* et le *caractère*, soit national, soit individuel.

Est-ce à dire cependant, parce que la série des états de conscience ou des faits historiques ne se déroule pas logiquement, que la logique leur soit étrangère ? Non, car chaque état de conscience pris isolément est déjà un petit système, un choix tout au moins des impressions les plus instructives ou répondant le mieux à la préoccupation momentanée de la pensée, parmi toutes celles qui se présentent, et aussi bien une soigneuse élimination, comme Helmhotz notamment l'a bien montré en ce qui concerne les impressions visuelles, de toutes celles qui ne concourent pas avec les élues ou qui les contredisent. A chaque instant, nous sommes assaillis et importunés de sensations oculaires telles que les mouches volantes, qui, si nous les remarquions toujours, si le *moi* les accueillait dans son élite, empêcheraient le jugement de localisation ou d'objectivation systématiques des impressions rétiniennes seules remarquées. Aussi restent-elles inaperçues comme les bourdonnements d'oreilles qui, n'étant point susceptibles non plus d'être localisés et objectivés, ne pourraient rentrer dans le système des bruits du dehors que nous situons toujours. Combien d'autres images intérieures traversent ainsi, sans même y jeter une ombre à nos yeux, le spectacle de notre conscience ! Or il en est de même de la conscience sociale, de la célébrité, qui, entre mille inventions ou découvertes restées obscures, et dont plusieurs, bien que sérieuses, sont étouffées comme contredisant quelque croyance établie ou contrariant quelque désir puissant, choisit toujours la plus propre à accroître et à fortifier momentanément la masse de foi et de confiance populaires, en d'autres termes, celle qui satisfait le mieux la curiosité et remplit le mieux les espérances du public, ou qui flatte le plus ses opinions et ses goûts.

Donc, et en résumé, sur plusieurs couches épaisses de souvenirs et d'habitudes tassés, classés, systématisés, de souvenirs, c'est-à-dire d'anciennes perceptions transformées en concepts, et d'habitudes, c'est-à-dire d'anciens buts transformés en moyens, — sur cet amas d'alluvions judiciaires et volontaires du passé, le moi actuel erre çà et là, comme un feu follet ; le moi, c'est-à-dire un apport incessant de nouvelles perceptions, de nouvelles fins qui vont bientôt subir des transformations analogues. Telle est la vie mentale de l'individu. — Et la vie sociale est toute semblable. Sur un amoncellement multiple et mille fois séculaire de traditions et d'usages mêlés, combinés, coordonnés, — de traditions, c'est-à-dire d'anciennes découvertes vulgarisées, devenues *préjugés* anonymes, rassemblées, par faisceaux distincts, en langues, en religions, en sciences, — et d'usages, c'est-à-dire d'anciennes inventions tombées aussi dans le domaine commun, devenues des procédés et des façons d'agir connus de tous, groupées harmonieusement en mœurs, en industries, en administrations, en arts, — sur ce legs prodigieux d'une antiquité incalculable, s'agite sans cesse quelque point brillant et multicolore dont la traînée s'appelle l'histoire ; ce point, c'est le succès ou la gloire du jour, le changeant foyer de la rétine sociale, pour ainsi parler, qui se tourne successivement vers toutes les découvertes et toutes les inventions nouvelles, vers toutes les initiatives en un mot, destinées à une vulgarisation pareille.

Si je ne me trompe, il y a là une analogie des plus suivies et des plus frappantes, qui peut se substituer avantageusement à la comparaison répétée à satiété, mais si artificielle et si forcée dans le détail, des sociétés avec les organismes. Ce n'est pas à un organisme que ressemble une société, et qu'elle tend à ressembler de plus en plus à mesure qu'elle se civilise ; c'est bien plutôt à cet organe singulier qui se nomme un cerveau ; et voilà pourquoi la science sociale comme la psychologie, n'est que la logique appliquée. La société est en somme, ou devient chaque jour, uniquement un grand cerveau collectif dont les petits cerveaux individuels sont les cellules. On voit combien, à ce point de vue, l'équivalent social du *moi*, que les sociologistes contemporains, trop préoccupés de biologie et pas assez peut-être de psychologie, ont vainement cherché, se présente aisément et de lui-même. On voit aussi que notre rapprochement permet d'attribuer à la croyance humaine son importance majeure dans les sociétés, tandis que la comparaison spencérienne déjà démodée n'y laisse voir que des désirs combinés, et trahit son insuffisance par son inintelligence manifeste du côté religieux des peuples. Peut-être m'objectera-t-on qu'un cerveau suppose un corps dont il s'alimente ; j'en conviens. Aussi toute société a-t-elle effectivement sous sa dépendance et à son service un ensemble d'êtres ou de choses qu'elle adapte et approprie à ses besoins, et qui, une fois élaborées par elle, sont en quelque sorte ses viscères et ses membres. Ces choses ne font pas partie d'elle-même, si ce n'est peut-être dans une faible mesure au sein des peuplades et des nations esclavagistes, où l'esclave concourt avec la vache et le chien pour nourrir et défendre l'homme libre. Ici, la caste servile et la caste plébéienne parfois, peuvent être appelées avec quelque vérité l'estomac des patriciens. Mais, là où l'escla-

vage a disparu, la théorie de la société-organisme a perdu sa
dernière ombre de vraisemblance. S'il y a un organisme là, ou
quelque chose de semblable, ce n'est point la société, c'est le
tout formé par la société d'une part, et, d'autre part, son territoire cultivé avec les routes et les canaux qui le sillonnent,
avec sa faune et sa flore assujetties, ses animaux et ses plantes
domestiques, et ses forces physiques captées, qui nourrissent,
revêtent, guérissent, traînent, portent, servent en tout et pour
tout, sans nulle réciprocité, à vrai dire, malgré un retour par-
cimonieux de soins intéressés, les populations des champs et
des villes. Cette terre et cette nature domestiquées jouent précisément à l'égard de la nation qui les cultive le rôle des
organes corporels à l'égard du cerveau de l'être supérieur
qui vit pour penser et ne pense pas pour vivre, et qui use ou
emploie sa vigueur physique au profit exclusif de sa force intellectuelle. On a comparé le réseau des télégraphes au système
nerveux ! le réseau des chemins de fer et des routes, au système circulatoire ! Mais, les nerfs et les fibres nerveuses, mais
les vaisseaux sanguins, font partie de l'organisme ; est-ce que
les fils de fer télégraphiques, les rails et les files de wagons font
partie de la société ? Qu'on nous montre des peuples où des
hommes alignés et se tenant par la main forment d'une ville à
l'autre des chaînes électriques, au lieu de nos conducteurs mé-
talliques, et où d'autres hommes circulent d'une ville à l'autre
en longues processions continuelles et entrecroisées, au lieu de
nos trains de voyageurs et de marchandises !

Si les sociétés étaient des organismes, le progrès social s'ac-
compagnerait non seulement d'une différenciation, mais d'une
inégalité croissante ; la tendance égalitaire et démocratique de
toute société qui atteint un certain niveau de civilisation serait
inexplicable, ou ne devrait s'interpréter que comme un symptôme de recul social. Il est visible pourtant que ce nivellement
graduel et la similitude progressive des diverses classes par le
langage, le costume, les mœurs, l'instruction, l'éducation, fortifient entre les hommes d'un même pays le vrai lien social,
tandis que, là où la distance et la différence des classes s'accroissent par exception, il s'affaiblit, et la civilisation rétrograde.
Mais, à la lumière de notre analogie, cela s'explique. Le cerveau,
en effet, quoique supérieur aux autres organes, se signale entre

tous par l'homogénéité relative de sa composition, et, malgré ses plis, malgré le cantonnement plus ou moins précis de ses diverses fonctions dans chacun de ses lobes, par la ressemblance de ses innombrables éléments, comme le prouvent la rapidité, la facilité de leurs continuels échanges de communications, et leur aptitude, ce semble, à se remplacer mutuellement (1). Notons aussi la situation exceptionnelle du cerveau

(1) Dans ce chapitre, comme un peu partout dans ce livre, j'ai comparé le fait social de l'imitation au fait psychologique du souvenir. Mais pour que la justesse de cette comparaison soit bien sentie, il importe de la préciser et de la développer en peu de mots. L'équivalent intime de l'imitation, ce n'est pas à mon sens la mémoire proprement dite, ce que M. Ribot appelle la *reproduction* et la *reconnaissance* des souvenirs. Au-dessous de cette mémoire consciente et intermittente, qui est en réalité, comme nous allons le voir, une combinaison encore plus qu'une reproduction d'images, il y a une sorte de mémoire inconsciente et continue, sans laquelle la première ne s'explique pas. Elle consiste, non en une empreinte fixe et inerte déposée sur la cire cérébrale, mais en une sorte de vibration spéciale, de forme vide, qui ne dure qu'à la condition de se répéter, à peu près comme la tranquillité apparente d'un rayon de soleil dissimule la vitesse et l'instantanéité de ses ondes, créées et détruites, recréées et redétruites, par myriades, en un clin d'œil. L'écorce grise du cerveau, Taine l'a montré, est un organe essentiellement *répétiteur* et *multiplicateur* des ébranlements nerveux qui lui sont transmis par un point quelconque de sa surface et de là rayonnent partout.

Une impression quelconque est communiquée à un élément de ce milieu agité ; aussitôt elle se répercute en autant d'échos multiples et fidèles qu'il y a d'autres éléments. J'assimile cette répercussion, cette extension superficielle de toute nouveauté apportée du dehors, à l'imitation-mode. Elle est accompagnée de conscience par la même raison que l'imitation-mode est accompagnée de célébrité, de notoriété tout au moins et d'une sorte de gloire : l'innovation sociale, qui par un triomphe rapide sur des rivales refoulées a envahi le champ social, a rencontré des résistances dans sa course heureuse à l'universalité ; et de même l'idée ou l'image consciente a dû lutter pour établir sa vulgarisation cérébrale, dont la conscience est l'expression pure et simple. Ce n'est pas tout, son succès n'est pas complet, si, après s'être propagée de cellule à cellule, elle ne continue à se répéter dans le sein de chaque cellule, à mesure même que celle-ci se renouvelle par la nutrition (1). Cette *conservation* des souvenirs, qui joue un si grand rôle, sous le nom de mémoire organique, dans la théorie savante de M. Ribot, n'est-elle pas analogue à l'imitation-coutume ? Tout ce que nous imaginons, tout ce que nous pensons tend à se perpétuer en habitudes cérébrales, comme tout ce qui a de la vogue dans nos sociétés, en fait de livres ou de pièces de théâtre, de produits manufacturés ou autres, tend à s'enraciner en coutume nationale. Le conscient se consolide par l'inconscient, la célébrité bruyante par le respect religieux.

Maintenant, quand une image, ainsi produite dans la conscience par une communication rapide de proche en proche, et ainsi conservée par une répétition sur place, vient à se *reproduire* dans le sens de M. Ribot, c'est-à-dire réapparaît à l'état conscient comme à sa première heure, à quoi comparons-nous cette forme nouvelle du souvenir ? J'ai vu, il y a un mois, un bateau-torpilleur nouveau modèle, et depuis je n'y ai plus pensé ; mais tout à coup cette image m'est revenue aussi vive que le premier jour. Nous le savons, il n'est pas admissible que cette image, après s'être effacée, se soit dessinée de nouveau spontanément ; rien de moins concevable que le miracle de cette résurrection. Nous devons admettre que,

(1) La nutrition, M. Ribot le dit fort bien, est la base première de la mémoire organique. De même, l'hérédité, la génération, est la base première de l'imitation.

dans le corps. Tous les autres organes s'épuisent à le nourrir.
Chez les animaux morts d'inanition, l'amaigrissement est devenu
extrême, « mais le poids du cerveau, dit M. Richet, n'a pas sensiblement diminué ». Telle est l'humanité au milieu de la nature
asservie.

Ce sont les sociétés animales, celles des abeilles et des
fourmis par exemple, qui méritent le mieux, jusqu'à un certain
point, d'être appelées des organismes sociaux ; car en elles l'in-

depuis un mois, je n'ai cessé de porter en moi-même, de plus en plus affaiblie
mais persistante, la suite de l'ondulation nerveuse imprimée par la vue du terrible
engin. Si aujourd'hui l'image dont il s'agit vient d'émerger de nouveau au grand
air de ma conscience, c'est sans doute parce que l'ondulation dont je parle a été
simplement renforcée par une circonstance quelconque, comme l'harmonique d'un
son qui reste indistincte jusqu'au moment où un appareil, en la renforçant, la
détache. Or cette circonstance, sauf le cas d'une anomalie pathologique, est toujours
l'apparition d'une impression ou d'une idée nouvelle qui, par association, prête au
souvenir rappelé une vigueur singulière. Cette association est, on le voit, une vraie
combinaison, puisque le souvenir ancien se soude de la sorte à l'image récente ; et
désormais cette association tendra elle-même à se répéter intérieurement, devenue
un souvenir complexe, formé de souvenirs relativement simples. S'il en est ainsi,
et s'il faut croire tout ce que les *associationnistes* nous ont appris à cet égard, je
suis autorisé à dire que la soi-disant reproduction des images, en réalité leur agré-
gation, est l'équivalent psychologique de l'invention. Une invention, nous le savons,
inaugure une nouvelle sorte d'imitation, comme une idée ou une perception inaugure un nouveau genre de souvenir ; mais elle n'en est pas moins toujours une rencontre et un *complexus* d'imitations différentes, précédentes, qui se ravivent singulièrement par l'effet de cet heureux croisement. Nous verrons plus loin, en effet,
dans le chapitre relatif à l'économie politique, que le résultat d'une invention industrielle par exemple, est d'ouvrir de nouveaux débouchés à la fabrication de chacun
des genres de travail, dont elle est la combinaison ingénieuse, de même que le résultat de l'association des images est de fortifier chacune des images associées. Nous
verrons à ce propos qu'une invention industrielle, équivaut à une association industrielle, et nous comprendrons mieux l'exactitude du terme d'association choisi pour
exprimer le phénomène psychologique analogue suivant mes vues. N'oublions pas
que chacun des souvenirs relativement élémentaires dont une idée nouvelle est la
synthèse a commencé par être lui-même une synthèse de souvenirs plus simples
encore, et nous aurons lieu d'approuver M. Ribot quand il insiste pour faire
remarquer que le caractère essentiel d'un souvenir est d'être une *association dynamique* d'éléments nerveux.
   Les maladies de la mémoire, si bien étudiées par le même psychologue, rappellent fort les maladies de l'imitation, dont nul ne paraît sentir l'importance, quoique,
sous d'autres noms, les phénomènes que j'appelle ainsi préoccupent avec raison
l'économiste, le politique et l'historien. Il y a des amnésies et des hypermnésies,
des suppressions et des surexcitations maladives de mémoires. L'amnésie temporaire, quand elle est totale, comme dans le vertige épileptique, correspond à ces
catastrophes militaires ou épidémiques (peste de Florence, famine, tremblements de
terre) qui suspendent momentanément, au sein d'une population laborieuse, l'exercice de tous les métiers, de toutes les espèces d'imitation. Les brusques interrup-
tions révolutionnaires dans la tradition des peuples sont de même nature. Si cette
amnésie-là se prolongeait, ce serait la mort. Il n'y a de durable que l'amnésie partielle. Celle-ci peut être comparée à ces fléaux, tels que la maladie des vers à soie
ou le phylloxera, qui s'abattent sur une industrie particulière et la détruisent pour
un temps ou pour toujours. Si la substance nerveuse n'est pas détruite, si du moins

dividu, mû par un instinct qui le pousse à s'immoler au bien public, joue le rôle d'un simple organe ou d'une simple cellule, et la subordination hiérarchique des fonctions y est complète. Le *corps* y est fait d'individus aussi bien que la *tête*. Au degré près, les cités antiques, où règne l'esclavage, leur sont comparables. Mais, à mesure que les sociétés se civilisent, il semble qu'elles vont se *désorganisant*, et que ce n'est plus ni à un organisme ni même à un organe exceptionnel qu'il convient de les

la modification nerveuse qui constitue le cliché organique de l'image, n'est pas effacée, la mémoire peut être suspendue sans être abolie. Ce cas rappelle celui où, à la suite d'une dévastation belliqueuse, un métier cesse de fonctionner, mais sans que les ouvriers habiles à l'exercer ou les ingénieurs aptes à le diriger et à le réorganiser de nouveau si les circonstances le permettent, aient été tués ou aient perdu leur aptitude. Ne confondons pas l'amnésie, l'oubli maladif, avec l'oubli normal. Ce dernier genre d'oubli est la condition première de toute mémoire : on n'imagine n'importe quoi qu'en oubliant momentanément les images en rivalité ou en hostilité avec celle qu'on fixe ; mais on ne les oublie dans ce cas que parce qu'on les remplace avec avantage ; car, précisément, les états de conscience qui s'excluent ou qui s'excluent le plus nettement, sont les états de même nature qualitative (relevant du même sens, de la vue ou de l'ouïe par exemple (1), et dont le plus fort refoule le plus faible. De même, la désuétude est la condition première de toute coutume nouvelle : les haches de bronze n'ont pu se répandre qu'en faisant perdre l'art de fabriquer les haches de pierre ; mais celles-ci ont été, est-il nécessaire de le dire ? remplacées de la sorte avantageusement, comme l'a été l'arquebuse par le mousquet, la diligence par la locomotive. J'ai essayé, dans mes *Lois de l'Imitation*, à propos de ce que j'ai appelé le *duel logique*, de formuler les lois de cette *désimitation*, comme Stuart Mill a essayé, quelque part, de rechercher les lois de l'oubli.

Les hypermnésies générales sont analogues à ces fièvres générales de surproduction que l'exagération du crédit suscite de temps à autre et qui préparent des krachs meurtriers. Partielles, elles ressemblent à ces extravagances de fabrication qui se limitent à certaines industries, par exemple à la création de nouveaux chemins de fer. Ne pas confondre non plus ces surexcitations morbides, nées d'espérances chimériques, avec les excitations normales de l'imitation ou de la mémoire. Quand un souvenir est ravivé, même avec une intensité exceptionnelle, par une perception qui se l'associe, quand un métier est mis en activité, même fiévreuse, par une découverte qui lui ouvre un nouvel emploi, il n'y a rien là de maladif.

Suivant M. Ribot, la destruction des mémoires suit un ordre précisément inverse de la marche de leur formation. Les souvenirs les plus récents, comme moins stables, sont détruits avant les plus anciens. Dans la mesure où cette loi est véritable elle répond à celle qui régit la décadence des arts et des industries de tout genre dans une société civilisée, en train de retomber dans la barbarie par l'effet d'un désastre national. Les métiers les moins atteints sont les plus profondément, c'est-à-dire en général, non toujours, les plus anciennement ancrés dans les habitudes des populations. Les professions les plus élevées, celles qui répondent à des besoins de luxe plus modernes, sont d'abord anéanties.

En ai-je dit assez pour convaincre le lecteur que je ne me suis pas payé de mots en assimilant la mémoire à l'imitation ?

(1) Voir ce que dit Herbert Spencer à ce sujet dans sa *Psychologie*, 1er vol., p. 236 et s. : « La saveur des choses que nous mangeons, dit-il notamment, nous empêche très peu de raviver dans notre pensée une personne que nous avons vue hier... Mais les sons que nous entendons actuellement tendent à exclure décidément de la conscience d'autres sons auxquels nous désirons penser ; les sensations visuelles entravent beaucoup les idées visuelles », surtout les idées visuelles semblables par la force ou la couleur.

comparer, mais à une sorte de mécanisme psychologique supérieur : l'égoïsme individuel s'y développe en effet, et c'est de moins en moins par l'esprit de sacrifice, surtout de sacrifice inconscient, c'est de plus en plus (jamais exclusivement) par l'équilibre ou la solidarité des égoïsmes sympathisants, comme dans un système solaire par l'équilibre et la solidarité des attractions moléculaires, que se maintient la cohésion changeante du tout.

Les nations modernes aussi, en temps de guerre, ont, par exception, un caractère organique assez marqué. Le soldat alors se fait tuer pour son régiment, le régiment se sacrifie à l'armée, l'armée se dévoue au salut du pays ; c'est-à-dire au triomphe d'une pensée politique conçue par un homme ou un groupe d'hommes dans lesquels s'incarne momentanément l'Etat. Alors s'exerce rigoureusement la loi des représailles, qui suppose l'*identité* des soldats d'une même armée, des divers citoyens d'une même nation, tous responsables des actes de chacun d'eux. Allez donc vous préoccuper alors de l'équivalence et de la réciprocité des sacrifices rendus par les soldats ou les citoyens. Ni cette équivalence ni cette réciprocité ne sont comptées pour rien, ne sont autre chose que des mots ; il s'agit de solidarité organique, c'est-à-dire finale. Mais pourquoi organique ? Parce que, dans une action militaire, la partie cérébrale et la partie corporelle de l'armée sont unies entre elles par ce lien d'homogénéité qui caractérise les êtres vivants et animés. Les instruments, les forces, utilisés par le général en chef et le cabinet ministériel sont des hommes comme eux, en majeure partie du moins, de même que, dans l'antiquité, la plupart des services requis par le maître lui étaient fournis par les forces humaines de ses esclaves. Condition sociale inférieure, à laquelle on échappe par la substitution graduelle de forces non-humaines, animales, végétales, physiques, mécaniques, à l'énergie des muscles de l'homme. Il est vrai que, semblablement, par les progrès de l'art militaire, les soldats se déchargent de plus en plus sur des machines aussi, sur des canons ou des fusils, du travail qu'ils exécutaient jadis avec leurs bras. Mais, en somme, aujourd'hui comme hier, la bravoure personnelle, la discipline, les vertus militaires, demeurent les vraies forces efficaces, sans lesquelles toute l'énergie des explosifs n'est rien ; et la chair et le sang des soldats, aujourd'hui comme hier, sont les substances employées, les matières premières de la production ou plutôt de la destruction belliqueuse. — Ainsi le militarisme n'acquiert son caractère frappant de solidarité organique que précisément parce qu'il est une régression. Le progrès s'opère, donc, dans le sens d'une « désorganisation » croissante, condition d'une harmonisation supérieure.

CHAPITRE III

LA SÉRIE HISTORIQUE DES ÉTATS LOGIQUES

Dans le chapitre qui précède, il a été surtout question des conditions fondamentales qui permettent à l'esprit social de se constituer, c'est-à-dire à l'équilibre des désirs et des croyances, des intérêts et des idées, de s'établir. On peut appeler cela, si l'on veut, la logique sociale statique. Mais par quelles opérations élémentaires cet équilibre s'établit-il et passe-t-il de ses formes inférieures à ses formes supérieures ? A ce problème répond la logique dynamique, la dialectique sociale, dont nous allons nous occuper plus spécialement.

Commençons par donner un schème, une esquisse très simplifiée, de ses opérations comparées à celles de la logique individuelle.

Pour nous faire de la Logique et de la Téléologie, — soit individuelles, soit sociales, — une idée complète autant que précise, nous devons prendre deux jugements ou deux desseins quelconques, A et B, — soit réunis en un même esprit, soit séparés en deux esprits différents, — et examiner à part tous les rapports, d'abord non logiques ou non téléologiques, puis antilogiques ou antitéléologiques, enfin logiques ou téléologiques, qu'ils peuvent soutenir l'un avec l'autre. Nous verrons que, dans une certaine et large mesure, la série de ces rapports numérotés successivement, dans l'ordre indiqué, exprime une succession historique. Nous le verrons encore mieux si, admettant qu'il y a des buts dans la nature, — je ne dis pas *un* but divin, mais *des* buts réels d'innombrables agents élémentaires, — nous ouvrons parfois à la téléologie, par delà le domaine psychologique et social, de vastes champs d'application dans le monde physique et vivant. Cette ressource et ce contrôle nous manquent, ou paraissent nous manquer, par malheur, en ce qui concerne la logique.

I

Commençons par les positions non logiques et non téléologiques. Elles se réduisent à une seule, à laquelle il convient, je crois, pour une raison que nous allons dire, d'accorder la première place. Posons donc :

1° *A et B ne s'affirment ni ne se nient, ne s'aident, ni ne se contrarient.*

Il est fort difficile de citer beaucoup d'exemples de ce rapport, au moins dans la nature extérieure, précisément parce que, à notre avis, il est primitif. Les rapports suivants ont donc eu le temps de le recouvrir et de n'en laisser subsister que la trace çà et là. Quand les sociologistes, dans leurs vues rétrospectives, remontent jusqu'à l'état de guerre appelé par eux originel et constant entre les premiers groupes d'hommes ; quand les psychologues, sous les assises des idées rationnelles qui ont mis de l'harmonie dans les têtes éclairées, aperçoivent le pêle-mêle des croyances contradictoires d'où ce bel accord est issu, les uns et les autres croient avoir touché le point de départ de l'évolution qu'ils étudient. Il leur semble, et il semble à tout le monde que la lutte et la contradiction sont le premier mot de tout. Cependant peut-être n'en est-ce que le second. Peut-être, et même probablement, l'hétérogénéité des éléments et des phénomènes est-elle quelque chose de plus primordial que leur opposition, qui suppose un certain degré de similitude obtenu par un commencement de répétition, de régularité, de discipline. Au fond de la vie mentale, de l'esprit du nouveau-né, que trouvons-nous ? Des sensations brutes, hétérogènes et juxtaposées, ne se heurtant pas encore, ne se contredisant pas encore, puisqu'elles n'impliquent encore aucun jugement. C'est le règne de la qualité pure, du *sui generis* de l'irrationnel et de l'irréductible. Quand les éléments de l'esprit naissant vont commencer à se heurter, c'est que déjà les sensations se seront *répétées* en images et *comparées* entre elles. De même, n'est-il pas supposable qu'avant de se battre et de s'entre-manger les premiers groupes humains, spontanément éclos sans nul lien de parenté ni d'exemple, ont vécu longtemps étrangers les uns aux autres, sans se nuire ni se

servir? et n'est-ce pas seulement après avoir acquis des besoins
et des goûts semblables ou après avoir appris la similitude de
leurs besoins et de leurs goûts, qu'ils sont entrés en conflit
meurtrier? A coup sûr, avant de se combattre, pour arriver à se
fondre ou à s'accorder plus ou moins, les diverses religions ont
commencé par se côtoyer indifféremment, en leur originalité
hétérogène. Il est à présumer aussi bien que la concurrence
vitale n'a pas été le premier rapport des divers organismes
appelés plus tard à s'harmoniser. Cette lutte, qu'on a prise pour
un début, n'est et n'a jamais été sans doute qu'une transition
nécessaire, mais passagère, entre une période d'hétérogénéité
vitale où coexistaient sans se nuire ni s'aider les premières créations originales et non parentes de la vie, et une période
d'harmonie naturelle où les organismes associés se rendent ou
se rendront des services soit unilatéraux, soit réciproques. Descendons plus bas, jusqu'aux formations chimiques. Ici les com-
mencements premiers nous échappent tout à fait ; mais la raison
en est que les molécules des diverses substances sont de beaucoup les œuvres les plus antiques de la nature, plus antiques
même que les systèmes stellaires, puisqu'elles ont précédé ceux-
ci ; car comment comprendre autrement leur similitude, constatée par le spectroscope, dans les étoiles les plus éloignées ? Il
n'est donc pas étonnant, si la traversée des trois périodes indiquées est universellement obligatoire, que les œuvres naturelles
les plus anciennes soient aussi les plus éloignées de la phase
initiale. Mais n'est-il pas permis de conjecturer qu'en des temps
pré-cosmiques, bien d'autres substances chimiques, aujourd'hui
disparues, ont existé, tout autrement hétérogènes que le sont
leurs survivantes auxquelles cette épithète est si souvent appliquée à tort ? Nous n'avons pas besoin d'ailleurs de cette hypothèse pour affirmer que la différence, l'originalité, l'irréductibilité
est au fond des choses. D'où pourrait jaillir, si ce n'est de cette
source profonde, le luxe de variations et de surprises que, à
travers tant de freins compresseurs et de lois régulatrices, de
jougs et de niveaux superposés, la réalité fait éclater à nos
regards ? Pourquoi le multiple serait-il s'il n'était que la répétition non variée et non originale de l'un ? Quelle raison
d'être aurait l'infinie multitude des atomes ou des monades, des
agents quelconques séparés et distincts qu'élabore l'univers, si

chacun d'eux n'avait sa physionomie, son cachet, sa nuance?

Il importe cependant de faire dès le début une observation capitale et applicable à tout ce qui va suivre. Quand je dis que le rapport d'hétérogénéité, d'indifférence logique, est primitif et fondamental, je n'entends pas me placer à l'origine absolue et au fin fond des choses. Le caractère répétiteur, périodique, de l'évolution universelle, nous permet de prendre notre point de départ à chaque naissance d'une nouvelle période, bien qu'elle ait été en réalité une renaissance, c'est-à-dire une continuation. Tels éléments que je qualifie premiers, parce que leur rencontre pour la première fois inaugure une nouvelle série de luttes et d'adaptations que j'énumérerai bientôt, pourraient être aussi bien appelés derniers par rapport à une série antérieure qui est venue aboutir à eux.

Une difficulté cependant se présente : comment, si le multiple est divers, l'union naîtra-t-elle ? Une seule réponse est possible, mais elle est plausible : chacun de ces agents universels a pour âme l'ambition de régir tous les autres, de se faire un univers à sa convenance. Chaque atome est un univers en projet. De là le conflit qui les rapproche, la lutte pour la prééminence ; car de ces milliards d'univers projetés, un seul doit s'accomplir finalement.

II

Nous arrivons ainsi aux rapports antilogiques et antitéléologiques. Ils sont de deux sortes.

2° *A nie B qui ne nie pas A ; A nuit à B qui ne nuit pas à A.*
3° *A et B s'entre-nient et s'entre-nuisent.*

En d'autres termes, tantôt le désaccord est unilatéral, tantôt il est réciproque. Mais il y a d'abord à se demander si un désaccord simplement unilatéral (exprimé par 2°) est possible. Quand une proposition implique la négation d'une autre proposition, n'arrive-t-il pas toujours nécessairement que celle-ci implique la négation de celle-là ? Quand un dogme nie une loi ou un fait scientifique, est-ce que ce fait ou cette loi ne nie pas ce dogme ? Par exemple, si le récit de la Genèse donne un démenti à certaines découvertes géologiques, ces découvertes ne démentent-elles pas aussi bien le récit de la Genèse ? Pareillement, quand plus souvent (car on ne croit jamais très fort ce qu'on est seul à croire) (1) l'explication positive, non surnaturelle, de quelques phénomènes naturels, éclipses, tempêtes, tonnerre, ont-ils conscience de porter aux croyances religieuses un coup mortel? Non, et de très bonne foi ils protestent contre le reproche de contredire en rien la religion de leur pays. Et d'ailleurs, même s'ils confessaient cette contradiction, la disproportion serait si grande entre la somme de conviction qu'ils pourraient opposer au dogme et celle dont le dogme pourrait les accabler que la première compterait pour presque rien. Mais les prêtres, dès lors, les anathématisent et s'évertuent à faire ressortir que la religion contredit ces nouveautés. C'est la période des bûchers. Quand la science enfin démasquera ses batteries, quand elle avouera qu'elle contredit tels et tels dogmes et que les coups d'un camp à l'autre s'échangeront au lieu de venir d'un seul côté, cela signifiera que les vérités scientifiques se sont assez répandues et enracinées dans le public pour représenter une masse totale de foi presque égale à celle dont les dogmes disposent. Quels combats dès lors et quels déchirements intimes des sociétés! Il viendra même un moment où, la foi religieuse continuant à s'affaiblir, les rôles seront renversés, et où les apologistes du dogme discrédité, en réponse aux attaques directes de la science en faveur, s'attacheront à démontrer que la science n'est nullement combattue par la religion. Il pourra être trop tard pour parler ainsi. Il faudra donc que la bataille ait son cours, sans autre solution possible que la victoire de l'un des combattants et la mort de l'autre. Ce qui nous conduira aux formes de l'accord logique, dont il va être bientôt parlé. Au lieu de prendre pour exemple les conflits de la science avec la religion, j'aurais mieux fait peut-être de citer les conflits d'une vieille religion avec une religion nouvelle. Les phases ici sont tout à fait les mêmes, mais

---

(1) Dans les *Souvenirs* de Tocqueville je trouve (p. 21) un exemple bien typique du peu de foi que nous avons nous-mêmes dans nos meilleures idées quand nous sommes seuls à y croire. Tocqueville, le 28 janvier 1848, fait à la Chambre des Députés un discours qui peut passer, relu à distance, pour un modèle de prophétie politique, précis et catégorique. Pas un mot qui ne porte; l'importance des événements qui s'annoncent est indiquée sans la moindre exagération, c'est l'œuvre d'un voyant tranquille. Eh bien, l'auteur, avec une sincérité admirable, nous dit que ses amis de l'opposition, tout en l'applaudissant par esprit de parti, ne croyaient pas un mot de ses sombres prédictions, et il confesse que lui-même n'était que faiblement convaincu de ce qu'il disait, quoiqu'il vît très nettement les motifs et l'enchaînement des motifs de l'opinion qu'il émettait.

cette lutte nous transporte en des âges bien plus reculés, où elle remplissait à elle seule toute l'histoire; car, à chaque conquête, la religion du vainqueur refoulait celle du vaincu, et, dans l'intervalle des guerres, le prosélytisme, qui n'est nullement de date récente, s'exerçait sur la plus grande échelle. — De même, quand, dans un pays de mœurs patriarcales ou féodales, des marchands étrangers importent, avec des produits nouveaux, de nouveaux besoins, ces besoins, d'abord faibles et qualifiés de luxe tant qu'ils ne se sont pas fortifiés en se vulgarisant, ne prétendent qu'à prendre timidement place à côté des besoins anciens très profonds et très impérieux ; jamais ils ne conviennent qu'ils tendent à refouler ces vieilles mœurs. Et du reste, alors même qu'ils en conviendraient, ils représentent une trop minime part du désir public pour leur être un obstacle tant soit peu senti ; la réaction ici serait si loin d'égaler l'action qu'il n'y aurait point de réciprocité véritable. Mais ces mœurs et ces habitudes vénérées se dressent contre ces innovations. Plus tard, celles-ci plus fortes se reconnaîtront hostiles à celles-là ; de là de violentes révolutions sociales. Et même, inversement, quand les goûts et les besoins récents auront subjugué presque tous les cœurs, les usages du passé, réfugiés çà et là dans quelques débris de castes ou dans quelques villages des monts, demanderont grâce, à raison de leur innocuité, affirmant qu'ils n'entravent en rien « le progrès ». Mais *alea jacta est*, le vaincu ici a beau mettre bas les armes, il n'en est pas moins l'ennemi tant qu'il existe. Par là on aboutit, comme nous allons le voir, aux formes de l'accord téléologique.

En résumé, donc, le désaccord logique ou téléologique, d'abord unilatéral, puis réciproque, redevient unilatéral en se dénouant, mais, d'ordinaire, en sens inverse. Non toujours, car il peut fort bien se faire, par exemple, que les idées nouvelles ou les besoins nouveaux, après un moment de vogue, s'affaiblissent et se laissent expulser par les croyances et les coutumes raffermies du passé. Mais, quand le nouveau est parvenu à un degré de force qui lui permet de lutter contre l'ancien, il est très rare que ce phénomène se produise, car les causes mêmes qui lui ont donné la force de combattre doivent, en se prolongeant, lui assurer la victoire. Il manque, par suite, un numéro à notre liste ci-dessus. Ajoutons : 4° *B nie A qui ne nie pas B ; B nuit à A qui ne nuit pas à B.*

Ce cas exprime la dernière partie de tout combat, celle où le vainqueur chasse et extermine le vaincu qui fuit ou ne cherche plus à se défendre.

III

Arrivons aux formes de l'accord logique ou téléologique. Mais d'abord empressons-nous d'observer que tous les éléments qu'on voit s'accorder dans l'âme ou dans la société, et même dans la nature, n'ont pas nécessairement traversé les états de désaccord déjà décrits. Parmi les desseins ou les jugements, les appétits ou les sensations, qui se rencontrent, il en est toujours un certain nombre qui se reconnaissent d'emblée une même orientation ; et sans un noyau suffisant de ces interférences heureuses, de ces harmonies innées, l'on ne conçoit pas comment les harmonies laborieusement acquises pourraient s'acquérir. Un commencement d'organisation cérébrale ou sociale a seul rendu tout progrès mental ou historique possible. — Tout ce que j'ai voulu montrer, c'est que, lorsque l'harmonie se fait, elle se fait par les voies indiquées dans ce qui précède ou ce qui suit. — Soyons plus précis. Quand une idée nouvelle, quand une fin nouvelle fait son apparition dans un esprit ou dans une nation, cette idée ou cette tendance se montre, au début, en état d'indifférence logique ou téléologique avec les idées et les besoins déjà établis. C'est seulement plus tard qu'elle révèlera soit la contradiction, soit la confirmation qu'elle apporte à ceux-ci, ou plutôt la contradiction qu'elle apporte aux uns et la confirmation qu'elle apporte aux autres. Quand elle se présente sous ce dernier aspect, on voit qu'elle a passé brusquement de notre état 1° à nos états 5°, 6° et 7° dont nous allons parler.

Et, à ce propos, signalons un des partis pris les moins justifiables de la logique ordinaire. Les logiciens n'ont cru devoir examiner que l'hypothèse où, de deux propositions qu'ils juxtaposent, l'une est impliquée dans l'autre, affirmée par l'autre. En ne traitant que du syllogisme entendu ainsi, ils semblent croire qu'on n'a jamais le droit d'admettre une proposition nouvelle avant qu'elle ait paru confirmée par une autre proposition déjà présente à l'esprit. Quelle prétention singulière ! Pour qu'une idée nouvelle, pour qu'une fin nouvelle soit accueillie dans l'esprit, ou dans une société, il suffit qu'elle ne paraisse contredite par aucune autre ou ne semble faire obstacle à aucune autre. Toute thèse commence par être une hypothèse dont tout le mérite consiste en cet avantage négatif. Et, malgré ce défaut d'appui sur les thèses anciennes, la thèse importée reçoit souvent si bon accueil que, lorsque sa contradiction apparaît avec quelqu'une de ses aînées, il se livre entre les deux des combats où fréquemment elle triomphe.

Cela dit, énumérons les formes de l'accord. Les voici :

5° *A affirme ou aide B qui nie ou contrarie A ;*

6° *A affirme ou aide B qui ne nie pas ou ne contrarie pas A ;*

7° *A affirme ou aide B qui affirme ou aide A.*

Par une transition toute naturelle on passe de la dernière forme du désaccord (cas 4°) à la première forme de l'accord (cas 5°). En effet, il ne suffit pas, en général, d'avoir vaincu son ennemi, de l'avoir détruit ou réduit à l'impuissance ; il y a mieux à faire, il y a à l'utiliser tout en le détruisant. L'exemple le plus répandu de ce premier genre d'adaptation téléologique dans le monde vivant, c'est la manducation d'un organisme vaincu par l'organisme vainqueur qui en fait sa proie. L'oiseau saisi par la griffe du chat sert à nourrir le chat qui le tue. Dans le monde social, un rapport exactement pareil s'établit entre l'anthropophage et son captif ou son ennemi tué qu'il dévore. Or l'anthropophagie est, à l'origine de presque toutes les civilisations, la suite habituelle des guerres. L'homme primitif est chasseur non moins que cannibale ; et la chasse, comme le cannibalisme, réalise notre cas 5°. Pour revenir au monde vivant, auquel d'ailleurs ce dernier exemple nous ramène déjà, le cas 5° y est encore largement représenté par le parasitisme, quand le parasite, ce qui n'a pas toujours lieu, il est vrai, est nuisible à l'individu qui le porte et le nourrit. Il n'est peut-être pas d'adaptation biologique plus fréquente. Ajoutons-y les formes primitives de la famille. Les progéniteurs inférieurs se sacrifient à leur progéniture ; presque partout, l'ovule fécondé est un dangereux parasite interne de la mère ; et, chez les insectes mêmes, on sait que la mère s'immole souvent à sa postérité non encore éclose. Socialement, nous ne sommes pas en peine de trouver ce qui correspond à ce parasitisme familial ou extra-familial : nous avons nommé le despotisme, qui est le berceau nécessaire des sociétés. Despotisme domestique d'abord, où ce n'est pas le père qui se dévoue à ses enfants, comme dans la nature, mais au contraire les enfants qui subissent à genoux l'exploitation paternelle. Despotisme politique ensuite, où, pour la fantaisie d'un maître, des milliers d'esclaves sont massacrés, épuisés en travaux gigantesques, et où, quand ils survivent, leurs services sont payés de coups de fouet. Plus tard encore, le même rapport se réalise, et trop fréquemment, quand un inventeur, en retour des bienfaits immenses qu'il apporte au monde, ne reçoit que tribulations, insultes et supplices. C'est par là que débute le progrès. Je parle des inventions qui sont favorables à la conservation et au développement des mœurs, des coutumes, des institutions du pays où elles éclosent; celles qui leur sont contraires sont combattues à juste titre, et donnent lieu, comme il a été dit implicitement plus haut, à une discordance, non à une harmonie sociale. Mais il arrive fréquemment qu'une société originale, après avoir repoussé une nouveauté industrielle comme hostile à son principe, se l'approprie, la monopolise et la fait tourner à ses fins en la dénaturant. C'est encore une réalisation historique du cas 5° et un exemple du passage qui relie ce cas au précédent. Psychologiquement même, ce cas se réalise; car ce n'est pas seulement quand deux buts sont incarnés en deux individus différents, que l'un de ces buts, quoique devenu moyen de l'autre, trouve en celui-ci un obstacle. Dans le cœur d'un homme encore rude et grossier, l'harmonie des désirs divers commence d'une manière analogue. Le barbare ne conçoit l'accord intime des passions que comme l'autocratie farouche de l'une d'elles, bravoure militaire, orgueil, soif de vengeance, fanatisme religieux, et l'écrasement de toutes les autres. Si à la fureur vindicative, par exemple, qui remplit son cœur, une des passions vaincues, telle que l'amour d'une femme, prête un concours momentané, cet appui ne l'empêche pas de combattre l'amour comme une passion indigne de lui. Telle est la morale primitive.

Sous le rapport logique et non plus téléologique, cette première forme de l'accord se montre à nous, individuellement, toutes les fois qu'un esprit neuf et inculte, qui commence à mettre de l'ordre dans son chaos, a installé en lui-même quelque principe souverain, quelque préjugé dictatorial, religieux notam-

ment, par-dessus toutes ses autres connaissances subordonnées
et assujetties. Celles-ci ont beau prêter à cette grande croyance
une confirmation apparente ou réelle (comme on a vu certaines
notions confuses d'astronomie, de physique, de chimie, confirmer, semblait-il, les superstitions astrologiques, augurales, alchi-
miques) le Préjugé dominateur ne cesse de les toiser de haut et
de les rejeter dans leur néant. Ainsi débute l'harmonie intellectuelle. — Socialement, le même genre d'harmonie se produit
toutes les fois qu'un homme, au nom de ses principes, donne
raison à un autre homme qui, au nom des siens, lui donne tort.
Cela se passe en grand quand une science enchaînée au pied
d'un autel prétend fournir de nouveaux arguments en faveur des
dogmes qui lui répondent par des anathèmes. Ce phénomène, de
plus en plus rare de nos jours, était ordinaire dans le haut passé
sous une forme différente, mais pareille au fond. Dans toute l'antiquité, les dieux des cités vaincues se sont inclinés jusqu'à terre
devant le dieu de la cité victorieuse, qui les traitait avec le dernier dédain ; c'est dire que les dogmes du vaincu ont fait ce
qu'ils ont pu pour paraître propres à confirmer les dogmes du
vainqueur qui repoussaient ce secours dégradant. Sous un autre
aspect, presque aussi important, l'accord des jugements dans les
premières civilisations s'opérait de la même manière. Rien de
plus difficile à accorder que les *orgueils*, rien qui s'oppose plus
à l'union sociale. Or les orgueils sont des jugements par lesquels chacun juge avoir une grande valeur et valoir plus que ses
semblables. Mais, après une bataille, la victoire abattait l'orgueil des vaincus et exaltait d'autant celui du vainqueur. Les
vaincus alors, tout en continuant à s'estimer eux-mêmes, finis-
saient par admirer sincèrement leur vainqueur, qui les mépri-
sait superbement. Par cette admiration, les premiers confirmaient la bonne opinion que le second avait de lui-même ; et, par
ce mépris, celui-ci démentait l'estime que ceux-là croyaient mériter encore. Tel a été le premier équilibre des amours-propres
et des croyances aussi bien que des intérêts et des passions ; si
incomplet qu'il fût, il était loin d'être instable, et, grâce à lui, en
des âges lointains, les premiers empires, les premiers groupes
sociaux un peu étendus, se sont formés et maintenus, par
exemple en Assyrie et en Égypte.

La seconde forme de l'accord (cas 6°) se manifeste, en géné-

ral, par une dérivation de la première, dont elle est l'adoucissement. Téléologiquement d'abord, l'exploiteur, à force de recevoir
les services de l'exploité, cesse de le maltraiter et consent à ne
lui faire ni bien ni mal. L'homme, après avoir été chasseur,
devient pasteur ; après s'être borné à tuer les animaux pour s'en
nourrir, il les apprivoise, capte leurs instincts à son profit, boit
leur lait, tond leur toison, et, en retour de ces signalés bienfaits,
il les laisse vivre, du moins aussi longtemps qu'ils peuvent lui
être utiles ainsi. De même, à l'anthropophagie ou à l'hécatombe
des captifs employés en travaux fastueux et meurtriers, succède
l'esclavage tel que l'antiquité grecque et romaine et même les
temps modernes l'ont connu, sorte de domestication humaine
où l'on voit le pasteur veiller avec soin, non certes au bien-être,
mais à la conservation de son troupeau dans son propre intérêt.
Ce même rapport, en un autre sens plus récent, a lieu quand un
inventeur ou un savant, véritable esclave volontaire, esclave
non pas docile mais dévoué, de son pays dont il sert l'intérêt
réel et permanent sinon le désir actuel et fugace, a la chance de
ne recueillir pour prix de ses travaux ni châtiment ni récompense, ni humiliations ni honneurs, et de continuer à vivre en
paix. Dans la sphère psychologique, nous voyons qu'après avoir
compris l'équilibre interne des désirs comme la tyrannie insup-
portable de l'un d'eux sur les autres, les âmes conçoivent un
nouveau type, encore sévère, mais moins farouche, et fréquent aux âges de demi-civilisation. La passion-maîtresse alors,
humanisée, condescend à laisser paître tranquillement à ses
pieds le troupeau des désirs moindres, pourvu qu'elle les conduise à son but. Les âmes équilibrées de la période antérieure
étaient tout autrement abruptes. Par cet utilitarisme unilatéral,
la morale s'achemine vers l'utilitarisme réciproque de l'avenir.
Dans le monde vivant, nous avons ici tous les cas de parasitisme
où le parasite ne nuit pas sensiblement à l'individu qu'il exploite.
Combien de microbes non dangereux vivent en nous ! Il est
naturel de penser que ce genre de parasitisme inoffensif tend à
se développer sans cesse et qu'au contraire le parasitisme nuisible, précisément parce qu'il est nuisible, tend à diminuer
d'importance. D'innombrables espèces ont dû disparaître, affaiblies et condamnées à la défaite dans le grand combat zoologique,
par les animalcules qui les dévoraient et qui disparaissaient

avec elles. Par la même raison, ces formes inférieures de pro-
création où l'enfantement et l'alimentation du nouveau-né en-
traînaient la mort de la mère vont reculant devant le progrès des
formes supérieures. Le parasitisme familial lui-même va s'adou-
cissant.

Au point de vue logique, le cas 6° dont nous parlons est représenté, en sociologie, d'abord, par cette relation qu'on a vue
s'établir si longtemps entre une religion reine unanimement
professée par tout le monde et des religions asservies ou des
sciences domestiquées qu'elle laisse croître en paix, à la condition de les entendre confirmer en chœur sa propre doctrine ; puis,
par ce rapport, qui a persisté non moins longtemps, entre un
amour-propre royal prodigieusement enflé par le chœur laudatif
des sujets et l'amour-propre de ceux-ci qui, se nourrissant de
l'orgueil du maître, se félicitaient de n'en être pas méprisés. En
psychologie, l'expression de ce cas est fournie par l'exclusivisme
de ces esprits systématiques qui, voyant ou croyant voir la confirmation de leur point de vue dans un certain nombre de faits
plus ou moins arrangés à leur convenance, ne se soucient nullement de contrôler la vérité de ceux-ci. A un stade plus inférieur
de la pensée, les illusions d'optique, qui sont des préoccupations
systématiques de l'œil, réalisent le même genre d'accord étroit.

Arrivons enfin au dernier cas, c'est-à-dire à la forme réciproque
de l'accord soit téléologique soit logique. On passe par des
degrés sans nombre du cas précédent à cette harmonie pleine et
finale où se repose comme un fleuve dans la mer toute l'évolution antérieure. Deux espèces vivantes, étrangères l'une à l'autre,
sont mises en contact et appelées désormais à vivre côte à côte ;
après que l'une a longtemps vécu aux dépens de l'autre sans
défense, celle-ci finit par s'armer et se protéger contre celle-là,
puis par tirer même parti de ce voisinage qui devient avanta-
geux à toutes les deux : ainsi se constituent une *faune* et une
flore bien harmonieuses. Pareillement, deux tribus d'origine
différente viennent à se rencontrer : après que l'une a attaqué,
défait et asservi l'autre qui devient une caste inférieure, celle-ci
s'émancipe peu à peu par une série d'étapes que nous voyons
se dérouler encore. Le terme où tend visiblement ce progrès est
la réciprocité parfaite de l'assistance, soit industrielle, soit politique, que se prêtent les membres des sociétés avancées en civi-

lisation. Chaque élévation des salaires par lesquels les services manuels et rebutants sont rémunérés est un pas nouveau vers cette perfection irréalisable en toute rigueur. L'idée de la valeur et, par suite, l'usage de la monnaie ont pris naissance pour permettre à cette aspiration vers la mutualité complète de se faire jour. Tout devient nécessairement de plus en plus vénal, parce que cette égalité des services réciproques ou des produits échangés, dont les co-échangistes sentent le besoin chaque jour plus vif et plus général, suppose une *commune mesure*, naturelle ou arbitraire, de ces services et de ces produits, si dissemblables qu'ils puissent être. Psychologiquement, l'équilibre moral supérieur, tel que nos générations civilisées le conçoivent, est non celui de l'ascète ou du héros, du martyr ou du stoïque, non celui même de l'*honnête homme* du xviie siècle, mais celui du *sage* qui s'est fait, au lieu d'une hiérarchie despotique ou monarchique, une république démocratique de besoins, de passions, de désirs vivant dans son cœur sur un pied d'égalité et se prêtant un mutuel appui, ce qui suppose, bien entendu, l'exclusion des penchants dangereux et insociables.

Au point de vue logique, le spectacle de cette pleine harmonie nous est donné, individuellement, par un esprit dont toutes les idées, fondées sur les faits scientifiques, forment un système vrai, une théorie, une trame de jugements qui s'entre-confirment; socialement, par une nation où règne la politesse, cette mutuelle confirmation (apparente, mais cela suffit) des amours-propres qui se renvoient des égards flatteurs, et où règne aussi l'échange des informations, en sorte que chacun puise dans les renseignements fournis par son voisin une raison de plus de croire à ses propres idées. Nous savons déjà que la vie de cour, où les grands flattaient le roi, élargie ensuite par la vie de salon, où les petits flattaient les grands, sorte de politesse unilatérale, a été l'origine de la politesse proprement dite, sorte de cour réciproque; et il est à remarquer aussi qu'une époque de crédulité, c'est-à-dire d'unanimité unilatérale, où les populations conformaient leur croyance à celles de leurs maîtres et de leurs prêtres sans réciprocité, recevaient d'eux des enseignements ou des renseignements sans leur en fournir, précède toujours l'âge de cette crédulité mutuelle, qui est une espèce d'unanimité apparente. On peut observer également qu'avant de s'élever jusqu'à des

faisceaux d'idées mutuellement enchaînées, mutuellement confir-
mées, et dignes du nom de théories, un savant doit passer par
bien des systèmes métaphysiques où quelques faits mal connus
sont appelés à rendre témoignage à une formule qui ne daigne
pas les regarder et qui leur sert de lien unilatéral sans être en
rien liée par eux. A certains égards, on le voit, la succession des
cas 5°, 6° et 7°, par leur côté logique, rappelle la série des trois
états théologique, métaphysique et positif, d'Auguste Comte.

Le cas final auquel nous sommes parvenus demande à être
subdivisé. Le dessein A et le dessein B se rendent service l'un à
l'autre, soit parce que A favorise B qui le favorise à son tour,
chacune de ses deux fins servant de moyen à l'autre, soit parce
que A et B favorisent ensemble une même fin, objectif commun
des deux que nous appellerons C, et qui, ne pouvant être atteint
par chacun d'eux isolément, exige la réunion de leurs efforts.
Autrement dit, tantôt il y a ici mutuelle assistance, tantôt collaboration. De même, au point de vue logique, le jugement A et
le jugement B s'entre-confirment, soit parce que A provoque
l'adhésion à B et réciproquement, soit parce que A et B rendent
également témoignage à la proposition C, qui les implique ensemble. Dans la première hypothèse, A et B ne font que s'appuyer ; dans la seconde, elles convergent vers une idée qui leur
est supérieure.

Nous avons déjà fourni des exemples de mutuelle assistance
ou de mutuel appui, soit dans le monde social, soit dans la sphère
individuelle. Il nous reste à montrer ce qu'est dans ces deux
milieux la collaboration téléologique ou la convergence logique.
Elle est impliquée, à vrai dire, dans les exemples que nous avons
cités. Il n'y a qu'assistance réciproque des citoyens quand ils
se vendent ou s'achètent leurs produits et que l'industrie prospère ; il y a collaboration des citoyens quand ils se battent sur
le même champ de bataille à la poursuite du même but patriotique, sous les ordres d'un même chef diversement mais également obéi, et aussi bien quand ils se soumettent docilement aux
mêmes lois, aux mêmes coutumes, expression d'un même idéal
national conservé avec un religieux respect ou embrassé avec
un juvénile enthousiasme. Or, en quel État et en quel temps
l'industrie a-t-elle fleuri, si le patriotisme et le loyalisme n'ont
pas régné ? Il n'y a que mutuel appui des divers esprits dont les

croyances ou les connaissances s'accordent dans une nation, quand chaque amour-propre s'alimente des compliments qui lui viennent, des amours-propres rivaux, ou quand chaque savant emprunte à ses confrères de simples faits dont il nourrit sa propre thèse, sauf à leur en prêter pour l'engraissement des leurs, souvent en contradiction avec la sienne. Il y a convergence des esprits quand les amours-propres de tous les nationaux s'échauffent au soleil d'une commune admiration, d'une gloire haute et patriotique dont ils sont fiers, ou quand les savants de divers ordres, botanistes, zoologistes, physiciens, économistes, ou autres, ont pour âme commune de leurs travaux différents une grande idée philosophique qui vient de briller, ou le soleil couchant d'un dogme révéré qui luit encore (1). Or où a-t-on vu s'épanouir l'urbanité sans une gloire dominante, et où a-t-on vu se déployer une large activité scientifique sans l'inspiration d'un système ou d'un dogme ?

La collaboration des désirs et, la convergence des croyances demandent un examen à part, et, comme nous avons pu le voir, le chapitre précédent n'est que le développement de ce cas supérieur. C'est le plus haut point où puisse atteindre l'accord des jugements et des desseins, c'est le terme où aspire toute harmonie incomplète, dans son effort pour gravir l'échelle des accords moindres. Il n'y a de vie mentale ni de vie sociale digne de ce nom que lorsque le faisceau des sensations élémentaires dans un cerveau est devenu un système original, une synthèse transfigurante qui est l'objectivation créatrice, l'apparition réaliste du monde extérieur, et que lorsque les intérêts et les idées d'une tribu ou d'un village se tournent ensemble vers quelque but ou quelque objet collectif, imaginaire, qui les oriente en l'air et les fait hautement fraterniser. En effet, ce cas très important se réalise en psychologie par les notions catégoriques dont les logiciens nous ont tant parlé, et, en sociologie, par des créations assez analogues à des catégories pour m'avoir paru mériter ce nom. Cela signifie, remarquons-le, que la présence des catégories ou de ce que j'appelle ainsi dans un cerveau ou dans une société, révèle une élaboration logique et

(1) Le rapport de deux espèces au même genre, fondement du syllogisme, est un rapport de convergence. Tout ce que j'ai dit dans le chapitre précédent sur les syllogismes individuels ou sociaux se rattache donc aux présentes considérations.

téléologique déjà très avancée, harmonie suprême, qui, soit mentalement, soit socialement, a dû être précédée d'états sans catégories, c'est-à-dire sans idée de matière ni de force, d'espace ni de temps, sans idée de Dieu ni de langage. Mais nous ne mentionnerons ici que pour mémoire cette période *pré-catégorique* où il nous est interdit de remonter. Car il ne faut pas confondre avec elle les périodes sociales ou psychologiques que nous avons citées en exemple des états classiques antérieurs. Dans toutes ces périodes, les accords inférieurs dont il s'agissait se présentaient combinés avec notre accord supérieur et dominés par lui.

Dans la nature, trouvons-nous réalisée cette forme finale de l'accord ? Oui, mais seulement dans les œuvres de la vie, et non dans les rapports mutuels des divers organismes, à l'exception des rapports sociaux propres à l'humanité. Un système solaire, par exemple, n'est pas une conspiration des parties vers une fin commune ; tout s'y explique par leur mutuelle attraction, et la merveille consiste en ce que cette contrariété infinie de buts semblables se résout dans le plus majestueux des équilibres mobiles. Mais le prodige de l'organisation, même végétale, est d'un ordre tout autrement élevé. Il semble que les cellules d'une plante ne se contentent pas de poursuivre leurs petites fins égoïstes et d'entretenir de bons rapports de voisinage, mais qu'elles conspirent vers un même idéal botanique, difficile à préciser, qui, à coup sûr, ne consiste pas seulement à se reproduire. Ainsi, la vie, indépendamment même de la pensée, serait déjà une collaboration. Et combien la chose est manifeste à mesure qu'on gravit ses échelons jusqu'au cerveau humain ! La vie, donc, la plus haute et la dernière production de la nature, semble n'être que la réalisation graduelle de l'accord logique et téléologique le plus parfait, terme ultime de notre série.

Notons en finissant la conséquence unitaire qui sort de là. Quand A et B, en convergeant et collaborant, ont produit C, il se trouve que d'autres A et d'autres B, en convergeant et collaborant de leur côté, ont produit D ou E ou F, etc. Dès lors, C et D ou C et E vont soutenir entre eux les mêmes rapports que A et B et aboutir à la production de M ou de N, et ainsi de suite à l'infini jusqu'à ce que tout soit synthétisé en Z, principe unique et universel.

CHAPITRE IV

LES LOIS DE L'INVENTION

I

La tâche de la dialectique sociale est tout autrement compliquée que le chapitre précédent ne pourrait le faire supposer. Ce schème abstrait nous dit bien par quels états successifs se résout la contradiction ou se noue l'accord de deux idées ou de deux volontés qui se rencontrent. Mais il ne nous dit pas d'où elles viennent, comment et pourquoi elles sont nées et se sont rencontrées. Qu'est-ce donc qu'il y a de logique dans l'arbre généalogique de ces idées et de ces volontés, de ces découvertes et de ces inventions successives ? Chacune d'elles se substitue ou s'ajoute à d'autres ; et par cette double méthode de la *substitution* et de l'*accumulation*, les sociétés, comme les individus, travaillent à satisfaire non seulement leur vœu d'équilibre, mais leur vœu de majoration incessante de croyance et de désir. Ces deux problèmes, séparément difficiles, et, en outre, opposés entre eux, en engendrent un troisième : celui de les concilier. S'il n'y avait qu'à équilibrer les masses de croyances ou les forces de désirs, éparses à un moment donné, la société arriverait assez vite à se figer en un ordre stationnaire. Mais, comme elle aspire en même temps, plus ou moins, à augmenter ces masses et ces forces, en les multipliant et en les diversifiant, il surgit, il doit surgir logiquement, pour donner satisfaction à ce second besoin, de nouvelles découvertes, — toujours apportées du dehors, soit du dehors étranger par le commerce ou la guerre, soit du dehors interne pour ainsi dire, par la recherche individuelle, solitaire, extra-sociale en un sens, du savant et de l'inventeur, — apports intermittents qui troublent l'équilibration commencée et posent le problème d'une équilibration ultérieure, plus compliquée et plus ardue. De là la vie des sociétés tant qu'elles progressent.

L'alternance ou l'antithèse de ces deux problèmes, nous la trouvons partout en sociologie : en linguistique, où le besoin de purisme, qui tend à la pétrification des grammaires et des dictionnaires, alterne ou lutte avec le besoin de néologisme, d'éclat et de vigueur croissante dans l'expression, obtenus par l'enrichissement des dictionnaires et la complication des grammaires. En religion, où le travail systématisant, harmonisant, des théologiens, est toujours à recommencer, grâce à la poussée des hérésies, des nouveautés doctrinales, coups de fouet stimulants donnés de temps à autre à la ferveur qui s'endort. En politique, où, quand l'accord parfait des pouvoirs est atteint par une centralisation énervante, l'éclosion ou l'éruption de pouvoirs nouveaux opère pour un temps une décentralisation stimulante, qui prépare tout simplement les voies à une centralisation nouvelle, bien plus puissante encore sinon plus oppressive que l'ancienne. En législation, de même. En esthétique aussi et en morale, où l'on n'est pas plutôt d'accord sur une Poétique et une Casuistique réputées parfaites, harmonisation achevée des jugements et des désirs du goût, des maximes et des devoirs de conscience, que l'aspiration à une beauté, à une moralité plus profonde et plus haute, suscite de nouveaux chefs-d'œuvre bizarres et de nouvelles vertus troublantes. En économie politique enfin, où, à peine les divers genres d'intérêts et les divers métiers sont-ils conciliés en une hiérarchie et une organisation du travail acceptées de tous, que de nouvelles industries et de nouveaux intérêts jaillissent du sol, et, revivifiant le travail énervé, désorganisant et démolissant tout, provoquent une crise de concurrence et de conflit qui prépare une prochaine réorganisation sur un plan beaucoup plus large.

Le problème de l'équilibre, d'ailleurs, doit être résolu, — momentanément résolu, — avant que celui du maximum se pose à son tour. On ne marche qu'à la condition d'abord d'être d'aplomb. Statiquement, la logique sociale a atteint son but quand la contradiction d'individu à individu est supprimée *à un moment donné*. Et c'est seulement alors qu'elle peut dynamiquement chercher à se satisfaire en évitant le plus possible que les états successifs d'une société, unie dans chacun d'eux pris à part, soient contradictoires entre eux. Toutefois, cette dernière contradiction, — jamais l'autre, — est souvent exigée par la poursuite obstinée et persévérante du but social.

Il y a encore une autre complication du problème social. Non seulement le vœu de l'équilibre et le vœu du maximum s'entravent l'un l'autre, soit en logique proprement dite, soit en téléologie, mais encore la logique et la téléologie sociales, aussi bien qu'individuelles, s'embarrassent mutuellement dans leur cours parallèle et tiraillent parfois chacune de son côté les sociétés suppliciées par leur désunion. Ainsi s'expliquent une foule de contradictions, évidentes et même criantes, qui frappent tous les observateurs et qui donnent lieu aux esprits superficiels de dire : « L'homme n'est pas un être logique. » Par exemple, à propos du phénomène des *survivances*, qui abondent en tout état social, il n'est pas malaisé de remarquer à quel point le principe nouveau contredit souvent la forme ancienne qui lui sert de manteau ou de masque. L'échange, nous dit-on, chez certains primitifs, se dissimule sous la forme surannée du pillage, le contrat de mariage sous celle du rapt ; l'arbitrage, qui succède au duel judiciaire et le détruit, lui emprunte la cérémonie d'un simulacre de combat ; la république romaine, en se substituant à la royauté, a commencé par investir ses deux consuls, ou plutôt ses deux préteurs, de prérogatives pseudo-royales. De tout cela, on se voit autorisé à conclure que : « celui qui se met en tête d'expliquer par la logique les vicissitudes du genre humain peut être un grand érudit, mais de l'histoire ne comprendra jamais le premier mot. »

L'écrivain qui s'exprime ainsi oublie qu'il est utilitaire, et que le principe de l'utilité, cette clé d'explication universelle à l'usage des sociologues de son école, n'est en somme que la téléologie, c'est-à-dire que la logique du désir. Si l'on a pu comparer l'association humaine à un organisme, c'est précisément à raison de cette finalité interne qui, par la mutuelle assistance ou la convergence des fonctions, les solidarise au point d'être alternativement but et moyen les unes par rapport aux autres. Mais, s'il en est ainsi, les sociétés sont donc ce qu'il y a de plus logique au monde, après les corps organiques toutefois. Les contradictions! La logique en vit, puisqu'elle ne fait que les résoudre ; elles sont l'âme du progrès ; et la question est de savoir, non s'il

en existe, et de nombreuses et d'énormes, mais si elles tendent
ou ne tendent pas à être éliminées en vertu d'un besoin d'accord
d'une intensité variable suivant les temps et les lieux, et si ce
besoin n'est pas d'autant plus intense qu'un peuple est plus
socialisé, plus civilisé. Est-ce douteux? N'est-il pas clair que le
chaos, l'incohérence historique, est la fermentation où s'élaborent péniblement ces merveilleux et originaux systèmes d'idées
et d'actes, d'actes ou d'idées : la langue, avec sa grammaire toujours plus ou moins rationnelle ; la religion, avec sa théologie
rudimentaire ou perfectionnée ; la constitution politique ; un
code ou des codes, parfois incarnation de la raison même, tels
que le *Corpus Juris*, etc? Il faut juger l'arbre par son fruit, les
sociétés par leur produit final, et le voilà. Quant aux survivances,
les contradictions qu'elles présentent ne sont telles qu'au point
de vue de l'accord des jugements ; mais en est-il de même au
point de vue de l'accord des volontés? Je veux bien que les
formes monarchiques conservées par une république naissante
expriment ou semblent exprimer un principe en désaccord avec
le principe républicain ; mais la conservation de ces formes
respectées, — respectées à cause de l'imitativité humaine, qui
n'a rien d'illogique en soi, nous le savons, — est le meilleur
moyen, pour un temps du moins, d'atteindre le but républicain,
qui est la consolidation de la République.

Cette considération s'applique à tous les autres exemples
qu'on nous oppose, et à tous ceux, bien plus forts, qu'on aurait
pu aussi bien nous opposer. Que de palinodies, de professions
de foi contradictoires un homme doit souvent accumuler pour
faire triompher une ambition fixe, qui ne s'est jamais démentie !
Ce qui est vrai des individus l'est des sociétés. Les plus unies,
les plus compactes, où le dessein collectif a le plus de précision
et de fixité traditionnelles, sont celles, en même temps, — par
exemple Sparte ou l'Angleterre — qui, dans leurs rapports avec
d'autres groupes sociaux, répugnent le moins à se démentir.
Chaque fois qu'une société change de pôle, aux époques de révolution morale, des contradictions tout autrement navrantes,
aussi manifestes qu'inaperçues, se produisent, et, logiquement,
doivent se produire. Athènes, après les trente tyrans, redevient
une démocratie, mais une démocratie ploutocratique. « Des domestiques nombreux, dit Curtius, des attelages somptueux, des

vêtements et des meubles de prix, voilà ce dont on se glorifiait ;
et l'orgueil des riches, quelque opposé qu'il fût à l'esprit de la
Constitution, n'était cependant pas condamné ici par l'opinion
publique ; au contraire, il en imposait à la masse et procurait
influence et considération. » L'opinion en ceci était manifestement contradictoire à la Constitution, principe apparent de la
société d'alors ; mais elle n'était que trop en harmonie avec le
principe réel, qui était la passion dominante de la richesse.
Toute démocratie qui se tourne en ploutocratie verra ces anomalies — ou les voit.

Ici la logique proprement dite a été sacrifiée à la téléologie.
D'autres fois, c'est, à l'inverse, l'accord logique qui est obtenu
par le désaccord téléologique, quand, par exemple, pour éviter
de se mettre en contradiction avec ses principes, une nation
contrarie ses intérêts évidents, refuse l'alliance des puissances
hétérodoxes, ou expulse des hérétiques industrieux qui emportent avec eux la prospérité de plusieurs provinces. Entre le
bien de l'unanimité croissante des esprits et celui de la coopération croissante des volontés, un peuple doit souvent opter ; et
son option varie, comme elle doit logiquement varier, d'après
l'opinion qu'il se fait sur l'importance relative de ces deux grands
biens. — Il y a donc, sous beaucoup d'illogismes sociaux apparents, une réelle et profonde logique cachée, et, pourrais-je
conclure à mon tour, celui qui, sans elle, prétend expliquer les
faits sociaux aura beau compiler, empiler toutes les histoires
possibles de sauvages et de barbares, il n'entendra jamais
grand'chose en sociologie.

II

La suppression des contradictions n'est le plus souvent que
leur déplacement. Et leur déplacement peut avoir lieu en deux
sens opposés : tantôt par la substitution d'une contradiction de
masse, générale et vaste, mais intermittente et rare, à des contradictions de détail, individuelles, multiples et continuelles ;
tantôt par la substitution inverse. Autrement dit, dans le premier cas, la logique individuelle est immolée à la logique
sociale ; et, dans le second, celle-ci à celle-là. Qu'est-ce qui vaut
le mieux ? Il semble qu'il faille distinguer ici entre la logique

proprement dite et la téléologie, et répondre que le sacrifice de
la téléologie individuelle à la téléologie sociale est, il est vrai,
un progrès, mais non celui de la logique individuelle à la logique
sociale. Si l'on supprimait les armées nationales permanentes,
les citoyens seraient, au bout d'un temps, obligés de former des
milices locales, ou, à défaut de celles-ci, de se promener tout
armés dans les rues : on n'aurait supprimé les guerres d'État à
État que pour les remplacer par des guerres privées, ou de ville
à ville, de bourg à bourg, comme au moyen âge. Si l'on abattait
les fortifications des villes-frontières, les villes de l'intérieur,
avant peu, seraient obligées de relever leurs antiques remparts.
Ce serait là un mal incontestable. Mais, quand un grand credo
national, un catéchisme régnant, vient à être démoli, la lutte
entre cette religion et les autres cultes devient impossible, la
source sanglante des querelles religieuses est tarie; et, bien
qu'aussitôt se mettent à pulluler les credos individuels, les petites
philosophies que chacun se fait, et qui luttent entre elles, on ne
saurait voir dans les discussions animées, dans les polémiques
même les plus acerbes, engendrées par ces divergences, l'équivalent des torrents de sang qu'elles empêchent de couler. Il a
été heureux pour la paix sociale que la logique sociale ait ainsi
été vaincue par la logique individuelle (1). D'autres cas sont plus
difficiles. Quand, dans un pays où existent des corporations, des
syndicats de producteurs ou de consommateurs, ces associations viennent à être dissoutes, les conflits de ces corps entre
eux sont supprimés; mais il s'ensuit une mêlée continuelle de
petits marchandages qui sont la monnaie de la pièce fondue.
Y a-t-il eu en somme progrès ou déclin? Il est permis d'hésiter.

Comme exemple historique de contradiction fameuse, mal résolue et longtemps renaissante, citons la lutte du sacerdoce et
de l'Empire à propos de la question des investitures ecclésias-
tiques. Il suffisait, ce semble, pour lever le conflit, de distinguer
nettement, dans l'évêque ou le prêtre investi d'un bénéfice,
l'ecclésiastique, qui ne relevait que du pape, et le bénéficiaire
qui, à raison de son domaine temporel, était le vassal de l'Em-

(1) Dans les corps bien disciplinés, cependant, dans un régiment ou un couvent,
on considère au contraire comme le bien suprême le résultat inverse ; aussi l'unité
de croyance, l'unanimité, n'y est-elle souvent acquise et maintenue que par l'obligation où est souvent l'individu de se contredire, de donner un démenti verbal à
ses sentiments intimes.

pereur ou des vassaux de l'Empereur. Cette distinction si simple
a mis pourtant plus d'un siècle à se faire accepter. Et, de fait,
cette dualité de personnes en un même individu est une fiction,
analogue à celles par lesquelles les jurisconsultes dissimulent
les incohérences de la loi. Toutefois elle a été sanctionnée par
le concordat de Worms (1122). De la sorte, si l'on mettait fin aux
conflits sanglants, aux rencontres d'armées, on laissait subsister,
peut-être même on multipliait les tiraillements sans nombre
causés par la collision, en un même individu, de deux autorités
distinctes, souvent contradictoires, ayant droit sur lui simultanément. La seule vraie solution eût été soit la confusion des
deux pouvoirs temporel et spirituel sur la tête du pape, l'empereur devenant son vassal, comme l'ont rêvé Grégoire VII,
Adrien IV, Innocent III, soit sur la tête de l'empereur, ce qui
était le vœu secret de la fraction la plus radicale du parti gibelin,
soit enfin la renonciation du clergé à tous ses domaines tempo-
rels ou la sécularisation de ceux-ci, comme le voulait Arnauld
de Brescia (1).

De ces trois solutions, la dernière a prévalu dans la plus grande
partie de notre Europe. Mais peu s'en est fallu que la première
n'y ait triomphé, comme dans l'ancien Japon et dans toutes les
théocraties asiatiques ; et la seconde s'est réalisée en Russie et
dans l'Angleterre de Henri VIII, comme en Chine. Or, la multiple issue possible de ce long drame n'est pas un fait exceptionnel ; c'est le fait ordinaire en histoire. L'histoire est, non un
chemin à peu près droit, mais un réseau de chemins très
tortueux et tout semés de carrefours. Nous pouvons généraliser
encore davantage : le développement social considéré sous ses
aspects les plus paisibles en apparence et les plus continus,
l'évolution de la langue, du droit, de la religion, de l'industrie,
du gouvernement, de l'art, de la morale, ne diffère en rien, sous

---

(1) Plus tard, la querelle des investitures sert de prête-nom à la lutte entre
l'Allemagne qui cherche à conquérir l'Italie, et l'Italie qui entend faire respecter
son indépendance. Un duel principalement téléologique s'est ainsi substitué à un duel
principalement logique qui s'est faussement ressuscité en lui. — A Florence, longtemps *guelfe* a voulu dire *démocrate* ; vers le milieu du xive siècle, il signifie
aristocrate. Le tumulte des *ciompi*, en 1378, « se rattache, dit Perrens, à la lutte
des Ricci contre les Albizzi, qui perpétue, en faussant le sens des mots, l'antagonisme suranné des guelfes et des gibelins. » Les gibelins une fois vaincus, les
guelfes se divisent en Blancs et Noirs, puis les Noirs triomphants se subdivisent...
L'esprit de discorde est un immortel Protée.

ce rapport, de l'histoire proprement dite. A chaque pas s'est offerte au progrès une bifurcation ou une trifurcation de voies différentes (1), non pas aboutissant toujours au même terme final comme les branches du delta d'un fleuve, mais divergeant souvent de plus en plus, jusqu'à une certaine limite d'écart, toutefois, où s'arrête l'élasticité de la nature humaine. L'illusion d'un évolutionnisme étroit, unilinéaire, qui est parvenu, on ne sait pourquoi, à se faire passer pour le seul transformisme orthodoxe, est de nier cette grande vérité, sous prétexte de déterminisme. On peut être déterministe et transformiste autant que personne et affirmer la multiplicité des développements possibles, des passés contingents, en tout ordre de faits sociaux et même naturels. Il n'est pas nécessaire d'admettre pour cela l'intervention d'un libre arbitre, d'un libre caprice humain ou divin qui, entre toutes ces voies idéales, choisit à son gré ; il suffit de croire à l'hétérogénéité, à l'autonomie initiale, des éléments du monde, qui, recélant des virtualités inconnues et profondément inconnaissables, même à une intelligence infinie, avant leur réalisation, mais les réalisant suivant leur loi propre, au moment voulu par cette loi, font jaillir des profondeurs de l'être, à la surface phénoménale, de réelles nouveautés impossibles à prévoir auparavant. D'ailleurs, cette hypothèse même étant écartée, on pourrait, en un autre sens plus circonspect, fonder la distinction du nécessaire et de l'accidentel (2), du déterminisme nécessaire et du déterminisme accidentel, sur l'indépendance relative des séries causales régulières, dont la régularité s'interrompt quand elles se rencontrent et se heurtent ou s'embranchent, sauf à inaugurer ensuite le cours d'une série nouvelle. En ce sens aussi il est vrai de dire que l'accidentel est la source ou le point de départ du nécessaire, et qu'il n'est pas de développement auquel n'aient collaboré des milliers d'accidents.

(1) Par exemple, le passage de l'écriture idéographique à l'écriture alphabétique passe pour une des lois d'évolution les mieux établies. Pourtant (voir *Revue scientifique* du 7 mars 1891) l'écriture chinoise ne saurait devenir alphabétique ; et il en est ainsi dans tous les pays qui parlent un idiome monosyllabique où le même *son* prend les *sens* les plus divers suivant le ton avec lequel il est chanté et la place qu'il occupe dans la phrase. C'est donc dans une autre direction que le développement de l'écriture chinoise a dû avoir lieu. De l'idéographisme, donc, partent plusieurs voies d'évolution, et non une seule.
(2) C'est ce qu'a fait Cournot dans sa profonde justification de l'idée de Hasard.

III

Avant d'aller plus loin, je dois m'expliquer nettement sur cette notion des Possibles dont il vient d'être question et dont l'importance est capitale, puisqu'elle est le fondement essentiel et trop méconnu de toute loi scientifique. Le réel n'est intelligible que comme un cas du possible. Qu'on rende compte des faits comme on voudra, par des propriétés comme Littré, par des caractères comme Taine, par les termes vulgaires de forces ou de facultés, il n'en faut pas moins toujours admettre que ces propriétés, ces forces, ces facultés, ces caractères, dont les rapports mutuels, isolés par l'abstraction, généralisés par nos formules, s'appellent lois, sont des sources d'existences non seulement réelles, mais conditionnelles. Ces virtualités étant données, nous ne pouvons affirmer la nécessité effective des phénomènes qui résultent de leur rencontre sans affirmer en même temps la nécessité d'autres phénomènes qui peut-être n'ont jamais été ni ne seront jamais, mais qui auraient été si d'autres rencontres avaient eu lieu. Qu'on le remarque; c'est dans le principe même du déterminisme, dans cette idée même de nécessité, qui s'offre superficiellement comme exclusive de la possibilité de ce qui n'est pas, n'a pas été ou ne sera pas, que l'idée de possibilité, c'est-à-dire de nécessité et de certitude sous condition, puise le droit de s'affirmer. C'est l'observation de la liaison des faits, de leur reproduction semblable dans des circonstances semblables qui a autorisé l'affirmation d'autres faits dans d'autres circonstances non observées. C'est parce qu'on a dit : « Le fait A est lié au fait B », que l'on a déduit : « Si le fait A se reproduit plus tard, ou ailleurs, le fait B se reproduira aussi », *ce qui est certain*, bien qu'il ne soit pas certain que le fait A se reproduira ailleurs ou plus tard. Je tiens cette certitude pour une valeur intellectuelle inestimable ; la différence entre une loi empirique, comme celle de Bode, ou une loi scientifique, comme celle de Newton, c'est précisément que celle-ci a un contenu virtuel immense et qu'elle est applicable à l'irréalisable même. La vérité lumineuse et profonde de la loi de l'attraction lui vient de ce qu'elle s'applique non seulement à l'ensemble et à la suite des gravitations et des perturbations planétaires qui ont réellement lieu, mais à toutes celles qui auraient pu avoir lieu dans l'immensité de l'espace et du temps. De même que l'actuel n'est qu'une infinitésimale partie du réel; présent, passé ou futur, le réel n'est qu'une infinitésimale partie du vrai.

Il y a, pourrait-on dire, par-dessus la vie et l'enchaînement des réalités, une vie silencieuse, un enchaînement paisible des possibilités. Cette foule infinie de certitudes conditionnelles qui ne trouveront jamais réunis tous les éléments divers de leur condition, s'avancent d'un degré vers l'existence chaque fois qu'un nouvel élément de ce tout complexe vient à se réaliser, ou s'en éloigne d'un degré chaque fois qu'un des éléments déjà réunis vient à périr; et rien n'est plus agité que le destin de ces ombres peuplant le royaume du vide. L'emboitement des germes était une chimère, l'emboitement des possibles est une incontestable vérité. Les enfants qu'un homme aurait eus de telle femme s'il s'était marié avec elle au lieu de se marier avec une autre sont des possibles du premier degré; les enfants que ceux-ci auraient pu avoir d'autres femmes réelles ou possibles, sont des possibles du second degré; et ainsi de suite. On peut déduire sans fin, car il est *certain* que les lois de la vie se seraient appliquées à ces enfants hypothétiques du millième ou du millionnième degré, aussi bien qu'à nous. En poursuivant, on arriverait à conclure que l'Impossible est un possible de l'*infinième* degré. Autre exemple. Si la bataille de Marathon eût été perdue par Miltiade, la Grèce eût été conquise; cette conquête est un possible du premier degré. La substitution de la langue et de la civilisation persanes à la langue et à la civilisation helléniques, conséquence hypothétique de cette conquête, est un possible du second degré; etc. Les sciences nous fourniraient nombre d'exemples plus instructifs. Après que Kepler eut formulé ses trois grandes lois, la découverte de la gravitation universelle devint un possible du premier degré; de même, la découverte du télégraphe électrique après l'observation d'Œrstedt et les recherches d'Ampère, ou bien la découverte des horloges après celle de l'isochronisme des oscillations pendulaires par Galilée; de même encore, l'application de l'algèbre à la géométrie à un certain moment du progrès parallèle de ces deux sciences. Même avant Kepler, ou avant Ampère, la découverte de la loi newtonienne et celle du télégraphe électrique étaient possibles à la rigueur, mais d'une possibilité d'ordre inférieur. Ampère, Képler, ont fait passer du second ou du troisième degré au premier la possibilité de ces deux conceptions astronomique et physique. L'on remarquera l'importance que des savants éminents attachent à ce *passage* et même à sa date exacte. C'est en 1618, d'après l'indication solennellement donnée par Képler lui-même, que le principe newtonien devint *mûr* et prêt à être cueilli. Le jour où un savant de notre siècle s'est avisé de remarquer les raies caractéristiques visibles dans le spectre lumineux des vapeurs de sodium, ce jour-là l'astronomie et l'optique sont devenues *mûres* pour leur fécond rapprochement appelé la spectroscopie, cette merveilleuse révélation de la constitution intime des corps célestes. Chaque science présente ainsi au critique pénétrant qui étudie son histoire, à Auguste Comte, à Cournot, à Littré, un *point de maturité* spécial pour chacune de ses découvertes à éclore. Ce point de maturité, c'est le moment où s'est accompli le *passage* dont je viens de parler. Ainsi, chaque fois qu'une réalité, spécialement une découverte ou une invention, est étouffée ou empêchée de naître, elle ensevelit avec elle son cortège de possibles ; mais aussi, chaque fois qu'une réalité naît, elle fait avancer d'un degré son cortège de possibles. On peut donc dire que le possible s'achemine vers l'existence ou s'en écarte, et se meut avant d'exister.

Une grave vérité sort de là : il n'est pas un développement qui ne consiste en une série d'avortements, infligés soit à tous les germes différents qu'il empêche d'éclore, soit à l'être même qui se développe et qui, à chaque réalisation, à chaque spécialisation de lui-même, sacrifie quelqu'une de ses aptitudes latentes. Quelle hécatombe continuelle de germes, pour un germe sauvé, suppose la panspermie ! Et la concurrence vitale, et la sélection ! Certes, les avortons forment en ce monde une écrasante majorité. Mais les privilégiés eux-mêmes sont des sacrifiés ; ils se mutilent de leurs propres mains, et nécessairement, pour se faire avancer d'un pas (1). Cette loi de l'avortement nécessaire en tout

(1) Les défaites, les désastres dont l'histoire est semée ne sont rien auprès de tant d'autres ruines, de tant d'autres catastrophes qu'on ne voit pas, mais qui n'en ont pas été moins douloureuses. Que de plans brisés près de se réaliser ! Que

développement, n'est-ce pas une considération bien propre à rendre invraisemblable *a priori* l'évolution unilinéaire?

IV

Ce qui est vrai de l'Évolution en général l'est spécialement de l'évolution des sociétés, et, dans chacune d'elles, des évolutions luinguistique, religieuse, politique, économique, esthétique, morale, dont l'ensemble la constitue. Ce sont là autant de séries plus ou moins logiques d'inventions plus ou moins logiquement groupées et agrégées; et ce serait une égale erreur de penser qu'elles se suivent sans aucun ordre ou qu'elles sont assujetties à un ordre invariable, voire même à un seul ordre normal. Avant tout, si l'on veut comprendre les inventions réelles et rechercher leurs lois, il ne faut jamais perdre de vue le champ infini des inventions possibles. A la vérité, au début des différents groupes sociaux, ce champ est singulièrement rétréci par la tyrannie des besoins immédiats, et partout à peu près semblables, de l'organisme, auxquels il s'agissait de répondre tout d'abord, et qui contraignaient le génie humain à s'exercer dans

d'espoirs fauchés en herbe! Si nous pouvions voir, entrevoir seulement les *dessous* de l'histoire, la circulation de l'inexprimé et de l'irréalisé à travers tous les hommes d'une génération, le passage stérile de cette foule invisible d'idées, de croyances, de desseins, d'aspirations, qui se sont communiqués tout bas sans avoir pu se traduire en actes ni même toujours en paroles, nous serions stupéfaits de tout ce qu'il y a d'avorté chez les plus privilégiés eux-mêmes. Il est rare que, dans un combat, le vainqueur même n'ait pas à subir quelque irrémédiable renoncement à ses projets plus vastes, quelque grand mécompte dont son triomphe est mutilé. Si les Croisades sont un immense espoir déçu de christianiser la terre sainte, les Arabes n'ont pas mieux réalisé leur rêve à eux, qui était d'islamiser l'Europe et le monde; et l'ambition musulmane a eu les ailes coupées par Charles Martel, comme le rêve grandiose de Bonaparte de conquérir l'Asie et de prendre l'Europe à revers a échoué sous les murs de Saint-Jean-d'Acre, échec qui a suffi à lui décolorer toute sa belle campagne d'Égypte. Mahomet II a planté le Croissant à Constantinople: quel destin! Oui, mais il songeait à aller à Rome, à Paris même, grâce aux divisions insensées des princes chrétiens, et son dessein gigantesque est mort avec lui. Il faut plaindre sincèrement tous les conquérants. Pauvre César, qui n'a pas vaincu les Parthes! Pauvre Alexandre, qui n'a eu le temps de rien fonder! Pauvre Charlemagne, qui n'a pu chasser les Musulmans de l'Espagne, ni refouler les Normands, ni rétablir dans son intégrité l'Empire romain! Pauvre Napoléon, qui a été sur le point de faire sa descente en Angleterre, et n'a pu la faire, après Trafalgar! Je me demande si ces grands victorieux, qui ont été de plus grands rêveurs encore, n'ont pas été au fond les plus malheureux des hommes. Leur *dessous* à eux, et qui explique tous leurs dehors, c'est ce beau songe de la monarchie universelle qu'ils se sont passé de l'un à l'autre, à travers les temps, vainement, constamment, comme une coupe empoisonnée et capiteuse, — et que l'avenir peut-être accomplira.

une même direction peu variée. De là l'éclosion presque inévitable alors de certaines découvertes presque indispensables, telles que la poterie, le feu, la construction des huttes, la couture des peaux de bêtes ou le tissage, et la quasi-impossibilité de certaines idées de luxe. Il est toujours resté un peu de marge cependant pour la production d'originalités sociales, dès le début même ; et cette marge a été s'élargissant à mesure que les besoins immédiats satisfaits ont fait place à des besoins plus artificiels, c'est-à-dire plus vraiment sociaux, et que les inventions elles-mêmes, encore plus que les circonstances extérieures ou les particularités de race, ont contribué à faire naître. Par exemple, le désir de navigations lointaines, qui n'a rien de primitif, n'est devenu intense, parmi les populations du littoral, qu'après l'invention des vaisseaux à quille, et très intense qu'après l'invention de la boussole ; or, ce n'est pas le voisinage de la mer qui a suffi à enfanter celle-ci ; et, quant à celle-là, il est clair que cette charpenterie maritime a dû être précédée par la charpenterie terrestre, plus aisée, qui n'a rien à voir non plus avec le voisinage de la mer. Enfin, la moindre navigation dans un tronc d'arbre creusé n'a pu être tentée ni désirée qu'après la fabrication d'instruments de métal ou de silex propres à travailler le bois, et cette ingéniosité n'a rien de particulièrement maritime.

Une découverte en porte toujours d'autres dans ses flancs. Mais on ne sait si celles-ci en sortiront, ni quand, ni toujours dans quel ordre. La découverte de la boussole était grosse de celle de l'Amérique et de l'Océanie, en ce sens que, impossible en fait avant l'aiguille aimantée, l'exploration de ce continent et de ces archipels inconnus devenait plus ou moins probable après : très peu probable dans un délai de cinquante ans, un peu plus probable en deux ou trois siècles, très probable ou même certaine en un millier d'années. En tout cas, on voit bien que, de ces deux découvertes, la première devait précéder la seconde. Mais la Floride pouvait, indifféremment, être connue avant ou après le Brésil, et la Nouvelle-Calédonie avant ou après la Nouvelle-Hollande. La découverte de l'écriture devait précéder évidemment celle de l'imprimerie ; la découverte des chiffres arabes a été nécessairement antérieure au progrès de nos mathématiques. Avant tout, la découverte du langage était la condition *sine quâ non* de toutes les autres. Il y a certainement, en fait de découvertes scientifiques, un ordre forcé qu'Auguste Comte a tracé, que Cournot a repris et perfectionné, et qui pourrait être mis sur le même rang, comme principe sociologique, que le principe biologique de la subordination des caractères. Mais, quoi qu'en dise Cournot quelque part, la découverte de la circulation du sang n'aurait-elle pas pu venir après aussi bien qu'avant celle de la vraie nature de la respiration et de la digestion?

Concevoir l'évolution, en n'importe quel ordre de faits, comme une série unique de phases exclusivement enchaînées les unes aux autres, comme un cycle qui se répète indéfiniment sans variation importante, c'est comme si l'on n'admettait qu'une seule et même direction des mouvements dans l'espace, réduit de la sorte à une seule dimension. Le mouvement n'est que la traduction symbolique de l'évolution. Nous ne pouvons nous faire de celle-ci une idée moins large que de celui-là. Et, puisque nous voyons le champ immense de l'Espace-Temps ouvert à la diversité infinie, à la merveilleuse multiformité des mouvements, sans que cette apparente liberté nuise en rien à leur détermination rigoureuse, à la stricte application des lois mécaniques, — dont l'Espace-Temps est, pour ainsi dire, la notion intégrale, l'applicabilité totale, — nous devons nous dire *à priori*, et l'observation des faits semble nous donner pleinement raison, que les lois de la logique, cette mécanique interne, ouvrent un débouché non moins vaste à l'inépuisable variété des évolutions soit vivantes, soit psychologiques et sociales. Il y a une logique vitale (laquelle nous apparaît surtout sous son aspect téléologique), comme il y a une logique mentale et sociale. Et, si l'Espace-Temps est l'applicabilité totale de la mécanique, on peut dire aussi bien que la Vie, sorte d'espace des développements biologiques, est l'applicabilité totale de la logique vivante, et que l'Esprit, sorte d'espace aussi des développements psychologiques et sociaux, est l'applicabilité totale de la logique individuelle et sociale. Ce sont là trois grands milieux, dont le premier seul a, dans la nature de notre sensibilité, une *forme* propre qui lui corresponde, ce qui ne veut pas dire que les deux autres soient moins réels. L'électricité n'est pas moins réelle que la lumière, quoique celle-ci, et non celle-là, ait sa note spéciale sur le clavier de nos sens.

Rien n'est plus contraire au génie même du darwinisme, si l'on y prend garde, que l'hypothèse d'un seul arbre généalogique possible des espèces. C'est au point de vue d'un plan prédéterminé des transformations organiques, dans le sens de Nœgeli, qu'on doit loger dans le premier germe vivant, à l'origine de la Vie, tout l'ordre des espèces futures, et rien que cet ordre, comme toute la structure de l'homme adulte à l'exclusion de toute autre est contenue virtuellement dans l'ovule humain. Darwin repousse implicitement, et d'une manière absolue, cette conception, puisqu'il donne aux transformations d'espèces une cause tout extérieure, la pression des circonstances changeantes qui, par la sélection naturelle aidée de la corrélation organique (logique immanente de la Vie), toutes deux s'exerçant sur d'innombrables variations spontanées, force l'organisme à s'adapter et se réadapter continuellement à elles. Mais, alors même qu'on admettrait avec Nœgeli un transformisme opéré par des causes internes avant tout, serait-il nécessaire d'accorder à cet auteur l'unité du programme de la Vie, exécuté morceau par morceau comme un plan d'architecte? Non, ce ne serait pas même permis, Weissman oppose à Nœgeli ce fait capital que tout, jusqu'aux moindres détails des organes, est merveilleusement approprié, dans chaque espèce, aux circonstances où elle est appelée à vivre, et que, si elle seule avait pu et dû apparaître à l'heure et dans le lieu voulus, de toute éternité, par les exigences d'un plan inflexible, cette harmonie préétablie serait le plus grand des miracles. Weissmann me paraît se tromper, cependant, quand il se croit obligé par là de rester fidèle aux causes tout externes de l'évolutionnisme darwinien. Une troisième hypothèse se présente : c'est que, tout en donnant une cause intérieure au développement organique, on laisse à la provocation des circonstances du dehors la direction de cette force cachée parmi toutes les espèces possibles, conditionnellement nécessaires, que l'espèce existante porte en elles, et dont la plupart sont condamnées à avorter. Volontiers j'assimilerais ainsi, par métaphore tout au moins, à une dépense d'inventions géniales, telle qu'il s'en produit dans nos sociétés, quand le besoin s'en fait sentir, la dépense de rénovation vitale, d'adaptation organique, qui se produit au moment de la naissance d'une espèce. Invention et adaptation ne font qu'un. Rien ne rappelle mieux une nouvelle

machine inventée par nous qu'un nouvel organe créé par la
Vie (1).

V

Quoi qu'il en soit, il est certain que, pour comprendre pourquoi et comment une invention est éclose, il faut tenir compte à
la fois d'une cause interne, le travail mental du *génie*, et de
causes extérieures. Cela revient à dire qu'il faut distinguer entre
les lois logiques et les lois extra-logiques de l'Invention, comme
je l'ai fait, dans un autre ouvrage, pour l'Imitation. Le génie, en
effet, qu'est-ce autre chose que l'Esprit en tant que remarquablement inventif ? et l'Esprit, qu'est-ce, avons-nous dit, sinon le
Milieu de toutes les combinaisons logiques (ou téléologiques)
possibles ? Occupons-nous d'abord des causes extérieures.

Celles-ci sont de deux genres : vitales et sociales. Vitales : ce
sont celles qui ont produit, par une série d'heureuses rencontres, le génie lui-même, ce suprême accident (2). Sociales : ce

---

(1) Il n'est pas d'institution sociale qui ne se rattache à un organe du corps dont
elle n'est que la *suite sociale*. Le langage, avec ses prolongements anciens ou
récents, écriture, imprimerie, télégraphe, téléphone, n'est que le développement du
cri et du geste, du larynx et des membres en tant qu'expressifs et moyens de communication. Le char, la voiture, la locomotive, le réseau des routes ou des voies
ferrées, ne sont que la continuation des jambes. La peinture et la musique développent la vision et l'ouïe. La religion et la science sont l'emploi et l'extension de
la partie antérieure du cerveau ; la politique, de la partie postérieure. En tout ceci,
nous voyons les séries d'inventions sociales (linguistiques, industrielles, scientifiques, artistiques, etc.) faire suite purement et simplement aux variations vitales
dont les organes sont nés. Les *besoins* continuent les *fonctions*, les pensées continuent les sensations, les rythmes des vers continuent le rythme respiratoire. —
Dans son *Evolution mentale chez les animaux*, Romanes montre qu'il y a paral-
lélisme entre les complications systématiques des associations d'idées et les complications non moins coordonnées des associations de mouvements, — entre le raffinement nerveux et le raffinement musculaire. Mais, au moment où intervient la
culture sociale, l'auteur croit voir ce parallèle s'arrêter ou ne se continuer qu'arti-
ficiellement dans le second des deux systèmes comparés par lui : en effet, la machine alors s'ajoute au muscle, et dispense le muscle de certaines ingénieuses adaptations de mouvements dont elle est la réalisation bien moins fatigante et plus
pratique. Quels bras, quelles mains seraient capables de tours de force ou d'adresse
exécutés par le métier à tisser, le télégraphe, la locomotive ? Or la symétrie que
Romanes croit rompue ainsi se rétablit sans peine, si l'on remarque que, par suite
de la civilisation pareillement, les facultés intellectuelles reçoivent des annexes extérieures, des rallonges artificielles, aussi bien que les facultés motrices. Tels sont
les livres et autres moyens de mnémotechnie qui dispensent le cerveau d'organiser
en lui-même les faisceaux d'idées les plus compliqués.

(2) Aussi longtemps, en effet, que le spermatozoïde et l'ovule se rencontreront
sans s'être devinés et fait signe à distance, qu'ils s'accoupleront sans s'être choisis
intelligemment, et que, de cet accouplement aveugle et fortuit, naîtront des singu-

sont les influences religieuses, économiques, politiques, esthétiques, linguistiques, quelconques, toutes nées de contagions
imitatives opérées conformément aux lois de l'imitation, et qui,
en faisant se rencontrer dans un cerveau de génie les éléments
divers d'une invention ultérieure, ont dirigé vers celle-ci l'effort
génial, et réalisé mais spécialisé l'aptitude géniale. Le génie,
invention vitale très singulière qui est féconde en inventions
sociales des plus surprenantes, est à la fois la plus haute fleur de
la vie et la plus haute source de la société. Il exprime l'action
de la Nature dans l'Histoire, non pas l'action vague et continue,
mais intermittente et nette, et réellement importante ; et, quand
nous voulons sonder un peu profondément cette action, nous
sommes conduits à entrevoir, au fond de tout, des éléments
hétérogènes, caractérisés, originaux, sans lesquels rien ne s'explique. — Ce n'est pas ici le lieu de disserter sur les conditions
physiologiques, parfois pathologiques, du génie ; sur ses rapports, exagérés ou mal interprétés, avec la folie (1). Quant aux
conditions sociales du génie, — car il en existe, et M. de Candolle, dans son *Histoire des sciences et des savants*, en énumère
quelques-unes de fort remarquables, — nous n'avons pas non plus
à nous y arrêter. Mais nous devons nous occuper des conditions
sociales de l'invention, le génie étant donné. Parmi celles qui
favorisent en général l'essor inventif, faut-il ranger, par exemple,
le morcellement en petits États, pareils aux cités grecques de
l'antiquité ou aux républiques italiennes du moyen âge ; en sorte
que, nés et couvés dans ces étroits berceaux, providentiellement
tressés pour eux, les germes des sciences, des arts, des industries, se répandraient de là, plus tard, dans de grands empires,
Macédoine, empire d'Alexandre, empire romain, monarchies
européennes, excellentes pour leur déploiement et leur diffusion,
non pour leur création ? Les deux exemples cités semblent permettre de répondre affirmativement ; mais, si l'on y regarde de
près, on verra qu'il s'agit de races admirablement douées, qui

larités individuelles dont quelques-unes seront géniales, sources de découvertes ou
d'inventions capitales dans l'histoire du progrès humain, aussi longtemps on pourra
dire que le rôle de l'accidentel en sociologie est considérable, incomparable.

(1) Excellentes remarques de M. Paulhan à ce sujet dans son livre sur les *Caractères*, pp. 18, 20, 21. « On s'est peut-être exagéré, dit-il notamment, le manque
d'équilibre des hommes supérieurs, et, inversement, l'équilibre des médiocres et des
imbéciles. »

d'ailleurs ont reçu de grands États antérieurs les idées stimulantes et capitales sans lesquelles elles n'auraient rien pu faire
éclore. Les villes grecques ont hérité de l'architecture, de la
sculpture, de l'écriture nées en Égypte ou en Asie ; les villes italiennes, des arts de Rome renaissants à l'aube de l'ère moderne.
Comment n'être pas frappé de voir que, même en fait d'art militaire, c'est-à-dire là où leurs guerres perpétuelles, fratricides,
devaient poser à l'esprit inventif ses problèmes les plus urgents,
ces petits États ont opéré si peu de progrès ? Athènes a vécu des
siècles sur le même armement, sur la même stratégie. Les vraies
rénovations militaires sont venues de ces barbares que les Hellènes méprisaient si forts, la phalange macédonienne, la légion
romaine, comme, plus tard, de l'Espagne de Charles-Quint, de la
Prusse de Frédéric, de la France de Napoléon. La plus grande
découverte des temps modernes, celle du Nouveau-Monde, est
due à un pilote génois qui n'a pu l'accomplir que grâce au co-
lossal empire espagnol. Jamais le génie inventif n'a autant brillé
que dans notre Europe et dans notre siècle, et jamais on n'a vu
une tendance si générale aux centralisations puissantes, aux
vastes agglomérations (1).

Ce résultat n'a pas lieu de nous étonner, si nous songeons
qu'une idée nouvelle est une combinaison d'idées anciennes,
apparues en des lieux distincts et souvent fort distants, que la
première condition pour que celles-ci se combinent, c'est leur
rencontre simultanée dans un cerveau propre à les combiner, et
que plus l'extension des États, le recul des frontières, facilite
l'expansion imitative de ces inventions élémentaires, chacune à
partir de son foyer natal, plus il y a de chances que ces deux
rayonnements d'imitation interfèrent dans une tête ingénieuse ou
géniale. On peut à ce sujet, si l'on est possédé de la manie législative, formuler quelques *lois*. L'idée A et l'idée B étant données,
on demande le degré de probabilité de l'idée M qui peut résulter

(1) Ce qui seul a rendu possible le développement de la musique et des mathématiques chez les modernes, — ce qui leur a permis de dépasser immensément sur
ce point leurs maîtres les Grecs, malgré les aptitudes éminentes de ceux-ci pour
l'art musical et les sciences abstraites, — c'est l'invention de notre notation musicale et celle de notre système de numération écrite. Il est bien probable que, si la
Grèce eût été une grande nation paisible, unie et puissante, où les mathématiciens
et les musiciens auraient eu des rel·ions mutuelles plus étendues et plus multiples,
ces deux inventions, à la fois si simples et si capitales, n'auraient pu *manquer* de
se présenter à l'esprit grec.

de leur accouplement logique ou téléologique (parmi les idées multiples M, N, O, P, susceptibles de naître aussi). Réponse : 1° L'éclosion de M est d'autant plus probable (toutes choses égales d'ailleurs, bien entendu), que A et B ont apparu en des pays moins éloignés l'un de l'autre, communiquant plus aisément l'un avec l'autre, et ont apparu plus anciennement. Sa probabilité, pourrait-on dire en un langage ridiculement mathématique, est en raison inverse du carré de la distance et de la communicabilité de ces pays, et en raison directe de cette ancienneté. 2° A et B ayant commencé à rayonner dans une nation, la probabilité de M est d'autant plus grande que cette nation est plus peuplée. 3° Cette probabilité est d'autant moins grande que plus grande est la difficulté de M.

C'est là, je l'avoue, une singulière quantité : la *difficulté* d'une invention. Cependant peut-on nier qu'il y ait quelque chose de vrai dans cette notion ? Entre l'idée la plus facile et l'idée la plus difficile à concevoir, il y a un intervalle énorme. Je sais bien que le langage ordinaire refuse le nom d'inventions ou de découvertes aux combinaisons d'idées très faciles et le réserve aux plus malaisées. Cependant les idées les plus simples sont souvent les plus fécondes. Rien de plus simple que d'exprimer par des lettres de l'alphabet des quantités abstraites, et notamment par x ou y des quantités inconnues. Cependant toute l'algèbre est là-dedans. L'idée du bâton, du levier, de la roue, l'idée de jeter un tronc d'arbre sur un cours d'eau, de tracer un chemin dans une vallée, d'acclimater une nouvelle plante ou de domestiquer un nouvel animal, ont pu se présenter d'elles-mêmes à l'esprit, mais elles n'en ont pas moins révolutionné le monde. Puis, par des degrés insensibles, on passe de ces idées très faciles, ou de beaucoup d'autres plus faciles encore, aux combinaisons les plus ardues ; et il serait peu philosophique de voir une différence de nature là où il n'y a qu'une différence de degré. Remarquons maintenant la relativité de celle-ci. Telle idée artistique viendra d'elle-même à un Grec, qui attendra des siècles avant de percer la carapace cérébrale d'un romain ; telle idée juridique naîtra aisément chez un patricien de Rome qui ne luira jamais à l'esprit d'un élève d'Aristote ou de Platon. La difficulté dont il s'agit est donc chose relative à la race ou plutôt à la nation, ajoutons au moment historique. Cela étant, elle est plus ou moins grande suivant que l'idée à concevoir, M, requiert, pour être aperçue, des esprits plus ou moins élevés au-dessus du niveau moyen, je ne dis pas vaguement du peuple en question, mais de la fraction de ce peuple qui connaît à la fois A et B. Il y a loin souvent du niveau de cette fraction quand elle est une élite, à celui de la foule d'où elle émerge. Par exemple, en mathématiques, un théorème nouveau étant découvert, son rapprochement d'un théorème ancien en fait déduire immédiatement un corollaire, qui se présente de lui-même aux mathématiciens. Cela signifie que la conception de ce corollaire est extrêmement facile, et en quelque sorte fatale, car elle ne requiert que la moyenne de capacité cérébrale propre aux géomètres à qui les deux théorèmes sont connus, quoique d'ailleurs cette force ordinaire soit très exceptionnelle si on la compare à celle du public. Rappelons-nous, au sujet des individualités qui s'éloignent plus ou moins de la moyenne, les statistiques de Galton et autres. Ces écarts décrivent une courbe ondulante et ne dépassent jamais certaines limites. Il y a une sorte de règle de ces exceptions à la règle. Telle race, telle nation comporte plus ou moins d'exceptions, et des exceptions plus ou moins exceptionnelles. Donc, si la conception M requiert une capacité tant soit peu supérieure au plus haut point que l'élite d'un peuple, où A et B sont connus, puisse atteindre, elle y est évidemment aussi impossible que si A et B y étaient inconnus.

Si la conception M requiert une force de tête très rare parmi ceux qui connaissent à la fois A et B, si le nombre de ceux-ci est très petit, s'ils ont l'esprit très peu inégal, j'ajoute très peu actif et très peu indépendant, il faudra un temps très long pour que M soit conçu. C'est le cas des civilisations à leur début. Dans ce cas, la part du hasard est immense, et il suffit d'un grand homme fortuit pour abréger considérablement la durée dont il s'agit. Si la connaissance de A et de B est au contraire très répandue, si ceux qui les connaissent ont l'esprit très inégal, très surexcité et très émancipé, et que la force suffisante pour concevoir M soit, parmi ceux-ci, très commune, un temps très court suffira pour parvenir à cette dernière idée. C'est le cas des civilisations adultes et prospères. Ici encore, le hasard, un hasard malencontreux, peut avoir pour effet d'allonger la durée comme plus haut de l'amoindrir. Mais, pour l'allonger beaucoup, il faudrait maintenant bien plus de mauvaises chances qu'il n'a fallu de bonnes chances précédemment pour produire une forte abréviation. En somme, la part du hasard va s'affaiblissant à mesure que les sociétés progressent, et l'enchaînement des idées, je ne dis pas des faits, tend à y affecter dans l'ensemble le caractère d'une succession fatale, bien que, dans le détail, tout garde un air fortuit. Par la vertu régulatrice des grands nombres, le hasard, au lieu d'être l'ouvrier libre, devient le serviteur fidèle de la raison.

Mais, remarquons-le, cela n'est vrai que *jusqu'à un certain point de difficulté* des inventions, degré variable de peuple à peuple, d'époque à époque. Or, il vient toujours un moment où la difficulté des idées nouvelles à découvrir va croissant et croissant très vite, beaucoup plus vite que n'augmentent les facilités offertes par le progrès de la population et la vulgarisation des sciences au génie inventif. De là, en dépit de ces ressources grandissantes, l'arrêt inévitable, un jour ou l'autre, de la civilisation. La connaissance de A et celle de B ont beau être très répandues, de plus en plus répandues, parmi des esprits très libres, très inégaux et très travailleurs, si l'idée M exige une capacité extrêmement rare dans cette élite même, il devra s'écouler un temps extrêmement long avant qu'elle ne luise. Ce cas tend à se généraliser à mesure que, toutes les découvertes de petite ou médiocre difficulté étant épuisées, il ne reste plus à glaner que des idées placées à des hauteurs ou à des profondeurs ultra-télescopiques en quelque sorte ou ultra-microscopiques. Par conséquent, en ce qui concerne ce troisième ciel de l'Invention, le rôle de l'accident individuel, loin de diminuer, ne peut que grandir, et il réserve aux dernières étapes mêmes des sociétés un imprévu, un intérêt égal à celui des vicissitudes de leur enfance ou de leur jeunesse.

Il peut se faire, — je ne dis pas il doit se faire inévitablement, — que la connaissance de A et de B, par la diffusion de l'instruction primaire, secondaire et supérieure, se répande chaque jour davantage, mais qu'en même temps, et en vertu de la cause même d'assimilation qui produit cette vulgarisation de A et de B, les capacités intellectuelles se nivellent, s'égalisent, les originalités s'effacent, malgré des dehors d'émancipation croissante, masques d'une croissante imitation mutuelle, et qu'en définitive l'improbabilité de l'idée M, ou le temps voulu pour l'allumer, soient plus augmentés par ce nivellement que diminués par cet éclairement général. Est-ce à dire que je blâme cette illumination scolaire, même dans cette hypothèse ? Nullement ; cette perspective, après tout, n'a rien d'effrayant ; et il est à remarquer que les sociétés qui l'ont réalisée, l'Empire romain et la Chine par exemple, ont été heureuses et paisibles. Mais une autre hypothèse fait un parfait contraste avec celle-ci : c'est celle où les personnes qui connaissent A et B sont peu nombreuses, mais de capacités très inégales, parce qu'elles ont poussé à leur gré en toute liberté, et d'originalités très diverses, parce que le sentiment de leur supériorité profonde au milieu d'un peuple étranger à leurs méditations les a garanties de tout danger d'assimilation avec lui. Il doit arriver alors que, dans ce groupe restreint d'hommes supérieurs, les découvertes, même capitales, se pressent plus vite, plus fiévreusement, que dans une grande nation composée de médiocrités instruites ou érudites, taillis gênants pour les futaies. Voilà comment s'explique, exceptionnellement, on le voit, la formation rapide de la géométrie ou de l'astronomie chez les Grecs, ou le progrès non moins rapide des arts du dessin dans les républiques italiennes ou les cités flamandes.

VI

Nous venons de toucher, bien sommairement, bien incomplètement, aux conditions extérieures qui favorisent ou entravent la naissance de l'invention. Mais quelles sont les causes internes qui la suscitent ou qui la font avorter au profit d'une autre, dans le cerveau de génie ? Ces causes sont les croyances et les désirs, les principes et les buts, les connaissances et les volontés différentes, que l'inventeur a reçues, il est vrai, pour la plupart, de la société ambiante, mais qui, se rencontrant et se croisant en elle stérilement, s'accouplent en lui pour la première fois et forment une union féconde. Sans prétendre violer le secret de sa méditation solitaire, de cette mystérieuse élaboration d'où sortent les sources du fleuve social, on peut dire qu'elle consiste en un conflit mental de jugements, inégalement crus, ou de modes d'action, inégalement désirés, et jusque-là liés, qui, pour la première fois, se présentent comme contradictoires en tout ou en partie, et en accord mental de jugements, ou de modes d'action, jusque-là sans lien apparent, qui, pour la première fois, se présentent comme confirmatifs ou auxiliaires l'un de l'autre. Dans le génie, en effet, le besoin de critique destructive existe aussi bien que le besoin de création inventive ; mais le premier est au service du second, son esprit critique ne brise les liaisons habituelles d'idées que pour enrichir de leurs débris son imagination qui les emploie. Ce qu'il y a de particulier, et d'essentiel, c'est qu'il aperçoit le premier nettement ce caractère inhérent à certaines notions, ou à certaines actions, de se contredire ou de s'entraver, et la possibilité inhérente à certaines autres actions ou notions d'être associées de telle manière qu'elles se confirment ou qu'elles collaborent.

C'est bien ce même rapport de confirmation ou de collaboration, de négation ou de contrariété, mutuelle ou unilatérale, qui donne lieu aux alliances ou aux concurrences d'imitation dans le domaine social, telles que j'ai essayé de les expliquer en formulant les *lois logiques de l'imitation* (1). Mais le sentiment de ce rapport reste ici toujours vague et relativement stérile, ce qui est surtout vrai du rapport positif; car le rapport négatif est souvent senti avec assez de netteté par le public, quand il l'est. Aussi, quoique les lois logiques de l'invention se divisent, comme celles de l'imitation, en *duel logique* et *union logique*, l'importance comparée des deux est loin d'être la même ici et là. L'union logique des inventions a un sens plus profond et une portée plus efficace que celle des imitations, c'est-à-dire des inventions en tant qu'imitées. Quand deux courants d'imitations s'abouchent et s'allient, cela signifie simplement que l'un contribue à grossir l'autre : la fabrication des bicyclettes a contribué à activer la fabrication du caoutchouc, et *vice versa;* celle des presses à imprimer a stimulé celle du papier, et réciproquement; la vulgarisation d'une branche de science, par exemple de l'acoustique, a aidé à la vulgarisation d'une branche connexe, par exemple de l'optique. En même temps, par le fait même de cette diffusion, le besoin auquel répond chacun de ces produits s'intensifie chez tous ceux qui l'éprouvent, et la foi en chacune de ces théories se

(1) Voir nos *Lois de l'Imitation*, ch. v.

fortifie chez tous ceux qui la connaissent. Mais, quand deux inventions s'accouplent, *en tant qu'inventions*, cela veut dire qu'une nouvelle invention (ou découverte) est née, grâce à laquelle les premières s'utilisent, l'une servant de moyen à l'autre qui lui sert de but, ou servant de conséquence à l'autre qui lui sert de principe, ou l'une et l'autre se rattachant pareillement, comme moyens à un même but, comme conséquences à un même principe. L'optique et l'acoustique se sont accouplées de la sorte le jour où, dans le cerveau d'un physicien, s'est formulée la théorie ondulatoire de la lumière assimilée au son, et bien mieux encore le jour où Spencer a érigé en axiome le caractère rythmique de tout mouvement. Les lois de la gravitation planétaire et les lois de la chute des graves à la surface de la terre se sont accouplées dans le cerveau de Newton, où elles ont enfanté la formule de l'attraction universelle qui les rattache intimement les unes aux autres et toutes ensemble à soi. L'idée des machines à vapeur fixes et l'idée des voitures à bras roulant sur rail se sont accouplées quand l'idée de la locomotive a montré à la première qu'elle pouvait servir de procédé auxiliaire à la seconde, et aux deux qu'elles peuvent servir ensemble à des buts grandioses qui leur semblaient jusque-là étrangers, au roulement de masses énormes à travers des continents. On donne bien, en mécanique, des formules générales qui prétendent permettre d'inventer à volonté toutes sortes de nouvelles machines, comme d'autres permettent réellement de construire toute espèce de ponts. Mais, encore faut-il que l'idée d'appliquer ces formules, *découvertes* par des mécaniciens (si tant est qu'elles aient une efficacité réelle) s'accouple à l'idée d'une opération jadis *inventée*, telle que tisser, coudre, écrire, etc., et obtenue jusque-là par d'autres procédés manuels et non mécaniques (1).

Ainsi, une théorie ou une machine, une conception idéale ou pratique, a deux faces. En tant qu'imitée et propagée, elle ne donne lieu, par ses alliances avec d'autres, envisagées sous le même aspect, qu'à des renforcements mutuels de croyances et et de besoins à mesure qu'elle se propage. En tant qu'inventée, elle produit, en s'unissant à d'autres, considérées de même, de véritables enfantements, souvent prodigieux et toujours plus ou

(1) La *manufacture*, naturellement, a précédé la *machinofacture*.

moins inattendus. Ajoutons que, très fréquemment, les imitations s'allient précisément parce qu'une invention est née de
l'hymen de plusieurs autres inventions. C'est celle du vélocipède
à caoutchouc plein, puis creux, puis pneumatique, qui a fait que
la fabrication des vélocipèdes a favorisé la fabrication du caoutchouc. C'est l'idée de la locomotive qui a permis à la production
des machines à vapeur de favoriser la production des rails. C'est
la théorie ondulatoire de la lumière qui a permis à l'optique et à
l'acoustique de s'entre-éclairer, de s'entre-fortifier par leur mutuel reflet. Mais il n'en est pas toujours ainsi. La propagation des
bicyclettes est aidée par le percement de nouvelles routes, par
la propagation de l'invention des chemins macadamisés ; la vogue
de certaines villes d'eaux, la foi croissante en leurs vertus mé-
dicales, a pour effet de multiplier les trains sur certaines lignes
de chemins de fer, et réciproquement ; et dans ces deux exemples
on n'aperçoit point d'invention nouvelle en jeu. La vérité de
notre distinction est donc manifeste.

Maintenant, comment procède l'esprit inventif pour découvrir
le rapport logique ou téléologique d'idées qui constitue une idée
nouvelle ? Soit qu'il agisse en vertu de sa simple ingéniosité
naturelle, soit qu'il emprunte les ressources d'une science avancée,
il doit toujours s'agiter à tâtons ou avec une lampe à la main,
parmi un grand nombre d'hypothèses ou de plans successivement essayés et éliminés, jusqu'à ce qu'une hypothèse vérifiable
ou un plan utilisable se rencontre enfin. Rouleaux, dans sa *Ciné-
matique* (1), n'est point, certes, disposé à faire très grande la
part de l'imagination géniale dans l'invention. Au contraire, il
ne croit pas que l'invention diffère essentiellement de la pensée
ordinaire ; et je suis de son avis, car il n'est pas d'idée tant soit
peu personnelle qui ne soit une invention à quelque degré. Il est
même si peu porté à s'exagérer le merveilleux en matière pareille
qu'il juge son ouvrage propre à faciliter beaucoup dorénavant,
en fait de machines, l'opération de la découverte, et à permettre
en quelque sorte l'invention sur commande. Mais, au fond, ses
formules à ce sujet tendent à montrer simplement quelles sont
toutes les combinaisons possibles des éléments des machines, et,
entre toutes celles-ci, quelles sont celles qu'il y a lieu de choisir

_____

(1) Traduction Debize (Savy, 1877).

d'emblée pour atteindre le but qu'on se propose, ou plutôt pour effectuer, avec les forces dont on dispose, un mouvement déterminé ou un changement de forme déterminé, qu'on a préalablement choisi, — parmi beaucoup d'autres mouvements ou changements imaginés, — comme le plus propre à réaliser ce but. Ces formules ne peuvent donc servir qu'à un esprit imaginatif (1).

En réalité, ce n'est pas une voie unique, mais d'innombrables voies, que la théorie de cet auteur désigne aux inventeurs futurs ; et leur seul avantage est d'être *rectilignes*, d'aller droit au point visé, une fois ce point découvert, tandis que les routes suivies par les antiques inventeurs ont toujours été tortueuses et indirectes. Nous en dirons autant des formules algébriques qui permettent de résoudre, par la voie la plus courte, une infinité de problèmes. Nous en dirons autant des fameux *canons de l'Induction* que Stuart Mill nous donne comme des formules propres à faciliter, à abréger la *découverte vraie* en n'importe quel domaine de la curiosité, comme on pourrait imaginer des méthodes générales se disant propres à faciliter, à abréger l'*invention utile*, en n'importe quel domaine de l'activité. A l'usage des horticulteurs et des éleveurs de bétail, il y a des règle pour faire varier dans un sens ou dans l'autre, pour faire progresser en embonpoint ou en agilité, en taille ou en exiguité, une espèce quelconque, animale ou végétale ; et M. Dareste vous donnera des procédés sûrs pour obtenir telle monstruosité vivante qu'il vous plaira, peut-être même des monstruosités fécondes — qui sait ? — créatrices *ex abrupto* d'une nouvelle espèce. Mais, à vrai dire, découvrir comme inventer demeure toujours le secret du génie (2). Et nous ne pouvons voir en tout

(1) « Une machine, dit Rouleaux, est un assemblage de corps résistants, disposés de manière à obliger les forces mécaniques naturelles à agir en donnant lieu à des mouvements déterminés. » C'est l'étude de ces dispositions spéciales qui constitue la science des machines. L'essentiel est que, « dans la machine, les corps en mouvement soient empêchés d'exécuter des mouvements différents de ceux que l'on a en vue ». De là la nécessité d'emboîter un corps dans l'autre ou du moins d'assujettir un corps par l'autre ; de là ces couples d'éléments cinématiques que l'analyse trouve au fond de tout mécanisme : la vis et son écrou, la poulie et sa corde, le coin et sa fente, etc. Réunissons divers de ces couples, et il pourra se faire que le résultat soit très différent de ses conditions. On aura un nouveau couple dont les éléments seront eux-mêmes des couples ; et ainsi de suite. On voit l'ampleur du champ ouvert à l'imagination... — Rouleaux reconnaît d'ailleurs que les théories cinématiques admises avant lui *n'ont jamais servi à produire un seul mécanisme nouveau*.

(2) Tout ce que peut en général le logicien, c'est, une fois éclose l'idée de génie, de la soumettre à des épreuves de vérification théorique ou pratique. Remarquons,

ceci qu'une confirmation de ce que nous disions tout à l'heure sur l'Esprit considéré comme une sorte d'Espace des Possibles, qui se compose de rectilinéarités logiques et de sinuosités logiques, de déductions parfaites et imparfaites, en nombre indéfini, comme l'espace est composé de lignes droites et de lignes courbes. Et c'est Imagination autant que Raison qu'il convient d'appeler l'Esprit à ce point de vue (1).

Il n'en est pas moins d'un grand intérêt de constater qu'un ordre rectilinéaire des inventions existe, analogue au mouvement rectiligne des corps, que cette étrange ligne droite des idées de l'esprit est susceptible de se substituer à leur ligne sinueuse, et qu'en réalité cette substitution, progrès remarquable, s'opère de nos jours. « Jusqu'à ce jour, dit le savant déjà cité, le développement général de la machine s'est produit, dans une certaine mesure, sans qu'on en eût nettement conscience. Plusieurs inventions modernes révèlent un esprit nouveau, un génie particulier, très étonnant, et qui diffère essentiellement de celui qui présidait aux créations de la mécanique des temps passés. La base de l'ancien procédé est le perfectionnement incessant. Le procédé moderne, au contraire, produit immédiatement du nouveau ; et c'est ainsi que nous voyons parfois des machines faire triomphalement leur entrée dans la pratique, en présentant, dès le début, un grand degré de perfection (2) ». Le temps semble

en effet, que l'invention, comme la découverte, commence par être une conjecture. Il en est d'une machine nouvelle avant son emploi industriel comme d'une hypothèse scientifique avant son contrôle par les faits. Or, ici et là, la pierre de touche est la même : il s'agit toujours d'appliquer l'observation et l'expérience. La locomotive étant inventée, le premier machiniste y monte et prouve, en la faisant marcher sur les rails, qu'elle répond à son but : preuve par l'expérience. D'autre part, le public regarde et constate sa marche : preuve par l'observation. C'est précisément de la même manière que les lois de Gay-Lussac ou de Berthollet ont été vérifiées. Je ne puis donc admettre, comme le dit en passant M. Espinas dans sa très philosophique *Histoire des doctrines économiques*, que la logique de l'action et la logique de la pensée « soient soumises à des règles différentes. » L'une et l'autre se ramènent au fond, non aux canons de Stuart Mill, mais bien à la vieille théorie du syllogisme qui, comme M. Renouvier me paraît l'avoir profondément montré, est implicitement postulée par ces canons — un peu surfaits — en ce qu'ils ont de solide. Seulement n'oublions pas que le *syllogisme de la connaissance,* seul étudié jusqu'ici, demande à être complété par le *syllogisme de l'action,* dont nous avons si souvent parlé.

(1) Si l'on connaissait toutes les inventions possibles ou réelles, il est bien probable qu'on les verrait se coordonner en séries régulières, comme les corps chimiques d'après certaines théories accréditées. Ce sont les lacunes de l'*irréalisé* qui, comparables aux déchiquetures des continents et des mers, donnent aux inventions réelles un air pittoresque.

(2) Comparez au lent perfectionnement de la roue des chars antiques, d'abord

s'approcher où, en fait d'institutions gouvernementales et économiques, comme en fait de machines, on prétendra aller droit au but, par les voies les plus courtes. Il n'est pas prouvé que cette prétention, malgré ses échecs lamentables jusqu'ici, soit destinée à rester toujours vaine. — A vrai dire, ce qui est surprenant, ce n'est pas que la série des phases intermédiaires entre un état social quelconque pris comme point de départ et un autre état social quelconque choisi comme terme final, entre une mythologie donnée et une foi religieuse qui en naîtra, entre la conjugaison de la langue latine et la conjugaison du français, entre la tragédie d'un Eschyle et celle d'un Euripide, entre la statuaire de l'école d'Egine et celle de l'école de Phidias, etc., puisse être abrégée jusqu'à un certain minimum, comme la série des emplacements d'un mobile entre un point et un autre est susceptible d'abréviation jusqu'au moment où, de courbe qu'il était, son trajet devient rectiligne. L'étonnant, au fond, c'est la réalité de ce minimum dans les deux cas et sa résistance invincible à toute abréviation ultérieure ; c'est l'impossibilité pour un corps de troquer instantanément son emplacement en un point contre son emplacement en un autre point sans être astreint à occuper successivement tous les lieux interposés ; et c'est l'impossibilité pareille pour un esprit d'échanger immédiatement telle forme de pensée contre une autre forme de pensée, sans être obligé de traverser des formes de pensée différentes interposées aussi, on ne sait comment ni pourquoi. L'habitude seule nous fait trouver cela tout naturel. Il existe des distances psychologiques et physiologiques aussi bien que des distances géométriques. Il existe, pour ainsi dire, un espace spirituel et social, un espace biologique aussi bien, qui impose une limite forcée, infranchissable, aux raccourcissements graduels apportés par le progrès de la Vie dans la succession des transformations embryonnaires, dans le passage de l'ovule à l'adulte, ou, par le progrès de l'éducation, dans le passage des impressions tactiles de l'enfant aux notions les plus élevées du philosophe, et de l'état sauvage à l'état civilisé. La réalité de la Vie, la réalité de l'Esprit, si on la conteste, en voilà une preuve. Un esprit, indi-

pleine et toute en bois, puis à rayons et munie de clous de fer, puis cerclée de fer, la perfection innée du téléphone et la transformation si rapide des vélocipèdes.

viduel ou social, peut passer, par une infinité de voies, d'une
notion à une autre notion, d'un sentiment à un autre sentiment;
mais il y a une de ces voies qui, pour chaque esprit, est la plus
courte possible ; et l'on peut même affirmer que, pour tous les
esprits, quels qu'ils soient, il y a, dans l'étude des mathématiques, une chaîne nécessaire de théorèmes qui relient un théorème donné à un autre. Pareillement, de l'amour à l'ambition,
et de l'ambition à l'avarice, de l'épicuréisme au mysticisme, un
certain *minimum* d'intervalle interne est indéniable. Que pour
passer d'une conviction affirmative à une conviction négative
relativement à la même idée, ou d'une volonté forte à une forte
nolonté (1) relativement à un même objet, on doive parcourir
successivement tous les degrés de l'affirmation ou de la volonté
décroissantes, puis remonter tous les degrés de la négation et
de la *nolonté* grandissantes, passe encore, quoique rien ne jus-
tifie, en somme, la nécessité de cette gradation. Mais il y a
mieux : pourquoi souvent faut-il nécessairement, pour passer
d'une affirmation à une autre affirmation, d'une volonté à une
autre volonté, affirmer et vouloir des choses différentes, occuper
d'autres *positions* mentales ?

Si j'invoquais, à l'appui de ces considérations, les méthodes
d'enseignement élémentaire qui proportionnent la nature des
notions successivement enseignées à l'âge ou à la race de l'enfant, si je rappelais l'incapacité où sont certaines races de
s'élever aux conceptions scientifiques de l'univers avant d'avoir
gravi l'escarpement moindre des idées cosmogoniques d'une
religion, telle que le mahométisme, on pourrait me reprocher de
confondre ici les exigences du développement cérébral avec
celles de l'ordre rationnel. Mais, pour ne parler que des adultes
civilisés, ne semble-t-il pas que Maine de Biran *n'a pu* passer du
sensationnisme de Condillac au mysticisme de Fénelon qu'en
traversant le stoïcisme de Marc-Aurèle ? Leibniz, qui, nous dit-il,
a débuté par le matérialisme atomique et unitaire, n'est parvenu
à imaginer son système, unitaire pareillement, mais spiritualiste, des monades, ces « atomes spirituels », qu'après avoir
franchi le cap du dualisme cartésien ; et il semble bien qu'à
défaut de cet intermédiaire, il y en aurait eu inévitablement

(1) Je me permets ce néologisme nécessaire pour exprimer la *volonté négative*, la volonté de ne pas faire ou la volonté qu'une chose ne soit pas faite.

quelque autre. — L'idée même d'*évolution* implique la vérité
que j'indique ; et elle était certainement au fond de la pensée
d'Auguste Comte quand il formulait sa loi des trois états, théologique, métaphysique et positiviste, que l'esprit humain est,
d'après lui, assujetti à suivre l'un après l'autre en toute sorte de
développement. D'ailleurs, cette loi est inexacte, et elle pèche
d'abord par excès de simplicité. Chez Cournot, nous trouvons,
sous une forme différente, une vue tout autrement claire, complexe et pénétrante. L'*ordre rationnel* des idées et des faits,
cherché par ce grand esprit durant sa longue existence, n'est
autre chose que l'ensemble de ces rectilinéarités psychologiques
dont je parle. Mais il en a fait une application trop restreinte
encore. Il y a un ordre rationnel des erreurs aussi bien que des
vérités. Si, parmi tous les arrangements dont la succession des
théorèmes de géométrie est susceptible, il en est un qui se distingue des autres par sa vertu éminemment explicative et satisfaisante, par son caractère de déduction rectiligne, n'y a-t-il pas
de même, parmi toutes les manières d'exposer les dogmes de
la religion la plus extravagante, les mythes de la mythologie la
plus fantaisiste, une combinaison plus propre que nulle autre à
faire sentir la raison d'être de chacun d'eux? Cela est certain.
Cette combinaison est-elle la reproduction fidèle de l'ordre d'apparition historique de ces dogmes? Non, presque jamais, de
même que, presque jamais, les masses terrestres ou célestes ne
se meuvent naturellement en ligne droite.

VII

Je ne veux pas insister sur ces aperçus. Mais il m'est permis
d'y rattacher une remarque dont la vérité plus palpable trouvera
sans doute moins de contradicteurs. Qu'on pense ce qu'on voudra de la série rectilinéaire des inventions, on ne pourra refuser
d'admettre, dans un grand nombre de cas, leur *série irréversible* (1), comme celle d'une foule d'états d'esprit et d'états

---

(1) J'ai déjà développé ce point de vue et cité divers exemples d'irréversibilité, —
que je ne reproduis pas ici, — dans mes *Lois de l'Imitation*, chapitre VIII. Le
lecteur est prié de vouloir bien s'y reporter. J'ai touché en passant au même sujet
dans la *Philosophie pénale* et les *Transformations du Droit, passim.*

sociaux. Les inventions peuvent être divisées en deux classes : celles qui, se confirmant ou ne se niant pas, s'aidant ou ne se nuisant pas, peuvent coexister dans un pays et s'y accumuler indéfiniment ; et celles qui, se niant ou se nuisant, ne peuvent que se substituer les unes aux autres chez le peuple où elles se rencontrent. Les premières, les accumulables, ont beau apparaître souvent dans un ordre à peu près pareil, en deux pays différents et sans communication, leur succession dans un ordre inverse reste toujours concevable et possible. Je laisse de côté, bien entendu, celles qui, tout en coexistant, sont dans le rapport d'élément a composé ; évidemment, l'invention composée n'a pu précéder les inventions composantes, par exemple la locomotive la roue et la vapeur. Je parle d'idées, simples ou complexes, qui ne rentrent pas l'une dans l'autre. L'idée de domestiquer l'homme, l'esclavage, a sans doute précédé dans certains pays et, dans certains autres, suivi l'idée, nullement contradictoire, de domestiquer des animaux. En Amérique, elle a précédé celle-ci ; car l'esclavage régnait dans des tribus Peaux-Rouges, qui ne connaissaient encore aucun animal domestique, et chez les Astèques qui ne connaissaient que le chien. Ailleurs, nous voyons au contraire des tribus pastorales sans esclaves. Quant aux inventions *substituables*, leur ordre est et doit être en général irréversible. -- Il y a une raison logique ou téléologique, en effet, la loi du moindre effort pour le plus grand effet, ou la tendance à un arrangement de plus en plus cohérent et systématique, qui empêche, *dans une société donnée*, le fusil d'être inventé avant l'arquebuse, la lampe à pétrole avant la torche de résine, l'écriture alphabétique avant l'écriture hiéroglyphique, etc. Si la société dont il s'agit vient à être brusquement transformée par quelque catastrophe, cette anomalie peut se réaliser, mais à titre d'exception, et d'exception confirmant la règle. Par exemple, une période de grande anarchie politique peut avoir pour conséquence la rétrogradation de la justice royale à la vendetta et au wergeld, ou du régime agricole au régime pastoral. C'est ce qui est arrivé en Espagne, où l'élevage des troupeaux, pendant la longue guerre contre les Maures, s'étendait sans cesse aux dépens du labourage, parce qu'il était plus facile d'en défendre les produits contre les pillages mauresques (1).

(1) Voir *Revue d'économie politique* de juillet 1893.

La loi du moindre effort explique beaucoup d'irréversibilités. En vertu de cette tendance universelle, quoique inégale et variable, a lieu l'*adoucissement phonétique* étudié par les linguistes, cette substitution de syllabes douces, d'une prononciation facile et rapidement propagée, à des syllabes fortes et rudes ; semblablement, l'*atténuation de la quantité*, qui tend à rendre brèves les longues, jamais à allonger les brèves, comme cela est démontré notamment par la comparaison des plus anciens et des plus récents poètes latins. Sous l'empire de cette même tendance, les symboles, en se transformant pour se propager plus loin et plus vite, vont se simplifiant, s'abrégeant, se polissant, comme les formes de la procédure, les procédés de métiers ou les thèmes artistiques ; par la même cause, les sacrifices d'animaux se sont substitués aux sacrifices humains, les offrandes végétales, puis symboliques, aux immolations animales. De même, le char a remplacé le palanquin, la voiture suspendue le char, la locomotive les diligences. Jusque dans les procédés employés pour l'exécution des criminels ou pour les représailles des partis politiques, se fait sentir l'influence de cette loi. La guillotine, de la sorte, a remplacé la décapitation par le sabre ou la hache, et la spoliation du vaincu politique par l'impôt, par l'exclusion des charges publiques, par mille moyens législatifs, a remplacé sa confiscation brutale et mal aisée, en usage jadis. A Florence, au XIV⁰ siècle, après avoir usé et abusé des listes de proscriptions spoliatrices et sanguinaires, telles que les avaient connues l'antiquité classique, les factions inventèrent l'*ammonizione*, « expédient, dit Perrens (1), qui rendit la loi (une loi des suspects) plus efficace en la rendant moins féroce. » Il consistait en ce que, lorsque quelqu'un était soupçonné d'être gibelin, par exemple, les guelfes au pouvoir lui faisaient donner avis de n'accepter aucun office (tiré au sort), sous peine d'être accusé et puni de mort. « Ainsi l'avertissement préventif dut précéder la condamnation et ne tarda pas à s'y substituer, parce que personne n'osa s'y exposer. Un euphémisme couvrit la violence et lui permit de s'étendre impunément. » Le même mot *ammonizione* a été donné, dans l'Italie contemporaine, à un avertissement judiciaire qui tend à se substituer, en se généra-

(1) *Histoire de Florence*, t. IV, p. 495.

lisant, mais avec une efficacité beaucoup moindre, à l'emprisonnement et à l'amende.

Mais il est d'autres espèces d'irréversibilités auxquelles la loi
du moindre effort (c'est-à-dire la raison téléologique) ne paraît
pas pouvoir s'appliquer, et qui relèvent plutôt de la logique proprement dite. La linguistique qui, du reste, abonde en irréversibilités énigmatiques, fournit des exemples de ce genre. Au cours
de la formation des langues romanes, notamment, on voit la
flexion forte des verbes se transformer peu à peu en *flexion
faible*. La flexion forte du latin s'affaiblit souvent en passant à
l'italien, au provençal, au français, à l'espagnol encore plus et
au portugais. Jamais l'inverse n'a été constaté avec certitude ;
Diez regarde la chose comme « à peine possible ». Est-ce pour
économiser leur peine de prononciation et pour rendre l'expression de leur pensée plus nette ou plus vive que les populations
néo-latines ont poussé sur cette pente l'évolution de leur idiome?
Non, car précisément la flexion forte est la forme contractée, la
plus nerveuse et la plus claire. Il est plus vraisemblable que,
diverses circonstances accidentelles ayant fait gagner du terrain
déjà à la flexion forte dans la langue-mère, le mouvement s'est
continué dans les langues-filles en vertu de cette logique analogique qui est inhérente au langage. — Autre exemple. Si la loi
de la « substitution » des consonnes, émise par Grimm, était
bien nommée, s'il était certain que, dans le passage de la langue-
mère hypothétique des langues aryennes à un groupe de
celles-ci, aux langues germaniques, la *ténue* s'est changée en
aspirée (le *p* en *f*, le *t* en *th*, le *k* en *h*), l'aspirée en moyenne
(le *f* en *b*, le *th* en *d*, le *h* en *g*), la moyenne en ténue (le *b* en *p*,
le *d* en *t*, le *g* en *k*) et que jamais le changement inverse ne s'est
produit, il y aurait là un bel échantillon d'irréversibilité. L'adoucissement phonétique n'a rien à voir là, évidemment ; au contraire, un renforcement phonétique, une difficulté plus grande
de prononciation, a dû le plus souvent résulter de cette transformation.

Du fétichisme à l'idolâtrie, le progrès est irréversible ; des
dieux-animaux aux dieux-hommes, du zoomorphisme à l'anthropomorphisme divin, pareillement; et même des dieux-animaux
féroces aux dieux-animaux domestiques. Ici, comme dans toute
l'évolution religieuse, nous voyons se combiner la logique pro-

prement dite et la téléologie, mais la première jouer le rôle
dominant. Dans toutes les religions supérieures, christianisme,
bouddhisme, taoïsme, etc., les ermites précèdent les cénobites,
l'engouement pour la vie érémitique précède l'engouement pour
la vie cénobitique, et l'on n'observe jamais le contraire. Pourquoi cela ? Parce que, de l'individualisme mystique, de la vie
érémitique, telle que les premiers ascètes chrétiens la prati-
quaient dans la solitude du désert, au communisme mystique,
à la vie monastique telle que le moyen âge la réalisait dans ses
vastes couvents disciplinés, hiérarchisés, et relativement confor-
tables, où la division et l'organisation du travail étaient remarquables, il y a la différence, non seulement du mal-être au
bien-être relatif, mais encore et avant tout celle d'un état moins
cohérent à un état plus cohérent, à une systématisation de
prières et d'efforts qui satisfait mieux le besoin logique de
l'esprit.

Voici encore un exemple peu apparent, emprunté à l'évolution
des problèmes philosophiques, dont l'ordre est éminemment
irréversible. On a remarqué que les deux grandes philosophies
où s'est condensée et partagée la pensée hellénique, à savoir la
philosophie de Platon et celle d'Aristote, ont été l'une et l'autre
une tentative pour résoudre la question des universaux (1). Ils
l'ont résolue diversement: Platon dans le sens du réalisme, avec
ses Idées; Aristote, plutôt dans le sens du nominalisme. Pour
qui va au fond de leurs préoccupations, il n'est point difficile de
reconnaître, avec Cournot, que ces deux grandes écoles, comme
d'ailleurs presque toutes les autres spéculations grecques, sont
l'expression d'une pensée jeune qui, en croyant s'occuper des
choses, ne s'occupe, à son insu, que des mots. Ce sont des
espèces d'analyses grammaticales supérieures, des fouilles dans
le sol philologique pour découvrir le trésor supposé caché dans
les mots, dans ces signes mystérieux investis encore d'une
valeur magique, clefs ou talismans de l'Univers. En somme, c'est
là un *criticisme* déjà, comme celui de Kant, mais qui, au lieu de
porter sur les choses perçues, comme celui de l'Aristote et du
Platon allemands, s'arrête aux noms. Or il va de soi, et la raison

(1) Je ne considère ici ces grands hommes qu'*en tant que métaphysiciens*. Sous
un autre aspect, ils sont des savants, le premier comme géomètre, le second
comme naturaliste et même comme sociologue.

logique en est transparente, que ce criticisme linguistique en
quelque sorte, par lequel devait être dissipée l'illusion prestigieuse attachée à la fantasmagorie du verbe, a dû nécessairement venir avant le criticisme scientifique de Kant, qui a guéri
la raison moderne de son dogmatisme. Par l'un, la pensée a
appris à se méfier du prestige des paroles; par l'autre, à se préserver des illusions d'optique inhérentes aux perceptions mêmes.
— La philosophie antique, il est vrai, s'occupait bien des réalités;
elle contenait des germes de généralisation scientifique, quelques
éléments d'observation ; mais, avant tout, elle était une réflexion
sur le langage, devenu conscient et méfiant de lui-même, — et
elle était aussi une réflexion sur la religion, devenue elle-même
inquiète de sa propre valeur. Ne fallait-il pas que ces deux
grandes catégories sociales, la langue et la religion, fussent
discutées et réduites à leur véritable signification pour que la
philosophie des sciences, claire et libre, fût possible ?

VIII

Ce n'est pas seulement en philosophie, c'est en tout genre de
connaissances, que les découvertes de problèmes s'enchaînent
les unes aux autres comme les découvertes de solutions ; et l'on
sait que les besoins successivement *inventés*, et en grande partie
par leurs propres satisfactions, procèdent souvent les uns des
autres. Mais cet ordre est tantôt réversible, tantôt non. Nous ne
pouvons entrer dans ce détail. Remarquons plutôt que, à raison
de cet arbre généalogique des besoins et des problèmes soit
individuels soit sociaux, il y a un certain ordre irréversible des
inventivités différentes aussi bien que des inventions différentes.
L'attention et l'imagination géniales se déplacent d'âge en âge,
dans le sens des besoins ou des problèmes de leur époque, se
tournant aujourd'hui vers le perfectionnement du langage ou de
la religion, demain vers celui de l'architecture et de l'épopée,
après demain vers celui de la musique ou du drame, ou bien
aujourd'hui fondant l'astronomie et la géométrie, demain la
physique, après-demain la biologie, la sociologie plus tard
encore. Dans la Grèce antique, la formation ou la maturité des
diverses catégories de sciences énumérées se sont produites

dans cet ordre, et il s'est répété dans l'Europe moderne. Quant on voit un peuple, tel que la France au xviie siècle, très éclairé en mathématiques, on n'en peut conclure qu'il est déjà très avancé en chimie ou en médecine ; tandis que, s'il a des chimistes et des physiologistes éminents, on peut assurer qu'il a (*ou qu'il a eu*) des géomètres de première force. Par une raison analogue, si nous apprenons d'un peuple qu'il possède une langue ingénieuse et harmonieuse, d'une grande richesse grammaticale, telle que le basque ou certaines langues américaines, nous n'avons point la certitude qu'il ait su bâtir de beaux édifices ou fabriquer de belles tragédies. Dans la période pré-homérique, le grec était déjà une admirable langue, et j'en dirai autant du sanscrit, du celtique, des anciennes langues germaniques et slaves, du persan, ainsi que de l'hébreu, aussi haut qu'on remonte dans leur passé. Mais l'inverse est-il également vrai ? Si nous voyons un peuple en possession d'une noble architecture et d'une musique savante, sommes-nous autorisés à en conclure qu'il parle, ou qu'il a parlé une langue d'une certaine richesse grammaticale ? Oui, je le pense, à moins qu'une importation prématurée ou forcée d'arts étrangers n'ait faussé son développement naturel. Ma raison de le penser est que, le problème de la communication mentale avec autrui ayant été le premier problème social, — car le problème de l'alimentation et celui de la défense s'étaient déjà posés *pré-socialement*, — toute l'ingéniosité des hommes primitifs a dû se concentrer sur la réponse à faire à cette impérieuse demande. On a dû voir alors ce qui s'est vu mille fois plus tard, le plaisir de parler et de bien parler recherché pour lui-même, indépendamment de sa grande utilité, qui pourtant explique précisément le caractère en quelque sorte esthétique de la passion spéciale qu'elle engendre. Tous les esprits ingénieux, bien doués, se sont appliqués à cette recherche, comme, plus tard, en Grèce la même élite s'est adonnée à la politique, comme, en notre seizième siècle italien ou flamand, elle s'est passionnée pour la peinture et la sculpture, comme de nos jours elle s'est dépensée dans la floraison luxuriante de l'industrie. La langue a été le premier objet d'art de l'homme partout où la race produisait spontanément des artistes-nés ; partout ailleurs, elle a été son premier jouet ou son premier bijou.

Je sais bien que cette hypothèse contredit tout ce qui a été dit et répété mille fois sur la stupidité de l'homme primitif, sur la prétendue inconscience de ses productions, surtout en fait de langage. Un mot à ce sujet, ce ne sera pas une parenthèse inutile. On nous dit que l'homme préhistorique, devait être, comme nos sauvages actuels et nos enfants, incapable *d'attention* (1). Mais on oublie qu'il y a une attention spontanée, très distincte, d'après Ribot, et même en raison inverse de l'attention volontaire. C'est la seconde qui est faible chez les esprits naissants ou incultes. Mais la première, au contraire, est très forte et très tenace en eux, comme l'observation la plus élémentaire des enfants le démontre. Un enfant intelligent a presque toujours quelque idée fixe, quelque sujet d'occupation privilégié qui absorbe toute son attention. Celui-ci, dans une gare, ne peut détacher ses yeux de la locomotive; des heures entières il la regardera, l'analysera en détail, y rêvera ensuite et en rapportera une image assez précise pour la dessiner sur tous ses livres de classe. Celui-là ne regarde, ne dessine, que chevaux ou bicyclettes, ou son chien, et toutes ses questions à son père roulent là-dessus. Il en est de même des sauvages, si nous en jugeons par le contraste entre leur inattention prodigieuse à certains égards et leur ingéniosité remarquable sur certains autres points. Ils ne prennent pas garde à des plantes textiles et oléagineuses de leur région, qui seraient d'un facile emploi pour leurs vêtements, leur nourriture ou leur éclairage; mais en même temps leur habileté à se tatouer, à manier le *boomerang*, à découvrir des poisons végétaux tels que le curare pour empoisonner leurs flèches, à utiliser des coquillages pour leur parure, etc. attestent qu'ils ont observé attentivement, avec pénétration, ce qui a trait à la guerre, à la chasse, à la décoration vaniteuse de leur corps (2). Qu'y a-t-il de plus grossier, de plus absurde que les superstitions par lesquelles la plupart des

(1) Parce que, nous dit-on, les sauvages ne peuvent « soutenir un quart d'heure de raisonnement ». Je le crois bien; des raisonnements qu'ils ne comprennent ni ne peuvent comprendre !

(2) Cet homme préhistorique, que bien des anthropologistes nous peignent comme un utilitaire renforcé ou un guerrier féroce, toujours en guerre ou toujours enfoncé dans ses préoccupations alimentaires, devait être, avant tout, un paon d'une extraordinaire fatuité, faisant perpétuellement la roue avec ses ornements de plumes et de coquillages, très friand, très emphatique et discoureur, extrêmement chatouilleux sur son point d'honneur à lui; et, avec cela, en général, d'humeur pacifique (Voir *Revue scientif.*, 27 sept. 1890).

peuplades ont essayé d'expliquer la création et les destinées de l'Univers qui les entoure, l'origine et le sort de l'humanité? Mais qu'y a-t-il de plus ingénieux parfois, fréquemment même, que le mécanisme compliqué de leur langue, abondante en tournures expressives et pittoresques, en sonorités mélodieuses? J'en induis que l'homme préhistorique, comme nos sauvages actuels et comme nos enfants, devait être, quand il était intelligent, *très spontanément attentif* aux sons articulés, et, par suite, très bien doué pour l'invention aussi bien que pour l'imitation linguistique (1).

Maintenant, pour la plupart des hommes éclairés, le *bien parler* n'est plus qu'un moyen; mais il a dû commencer par être un but, comme chez l'enfant intelligent, qui, le plus souvent, parle pour parler. C'est grâce à cela que les petites inventions linguistiques se sont multipliées, accumulées, coordonnées en embryons de grammaire. Nous voyons, en effet, que, toujours et partout, aux époques de rénovation ou de réforme du langage (2), par exemple en France au commencement du xviiᵉ siècle, dans l'Italie du xiiiᵉ, à Rome sous Auguste, la culture linguistique a été intentionnelle, réfléchie, passionnée, et que les questions de grammaire, comme en d'autres temps les questions de théologie, ou de droit, ou d'algèbre et de géométrie, ont exercé sur toute une élite intellectuelle une vraie fascination, devenue plus tard inexplicable. Nous pouvons sans crainte généraliser cette remarque : pour l'homme individuel, comme pour l'homme social, tout ce qui n'est plus qu'habitude et simple moyen au service d'une volonté, a été d'abord aussi volonté et fin finale (3); tout ce qui n'est plus que simple notion à peine consciente, prédicat ou attribut d'une proposition, a été d'abord proposition aussi et objet direct de conscience. Ce double principe ne doit jamais être perdu de vue en psychologie et en socio-

---

(1) Un écrivain italien devine, à l'inspection du crâne de Néanderthal, que, vu la lourdeur de sa mâchoire, cet homme était dépourvu de la faculté du langage... Ce n'est pas le plus étonnant spécimen de divination anthropologique.

(2) Car, bien entendu, ce n'est pas seulement à l'origine des sociétés que l'esprit d'ingéniosité s'est orienté vers la langue. Seulement au début, il a dû s'y appliquer bien plus fort, à défaut d'autres objets propres à le distraire. — L'esprit d'ingéniosité tourne sans cesse, et revient souvent aux mêmes points, ce qui ne l'empêche pas d'avoir, *en partie*, un sens irréversible de rotation, comme les aiguilles d'une montre.

(3) C'est ainsi que, en politique, tout ce qui a commencé par être *acte de pou-*

logie. Il exprime un changement vraiment irréversible qui s'est produit, non plus dans le passage d'une invention à une autre, mais dans le caractère de chaque invention quelconque. Il est très instructif de remarquer ainsi que toute invention a été aimée et voulue pour elle-même par ses auteurs ou ses premiers apôtres ; car rien ne se fait de grand ni même d'utile dans l'humanité sans une prodigalité d'ardeur, de foi, d'enthousiasme, d'amour, que les temps postérieurs, qui en bénéficient, jugent ridicule. J'entends la cloche d'un village éloigné, et je me dis que cela annonce la pluie ; je vois un perdreau partir, et je me dis qu'il me faut le tuer avec mon fusil ; ces deux idées, que ce son est celui d'un village éloigné, et que cette sensation visuelle est celle d'un oiseau situé à une faible distance, sont maintenant de simples notions, perçues directement et employées par ces deux propositions : « l'audition distincte de cette cloche lointaine est signe de pluie, — je dois tuer ce perdreau situé près de moi ». Mais tout petit enfant, pendant ma première année, quand je regardais, quand j'écoutais, l'unique intérêt de mon esprit était de formuler des jugements de localisation par lesquels j'attribuais à telle sensation visuelle ou acoustique la possibilité de telle sensation différente, tactile ou musculaire. J'ai vécu longtemps de ces jugements et de ces raisonnements explicites, conscients, peu à peu tombés au rang de perceptions directes, matériaux d'autres jugements et d'autres raisonnements. De même, nous ne voyons plus aujourd'hui dans les indications fournies par la carte géographique d'un pays depuis longtemps connu, que des notions propres à nous servir pour un voyage, pour l'adresse d'une lettre ou d'un colis ; mais cette carte, pour la première fois, a été dressée par un géographe enthousiaste, qui, en recherchant les distances et les positions de ces villes, ou l'altitude de ces montagnes, n'a eu d'autre but momentanément que chacune de ces découvertes. — Je me tiens debout en équilibre sans le vouloir

voir devient *habitude administrative*. Et le progrès consiste à *administrer* de plus en plus, à *gouverner* de moins en moins. Tout ce qui est maintenant simplement administratif en France — levée des impôts, police, poste, justice criminelle ou civile, etc., — a été d'abord gouvernemental au sens propre du mot. On voit d'âge en âge le pouvoir souverain se dépouiller lui-même de quelqu'une de ses fonctions directes et laisser à des autorités inférieures, machinales et régulières comme nos ganglions nerveux, le soin d'exécuter automatiquement sa volonté dégénérée, je le répète, en habitude.

expressément, je meus régulièrement, sans y penser, mes jambes en marchant pour aller vers un objet ; mais à mon premier pas, j'ai voulu très fort cet équilibre, comme le bicycliste à sa première leçon, j'ai voulu très fort marcher et rien que marcher et m'y suis efforcé en vain. De même, il est des périodes dans la vie d'un peuple où, satisfait de ses procédés de locomotion, il ne songe plus qu'à les employer pour ses fins ; le temps vient déjà pour nous où les locomotives et les bateaux à vapeur ne seront plus appréciés que pour les services qu'ils peuvent rendre au public ou aux inventeurs futurs, tacticiens qui s'en serviront dans leurs plans de campagne, industriels rivaux qui s'en feront des armes dans leur guerre sans merci, organisateurs socialistes qui s'en empareront pour façonner l'industrie à leur gré ; mais nous sortons à peine d'une époque où ces procédés de locomotion ont été aimés passionnément pour eux-mêmes, où la fièvre des chemins de fer en faisait construire d'inutiles et de coûteux, où, dans les pays plats même, comme en Belgique, les ingénieurs, pour satisfaire les vœux de la population, pour se mettre à la mode, se voyaient forcés de creuser des tunnels ! C'était une idée fixe, comme au xv⁰ siècle l'héroïque engouement des découvertes géographiques, comme au temps de Pythagore ou d'Archimède ou même au temps de Descartes, la frénésie des découvertes géométriques. Quel est le marin qui, refaisant à présent le voyage de Vasco de Gama, quel est l'ingénieur qui, appliquant les théorèmes d'Archimède, ressente et comprenne la joie enivrante de ces grands hommes au moment où la solution de leur problème leur a lui ? — Il serait aisé de prolonger ces parallèles. J'en conclus que c'est une illusion des vivants de se persuader que la vie intellectuelle des morts a été, en somme, moins réfléchie, moins laborieuse, moins consciente que la leur ; et de réputer nés d'une sorte d'instinct ou d'inertie inconsciemment industrieuse ces grands legs que nos ancêtres de la préhistoire nous ont transmis : nos langues, nos industries rudimentaires, nos idées religieuses, morales et politiques fondamentales. — C'est par l'effet de l'habitude chez l'individu, c'est par le fonctionnement de l'imitation dans les sociétés, que s'opère la transformation des jugements en simples notions, et des buts en simples moyens. Voilà pourquoi elle est inévitable et irréversible.

Il peut sembler cependant que la transformation inverse a lieu, quand une institution utile ou jugée telle, un moyen, devient un simple jeu aimé pour lui-même. Les archers de la ville de Paris, fort utiles au xiiie siècle, ne sont plus, au xviiie, que les chevaliers de l'Arc, bons à parader dans une procession municipale; d'anciens pèlerinages dégénèrent en frairies ; les tourelles, les créneaux, les machicoulis des anciens châteaux se transforment en joujoux d'architecture pour les châtelains d'à présent. Mais il s'agit là d'inventions surannées et réellement détruites qui se survivent, archaïques fantômes, non d'inventions jeunes qui se produisent, et l'attachement, esthétique soit, et respectable, stérile toutefois, pour ces anachronismes, a-t-il rien de comparable à l'enthousiasme novateur pour des idées d'avenir, à la passion féconde qui remplissait assurément le cœur du premier inventeur d'une milice municipale, du premier constructeur de forts, du premier pèlerin fervent ?

La dégénérescence sociale — fait beaucoup plus normal, si normal veut dire habituel, que le développement de la civilisation, car on ne voit jamais un peuple sauvage se civiliser de lui-même, sans excitation extérieure, tandis qu'on voit presque toujours un peuple civilisé s'abâtardir de lui-même au bout d'un temps, — la dégénérescence sociale consiste en une perte graduelle d'inventions et de découvertes, comme le développement antérieur a consisté dans une acquisition successive d'inventions et de découvertes. — Mais cette dissolution est-elle l'opposé symétrique, la répétition renversée de cette évolution ? On pourrait le croire. On serait tenté d'admettre qu'il en est de la civilisation, sorte de mémoire sociale, comme il en est, d'après la loi formulée par M. Ribot, de la mémoire individuelle, laquelle se dissout chez le vieillard par une série de pertes qui reproduisent au rebours l'ordre de ses acquisitions successives chez le jeune homme et l'adulte. Mais en fait, et quoiqu'il en soit de la vérité de cette formule en ce qui concerne l'individu, il est à remarquer que, lorsqu'un peuple, parvenu au sommet d'une certaine *onde* civilisatrice, se met à redescendre, on le voit rarement, sinon jamais, — et on ne le voit jamais que par force et sous une contrainte extérieure — renoncer aux besoins réputés factices acquis les derniers et aux procédés qui permettent de les satisfaire, par exemple aux besoins et aux procédés de raffinement littéraire ou oratoire, aux mondanités frivoles, aux usages de politesse, — puis à des besoins et à des inventions de nature intermédiaire, relatifs aux rites et aux sentiments religieux d'une certaine élévation, et enfin ne conserver de tout son ancien bagage que les armes ou les tactiques militaires les plus primitives et les outils ou les connaissances agricoles les plus élémentaires. — Au contraire, c'est à ses goûts les derniers venus, fruits de sa corruption finale, que le peuple en décadence tient le plus ; son déclin se montre à la fois par son attachement redoublé pour le factice, le conventionnel, le récent en fait d'importations étrangères ou d'éclosions spontanées, et par son renoncement graduel à l'agriculture et à la guerre, aux passions et aux vertus rurales et belliqueuses, aussi bien que religieuses. — En un mot, la décadence d'un peuple est celle d'un parasite qui, mutilé par son bien-être sans effort, devient par degrés très inférieur à sa victime, jadis sa conquête, dont il ne tarde pas à subir le joug à son tour, contraint alors, mais malgré lui, à bêcher la terre et parfois à guerroyer.

Il en est de la décadence d'une classe ou d'une famille comme de celle d'une nation. Elevée par le métier des armes au comble de la prospérité, une race de conquérants s'y endort bientôt, s'y raffine et décline ; et ses derniers descendants deviennent, non de rudes agriculteurs et des guerriers sauvages, comme ses premiers ancêtres, mais des histrions, des sophistes, des femmes du demi-monde, des déclassés, des malfaiteurs.

IX

Dans ce qui précède, nous ne nous sommes occupés que de la production des inventions successives ou de leur ordre d'apparition et de mutation. Mais il importe assez peu, en somme, qu'elles soient entrées suivant tel ou tel ordre, qu'elles se soient produites de telle ou telle manière, dans l'Esprit social ; l'essentiel est qu'elles y soient ensemble et qu'elles s'y concentrent en systèmes harmonieux, logiques et stables. Comment cette harmonisation, lente ou rapide, parvient-elle à s'accomplir ?

Elle s'accomplit de la même manière que s'est produit chacun de ses éléments, et cela n'a rien d'étrange. Cette harmonie des inventions élémentaires, en effet, n'est elle-même qu'une grande invention complexe, à laquelle ont coopéré, comme à la plupart des autres, des cerveaux multiples, avant qu'un cerveau unique l'ait complétée ou marquée à son sceau. Elle a lieu, elle aussi, par une alternance de duels et d'unions logiques, par une association de l'esprit critique, éliminateur, épurateur, avec le génie synthétique, accumulateur, fortifiant. L'un et l'autre collaborent à former ce faisceau de principes que nous trouvons partout au bout d'un temps, non seulement en fait de langage, sous le nom de grammaire, mais encore en fait de religion, de science, de gouvernement, de législation, de morale, d'industrie, d'art, où, sous des noms divers, catéchisme, théories, constitution, règles du droit, maximes, lois économiques, poétique, se montre à nous, pour ainsi dire, la grammaire religieuse, scientifique, gouvernementale, morale, économique, esthétique. Et c'est grâce à cette grammaire une fois établie que le dictionnaire, non seulement de la langue, mais de toutes les autres institutions énumérées, peut s'enrichir ensuite indéfiniment. J'entends par dictionnaire la collection des récits légendaires conformes au dogme fixé, des faits expliqués par la théorie, des lois et décrets constitutionnels, des jugements juridiques, des usines ou ateliers viables, des œuvres d'art selon la formule, en un mot l'accumulation de petites inventions qui ne se bornent pas à ne pas se contredire comme d'autres antérieurement accumulées, mais qui se confirment entre elles en revêtant la même livrée *grammaticale*, ainsi que font tous les nouveaux mots incorporés à une langue.

Il y a ici trois périodes à considérer. La première est celle qui précède le travail harmonisateur. Elle consiste, — comme celle qui précède la fermentation inventive dans le cerveau d'un inventeur, — en une entrée libre, en quelque sorte, d'idées nouvelles, clairsemées et éparses dans l'esprit social, idées qui, ne se touchant pas encore, ne se gênent en rien ni ne s'entr'aident, ou bien dont la contradiction et la confirmation réciproques n'apparaissent pas. Quand tout un continent est à défricher, les colons qui commencent à s'y répandre ne s'y gênent guère. Quand toute une langue, toute une religion, tout un droit, etc., est à créer, les premiers esprits imaginatifs et initiateurs qui répondent comme ils peuvent aux besoins différents, au fur et à mesure qu'ils se produisent, ont libre carrière ; et les signes verbaux qu'ils imaginent pour désigner des objets différents, les récits mythologiques qu'ils inventent pour satisfaire des curiosités différentes, les décisions judiciaires par lesquelles ils tranchent arbitrairement des difficultés différentes, etc., ne courent guère le risque de se contredire. C'est ainsi, par exemple, que les sentences du Conseil d'Etat, sous le Consulat et l'Empire, avant la formation, même embryonnaire, d'un droit administratif, que, précisément, elles ont préparé en s'accumulant, résolvaient, chacune à part, des problèmes chaque jour nouveaux (1). — Beaucoup de peuplades sauvages n'ont jamais pu dépasser ce stade, sauf au point de vue du langage. Leur mythologie se compose de mythes incohérents, comme leur politique d'actes arbitraires du chef, comme leur droit de coutumes sans lien et sans règle, comme leur industrie et leur art de recettes quelconques. Assez souvent ces éléments rassemblés pêle-mêle renferment des contradictions énormes, mais personne ne les aperçoit.

La seconde période s'ouvre quand on commence à remarquer ces contradictions et à en souffrir, ou à remarquer les mutuelles confirmations des idées admises et à y prendre goût. Ce désir de mettre d'accord les désirs entre eux, les croyances entre elles, cet intérêt qu'on juge avoir à harmoniser les intérêts et les jugements, se généralise et s'accroît d'autant plus, jusqu'à un certain point, qu'il a déjà été plus satisfait. Il n'est nulle part plus exigeant que parmi les nations les plus systématisées. Pour se satisfaire, tantôt il immole un intérêt ou un principe à un intérêt ou à un principe puissant qui lui est contraire et qui se substitue à lui, sacrifiant, par exemple, une flexion relativement exceptionnelle à une flexion plus habituelle, un dogme hérétique à un dogme orthodoxe, les justices féodales à la justice royale et les grands vassaux au roi, les bateaux à voiles aux bateaux à vapeur ou les diligences aux locomotives, une profession à une autre profession, une classe à une autre classe, la tragédie classique au drame moderne. Tantôt il groupe, il soli-

(1) Cette formation du Droit administratif pendant notre siècle et sous nos yeux est un excellent exemple de la manière dont un Droit quelconque, dont un corps de règles quelconque, s'est formé dans le passé. L'ouvrage de M. Hauriou, professeur de droit administratif à Toulouse, est lumineux à cet égard.

darise ou force à se solidariser en les subordonnant les uns aux autres, en les hiérarchisant, plusieurs intérêts dont la mutuelle assistance ou la convergence lui apparaît, plusieurs principes qu'il rattache à l'un d'entre eux, et forme ainsi, par l'adjonction de nouveaux membres fondateurs poursuivie un certain temps, une grammaire, un corps de droit, une organisation du travail, etc., sorte de structure désormais à peu près immuable, sorte de cadre à peu près fixe, mais propre à incorporer un régiment indéfiniment extensible.

La troisième phase est celle où ce régiment se grossit peu à peu, où le dictionnaire s'enrichit, où le martyrologe d'une religion s'augmente et sa théologie ou sa casuistique se développe, où les applications législatives d'un droit s'étendent, où l'administration d'un gouvernement se complète et se perfectionne, où les tragédies, les tableaux, les opéras, les romans d'un art régnant se multiplient.

La preuve que ces trois périodes doivent être distinguées et qu'elles se suivent dans le même ordre irréversible, c'est que nous les retrouvons dans deux élaborations de logique sociale encore plus complexes. Car, en même temps que s'organisent les divers systèmes d'inventions, cette logique infatigable travaille à systématiser ces systèmes, à concilier et accorder ensemble toutes les institutions d'un pays et tous les groupes d'hommes en qui elles s'incarnent, toutes ses forces organisées et vivantes, ateliers, milices, couvents, églises, académies, corporations de métiers, écoles d'art, et à résorber toutes leurs dissonances en une harmonie supérieure et vraiment nationale, sous l'empire d'une idée et d'un idéal majeurs. Puis, après que ces systèmes ont commencé à se systématiser, ces associations à se nationaliser, la logique tente son suprême effort, elle aspire à faire des systèmes de nations, des systèmes du troisième degré pour ainsi dire, fédérations ou empires gigantesques. Ces trois systématisations, d'ailleurs, se rendent de mutuels services ; la guerre, par laquelle se prépare cruellement la troisième, hâte le concert des institutions nationales ainsi que la formation de chacune d'elles, et, réciproquement, la concentration des forces d'un État enhardit son ambition conquérante. Or, dans un peuple naissant, les embryons d'institutions qui se forment sont disséminés d'abord, étrangers les uns aux autres ; les dialectes locaux, les coutumes, les industries, les religions locales coexistent, sans que personne soit choqué de leur incohérence ni ne songe à la possibilité de leur combinaison. Toutes ces choses ne se sentent hostiles ou auxiliaires que plus tard ; alors, par une suite de guerres civiles, tour à tour religieuses, politiques, économiques, et par une série d'adaptations réciproques, une seule langue, reléguant les autres au rang de patois, une seule religion persécutant les autres, un seul droit expulsant les autres, un seul régime industriel exterminant les formes industrielles surannées, finissent par présenter ensemble un air de famille aussi étrange que manifeste ; et, quand de cette union est né un type nouveau de civilisation, on le voit bientôt essaimer autour de lui des colonies où il se répète en se fortifiant, ou des exemples de tout genre qui vont élargissant le domaine de son action. — De même, au début de l'histoire, que voyons-nous ? D'abord, en un très haut passé difficile à apercevoir, mais entrevu néanmoins, des embryons de nations, des bourgs ou des villages éparpillés à de très grandes distances les uns des autres, sur un vaste territoire en friches, comme les étoiles dans le ciel (1). Ces villages, ces bourgs, ces cités, ont commencé par être sans plus de rapports les uns avec les autres que la France et le Japon n'en avaient au moyen âge, ou Rome avec la Chine dans l'antiquité. Mais cet âge d'or de la politique extérieure ne dure guère ; les cités agrandies et rapprochées s'arment et se battent ou s'allient pour le combat contre l'ennemi commun ; et cette ère de dialectique serrée et sanglante, ou captieuse et perfide, ne s'achève, à force de guerres et d'alliances, de conquêtes et d'annexions, que lorsqu'un vaste Empire est ainsi créé morceau par morceau, reposant enfin, ordonné et paisible, en sa puissance incontestée. Il ne lui reste plus qu'à se développer pacifiquement suivant son type propre, comme longtemps l'Égypte des Pharaons ou, de nos jours encore, l'Empire du Milieu. — Telle est la loi du développement normal des nations, sauf, bien

(1) L'œuvre de la Mécanique céleste paraît moins avancée que celle de la Logique sociale. Chaque système solaire, si l'on en juge par le nôtre, est remarquablement équilibré et solidarisé ; mais leur ensemble ne l'est pas encore ou ne semble pas l'être. Si jamais les intervalles prodigieux des étoiles allaient diminuant et les immenses déserts de l'espace se remplissant, quelles gigantesques révolutions verrait le firmament dans l'avenir, avant qu'un nouvel ordre eût germé dans ce chaos ! En attendant, le firmament donne le spectacle de la plus complète *anarchie*.

entendu, les catastrophes belliqueuses qui, si souvent, viennent l'interrompre.

Par où l'on voit, entre parenthèses, que la guerre, quoi qu'on en ait dit, n'est pas éternelle de sa nature, qu'elle est une longue crise à traverser, une méthode critique, pour ainsi dire, mais défectueuse et temporaire, d'argumentation internationale, et que, un jour ou l'autre, le temple de Janus doit être fermé. On ne discute plus quand on s'est mis d'accord ; et, d'ailleurs, discuter n'est pas le seul ni le meilleur moyen de se mettre d'accord. Une idée nouvelle qui surgit d'elle-même dans l'esprit de l'un des deux adversaires, un renseignement nouveau qui lui survient, y réussit bien mieux. Les partisans de l'émission et ceux de l'ondulation, en physique, ont discuté sans résultat jusqu'à une expérience de Fresnel. Entre l'hypothèse de la génération spontanée et celle de la panspermie, pour expliquer la production subite d'animalcules dans certains cas, la vraisemblance n'était pas du côté de la seconde, et les fauteurs de la première avaient beau jeu dans la discussion ; quelques découvertes de Pasteur ont mis fin au débat. Ici, dans les sciences, l'importance supérieure de la découverte vérifiée, de l'invention accréditée, est évidente et reconnue. Mais, partout ailleurs, dans l'ensemble de la vie sociale, elle est non moins certaine et cependant méconnue. L'important, c'est toujours, en histoire, l'équilibration et la majoration de masses de foi ou de forces de désir, et l'on doit nommer événement tout fait qui provoque ou produit une forme nouvelle d'équilibre ou d'acccroissement de ces masses ou de ces forces. A ce titre, assurément, les faits de guerre méritent ce nom ; et, qu'il s'agisse de guerre civile et de lutte électorale ou de guerre extérieure, de guerre pour le pillage, l'asservissement, le rançonnement, ou pour la conversion religieuse ou l'assimilation sociale du vaincu, du vaincu étranger ou du vaincu compatriote, une bataille quelconque est un de ces chocs de syllogismes affrontés dont j'ai parlé plus haut (1). En vertu de prémisses tirées de son but majeur combiné avec ses ressources ou ses connaissances, une nation, un parti conclut: « Je veux ceci », ou bien : « Ceci est la vérité ». Un autre, en vertu de prémisses différentes, conclut : « Je ne le

(1) Voir notre premier chapitre.

veux pas », ou bien : « Cela n'est pas ». Et, toutes choses égales d'ailleurs, c'est l'armée animée de la conviction ou de la passion la plus forte qui l'emporte enfin et écrase ou soumet la conviction ou la passion la plus faible. Un événement, militaire ou autre, est un raisonnement social. Mais il y a les événements qui se voient et ceux qui ne se voient pas, et ceux-ci, inventions ou découvertes d'abord obscures, contradiction ou opposition d'abord sourde, peu à peu grandissante, un jour révolutionnaire, à un système établi d'idées ou d'intérêts, ne sont pas les moins efficaces (1). On ne sait ni quel jour ni par qui la boussole fut inventée ; ce jour-là cependant un événement s'accomplissait qui devait avoir pour conséquence l'essor du commerce maritime, la prospérité de Venise, puis la découverte du nouveau monde, et le transport occidental, océanien, de la civilisation européenne prodigieusement élargie, arrachée aux bords méridionaux de la Méditerranée. L'invention de la locomotive aura plus fait que toutes les conquêtes et toutes les triples ou quadruples alliances pour préparer la grande fédération européenne de l'avenir. Par voie d'*insertion*, en cas pareil, non par voie d'agression directe, une nouveauté s'introduit timidement dans le monde, destinée bientôt à le changer du tout au tout ; ce qui n'empêche pas, si l'on veut, d'appeler cela une *évolution*, mais à la condition toutefois de ne pas confondre les deux choses très différentes que l'on comprend sous ce même mot, à savoir le développement naturel d'un germe et la déviation accidentelle de ce développement par l'introduction d'un germe nouveau. Et voilà pourquoi il n'est pas vrai, je le répète, que la guerre doive durer toujours.

La plupart des guerres, assurément, étaient moins inévitables et ont été moins salutaires à la civilisation, ou plus désastreuses, que les révolutions. Cependant, — et l'on peut tirer de là un argument à fortiori contre l'éternité du militarisme — il n'est pas même vrai que les révolutions, cette autre grande méthode dramatique de dialectique sociale, doivent éclater encore de temps à autre, passé un certain moment de consolidation natio-

(1) Un raisonnement individuel peut être faux, quoique logique, parce qu'une idée utile n'aura pas apparu à l'esprit. Un raisonnement social, un événement qualifié tel, peut être un égarement historique, quoique logique aussi, faute aussi d'une découverte faite à temps. La poudre, découverte huit cents ans plus tôt, eût sauvé la civilisation romaine des coups de la barbarie.

nale. Il n'est pas absolument incontestable non plus que les plus renommées aient toujours été les plus salutaires, ni que, sans elles, ou sans quelques-unes d'entre elles, moyennant leur remplacement par le développement de germes que souvent elles ont écrasés, le sort actuel de l'humanité fût, en somme, moins heureux. Est-il certain que l'invasion des Barbares, la plus grande révolution de l'histoire, ait infusé, comme on le répète machinalement, un sang nouveau à l'Europe décrépite? Elle n'a fait que détruire et arrêter l'imagination civilisatrice pour mille ans. Tout ce qu'il y a eu de viable, au milieu des décombres amoncelés par elle, parmi les vices de la corruption barbare superposée à la décomposition romaine, c'étaient les débris subsistants de Rome et le christianisme propagé grâce à Rome. Sur ce point, à peu de chose près, Fustel de Coulanges me paraît avoir raison contre ses adversaires. La Réforme a fait moins de mal et plus de bien, quoique les ouvrages si documentés de Jannsen donnent fort à réfléchir. Mais nous lui devons la contre-réforme catholique du Concile de Trente, cette austérité rigide et janséniste que le catholicisme a dû revêtir, même dirigé par les jésuites, pour se défendre contre son rigide ennemi. Quel contraste avec ce délicieux catholicisme d'avant Luther, relâché soit, et licencieux, mais si tolérant, si libre, si large, si hospitalier aux nouveautés scientifiques, aux hardiesses philosophiques, au néo-paganisme des humanistes et des poètes! Si cette aimable évolution chrétienne se fût continuée jusqu'à nous, paisiblement, serions-nous plus immoraux encore? Ce n'est pas sûr; mais, selon toutes les probabilités, nous jouirions de la religion la plus esthétique et la moins gênante du monde, où toute notre science et toute notre civilisation tiendraient à l'aise, comme une académie ou une réunion mondaine dans une belle salle gothique aux merveilleux vitraux. Est-ce la Réforme qui est la mère ou l'aïeule de la Révolution française? Non; c'est la Renaissance, d'où procèdent, en ligne directe, à travers les gloires scientifiques du XVIIe siècle qu'elle a suscitées (et que les guerres religieuses ont sans nul doute retardées d'un siècle) les philosophes de l'Encyclopédie. Quant à la Révolution française elle-même, attendons pour la juger qu'elle soit finie. En attendant, et sans rien préjuger, même après Taine, disons, en règle générale, que nous devons toujours nous tenir en garde

contre le vertige de ces grands abîmes historiques, contre le
prestige aussi du fait accompli et l'adoration du succès. L'impression superstitieuse, mêlée d'admiration et d'effroi, d'enthousiasme et de terreur, que les orages de l'atmosphère, les grandes
marées, les catastrophes naturelles, font éprouver aux peuples
primitifs, est extrêmement atténuée chez les civilisés. Mais, chez
eux, elle est remplacée par une émotion de même nature au
fond, non moins puissante, non moins superstitieuse, qu'ils ressentent au passage des grandes tempêtes sociales, des cata-
clysmes historiques. Entre bien des légendes révolutionnaires,
— car chaque peuple a les siennes — et les récits mythologiques
que le cyclone déifié inspire au Peau-Rouge, la distance n'est
pas énorme. Sans révolutions, il est vrai, et sans guerres, combien l'histoire manquerait de couleur ! Mais ce pittoresque coûte
cher. Concluons simplement qu'il convient de ne pas les célé-
brer outre mesure. Elles sont utiles dans la mesure où elles favorisent le génie inventif, qui révolutionne sans révolution et rem-
porte des victoires sans combat.

X

Mais revenons à notre idée principale. Des trois périodes
d'harmonisation systématique que nous avons distinguées, la
plus essentielle à considérer est la seconde, la première n'en
étant que le prologue et la troisième l'épilogue. Or la fermentation harmonisante qui s'opère alors, quel que soit celui des systèmes de plus en plus complexes que l'on envisage, se décompose en deux phases successives. On a dit à tort que l'ordre, en
tout genre de faits sociaux, est une œuvre inconsciente d'abord,
puis consciente ; qu'une langue ou un métier, par exemple, un
art même, un corps de coutume, — on n'ose ajouter toujours
une religion — au début se fait de soi-même, inconsciemment,
et ne s'accomplit avec conscience et réflexion que bien plus tard.
Cela n'est pas plus vrai de ces groupements d'inventions que de
la production des inventions elles-mêmes. Au contraire, c'est le
conscient toujours qui tombe ou aspire à tomber dans l'inconscient, la volonté dans l'habitude, la proposition dans la notion,
comme il a été dit ci-dessus. La vérité entrevue, mais mal saisie,

dans la fausse formule qui précède, la voici : Tout, dans la création d'une œuvre sociale quelconque, simple ou composée, n'est
qu'acte de conscience, et, le plus souvent même, de réflexion et
d'effort ; mais, à l'origine, une invention s'engendre lentement
par la collaboration accidentelle ou naturelle de beaucoup de
consciences en mouvement, cherchant chacune de son côté,
apportant chacune son petit brin de paille ou d'herbe au nid
commun ; puis, un moment arrive souvent où ce travail tout
entier commence et se termine dans un même esprit, d'où
un invention parfaite en naissant, telle que le téléphone,
comme l'a remarqué Reuleaux à propos des machines, jaillit un
jour *ex abrupto*. Ce moment n'arrive pas toujours, mais toujours on y tend. Autrement dit, tout s'opère primitivement par
multi-conscience et s'opère ensuite ou tend à s'opérer par *uni-
conscience*. Ou bien, s'il s'agit d'une même œuvre à accomplir,
c'est par multi-conscience qu'elle s'ébauche et par uni-conscience
qu'elle est achevée. Comment s'est formé le dogme chrétien ?
En premier lieu par l'effort cérébral d'une foule de fidèles qui,
chacun à part en sa petite église isolée, conciliaient comme ils
pouvaient leurs divers articles de foi ; en second lieu, par le
triomphe, après d'innombrables conflits obscurs et quelques
luttes retentissantes entre ces milliers de Crédos, par le triomphe
et la domination incontestée de l'un d'entre eux, qui est le sym-
bole d'Athanase. Comment se forme un Droit ? D'abord, en l'absence de toute législation, par le travail d'esprit d'un grand
nombre de juges qui, successivement, ont peiné à pallier ou
effacer le désaccord des coutumes existantes, et à se faire ainsi
leur petite codification partielle, mentale et spéciale ; puis, après
bien des tiraillements, par le despotisme obéi de quelque glorieux législateur qui a refondu et systématisé tout ce labeur des
siècles, ou a choisi l'un de ces systèmes juridiques particuliers
pour l'ériger en système général des droits. La langue, moins
heureuse — si cela peut s'appeler du bonheur — que la religion et le droit, n'est jamais parvenue encore à cette phase où
un législateur unique est possible ; mais elle y tend toujours,
et parfois elle le rencontre presque. La langue grecque s'est
formée d'abord, comme toute autre, grâce à des millions de parleurs et des milliers de beaux parleurs qui se sont fatigué
l'esprit en parlant, à tâcher de perfectionner, régulariser, enri-

chir pour leur propre usage l'idiome de leur peuplade. Chacun d'eux s'est taillé ainsi son *style*, sa langue particulière, dans la langue nationale, et, par celle-là, a contribué, pour sa petite part, à faire progresser celle-ci. Puis, chaque dialecte a eu son aède, son poète illustre en son temps, qui l'a frappé à son empreinte; et tous ces dialectes réunis ont été pétris et amalgamés par le grand Homère, qui a presque autant remanié la langue grecque que Solon le droit athénien. On dit qu'une langue devient cultivée quand elle entre ouvertement dans cette phase de développement dont le terme final serait l'uniconscience, si l'essai quelque peu ridicule du *volapück* était repris avec plus de sagesse. C'est l'âge classique, l'ère des Pascal, des Corneille ou des Racine pour le français, de Dante pour l'italien, de Cicéron et de Virgile pour le latin. La phase de transition entre la *multi*-conscience et l'uniconscience, est la *pluri*-conscience qui est représentée dans l'évolution d'un droit, d'une science, d'une religion, d'un art, par une pléiade de réformateurs, tels que les jurisconsultes fameux de l'ère des Antonins, précurseurs des codifications justiniennes, ou tels que les dramaturges français d'avant Corneille. Le développement de la langue, pas même celui de l'orthographe ou de la prosodie, n'a pu jusqu'ici dépasser cette phase. Passé le temps où chaque écrivain se faisait son orthographe, et où ces mille orthographes contradictoires se disputaient le terrain de la littérature, un corps académique, législateur collectif, a été chargé de légiférer sur ce point pour tout le monde ; et l'autorité d'un écrivain quelconque, si grand qu'il fût, n'a pu prévaloir encore contre ses décisions.

Comment se forme un gouvernement? D'abord par un concours ou une concurrence de forces politiques et militaires éparpillées dans un pays, et toutes sciemment et délibérément ambitieuses; puis, par la concentration de toutes ces forces en une seule main, la main d'un Louis XIV, ou d'un Napoléon. — Comment se forme un corps de métier, charpenterie, menuiserie, maçonnerie, etc. ? D'abord par l'ingéniosité d'une infinité de charpentiers, de menuisiers, de maçons, qui, connaissant chacun une petite portion des secrets de leur industrie, les ont combinés chacun à sa manière, jusqu'à ce que, ensuite, soit venu quelque grand maître-charpentier, maître-menuisier, maîtremaçon, qui a formulé les règles générales du métier et a servi d'exemple aux autres. Et comment se forme un régime industriel? De la même manière. Chaque atelier a conscience de la concurrence que certains ateliers similaires lui font et du besoin qu'il a de certains ateliers différents: de là mille arrangements, mille agencements, qu'on dit spontanés, mais qui n'en sont pas moins conscients, pour accorder le mieux possible ces prétentions rivales, ou pour rendre le plus fécond possible l'accord de ces intérêts solidaires; puis vient quelque prévôt des marchands, comme le moyen âge en a vu, qui conçoit la possibilité de coordonner tous ces arrangements, de combiner tous ces agencements partiels, de soumettre à un même règlement toutes les corporations d'un pays. Le monde moderne attend encore une règlementation générale de ce genre, dont l'agitation socialiste du moment actuel est la gestation laborieuse, ce qui ne veut pas dire qu'il doive en résulter nécessairement l'enfantement d'une organisation socialiste du travail.

Aussi bien, en fait d'unions logiques, on le voit, qu'en fait de duels logiques, s'observe le passage du multi-conscient à l'uni-conscient. D'une part, en effet, les batailles ont commencé par être des collections de combats singuliers, comme encore au temps d'Homère, puis ont fini par être l'exécution d'un plan de général en chef; d'autre part, on a vu, en Grèce par exemple, un éparpillement de traités d'alliances qui se nouaient de petit bourg à petit bourg, de cité à cité, de canton à canton, avant de voir naître ou s'essayer des fédérations sur un plan d'ensemble, conçues ou exécutées par un Epaminondas, un Timoléon ou un Philippe de Macédoine. L'Europe en est encore à la première phase, en ce qui concerne sa politique internationale ; mais, à l'extension des alliances, on sent qu'elle court à la seconde, où le besoin immense de pacification fédérative qui la possède rencontrera son génie approprié. La jeune Amérique, où tout évolue à pas accéléré, semble déjà plus près que nous de cette cohésion entre nations sœurs, conçue et voulue par un homme d'État.

On a la mauvaise habitude d'appeler *artificiel*, en toute catégorie de phénomènes sociaux, l'ordre établi par *uni-conscience*; artificielles, les codifications durables introduites dans les langues par quelque grammairien fameux tel que Vaugelas ; artificielles, les codifications législatives, les constitutions tout

d'une pièce, les sommes théologiques ; artificielles surtout, ces
grandes philosophies encyclopédiques, jaillies de la tête d'un
Aristote, d'un Descartes, d'un Kant, qui de mille morceaux de
science font un seul et riche vêtement — ou déguisement — du
vrai ; car la philosophie, c'est tout simplement l'état uni-conscient de la Science, succédant, progrès immense à son état
morcelé, émietté, multi-conscient ; artificiel enfin, suivant les
économistes de l'ancienne école, tout régime industriel et économique qui ne se sera pas fait comme de lui-même, toute hiérarchie et toute discipline des diverses productions, des divers
intérêts, qui, même libérale et, dans une certaine mesure, individualiste, naîtrait avec le péché originel d'avoir été savamment
élaborée par une seule tête, utilisant les travaux de mille esprits
antérieurs... Mais comment est-il permis de qualifier artificiel
un caractère si universel et qui est la conséquence nécessaire
d'une loi naturelle ?

XI

Nous venons d'exposer les phases et les procédés successifs
de la Dialectique sociale dans son œuvre de majoration de
croyance et de désir par les découvertes et les inventions successives, et aussi d'équilibration supérieure de la croyance et du
désir par la formation de grands systèmes sociaux. Il nous reste
quelque chose à dire sur les diverses terminaisons possibles de
cette œuvre. Une profonde, une déplorable erreur à ce sujet est
de confondre ici les deux logiques et de prêter à la logique
sociale des exigences qui sont exclusivement celles de la logique
individuelle. Chez l'individu, le seul terme légitime du travail
logique, s'il est poussé à bout, est l'élimination complète des
contradictions. Son système particulier d'idées et de besoins ne
peut être réputé parfait que le jour où il ne renferme plus de
thèses contradictoires ni de tendances et d'intérêts contraires.
Encore est-il bon d'observer que cette perfection, pour l'individu
même, est un écueil plus souvent qu'un port ; quand il cesse de
se contredire, le philosophe s'endort, à moins qu'il ne s'entende
contredire par autrui, ce qui, par reflet interne de la croyance
d'autrui, le fait se combattre plus ou moins lui-même, plus qu'il

ne le croit, en combattant son adversaire. Le charme, la vie, la force même d'un homme, homme de pensée ou homme d'action, lui viennent d'un petit levain caché d'inconscientes demi-contradictions qu'il recèle en lui-même et qui l'aiguillonnent en dessous. Les moralistes, les analystes, les déchiqueteurs de leur propre pensée sont malheureux et impuissants parce qu'ils ont descendu la lampe de la conscience trop bas dans leur souterrain, et ôté à ce secret ferment toute sa vertu sans d'ailleurs parvenir à l'expulser. Ils ont perdu, avec l'illusion de leur propre harmonie, la première condition peut-être de sa réalité. Toujours est-il que cette pleine harmonie sans nulle dissonance sentie est le seul équilibre stable où l'esprit individuel puisse s'arrêter et qui se concilie avec la majoration demandée. Deux jugements ou deux desseins contradictoires et sentis comme tels, qui coexistent en lui, dans ce même cerveau, ne sauraient s'équilibrer, car ils se détruisent mutuellement en un scepticisme énervant s'ils sont de force égale, ou le plus fort, s'ils sont de force inégale, anéantit le plus faible, et leur coexistence prend fin. L'équilibre, ou plutôt l'accord, en lui, ne peut s'entendre que de jugements ou de besoins différents, qui, n'ayant pas le même objet, se complètent et s'appuient, ou servent à se distraire et à se reposer les uns des autres sans jamais s'entraver. Il est clair que toute contradiction *intra*-cérébrale, quand elle est consciente, est un affaiblissement de la conviction avec laquelle la thèse victorieuse elle-même est affirmée, et de la satisfaction (1) que peut procurer la réussite même du projet le plus cher. Mais il n'en est pas de même de l'Esprit social, qui se compose de cerveaux multiples. Les contradictions *inter*-cérébrales qu'il renferme, celles de jugements et de desseins formés par des individus distincts, peuvent coexister indéfiniment, alors même qu'elles sont de notoriété publique, ce qui est l'équivalent social de la conscience. Elles ne sont pas toujours, même alors, une cause d'anémie sceptique et apathique ; loin de là, elles ont le plus souvent pour effet d'exalter mutuellement, au lieu de les faire s'entre-affaiblir, les religions rivales, les philosophies opposées, les industries concurrentes, les intérêts contraires. Et, tout en

---

(1) C'est-à-dire du *désir* satisfait. L'opposition des buts en même temps poursuivis ne diminue pas l'intensité du désir avec lequel on poursuit chacun d'eux, ce qui serait un bien, mais elle diminue la possibilité de leur satisfaction.

s'exaltant de la sorte, ces convictions et ces passions, ces cultes et ces intérêts, peuvent s'équilibrer socialement, malgré l'ardeur des discussions et des concurrences, mais à deux conditions.

La première, c'est que, en raison même de ces luttes, ces forces antagonistes se seront localisées, retranchées dans des frontières juridiques à peu près fixes, inexpugnables, d'où naîtra une habitude généralement répandue de *tolérance* et de *résignation* : deux mots de fortune diverse, l'un vanté, l'autre honni, ce qui ne les empêche pas d'exprimer des idées inséparables. Mais la tolérance et la résignation ne suffisent pas, car, réduites à elles-mêmes, elles découperaient une société en compartiments distincts, bientôt étrangers les uns aux autres ; elles ne sont même possibles que, — seconde condition — moyennant la superposition, par-dessus tous ces fragments juxtaposés, d'un groupe important de vérités acceptées par tous, et d'un idéal ou d'un dessein supérieur commun à tous. Il est possible en effet, que les forces de foi qui s'agitent dans une société se respectent ou se tolèrent, quand elles s'orientent toutes vers la suprématie d'un même livre saint, d'un même corps de sciences, de mêmes dogmes moraux, ou du moins d'une même foi monarchique, des principes d'une même Constitution ; mais, quand elles se sont affranchies de cette suzeraineté, il est inévitable qu'elles se tournent les unes contre les autres, théologiens, théoriciens, publicistes, bataillant outrageusement, chacun, de sa citadelle étroite, faisant feu sur l'ennemi. Cela est vrai, spécialement, de cette branche importante des croyances nationales, les croyances subjectives, la confiance plus ou moins grande de chacun en soi-même. Les orgueils peuvent se coudoyer sans trop de froissements, fiertés nobles, s'il leur est loisible de se développer en hauteur, imaginairement, par quelque puissante admiration collective pour un grand homme ou une grande chose personnifiée. Mais, quand cette illusion nationale s'évanouit, les amours-propres, se rabaissant et sentant leur contradiction essentielle, puisque chacun de nous se juge supérieur à son voisin, sont portés fatalement aux dénigrements et aux mépris réciproques. — Pareillement, les forces de désir qui fermentent dans une société peuvent s'entre-limiter sans chocs, les plus faibles peuvent se résigner à leur destin quand elles trouvent toutes à s'épancher en haut, dans quelque large aspiration (1) commune, telle que l'unité allemande rêvée avant 1870, ou l'unité italienne rêvée avant 1860, ou l'unité de l'ancien monde hellénique rêvée aujourd'hui par les Grecs d'Europe et d'Asie Mineure, ou le pan-slavisme rêvé par les Russes, ou la domination universelle du Pape rêvée jadis par tant de chrétiens guelfes, ou celle de l'Empereur par tant de Gibelins, ou aussi bien la gloire immortelle de Rome rêvée par les Romains, la venue du Messie rêvée par les Juifs, le *Salut* mystique rêvé de tout temps par les cœurs religieux, dès la vieille Égypte, etc. Mais, si ce débouché supérieur est refusé à ces forces de désirs, si ces mirages multicolores d'un patriotisme ou d'un internationalisme intense se dissipent devant elles, si elles ne convergent plus vers un même haut objet, soit réel, mais indivisible et propre à les unir, soit imaginaire ou conjectural, mais divisible à l'infini, susceptible d'être possédé par tous sans gêne mutuelle, que leur reste-t-il à faire, à ces ambitieux sans emploi élevé, sinon à s'entre-regarder jalousement, à prendre pour point de mire les biens d'autrui, à inaugurer le règne de l'envie haineuse et du mutuel déchirement ?

Il n'est donc pas nécessaire que toute contradiction consciente et manifeste soit supprimée pour que le problème social soit résolu. Il suffit que les polémiques et les rivalités, les concurrences de toute nature, ne soient pas effrénées au point de supprimer toute haute *unanimité* de pensée ou de cœur religieuse ou patriotique, scientifique ou humanitaire, et que, grâce à elle, ce ne soit pas la *dissension*, le *mépris* et l'*envie* qui règnent souverainement, mais plutôt la *tolérance*, la *fierté* et la *résignation* respectueuse au droit reconnu. Mais si, la foi religieuse et le patriotisme d'un pays venant à être détruits sans être remplacés, il n'y subsistait plus rien de cette unanimité partielle et spontanée dans les volontés et les intelligences, c'est alors qu'il faudrait nécessairement, pour restaurer l'équilibre social, pour mettre un terme aux luttes sanglantes des intérêts, des orgueils, des principes, imposer violemment une autre sorte d'unanimité, totale et forcée, en brisant les oppositions, en bâillonnant les contradictions, en exterminant le dissident et l'adversaire, en

(1) J'emprunte ici quelques lignes à un travail que j'ai publié dans la *Revue phil.* août, 1888, pp. 160 et suiv.).

organisant un grand phalanstère national sur le patron d'un
régiment ou d'un monastère. La difficulté, il est vrai, serait de
faire un monastère sans foi et un régiment sans patriotisme.

Nous venons d'indiquer les trois seuls états possibles que comporte, dans une société quelconque, la mise en rapports des
croyances et des orgueils d'une part, des intérêts d'autre part. Il
n'est pas une société où l'un de ces trois états, sous chacun de
ces trois aspects, existe à l'exclusion complète des deux autres,
mais il n'en est pas une non plus où l'un d'eux ne domine et
ne donne le ton à l'ensemble de la vie nationale.

Unanimité religieuse (ou scientifique), tolérance, dissension.

Unanimité admirative, fierté, mépris.

Unanimité patriotique (ou au moins morale), résignation,
envie.

Maintenant, en comparant ces trois séries, on observera l'affinité qui unit les termes de même rang dans chacune d'elles. Les
peuples qui ont brillé par leur unanimité patriotique et morale — Romains primitifs, Spartiates, Perses, Espagnols du
XVIᵉ siècle, etc. — ont été non moins remarquables, en général,
par leur unanimité religieuse et par l'enthousiasme de quelque
grande admiration récente ou traditionnelle; les peuples vraiment tolérants, — par exemple, de nos jours, si l'on en croit
Élisée Reclus, les Turcs d'Asie, ajoutons les Belges, les Hollan-
dais et même les Espagnols d'aujourd'hui, — sont en même
temps résignés et fiers ; et les peuples disputeurs sont en même
temps envieux et méprisants. La première de ces positions est
seule un état d'équilibre stable et mobile à la fois ; la seconde est
un état d'équilibre stable mais immobile, le seul que connaissent
les peuples épuisés ou faibles. Quant à la troisième, elle n'est
qu'un état, souvent nécessaire, mais toujours transitoire, de dé-
séquilibration et de crise. L'histoire s'est chargée de réaliser à
nombreux exemplaires ces trois solutions différentes — dont
l'une n'en est pas une — du problème posé par la logique et la
téléologie des sociétés.

XII

Soyons plus explicites, et indiquons qu'elles sont les issues
diverses du duel logique. Entre deux inventions — ou aussi bien

entre deux corps d'inventions — la lutte pour l'imitation, qui est leur lutte pour la vie, à elles, peut se terminer de cinq manières : 1° L'une, violemment ou pacifiquement, extermine l'autre qui cesse d'être imitée. L'extermination est pacifique quand la substitution d'une idée nouvelle à une idée ancienne se produit sans conversion forcée. Une conversion volontaire, qu'il s'agisse d'une religion ou d'une langue importée, d'une foi politique récente, d'un nouveau goût esthétique ou d'usages quelconques, est un phénomène exceptionnel. Le procédé normal par lequel une idée ou une forme d'activité se substitue à une autre, consiste, non à déraciner celle-ci des habitudes de ceux qui l'ont déjà adoptée, mais à l'empêcher de gagner les nouvelles générations. Le père garde ses vieilles croyances, ses opinions politiques, ses coupes d'habits, ses auteurs ou ses peintres préférés, pendant que son fils accueille les idées, les vêtements et les sentiments à la mode. Par la généralisation de ce procédé, — fortement recommandé aux hommes d'État — l'élimination sociale du suranné s'opère sans contrainte et sans douleur. 2° Quand la logique sociale commande la suppression d'une vétusté contredite par une nouveauté, la résistance de la coutume à l'innovation n'est pas toujours vaine. Une transition inoffensive a lieu souvent : la *forme* de la chose est retenue, pendant que sa *substance* disparaît. C'est le phénomène des *survivances*, qui s'explique ainsi très facilement. 3° En pareil cas, il arrive aussi quelquefois, s'il s'agit d'une nouvelle religion, d'une nouvelle forme politique, d'une nouvelle législation, d'une nouvelle poétique, d'une nouvelle langue, importée dans un pays par des conquérants et des apôtres, que l'ancienne religion, l'ancienne forme politique, etc., pour éviter la mort, s'agenouille, se subordonne comme vassale à l'intruse triomphante, et que celle-ci se trouve satisfaite par cette reconnaissance de sa suprématie. Les dieux des cités vaincus, par exemple, s'inclinent devant le dieu de la cité victorieuse qui laisse à ce prix leurs temples debout. Ce dénouement est favorable à la vitalité nationale. 4° La chose nouvelle, après avoir refoulé la chose ancienne, ne parvient pas à la faire *disparaître* au delà de certaines limites territoriales, de certaines couches sociales, où elle se claquemure comme dans une forteresse invincible et, à la fin, inattaquée. Quelques patois expressifs, quelques pittoresques superstitions se défendent ainsi, et il n'y a pas à le regretter. 5° Il survient une nouvelle innovation qui, employant à ses fins les deux choses en conflit, et les conciliant *ou paraissant les concilier*, termine leur bataille par un embrassement. Quand Georges Cuvier crut découvrir la preuve de ses « révolutions du globe », le grand combat entre la paléontologie et le récit biblique de la création, s'arrêta pour un temps, et la conciliation des deux parut assurée. Quand les partis et les classes, tous mourant de faim, se déchirent à qui mieux mieux dans un canton, la découverte d'une mine de houille, qui enrichit tout le monde, met tout le monde d'accord. Quand tout un pays est agité par les factions, la découverte d'une colonie — ou sa conquête, qui équivaut à sa découverte pour le peuple conquérant — y détermine un grand courant d'émigration aussi pacifiant qu'aurifère. Que de guerres et de révolutions européennes, de révolutions sociales, la grande découverte de Colomb a empêchées ou retardées pour des siècles ! Et qu'est-ce, auprès de cela, que les petites luttes coloniales qu'elle a fait naître ! Elle a été un immense écoulement lointain de l'esprit de discorde, d'avidité et d'inhumanité, qui, pouvant se satisfaire sur des sauvages et des territoires incultes, n'agitait plus l'Europe avec la même violence. A cela tient, en partie, depuis lors, l'adoucissement des mœurs militaires, le progrès du droit international.

Quant à l'Union logique, elle a aussi des issues diverses, nous l'avons vu, puisqu'elle aboutit finalement, soit à l'unanimité totale et forcée des esprits, d'accord entre eux sur un système d'idées et de volontés, — d'ailleurs plus ou moins d'accord entre elles, mais dont le désaccord est inaperçu, — soit à leur unanimité partielle et spontanée. Nous n'avons rien à ajouter sur ce point. Mais il n'est pas inutile de nous arrêter un instant pour examiner le privilège que les religions semblent avoir eu jusqu'à présent de concevoir des systèmes propres à produire cette unanimité absolue ou relative. Le fait n'est guère contestable, même et surtout en ce qui concerne l'unanimité morale, sinon patriotique, le culte d'un même corps de devoirs indiscutés qui commandent le sacrifice de soi-même et se font obéir. Le point d'honneur chevaleresque, qui en tient lieu parfois, en provient. Pourquoi ce privilège ?

Parce que les religions, même les plus grossières, à plus forte raison les plus élevées, par l'essor qu'elles ont donné à l'esprit d'imitation et la voie qu'elles lui ont tracée, en lui désignant pour modèles des êtres divins, des êtres à la fois vivants et immortels, immortels et immortalisants, omniscients, tout-puissants, ont fait jaillir des fontaines de foi et de dévouement incomparables. A ce titre, elles sont merveilleusement appropriées aux conditions de la logique sociale. Le travail d'élaboration, d'assimilation, d'extension analogique qui s'est accompli parmi les jurisconsultes musulmans des premiers siècles de l'hégire, et dont le résultat a été l'*islamisation apparente* d'une foule d'institutions et d'idées d'origine romaine, étrangères à l'islam, peut servir d'excellente illustration à notre pensée. Ce labeur collectif, en effet, avait pour but et a eu pour effet de rattacher au *Coran* et à la *Vie de Mahomet*, — au Coran, à la parole du Prophète, comme source de tout précepte et de toute vérité, à la vie du Prophète comme source de tout exemple, — tout ce dont la pensée et la conduite des Musulmans avaient besoin pour se développer dans la diversité et les complications croissantes de leurs nouveaux milieux. Il se formait ainsi un vrai système d'idées et d'actions, dont la clef de voûte était le Livre par excellence, interprété par la biographie de son auteur, et l'illusion prestigieuse de cet ensemble systématique était de faire croire que tout ce qu'on édictait, que tout ce qu'on professait avait été *commandé* et *dogmatisé* par Allah lui-même (1). La vérité dont tout croyant est pénétré est que c'est une impiété d'adopter une idée qui n'est pas affirmée dans le Coran, ou de faire une action qui n'est pas ordonnée par le Coran, ou suggérée par la conduite du Maître. En somme, un ensemble d'idées considérées comme découlant toutes d'un même enseignement suprême, un ensemble d'actions considérées comme découlant toutes d'un même commandement divin : voilà ce chef-d'œuvre de logique sociale qu'on appelle l'*islamisation*. La *christianisation*, au moyen âge, de toute la civilisation d'alors, n'est pas autre chose.

Or le postulat de tout esprit systématique, esprit collectif ou individuel peu importe, c'est qu'il existe une formule ou un groupe de formules qui renferme en soi l'explication virtuelle, implicite, de tout l'Univers et de tout le Devoir, de telle sorte

(1) Voir à ce sujet *Études sur le Droit musulman*, par Sawas-Pacha (1891).

qu'il suffit d'y croire fermement pour être en mesure de résoudre tous les problèmes, certain que toute proposition ou toute conduite conforme à ce dogme est vraie ou bonne, que toute proposition ou toute conduite contraire à ce dogme est fausse ou mauvaise. Ce principe, pour un esprit systématique dans le sens individuel, c'est-à-dire philosophique, du mot, ce sera, par exemple, pour Spencer, la *conservation de la force*. Croire à cet axiome mécanique, pour le spencérien, c'est tenir en main le passe-partout universel, comme, pour le musulman, la source de toute vérité, c'est la suite des paroles et des exemples de Mahomet. Seulement, profonde est la différence entre les deux. Pour constituer un *système collectif*, pour systématiser cet esprit polycéphalique qu'on appelle un peuple, il ne suffit pas, comme cela suffit pour constituer un système individuel dans une tête philosophique, d'un principe abstrait, mathématique, impersonnel et mort, mais il faut quelque chose de concret et de vivant, de personnel et d'historique, un livre divin à apprendre par cœur, une vie divine à imiter. De là il suit que, si le travail logique reste le même en dépit de la diversité de ses applications, ses procédés doivent différer profondément suivant qu'il s'applique à des majeures qui sont des textes sacrés ou des actions plus ou moins légendaires de personnages divins, ou qui sont des principes nettement définis. Cela est si vrai que, toutes les fois qu'un théologien chrétien, arabe, juif, bouddhiste, cherche à justifier des institutions, des dispositions de loi, des coutumes, des préjugés, en invoquant des motifs tirés d'autres considérations que les versets des Écritures, il est suspect de *rationalisme*. Par là on entend qu'il fait usage de la raison, de la logique simplement individuelle.

Et, de fait, les textes sacrés et les faits légendaires sont des prémisses tout autrement commodes que des théorèmes de mécanique : elles permettent d'assimiler à peu près tout, tandis que les principes scientifiques sont essentiellement exclusifs. La grande supériorité sociale des systèmes religieux sur les systèmes philosophiques est donc d'être beaucoup plus élastiques, de se plier plus aisément à la variété des circonstances et des races, et d'exceller à dissimuler sans nulle hypocrisie les contradictions qu'ils recèlent. Et cette différence s'explique par celle-ci, qui est capitale. Pour celui qui n'aspire qu'à unifier ses propres idées à lui, le but est rempli quand il a tissé une chaîne et une trame de propositions bien déduites. En faisant cela, il fait œuvre de philosophe ; car, après cela, s'il songe à répandre sa théorie dans d'autres esprits, son ambition est de nature extra-philosophique, apostolique plutôt. Mais, pour un esprit essentiellement fraternel, qui vit en autrui et pour autrui, qui ne veut point séparer sa personne de la personne de ses frères ni son esprit de l'esprit de sa communauté, l'idée d'un accord de ses pensées ou de ses actions les unes avec les autres seulement, ne saurait lui venir, et, si elle lui venait, ne saurait lui suffire. Il faut, pour le satisfaire, l'accord senti de ses pensées avec celles de ses frères, de ses actions avec celles de ses frères, et quel moyen dès lors plus simple, plus certain, plus naturel, d'atteindre ce but, de mettre à l'unisson des millions d'âmes différentes, que de les conformer toutes au Père commun, au Modèle supérieur, vivant et divin ?

Nous le savons déjà, ces deux genres d'esprit sont opposés, et rien d'étonnant à ce que leurs méthodes diffèrent. On en jugera si l'on compare au travail de la *méditation* solitaire le travail d'un *concile* (d'un concile musulman ou juif aussi bien que chrétien), — aux tourments intérieurs du doute et de l'hésitation les guerres religieuses, les persécutions réciproques d'hérétiques et d'orthodoxes, — à la *perception* sensible qui fournit les données premières du système philosophique, la *révélation* sacrée qui joue le même rôle socialement. Développer l'esprit philosophique, le besoin égoïste de s'accorder avec soi-même avant tout, sans grand souci de s'accorder avec ses compatriotes, ne semble-t-il pas que cela soit l'opposé précisément de l'esprit fraternel, vraiment social, qui consiste à désirer avant tout l'accord avec son prochain, avec sa famille, avec son pays ? Ne semble-t-il pas qu'il faille opter nécessairement entre le développement du premier et celui du second ? Est-ce que l'un, en effet, ne se développe pas aux dépens de l'autre ? Est-ce que ceux qui sentent le besoin le plus grand de s'accorder avec les autres ne sont pas ceux qui sentent le besoin le moins grand de s'accorder avec eux-mêmes, et l'inverse n'est-il pas aussi manifeste ? Comment, par suite, espérer jamais la conciliation de ces deux tendances ? Et, puisqu'elles paraissent inconciliables, comment douter que la tendance sociale doive triompher finalement ?

Il le semble. Peut-être cependant est-il réservé à ce que nous appelons la Vérité *scientifique* en s'accumulant, de concilier les deux genres d'accord ; et c'est sans doute parce que l'aptitude philosophique de l'esprit est la condition *sine qua non* du progrès des sciences, des sciences aptes à se propager dans l'humanité tout entière, à déborder même les rivages où restent circonscrites les religions, c'est à cause de ce caractère éminent que cette disposition philosophique, en dépit de son égoïsme apparent, a droit au respect. La science, outre la propriété qu'elle a d'être démontrable et communicable à tous les peuples, est le fruit d'une collaboration séculaire entre des générations de savants : elle est ainsi doublement le vrai chef-d'œuvre de la dialectique sociale. Mais, en même temps, exclusive de toute contradiction interne, et formée par la préoccupation dominante d'éviter toute contradiction pareille, elle est aussi le chef-d'œuvre de la logique individuelle. Elle est la synthèse des deux, et peut prétendre, non à supprimer les religions, mais à devenir elle-même un jour la religion souveraine des intelligences. Quant à la synthèse de la téléologie individuelle et de la téléologie sociale, de l'utilitarisme égoïste et de l'utilitarisme collectif, c'est-à-dire moral, quelle est-elle ? Il n'y en a qu'une, c'est l'amour. C'est l'esprit de pitié, de bonté, de fraternité, unique agent de la Justice. Et l'inoubliable mérite des religions supérieures est d'avoir puissamment aidé, avant la science, au développement de cet esprit dans le monde.

XIII

Une question importante nous reste à examiner. Malgré l'infinie variété des systèmes de philosophie ou de morale auxquels aboutit l'élaboration de la logique et de la téléologie individuelles, on a remarqué qu'ils viennent se ranger sous un petit nombre de catégories principales. Est-ce vrai ? Et, si c'est vrai, en est-il de même des aboutissements de la logique et de la téléologie collectives ?

Il est rare qu'un homme pousse à bout les déductions théoriques des données de son observation et de son expérience. Mais quand, par hasard, il est en ceci outrancier, il finit toujours par se reposer, comme un fleuve dans un golfe, dans un de ces grands systèmes, peu nombreux, entre lesquels s'est partagée de tout temps la pensée philosophique : mécanisme ou spiritualisme, atomisme ou monadisme, créationnisme ou évolutionnisme, monisme ou dualisme, etc., etc. Or l'équivalent social de ces grands types de solutions individuelles, ne nous est-il pas fourni par les principaux types de langues et de religions? Il me le semble ; mais je n'émets cette conjecture que imidement, parce que les classifications de ces sortes de philosophies collectives est bien moins avancée que celle des systèmes philosophiques proprement dits. Cependant on reconnaîtra sans difficulté qu'il existe des langues matérialistes ou positivistes, et d'autres spiritualistes ou mystiques, par tempérament ; qu'il en est, dans la famille sémitique par exemple, où se sent un réalisme naïf, un impérieux dogmatisme uni à un subtantialisme étroit, et d'autres telles que le grec, où paraît se jouer une pensée dynamiste et flexueuse, sceptique et nominaliste, nullement dupe de ses fictions. Il est aussi, sans contredit, des religions tout imprégnées de matérialisme ou de spiritualisme, d'optimisme ou de pessimisme, de fatalisme ou de *libéralisme*, de théisme ou de panthéisme. Ou, pour mieux dire, une même langue, une même religion, aussi bien, peut traverser en se développant plusieurs de ces étapes, de ces types, de ces repos temporaires ; elle peut, réaliste et dogmatique d'abord, devenir plus tard nominaliste et sceptique, ou du matérialisme le plus grossier passer au mysticisme le plus subtil. Mais l'inverse ne se voit point. Car, dans les deux cas, se laissent apercevoir des pentes d'évolution qu'on ne remonte guère.

Autant il y a de grands problèmes qui se posent à l'intelligence, autant il y a de couples de solutions rivales qui s'offrent à son choix. Est-ce à dire qu'il ne puisse jamais y avoir que deux, ou quatre, ou tout autre nombre pair de solutions ? Non. A ce problème : Comment la terre a-t-elle été formée ? Comment l'homme a-t-il apparu sur la terre ? il est possible de répondre par un nombre indéterminé de cosmologies ou de mythologies différentes. Mais presque toujours une de ces conceptions chez un peuple, à un moment donné, émerge tellement au-dessus du flot des autres que la grande question est de savoir si, *oui* ou *non*, elle doit être adoptée. De là une bifurcation nécessaire. En outre, les conceptions qui sont sur la sellette se rangent autour de deux catégories d'explication, dont la dualité correspond à celle que nous sentons en nous. Nous sentons en nous une force interne, l'*esprit*, et son point d'application *corporel*. Ou, pour exprimer autrement cette dualité, nous sentons que notre moi s'allume, comme une flamme électrique, au point de rencontre de deux courants différents et combinés, le courant vital et physique d'une part, le courant social de l'autre, le premier hypo-psychique pour ainsi dire, le second hyper-psychique. Par suite, quand nous cherchons à expliquer le dehors, l'univers, ou bien 1° nous le concevons comme formé d'une force plus ou moins spirituelle, soit mélangée (animisme primitif, dynamisme en-suite, etc.), soit pure (monadologie, philosophie de la volonté de Schopenhauer, etc.), ou bien 2° nous le concevons comme formé d'une espèce de corps que nous appelons matière. D'où il résulte que, entre les deux types extrêmes, également radicaux ou monistes, de systèmes expliquant tout, soit par la projection universelle de l'esprit seul (monadologie leibnitzienne, idéalisme hégélien, Schopenhauer), soit par celle du corps seul (matéria-lisme), s'interpose la longue série des systèmes tempérés, dua-listes, qui combinent les deux projections, mais en faisant jouer tantôt à l'une tantôt à l'autre le rôle prépondérant (spiritualisme ordinaire, cartésianisme, spencérianisme).

Voilà la grande bifurcation des systèmes formés par la logique individuelle. Pareillement, les systèmes formés par la logique sociale, c'est-à-dire avant tout les religions, sont un anthropo-morphisme qui objective universellement soit l'esprit, soit le corps, soit l'un ou l'autre à la fois, d'où résulte l'infinie diver-sité des théologies et des cosmogonies. Le monisme, ici, le radicalisme, c'est le panthéisme; car il y a deux sortes oppo-sées de panthéismes, l'un matérialiste, l'autre spiritualiste. Le premier est le *naturisme* grossier ou raffiné qui peuple de forces physiques incarnées son panthéon, et qui, des plus bas cultes de cet ordre, s'élève aux monstrueuses imaginations de l'indouisme sans changer de caractère essentiel. Le second, qui s'élève de l'*animisme* primitif aux plus hautes religions mys-tiques, peut être divisé en deux branches, suivant que le mysti-cisme est plus pénétré de l'idée d'une pensée ou d'une volonté divine remplissant tout et créant tout. Le *créationnisme*, qui fait naître la matière de l'Esprit, le monde de Dieu, est précisément l'opposé de l'*évolutionnisme* cosmogonique qui fait naître l'esprit de la matière, le divin du naturel. Entre les deux se placent les cultes qui, admettant comme postulat le dualisme fondamental du naturel et du divin, du corporel et du mental dans la vie universelle, inclinent à voir dans l'un ou dans l'autre le côté explicatif de la réalité.

Mais, s'il est inévitable que notre conception systématique des choses soit (pardon de ces barbares mots nouveaux (*psychomorphique* ou *somatomorphique*, ces deux grands types assez vagues sont susceptibles de se spécifier en une riche diversité de systèmes originaux. Quelle que soit la question qui se pose à l'intelligence individuelle ou collective, elle revient à se dire : « Que dois-je croire ici ? » C'est là le problème fondamental. Et, pour savoir quel est son devoir de croyance en chaque cas particulier, chacun de nous se retourne en soi-même et y cherche ses convictions les plus fortes. Le géomètre, le physicien, trouvent en eux, comme convictions suprêmes, quelques théorèmes, quelques lois de physique ou de mécanique ; leur première pensée est de demander à ces principes régulateurs la conclusion qui s'impose à eux. Le dévot trouve en lui-même sa foi aux paroles de Mahomet, de Bouddha, du Christ, aux Écritures saintes.

De même, à tout moment de sa vie pratique, l'homme se demande : « Que dois-je faire ? » c'est-à-dire : « Que dois-je désirer ? » Et, pour découvrir ce devoir de désir et d'action, il s'adresse au désir majeur qui s'est établi à demeurer dans le fond de son âme : amour, ambition, avarice, soif du salut chrétien ou du paradis musulman. C'est donc la nature des croyances les plus fortes et des désirs les plus forts, les moins conscients souvent précisément parce qu'ils sont les plus profonds, qui détermine le système des jugements et le système des actions, l'option entre l'un ou l'autre des deux grands types de systèmes et, dans chacun d'eux, le choix de la variété caractéristique qui s'impose à un moment de l'histoire. Or, comment se forment, se fortifient, s'asseoient ces croyances et ces désirs majeurs ? Par une suite de perceptions plus ou moins accidentelles combinées avec des préférences innées pour tel ou tel genre d'idées ; et par une suite de suggestions du milieu ambiant, du milieu

social surtout, très accidentelles aussi, combinées avec des tendances actives du caractère ; autrement dit, par la combinaison
d'un élément objectif et d'un élément subjectif qui se sont rencontrés. Avec cette différence à noter pourtant, que, dans la formation des croyances majeures, la part de l'élément objectif
l'emporte évidemment beaucoup sur celle de l'autre, tandis que,
dans la formation des désirs majeurs, l'élément subjectif présente au contraire une importance très supérieure. Aussi un
homme, et semblablement un peuple, s'exprime-t-il, se révèle-t-il
bien plus fidèlement, bien plus à fond, par ses actes que par
ses idées, par ses mœurs que par ses sciences, par sa morale que
par ses dogmes, par son caractère que par son intelligence (1).

Or, la passion-maîtresse qui meut souverainement un peuple
ou un homme peut provenir, comme son idée-maîtresse, soit
d'impulsions corporelles, qui subsisteraient encore, quoique
amoindries, alors même que le milieu social viendrait à disparaître, ou qui auraient pris naissance, semble-t-il, — apparence
trompeuse d'ailleurs — alors même qu'il n'aurait jamais apparu ;
soit de suggestions essentiellement sociales dont l'apparition en
dehors de la société impliquerait contradiction. Il se peut aussi,
et c'est le cas le plus fréquent, qu'elle jaillisse de ces deux
sources à la fois ; mais, suivant qu'elle emprunte davantage à
la première ou à la seconde, elle se caractérise en langage ordinaire comme principalement sensuelle ou principalement spirituelle. La même grande distinction s'applique donc, qu'il s'agisse
des individus ou des groupes, aux systèmes téléologiques ou
moraux et aux systèmes logiques ou intellectuels. Seulement, il
est des buts, d'ordre sensuel ou d'ordre spirituel, qui, suffisants
pour servir de principe d'organisation dans la formation de la
conduite d'un homme, ne le sont pas quand il s'agit d'un peuple.
Il y a des individus chez lesquels toutes les tendances s'organisent,
se systématisent autour de la tendance alcoolique ou gourmande,
musicale ou architecturale, etc. Mais il n'est pas de civilisation
dont le caractère essentiel soit la conséquence des activités collectives vers la satisfaction de l'ivrognerie ou de la gourmandise, ou même vers la mélomanie et la maladie de la truelle.

Il est d'autres buts, d'un objet plus large ou moins sérieux,

_____

(1) Voir le Dr Le Bon à ce sujet.

qui peuvent servir d'âme principale à la conduite d'une société
aussi bien que d'une personne. On a vu des civilisations essentiellement voluptueuses, amoureuses, galantes. On en a vu aussi
d'essentiellement théologiques et religieuses, comme la Judée, ou
juridiques comme Rome, ou industrielles et affairées comme
les États-Unis, ou esthétiques comme Athènes, ou morales
comme Genève. Peut-être, dans la préhistoire, y en a-t-il eu
d'essentiellement philologiques, si extravagante à première vue
que puisse paraître cette hypothèse. On a vu même des sociétés
comme des individus, dont la passion souveraine était l'amour
du jeu, le désir et le plaisir du risque. Ce désir, ce plaisir,
compte parmi les plus contagieux du cœur humain. Ajoutons
que les civilisations tendent, en avançant, à devenir plutôt une
aristocratie de passions supérieures que la monarchie d'une passion unique.

La distinction qui précède revient à dire qu'il est deux grandes
classes de biens, les uns de nature individuelle, tels que les
plaisirs des sens, les autres de nature proprement sociale, tels
que la considération, la gloire, l'honneur. Les premiers, comme
les seconds, peuvent devenir, en se répandant, l'objet principal
des désirs d'une société, quoique la poursuite des seconds, naturellement, lui donne seule la plénitude de force et de cohésion.
C'est seulement quand le culte dominant des biens essentiellement sociaux s'est imposé à la grande majorité de ses membres,
qu'une société se distingue nettement de ceux-ci, dresse au
milieu d'eux une personnalité indépendante de la leur et se présente à eux comme digne du sacrifice de leurs joies et de leurs
vies particulières. D'ailleurs les plaisirs individuels ne sont pas
tous sensuels ; ils sont de deux sortes, les uns infra-sociaux
pour ainsi dire, et nés des fonctions physiologiques, les autres
supra-sociaux, fleurs terminales d'une végétation psychologique
délicate et raffinée qui se déploie en amours supérieures, en passion exaltée de la vérité, de la bonté, de la justice, en esthéti-
cisme, en mysticisme. Ces nobles élans, spontanément jaillis
de certains tempéraments d'élite, commencent toujours par être
exceptionnels ; mais, comme les vices grossiers, ils sont susceptibles, à certains moments de l'histoire, de se généraliser
par contagion et de donner enfin le ton au chœur des tendances
sociales. On a vu des civilisations essentiellement mystiques,

esthétiques, morales, aussi bien qu'érotiques. Cela s'est vu de tout temps ; dès la plus lointaine antiquité qu'il nous est possible d'entrevoir, en Egypte, nous apparaît un peuple dominé, régi, par la préoccupation passionnée de sa vie posthume. — Peut-on dire que l'évolution normale des sociétés consiste à prendre successivement pour passion tonique, d'abord, un appétit d'ordre infra-social, plus tard une ambition d'ordre social, enfin une aspiration d'ordre supra-social ? Non. C'est bien souvent qu'au cours de leurs transformations profondes les peuples passent et repassent à travers les trois sphères dont il s'agit, tour à tour épris et dépris de gloire militaire, d'art, de vérité, de confort même, ressaisis par l'ambition après avoir été envahis par l'amour, ou retombés des hauteurs du mysticisme chevaleresque dans l'épicuréisme le plus fangeux. La civilisation consommée, définitive, d'un peuple ou d'une fédération de peuples peut être de n'importe quelle couleur ; cela dépend du caractère ethnique et des circonstances historiques.

Ce qu'on peut dire, c'est qu'il est des civilisations, comme des équibres, instables, et d'autres stables, par nature. Le désir majeur d'un peuple a pour objet tantôt un produit exotique (des captives étrangères, la conquête, la célébrité extérieure, un art du dehors), tantôt un produit indigène (des femmes du pays, l'admiration ou le respect des compatriotes, la *respectabilité* locale, les dignités nationales, l'art national). Or il n'y a que le désir *intra-muros* ou *supra-muros* qui soit susceptible de se généraliser chez tous les peuples ; l'ambition *extra-muros* ne peut être le fait que d'un petit nombre de petits peuples belliqueux et conquérants. Une nation qui se suffit à elle-même en fait de célébrité et de pouvoir comme en fait de richesse et de joie, qui produit toute la gloire et tout l'honneur dont elle a besoin et toutes les félicités dont elle a soif, présente une harmonie souvent étroite, mais toujours parfaite, et qui pourrait s'élargir indéfiniment sans rien perdre de sa perfection. Une nation qui ne vit que d'applaudissements étrangers, de conquêtes étrangères, de débauches et de plaisirs étrangers, peut vivre quelque temps en état d'accord interne, grâce à cette expatriation même du désir ; mais cet accord est acheté au prix de la guerre et de la victoire et ne saurait ni servir d'exemple universel ni durer toujours.

De même que les intelligences, comme nous l'avons vu plus haut, se divisent en deux catégories à propos de chaque problème théorique qui se pose par oui ou par non et que les unes résolvent affirmativement, les autres négativement, ainsi les caractères, à propos de chaque grand besoin, ou de chaque grand idéal qui sollicite la volonté, se divisent en deux classes, suivant que les uns poursuivent ou que les autres repoussent cet objet, ou suivant qu'ils le poursuivent avec une ardeur supérieure chez les uns, inférieure chez les autres, à un certain degré de désir que l'on juge — à tort ou à raison — le niveau normal et légitime (1). On distingue ainsi, pour les peuples comme pour les individus, des vices ou des vertus caractéristiques : intempérance ou sobriété, lâcheté ou courage, avarice ou générosité, libertinage ou chasteté, ou bien des vices inverses ou corrélatifs : avarice ou prodigalité, lâcheté et témérité.

Dès le début de son évolution, chaque groupe ethnique, tout en se livrant à de certaines occupations obligatoires, les mêmes ou à peu près chez tous les primitifs, révèle sa tendance constitutive, opte entre les deux branches de la bifurcation fondamentale, et, dans la direction choisie, se trace sa route originale, singulière, unique. Le besoin de manger, de boire et de se couvrir étant satisfait, et pendant qu'il se satisfait et par la manière même dont il se satisfait, la tribu s'aide de ce premier échelon soit pour gravir l'échelle des sensations de bien-être, de confort, de plaisir, de plus en plus compliquées et raffinées, soit pour s'élever à des élans de bravoure et de générosité patriotique, puis à des accès de mysticisme chevaleresque ou d'enthousiasme artistique. Elle peut, si elle cherche ses biens dans la voie individualiste, préférer l'orgie sans confort, ou le confort sans orgie, l'intensité des plaisirs grossiers ou la diversité des plaisirs délicats ; et, si elle est engagée dans la voie socialiste, aspirer par-dessus tout au respect ou à la célébrité, à l'honneur familial ou individuel, à la considération par la puissance ou par la richesse. Nos psychologues ont remarqué que les liaisons d'idées en chacun de nous sont caractérisées par un certain penchant à préférer les images de source visuelle, ou auditive, ou musculaire. N'y a-t-il pas aussi

_____

(1) On se rappellera qu'en mathématiques le plus et le moins, de même que le oui et le non, quantités positives et négatives, sont pareillement symbolisés par les signes + et —.

pour les collectivités, un type visuel, un type musculaire, un type auditif ? Galton l'a pensé, et avec raison ; la passion des processions, des revues, des fêtes de la vue, signale le type visuel en France, notamment. De là une différenciation caractéristique dans l'évolution des divers peuples.

En somme, comme l'élaboration logique, l'élaboration téléologique, s'exerçant sur les données des industries instinctives ou des inventions acquises, aboutit, soit chez l'individu, soit dans la communauté, à un certain nombre de modes d'activité toujours reconnaissables qu'il s'agit de distinguer avec une précision plus ou moins parfaite. D'excellentes études ont été faites par les psychologues sur les différences des *caractères* parmi les hommes (1); ils ont considéré ainsi du point de vue subjectif et individuel ce qu'il s'agirait pour nous de montrer sous un aspect objectif et social. La différence des *races* — dans le sens social et historique de ce mot — correspond très bien à la différence des *caractères*, telle que nos psychologues la comprennent. Par races, il faut entendre, en ethnologie, un faisceau de tendances collectives formées historiquement par une série d'hybridations fécondes, de combinaisons accidentelles, réussies ; de même que, par caractères, on entend, en psychologie, un groupe de tendances individuelles rapprochées, par le hasard des mariages, en un individu viable. Mais le caractère et la conduite réelle font deux, comme la puissance et l'acte, et il y a des types de conduite, susceptibles d'une classification, comme il y a des types de caractère. Pareillement, l'innombrable foule des races historiques ou préhistoriques se ramène ou peut se ramener à quelques types principaux ; mais race et civilisation sont choses distinctes ; et il y a des types de civilisation, c'est-à-dire de conduite et d'activité collectives, qu'il conviendrait de classifier.

Je n'entreprends pas cette tâche. Je me bornerai à faire remarquer que ce qui importe ici, c'est de faire reposer la classification dont il s'agit sur la distinction des buts et non sur celle des moyens employés pour les atteindre. Le but, imposé par les impulsions natives et héréditaires du caractère, est l'élément relativement permanent d'une civilisation, ce qu'elle a de plus profond et de plus vital; le moyen, fourni par les données

(1) MM. Ribot et Paulhan, en France, ont traité ce sujet.

variables de l'intelligence, en est l'élément changeant et fuyant. Cette observation suffit pour mettre à sa vraie place la distinction spencérienne des sociétés industrielles et militaires. Son vice essentiel est de n'avoir trait qu'aux moyens mis en œuvre pour réaliser le but social, quel qu'il soit. Ce n'est pas que, par exception, guerroyer pour guerroyer, ou produire pour produire, ne puisse être le mobile dominant d'une société ; mais ce sont là des aberrations morbides, et la seconde, pas plus que la première, ne mérite d'être proposée en exemple. En général, on ne guerroie, on ne travaille, qu'en vue de satisfaire un ou plusieurs genres d'avidités ; et, que l'idéal d'une société soit épicurien, ambitieux, ou même scientifique, elle peut, pour l'atteindre, recourir au travail ou à la guerre. Parmi les peuples épris du plaisir, il en est de laborieux, d'autres de belliqueux. Parmi les peuples fiers, orgueilleux, il en est qui poursuivent par la fièvre de l'industrie et de l'affairement la satisfaction de leur ambition nationale ; il en est d'autres, et c'est le cas le plus ordinaire, qui la satisfont par la passion des armes. Certains peuples, pénétrés d'aspirations morales et religieuses, sont essentiellement pacifiques ou ne font la guerre qu'à regret ; d'autres mettent au service de leur prosélytisme religieux ou moral un véritable fanatisme militaire. Ou plutôt, il est à remarquer que la même société, demeurée persistante en son orientation, est tour à tour guerroyante ou travailleuse, militaire ou industrielle. L'Égypte, peuple ordinairement mystique et industriel, a été de temps en temps, sans perdre rien de son mysticisme, belliqueuse et conquérante, sous les Ramsès, par exemple ; l'islam, aujourd'hui pacifique, a été essentiellement belliqueux jadis. Athènes, la nation esthétique par excellence, a longtemps aimé la guerre, en quelque sorte artistiquement ; plus tard, toujours artiste, elle s'est trop passionnée, hélas ! pour la paix à tout prix. On ne saurait voir une nation en tout temps plus commerçante et aujourd'hui plus pacifique que la Hollande ; au xvıı⁰ siècle, il n'en était pas de plus guerrière. Mais à quoi bon multiplier les exemples ?

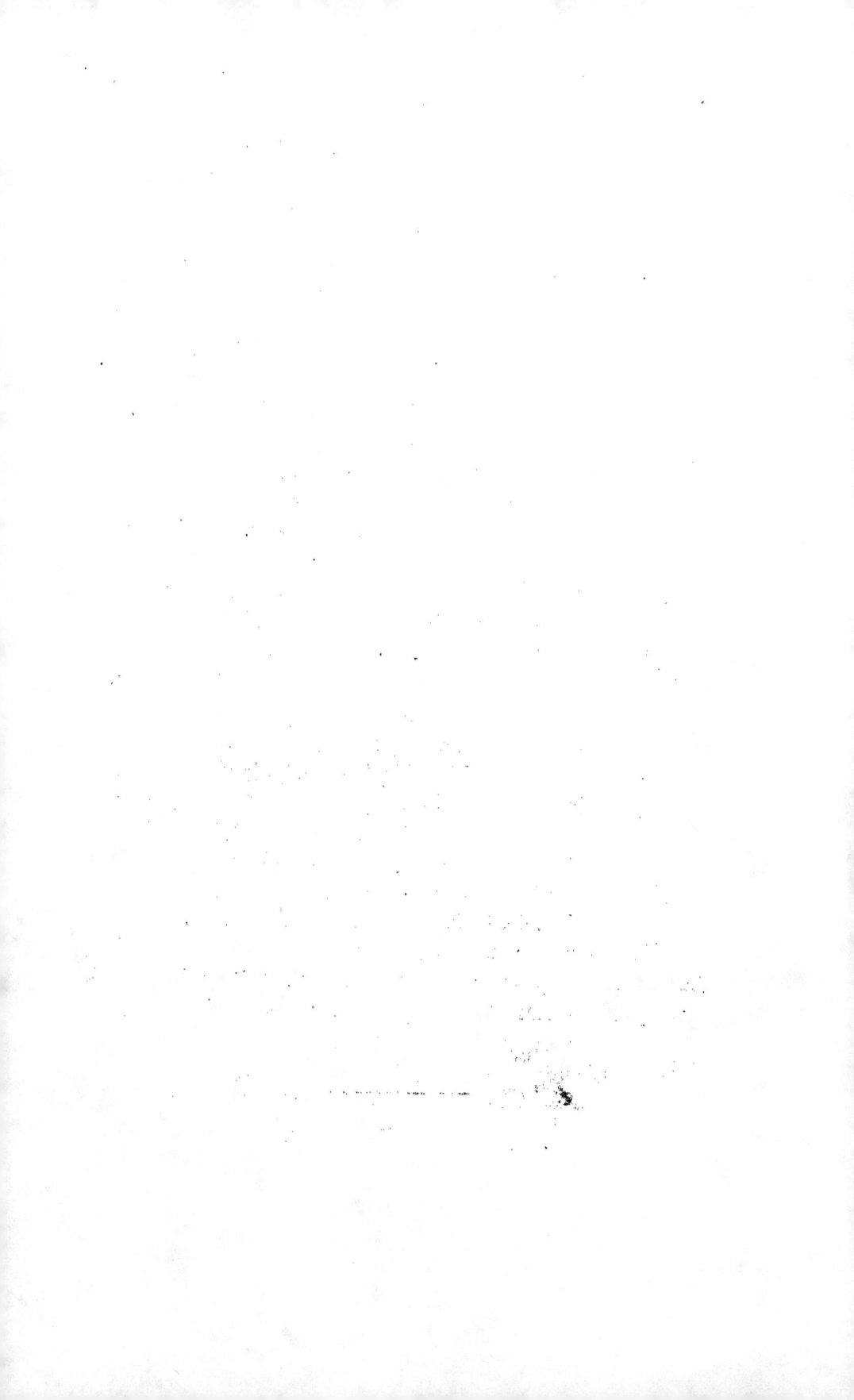

SECONDE PARTIE

APPLICATIONS

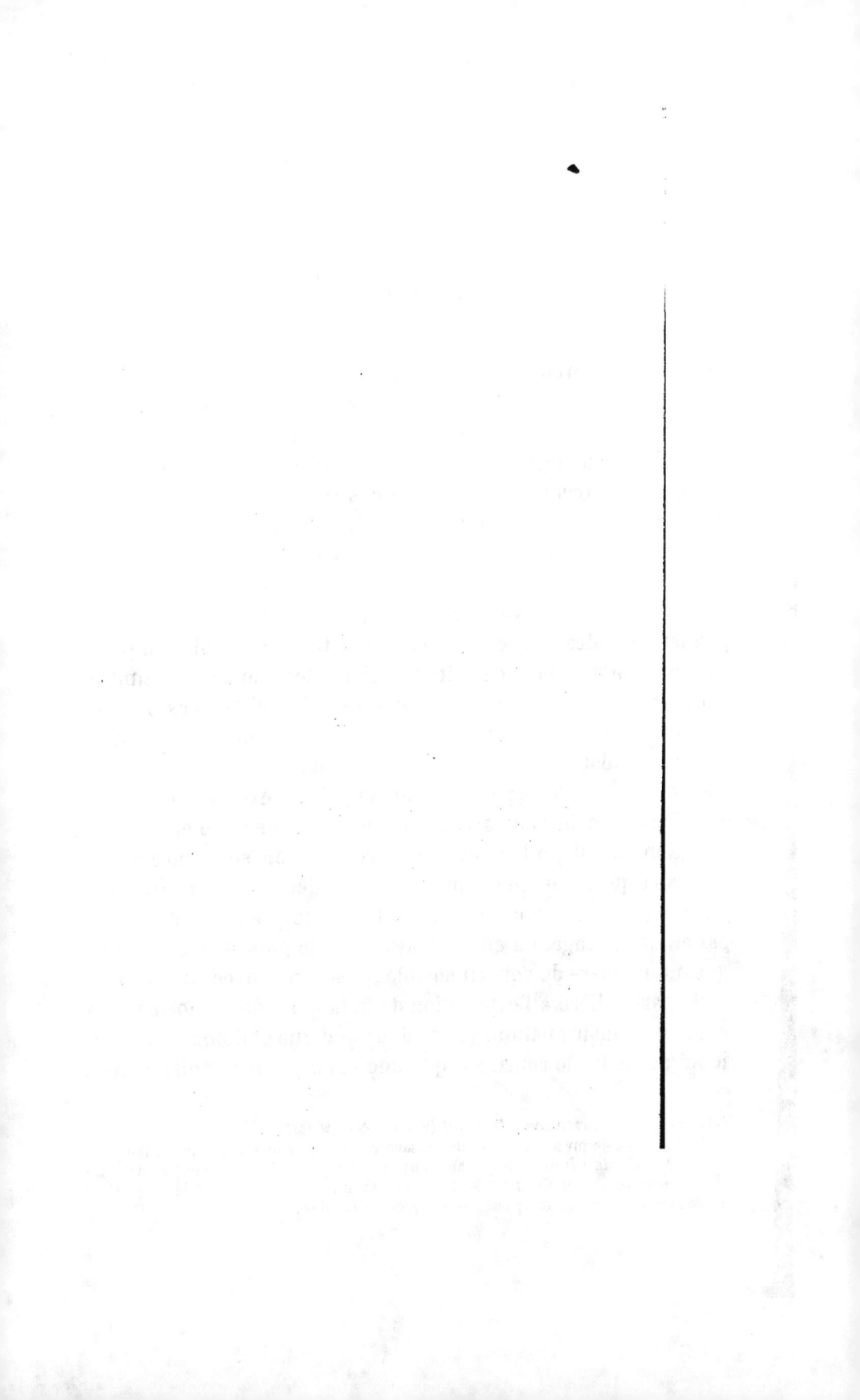

CHAPITRE V

LA LANGUE

Je n'ai pas la prétention d'appliquer successivement et en détail à tous les aspects différents de la vie sociale isolément étudiés les considérations et les principes qui précèdent. Outre que ce labeur excède mes forces, peut-être le lecteur me saura-t-il gré de n'avoir pas non plus abusé des siennes. Je me bornerai donc, dans les chapitres qui vont suivre, à esquisser quelques applications éparses des idées ci-dessus émises. Dans un autre ouvrage (1), j'ai cru les vérifier au point de vue juridique. Je ne reviendrai pas sur ce sujet. Je ne m'arrêterai un peu longuement qu'à leur vérification économique, esthétique et morale, ou plutôt sentimentale, dans des études distinctes, sans m'astreindre d'ailleurs à une méthode bien rigoureuse. Mais d'abord essayons, avec la même liberté, de les soumettre au contrôle des faits d'ordre linguistique, puis d'ordre religieux.

Je déplore de n'être pas linguiste, et j'ai à m'excuser, ne l'étant pas, d'oser toucher aux arcanes d'une science encore en voie de gestation, aussi problématique et confuse en ses conceptions générales que technique et précise en ses détails complexes. Mais d'autre part, comment traiter de la logique des sociétés sans parler du langage, où elle s'incarne? Je le puis d'autant moins que ma manière de voir en sociologie se prête avec une facilité toute particulière à l'explication de la langue, de ses formations et de ses transformations (2). Si donc quelque philologue lit ceci, je lui permets de sourire à quelque exemple mal choisi, mais à

(1) *Les Transformations du droit* (Félix Alcan, 1893).
(2) Aussi n'ai-je pu m'empêcher de consacrer quelques pages à la vie du langage, dans les *Lois de l'Imitation* (notamment pp. 159, 162, 279, 290, etc.) et dans les *Transformations du droit* (203-210, etc.). Je ne répéterai pas ici les réflexions contenues dans ces divers passages auxquels je renvoie.

la condition qu'il veuille bien me corriger ; je suis sûr alors qu'il
lui sera bien plus facile qu'à moi-même de défendre mes positions.

Que la langue soit un phénomène d'imitation, cela ne me paraît guère contestable : sa propagation de haut en bas, du supérieur à l'inférieur, soit au dedans, soit au dehors de la nation,
ses acquisitions de mots étrangers par mode et leur assimilation
par coutume, la contagion de l'accent, la tyrannie de l'usage en
elle, suffisent à montrer, d'un premier coup d'œil, son caractère
éminemment imitatif (1). Imitative, elle l'est encore avant tout,
en un autre sens, puisqu'elle consiste en mots, qui sont des associations d'images visuelles, acoustiques, motrices, c'est-à-dire
de souvenirs et d'habitudes, et en phrases, qui sont des enchaî-
nements d'idées, c'est-à-dire d'images complexes. Or des souvenirs et des habitudes, qu'est-ce, sinon les formes multiples de
l'imitation de soi-même ? Une forme plus élevée de cette même
sorte d'imitation est cette tendance analogique, signalée à chaque
page par les philologues, qui, poussant chaque homme à reproduire en parlant les déclinaisons, les conjugaisons, les flexions,
les tournures grammaticales, dont il a la plus grande habitude,
a pour effet à la longue ce qu'on appelle la simplification des
grammaires, très conciliable avec leur complication par suite
d'apports nouveaux. Mais déjà on peut voir par là le rôle prépondérant de la logique en philologie. En effet, les travaux de M. Paulhan, en particulier, nous ont appris (2) que toute association
d'images ou d'idées, par ressemblance, par contraste, par contiguïté dans l'espace ou le temps, n'importe, est une association
systématique, formée sous la direction supérieure du but poursuivi. L'étude du langage est bien propre à faire ressortir la
vérité de cette thèse capitale, et en même temps à la rectifier en
la complétant. Car, en parlant, les mots ne nous viennent pas à

_____

(1) L'imitabilité plus ou moins grande — variable d'une langue à l'autre — des
diverses consonnes, des diverses voyelles, des diverses syllabes, demanderait à être
étudiée. N'est-ce pas parce que les syllabes accentuées sont les plus imitables
qu'elles sont les plus stables, les plus persistantes presque indéfiniment ?
Cette façon particulière de prononcer qu'on appelle (en un autre sens du mot)
l'accent, est-elle plus ou moins contagieuse par imitation que les mots eux-mêmes?
(2) Voir son *Activité mentale* où la démonstration de cette vérité me semble
complète. Je ne lui reproche que d'avoir confondu deux choses distinctes quoique
liées : les systèmes proprement logiques, et les systèmes téléologiques. A vrai dire,
il n'a en vue que ces derniers, et la finalité est la seule logique qu'il admet.

la file indienne, sans raison, simplement par routine, ils se présentent tels ou tels suivant le *but*, persuasion, intimidation, insulte, obéissance, que nous avons en vue, et aussi, principalement même, d'après le *jugement* que nous nous sommes fait et la croyance qui nous anime, ou que parfois nous simulons.

En outre, soit en parlant, soit en écoutant, parmi les acceptions multiples de chaque mot, et les images diverses qui lui sont associées, celle-là seule nous apparaît qui est conforme au but et à l'idée même de la phrase. Quant aux images acoustiques, visuelles, motrices, dont la combinaison constitue le mot, non seulement il est vrai de dire, comme on l'a observé, que la proportion des unes et des autres varie extrêmement suivant que le parleur ou l'auditeur appartient au « type visuel, au type acoustique, ou au type moteur », mais encore je me permets d'ajouter que, suivant la nature de l'idée ou de la préoccupation dominante, cette proportion variera d'un moment à l'autre chez le même individu. S'il s'agit d'une description de paysage, l'individu appartenant au type acoustique le plus accentué pensera les mots par leur côté pittoresque plus que par leur côté musical.

S'il y avait vraiment des lois d'évolution *unilinéaire*, de canalisation rigoureuse, et je ne dis pas seulement de détermination, mais de prédétermination unique, identique en tous lieux, des faits humains, c'est bien en linguistique surtout qu'on devrait s'attendre à les découvrir. N'est-ce pas là que, par la vertu des grands nombres, éliminatrice de l'accidentel, l'infinie multiplicité des langues et des dialectes, morts ou vivants et, en chaque idiome, l'infinie multiplicité des mots, des répétitions de mots, par tous ceux qui les ont parlés pendant des siècles de siècles, des variations de mots, des combinaisons de mots, auraient dû avoir pour conséquence la plus complète compensation des perturbations fortuites et, du milieu d'elles, le dégagement le plus net des lois générales, des similitudes générales de phases successives entre toutes les langues humaines ? Et, de fait, on a caressé longtemps cette espérance, mais le progrès, le merveilleux progrès des études philologiques, l'a fait évanouir. On ne peut concevoir entre les langues différentes d'autres similitudes que les suivantes : 1° Celles qui naîtraient d'une origine commune, d'une même langue-mère : celles-ci sont de nature imita-

tive, aussi abondent-elles ; mais, si elles permettent de grouper
ensemble ici les diverses langues aryennes, là les diverses langues sémitiques, ailleurs de former beaucoup d'autres groupes,
elles ne laissent entrevoir d'un groupe à l'autre que des rencontres insignifiantes en dehors de 2° Celles que produisent des
emprunts fréquents de mots, de locutions, entre deux idiomes
voisins ou éloignés, que des voyageurs, des prisonniers de
guerre, des émigrants quelconques, ont mis en contact fécond.
Tous les jours on en découvre de cette espèce, et des plus inat-
tendues, des plus invraisemblables à priori. Mais il reste 3° Les
similitudes non imitatives que présenteraient entre les langues
hétérogènes la structure grammaticale d'une part, et, d'autre
part, le déroulement des mêmes phases successives : par exemple,
comme on l'a prétendu, comme des linguistes éminents s'obstinent même à le prétendre, des phases du monosyllabisme, de
l'agglutination, de la flexion et quelques-uns ajoutent de l'analytisme. Mais la vérité est que chaque langue a son génie, son
originalité qu'elle déploie dans la succession de ses états, aussi
bien que dans ses manières d'être à chaque instant. Si elles révèlent des ressemblances, comme nous allons le voir, ce sont
celles qui doivent résulter des exigences de la logique appliquée
à certains besoins tout pareils de l'organisme humain de n'importe quelle race, et à certaines données toutes pareilles de la
sensation en n'importe quel esprit humain. Du reste, si l'on descend au détail, on ne voit fourmiller que des dissemblances
entre les grammaires, presque autant qu'entre les dictionnaires :
et si l'on compare les vicissitudes subies par les quelques langues
dont le passé nous est connu, on est frappé de leur diversité.
4° Il pourrait se faire, cependant, que, déroulées par des chemins
différents, les évolutions des langues eussent une inclination
générale vers un aboutissement commun, vers un état définitif,
à peu près le même pour toutes, où s'arrêteraient leur cours,
comme dans le même golfe les rivières d'un même bassin. Par
malheur, on ne s'est pas posé, à notre connaissance, ce dernier
problème, bien que l'hypothèse ait assurément lieu d'être examinée. Cette orientation semblable n'est pas plus invraisemblable à priori que celle, encore si accréditée, de toutes les évolutions religieuses vers notre monothéisme, ou de toutes les
évolutions familiales vers notre monogamie, ou de toutes les

évolutions politiques vers notre démocratie, ou de toutes les
évolutions juridiques vers ce qu'on appelle le Droit naturel ; et
à coup sûr elle est beaucoup plus vraisemblable que le parallé-
lisme de toutes les évolutions en chaque ordre de faits. Quoi
qu'il en soit, ce n'est pas le lieu de procéder à l'examen de cette
conjecture, et il suffit de l'indiquer en passant pour faire observer qu'elle est sans fondement jusqu'ici.

De ces quatre espèces de similitudes, la troisième seule mérite
de nous arrêter. Ce qui est certain, c'est que l'on peut ranger
tous les idiomes, même non parents entre eux, en plusieurs catégories distinctes appelées le monosyllabisme, l'agglutination, la
flexion et peut-être aussi l'analytisme. Mais qu'est-ce qui auto-
rise à penser que ces catégories coexistantes *de toute antiquité*,
du moins les trois premières, comme le reconnaît à regret
M. Lefebvre (p. 49), sont autant de phases successives traversées par chaque langue qui a poussé à bout son évolution ?
Aussi haut que l'on remonte dans le passé des langues à flexion,
y découvre-t-on l'agglutination ? Pas le moins du monde. En
remontant aux origines des langues agglutinantes, y trouve-t-on
le monosyllabisme ? Non plus. Seulement, nous voyons les langues analytiques dériver de langues flexionnelles ; ou, pour
mieux dire, nous voyons les langues néo-latines, les seules où le
caractère analytique se montre nettement à nous, avec l'anglais
qui l'a reçu d'elles (1), dériver du latin. Encore cet unique
exemple, par le fait même qu'il est isolé, perd-il toute signification. Si la perte de la déclinaison et son remplacement par des
prépositions, au grand détriment de la brièveté et de la poésie du
discours, devaient être considérés comme un progrès (2), ce
changement aurait dû s'accomplir, au cours de la civilisation,
dans les autres branches de la famille aryenne, en allemand, en
polonais notamment, dans le grec aussi, quoique le grec moderne
n'en porte pas trace ; et il est surprenant qu'il ait fallu, au contraire, le recul social produit par l'invasion des barbares, pour

(1) C'est l'opinion de M. Lefebvre lui-même : « Qui l'aurait délivrée (la langue
anglo-saxone), de sa grammaire, de ses flexions compliquées ? C'est l'infusion du
sang et de l'esprit français qui ont fait l'anglais ce qu'il est et l'ont si complètement
dégagé des ambages germaniques. »
(2) Entre autres inconvénients, M. Lefebvre ne peut méconnaître que les langues
romanes, « en se défaisant de la déclination, ont perdu la notion de la racine, du
thème et de la désinence ».

déterminer cette transformation dans les rejetons abâtardis de
la souche latine. L'Allemagne a eu beau grandir et se civiliser,
sa langue est restée flexionnelle, de même que, objection plus
frappante encore, la Chine est restée opiniâtrement fidèle, depuis
des millions d'années, au système monosyllabique de sa langue,
qui cependant a été se développant, mais toujours suivant son
type, et qui, de la sorte, a suffi cependant aux besoins de cinq
cents millions d'hommes parvenus à un si haut degré de culture
originale. On nous dit bien que le copte et les langues berbères
sont intermédiaires entre l'agglutination et la flexion, d'où l'on
induit qu'elles sont en train de passer de celle-là à celle-ci. Mais
ce passage est lent, il faut l'avouer, car on est forcé de convenir
qu'elles sont restées à ce même point « depuis le temps des Pharaons », et l'on ignore ce qu'elles étaient avant cette époque.
Pourquoi, si elles avaient marché d'abord, se seraient-elles arrêtées ensuite et pendant de si longs siècles ? Et rien est-il moins
propre à prouver la nécessité de cette marche ? — Toutefois, il
est très possible qu'une même langue, en ses méandres de développement, ait employé successivement les grands procédés
monosyllabiques, agglutinants, flexionnels, analytiques, d'expression verbale, mais, cela fût-il prouvé, il resterait à démontrer que c'est là une tendance générale, et que la transformation
en sens inverse est impossible. Tant que cet ordre irréversible
et irrésistible demeurera on ne peut plus douteux, l'hypothèse la
plus simple et la plus naturelle sera, ce me semble, de regarder
les grands procédés en question comme autant de solutions différentes dont le problème linguistique est logiquement susceptible et dont l'un ou l'autre ou une combinaison quelconque de
l'un et des autres doit inévitablement s'offrir à la pensée cher-
cheuse de sa voie verbale. De là des coïncidences spontanées,
sous ce rapport, entre langues non parentes. — Y a-t-il des langues qui, aussi haut qu'on remonte à leur berceau, soient de
nature analytique ? Je n'en sais rien. Mais, cela fût-il prouvé, il
n'y aurait rien d'étonnant, si l'on se rappelle ce que nous avons
dit sur la culture primitivement artistique du langage. La langue
a commencé par être une œuvre d'art, la seule œuvre d'art peut-
être des primitifs, et elle tend à devenir un simple outil. Cela est
conforme à cette conversion de la *fin* en *moyen*, que nous avons
érigée en loi. Or, le passage de la déclinaison à l'emploi des pré-

positions contribue à favoriser ce penchant, à rendre les langues de moins en moins esthétiques et de plus en plus utilitaires. Car l'analytisme est un moyen commode et clair de s'exprimer, mais sans pittoresque et sans charme. L'irréversibilité du passage dont il s'agit se comprendrait donc très bien à notre point de vue.

Encore est-il bien peu probable que la transformation inverse n'ait jamais eu lieu. Sans nul doute, la déclinaison et la conjugaison sanscrites, grecques, allemandes, latines, etc., ne se sont pas faites toutes seules ; elles sont nées par contraction de deux mots en un seul ; elles ont donc été précédées d'un état, en quelque sorte analytique, dont elles seraient sorties par voie de synthèse. Au fait, est-il plus difficile de comprendre la formation des cas dans les langues anciennes, que tant d'autres contractions de deux mots en un seul dont nos langues analytiques nous fournissent des exemples à pleines mains et qui semblent vouloir les ramener parfois à l'état synthétique de jadis ? C'est tantôt un substantif qui se contracte avec un article (*soar lui*, en valaque, pour *à lui soare*), tantôt un pronom avec une conjonction (*nella* pour *in ella*, *meco* pour *con me*, *au* pour *à le*), ou bien un nom ou un verbe avec un pronom (*padremo* pour *padre mio*, *amalo* pour *amar lo*, etc.). Or partout où se produisent ces formations, on les regarde avec raison comme plus élégantes et tout aussi claires que les formes non contractées d'où elles dérivent. Donc il y a lieu de déplorer la perte de la déclinaison antique submergée par la barbarie. Est-ce qu'on ne regarde pas comme un progrès aussi, dans les autres branches de la sociologie, les contractions correspondantes à celles de la linguistique, la contraction mythologique appelée syncrétisme, la contraction juridique, opérée par la fusion des coutumes différentes en une coutume unique, etc. ? Est-ce que ce serait un progrès si nous revenions, en littérature, aux périphrases et aux circonlocutions de l'école de Delille ? Substituer à *amaveram* la forme *j'avais aimé*, ou *a domi* la forme *de la maison*, c'est précisément paraphraser et circonlocutionner. Il n'est pas même vrai que cette invention, l'emploi du verbe *avoir* comme auxiliaire, appartient au pauvre génie créateur des langues romanes. Diez nous apprend que déjà Cicéron disait incidemment *habeo perspectum*, *habeo cognitum* dans le sens de *perspexi* et de

cognovi. Mais, à titre de rareté, cette périphrase, là où il la
plaçait, était une élégance de plus, qu'elle devait à son contraste
avec la forme ordinaire. On s'est rattaché, après la chute de
celle-ci, à l'autre comme pis-aller. Supposez nos grandes routes
supprimées, faute d'entretien, par suite d'un cataclysme de
notre civilisation dynamitée et anéantie ; peu à peu elles
seraient remplacées par un réseau de petits sentiers tortueux
qui allongeraient considérablement les parcours. Voilà ce qu'on
nous vante en linguistique à l'appui de l'ordre soi-disant
sériel et irréversible des quatre types philologiques principaux.

Mais, si la comparaison des grammaires, des dictionnaires et
des évolutions linguistiques ne révèle aucune des ressemblances
arbitraires qu'on a voulu y voir, elle met en évidence toutes
celles qui découlent des nécessités d'ordre logique. Comme collections de sons, d'une famille à l'autre, tous les vocabulaires
diffèrent profondément, sans qu'il y ait à rechercher si un certain fonds bien maigre et bien conjectural d'onomatopées a pu
servir de levain initial et universel à cette fermentation verbale ;
mais, comme collections de sens, ils se ressemblent par un
même bagage de notions élémentaires, extraites de perceptions
identiques. D'une manière plus profonde encore, toutes les
grammaires sont semblables, en ce qu'elles marquent la distinction des parties essentielles du jugement, sujet, copule et attribut, soit par leur incarnation en des mots différents, substantif,
verbe et adjectif, soit par un sens tour à tour nominal, verbal et
attributif, attaché au même mot. Elles sont semblables encore
en ce qu'elles ont des notations distinctes pour opposer la
croyance affirmative à la croyance négative, le désir positif et le
désir négatif. Toutes aussi ont des signes distinctifs pour l'interrogation et le doute, pour le commandement, la prière, la menace,
la défense.

Et remarquons combien ces traités à la fois naïfs et compliqués de logique populaire, je veux dire les grammaires, donnent raison à notre façon de comprendre la logique, en comblant
les lacunes observées ci-dessus dans les écrits des logiciens et
en amoindrissant le rôle de distinctions exagérées par eux. On
trouve, dans toutes les langues, surtout civilisées, des richesses
d'expressions nombreuses et délicates, réputées avec raison

très importantes, pour différencier des divers degrés de l'énergie avec laquelle on affirme ou on nie, on commande ou on défend, on souhaite ou on redoute. Admirons l'ingéniosité déployée dans le saisissement de ces mille nuances, par les modes variés de l'impératif, de l'optatif, du subjonctif, du dubitatif sous des formes infinies. Diez, dans sa *Grammaire des langues romanes*, consacre tout un long chapitre à la « méthode de négation » qui leur est propre et où l'on voit que leur inventivité, ailleurs si courte, s'est dépensée en une floraison de subtils procédés. Elles ont des demi-négations, des négations parfaites ; des renforcements de négation, doublée et parfois triplée. Elles possèdent aussi de nouvelles méthodes d'affirmation, et très expressives, par exemple cette tournure française, qui a son équivalent dans les autres langues sœurs. « *C'est* lui *qui* a fait cela », affirmation tout autrement intense que : « il a fait cela ». En revanche, cette importance majeure, capitale, hors de pair, attachée par les logiciens à la distinction des propositions universelles et particulières, n'apparaît nulle part dans les grammaires. Particulières ou universelles, les propositions sont pareillement traitées, et des unes aux autres la transition est graduelle. Au demeurant, il n'est pas étonnant que les règles grammaticales du langage aient tant de rapports avec les règles logiques de la croyance et du désir. Car le langage n'est pas seulement le signe et l'ombre de ces états de l'âme, il en est, dans une certaine mesure, la substance et le corps. On ne peut guère sans parler, au moins intérieurement, ni penser ni même vouloir ; nos affirmations font partie de notre foi, nos commandements font partie de notre volonté.

De même que les similitudes grammaticales — auxquelles nous reviendrons — les similitudes évolutives des langues hétérogènes sont celles que devait nous faire attendre notre point de vue. D'abord, il ne me paraît pas douteux que ce qu'on appelle ici évolution est, comme nous l'avons dit souvent de l'évolution en général, l'insertion discontinue de petites innovations venant de distance en distance se greffer les unes sur les autres, tantôt pour s'accumuler, tantôt pour se substituer, et que le résultat de ces accumulations et de ces substitutions multipliées, accomplies par une série d'opérations logiques, est une association systématique de ces innombrables petites inventions condensées

en une grammaire (1). Puis, ce que nous avons maintes fois
répété sur le lien étroit de l'accidentel et du nécessaire ne se
trouve-t il pas ici pleinement confirmé ? Rien de plus arbitraire
à la fois ni de plus rationnel que les langues. A l'exception de
quelques onomatopées, où le sens *paraît* plus ou moins naturellement suggéré par le son, il n'y a, en général, aucune liaison
naturelle entre les articulations des mots et leurs significations,
et tout dictionnaire n'est qu'un recueil de ces bizarreries ; quoi
de plus fortuit aussi que la préférence de toute langue pour certains sons, ou son éloignement de certains autres ? Pourquoi le
Mexicain abuse-t-il du *tl*, et pourquoi les consonnes *r*, *b*, *d*
sont-elles inconnues des Chinois ? Pourquoi le gothique pré-
sente-t-il cette singularité, que, d'après Bopp, « il ne souffre pas
un *i* ou un *u* pur devant un *h* ou un *r*, mais place toujours un *a*
devant ces voyelles ? Pourquoi ainsi chaque idiome a-t-il non
seulement son lexique, mais son alphabet spécial ? Et « le *trilitté-*
ralisme sémitique » ! Essaiera-t-on de justifier rationnellement
cette nécessité de trois consonnes pour toutes les racines de
cette famille, caractère aussi singulier que persistant, à peu près
comme la forme tétragonale de la tige des labiées ? Mais, autant,
par ce côté, le langage a d'imprévu, d'impossible à prévoir, de
pittoresque inépuisable, où jaillit et se joue cette source pro-

---

(1) A plusieurs reprises, M. Lefebvre, entre autres linguistiques distingués, affirme que
la langue est fille de l'invention. « La conjugaison indo-européenne, dit il quelque
part, doit être considérée dans son ensemble comme une construction merveilleuse, un monument sans pair *de ce qu'on nomme le génie inconscient et collec-*
tif, faute d'y pouvoir déterminer la part de l'individu qui le premier a mis en
circulation telle ou telle forme retenue par sa famille et son clan, puis adoptée et
altérée de proche en proche par les tribus voisines ». A partir du cri animal, du
cri de l'espèce, il *n'est* pas de *modification* dans le son et dans le sens correspondant, qui n'ait commencé par une émission vocale *d'un individu*, acceptée, imitée,
et comprise par deux ou trois autres, puis par des centaines et des milliers
d'autres. C'est là, je crois, un fait indubitable, quoiqu'il n'ait pu et ne puisse être
constaté. » (*Les Races et les Langues*, 1893). M. Bréal est du même avis : « Entre
l'acte populaire qui *crée* subitement un nom pour une idée nouvelle et l'acte du
savant qui *invente* une désignation pour un phénomène scientifique récemment
découvert, il y a différence quant à la promptitude du résultat et quant à l'intensité de l'effort, mais il n'y a pas de différence de nature. *Toute l'histoire du lan-*
gage est une série d'efforts plus ou moins réfléchis. » *Revue des Deux-Mondes*,
1er juillet 1887. Nulle part l'invention et l'imitation ne sont plus rapprochées, plus
entrelacées, plus indissolubles, que dans le langage. Nulle part le génie inventif n'a
plus libre jeu, ne surprend par de plus originales créations ; et nulle part, cependant il n'est plus docilement *soumis à la pression des inventions antérieures.* C'est
là que l'invention a le moins l'air d'en être une, et c'est là peut-être qu'elle est la
plus réelle et la plus féconde, quoique anonyme. Ce qui ne l'empêche pas d'être
individuelle.

fonde, en œuvre au fond de tout, de l'universelle originalité,
autant, par son côté grammatical, et ces données fortuites une
foi admises, il est ordonné, régulier, déductif.

En outre, il n'est pas de domaine où l'infinité des possibles
irréalisés apparaisse mieux, où elle enveloppe les faits réels
d'une atmosphère plus étendue et plus transparente (1). Si nombreuses que soient les bouches qui l'ont parlée dans la suite des
âges, une langue, en mourant, toujours emporte avec elle une
part d'inexprimé immense ; et toutes les langues vivantes ou
mortes ne sont qu'une infinitésimale fraction de la totalité des
langues qui auraient pu naître et qui ne sont pas nées. Combien
d'idiomes plus beaux, plus mélodieux que le grec et le sanscrit,
dormiront à jamais dans ces limbes du Possible, où reposent
aussi tant de lumineux théorèmes que nul géomètre ne saura,
tant de chênes gigantesques, tant de splendides beautés qui ne
verront pas le jour ! D'autres langues néo-latines, nous pouvons
l'affirmer avec certitude, se seraient formées si l'Empire romain
eût été plus vaste encore qu'il ne l'était, et, puisque cet irréel
est certain, il est donc vrai, aussi vrai que s'il était réel. Réalité
et vérité font deux (2).

(1) Sur 952 mots latins et 517 mots grecs que Rabelais a francisés, une vingtaine
à peine lui ont survécu (*patriotique, crépuscule, indigène*). Pourquoi pas aussi
bien les autres ? Quelle prodigalité d'inventions non imitées, de germes avortés,
ici comme partout !

(2) Aucune langue, si riche qu'elle soit, ne fournit des signes distincts pour tous
les rapports discernables qui seraient susceptibles d'être signifiés. Par exemple, les
prépositions sont la partie du discours affectée essentiellement, comme le remarque
avec justesse Delbœuf (dans sa brochure sur les *Prépositions en grec*, Gand, 1893)
à exprimer les rapports dans l'espace. Leur emploi, hors de là, n'est que métaphorique et extensif, souvent abusif. Or, « pour renseigner sur la place d'un objet, il
faut que nous le rapportions à un lieu censé connu, tel qu'une maison. L'objet sera
ainsi dans la maison ou en dehors de la maison. S'il est en dehors, il peut être
tout contre ou dans le voisinage. De là les trois prépositions, ἐν, πρός, παρά, qu.
marquent intériorité, contiguïté ou extériorité. » De plus « la maison a une droite
et une gauche, un haut et un bas, etc. Chacune de ces trois prépositions pourrait
donc donner lieu à six variétés : dedans à droite, dedans à gauche, dedans en haut,
dedans en bas, etc., contre à droite, contre à gauche. » Mais en fait nombre de variétés
font défaut en grec même. D'abord « celles pour la droite et la gauche manquent.
Ensuite, si nous avons ἐπί et ὑπέρ correspondant à πρός et à παρά, nous n'avons
que ὑπό pour le dessous, μετά pour l'arrière, πρό et ἀντί pour l'avant, ces deux
dernières avec cette nuance que πρό signifie *devant* et ἀντί en face ».

Ce qui fait l'originalité des langues, c'est que chacune a fait, parmi la totalité des
rapports exprimables, son choix spécial et ses éliminations particulières, d'après la
nature de ce qu'on appelle « son génie », mot commode pour exprimer un courant
propre de tendances formé par des milliers de circonstances historiques
d'où découlent des sources d'exemples, comme un fleuve par des ruisseaux. Un
grammairien très savant, mais antérieur à l'étude comparative des langues indo-

Mais, délaissant ces perspectives, descendons dans quelques détails, au risque de nous y égarer. Le linguiste étudie soit les modifications des sons, soit les modifications du sens des mots. On s'est beaucoup plus occupé des premières que des secondes, et je ne sais pas pourquoi. Car il me semble que l'intelligence de celles-ci est indispensable à l'explication de celles-là, et que la réciproque est beaucoup moins vraie. S'il se peut, comme le conjecture M. Michel Bréal, que les altérations phonétiques aient contribué à faciliter l'introduction de nouveaux sens, n'est-il pas permis de conjecturer aussi, et bien plutôt, que ce sont les changements de sens qui ont provoqué les altérations de sons? L'âme, philologiquement, se fait son corps. Quand le besoin se fait sentir de substituer ou d'ajouter une signification abstraite et générale à une signification concrète et particulière d'un mot, il est naturel que ce mot se modifie un peu, se prononce d'une autre manière. Ne serait-ce pas la permanence du sens qui, aussi longtemps qu'elle se maintient, retiendrait le son du mot sur la pente des adoucissements de prononciation, des abréviations commodes? En fait de sons, tout ce dont le sens commence à s'oublier tend à disparaître ou à se réduire (1), et de la sorte on peut s'expliquer dans les mots romans la perte des terminaisons latines, à mesure que le sentiment de leur valeur casuelle se perdait. Quant à la pente dont je viens de parler, et qui semble inévitable, elle s'explique par la loi téléologique du moindre effort; elle demande, d'ailleurs, à être complétée par son contraire, le renforcement phonétique, qui se produit, à l'inverse de l'adoucissement phonétique, quand il s'agit d'introduire un sens nouveau ou d'accentuer l'expression d'un sens connu. On peut voir un exemple de renforcement phonétique dans le *gouna* sanscrit (*a* placé devant *i* ou *u* qui deviennent *ai* et *au*) qui a son équivalent dans la plupart des autres langues aryennes.

europénnes, Gottfried Hermann, a écrit une fort remarquable grammaire où « il démontre, par des arguments tirés de la nature de l'esprit humain, qu'il ne saurait y avoir une déclinaison plus complète que la déclinaison latine ». Or, précisément au moment où il publiait son livre, les « premières grammaires sanscrites arrivaient en Europe, et l'on y pouvait voir que la langue de l'Inde a *huit cas*, en dépit des raisons déduites de la philosophie de Kant ». (Michel Bréal).

(1) « Le *duel*, comme le *neutre*, dit Bopp, finit par se perdre à la longue (dans toute la famille indo-européenne) à mesure que la vivacité de la conception s'émousse. » Remarque qui, en outre, vient à l'appui de notre hypothèse relative à l'intensité remarquable de l'attention et de la conception linguistique chez les primitifs.

Cette lettre intercalaire est un *augmentatif* propre à attirer l'attention. Ici encore, il y a correspondance téléologique du moyen au but.

Les modifications euphoniques, ces lois si variables, en si parfait contraste les unes avec les autres quand on passe d'une langue à sa voisine, sont ce qu'il y a de moins explicable par les seules exigences de l'oreille. Celles-ci suffisent-elles à expliquer qu'en sanscrit l'euphonie commande, entre l'*u* final d'une syllabe et le *t* initial de la consonne suivante, l'interposition d'un *s*? En quoi *abavanstatra* est-il plus harmonieux que *abavantatra*? Le latin exige que entre *m* et *t* où entre *m* et *d* s'interpose un *p*. Cependant, en quoi *sumpsi, prompsi, dempsi* sont-ils plus doux à prononcer que *sumsi, demsi, promsi*? L'oreille italienne en juge inversement. Pourquoi l'ancien allemand, se demande M. Darmesteter, a-t-il perdu cette douceur souveraine dont on retrouve l'écho dans le gothique du IVe siècle pour le remplacer par la rude harmonie de l'allemand moderne? Il est bien vraisemblable que l'*analogie*, cette logique propre des langues, cet esprit d'imitation que l'homme apporte en ses innovations et ses inventions mêmes, a voulu ces modifications par suite d'habitudes de l'oreille contractées à partir d'accidents réussis. Les lois de la substitution des consonnes ou plutôt de l'équivalence des consonnes, formulées par Grimm, constatent le fait que le *p* des langues classiques et du sanscrit devient *f* dans les idiomes germaniques (*pitar, pater, fadar*), que le *f* devient *b* (*frater, brôther*), etc. Ne sont-ce pas là encore des accidents, des caprices originels plutôt que des particularités organiques de conformation, que la contagion analogique a généralisés?

Or, ces motifs analogiques qui jouent un rôle si important dans la formation des langues, par la simplification des grammaires notamment, et aussi bien dans les formations religieuses, juridiques, politiques, esthétiques, qu'est-ce, au fond, je le répète, sinon des motifs logiques? Il s'agit de deux habitudes phonétiques, de deux formes grammaticales où religieuses, ou juridiques, etc., qui répondent concurremment au même besoin. L'une doit donc disparaître comme n'ayant pas de *raison suffisante* de subsister, et il est naturel et raisonnable que, *à défaut de motif contraire*, on opte pour celle qui est déjà la plus

accréditée. Mais quelquefois la raison première du choix est
apparente.

Bopp a démontré que toutes les variétés de verbes en grec, en
sanscrit et dans les autres langues aryennes, se ramènent à ces
deux types : ceux finissant par *mi* (ou par *m* après la chute de
l'*i*), par exemple, δίδωμι, dadham, εἰμί, sum ; et ceux finissant par
ω ou *o*. Il y a des raisons d'affirmer que le plus ancien des deux
types est le premier, qui, à un certain âge de la langue, s'est
appliqué à tous les verbes. Cependant, actuellement, il n'est
plus représenté dans les divers idiomes que par quelques verbes
exceptionnels, de plus en plus rares. Qu'est-il donc arrivé ?
Nécessairement il a dû se passer ce qui suit. Un beau jour, sans
que personne y ait pris garde, la signification verbale s'étant
attachée par hasard à un mot terminé en ω ou en *o*, ce type
nouveau de verbes s'est introduit ; et, peu à peu, sa commodité
plus grande ou d'autres avantages devenus difficiles à apprécier,
l'ont fait préférer, l'ont fait empiéter de plus en plus sur les
possessions de son rival, auquel de la sorte il s'est substitué par
une série de *duels logiques*. — Quant aux *accouplements
logiques*, l'histoire des langues nous en montre des exemples
frappants à chaque nouvelle formation grammaticale, engendrée,
notamment, par la rencontre d'une racine et d'un pronom, d'où
résulte un cas de la déclinaison ou une personne de la conjugaison. Souvent ces mariages sont très féconds : songer au futur
aimer-ai des langues romanes. D'autres exemples analogues,
non moins réels quoique moins frappants, nous sont fournis en
bien plus grand nombre chaque fois que, de nos jours même, un
radical se met à s'adjoindre une terminaison en *isme* ou en *iste*
ou toute autre. Pour revenir au *duel logique*, il arrive souvent
que le combat entre deux formes — de conjugaison, par exemple
ou de déclinaison, — se termine, non par la suppression totale,
mais par la subordination de la forme vaincue qui consent à
jouer un rôle secondaire, ancillaire, auxiliaire. C'est ainsi que
le verbe *sum* est devenu auxiliaire de *amo*.

Dans la conjugaison des langues romanes, les linguistes distinguent, nous l'avons déjà dit plus haut, deux sortes de flexions,
l'une où l'accent tombe sur une syllabe du radical et l'autre où
il est rejeté sur une syllabe de la terminaison. La première
s'appelle avec raison flexion *forte*, car elle imprime aux mots

contractés qui la conservent un caractère énergique et nerveux. Cependant l'évolution des langues romanes a pour effet de rétrécir sans cesse le champ de la première, dont il ne reste plus que des débris et d'étendre le domaine de la seconde. On ne peut, à coup sûr, considérer cela comme un progrès. Serait-ce un progrès que les parfaits je *vis*, je *fis*, je *lus* (flexion forte) s'affaiblissent aussi en je *vésis*, je *faisis*, je *légis* ? (En latin *vidi*, *feci*, *legi*, sont forts, parce que l'accent est sur *vi*, *fe*, *le* ; mais, en français, il serait sur la terminaison.) Eh bien, c'est précisément de la sorte qu'ont *progressé* la plupart des verbes romans. Ce n'est là qu'une *nécessité analogique* ; car, comme l'eau va à la fontaine, la première conjugaison en *a*, qui comptait déjà en latin la plus grande proportion de verbes, a peu à peu attiré à soi tous les verbes nouvellement créés dans leur passage du latin aux idiomes néo-latins. Or la flexion faible lui est essentielle... Aussi Diez dit-il que cet affaiblissement de la flexion, cette transformation habituelle de la forte en faible, *sans nulle transformation inverse*, « est liée au besoin bien connu d'unification des flexions », besoin qui consiste en somme dans une tendance à suivre *le plus fort courant* d'imitation.

Mais pourquoi *ce plus fort* courant, qui avait commencé à se dessiner dans le latin même, s'est-il établi, puis accentué, dans le sens indiqué et non dans le sens inverse ? La réponse va montrer que la nécessité analogique dont il s'agit est au fond une nécessité logique et téléologique. En effet, supposez que la grande masse de la population latine d'abord, romane ensuite, a été composée d'écrivains concis et nerveux, tels que Salluste et Tacite ; il est certain que, le désir de l'expression contractée et forte l'emportant chez elle sur le désir de l'élocution aisée et claire, la flexion forte eût pris le dessus dans les langues formées par elle. Si donc le contraire a eu lieu, c'est que, parmi les peuples qui ont parlé et élaboré ces idiomes, la préoccupation littéraire de la vigueur expressive était bien peu de chose comparée au besoin prosaïque d'un parler commode et, pour ainsi dire, confortable, obtenu par la simplification de la grammaire. Cette remarque rentre aussi dans l'observation sur la tendance générale des langues, une fois formées, à devenir de moins en moins une œuvre d'art, nous le savons, et de plus en plus un outil. Ainsi, on peut croire que deux syllogismes téléologiques ont été inconsciemment en présence chaque fois que, à propos d'un verbe dont la conjugaison était encore hésitante et mal établie, le public a eu à choisir entre la forme forte et la forme faible. « Je veux la concision avant tout, disent les uns ; or, je l'obtiendrais par la forme forte ; donc, je dois préférer celle-ci. » — « Je veux avant tout la commodité des discours, disent les autres ; or, la forme faible est plus facile à retenir par son caractère plus symétrique et plus régulier d'esprit ; donc je dois opter pour cette forme. » Ajoutez que, en même temps que ces *deux besoins* rivaux dont le plus fort l'emporte, deux jugements également rivaux et exprimés par deux *syllogismes logiques* en conflit, se rencontraient de même. Tout besoin d'expression ou de commodité mis de côté, les uns jugeaient que la forme correcte et normale était la forme forte, les autres la forme faible. Et ces jugements étaient la conclusion de ces syllogismes. « La correction est la conformité à l'usage ancien de la langue ; or, on disait autrefois *mors* et non *mordu*, *rout* et non *rompu*, etc.; donc la forme correcte est de dire *mout* et non *moulu*. » — « La correction est la conformité à l'usage nouveau ; or, on dit *rompu* et non plus *rout*, mordu et non plus *mors* ; donc, on doit dire *moulu* (1). » Je développe ici en une longue phrase ce qui s'est présenté très syncopé à la pensée des parleurs. Les uns et les autres ont pu avoir la *même majeure implicite*. « La correction est la conformité à l'usage actuel ». Mais les uns n'ont pensé qu'aux exemples tels que *résolu, fallu, voulu*, justifiant la forme *moulu*, et les autres qu'aux exemples tels que *oint, teint, peint*, justifiant la forme *moût*. Les premiers ont été la majorité. Cela a suffi. En tout cas, il est à remarquer qu'il y a eu ici à la fois *opération logique* et *opération téléologique*. Il est d'ailleurs manifeste que les langues sont l'œuvre des croyances aussi bien que des désirs.

Les changements de sens des mots, dont M. Darmesteter s'est occupé avec beaucoup de sagacité, lui ont paru se ramener au fond à deux espèces, « le *rayonnement* et l'*enchaînement* ». Il y a rayonnement de sens « quand un objet donne son nom à une

---

(1) Autre exemple : Faut-il dire *naquis* ou *nus?* Dans un sens, connaître, *connu ;* lire, *lu ;* croître, *crû.* — Dans un autre sens, vivre, *vécu* (l'*exemple est mauvais,* car ce sont là des verbes anormaux).

série d'autres objets, grâce à un même caractère commun à
tous. » Par exemple, « la *dent* donne son nom, par suite d'une
similitude de forme, à la *dent* d'une scie, à la *dent* d'une den-
telle et même à la *dent* de l'éléphant. » Nous dirons, nous, que,
dans ce cas, il y a accumulation d'inventions, parce que ces
significations, successivement imaginées, ne se contredisent pas
ou ne paraissent pas se contredire. Il y a enchaînement de sens,
quand un mot oublie son sens primitif en passant à un deuxième
objet, puis, en passant à un troisième objet, oublie de nouveau
sa seconde acception, et ainsi de suite. *Potence* a signifié successivement : 1° puissance, appui ; 2° béquille ; 3° gibet (en
forme de béquille). Autrement dit, il y a eu substitution de ces
sens divers, parce que leur contradiction était trop forte ou trop
sentie par le public, pour permettre longtemps leur coexistence.
Mais ce qu'il importe de considérer, c'est le phénomène élémentaire ici, c'est ce qui se passe dans l'esprit du parleur quand il
fait pour la première fois un emploi nouveau d'un mot connu et
tend à ajouter ce sens inusité à son sens ordinaire. Je dis à
ajouter et non à substituer, car cette substitution n'est jamais
voulue par celui qui inaugure, par métaphore ou autrement.
une signification nouvelle. C'est le public qui, lorsque cette
acception a commencé à se répandre, s'aperçoit de l'incompati-
bilité de ce sens et du précédent, et, à la suite d'un rapide duel
logique à demi conscient, opte entre l'un et l'autre. Quant à
l'auteur de l'innovation, une fort juste observation de M. Michel
Bréal me revient ici qui me paraît être la confirmation linguistique de ce que j'ai dit sur l'universalité de l'accouplement
logique en tout ordre de faits sociaux. Songeant aux lignes
brisées ou rayonnantes par lesquelles M. Darmesteter figure le
double développement des significations verbales, il dit très
bien que ces dessins compliqués ont une faible valeur d'exactitude, car « celui qui invente un sens nouveau oublie dans le
moment tous les sens antérieurs, *excepté un seul, de sorte que
les associations d'idées se font toujours deux à deux* », aussi
bien que les contradictions d'idées.

Tout n'est donc que combats à deux ou alliances à deux dans
la vie des mots, dans les vicissitudes de leurs sons ainsi que
de leurs sens. Les mots entre eux, ou les acceptions des mots
entre elles, ne font que se battre sans cesse ou se marier, pour

l'imitation ; par ces luttes et par ces alliances, quand elles about-
tissent à une victoire complète, se produisent les règles sans
exception, ou aussi bien les monopoles de signification exclusive, sans synonymes, et, quand la victoire est incomplète, les
exceptions, ou aussi bien les synonymies (1). Quand un mot, qui
avait d'abord une acception générique, tel que le mot *chaire*,
finit par être délogé de ce sens par un autre mot, tel que le mot
siège, il arrive souvent, comme dans l'exemple cité, que le
vaincu parvient à se maintenir en se subordonnant au vainqueur
et se spécialisant. Ces extensions ou ces resserrements de sens
qui de génériques deviennent spécifiques, ou inversement, ont
leurs équivalents dans l'histoire des religions, des droits, des
idées morales, quand, par exemple, le dieu d'une bourgade
devient celui d'un Empire et réduit en vasselage les dieux, jadis
souverains, de nombreuses cités.

Les déplacements de sens, par métaphore ou par contraste,
correspondent pareillement au cas où tels rites, telles procédures, après avoir eu une valeur d'utilité, se conservent par
symbolisme, et au cas où des dieux détrônés par un dieu nouveau se maintiennent transformés en diables... Or n'est-il pas
visible que ces modifications linguistiques, ou juridiques, ou
religieuses, ou autres, par accroissement, décroissement ou
déplacement, relèvent à la fois d'une même cause, le pouvoir
expansif de l'imitation dirigée par la tendance générale à l'accord
logique ? En effet, quand une forme verbale, ou légale, ou religieuse, ou autre, s'applique à de nouveaux objets, c'est que,
dans le grand concours des formes existantes, toutes plus ou
moins rivales ou alliées, elle est favorisée par la survenance
d'idées ou de besoins, imitativement propagés, qu'elle est propre
à satisfaire (2). Au contraire, quand elle se spécialise ou quand
elle se transforme, c'est que, par suite d'idées ou de besoins contradictoires qui sont survenus et qui se sont répandus dans le

(1) Il y a aussi, nous l'avons dit ailleurs, forces *synonymes juridiques* qui sont
ces doublets notés par M. Viollet, ces procédures, l'une en droit coutumier, l'autre
en droit romain. faisant double emploi ; il y a pareillement des synonymes mythologiques, des *doublets* divins ; et combien de doublets économiques, de produits
faisant double emploi ! Et partout la concurrence, ce duel logique, travaille à les
effacer, à établir un monopole.

(2) Par exemple, en Angleterre, dit Hadlen, « les statuts de chemin de fer, à
l'origine, ont été presque de tous points calqués sur les statuts des canaux. Il y
avait abondance de modèles. »

public, elle lutte plus désavantageusement avec ses rivales et est abandonnée par ses alliées (1).

On incline à penser que les désinences, les flexions, au lieu d'avoir toujours été, comme l'enseignait Schlegel, des syllabes assujetties, sortes d'esclaves-nées, sans signification par elles-mêmes, avaient commencé par être aussi, comme les racines qu'elles modifient et complètent, des mots indépendants. Si réellement ce passage de la liberté à la servitude a eu lieu pour elles, je ferai observer qu'il s'explique par la transformation générale des jugements en notions et des buts en moyens. Après avoir été toute une proposition implicite, — comme l'est encore un mot quelconque (qui a d'abord été une proposition explicite même, à sa naissance dans l'esprit de l'enfant, et, probablement à sa première apparition dans le cerveau qui l'a créé), — le mot devenu suffixe est tombé au rang de simple adjectif en quelque sorte, de simple *attribut* qui, combiné avec le *sujet* représenté par le radical, contribue simplement à former la proposition cachée dans le mot complexe né de cette union asservissante. En même temps, de fin en soi, ce mot suffixe est devenu moyen ; il a perdu sa raison d'être individuelle.

La nécessité constante, dans l'universalité des langues, d'une syllabe accentuée en chaque mot, — j'ajouterai d'un mot accentué en chaque phrase, — est encore un trait où se montre bien la nature essentiellement logique du langage. De même que chaque mot a besoin, pour affirmer son individualité, d'une syllabe résistante et plus fortement significative contre laquelle se serrent les autres, de même chaque phrase doit avoir un mot culminant sur lequel porte le poids de l'attention et de la voix. Par l'accent, la partie principale du mot, la partie principale de la phrase, est mise en relief ; l'idée-maîtresse, parmi toutes les idées contenues dans la phrase, et même agglutinées dans le mot, est soulignée, dégagée des idées accessoires. Il n'y a pas, sans idée-maîtresse, de systématisation possible.

On peut parler cependant à la fois très correctement et très illogiquement. Il semble donc qu'il ne soit pas permis de confondre grammaire et logique. Mais il n'en est pas moins vrai que la grammaire, comme la logique, est un garde-fou contre les

(1) *Transformations du Droit*, p. 207. J'ai dû m'emprunter ces lignes.

chutes de l'esprit dans l'incohérence et la contradiction. Seulement la correction grammaticale ne préserve l'esprit de ces accidents que dans le cours de chaque proposition considérée à part, en exigeant, par l'accord du substantif avec l'adjectif en genre et en nombre, par l'accord du pronom et du verbe, du verbe et du régime, des verbes entre eux, que ces diverses parties du discours ne se contredisent jamais et souvent se confirment. Du reste, en général, l'enchaînement des propositions lui échappe, et c'est alors que la logique apparaît comme une grammaire supérieure, comme une grammaire du second degré en quelque sorte, qui comprend celle du premier et lui fait suite. Ajoutons qu'en se conformant aux règles du syllogisme, on peut grandement extravaguer de même qu'en parlant avec correction. Les accouplements de mots et de phrases les plus légitimes donnent des produits monstrueux, mais les monstres ne font nullement échec aux lois de l'hérédité. Il n'en est pas moins vrai que le vœu commun de la grammaire et de la logique est de nous apprendre à penser juste, et qu'en cela elles ont pour collaboratrices toutes les sciences successivement naissantes et grandissantes. La langue, en même temps qu'elle est le faisceau des premières inventions, est le recueil des premières découvertes (1). Chaque mot exprime une idée générale, qui suppose un amas de perceptions comparées, rapprochées par leurs côtés similaires. Or une loi scientifique n'est pas autre chose au fond. Les phénomènes sont formulables en lois, que saisit l'esprit généralisateur, par la même raison que les êtres sont formulables en mots, c'est-à-dire parce que les phénomènes comme les êtres ont des côtés par lesquels ils se répètent. Les mots notent les répétitions statiquement considérées, les lois, les répétitions considérées dynamiquement. S'il n'y avait pas de répétitions dans l'Univers, il n'y aurait pas de langues possibles, pas plus que de sciences possibles. Les sciences sont le développement, l'application, la spécialisation de la logique et des langues, qui sont la totalité des sciences,

(1) Aussi peut-on faire observer que la fameuse loi des *trois états* (théologique, métaphysique et positif) imposés successivement par Auguste Comte à l'évolution historique de tout corps de sciences ou de connaissances, pèche, au moins, entre autres défauts, par insuffisance. Car, assurément, il y a eu d'abord, en tout ordre de recherches, avant même l'état théologique, un état *linguistique* (dont l'état métaphysique, du reste, ne diffère pas essentiellement).

et aussi des erreurs, à l'état d'enveloppement et de virtualité.

On m'objectera peut-être l'échec lamentable des langues créées de toutes pièces, telles que le volapück et qui, cependant, sont les seules où toutes les règles soient sans exception, où tout se déduise avec une parfaite régularité. Il en est de même des constitutions, des législations fabriquées et symétriques, des règlements artificiels et savants de l'industrie. Mais pourquoi ? Précisément parce que la logique est le besoin suprême. Car ce besoin, pour la langue comme pour le droit, comme pour la religion, l'industrie, l'art, se partage en deux, qui souvent se combattent. Et ce combat fait la difficulté, la vie, l'intérêt de l'élaboration linguistique, juridique, religieuse, économique, artistique, à travers les temps. S'il ne s'agissait que d'accorder entre eux les éléments d'une législation ou d'un langage, d'une religion ou d'un régime industriel, de manière à en faire un tout régulier et cohérent, ce serait bien facile. Mais, en même temps que l'effort des grammairiens et des juristes, des théologiens et des économistes, ou plutôt l'effort du public tout entier, conspire sciemment ou inconsciemment, constamment, vers cet arrangement interne, il s'agit aussi et surtout d'avoir des grammaires, des législations, des religions, des organisations du travail, en accord de moins en moins imparfait avec la société qu'ils doivent régir. Ce dernier accord, lui aussi, est un arrangement logique, au sens surtout téléologique du mot. Or l'état de société, si l'on embrasse d'un coup d'œil les idées et les prétentions qui s'y coudoient, est toujours, dans une certaine mesure, illogique et incohérent. Pour une grammaire, donc, comme pour un code, comme pour un catéchisme, le problème de l'évolution consiste à s'adapter avec soi-même autant que faire se peut en s'adaptant à une société qui jamais ne s'adapte parfaitement bien avec elle-même. Il consiste, autrement dit, à faire du logique avec de l'illogique, du rationnel avec de l'irrationnel. Par suite, le péril est sans cesse de sacrifier l'une de ces deux aspirations à l'autre, et les grammairiens, comme les juristes, ou les théologiens, ou les socialistes maintenant, ont un penchant prononcé à faire prévaloir abusivement la première, pendant que le public, par bonheur, a une tendance inverse (1). Mais en voilà

(1) *Transformations du droit*, p. 205. Encore un emprunt fait à moi-même.

assez sur ce point, et il est temps de passer à des considérations
d'un autre genre.

M. Gumplowicz, qui, sans être philologue, a touché à la linguistique (1), a émis à ce sujet, selon son habitude, des vues
personnelles. Il y pousse à outrance la thèse du polygénisme.
Ce qu'il y a de vrai, et ce qui l'a justement frappé, c'est que,
plus haut on remonte dans le passé, plus on y voit fourmiller
dans l'humanité le nombre des langues distinctes et le plus souvent même briller la richesse de ces langues. Mais est-ce une
raison d'affirmer que « la création primitive des langues s'est
accomplie au sein des grandes communautés » et spontanément
dans chacune de ces communautés, d'ailleurs très nombreuses ?
Cette hypothèse inadmissible nous est inutile. Très probablement
le premier essai du langage articulé, d'abord bien mêlé de gesticulation, a eu lieu dans une seule tribu, mais elle n'a pas tardé
à éveiller chez d'autres, par son exemple et la vue de ses progrès dus à cette innovation, l'idée d'*inventer* à leur tour des
moyens de communication et de connaissances analogues. De
là, chez les sauvages et les barbares, ce polyglottisme prodigieux,
ce morcellement extraordinaire du langage émietté en langues
innombrables, juxtaposées et inintelligibles d'un lieu à l'autre,
très souvent même irréductibles à des types communs. Ce fait,
qui a beaucoup frappé M. Sayce (2), peut aussi s'expliquer
par la plasticité étonnante, par la mutabilité à vue d'œil des
langues d'illettrés. Qu'une tribu prolifique couvre de ses rejetons tout un territoire, sa langue se divisera et se subdivisera
rapidement en idiomes si dissemblables qu'on les jugera sans
parenté aucune. C'est sans doute le cas de l'Amérique. Les différences que présentent les langues parlées par les tribus les
plus voisines y sont si profondes, d'après Whitney (3) et d'autres
linguistes, qu'il y a entre eux « une diversité inconciliable ».

---

(1) Voir sa *Lutte des races*, trad. française (1893). Personne plus que lui n'a
reconnu l'importance de l'accidentel en philologie. « La coïncidence du son avec la
notion est chose de hasard, » dit-il, d'après Lazarus Geiger. « Il y a des séries de
développement linguistique] tout entières qui paraissent avoir été provoquées uniquement par le hasard ». Nous avons vu avec quel correctif ces propositions doivent être admises. L'erreur de l'auteur est de ne pas prendre garde à l'imitation et
à ses lois. Elles lui auraient expliqué bien des faits qu'à défaut d'elles, il dénature
parfois.
(2) *Principes de philologie comparée*, trad. fr. (1884).
(3) *La Vie du langage.*

Cela est « pleinement reconnu ». Il est « un très grand nombre de groupes entre les signes expressifs desquels il n'existe pas plus de correspondances qu'entre ceux de l'anglais, du hongrois et du malais. Ces immenses différences existent entre des tribus voisines qui, selon toute apparence, sont ethnologiquement identiques, comme, par exemple, les groupes algonquin, iroquois et dakota ». Mais ce qui réduit à sa juste valeur cette apparence d'hétérogénéité radicale, c'est le contraste que présente avec ce fractionnement linguistique des Peaux-Rouges leur uniformité mythologique, non moins frappante. Malgré l'isolement de leurs tribus et de leurs nations, malgré la diversité des climats américains, malgré l'inégalité de développement et de civilisation entre l'aztèque et le dernier des Comanches, un même fonds d'idées et de rites religieux se retrouve d'un bout à l'autre du nouveau monde, comme le remarque Tiele (1). « Le mythe du héros qui est adoré comme fondateur se retrouve aussi bien chez les tribus sauvages que chez les peuples sédentaires, et les héros nationaux se ressemblent partout. Les usages qui peuvent être considérés comme universellement répandus sont : le bain de vapeur pour produire l'extase, le jeu de paume sacré et l'incantation avec la crécelle. Chez les peuples les plus éloignés règne la coutume de tirer du sang de parties déterminées du corps, regardées comme le siège de l'âme, cérémonie qui doit avoir remplacé les sacrifices humains. » Evidemment, il est impossible que des peuples dont les langues auraient toujours été incompréhensibles les unes aux autres, se fussent emprunté dans ce menu détail leurs dieux et leurs rites. Cette large propagation mythologique suppose une diffusion philologique presque égale (2) qui l'aurait accompagnée un certain temps.

Ce n'est pas sans raison que M. Gumplowiez admire la richesse et souvent la frappante beauté des langues anciennes, parlées par des bouches grossières. Beaucoup d'observateurs ont partagé cette surprise, à commencer par un homme qui ne s'étonne guère de rien, le prince de Bismarck. Interviewé par un publiciste (3), il lui disait : « Une remarque à faire. C'est que le peuple

(1) *Manuel de l'histoire des religions.*
(2) Du reste, les langues américaines présentent un caractère commun : leur *polysynthétisme.* Il manque cependant à quelques-unes d'entre elles, où il est remplacé par le type isolant ou le type agglutiné.
(3) Par M. Henri des Houx (*le Matin*, du 12 déc. 1892).

russe tout entier parle la même langue depuis la pointe de la
Crimée jusqu'au fin fond de la Sibérie (3). Il n'y a pas de patois.
Je ne comprends guère comment, sur une étendue si grande, un
peuple qui n'est pas encore avancé en civilisation peut parler,
avec cette pureté, une langue dont la grammaire est aussi enche-
vêtrée, aussi subtile que le grec de Démosthène ou de Thucydide. » On eût augmenté sans doute l'étonnement du prince en
lui disant que c'est là un fait plutôt général qu'exceptionnel. Et
voilà pourquoi M. Gumplowiez se croit obligé d'admettre que les
premières créations de langues ont eu lieu « au sein de grandes
communautés », ajoutons au sein de communautés civilisées.
Cette conséquence est hardie sans nul doute et contredite par
tout ce que l'on sait de l'exiguïté des sociétés primitives et de
leur ignorance. Mais je ne vois pas moyen d'y échapper, à moins
d'admettre avec moi que l'imagination inventive de l'homme est
née avec lui, qu'elle n'était pas aussi inférieure à la nôtre dans
la préhistoire que la comparaison de nos connaissances et de
celle de nos ancêtres préhistoriques pourrait le faire supposer,
qu'elle a beaucoup changé de direction, sauf à revenir au même
point en ses rotations successives, mais a beaucoup moins
changé d'intensité, sinon d'efficacité, par suite de ses ressources
énormément accrues — et que, autant elle se porte aujourd'hui
sur les sciences et les industries à développer, ou hier sur le
développement religieux ou architectural, autant elle se concen-
trait, en ce lointain passé, sur les langues à faire ou à parfaire.
J'ai besoin d'insister un peu sur ma conjecture à cet égard.

On n'expliquera jamais le langage si l'on ne fait entrer largement en ligne de compte *l'ingéniosité* des primitifs. Nous autres,
civilisés, nous ne savons nous tirer d'affaire qu'à la condition
d'avoir sous la main les ressources les plus variées; mais le
primitif, parfois même le paysan illettré de nos jours, est prodigieusement habile à s'ingénier, à utiliser rapidement, par à peu
près, mais très suffisamment pour le quart d'heure, les moyens
quelconques qu'il a sous la main. Il le doit, sous peine de mourir
de faim, ou de froid, ou sous la dent des fauves, ou sous la flèche

_____

(3) L'extrême extension de la langue russe, opposée à l'extrême morcellement
des langues américaines, tient à ce que, le pays étant tout en plaines, et l'unité
politique s'y étant faite de très bonne heure, rien ne s'y est jamais opposé à la
propagation imitative indéfinie.

d'un ennemi, à chaque heure de la nuit et du jour. Aussi, quand
cet homme-là ressent vivement le besoin d'exprimer à son associé une idée qui n'a pas encore de signes entre eux, il lui
est beaucoup moins difficile qu'à nous de combler cette lacune
par des procédés à la fois simples et clairs, qui consistent, par
exemple, à prendre un radical ici, là un pronom, à joindre les
deux et à souffler sur ce composé, par un geste, une âme nouvelle, durable et féconde (1). L'ingéniosité, cette téléologie instinctive, n'est pas le génie, mais elle en est la menue monnaie
à l'usage de tous les jours ; et c'est justement cette menue monnaie qui répond aux besoins des langues.

Les tribus Kolaryennes de l'Inde, qui n'ont absolument rien
des races aryennes, sont les plus basses qui se puissent rencontrer ; plusieurs ignorent la poterie et l'usage des métaux. Néanmoins leur langue est riche, ingénieuse, abondante en nuances
d'expression (2). La langue dravidienne donne lieu en partie à
la même observation. Les sauvages qui, tout en se servant
habilement de leurs armes et de leurs outils, paraissent incapables de les perfectionner tant soit peu et s'obstinent à les garder éternellement les mêmes, inventent à l'occasion, et très souvent, des mots nouveaux, d'après M. Zaborowski. La preuve en
est que les langues sauvages changent, se modifient, s'accroissent avec une grande rapidité, pendant que les institutions et

(1) En veut-on un exemple entre mille ? Je l'emprunte au patois périgourdin.
Jadis, toutes les toitures du pays étaient en pierre plate qu'on appelait *lo téoulo*,
mot féminin. Quand l'usage de couvrir en tuile se répandit, comment désigna-t-on
ces nouveaux matériaux ? Tout simplement en masculinisant le nom des anciens,
lou téoulé. C'est un procédé général et très commode. Il y a ainsi beaucoup de
mots dans ce patois dont chacun a deux genres affectés à deux objets distincts,
mais semblables. Entre parenthèses, j'ai remarqué constamment que, de ces deux
objets, le plus gros, le plus volumineux, était celui auquel on attribuait le genre
féminin (exemples : *lou soou*, pièces de 5 centimes, et *lo soouno*, pièces de 10 centimes ; *lou cro*, trou, et *lo croso*, grotte ; *lou sac*, sac simple, et *lo saquo*, besace ;
lou roc, rocher quelconque, et *lo roquo*, grand rocher habité ; *lou téoulé*,
tuile, et *lo téoulo*, pierre plate beaucoup plus grande, etc.). Si ces singularités nous
étaient présentées, non par des patois dont nous connaissons l'origine historique,
mais par des idiomes sauvages, au sujet desquels il nous serait loisible de risquer
toutes les hypothèses, il est infiniment probable que les théoriciens du *matriarcat*
soi-disant primitif et universel ne résisteraient pas à la tentation de voir dans cette
féminisation constante du mot exprimant l'objet le plus important une confirmation
philologique de leur thèse. Je n'y puis voir malheureusement qu'un moyen ingénieux d'utiliser les deux genres et une extension analogique donnée au choix,
d'abord accidentel, de la signification la plus importante attribuée au genre féminin.
Du reste, les populations de nos campagnes, depuis que le patois existe, ont toujours traité la femme comme un être des plus inférieurs...
(2) *Les Races et les langues*, par Lefèvre.

les mœurs de ces mêmes peuplades restent indéfiniment sta-
tionnaires. Notons encore que les sauvages dont la langue est la
plus pauvre apprennent avec facilité nos langues civilisées,
quoiqu'ils soient, du reste, dans l'impossibilité de s'assimiler
notre civilisation.

Quelques linguistes, embarrassés pour concilier avec la
supériorité de notre état social comparé à celui de la Grèce primitive, de l'Inde et de la Perse préhistoriques, l'infériorité
esthétique de nos langues, comparées aux leurs, ont pris le parti
de nier la beauté, la richesse incomparable et exubérante de
ces antiques idiomes. Suivant eux, cette opulence ne serait
que pauvreté, luxe de caravane, fait *d'impedimenta* encom-
brants et ralentissants, entrave à la marche de la pensée. Mais
c'est fermer les yeux à l'évidence. On doit seulement reconnaître, comme nous l'avons fait, que les langues ont acquis en
utilité pratique ce qu'elles ont perdu en beauté poétique. Mais
cela même atteste l'amoureuse passion dont le langage a été
l'objet chez nos ancêtres, comme plus tard le droit ou la théologie. Quand la langue, encore embryonnaire, était fortement ges-
ticulée autant que parlée, elle devait être, pour les peuples naissants, le plus amusant des jeux, comme pour nos enfants les
grimaces. Et, comme le jeu est une des sources de l'art, il n'est
pas suprenant que la langue n'ait pas tardé à devenir l'œuvre
artistique la plus parfaite de l'homme grandissant. Le sauvage
ou le barbare s'écoute parler; car parler est son action intellectuelle presque unique; il s'en émerveille et lui attribue une
mystérieuse efficacité. De là cette idolâtrie du langage qui est
l'une des premières superstitions et qui fait comprendre le lien
si étroit du langage avec la religion. Aux yeux des Groënlandais
orientaux qui, d'après les plus récentes explorations danoises (1),
sont les plus arriérés de leur race, « l'homme se compose de
trois parties : le corps, l'âme *et le nom.* » Le nom mis sur le
même rang que l'âme, et jugé immortel comme elle ! (2) Quelle
meilleure preuve du pouvoir mystique prêté aux mots par les
primitifs ! L'obscurité même du langage à son aube a dû lui servir en cela, et l'humanité a dû être alors dans la même situation

(1) *Revue scientifique*, 18 mars 1893.
(2) Dans les îles du Pacifique, tous les mots qui contiennent une syllabe identique à l'une de celles du *nom* du souverain sont supprimées et changées.

qu'au début de l'écriture, quand savoir lire et écrire était un secret rare et magique. De même que parler devait être l'effort le plus constant et le plus laborieux des cerveaux, comprendre la parole devait être la plus grande des difficultés intellectuelles. Toute langue était un rébus à déchiffrer; il y avait des gens qui comprenaient, d'autres, en plus grand nombre, qui ne comprenaient pas. Ces derniers, à raison de cette infériorité énorme et dangereuse, étaient sans doute faciles à asservir; et peut-être est-ce là une des causes notables, inaperçues, de l'esclavage antique. Il est certain au moins qu'il y a eu alors, pour l'élite intelligente, pour les privilégiés de la parole, une grande tentation d'en abuser par l'association et l'imposture. Le rôle du mensonge, par suite, a dû être immense dès lors, égal à celui de la violence et de la guerre. Quoi qu'il en soit, l'art de deviner les métaphores, dont la parole balbutiante était nécessairement prodigue, ne pouvait être que quelque chose de très semblable à l'art de la divination augurale, monopole d'un petit nombre de devins, entourés d'un prodigieux respect. La nature entière, avec son bizarre et majestueux aspect, était pour l'homme d'alors, elle aussi, un grand et continuel langage métaphorique ou hyperbolique, une écriture hiéroglyphique proposée à la sagacité de l'esprit humain et réservée au très petit nombre.

N'y aurait-il pas lieu de soupçonner qu'à une certaine époque ultra-antique, les aristocraties, en beaucoup de races supérieures, dans l'Inde, en Egypte, en Grèce, en Italie même et ailleurs, se seraient adonnées avec amour à l'élaboration déjà savante de la langue, comme plus tard elles ont passionément ouvré le droit, l'art militaire ou la politique? Ainsi s'expliquerait la perfection de beaucoup d'idiomes antiques, en contraste avec la grossièreté des populations qui les parlaient, à l'exception de la partie aristocratique de ces peuples. Il y a, dans les grammaires des belles langues anciennes, sanscrit, grec, etc., une complication recherchée, une métaphysique raffinée et subtile, comme dans le *Corpus juris*. Le latin classique, par exemple, comme le Droit Romain classique, ne convenait qu'au patriciat romain. Le prestige de celui-ci a dû lutter, semble-t-il, pour faire adopter cette langue aux plébéiens et aux provinciaux des classes inférieures. Dès le jour où le pouvoir échappe au Sénat de Rome et où la haute culture s'éteint, le latin classique disparaît pour faire place au latin simplifié et abâtardi de la plèbe. Ce qui est certain, c'est que, plus nous remontons dans le passé de nos langues aryennes, plus nous y voyons le système de la déclinaison et de la conjugaison complexe, riche, abondant. A chaque transformation de la langue, un ou deux cas ont disparu, si bien que, des huit cas du sanscrit, débris eux-mêmes, dit-on, d'une déclinaison préhistorique plus florissante encore, il n'en subsiste plus qu'un seul en français moderne. Cela veut dire que, à l'époque très lointaine où nos langues indo-européennes se sont formées, les classes d'en haut, d'où l'exemple découle, se distinguaient par un *sens linguistique* remarquablement aiguisé. J'entends par là un flair spécial, le flair de la vérité linguistique, *vérité* d'un genre tout à fait à part, comme on appelle sens juridique le flair de la vérité juridique, vérité tout à fait singulière aussi. Ces deux *sens*, d'ailleurs, ne sont que des variétés de l'instinct logique.

J'ai eu souvent à signaler le contraste que présentent sous de nombreux aspects, à notre époque moderne, comme à tous les âges d'imitation-mode dominante, l'uniformisation dans l'espace et la différenciation dans le temps. L'une semble faire alors compensation à l'autre. Autrement dit, à mesure que, par la propagation imitative d'une même forme de civilisation, toutes les diversités de coutumes, de costumes, de cultes locaux, d'industries et de littératures locales, qu'elle recouvre et submerge, tendent à s'effacer, l'unique type de législation, de religion, de vêtement, d'industrie ou d'art, qu'elle leur substitue, tend à se diversifier, à se différencier de lui-même de plus en plus rapidement, tandis que les différences juxtaposées d'autrefois étaient relativement immuables. Mais nous avons ajouté que ce contraste devrait prendre fin un jour par la fixation relative du type universalisé, qui aspire à devenir ainsi presque aussi stable qu'uniforme. Un coup d'œil jeté sur l'histoire comparée des langues et sur le spectacle linguistique du monde actuel est bien propre à justifier cette espérance ou cette crainte. Les langues, en effet, font exception à la règle de rapport inverse entre l'étendue et la durée, qui vient d'être formulée. Plus un continent se civilise, plus le nombre des idiomes coexistants y diminue : nul combat n'est plus meurtrier que celui des langues pour l'imitation, et la poignée des survivantes n'est rien auprès du prodigieux amas des mortes. Ce n'est pas seulement dans l'Amérique des Peaux-Rouges, c'est en Europe, c'est partout, que, dans le passé, on voit l'humanité pulvérisée en clans ou en bourgs parlant chacun sa langue ; et nous courons maintenant vers une époque où trois ou quatre langues, comme deux ou trois religions, comme une ou deux civilisations différentes, se partageront à elles seules le genre humain (1). Mais, en même temps que ces langues conquérantes, l'espagnol, l'anglais, le russe, — je voudrais pouvoir ajouter le français, — font tache d'huile sur le globe, les voyons-nous devenir d'autant plus changeantes ? Nullement. Comme les religions aussi, elles se sont consolidées au contraire et immobilisées, en se répandant ; et en trois siècles maintenant, le français, par exemple, se modifie moins qu'il ne se transformait d'un siècle à l'autre au moyen âge. Une fois que l'on est sorti de la concurrence des dialectes entre lesquels se morcelle un territoire (2), et que s'est établi le triomphe de l'un d'eux, il n'y a plus de raison dès lors, si ce dialecte devenu langue unique est fixé par l'écriture et la culture littéraire, pour qu'il ne se conserve pas indéfiniment, étendant de temps en temps son vocabulaire, mais modifiant très peu sa grammaire, ne parvenant même pas à varier le moins du monde, pour la simplifier, son orthographe. La loi de l'imitation du supérieur doit avoir et a réellement pour effet de conserver cette langue, parlée par les hautes classes ou la capitale admirée d'un grand Empire, aussi longtemps que se maintiennent au pouvoir cette capitale ou ces classes. Sans l'invasion des Barbares, on parlerait encore partout en Europe le latin classique, légèrement modifié. Ainsi, la langue a beau être, de toutes les choses sociales, celle dont l'évolution a pu le plus légitimement être comparée à l'évolution d'un animal ou d'une plante, il n'en est pas moins vrai que, lorsqu'une langue meurt, c'est toujours par

(1) « La fréquence des voyages, dit Roscher, a produit de l'engouement pour certains costumes provinciaux ; mais cela n'empêche pas qu'elle ne contribue inconsciemment à les faire tomber en désuétude. » La même observation est applicable à l'engouement, si explicable d'ailleurs, pour certains idiomes provinciaux, pour les patois d'une grâce parfois si charmante, et aussi bien à toutes les particularités des usages locaux, des costumes, des droits, des mœurs. L'attention même qu'on leur prête, et qui les éclaire passagèrement, tend à les dissoudre, comme ces cadavres de Pompéi qui se pulvérisent en voyant le jour.

(2) Dialectes italiens avant la conquête romaine, dialectes français avant la conquête royale, dialectes allemands avant Luther, etc.

violence ou du moins par l'action d'une cause externe, non en vertu de cette nécessité interne qui paraît pousser tout individu vivant (1) sinon toute espèce vivante, à mourir. Toutes choses sociales aspirent de la sorte à une stabilité définitive, que notre goût passager des révolutions européennes nous fait vainement nier, mais qui est le caractère inhérent à tout système achevé, et le port naturel où tend, par suite, la navigation logique de l'esprit.

(1) Encore y a-t-il lieu d'admettre, avec Weismann, des animaux et des végétaux réellement immortels.

CHAPITRE VI

LA RELIGION

La religion est, comme la langue, œuvre imitative au premier chef. Non seulement il est clair qu'elle se transmet d'ordinaire comme un héritage de famille, par coutume, mais encore il n'est pas moins certain qu'elle a commencé en tout pays par se répandre en vertu d'une mode contagieuse et envahissante. Pour n'en citer qu'un exemple, n'a-t-on pas vu la Chine, la nation réputée pour son invincible attachement à ses vieilleries, se convertir presque tout entière au bouddhisme dans un des premiers siècles de notre ère, et, au xvııe siècle, se laisser gagner si fort par la propagande chrétienne des Jésuites que, sans les démêlés de ceux-ci avec les dominicains, toute la Cour de Pékin et bientôt le Céleste-Empire auraient certainement reçu le le baptême ?

Mais, ce qui peut sembler plus contestable, la religion est aussi, malgré l'amalgame de tant de mythologies et l'absurdité de tant de dogmes, une œuvre éminemment logique. Elle l'est d'ailleurs dans la mesure où se fait sentir le besoin de coordination systématique parmi les populations qu'elle régit ; mais, dans cette mesure, elle est, comme la langue, ce qu'elles présentent de plus coordinateur sinon de plus coordonné à l'origine. Elle commence, en effet, par être l'unique règle de leurs croyances et l'unique discipline de leurs désirs, de telle sorte que tous les autres gouvernements de la pensée et de l'action, science et philosophie, droit, morale, art, peuvent être considérés comme ses démembrements successifs. En même temps, elle ne cesse de poursuivre un maximum de foi objective et de foi subjective, de vérité et de sécurité, et de réduire au minimum, par les canaux dérivatifs qu'elle ouvre au désir et l'espérance des satisfactions posthumes dont elle l'apaise, le désir non satisfait. Sans doute, si l'on songe à l'état religieux d'un

G. TARDE. 17

grand Empire, où de très nombreuses nationalités, qui se sont récemment unifiées, n'ont pu encore parvenir à l'unité de foi, — par exemple l'Empire romain avant le christianisme ou même l'Inde de nos jours, — on y sera surtout frappé de ce que présente de contradictoire et de cacophonique ce pêle-mêle de cosmogonies et de théogonies rassemblées. Mais il faut songer séparément à chacun de ces cultes locaux, tel qu'il était avant la rupture des frontière politiques qui a démasqué sa contradiction avec les cultes voisins en le forçant à entrer avec eux en communication. On verra alors que toute religion, même primitive, est, en l'absence de toute science, une explication assez suivie, sous forme mythique, de la genèse des choses et de la destinée humaine, et que, en tout cas, elle a réussi à mettre d'accord entre eux, sur ces points capitaux, les esprits de ses fidèles, sinon chacun de ceux-ci avec soi-même. C'est seulement quand les religions différentes entrent en contact et en conflit que l'anarchie morale et mentale naît de leur rencontre ; mais elle n'est qu'une transition à la propagation d'une religion supérieure où s'unifieront véritablement les nationalités.

En fait de religions comme en fait de langues, l'irréalisé est infini, malgré la diversité et la richesse du réalisé. Si variées que soient les religions connues, même primitives, multiformes en leur monotonie ; si diverses que soient les séries de phases traversées par chacune d'elles, en dépit d'une prétendue formule d'évolution qui les ferait toutes passer par le même engrenage; malgré tout, combien de cultes pouvaient naître, qui ne sont pas nés ! Et combien sont nés qui sont morts-nés, fauchés en herbe, admirables peut-être et incomparables, parmi toutes ces hérésies pullulantes au moyen âge italien, parmi toutes ces sectes chaque jour encore écloses sur le sol de l'Inde ou de l'Islam, au cœur d'un Bouddha ou d'un Isaïe avorté, d'un mystique, d'un visionnaire, d'un prophète ! En réponse aux grands problèmes d'origine et de fin, autant d'hypothèses sont imaginables, autant de dogmes étaient formulables. Pour expliquer les phénomènes naturels les plus remarquables de sa région, le cyclone en Amérique, l'aurore boréale ailleurs, partout la course du soleil dans le ciel et sa chute dans la mer, chaque peuplade imaginait son récit mythologique où, à travers un tissu d'aventures merveilleuses nullement incroyables à qui ignorait les

limites du naturel et les rivages du possible, la logique enfantine de l'analogie s'est donné libre champ. Mais ces récits ont
beau être innombrables, d'autres encore pouvaient être suggérés par les mêmes phénomènes ; et d'autres phénomènes, qui
n'ont pas été remarqués, auraient pu l'être et ouvrir à leur tour
de nouveaux filons à l'imagination mythologique.

Par exemple, quoi de plus énigmatique et de plus frappant
que le désordre fixe, l'éparpillement infini et éternellement
stable des étoiles, spectacle offert à tous les yeux par le firmament?

Cependant aucun mythe, à notre connaissance, n'a tenté de
trouver une cause à ce mystère étrange, si ce n'est peut-être un
mythe américain bien puéril, rapporté par M. Albert Réville. Ce
caractère si éminent du ciel étoilé méritait assurément de piquer
davantage la curiosité inventive de nos ancêtres.

Mais, si une infinité de religions étaient possibles, un petit
nombre seulement de types de religions, de grands systèmes
dogmatiques et rituels, étaient réalisables. C'est ainsi que malgré
l'infinité des espèces vivantes imaginables, elles paraissent devoir
toutes se ramener à quelques *embranchements* (Agassiz, comme
Cuvier, n'en admettait que quatre), aboutissements nécessaires
de l'évolution vivante.

Ce qu'il y a de moins variable, ce qu'il y a d'impérissable,
sous l'ondoiement multicolore des religions, c'est le sentiment
qui les inspira toutes, et qui, dans toutes, naît de la fusion des
émotions les plus contraires, grâce à une température interne
très élevée, en une émotion complexe et caractéristique. J'ai
nommé l'adoration, cette combinaison de respect filial et de terreur servile, cette amoureuse admiration de l'inconnu, cette
contemplation de l'invisible, cette ennoblissante prostration où
l'âme s'exalte jusqu'à l'immolation complète de son vouloir et
de son penser à l'enseignement et au commandement d'autrui,
d'un autrui qu'elle finit toujours par chercher et par trouver au
fond d'elle-même... Sous les formes les plus variées, la hutte du
sauvage, la grotte même du troglodyte, comme le plus luxueux
de nos hôtels modernes, a dû abriter des femmes et des hommes
qui ont connu ce frisson sacré. Et il n'est pas à craindre que
jamais il disparaisse du cœur humain sans retour. Car aujour-
d'hui comme hier, comme avant-hier, après la science, ce sentiment reste justifié par la solitude de l'homme, par l'impuissance

et le néant de l'homme, au milieu d'une immensité grimaçante ou insondable, hostile ou aveugle, menaçante ou indifférente.

Menaçante surtout, aux yeux de nos ancêtres qui, à l'instar de l'humanité ambiante et féroce, peuplaient d'ennemis la nature ignorée. Indifférente plutôt pour nous, mais non moins désespérante; et même n'est-il pas vrai que la pensée de cette glaciale insensibilité infinie, qui nous serre le cœur, nous fait regretter l'illusion de ces hostilités divines d'autrefois, tenues en échec par d'illusoires sympathies divines ? Pour qui regarde l'Univers et l'âme avec des yeux désabusés des ivresses d'un premier savoir, le mystère des choses subsiste, adorable encore, plus adorable que jamais, par sa majesté impénétrable, et, sinon par sa bonté, d'où pourtant la nôtre procède, du moins par son inépuisable et ineffable beauté, qui éclate dans le conflit même et le jeu de ses puissances. La prière pourra passer, l'adoration ne passera point.

Toutefois, si le sentiment générateur des religions, métal complexe, airain de Corinthe du cœur, ne saurait périr, la proportion de ses éléments différents et opposés est loin de demeurer constante : la peur domine ici, ailleurs l'espérance, ou la soumission, ou l'admiration, ou l'amour. A mesure que le champ social s'élargit et que la religion s'élève, l'adoration s'attendrit, devient piété et peu à peu mûrit son fruit le meilleur, cet esprit de pitié, de bonté, de charité sociale, qui, pour être intense et fécond, a dû commencer par être un esprit de fraternité découlant de la foi au Père commun. — Dès le début de l'humanité, l'adorateur a dû être impressionné bien diversement d'après la nature de son objet, d'après sa conception des dieux qui n'a pu être partout la même. Je sais bien que toujours la religion, comme la langue, est d'abord une *animation*, une personnification perpétuelle des phénomènes naturels. Mais il importe de ne pas confondre dans le même vocable *animisme* toutes sortes d'esprits très opposés par leur caractère, les uns malicieux, les autres bienfaisants, ou très distincts par leur origine, les uns humains, les autres naturels (1). Ils ne proviennent pas tous, en

_____

(1) Dans l'Amérique du Sud, d'après Réville, dominait l'animisme naturel; dans l'Amérique du Nord, l'animisme ancestral plutôt. Ne pas confondre le *totem* du Peau-Rouge, esprit vraiment divin, quoique incarné dans une forme animale, et le *fétiche* du nègre, esprit quelconque sous forme quelconque.

effet, d'ancêtres ou d'étrangers divinisés, comme le veut Spencer par une notion trop étroite de l'animisme, du spiritisme primitif ; ils sortent de partout, des astres et des nuages, des monts et des eaux, des fauves, des serpents, des végétaux monstrueux ou difformes. Or, puisqu'ils sont si dissemblables, très dissemblables aussi doivent être les procédés pour les apaiser ou les apprivoiser.

Du reste, sous n'importe quelle forme, la conception de l'animisme, — j'entends par là, dans le sens le plus large, celle d'esprits immortels, peuplant la nature environnante et différant des objets où ils s'incarnaient, quoique pas toujours séparables de ceux-ci, ce qui est un stade ultérieur, — cette conception était inévitable. La répugnance instinctive au néant, conséquence de la volonté de vivre, a logiquement conduit à affirmer la vie posthume du moi ; affirmation qui s'exprime, dès l'âge du silex taillé, par les repas funéraires de l'homme des cavernes (1) et, dès lors aussi, mais surtout à l'âge de la pierre polie, par la coutume significative, en Mélanésie, dans l'Amérique du Sud, chez les Astèques, aussi bien que dans la France centrale, d'enterrer les morts le menton touchant les genoux, c'est-à-dire dans l'attitude de l'enfant au sein de sa mère. La terre était ainsi regardée comme une mère, dit M. Gobelet d'Alviella, et la mort comme une renaissance. Poétique croyance qui fait remonter bien haut et déborder bien loin l'idée de la métempsychose, et qui éclaire d'un jour imprévu la psychologie des primitifs. Or, l'immortalité ainsi affirmée pour soi-même, la logique de l'analogie n'exigeait-elle pas qu'on l'affirmât aussi pour autrui, puis pour tout ce qui est animé aux yeux de la conscience enfantine ? L'animisme était, par suite, une conséquence nécessaire de la volonté de vivre.

Qu'on imagine ce que devait ressentir d'angoisse et de désespérance, en sa grotte froide et enfumée, les jours de pluie, le troglodyte oisif quand, par hasard, sauvage de génie, il venait à réfléchir sur sa condition humaine. Où qu'il regarde, il ne voit que danger et menace de mort, dents venimeuses, flèches empoisonnées, griffes sanguinaires ; en deçà, au delà de l'horizon, tout

_____

(1) Ces rites funéraires sont universels ; ils impliquent à la fois, dit M. d'Alviella, « la croyance à une survivance de l'individu et l'idée que cette vie future sera une répétition de la vie présente », c'est-à-dire qu'on s'en est fait une image très différente, suivant les latitudes, les climats et les conditions de vie.

lui est figure d'ennemi, et d'ennemi mortel, tout, à l'exception de quelques compagnons de malheur blottis avec lui dans cette caverne, et de son chien, seul animal qu'il ait encore domestiqué. Il est impossible qu'alors il ne se laisse aller à l'une de ces deux pentes contraires. Ou bien l'habitude de ne voir que meurtriers ou gibier parmi les êtres vivants et visibles le conduira, par analogie, à penser que tous les êtres invisibles conçus par lui sont méchants, haineux, vindicatifs. Ou bien, à l'inverse, naufragé en cet océan d'inimitiés inexorables et inexplicables, il criera au secours désespérément dans l'inconnu, et, contre tous ces animaux et ces hommes pervers, ces plantes vénéneuses, ces orages foudroyants, rêvera, appellera une foule bienveillante de protecteurs cachés, qui s'intéressent à son sort, veillent sur lui dans ce vaste monde, lui font signe mystérieusement quand un péril s'approche, et lui envoient aussitôt un oiseau, un insecte, un petit fait significatif quelconque pour l'avertir. — Or, dans le premier cas, la grande affaire est de détourner la colère des dieux mauvais, de les apaiser et de les domestiquer, comme de grands éléphants majestueux qu'on adore en les domptant, et de les domestiquer par les procédés mêmes qui réussissent si bien pour charmer les animaux, en leur procurant une nourriture sanglante et régulière, en leur donnant à manger ce qu'ils mangent si souvent, l'homme lui-même, quelque prisonnier ennemi. Le sacrifice est l'alimentation des dieux; le sauvage affamé doit supposer ses dieux affamés eux-mêmes. Toujours le raisonnement par analogie. — Dans le second cas, le difficile avant tout est d'interpréter les signaux des divinités favorables ; de là l'importance dominante des devins, des augures, des oracles. Ainsi tantôt c'est le caractère de sacrificateur, comme au Mexique, tantôt celui de devin, comme dans l'antiquité classique, qui domine dans le prêtre. Et du prêtre, dès les plus hauts temps, il faut distinguer avec soin le sorcier (1), qui, précurseur non de l'augure mais du savant, prétend prématurément arracher à la nature ses secrets, et non apaiser ni deviner les puissances mystérieuses, mais les faire fonctionner à son gré comme nos ingénieurs les forces physiques.

---

(1) Voir à ce sujet les très profondes *Études sur les mœurs religieuses de l'Extrême Orient*, par Lyall (trad. franç. Thorin, éditeur, 1885), notamment p. 160 et suivantes.

Du reste, qu'il s'agisse d'apaisement, d'interprétation ou d'emploi de ces puissances, c'est toujours un raisonnement logique, le plus souvent par analogie, qui préside au choix du procédé rituel. Se persuader qu'en préfigurant symboliquement un événement désiré on aide à sa réalisation, ou que, en perçant le cœur au portrait d'une personne, on contribue à la faire mourir, c'est raisonner *à pari* aussi bien que l'Égyptien de l'ancien empire, qui voyait dans la statue funéraire l'équivalent de la momie au point de vue de la résurrection future. Et, dans l'un et l'autre cas, la majeure implicite semble être que l'image fait partie du modèle, *comme l'ombre fait partie du corps*. A défaut du corps, on prend donc l'ombre, et aussi bien à défaut du tout la partie: car ce dernier mode d'induction est usité aussi. De là, quand le sacrifice humain aspire à s'adoucir, la bifurcation de ses transformations et de ses adoucissements successifs. Tantôt, en effet, on obtient ce lent progrès par la substitution d'un simulacre d'immolation véritable ou par la substitution d'une victime animale, et plus ou moins semblable à l'homme, à une victime humaine ; tantôt, par une petite saignée, par la tonsure ou la circoncision, substituées au meurtre de la victime. Il y a ici deux voies d'évolution parallèles et distinctes. De même pour la sorcellerie: tantôt c'est par la blessure faite à l'effigie, tantôt par une mèche de cheveux coupée sur la personne même, que le sorcier poursuit ses fins ténébreuses. — L'analogie, du reste, en l'absence d'autres données, est pour un ignorant le plus logique des fils conducteurs, de même que, faute de lumières suffisantes pour démêler, dans les cas embarrassants dont la vie est semée, la meilleure conduite à suivre, l'imitation d'autrui s'impose aux moins routiniers, et tient la place d'un calcul de probabilités trop compliqué. Aussi ne faut-il pas s'étonner de la confiance que les sauvages, comme les enfants, accordent à l'induction du même au même. Un sauvage africain, par exemple, s'aperçoit que, par le simple contact, certaines maladies se communiquent avec la plus grande rapidité : il en conclut que pareillement, certaines qualités et certaines vertus, la vigueur, le courage et l'intelligence, peuvent se transmettre instantanément par le simple toucher (1). Nous jugeons cela

(1) « Quand le docteur Smith, nous apprend A. Réville, visita le chef cafre Mounélé-Kassi, il remarqua la persistance avec laquelle ce chef passait et repassait

ridicule ; mais ne devrions-nous pas plutôt juger surprenant et lamentable qu'il existe un monde où la maladie est contagieuse et où la santé ne l'est pas ?

L'argument *post hoc ergo propter hoc*, qui repose au fond sur l'analogie, — car, si l'on qualifie cause d'un fait subséquent le fait antécédent, c'est parce qu'on croit que, là où celui-ci se reproduira, celui-là suivra de même — a eu sa large part aussi dans la germination des dieux et des mythes. « Ainsi s'explique, dit M. Goblet d'Alviella (1) que des peuples aussi distants que les Finnois et les Peaux-Rouges aient attribué au chant du cou-cou les pluies fertilisantes du printemps », parce qu'il les pré-cède. Comment naît un fétiche ? De la manière la plus ration-nelle du monde, quelle que soit l'absurdité apparente de l'objet adoré : une pierre, un ossement, un morceau de bois. Rappelons-nous qu'aux yeux des primitifs, la nature entière est un mystère terrible, un Inconnaissable effrayant ; elle est donc toute divine, véritable peuplade de dieux mauvais ou bons, de dieux-sujets et de dieux-chefs. Il s'agit de découvrir les bons ou les chefs, et la difficulté est de faire un bon choix. Mais surtout l'embarras est de choisir, tant il y a d'astres, d'arbres, d'animaux, de pierres, qui s'offrent ensemble. Que fait alors le sauvage ? Il emploie tour à tour les deux méthodes scientifiques par excel-lence, la méthode d'observation et la méthode expérimentale. S'il observe qu'après avoir touché un objet, un de ses outils (1) par exemple, ou un coquillage, il lui est arrivé quelque chose d'heureux, il croira que cet objet lui porte bonheur. Ou bien « si l'un de nous, disait un nègre à un voyageur, a résolu quelque entreprise importante, il se met à la recherche d'un dieu qui le protégera, et il adopte à cet effet la première créature qui se présente, chien, chat ou autre animal, pierre, morceau de bois ou autre chose du même genre. Il offre immédiatement un présent au nouveau dieu et lui fait le vœu solennel de l'ho-norer à jamais en cas de succès. S'il réussit, il aura découvert un dieu secourable auquel il offrira journellement ses offrandes ; dans l'hypothèse contraire, le nouveau dieu sera rejeté comme

les doigts sur sa tabatière. C'est que Mounélé-Kassi comptait ainsi s'assimiler les puissantes vertus qu'il admirait chez le docteur blanc. »

(1) « Aujourd'hui même, dans l'Inde, dit M. Goblet d'Alviella (ouvrage cité), les ouvriers adorent leurs outils, le pêcheur son filet, le scribe son stylet. »

un instrument sans valeur ». Le fétichisme, en somme, est une sorte de panthéisme expérimental. Sans doute le raisonnement du sauvage est faux ; mais non moins faux, on le voit, est celui du mythologue civilisé qui juge de la grossièreté intellectuelle et morale du fétichiste d'après l'insignifiance du fétiche. Car n'est-ce pas précisément le caractère inanimé ou vulgaire des objets choisis pour l'apothéose, — pierre noire de la Kaabà, hermès d'Athènes au temps d'Alcibiade, etc., — qui révèle la spiritualisation, la divinisation la plus complète de l'Univers ? Nous ne devons donc pas être surpris de trouver de pareils fétiches chez les plus hautement religieux des peuples.

Entre le fétiche, d'ailleurs, et l'idole, tous deux incarnation d'un esprit, où est la différence ? Aucune, si ce n'est, d'abord, qu'à la notion de l'idole s'associe en général une idée de forme sculpturale, de figuration humaine ou vivante, et que, seconde différence, liée d'habitude à la première, le fétiche est une idole de hutte, de clan, de tribu tout au plus, et l'idole un fétiche de cité ou de nation. L'agrandissement du champ social a déterminé cette transformation du fétiche, idole domestique et grossière, en idole, fétiche national et artistique.

Il est à remarquer que l'homme, j'entends l'homme vivant, en chair et en os, est le dernier objet que le sauvage a l'idée de déifier ; et cependant, une fois ses dieux choisis, il les conçoit de plus en plus à son image et ressemblance, si bien que le passage du zoomorphisme à l'anthropomorphisme divin, au cours de la civilisation, est une des lois les mieux établies de l'évolution religieuse (1). Les dieux-bêtes deviennent par degrés des dieux-hommes, et l'étape intermédiaire nous est fournie par les sphinx ou les autres divinités de l'Égypte, à tête humaine sur corps animal, ou à tête animale sur corps humain, ou bien par ces très vieilles divinités grecques à figure féminine avec de petites cornes de vache. Souvent l'animal d'où un dieu procède : hibou, taureau, aigle, souris, devient son attribut, quand l'humanisation graduelle de ce dieu est consommée. Mais pourquoi donc, peut-on se demander, l'homme n'a-t-il pas tout de suite déifié l'homme, pour s'épargner la peine d'humaniser peu à peu ses dieux ? La vérité est que l'homme n'adora jamais l'humain,

(1) Voir la *Mythologie* par Andrew Lang, trad. Parmentier (Paris, 1886).

même dans l'homme, mais seulement le *surhumain*. Voilà
pourquoi les sauvages, qui rendent un culte à tant d'animaux,
même des plus petites espèces, s'abstiennent d'habitude d'adorer
le singe, justement parce qu'il est trop semblable à l'homme (1)
pour que son infériorité à l'égard de l'homme n'apparaisse pas.
Ce *sous-humain* est méprisé, tandis que l'on tombe à genoux
devant quelque fauve ou même quelque insecte chez lequel se
révèle une force, une agilité prodigieuses, un merveilleux instinct, qui le rend, sous certains rapports, supérieur à l'homme.
Comment le primitif, à la vue des bonds du tigre (2), de la mort
foudroyante produite par la morsure d'un serpent, des mer-
veilles d'une ruche, n'aurait-il pas l'idée d'une puissance extraordinaire et mystérieuse? Mais le surhumain n'est que l'agrandissement de l'humain ; c'est donc nécessairement à son image,
dès le principe, mais à son image psychologique et non corporelle, que le sauvage conçoit ses dieux. Il leur prête, non ses
formes, mais ses passions, ses colères, ses idées. Ce *psycho-
morphisme* initial est l'élément permanent de la conception
divine ; sous les phases diverses du zoomorphisme et de l'anthropomorphisme, il a subsisté toujours, et dans le spiritualisme
théologique des modernes il ne fait que se dégager plus nettement.

Maintenant, pourquoi l'homme, après avoir fait ses dieux à sa
ressemblance simplement morale et mentale, les a-t-il refaits à
son image physique aussi? Pour deux raisons. D'abord, les
animaux, à mesure qu'il les dominait en force, qu'il remportait
sur eux des victoires plus faciles (3), qu'il les domestiquait sur

---

(1) Ils s'exagèrent même, par raisonnement d'analogie, cette similitude. Ils croient
que le singe sait parler comme l'homme, et que, s'il ne parle pas, c'est par paresse,
parce que, s'il parlait, on le ferait travailler comme un esclave.

(2) Aux Indes, on n'adore pas le chat, parce qu'on a le tigre (Lyall), qui est tout
autrement impressionnant. C'est sans doute faute du tigre ou du lion, quand ces
grands félins ont été exterminés d'un pays, qu'on y déifie le chat, comme en
Égypte.

(3) A cette période se rapportent les mythes si fréquents qui ont trait à la lutte
entre un héros et un monstre (Hercule et Cacus, Indra et Vrithra, Apollon et
Python, Siegfried et un serpent, Œdipe et le Sphinx, etc.). Bien gratuitement, on
a essayé de les expliquer tous en se persuadant que les populations préhistoriques
ont personnifié, dans ce combat surnaturel, non pas leurs batailles incessantes avec
l'animalité colossale au sein de laquelle ils étaient noyés, mais la lutte du soleil
contre les nuages. — Beaucoup de ces mythes, et l'observation s'applique aussi à
d'autres genres de mythes, sont des répétitions variées d'un même thème ; car il y
a des *racines mythologiques* comme des *racines philologiques*. « A mesure qu'on
remonte vers les origines des cultes aryens, dit M. Michel Bréal, on voit se réduire

une plus grande échelle, perdaient de leur prestige à ses yeux.
Sans doute, la domestication a dû commencer par être accompagnée d'une sorte de reconnaissance respectueuse envers le
bienfaiteur vivant, le protecteur bestial, qui venait au secours
de l'homme ; et il est probable qu'entre la nourriture offerte à la
vache et le sacrifice offert aux autres dieux il n'y avait pas, au
début, la différence qui s'est creusée plus tard. Le culte même a
pu se modeler sur les procédés ordinaires de l'apprivoisement.
Mais, à la longue, il est devenu manifeste que ce bienfaiteur, ce
protecteur providentiel de l'homme, n'était en somme que son
esclave. Aussi, tandis que chez les Incas, dans cette Amérique
où la domestication des animaux était presque inconnue, le culte
des animaux était encore poussé au point d'être rattaché au
culte des astres, chaque espèce animale ayant son étoile, son
étoile-mère, au ciel, nous ne trouvons plus sur notre ancien
continent que de faibles restes d'une telle adoration ; ce sont les
hommes, chez nous, qui ont remplacé les bêtes dans le firmament étoilé. — En second lieu, à mesure que, par le progrès de
l'assimilation imitative et des conquêtes territoriales, le champ
social s'agrandissait, il devenait plus urgent, — nous en savons la
raison logique, — de fusionner par syncrétisme en quelques
grandes divinités nationales les innombrables petites divinités
locales pour consommer l'unité sociale ; et la résistance qu'opposait à ce progrès nécessaire le particularisme des cultes se faisait
sentir plus péniblement. Or il était bien plus malaisé de fusionner
des dieux-animaux que des dieux-hommes, car les premiers
impliquaient une contradiction évidente qui rendait impossible
leur identification, mais celle des seconds ne l'était pas. Cet
avantage a assuré la survivance de ceux-ci dans la lutte pour
l'existence des dieux, ou a nécessité la métamorphose humaine
des dieux-bêtes. On pouvait bien dire que le Saturne des Italiotes

---

le nombre des divinités primitives ; *il y a des dieux secondaires comme des
dieux dérivés.* » On crée des dieux nouveaux pour leur faire répéter les hauts faits
des dieux anciens. Cela prouve que l'invention mythologique, aussi bien que
linguistique, est intimement unie à l'imitation. Observons que la préoccupation
anxieuse et l'adoration des animaux ont dû, en s'affaiblissant, conduire à la fable.
Rien de plus naturel que d'humaniser les bêtes pour rire après les avoir divinisées
pour tout de bon. Rien de plus naturel même que de combiner ces deux tendances
et de rire de ce qui fait peur ou de se moquer de ce qu'on adore. Aussi la fable
est-elle très antique. Elle date au moins du règne de Ramsès III, d'après M. Sayce,
« et le roman de Renard a son analogue chez les Cafres ».

et le Kronos des Hellènes ne différaient que par le nom; mais Alexandre-Sévère lui-même eût renoncé à la prétention d'identifier le dieu-chat d'un pays avec le dieu-hibou d'un autre. Donc, la logique sociale poussait à anthropomorphiser. — Mais elle n'y poussait que pour un temps. Le même besoin d'unification religieuse, en se continuant, a favorisé l'avènement ou le triomphe du pur spiritualisme divin; car, d'une part, la forme humaine n'a jamais été prêtée aux dieux que poétiquement, et la puérilité de cette poésie n'a pu rester toujours inaperçue; d'autre part, la diversité des races humaines était un obstacle à la propagation indéfinie d'une divinité à figure humaine.

Mais revenons. Etant donné que tout ce qui est naturel est animé et divin, psychologiquement humain quoique surhumain, il s'ensuivait la transformation logique des *météores*, des phénomènes naturels les plus frappants, en mythes, c'est-à-dire en événements analogues à ceux de la vie de l'homme, mais plus étranges. On a dû, à la vue de la pluie, de l'éclair, de l'ouragan, du beau temps, se demander : quel est le combat ou l'hymen d'esprits que cela signifie? Et, le problème ainsi posé, l'ingéniosité des primitifs s'est appliquée à le résoudre en inventions multiples. Ce n'est pas par hasard, c'est avec intention sans aucun doute, que « dans la plupart des langues connues, dit M. d'Alviella, le soleil et la lune sont de genre différent, ce qui permet d'en faire deux époux ». Notons que les plus anciennes légendes mythologiques, comme les thèmes primitifs de l'épopée ou des arts du dessin, sont plutôt des combats que des hymens, mais que, par degrés, les légendes divines, comme les thèmes artistiques, font passer au premier plan les récits d'amours. — Ce serait d'ailleurs une exagération manifeste de donner à la mythologie la météorologie pour unique source; nous venons de voir que la zoologie en est une fontaine non moins abondante. Bien plus abondante même; en effet, si le tonnerre ou le vent pouvait être impressionnant pour nos sauvages ancêtres, la vue d'un crocodile, d'un boa ou d'un lion prêt à les dévorer devait l'être bien davantage. *L'anthropologie* aussi, il faut l'accorder à Spencer, pour faire une juste part à son évhémérisme outrancier, a été un des affluents principaux du grand fleuve de l'apothéose; et, dans l'Inde actuelle, nous voyons encore des dieux monter de la foule humaine aux cieux. Cela commence, dit

Lyall, par « le culte des parents et amis défunts ; puis vient celui
des gens affligés ou favorisés par l'action divine de saints ou de
héros que l'on sait avoir été des hommes ; ensuite on a le culte
des demi-dieux et finalement celui des divinités puissantes qui
ne gardent rien d'humain, sauf leur nom ou leur figure ». Ce progrès s'accomplit par suite d'une propagation de crédulité qui
devient plus intense, naturellement, à mesure qu'elle se propage. Au moment où l'origine terrestre s'oublie, le dieu est
; .ievé (1).

Quoi qu'il en soit, il n'en reste pas moins que les premières
religions sont essentiellement narratives, peu ou point dogmatiques. Les peuples enfants sont conteurs, non généralisateurs ;
et, pour eux, expliquer quelque chose, c'est raconter une histoire
à ce sujet. L'avantage de ce caractère commun à toutes les religions naissantes, c'est que, lorsque le besoin d'unification sociale
les oblige à se fusionner en se rencontrant, il n'est jamais bien
difficile d'accorder toutes ces histoires racontées par des tribus
ou des cités différentes qui cherchent à s'amalgamer (2). Car des
récits peuvent ne pas se confirmer, mais ils ne peuvent jamais,
quelques dissemblables qu'ils soient, se contredire, même quand
on les brode sur le même canevas, pourvu qu'on ait soin de les
prêter successivement, et non simultanément, au même héros
divin. La mythologie, en somme, avec ses longues narrations,
avec ses métamorphoses et ses généalogies de dieux qui prennent tour à tour les formes animales, végétales, ou même inani-
mées, les plus variées, avec ses efforts pour expliquer l'état de
l'univers actuel par les péripéties de son passé, la mythologie
est une sorte de transformisme enfantin, accommodé à l'esprit de
peuples enfants. Comme tout évolutionisme, elle renferme un
élément essentiellement religieux, le sentiment de la parenté

(1) Pareillement, quand des maximes de conduite, formées par des expériences
d'utilité ou de sympathie souvent renouvelées, se sont consolidées au point qu'on a
oublié leur origine utilitaire ou sympathique, elles se transfigurent en devoirs moraux.

(2) En fait d'inventions religieuses propres à dissimuler les contradictions de
cultes désireux de se fondre ensemble, rien de plus commode et de plus efficace
que la théorie hindoue des *réincarnations*, des métempsychoses divines. « Au
fond, nous dit Sumner-Maine (*Hist. du Droit*), le brahmanisme est essentiellement
une religion de compromis. Il se concilie avec les anciennes *formes* du culte aussi
bien qu'avec les nouvelles, lorsqu'elles sont devenues suffisamment prépondérantes,
et se les incorpore en adoptant la divinité à la mode comme une incarnation de
Vichnou ou de Siva. »

profonde de tous les êtres. La curiosité imaginative qui projetait ainsi la pensée du sauvage à la poursuite des grands problèmes l'arrachait à son étroit horizon social et luttait contre la sympathie exclusive qui le liait aux seuls membres de son clan ou de sa tribu. L'esprit mythologique peut être considéré comme l'antidote de l'esprit de clan. Dès cette humble origine, donc, la religion s'orientait déjà vers sa mission de fraternisation universelle.

Quelle nécessité logique y a-t-il dans la série des étapes qui conduisent de l'adoration des fétiches puis des idoles en plein air, à un autel découvert, puis abrité, ensuite à un temple dont l'autel n'occupe qu'une faible et enfin une très faible partie ? On suit très bien, d'après M. Albert Réville, cette « genèse du temple » dans le Pérou de Jucas ; chez les Hébreux aussi, et chez les Grecs. Cette nécessité logique ou plutôt téléologique, c'est, par analogie, celle qui a fait se succéder des inventions capitales pour satisfaire de mieux en mieux au besoin d'abri. On a dû, naturellement, puisqu'on prêtait aux dieux les besoins de l'homme, les abriter selon la manière usitée parmi leurs adorateurs. Chez les troglodytes, il est probable qu'on les a nichés dans des grottes ouvertes, c'est-à-dire en plein air ; le fétiche de l'homme des cavernes avait sans doute son anfractuosité à lui ; chez les nomades, l'idole avait sa tente à elle, comme le prouve l'arche d'alliance des Hébreux, et, quand on apprit à construire des maisons, grâce à la découverte du bronze et du fer, — des maisons de bois, de brique, de pierre. Ce que je dis du dieu est aussi vrai de l'autel, s'il est certain que l'idée du sacrifice a dû naître partout où le dieu a été conçu comme ayant faim et soif. Ce n'est pas tout, le besoin d'entretenir la foi dans les âmes, de la fortifier et de la répandre, besoin surexcité autant que satisfait par la communion imitative des *croyances*, a suggéré, a dû logiquement suggérer partout l'idée de bâtir, autour de l'autel, de vastes portiques ou de vastes édifices clos, propres à la prédication, au chant des hymnes, à l'adoration en commun. Par une série de déductions très logiques aussi et fatales, on s'explique que certaines superstitions fameuses, la sorcellerie, la divination par le vol des oiseaux ou par les songes, les oracles (1), l'as-

_____

(1) Il est fort difficile pourtant de s'expliquer logiquement la divination par l'inspection des entrailles des victimes, divination née spontanément en Amérique comme dans l'ancien continent. M. Réville suppose que, la victime étant supposée

trologie, soient nées d'une manière indépendante chez la plupart des peuples, au Pérou et au Mexique comme en Grèce et à Rome. C'étaient là des erreurs nécessaires. Car, en fait d'*inventions nécessaires*, il n'y a pas que des vérités.

Nécessaires à quoi? A satisfaire de mieux en mieux, sur une échelle sociale de plus en plus vaste, cet impérieux besoin de certitude et de sécurité qui est la fin commune de la Religion et de la Raison. Certes, si l'on n'envisage les religions, surtout les cultes inférieurs dont je viens de parler, que du dehors, le spectacle est horrible. Qu'y voit-on? Des rites cruels ou absurdes, des augures dépeçant des poulets, ou des sacrificateurs mexicains ouvrant des poitrines humaines, ou bien des châsses promenées processionnellement parce qu'elles renferment un ossement quelconque. Mais, de même, si l'on ne regarde le patriotisme que du dehors, quelle idée en aura-t-on à voir des champs de bataille couverts de blessés éventrés, ou des manifestations enthousiastes autour d'un drapeau, morceau d'étoffe attachée à une longue perche? Ici et là, il faut descendre dans l'âme des acteurs, y lire l'ardeur généreuse qui les soulève, et souvent les égare. Il faut reconnaître de quel prix inestimable a été ce double legs des aïeux, la bravoure et la piété, la soif de liberté et la soif de salut, ces formes diverses de l'esprit de dévouement, que nous devons au patriotisme et à la religion. La jeune prêtresse de Cypre n'était pas plus impudique en se livrant rituellement au premier venu dans les bosquets sacrés que nos soldats ne sont féroces en sabrant l'ennemi dans une charge de cavalerie. Elle n'était pas plus une courtisane qu'ils ne sont des assassins

s'identifier momentanément avec le dieu auquel elle était offerte, on croyait pénétrer les secrets de l'un en regardant l'intérieur de l'autre. C'est possible, comme il est possible que, en mangeant la victime après le sacrifice, on croyait participer par cet acte de théophagie aux qualités du dieu. En mangeant un chef ennemi tué à la guerre, ne croyait-on pas s'assimiler sa bravoure ou sa ruse? On a d'ailleurs exagéré les similitudes spontanées des pratiques du culte entre l'ancien monde et le nouveau. Ici comme là, une sorte de baptême, une sorte de confession, étaient connus, ce qui est déjà bien assez remarquable. Mais les vierges du soleil, chez les Incas, différaient essentiellement des vestales, en ce qu'elles étaient consacrées au soleil et formaient un vrai harem à l'usage du roi ou de sa famille. Si l'une des *vierges*, réputées telles tant qu'elles ne se livraient ainsi qu'aux fils du soleil, manquait à son vœu de chasteté relative, elle était, non pas emmurée, comme la vestale, mais enterrée vivante, pour être soustraite aux regards indignés du soleil. — Le *teocalli* mexicain ressemble extérieurement à la pyramide égyptienne; mais celle-ci est un tombeau, qui cache dans ses flancs une momie; celui-là est un autel portant à son sommet la pierre du sacrifice.

et que le prêtre de Mexico n'était un bourreau. C'est peut-être quand on s'est dépouillé de tous les dogmes de sa religion maternelle, et que, cependant, on la sent toujours vivre en soi, c'est peut-être alors qu'on se rend compte nettement de ce qui est son essence intime, son germe profond, le sentiment de désolation et de commisération d'où elle est née et qui n'a point perdu sa raison d'être.

Si l'immolation des victimes humaines est chose atroce, n'oublions pas que c'étaient des prisonniers de guerre, des étrangers sociaux ou des malfaiteurs, sortes d'étrangers intérieurs, et que l'étroitesse extrême du champ social de ces temps, la clôture hermétique de ce domaine au delà duquel tout était permis, explique cette inhumanité. Il y a aussi une autre excuse, plus profonde. M. Réville, dans son ouvrage sur les religions américaines, montre que la religion aztèque, quoique infiniment plus cruelle et plus sanguinaire que le culte des Incas, où les sacrifices humains étaient à peine pratiqués de loin en loin, était pourtant susceptible de beaucoup plus de progrès et certainement serait parvenue à un degré bien supérieur de beauté morale, d'humanité même, si on lui avait laissé le temps d'achever son évolution. Puis il généralise cette remarque. « Ce ne sera pas, dit-il, la seule fois que nous verrons la religion la plus inhumaine renfermer des germes d'un développement supérieur à celui que peut atteindre une religion contemporaine et déjà plus ouverte au principe d'humanité. Cependant, c'est à ce principe que les religions les plus élevées devront, par la suite, leur saveur et leur force d'attraction. Mais il semble que, pour acquérir toute sa valeur religieuse, ce principe ait besoin de sortir d'un état d'esprit où la sympathie humaine a été d'abord absolument sacrifiée à l'intérêt majeur de l'union avec l'être divin », union réputée accomplie quand les fidèles, se livrant à une anthropophagie qui est une théophagie intentionnelle, mangent la chair des victimes humaines (1), soit parce que celles-ci sont momentanément identifiées au dieu devant lequel on les immole, soit parce que, ce dieu étant censé prendre part au festin, on devient son commensal, lien d'intimité très étroit en tout pays de castes. C'est étrange ; et c'est là un curieux exemple des détours de la

_____

(1) Ou bien, s'il s'agissait d'une déesse, l'union avec elle pouvait s'accomplir aussi par un amoureux rapprochement avec une de ses prêtresses.

dialectique sociale. Ce n'en est pas moins certain. Ne voyons-nous pas partout, dans la vie psychologique de l'élite morale qui ressent la première les élans d'une vive et ardente charité, comme dans la vie religieuse des peuples qui s'élèvent à sa suite jusqu'au culte de l'humanité, ne voyons-nous pas une période de mysticisme, d'amour divin passionné, d'hallucination du cœur peut-être, mais n'importe, précéder le large et généreux amour des hommes? Auguste Comte lui-même, pour imposer l'humanité à notre amour, n'a-t-il pas cru devoir la diviniser?

Une nécessité logique a toujours poussé plus ou moins le polythéisme au monothéisme comme la fédération à la centralisation, comme le morcellement local des idiomes, des mœurs, des arts, à l'unité linguistique, morale, artistique. Par imitation, de haut en bas, s'est propagée la notion de l'unité divine. Elle a commencé par être particulière à un Socrate, à un Platon, puis, peu à peu, sous Auguste, elle a pris possession de toutes les têtes éclairées et s'est mise à descendre dans le peuple, mais bien péniblement, jusqu'au christianisme. En même temps qu'elle tendait à se répandre ainsi, l'idée d'un Dieu se fortifiait et, de simple opinion, devenait foi intense. La dévotion chrétienne ou quasi chrétienne naît alors, sentiment nouveau de la présence continuelle et de la providence de Dieu, combinaison psychologique d'humilité, d'abnégation, d'obéissance, de foi émue et profonde. Sénèque et Épictète appellent Dieu *Notre Père*. Ils font leur examen de conscience. La croyance en l'immortalité s'enracine, se fait vivace, comme au moyen âge : on croit non plus aux Champs-Élysées, mais au ciel moral et mystique. Les jeûnes, les abstinences, les mortifications de toutes sortes sont pratiquées par des hommes mi-religieux, mi-philosophes.

La rapide propagation et le triomphe final du christianisme à partir du IIIe siècle s'offrent comme la solution d'un grand problème de logique sociale. C'était, au IIIe siècle, un problème de *maximum* de croyance plutôt que d'*équilibre* des croyances, qui se posait. Car, par la fusion des nationalités qui avait conduit au rayonnement étendu des divinités provinciales ou romaines et au croisement de leurs rayons, à leur assimilation assez factice, mais facilement acceptée, le problème d'équilibre avait déjà été résolu d'une manière à peu près satisfaisante, qui a pris le nom de syncrétisme. Le Panthéon, où tous les dieux latins, grecs, égyptiens, orientaux, étaient hospitalièrement admis, symbolisait l'état d'esprit, élevé et faible, extrêmement répandu, qui avait permis cette harmonisation apparente et cette mutuelle limitation pacifique de cultes jusque-là étrangers ou hostiles les uns aux autres. Mais, si le besoin de supprimer les contradictions, au moins expresses et haineuses, entre les multiples croyances qui couvraient le sol de l'Empire, et qui, grâce à lui, échangeaient leurs lumières, paraissait être satisfait, — le christianisme mis à part, — en revanche, le besoin d'une croyance plus intime, d'une certitude plus forte, se faisait sentir de plus en plus vivement et restait de plus en plus inassouvi.

A la fin du IIᵉ siècle et au commencement du IIIᵉ, sous les Antonins déjà, sous les Sévères surtout, ce réveil de la vie religieuse a frappé tous les historiens. L'immense avidité de croire à quelque chose de spirituel et d'immortel gagne toutes les couches supérieures de la société, et, d'année en année, y monte comme une inondation lente des âmes. A quoi tenait cette marée religieuse ? A la pacification universelle qui, en se prolongeant, avait répandu l'abus d'abord, puis le dégoût, sur les hautes cimes, des plaisirs sensuels, purement individuels, et faisait apprécier sans cesse davantage les joies vraiment sociales, celle de se sentir frères et unis dans une communauté de sublimes espérances. On peut prédire, presque à coup sûr, que partout où la guerre aura fait trêve pendant un siècle ou deux, partout où s'établira la paix stable et en apparence assurée à jamais, l'aspiration idéale ou mystique se réveillera pareillement. Or, par l'interprétation néo-platonicienne des mythologies antiques, on avait bien essayé de répondre à cette demande impérieuse des consciences, de spiritualiser et de moraliser les mythes de Jupiter, de Vénus, de Mercure, d'Apollon ; mais on n'y était point parvenu. La marée religieuse montait toujours (1).

(1) Ce besoin de découvrir un sens spiritualiste et monothéiste aux textes les plus primitifs se répandit partout à cette époque. Les Juifs, Philon notamment, interprétaient de la sorte la Bible, les Stoïciens et les Alexandrins la mythologie classique, les prêtres égyptiens eux-mêmes leurs dieux-bêtes. En Orient, cela prit le nom de Gnose, et le manichéisme, d'où procèdent nos Purs et nos Cathares du moyen âge, se rattachait au Gnosticisme (Voir là-dessus la belle *Histoire des idées morales* de Denis). — Mais, en somme, ce mouvement paraît avoir eu plus de superficie que de profondeur. Et il est probable que, sans l'apparition du christianisme, cette marée serait redescendue peu à peu, ne laissant après elle que quelques pratiques et quelques belles maximes. Le monde gréco-romain, d'après M. A. Réville,

En ce moment est apparu le Christianisme, qui, depuis deux cents ans, s'élaborait dans l'ombre et avait traversé déjà, comme une invention capitale en voie de se perfectionner pour devenir pratique, plusieurs crises de développement. On ne pouvait point songer à l'englober dans le syncrétisme banal. Car, seul avec le judaïsme, parmi tous les cultes de l'Orient, il *niait* l'existence des autres dieux et la légitimité, partielle ou secondaire même, des autres religions. Il ne pouvait se contenter, comme le culte persan de Mithra, divinité spiritualiste aussi et d'une haute noblesse, de faire reconnaître sa souveraineté aux cultes inférieurs, sans exiger leur disparition. Avec lui, pas de milieu : il devait exterminer ses rivaux ou être lui-même détruit. De là la nécessité des persécutions qu'il a subies et de la révolution sanglante que sa victoire a inaugurée.

Ces deux grands faits : la propagation d'un besoin croissant, immense, de conviction spirituelle et morale, et l'élaboration d'une foi propre à satisfaire ce besoin, avaient longtemps cheminé parallèlement, indépendants l'un de l'autre. Mais, dès qu'ils se sont rencontrés, il était logiquement inévitable qu'ils s'uniraient avec force, qu'ils exerceraient l'un sur l'autre une énergique action réciproque. Quand cet élément nouveau est intervenu, le tranquille syncrétisme païen, cet équivalent religieux de notre éclectisme philosophique à la Cousin, a été grandement troublé. La solution par lui donnée au problème d'équilibre a été démontrée fausse et illusoire. C'était à recommencer. Et des duels logiques s'engagent alors entre l'idée nouvelle et chacun des autres cultes ou plutôt chacun des mythes que ses dogmes nient. Par une suite d'escarmouches et de batailles rangées, on arrive enfin à la foi la plus forte et la plus équilibrée qu'on eût encore vue.

Mais voyons comment les dogmes chrétiens se sont formés (1).

serait tombé par degrés « dans un état d'esprit très semblable à celui dans lequel s'est figé le Céleste Empire ». Il ajoute que « il est étonnant de voir comme on devient Chinois à la cour des Sévères et dans le cercle brillant qui se réunit au iiie siècle autour des femmes distinguées de cette impériale maison. C'est un même syncrétisme superficiel, une même préoccupation de l'étiquette et du rite, une même faiblesse superstitieuse associée à de belles maximes abstraites sur la vertu, la pureté, la justice et la régularité dans le gouvernement des hommes. Pythagore passe à l'état de Bouddha occidental. Le pérégrinant Apollonius de Thyane est un immortel taoïste de grande distinction. »

(1) Je voudrais bien voir M. Loria, avec son ingéniosité habituelle, ou quelque

Les quatre premiers siècles de notre ère ont été une grande fermentation tumultueuse et parfois sanglante des deux logiques,
l'individuelle et la sociale, en vue d'aboutir à la fondation et à
l'unité de ces dogmes. Il s'agissait, d'une part, d'accorder les
éléments opposés qui devaient entrer dans la composition de la
doctrine : l'Ancien Testament et l'Évangile, l'Écriture sainte dans
son entier et une partie de la métaphysique platonicienne, l'idée
juive du Messie et l'idée grecque du Verbe, la nature divine du
Christ et sa nature humaine, le libre arbitre de l'homme et la
prescience ou la toute-puissance de Dieu. Problèmes ardus, qui
soulevaient des tempêtes sous le crâne de chaque théologien
appliqué à les résoudre, souffrant de ces contradictions et désirant mettre fin à cette souffrance, pour sa délivrance personnelle
d'abord. Autant de Pères, autant de solutions différentes : celles
des judéo-chrétiens, des gnostiques, de Clément et d'Origène,
d'Arius, d'Athanase, etc. Et, d'autre part, il s'agissait, pour
chacune de ces solutions plus ou moins bonnes, de faire cesser
la contradiction entre elle et les solutions rivales, de se propager à leurs dépens, de fonder l'Église substituée aux églises.
L'une et l'autre tâche ont été remplies, mais avec un succès
inégal : la première, imparfaitement, car la subtilité orientale
a eu beau s'épuiser en un luxe merveilleux d'ingéniosités théologiques, jamais la contradiction inhérente à l'affirmation simultanée de certaines thèses, le libre arbitre humain et la prescience
divine par exemple, n'a pu être effacée. Seulement, un moment
est venu où, las de tourner dans un cercle de solutions impuissantes et imaginaires, on s'est résigné à l'inévitable, on a dit :
soit, c'est incompréhensible, mais, précisément, il le fallait pour
que ce fût divin. Et l'on s'est apaisé l'esprit en appuyant sur ces
mystères tout un édifice de déductions claires et logiques, comme
Kant et Spencer ont construit leurs systèmes, l'un sur ses nou-
mènes, et l'autre sur son Inconnaissable. Ainsi, la logique individuelle appliquée aux dogmes n'a réussi qu'à moitié et moyennant un suicide héroïque. Au contraire, la logique sociale ici,
dans les limites de la grande société européenne, a pleinement

autre sociologue de la même école, essayer d'expliquer, par des raisons purement
ou principalement économiques, cette formation des dogmes chrétiens, la succession
et la lutte des hérésies, tout le sang versé pour des différences d'un iota entre des
doctrines.

triomphé au moyen âge par l'établissement du catholicisme. Toutes hérésies exterminées, toutes dissidences dogmatiques supprimées (1), les esprits des chrétiens avaient cessé de se contredire entre eux et se confirmaient mutuellement, quoique, en chacun d'eux, un certain amas d'idées contradictoires et de fins contraires n'eût pu être expulsé. Mais on ne souffrait plus des contradictions qu'on portait en soi-même et qu'on voyait tout le monde porter allègrement. Par suite, elles n'avaient point pour effet, restant implicites et inaperçues, de neutraliser l'une par l'autre les énergies de convictions inhérentes aux idées opposées et affirmées toutes à la foi. En logique sociale, cela a été reconnu depuis longtemps. La maxime de la tolérance religieuse, de la liberté de conscience, repose sur cette vérité, qu'il n'est pas nécessaire d'établir l'unité de foi dans un État pour faire concourir au bien de l'État la totalité des forces représentées par les croyances individuelles des citoyens. Ce concours s'opère aussi bien quand elles se divisent en cultes dissidents, à la condition qu'ils n'affichent pas les uns à l'égard des autres de la haine ou du mépris. La juxtaposition dans un même cerveau d'idées contradictoires qui ne se sentent pas telles ou s'y résignent est l'équivalent psychologique de l'état social formé par la coexistence paisible sur un même sol de religions et de doctrines différentes. Et, si cette tolérance subjective n'est point louable, malgré sa ressemblance avec l'autre, qu'on vante si fort, elle n'est pas non plus absolument inexcusable.

Est-il utile d'ajouter que de pareilles spéculations théologiques, si elles se produisaient aujourd'hui pour la première fois, se heurteraient et s'arrêteraient à l'obstacle majeur de nos sciences qui ont détruit l'illusion du préjugé anthropocentrique? Elles nous ont appris la place de la Terre dans l'Univers, celle de l'humanité dans la vie terrestre. Il fallait ignorer bien profondément tout cela, il fallait être bien convaincu que la terre était la seule planète habitée dans l'immensité du firmament et que l'homme est à une distance infinie au-dessus de tous les autres êtres vivants; il fallait nier implicitement tout ce que l'astrono-

---

(1) On sait à quel prix. « A mesure, remarque Harnack, que l'histoire a marché, le dogme a toujours dévoré ses propres ancêtres » qui se sont tour à tour excommuniés. En cela l'histoire des dogmes ressemble à celle des révolutions. Il y a là un effet inévitable de la logique collective quand elle fonctionne avec force et intrépidité.

mie, la biologie et la psychologie comparée nous ont enseigné et démontré, pour trouver naturel d'associer, comme logiquement liées, dans la conception du Dieu unique, ces deux idées : celle du Sauveur des hommes, voire même d'une faible partie des hommes, et celle de Créateur de l'Univers tout entier. Mais on peut se demander, il est vrai, si, sans le christianisme, nos sciences existeraient, ou du moins auraient atteint leur degré de perfection. Il a nourri, il a allumé et entretenu dans les cœurs un enthousiaste, un héroïque amour de la vérité qui n'a eu qu'à changer d'objet pour arracher à la nature ses secrets (1), et à défaut duquel ni Kopernic, ni Newton, ni Descartes, ni même Darwin n'auraient peut-être surgi. Ce qui est certain, c'est que, au moment où l'Évangile est venu offrir à la pensée grecque, réduite à spéculer depuis plusieurs siècles sur les Dialogues de Platon ou les œuvres d'Aristote, une pâture nouvelle, substantielle et savoureuse, la pensée grecque se mourait d'inanition. Cet aliment imprévu a ranimé sa vie et ses forces, pour le plus grand profit de l'Occident.

Et puis, il faut aussi se demander si au même préjugé anthropocentrique et antiscientique ne se rattacherait pas la notion de la culpabilité que nous ont léguée les religions, que le christianisme a retrempée, non sans une vigueur admirable d'exagération, et qui, même prodigieusement atténuée, reste encore l'assise de notre morale. Le *péché*, en la première ferveur de la foi, était réputé une chute de l'âme dans un abîme noir et sans fond, dans le gouffre de la vie inférieure et bestiale. Pourquoi, sinon parce qu'on supposait l'âme normale élevée à une hauteur vertigineuse, appelée l'état de grâce ? Puisque chacun de nous est le point de mire des regards divins ou des regards d'innombrables esprits déifiés, de demi-dieux, de héros, de saints, dont l'espace est rempli, le spectacle des péchés commis par le moindre d'entre nous est un sujet d'indignation ou de scandale pour cette immense et invisible population divine, et non pas seulement pour le petit groupe de nos compatriotes ou de nos voisins. La déconsidération du malfaiteur n'est donc pas circonscrite à ce groupe ; elle s'étend à l'infini (2). Et, puisque, d'après

(1) M. Dubois-Raymond a émis cet avis il y a quelques années dans un discours solennel.

(2) De là l'idée, maintenant survivante encore, même chez Kant, mais devenue

notre Code pénal encore, le caractère infamant des délits se proportionne à la gravité de la peine qui les frappe, il est impossible que le péché, frappé qu'il est de cette peine énorme et aux conséquences incalculables, le mépris, la haine de tous les saints et de Dieu lui-même, — ou, chez les païens, de tous les dieux et de tous les demi-dieux, — ne soit pas le plus haut degré de l'infamie.

Donc, pour laver une telle souillure, il n'était pas de souffrance expiatoire, de jeûne sous la cendre et le cilice, de fuite dans le désert, qui fût un sacrifice excessif ; et, dans la rigueur de ces pénitences monacales, s'exprimait énergiquement l'orgueil humain, un orgueil éteint dont le nôtre n'approche pas, un orgueil précisément égal et pareil à celui qui s'étalait dans le culte antique de la gloire. Quand le héros spartiate ou athénien immolait sa vie si facilement pour conquérir quelque étroite renommée locale, c'est qu'il était persuadé aussi que le monde entier, avec ses puissances invisibles, avait les yeux fixés sur lui, que ce grand public transcendant et universel l'applaudissait, et que l'écho de ces applaudissements se prolongeait à l'infini dans le temps et l'espace. Si l'on admire la passion de gloire qui inspirait cet héroïsme classique, on ne doit pas moins admirer cette fièvre de pénitence qui poussait au martyre ou à la Thébaïde les premiers chrétiens. Même elle a droit à plus d'admiration, car elle suppose que la conception de la divinité partout présente et de la multitude demi-divine qui l'escorte s'est singulièrement épurée et sublimée. Le héros antique conçoit des dieux dont le plus grand plaisir est d'assister à des exploits militaires, à un beau massacre d'ennemis, et dont jamais le regard n'a pénétré dans le for intérieur des consciences. Mais le chrétien primitif prête à son dieu et à tous les esprits angéliques ou sanctifiés qui peuplent à ses yeux le monde, un souci supérieur : préoccupé avant tout de pureté morale, d'élévation et de force morale, il croit que ces êtres transcendants ont le même idéal,

---

injustifiable à une époque d'athéisme ambiant et inavoué, que, s'il ne restait que deux hommes sur la terre et que l'un tuât l'autre, le crime du meurtrier mériterait encore châtiment, quoiqu'il n'existât plus de société intéressée à l'exécution de cette peine. Au moment où cette conception s'est formée, on croyait que le meurtrier hypothétique dont il s'agit aurait à compter encore avec la grande société supérieure. C'est donc bien toujours sur l'opinion sociale, réelle ou supposée, que repose la pénalité.

et il se juge soutenu par eux dans ses efforts pour le réaliser, ou accablé de leur mépris quand il tourne lâchement le dos à cette lumière vraiment céleste. Comme l'empereur byzantin, voilé dans sa loge, assiste aux jeux de l'Hippodrome, Dieu lui-même, du haut de son trône et toute sa cour avec lui, s'intéresse aux efforts de l'âme qui concourt pour le prix de l'athlétisme intérieur. Le firmament, avec ses innombrables étoiles, est comme un Colisée plein de spectateurs qui acclament le vainqueur, qui poursuivent le lâche de leurs vociférations. Quelle gloire, mais aussi quelle honte on peut recueillir là ! — L'écart entre le plus haut degré de grandeur et le plus profond gouffre de bassesse où l'âme puisse atteindre s'est assurément beaucoup amoindri depuis ces âges de foi. Mais qui sait si une telle illusion d'orgueilleuse générosité n'était pas nécessaire pour déposer au fond de nos cœurs cette horreur instinctive du mal moral, cette vénération innée de la beauté morale, sans lesquelles, bornée à un petit calcul d'utilités et de probabilités, la morale s'évanouirait dans l'hygiène et le Code pénal ?

On a exagéré les similitudes entre le bouddhisme et le christianisme. Jusqu'à quel point sont-elles imitatives ? Peu importe (1). Il en est d'instructives et d'importantes, notamment cette analogie de développement qui, sans avoir pour cause l'imitation, s'explique par les lois logiques de l'imitation : le bouddhisme diffère du brahmanisme d'où il est sorti, comme le christianisme du mosaïsme, par la substitution de l'investiture individuelle et libre à la transmission héréditaire des pouvoirs sacrés. La caste des brahmanes, comme celle des lévites, a été remplacée par un clergé voué au célibat (2), recruté indifféremment dans toutes les classes, par des moines mendiants surtout qui rappellent étrangement nos franciscains et les philosophes fameux du stoïcisme impérial, « ces moines mendiants de l'antiquité ». Il est remarquable que ces trois grandes doctrines de salut, par une rencontre à coup sûr spontanée, aient abouti à chercher le salut universel dans l'anéantissement du désir, joint à la plénitude de la foi au Maître. Rappelons-nous le but final

(1) Celles qui existent entre Bouddha et le fondateur du jaïnisme, entre Bouddha et Krishna, sont manifestement imitatives. Entre Bouddha et le Christ, non. Mais entre le Christ et Krishna, que de ressemblances singulières ! — La cloche et le chapelet ont été empruntés par le christianisme au bouddhisme.
(2) Le *Gourou* hindou ressemble au *directeur* catholique.

où tend, avons-nous dit, la logique sociale, à savoir un maximum de croyance stable et un minimum de désir non satisfait ; et nous comprendrons ce qu'il y a de légitime et de rationnel dans le succès de deux religions et d'une secte philosophique (1) qui ont fait consister la perfection humaine à surexciter la foi même indémontrable et à réfréner le désir inassouvissable et même assouvissable.

Mais ces deux fins sont très inégalement poursuivies par les disciples de Jésus et par ceux de Çakya-Mouni. Les premiers attachent une importance capitale à la ferveur de la foi (*justificati ex fide*), les seconds, comme les stoïciens, auxquels ils ressemblent davantage, à l'extinction du désir. — Puis l'immense pitié qui a suscité l'élan chrétien comme l'élan bouddhique, se prend là au mal du péché individuel ou hérité des ancêtres, ici aux douleurs de la vie présente et à l'effrayant danger des renaissances. Le salut chrétien est l'espérance de la *rédemption*, du pardon, de la récompense céleste ; le salut bouddhique, purement négatif à l'origine (2), c'est l'espérance du *Nirvâna*, sorte de néant, salutaire arrêt de la roue des transmigrations. — Cette peur affreuse de renaître, ce soulagement joyeux du cœur à la pensée qu'on ne renaîtra plus, est bien fait pour étonner le monde occidental, à tort cependant. Pour une créature située aux bas degrés de l'échelle animale, la foi à la métempsycose pourrait être rassurante, car, en renaissant, elle aurait beaucoup plus de chances de monter que de descendre ; mais, pour l'homme, qui se sait ou se croit placé à une hauteur extraordinaire au-dessus des bêtes ; pour un homme surtout élevé aux premiers rangs de la société, appartenant à l'élite intellectuelle, tel que Çakya-Mouni, que peut être la renaissance, sinon une déchéance ? Quoi qu'il en soit, il est trop clair que rien de pareil à cette originale angoisse n'a épouvanté le monde où Jésus a prêché.

Autre singularité plus intéressante. Le bouddhisme, émané d'une conception des choses éminemment pessimiste et athée

_____

(1) Ou plutôt de toutes les grandes religions, car l'islamisme n'y fait pas exception.

(2) En revanche, c'est un salut collectif. « Va, Purna, dit Çakya-Mouni à l'un de ses disciples ; délivré, délivre ; arrivé à l'autre rive, fais-y arriver les autres ; consolé, console ; parvenu au Nirvâna complet, fais-y arriver les autres. » (Burnouf, *Introd. à l'hist. du bouddhisme*). C'est ainsi que les élus chrétiens, une fois sauvés, intercèdent pour le sauvetage de leurs frères.

chez son fondateur philosophe, contempteur des rites, aboutit à un polythéisme dévot, ritualiste et crédule aux promesses de posthume félicité. « Peu à peu, dit M. Réville, Bouddha avait été divinisé. Dieu supérieur aux dieux brahmaniques, il retardait sa disparition finale dans le *Nirvâna* pour continuer à l'humanité (par ses réincarnations successives) sa protection et ses bienfaits. Plusieurs de ses disciples les plus éminents l'avaient suivi dans cette ascension vers la dignité divine, et coopéraient avec lui dans cet office rédempteur. Le bouddhisme était donc devenu un nouveau polythéisme (1). » Est-il nécessaire de faire observer que rien d'analogue à cette transformation ne s'aperçoit dans le développement du christianisme? Ajoutons que la perspective du Nirvâna, même dans l'Inde, et à plus forte raison hors de son berceau hindou, n'était pas suffisante pour enthousiasmer les masses populaires; il a fallu entendre ce mot en un sens moins austère, plus attrayant, si bien qu'en Chine, par exemple, le nirvâna est devenu un véritable paradis. — Par où l'on voit l'irrésistible pente qui a contraint jusqu'ici toute religion, sous peine de disparaître, et quel que soit son point de départ, à satisfaire enfin, par l'idée divine et par l'idée de l'immortalité (2) le double besoin de vérité et de sécurité, de certitude objective et de certitude subjective, qui tourmente l'homme.

Est-ce à dire que la proclamation de ces deux dogmes sera toujours nécessaire aux créations religieuses de l'avenir, si l'avenir en réserve à l'humanité? Peut-être non. Le besoin de vérité va s'étendant, mais le besoin de sécurité va se resserrant dans les limites de la vie terrestre. Il n'y a de vraiment essentiel à l'idée de religion, comme Herbert Spencer l'a très bien vu, que le profond et respectueux sentiment du mystère universel, l'affirmation de son impénétrable obscurité érigée en vérité suprême.

(1) Il y a eu, d'après Burnouf, « trois bouddhismes pour ainsi dire : celui des sûtras simples, où ne paraît que le Buddha humain, Çakya-Mouni; celui des sûtras développés et Mahayanes où se rencontrent, à côté du Buddha humain, d'autres Buddhas et Bôdhisattvas fabuleux; celui des Tautras enfin où, au-dessus de ces deux éléments, est venu se placer le culte des divinités femelles du çivaïsme. Je devrais probablement en compter un quatrième. » Quel rapport y a-t-il entre ce développement et celui ou plutôt ceux du christianisme? Car, ici comme là, les « issues de l'histoire des dogmes ont été multiples », dit Harnack.

(2) Le taoïsme chinois a imaginé des élixirs de longue vie et d'immortalité. Les miracles des religions ont toujours été des guérisons surtout; et cette vertu thérapeutique qu'on attribue à la sainteté n'est pas le moindre de ses attraits.

Les mystiques, ces hautes futaies de la forêt religieuse, ont été clairvoyants en ceci. C'est une chose véritablement frappante que la ressemblance de tous ces inspirés à toute époque et en toute religion. Je ne parle pas de l'extase proprement dite, qui, en tant que névrose, est la même toujours, précipice pathologique côtoyant cette ascension, comme la folie le génie, mais où tous ne sont point tombés. Qu'on lise Plotin ou sainte Thérèze, Marc-Aurèle ou Fénelon, on les verra s'accorder avec les mystiques hindous dans la description de leurs états intimes, de leur douceur souveraine goûtée à ne plus vouloir, a se laisser conduire par l'hôte divin, à se remplir d'une contemplation, d'une conviction stable, absolue, et absolument sans trouble de désir. Le nirvâna, en son meilleur sens, n'est pas autre chose. Les mystiques de l'Inde distinguent, comme sainte Thérèze, divers degrés de l'état d'oraison, qui ont reçu des noms différents. Le point culminant est l'*yoga*, « l'union où l'âme sent qu'elle est en Dieu et que Dieu est en elle (1)». Est-ce donc tout à fait une illusion, cette foi commune à tant de grands esprits qui ne se connaissent pas et qui l'ont puisée au for intérieur ? Ne dirait-on pas plutôt qu'en cette expérience intime s'est déchirée à leurs yeux l'erreur des nôtres, l'illusion de notre autonomie absolue et de notre réalité radicale, qui nous empêche de sentir en nous l'action de la virtualité infinie, de l'universelle puissance ? Quoi qu'il en soit, d'ailleurs, le sentiment illusoire ou non de cette co-possession du moi par son non-moi intime, qu'il appelle son Dieu, et réciproquement, est la source d'un étrange amour qui rejaillit souvent sur l'universalité des créatures. Avec quel lyrisme Plotin parle de ce Dieu du cœur ! « Sans l'avoir vu encore, on le désire comme le bien, et, quand on le voit, on le contemple comme le beau, on est rempli de frémissement et de joie, on est frappé d'un effroi qui ne trouble pas, on aime d'un véritable amour, on a d'âpres désirs, on sourit de pitié pour les autres amours, et on dédaigne les choses que jadis on croyait si belles ». On dirait une page de sainte Thérèze (2).

---

(1) Barth, les religions de l'Inde.

(2) Comparez avec l'Imitation : « Dilata me in amore, ut discam *interiori cordis ore* degustare quam suave sit amare et in amore liquefieri et natare » On lit dans un recueil çivaïte (cité par Barth) : « Les méchants pensent que l'amour et Dieu sont différents, et nul ne voit qu'ils sont un. Si tous les hommes savaient que Dieu et l'amour sont un, ils vivraient entre eux en paix. »

Quand le mystique s'arrête à ce dégré, on peut dire qu'il n'est qu'un égoïste raffiné, absorbé, comme nos psychologues de décadence, dans la vision ou l'audition amoureuse de son propre cœur. Mais souvent il est poussé par ses voix et ses joies intérieures à un dévouement fécond envers ses frères, à une conception plus large de la famille humaine, à un idéal réformateur. Alors il devient apôtre, héros, marabout, voyant, prophète. Le prophétisme, qu'est-ce ? Le mysticisme en action, le mysticisme à cheval, pour ainsi dire, — ou plutôt à âne. En Israël, en Islam, dans l'Inde, comme en Chine, comme en Grèce ou à Rome, comme en notre Europe même, prophètes ou héros — dans le sens de Carlyle — se ressemblent tous à ce trait, de jaillir du sol ou du sous-sol religieux de leur pays, d'en être les rejetons les plus purs, alors même qu'ils combattent leur religion et qu'elle les maudit, et de converger dans leurs aspirations, à travers leurs dissemblances, vers une moralité très supérieure à celle de leur temps, vers une Justice plus humaine faite pour un domaine social très élargi. C'est une similitude toute spontanée celle-là, et, si l'on y réfléchit, bien surprenante. Que, en un siècle de cosmopolitisme, de civilisation expansive, comme le nôtre, l'idée humanitaire s'incarne en quelque mystique du saint-Simonisme, du comtisme, du socialisme, cela peut s'expliquer sans trop de peine. Mais, quand un Isaïe, du milieu de sa petite tribu juive, rêve déjà de paix et de religion universelle (1), quand dans l'étroite caste hindoue, sous la tente de l'arabe, nous voyons surgir à toute époque, dès la plus haute antiquité, des visionnaires héroïques qui s'immolent à leur pressentiment trouble et troublant de l'avenir, d'où ont donc pu venir à ces faibles créatures isolées, perdues dans un monde d'inimitiés, ce profond sentiment de sympathie humaine, ce besoin ardent de découvrir la justice si elle existe, et de la faire si elle n'est pas ? Ces ardeurs ont leur source physiologique, je le sais bien, pathologique si l'on veut, vivante en tous cas ; mais qu'est-ce que cela prouve, sinon que la Vie en son fond et en dépit de sa surface égoïste, injuste, meurtrière, n'est point peut-être aussi aveugle, aussi indifférente qu'elle en a l'air au bien et au mal ? Qui sait s'il n'y a pas au cœur des choses de la bonté, et non pas seulement de la raison ?

(1) Voir James Darmesteter, les prophètes d'Israël (1892).

Quoi qu'on pense à cet égard, c'est au cœur encore, et à cette obscure profondeur du cœur, qu'il faudra frapper, si le besoin se fait sentir de susciter une rénovation religieuse de l'ancienne foi ou une foi tout à fait nouvelle. Mais ce besoin se fera-t-il sentir? Dans son beau livre, si profondément, si involontairement religieux, sur l'*Irréligion de l'avenir*, Guyau est d'avis contraire. Un jour viendra, pense-t-il, où au lieu de se réunir sur un Credo commun, les esprits émancipés se diviseront en autant de systèmes philosophiques qu'il y aura de têtes vraiment pensantes, chacune d'elles se faisant sa conception particulière, et en partie hypothétique, de la fin des choses et de l'homme, d'où elle déduira son idée du Devoir. Ce serait le triomphe complet de la Logique individuelle sans nul sacrifice de la logique proprement sociale. A la vérité, il ne serait pas aisé d'appuyer sur une base si fragile la moralité supérieure, la nécessité des grands dévouements. Mais le poétique penseur compte ici beaucoup sur ce qu'il appelle le plaisir et la beauté du risque. Entre quelques belles hypothèses métaphysiques, indémontrables à la rigueur, on opterait, en vertu de probabilités plus ou moins légères; et ce serait une joie telle de se décider ainsi, de jouer sa vie sur ce noble *aléa*, qu'on oublierait en s'immolant l'incertitude attachée à son immolation.

Est-ce admissible, à l'exception de quelques âmes exceptionnelles, comme celle qui parle ainsi? Non. La grande masse humaine a d'autant plus besoin d'unanimité dans sa croyance que sa croyance est moins démontrable; cette unanimité lui tient lieu de preuve. Elle ira donc, imitativement,— ce qui est une manière d'aller logiquement là où les prémisses sont insuffisantes — du côté de l'hypothèse la plus accréditée et qui, par suite, ne tardera pas à devenir dogme. D'ailleurs, le dévouement au Devoir, qui est le premier besoin des sociétés, suppose la foi au Devoir; et l'on ne peut croire au Devoir — nous le savons d'après notre analyse syllogistique de cette idée capitale — qu'avec une énergie proportionnelle au degré de croyance, de probabilité, inhérent aux principes d'où il est déduit. Il faut donc que ceux-ci soient embrassés avec une intense conviction, et, à défaut de démonstration, elle ne peut naître que de la contagion du milieu.

Mais craignons de nous aventurer dans des spéculations sur

l'avenir. Ne nous demandons pas si, quand le filon de nos découvertes scientifiques modernes sera momentanément épuisé, les
vérités de la science, devenues à peu près immuables, ne devront
pas à leur immutabilité, à leur épuisement même, une hausse
énorme de leur valeur prestigieuse, comme s'élèverait celle de
l'or si toutes ses mines venaient à être taries. Ne nous demandons pas si alors, par la rencontre de cette foi à la science, ou
plutôt à une métaphysique évolutionniste des sciences, avec
quelque aspiration puissante des cœurs, dont l'agitation socialiste
n'est qu'un symptôme, et non le seul, il ne pourrait pas se produire dans le courant de la vie moderne, un grand tourbillon
d'âmes qui, se dilatant, présenterait les caractères d'une religion.
Ne nous demandons pas non plus s'il serait possible ou non à
celle-ci de se greffer sur la sève chrétienne, sur le vieux tronc
catholique surtout. Demandons-nous plutôt, pour rester dans
notre sujet, si les religions en général naissent mortelles, comme
les êtres vivants, si, comme eux, ou du moins comme les organismes multicellulaires, elles sont en naissant destinées fatalement à mourir de vieillesse, même dans les plus favorables conditions de milieu. Il ne le semble pas. Elles meurent toutes de
mort violente ; j'entends par là non pas la persécution seulement
ni même principalement, mais, avant tout, le choc d'une nouvelle
doctrine qui les contredit victorieusement dans l'esprit des nouvelles générations. Du reste, une fois leur grammaire dogmatique
achevée et fixée, elles paraissent susceptibles, comme les langues
faites et consolidées par l'écriture, de se perpétuer indéfiniment.
Elles paraissent ignorer la mort naturelle.

A vrai dire, cela signifie que leur dissolution, comme leur évolution, dépend des lois ou des hasards de l'invention. Leur évolution consiste, nous l'avons surabondamment fait voir, dans
l'insertion d'idées nouvelles (1), qui s'y insèrent parce qu'elles

(1) Je n'ai pas pris la peine de faire remarquer, tellement la chose est manifeste,
que cette évolution religieuse par insertion est une suite de duels logiques (entre
deux interprétations contraires des écritures par exemple, ou entre un dogme
ancien et un dogme importé) et d'hymens logiques (entre certaines idées chrétiennes par exemple et certaines idées platoniciennes). On y peut constater facilement
aussi cette transformation des jugements en notions et des fins en moyens, dont
j'ai souvent parlé. Chaque dogme nouveau est affirmé avec force, proclamé par
tous ; il devient le foyer central de la vision religieuse des choses : c'est ainsi que,
dans les Védas, chaque Dieu auquel on s'adresse fait oublier les autres ou les
relègue au second plan. Combien de dogmes qui ont fait couler des torrents de

ajoutent plus au dogme déjà établi qu'elles n'en retranchent. Quand ces idées n'ajoutent ou ne retranchent rien de durable au dogme, qu'elles en surgissent un moment pour s'y résorber peu après, sortes d'éruptions cutanées de certains vieux cultes, il n'y a pas là greffe, insertion, il n'y a pas d'évolution par conséquent. Tel est le cas du brahmanisme hindou: il est dans un bouillonnement continuel et confus, se répétant et se variant sans jamais changer. Les illuminés qui s'y dressent de temps en temps pour proclamer une révélation inattendue ne font que répéter, sous des mots nouveaux ou des noms nouveaux de divinités, des répétitions antiques. Y a-t-il là *développement?* Non, pas plus qu'il n'y en a dans le balancement éternel d'une mer agitée. L'agitation n'est pas l'action. C'est seulement quand du milieu de ces stériles sectaires, un Bouddha surgit, que la vieille religion indienne *évolue*. Elle se *dissoudra* peut-être quand le savoir européen, contradictoire manifestement aux cosmogonies et aux théogonies hindoues, sur lesquelles il ne pourra à coup sûr se greffer, se sera répandu dans la grande péninsule asiatique.

sang pour s'établir après des discussions sans fin où ils ont été tour à tour affirmés et niés avec la dernière énergie, ne sont plus que de simples idées inexprimées, implicites, reposant en paix dans le fond des cerveaux ! Pareillement, tout rite nouveau est une fin par lui-même, toute dévotion nouvelle se fait centre du culte, puis elle cède la place à une autre.

CHAPITRE VII

LE CŒUR

I

Parmi les nombreuses combinaisons originales de la croyance et du désir, il n'en est pas de plus importantes ni de plus intéressantes à étudier que les sentiments du cœur. Ce sont là des besoins et des sensations tout à fait à part, dont l'économiste n'a guère à s'occuper, mais qui n'en jouent pas moins un rôle capital dans la vie humaine. Ils ouvrent à nos principes de logique sociale un champ nouveau d'application.

Il ne suffit point que les idées et les besoins proprement dits s'harmonisent dans une société; ou plutôt il est impossible qu'ils s'harmonisent si, en même temps, ne s'établit ou ne se rétablit l'harmonie entre les diverses fibres du cœur, la pitié, l'indignation, l'admiration, la colère, l'enthousiasme, le mépris même et l'envie, les sympathies et les antipathies de tout genre. Quand l'une de ces cordes ne vibre plus ou vibre à faux, une société est malade. Le cœur social est un piano qui de temps en temps se désaccorde et qui depuis des siècles ne rendrait plus aucun son juste si, de loin en loin, ne survenait quelque accordeur, apôtre, fondateur de religion, grand réformateur populaire ou mystique. Quoi qu'il en soit, du reste, une société stable n'est pas seulement un tissu d'intérêts où les intérêts solidaires l'emportent en nombre et en force sur les intérêts opposés; elle n'est pas seulement un faisceau de croyances d'accord entre elles en grande majorité; elle est, avant tout, un entrelacement de sentiments sympathiques, auxquels peuvent bien se trouver mêlées quelques antipathies, mais à l'état d'exception rare, du moins en ce qui a trait aux relations réciproques des membres du groupe social et non à leurs rapports avec l'étranger.

On a le tort, soit dit en passant, de ne jamais se placer à ce point de vue pour juger le bilan des révolutions. On doit se demander non seulement si l'une de ces crises a noué autant d'accords d'idées qu'elle en a brisé; non seulement si elle a créé autant ou plus de solidarités que de rivalités ou d'hostilités d'intérêts, mais si elle a fait naître autant ou plus d'amitiés qu'elle en a détruit. Or, très certainement, il n'est pas de trouble politique, pas même de période électorale un peu agitée, dont le résultat immédiat ne soit un déficit sentimental, c'est-à-dire un affaiblissement social. Reste à savoir si c'est là toujours un mal passager, largement compensé plus tard. On peut se demander aussi si la société, livrée à elle-même, dans l'intervalle des crises révolutionnaires, tend à généraliser les relations amicales plutôt qu'à faire pulluler les animosités. Il semble que, plus les sociétés progressent en civilisation, plus s'agite en elles l'esprit de parti; mais il y prend la place de l'esprit de coterie et de commérage, des rivalités de familles, qui ensanglantent les sociétés arriérées, et il y a avantage, en somme, au point de vue de la paix sociale.

On est porté à croire généralement, par une sorte de benthamisme inconscient, que le but social par excellence est d'augmenter la somme des plaisirs et de diminuer celle des douleurs. On oublie qu'il y a plaisir et plaisir, douleur et douleur, qu'ici la qualité l'emporte sur la quantité, et que le plaisir le plus précieux étant de se sentir aimé, la plus cruelle douleur étant de se sentir haï, la véritable fin commune est d'augmenter la somme des sentiments affectueux et de diminuer celle des sentiments haineux. Voyons quelle est ici la *dialectique* de la logique sociale.

Elle est toujours la même. Encore ici, c'est un problème d'équilibre et un problème de maximum, joints ensemble, et peut-être réductibles à un seul, qu'elle travaille à résoudre. Il s'agit pour elle : 1° d'accorder, d'équilibrer des sentiments divers ou même contraires, harmonisés et formant système; 2° de substituer à des équilibres, à des systèmes moins stables, des équilibres, des systèmes plus stables, en faisant grandir sans cesse la proportion des sentiments sympathiques aux dépens des sentiments anthipathiques qui leur sont liés. Disons tout de suite que ce second problème est résolu sans cesse par le fait le plus général que l'histoire humaine nous révèle : l'*agrandissement continuel du groupe social en étendue et en profondeur*. En profondeur, par la chute des barrières qui séparent les classes, les couches superposées du groupe; en étendue, par la chute des frontières qui séparent les groupes voisins, peu à peu fondus et assimilés, ou annexés à un état conquérant. C'est là une tendance plutôt qu'un fait, mais elle se réalise d'autant mieux, en dépit de reculs ou d'arrêt fortuits, que les forces vraiment vitales de la société ont plus libre jeu. Elle s'est toujours présentée à nous comme un corollaire des lois de l'imitation (1). Or nous avons cru démontrer ailleurs que, même aux époques barbares et sauvages où le groupe social était réduit à un clan ou à une horde, les relations mutuelles des membres du groupe étaient remarquablement cordiales et fraternelles autant que leurs relations avec l'étranger étaient cruelles et féroces habituellement, et nous avons eu le droit de conclure que le plus clair et le plus net du progrès moral a consisté dans l'élargissement du cœur, parallèle à l'accroissement numérique des sociétaires. A mesure que les familles primitives s'agrègent en tribus, les tribus en cités, les cités en États, et que les États s'agrandissent en devenant moins nombreux, le *système* social des sentiments s'étend, se complique et se consolide à la fois; il tend à reposer sur un maximum d'amour et un minimum de haine.

II

Mais est-il donc vrai qu'il existe, dans l'ordre des sentiments, quelque chose qui corresponde aux systèmes sociaux ou individuels d'idées, de croyances, aux systèmes sociaux ou individuels de desseins, de désirs? Certainement. Il y a dans le cœur public, comme dans le cœur privé, une solidarité étroite de certaines sympathies qui supposent certaines antipathies, de certains orgueils qui supposent certains mépris, etc. Ces systèmes-là, qui jouent un rôle énorme en histoire, sont la solution donnée par la logique sociale à notre premier problème. Les sentiments,

---

(1) Voir à ce sujet *Lois de l'Imitation* et *Philosophie pénale*, et surtout *Transformations du Droit*.

nous le savons, sont à double face : croyances par un côté, désirs par l'autre. Ce sont des jugements et des volontés combinées en impressions originales, en sensations supérieures et ayant pour objet les idées, les actions, les impressions d'autres personnes. Leur accord possible est donc de deux sortes, logique ou téléologique, ou l'un et l'autre en même temps. Autrement dit, les divers sentiments coexistants doivent leur cohésion : 1° à ce qu'ils se confirment ou ne se contredisent pas ; 2° à ce qu'ils s'entr'aident ou ne se contrarient pas.

Il peut arriver que deux sentiments s'entr'aident quoiqu'ils se contredisent, ou se contrarient quoiqu'ils se confirment. Par exemple, quand dans une nation, monarchique ou démocratique, les distinctions nobiliaires, de même que les décorations ou les distinctions honorifiques quelconques, académiques par exemple, sont orgueilleusement étalées par les uns, et railleusement enviées par d'autres, la vanité de la noblesse, ou des gens décorés, ou des académiciens, et l'envie ironique qu'ils inspirent, sont en désaccord téléologique, d'abord parce que cette envie railleuse empêche cet orgueil de se déployer et réciproquement, et, en second lieu, parce que leur coexistence nuit un peu à l'utilisation des forces sociales en vue d'un but commun à poursuivre. En effet, une nation où beaucoup d'orgueils et beaucoup d'envies semblables coexistent est évidemment moins compacte, moins forte, dans sa lutte contre un ennemi extérieur ou interne, qu'une nation où un immense orgueil aristocratique et royal se nourrit d'une naïve et profonde admiration populaire où il se reflète. Mais, remarquons-le, cet orgueil et cette envie dont je parle, s'ils sont en désaccord utilitaire, sont en accord logique, car ils impliquent, — je ne dis pas qu'ils expriment de bouche, ce qui est bien différent, — un jugement tout pareil, qui affirme ou reconnaît une certaine supériorité inhérente à la possession de certains titres ou de certains rubans. Et c'est parce qu'ils se confirment ainsi que cette envie contribue à entretenir cet orgueil qu'elle combat et à perpétuer ce prestige qui l'offusque. Il n'en est pas moins vrai que, partout où un accord logique coexiste ainsi avec un désaccord téléologique, ou inversement, l'équilibre sentimental manque de stabilité et appelle une réforme des sentiments par laquelle le mépris effectif ou l'admiration naïve feront suite à l'envie ironique (1).

Pareillement, la jalousie qu'une nation très civilisée fait éprouver à sa voisine encore inculte, et le mépris qu'elle éprouve pour celle-ci, sont en désaccord utilitaire et en accord logique. Il y aurait accord logique et téléogique à la fois si au mépris de la plus éclairée répondait l'admiration de la plus arriérée, ce qui arrivait si souvent entre Grecs et Barbares. Bien mieux encore, l'orgueil d'un artiste, d'un poète, d'un capitaine victorieux, s'accorde doublement avec l'enthousiasme de ses disciples, de ses lecteurs, de ses soldats ; cet enthousiasme comme cet orgueil proclament le génie de cet homme, et cet enthousiasme, inspirateur du génie même qui le suscite, aide cet orgueil génial à se déployer. De même, l'ambition d'un monarque ou d'un tribun, qu'il s'appelle Louis XIV, Napoléon, Périclès, s'accorde téléogiquement et logiquement avec le dévouement exalté qui

(1) Un bel exemple de contradiction profonde et prolongée entre les sentiments et les idées d'une population nous est fourni par l'histoire de Florence. Pendant plusieurs siècles, les grands de Florence, les *magnats*, ont été traités par le peuple en ennemis publics, en brigands qu'on outrage et qu'on admire, qu'on affecte de mépriser et qu'on craint au fond, toujours battus et jamais abattus. On édicte contre eux ces terribles ordonnances de 1294 qui sont le dernier mot du régime terroriste, et ils ne cessent de faire peur. On les accable d'amendes et d'impôts, on les ruinent fois, et ils restent riches. On les accable d'opprobre, on rase leurs palais ; le port d'armes, même défensives, leur est interdit ; on leur ferme l'accès de presque toutes les fonctions publiques, on leur refuse le nom d'honnêtes gens ; sur les registres de leur classe on inscrit d'office les gens du peuple convaincus de vol, de meurtre, d'inceste : l'anoblissement équivaut à une dégradation civique. Et, malgré tout, ces hautains parias gardent jusqu'à la fin de la république un prestige tel, que l'ambition secrète du *popolo grasso*, du bourgeois enrichi, est d'allier sa famille à ces lépreux, à ces excommuniés. En dépit de toutes les défaites, de toutes les humiliations, ils restaient les *grands* dans cette ville d'industrie et d'économie où leur bravoure militaire et la prodigalité de leur luxe les signalaient au regard et à l'admiration envieuse de tous. Jamais il ne fut plus manifeste qu'entre la supériorité sociale *crue* et la supériorité sociale *désirée*, il y a un abîme. La leur était aussi peu désirée, aussi repoussée que possible ; mais elle était crue et involontairement affirmée par l'envie même du plébéien qui la dénigrait. Celui-ci la sentait si bien, qu'en toute occasion il prenait modèle sur l'aristocratie déchue. En 1378, lors de ce fameux tumulte des *ciompi* où nous pouvons voir la *figure* anticipée en raccourci, de bien des journées révolutionnaires plus fameuses, que fait cette lie du peuple qui se soulève contre le peuple aisé et bourgeois ? Elle s'organise en vastes *consorteria*, en associations étroites de parents et de familles, en clan démocratique, à l'image des *consorteria* nobles. Et le jour de son plus beau déchaînement, comment exprime-t-elle son triomphe ? En armant des chevaliers ! — Du reste, bien plus tard encore, à la Renaissance italienne, malgré le nivellement des classes, « la rage des distinctions, dit Burckhardt, marche de pair avec l'amour de la culture et la passion des arts ; — tout le monde veut avoir la dignité de chevalier ; c'est une mode, une manie qui se répandit surtout quand le titre ambitionné eut perdu jusqu'à l'ombre d'une valeur ».

lui correspond dans le cœur de tout un peuple ou de toute une armée; et rien de grand ne se fait dans le monde que par ce terrible et trompeur accord.

L'affectueux respect que la femme du moyen âge — d'après Guizot et d'autres historiens des mœurs — témoignait si habituellement à son mari, et la tendresse protectrice que celui-ci lui montrait en retour, se confirmaient à la fois et concouraient au but social aussi bien que domestique. Ils se confirmaient comme supposant une foi implicite à un même corps de devoirs et de droits et à la supériorité du mari sur la femme. L'attachement dévoué du vassal au suzerain et la protection tutélaire du suzerain sur le vassal étaient deux sentiments *sui generis*, non moins corrélatifs, et auxiliaires autant que confirmatifs l'un de l'autre. Un bourg du xiie siècle, groupé autour d'un château, était, au point de vue intellectuel, un système et une unisson de croyances, résumées dans le catéchisme — au point de vue pratique, un système et une harmonie d'intérêts, inégaux soit, très inégaux, mais réalisant le même idéal social, — et, au point de vue moral, un faisceau également systématique et harmonieux de sentiments : à savoir, cent ou mille sentiments de dévoûment héréditaire convergeant vers le seigneur, et autant de sentiments protecteurs divergeant du seigneur vers son petit peuple ; ajoutons l'hostilité, commune au suzerain et à ses vasseaux, à l'égard de tel ou tel fief voisin, et la méfiance à l'égard de tout étranger, même chrétien. Chacun de ces dévoûments, chacune de ces animosités et de ces méfiances, trouvait une confirmation fortifiante dans les dévoûments, les animosités et les méfiances semblables qui l'entouraient, et leur mutuelle consolidation, plus que tous remparts et tous créneaux, opposait un obstacle insurmontable à l'agresseur du dehors. — Tel était du moins le fief idéal, schématique, rarement réalisé par les fiefs réels, mais entrevu et visé par tous.

Plus tard, quand le sentiment, tout spécial aussi et très caractéristique, du *loyalisme*, de l'amour exalté du sujet pour son roi, est venu s'ajouter d'abord, se substituer ensuite, au lien féodal, on a eu le spectacle d'une paix, d'une force sociale incomparablement supérieure, produite par l'accord à la fois logique et utilitaire de ces millions de fidélités les unes avec les autres, et de leur ensemble avec l'amour du roi pour ses sujets, amour plus

souvent exprimé que ressenti, je le veux bien, mais réel et parfois même très intense, en son originalité passagère, au cœur
d'un Louis IX ou d'un Louis XII. Ajoutons que cet accord de
sympathies réciproques s'accordait lui-même toujours et tout
semblablement avec quelque antipathie collective pour une
nation voisine : on n'a point vu jusqu'ici d'union nationale parfaite sans haine nationale.

Si le système des sentiments monarchiques s'est peu à peu
substitué à celui des sentiments féodaux, c'est que le premier
niait ce que le second affirmait, le plein pouvoir du seigneur et
l'indépendance politique du fief ; c'est aussi parce que ces deux
systèmes se heurtaient et s'entravaient mutuellement. Le plus
fort, celui des croyances et des désirs les plus énergiques, a
dû éliminer le plus faible, faute de pouvoir l'assujettir à soi sans
le dénaturer tout à fait.

III

Quel est le système des sentiments démocratiques ? En temps
de démocratie, la suppression, sinon de l'inégalité, au moins
de toutes les démarcations qui la signalent, a cet excellent effet
d'étendre pour chaque citoyen le cercle où il lui est décemment
loisible de choisir ses relations, ses connaissances, ses amis.
Il y a donc plus de chances pour que ses amitiés reposent sur
un choix personnel et libre. Si les sentiments de fidélité féodale ou
quasi féodale, d'attachement héréditaire ou viager, et de protection traditionnelle, vont disparaissant parce qu'ils supposent
l'inégalité acceptée et reconnue, en revanche, les sentiments de
sympathie individuelle plus ou moins superficielle et fugitive,
mais mutuelle et facilement contagieuse, se multiplient ; et on
peut dire qu'il y a compensation, sinon plus, au point de vue de
l'union sociale, avantage certain au point de vue du bien-être
social. Quant aux rapports des gouvernés avec les gouvernants,
c'est là qu'est le déficit le plus malaisé à combler. Ici la fiction
de l'égalité ne peut plus se soutenir sans recevoir de l'évidence
des faits contraires un éclatant démenti. Il est trop clair que celui
qui commande et décrète est supérieur à ceux qui sont forcés
de lui obéir. Comment faire pour concilier cette supériorité mani-

feste avec l'égalité proclamée ? Un des moyens habituels d'y parvenir en apparence est de n'obéir aux chefs qu'en murmurant,
en leur rappelant qu'on est leur maître et qu'on va le redevenir
au prochain scrutin. Un autre consiste à ne leur confier que des
pouvoirs d'une très courte durée avec interdiction d'être réélus,
ce qui *semble* ouvrir à tout le monde, par le rapide renouvellement du personnel gouvernemental, la perspective du pouvoir
à tour de rôle, comme en ces barreaux de province où tous les
avocats, l'un après l'autre, sont nommés bâtonniers. Un autre
procédé encore, c'est de couvrir de boue les hommes publics,
de les abonner à l'injure, à la diffamation, au ridicule, de leur
faire expier, autant que possible, par la déconsidération publique et durable, leur autorité d'un jour. Ainsi ont agi les Grecs
avec Périclès lui-même, les Romains avec leurs plus grands
hommes. Mais la pire solution du problème, c'est — et les démocraties, par malheur, ne tardent jamais à la découvrir, sauf
à n'en user que de temps en temps, — c'est, ou ce paraît être,
de trier avec grand soin, pour les élever aux sièges gouverne-
mentaux, des hommes dénués de valeur personnelle, sans talent,
sans caractère, sans autorité propre, sans prestige traditionnel
ni individuel, et dont la prééminence, par suite, manifestement
empruntée et conventionnelle, ne s'explique que par un caprice
électoral. A ces conditions, l'électeur n'a pas à rougir de lui-
même devant son élu, il n'a qu'à rougir parfois de celui-ci, mais
il se contente d'en rire. Il en est ainsi jusqu'au jour où, du
milieu de ces médiocrités, de ces nullités politiques, surgit un
grand capitaine, un grand tribun, un véritable homme d'État, qui
impose par ses succès à toutes ces vanités subjuguées l'admiration. Le rayon de sa gloire, en perçant le brouillard de la
confusion parlementaire, dissipe la fiction de l'égalité, prosterne
à ses pieds tout un peuple asservi, et asseoit, sur les débris ou
les simulacres subsistants de la liberté, son despotisme.

Le vice ordinaire du régime démocratique, c'est qu'il n'y a
guère de milieu entre la confiance excessive témoignée par
exception à certains dépositaires du pouvoir et la défiance
ombrageuse dont la plupart sont victimes. Ces sentiments de
confiance ou de méfiance se répandent comme une épidémie
dans le public, en se fortifiant à mesure par le mutuel reflet de
tant de confiances semblables entre elles, de tant de soupçons

semblables entre eux. Ceux-ci, comme celles-là, sont en accord utilitaire autant que logique, puisqu'ils se confirment et s'entr'aident, et à un autre point de vue, ne s'accordent pas moins pleinement avec les sentiments qui leur correspondent d'ordinaire chez les gouvernants. A la docilité aveugle et enthousiaste du public répond, chez l'homme qui la provoque, une grande et présomptueuse foi en soi, une prodigieuse infatuation ; quand, par moutonnerie, grandit la confiance populaire en lui, sa confiance en lui-même augmente encore plus vite. Il y a ici accord logique, et même téléologique en ce sens. Mais, à un autre point de vue, s'il s'agit d'utiliser pour l'intérêt public ces sentiments corrélatifs, rien de plus dangereux que ce couple, rien de plus nuisible au but commun que la mutuelle surexcitation de cette docilité par cette présomption et de cette présomption par cette docilité. Il y a bien toujours accord logique, puisque l'un et l'autre sentiment impliquent la foi en la capacité du chef, mais non accord utilitaire.

Les mêmes observations s'appliquent à la rencontre assez fréquente de ces deux sentiments non moins corrélatifs : la méfiance morbide du public démocratique à l'égard de son maître, et la peur, la pleutrerie, la platitude du soi-disant maître qui enregistre en décrets tous les ordres de ses inférieurs. Il y a accord logique, cette méfiance et cette peur impliquant pareillement un jugement porté sur la faiblesse du chef ; il y a aussi accord téléologique, en ce sens que cette méfiance accroît cette peur, sinon cette peur cette méfiance ; mais désaccord, par malheur, en cet autre sens que l'accouplement de cette folie et de cette lâcheté conduit un peuple aux abîmes. Parfois le chef oppose au délire soupçonneux dont il est l'objet une fierté courageuse et hautaine. Il y a alors désaccord logique et désaccord téléologique dans tous les sens. Aussi est-ce là un défaut complet d'équilibre, état essentiellement passager. Toute fierté qui ne plie pas sous le vent niveleur des démocraties doit s'attendre à leur faux.

Il suit de là que le régime démocratique n'est point favorable à la vigueur *durable* du pouvoir. Aussi ce régime a-t-il un besoin essentiel de paix, parce qu'il doit éviter par-dessus tout les conflits belliqueux où la nécessité d'un pouvoir fort et incontesté se fait sentir. Quand, par exception, une société se démo-

cratise en même temps qu'elle se militarise, cette coïncidence
est une criante anomalie qui fait le péril de l'heure présente. Ce
régime sort de sa nature si, accidentellement, son établissement
paraît entraîner une recrudescence du patriotisme. Son mérite
éminent, incomparable, est de ne convenir qu'aux peuples las
ou dédaigneux de conquête et de gloire, dont le patriotisme
apaisé, de moins en moins nourri de la haine ou du mépris de
l'étranger, et, par suite, amorti, se tourne en cosmopolitisme,
Reste à savoir si cette fraternisation internationale peut s'opérer
ou se maintenir autrement que par une grande conquête militaire telle que la romanisation de l'univers civilisé des anciens.

IV

Ceci nous amène à étudier de plus près la distinction, fondamentale en morale, entre les sentiment réciproques des membres
du groupe social et leurs sentiments à l'égard des groupes étrangers. Quel est le rapport logique et téléologique de ces deux
sortes de sentiments ? Partout et toujours, il est remarquable
que les nations closes, avant de se connaître, commencent par
se mépriser les unes les autres, parfois même par se haïr. Ces
sentiments réciproques se *contredisent* autant qu'ils se *contrarient* : double désaccord où il faut chercher l'origine première
des guerres, qui, en même temps qu'elles l'expriment, contribuent à y mettre fin en préparant un accord futur fondé soit sur
l'estime réciproque, soit sur la substitution de la crainte et de
l'envie, chez le vaincu, au dédain antérieur, et sur l'assimilation
imitative qui s'ensuit. — En revanche, dans le cœur de chaque
peuple pris à part, l'estime outrée qu'il a de lui-même et le mépris ignorant qu'il a de ses voisins, sont logiquement et utilitairement d'accord. Ce couple de sentiments à la fois contraires et
solidaires, constitue un patriotisme intense, et tout ce qui affaiblit ou modifie le second de ces sentiments porte atteinte à la
vigueur et à la pureté du premier.

Aussi est-ce dans les petites cités helléniques ou arabes, ou,
mieux encore, dans les tribus sauvages, qu'il faut chercher les
plus purs et les plus vigoureux échantillons de patriotisme. Là,
en effet, la haine collective est vivace, parce qu'elle a un objet

étroit et précis, une tribu ou une cité voisine dont tous les membres sont connus de chacun de leurs ennemis traditionnels. Mais, plus tard, quand la cité est devenue un petit État, puis un grand État, c'est un petit État, c'est un grand État voisin ou éloigné qui devient l'objet de l'antipathie nationale : et il est impossible qu'elle ne s'attiédisse pas en se répandant de la sorte sur un si grand nombre de têtes, confondues de loin en un nom abstrait. La haine actuelle des Allemands contre les Français, et réciproquement, toute vive qu'elle nous semble, est bien pâle et bien froide comparée à celle de deux tribus de Peaux-Rouges ou de deux villes grecques avant les guerres médiques. Il est vrai que, par la même raison, le sentiment de la solidarité civique doit s'affaiblir quand s'accroît le nombre des citoyens. Et il semble, en vérité, à envisager superficiellement les choses, que le gain de la civilisation en ceci soit assez problématique. Si le progrès ne consiste qu'à substituer à la haine collective d'un bourg ou d'un clan la haine collective d'une ville, d'un canton, d'une nation de plus en plus vaste ; si, pendant que le cercle des amitiés compatriotiques s'étend, le champ des patriotiques inimitiés s'élargit aussi, et si celles-là vont s'attiédissant en même temps que celles-ci, où est l'avantage définitif ? La question est anxieuse, à notre époque surtout. N'est-il pas visible que, si le sentiment national s'y est renforcé, c'est sous le coup des haines nationales qui ont surgi ? N'est-il pas clair que, pour le ramener, en dépit de son extension croissante, à son intensité primitive, il faudrait rendre leur énergie primitive à celles-ci, malgré leur prodigieux élargissement attesté par nos armements gigantesques. Quel est donc ce cauchemar ou ce délire ? La civilisation a fait tomber les remparts des châteaux forts, puis les remparts des villes petites ou grandes, oui, mais elle les a remplacés par une longue ceinture de places fortes dont se hérissent les frontières des grands États, et où il entre plus de pierres que dans toutes les fortifications réunies du moyen âge. Elle a supprimé les innombrables petites milices féodales, mais les grandes armées permanentes qu'elle a fait sortir de terre, et qui grandissent toujours, sont déjà plus nombreuses que toutes les anciennes milices additionnées... Si c'est là tout le fruit du labeur humain, à quoi bon l'humanité, à quoi bon nos agitations européennes ? Ou bien faut-il dire que nous avons fait fausse route, et que le seul moyen de faire diminuer la proportion des sentiments haineux dans le monde, est de tendre franchement, sans scrupule ni préjugé, à l'affaiblissement graduel du sentiment national ?

Non ; c'est à l'adoucir, plutôt qu'à l'affaiblir, que travaille l'histoire, et il n'est pas vrai que son effort ait été perdu. Malgré l'élargissement parallèle, continu, du cercle des amis et du cercle des ennemis par l'agrandissement des États, la proportion de la haine décroît, sinon en étendue, du moins en force. Si l'on compare les deux séries de transformations que cet agrandissement fait subir aux amitiés d'une part, aux inimitiés de l'autre, on y remarquera d'abord une différence essentielle. Les objets des amitiés, j'entends des sentiments sympathiques dans leur ensemble envers les concitoyens, sont d'abord les personnes qui nous environnent, dont le visage et le timbre de voix nous sont familiers ; à celles-ci s'en ajoutent d'autres dans un rayon de plus en plus prolongé, mais c'est toujours une sphère dont nous sommes le centre, et, pour avoir gagné de nouvelles zones d'affections, nous n'avons rien perdu des premières, les plus chères et les plus vives. Tous les anciens sentiments affectueux, même les plus antiques, amour, tendresses domestiques, hospitalité, attachement même des serviteurs aux maîtres et des maîtres aux serviteurs, subsistent en somme malgré des changements de forme qui ne nous empêchent pas d'être émus en lisant Homère, la Bible ; et d'autres ont apparu, liens de camaraderie professionnelle, fidélité féodale ou monarchique, « fraternité » démocratique, pitié humanitaire. Il y a eu *addition* de sentiments affectueux, au cours de l'évolution du cœur. Au contraire, il y a eu *substitution* des sentiments haineux. Les objets, *tous* les objets de ceux-ci ont été reculant sans cesse, et, par l'effet de ce recul incessant, la plupart des haines antiques les plus terribles et les plus enracinées, ont disparu ou vont disparaissant : haines de voisinage, haines familiales et héréditaires, vendettas, haines de race même et de religion, haines de caste et de classe, enfin haines féroces de petit peuple à petit peuple. Les haines ou plutôt les rivalités de grand peuple à grand peuple, qui se sont substituées à tout cela, sont des haines à grande distance, qui, comme les armes à longue portée dont elles font usage, peuvent faire autant de mal, mais avec infiniment moins de méchanceté, et à des intervalles de plus en plus espacés.

A part ces rares exceptions, l'homme civilisé, si militarisé qu'il soit, s'habitue à vivre en une atmosphère de bienveillance ou de politesse qui est son milieu naturel, et qui fait un violent contraste avec la férocité habituelle en tout temps aux sauvages belliqueux, et même, en temps de guerre, aux sauvages pacifiques.

Ce gain définitif de bonté est confirmé par un fait, que d'ailleurs il explique seul et qu'on a vainement cherché à expliquer autrement. Il est remarquable que, au fur et à mesure de l'agrandissement des États, le fléau des guerres va se raréfiant et les mœurs guerrières s'adoucissent. Un auteur italien, M. Vaccaro, se donne beaucoup de mal pour rendre compte de ce phénomène à son point de vue ; et ici se révèle l'insuffisance de cette manière de voir, encore beaucoup trop répandue, qui, faisant dériver tous les progrès humains du conflit des égoïsmes les meilleurs ou les plus sociables, faisant naître la sympathie même du choc des antipathies ou de leur rencontre, rend non le perfectionnement seulement, mais la formation même des sociétés tout à fait inexplicable.

Suivant lui, les causes du fait signalé sont notamment les suivantes. Quand les États ont grandi, le progrès des rapports industriels et commerciaux fait que leur rupture violente par la guerre est de plus en plus ruineuse ; la guerre et la conquête sont devenues préjudiciables au vainqueur lui-même. On se bat de moins en moins, simplement parce qu'on y a de moins en moins intérêt. Et, quand on se bat, on se ménage par la même raison. Une armée victorieuse de nos jours voudrait bien encore pouvoir massacrer ou réduire en esclavage les vaincus, mais, par suite des progrès de l'agriculture, « la commune utilité conseille aux belligérants d'épargner la vie de ceux qui travaillent les champs ». Ainsi, c'est là seulement un calcul utilitaire, qui, du reste, n'a pas empêché Louvois de ravager le Palatinat ni tant d'autres horreurs et exactions militaires. Comme si, dans l'ère des grandes agglomérations, la lutte entre deux d'entre elles, fût-elle suivie de la destruction totale des paysans appartenant au peuple vaincu, pouvait faire courir au vainqueur plus que jadis le danger de mourir de faim ! Mais c'est bien plutôt dans les temps primitifs, quand le commerce international n'était pas né, quand les difficultés du ravitaillement étaient immenses, que la famine en cas pareil était à craindre. En admettant même, ce qui n'est pas certain, que les *profits* des guerres, dans les périodes sauvages et barbares, aient été plus considérables, les *risques* des guerres étaient plus grands dans la même proportion. On courait précisément les mêmes dangers qu'on faisait courir à l'ennemi, et, avant d'entreprendre les hostilités, on ne pouvait pas ne pas se dire qu'on se lançait dans une aventure d'où l'on sortirait peut-être esclave, ruiné, scalpé, avec sa maison en feu, sa femme et ses filles violées. Cette perspective, autrement redoutable assurément que celle d'avoir à payer une indemnité de guerre un peu forte et à supporter de nouveaux impôts, aurait donc dû, par calcul utilitaire, contribuer à rendre les conflits belliqueux plus rares jadis qu'aujourd'hui. La guerre coûtait moins d'argent aux primitifs, c'est vrai. Mais ils étaient beaucoup plus pauvres. A présent, elle est très coûteuse, mais, en somme, vu les facilités du crédit et des emprunts, ignorés de nos ancêtres, les dépenses qu'elle occasionne causent bien moins de souffrances à l'ensemble de la population. Autrefois, le vainqueur avait à redouter sérieusement, outre la famine, la peste, à la suite d'une guerre un peu longue.

Mais est-il vrai que les avantages d'une guerre heureuse soient devenus peu de chose pour le vainqueur, qu'ils se réduisent maintenant à des mots creux : *gloire*, *prépondérance*, etc.? Quand cela serait, qu'est-ce qui a le don de passionner, d'entraîner le peuple, sinon des mots creux? Les guerres de religion, aussi, ont été souvent entreprises pour des mots, et n'en ont été ni moins acharnées ni moins cruelles. Certes, les mots de *gloire*, de *victoire*, exaltent nos populations civilisées autant que l'idée du butin à piller surexcite les sauvages. Ces avantages, pour être spirituels, ne laissent pas d'être réels, et la civilisation les fait apprécier de plus en plus. Et il s'y ajoute le rayonnement imitatif, produit par la victoire, de la forme de civilisation propre au vainqueur, c'est-à-dire l'extension et le déploiement de soi, vœu intime et profond de tout être, soit individu, soit collectivité. Il y a enfin les débouchés de commerce ouverts à la nation victorieuse, les traités léonins qu'elle impose et qui valent bien des razzias et des captures d'esclaves à l'usage des Dahoméens.

Cela veut dire que, s'il n'y avait en jeu que les causes indiquées par M. Vaccaro, l'adoucissement et la diminution des guerres parallèlement à l'agrandissement des nations, seraient tout à fait inintelligibles ; le contraire surprendrait moins. Peut-on oublier que la première conséquence de cet agrandissement des États a été de substituer aux hordes intermittentes, temporaires et indisciplinées, des temps de morcellement territorial, nos armées permanentes et organisées ? Le développement de l'organe ne développe-t-il pas toujours le besoin de la fonction ? Il semble donc que le besoin de se servir de ces organismes militaires perfectionnés devrait devenir chaque jour plus impérieux. — Puis, ces causes invoquées si mal à propos par M. Vaccaro, il devrait chercher à les expliquer elles-mêmes. Il verrait alors qu'il a pris la cause pour l'effet. Si, effectivement, l'agriculture a progressé — ce qui suppose, avant tout, un progrès dans la sécurité et le mutuel respect des droits, — si le commerce national et international s'est étendu, si les intérêts pacifiques qui unissent les hommes se sont multipliés, c'est précisément parce que le cercle des sympathies n'a cessé de s'élargir, de s'étendre par alluvions insensibles, inaperçues, dans le domaine des antipathies qui va s'élargissant aussi, mais reculant et s'éloignant sans cesse, jusqu'à ce qu'il s'évanouisse peut-être un jour. Si les États se sont agrandis, au fond, c'est grâce à l'action incessante de cette cause majeure, la sympathie de l'homme pour l'homme, dont l'imitation, fait social constant et universel, est l'expression objective.

V

Il faut partir de cette tendance fondamentale inhérente au cœur humain. Mais, outre qu'elle est toujours en lutte avec la tendance contraire, elle peut se manifester, comme celle-ci, de mille manières différentes, successives et enchaînées. Demandons-nous comment s'explique cette évolution du cœur, dans sa double branche, positive et négative, affectueuse et haineuse ; comment naissent, croissent, dépérissent, meurent, telles ou telles espèces de sentiments.

On ne peut méconnaître ici l'influence prépondérante, quoique indirecte, des idées religieuses. Du fétichisme ou de l'animisme, aux formes innombrables, les peuples s'élèvent par une suite de phases qui n'a rien d'uniforme, mais qui peut se réduire à un nombre défini de types d'évolution, jusqu'au spiritualisme ou à l'idéalisme le plus quintessencié des religions supérieures. Ce sont là autant d'inventions ou de découvertes spéciales, qui teignent profondément de leur couleur propre le cœur des peuples. J'en dirai autant de la succession des idées philosophiques. — Certainement une série d'inventions quelconques, même politiques, même industrielles ou artistiques, à coup sûr militaires, contribue pour sa part à déterminer la série des sentiments publics et à transformer l'équilibre de ces sentiments, en suscitant des besoins nouveaux ou refoulant des besoins anciens. On a l'habitude de dire que, dès qu'un sentiment nouveau, par exemple, celui de la piété filiale de la fidélité conjugale, du dévoûment féodal, est socialement utile, il apparaît et se propage. C'est vrai, mais utile à quoi? A consolider un ordre social qui est l'expression des idées au moins autant que des besoins du temps. Il ne faut donc pas se presser de ne voir que des intérêts sous les affections ou les haines changeantes des hommes.

Les croyances agissent de deux manières sur le cœur. D'abord, quelle que soit leur nature, par le seul fait qu'elles sont répandues dans un certain rayon, elles ne créent pas, mais elles attisent l'affection réciproque entre tous ceux qui adhèrent à la même foi, et, par suite, diminuent la sympathie de ce groupe pour les membres des groupes dissidents, diminution qui va parfois jusqu'à une hostilité déclarée. En second lieu, suivant leur nature, elles dirigent l'amour ou la haine, l'admiration ou le mépris, la pitié ou l'envie, vers telle ou telle fraction de l'humanité. Le premier qui a imaginé d'arroser de *soma* le feu du foyer et de voir dans sa flamme l'âme de l'ancêtre divinisé a noué un lien de cœur très vivace et très étroit entre tous les parents associés dans l'accomplissement de ce culte domestique, et même un lien affectueux, plus lâche et plus vaste, entre toutes les familles pénétrées de la même religion familiale. Plus tard, le premier qui a conçu le feu sacré de la cité à l'instar de celui de la famille a étendu aux concitoyens l'amour mutuel des parents, atténué et transformé, mais encore puissant. La foi à l'hypothèse de la descendance humaine d'un couple unique, de la parenté universelle des hommes, de leur fraternité, a beaucoup aidé à la diffusion des sentiments humanitaires. Dans beaucoup de pays arriérés, les idiots sont l'objet des soins les plus tendres, d'une prédilection marquée, parce que leur infirmité passe pour un don du ciel, accompagné de vertus surnaturelles. Ailleurs, certaines formes de névrose font exécrer des malheureux, qu'on juge possédés du diable.

Le côté sentimental des sociétés est lié intimement à leur côté religieux, et l'importance des deux ne saurait être exagérée. Longtemps on n'a vu d'autre ciment entre les hommes, dans le sein du clan primitif ou de la cité antique, que le souci de la commune défense ou de la commune agression. Fustel de Coulanges a jeté un rayon inattendu dans ces groupes sociaux du passé, quand il a révélé le rôle des communes croyances qui unissaient leurs membres autour de l'autel domestique ou municipal, du tombeau des aïeux. Mais, s'il n'y avait eu que des calculs d'intérêts ou des ressemblances de superstitions pour rassembler et cimenter ces hommes, comment leur soudure eût-elle été si tenace et si touchante, leur héroïsme si admirable? *Ils s'aimaient;* et ces sentiments affectueux qui les unissaient, quoique nés de leurs croyances et de leurs besoins, auxquels ils étaient destinés à survivre, ont été le principal nœud de leurs âmes.

Il n'appartenait qu'à notre siècle, où le lien municipal s'est beaucoup relâché, au profit du lien patriotique ou philanthropique, de rendre sèches et froides, purement utilitaires, les relations mutuelles des habitants d'une même ville. Mais, dans l'antiquité classique, et aussi dans tout le monde barbare, dans tout le monde civilisé même, sauf quelques parties de l'Europe contemporaine, partout et toujours les citoyens d'une ville ou d'un bourg, dans les intervalles de leurs discordes, ont ressenti les uns pour les autres et à l'égard de la cité considérée comme une grande famille immortelle, une vive affection *sui generis*. « Amor et relligio erga cives universos », dit une inscription du ive siècle. De telles expressions sont fréquentes (1). Cette affection quasi fraternelle s'entretenait, il faut bien le dire, grâce à l'inhospitalité collective de la cité, qui se montrait hostile aux nouveaux venus. Aujourd'hui, l'étranger qui s'établit dans une ville de France s'y fait nommer conseiller municipal ou maire après six mois de résidence, et l'autochtone trouve cela tout naturel; il y

_____

(1) Voir *Histoire des Romains* de Duruy, t. V.

est accoutumé. Dans l'antiquité, « le *peregrinus*, le citoyen d'une autre ville de la province, même lorsqu'il s'était établi à demeure dans la cité, restait en dehors du municipe ». Mais, par cette exclusion, ce dernier se maintenait pur et fort : comme nos anciennes villes de provinces françaises, il se composait « de familles rapprochées les unes des autres par les liens religieux, la communauté des sentiments, l'obligation des mêmes devoirs, la solidarité des intérêts ». C'était une vraie personne morale.

Il fallait que cette union des cœurs fût bien forte pour résister aux sentiments d'aversion, d'envie, de mépris, de révolte, que devait fatalement engendrer, sous l'Empire, la division des citoyens en deux classes très inégales, les *honestiores* et les *humiliores*. L'idée d'une sorte de fraternité qui les rapprochait « empêcha toujours l'aristocratie des cités provinciales d'être aussi insolente et impopulaire qu'elle l'a été en d'autres pays ». Cette noblesse se ruinait en munificences municipales. Pline le Jeune ne faisait que suivre l'exemple de ses pairs quand il fondait à Côme, sa patrie, une bibliothèque, une école, « un établissement de charité pour les enfants pauvres ». J'ai pour ma ville natale, disait-il, « un cœur de fils ou de père ». Les riches et les pauvres étaient en rapports continuels « par le patronage et la clientèle, par les libéralités, par les jeux, les spectacles, les exercices qui leur étaient communs ». Aux fêtes de famille, d'après Pline, on invitait « tout le sénat de la ville, même beaucoup de gens du bas peuple ».

Or cherchez la cause de cette mutuelle et exclusive bienveillance, vous la trouverez, en grande partie, dans le polythéisme antique, qui, donnant à chaque ville son dieu propre, sa légende divine à soi, avait groupé les cœurs autour de son temple, s'il leur avait interdit les élans d'une philanthropie cosmopolite. Ce fruit savoureux de superstitieuses croyances leur avait survécu. Il en a été de même de toutes ces associations de métier, de toutes ces corporations qui ont commencé par être des confréries, profondément empreintes d'esprit religieux. Aucune corporation, aucune association n'a pu vivre, où l'on ne s'est pas aimé. On s'aimait beaucoup dans les *collegia* de Rome, les inscriptions en font foi. Les associés se traitaient de frères. « Pius in suos, pius in collegium », disent les épitaphes. Dans ces mots *pius*, *pietas*, on sent la chaleur du cœur antique. Quand un incendie, un malheur quelconque, atteignait l'un des sociétaires, tous les autres se cotisaient pour le secourir. Religieuses essentiellement, comme au moyen âge, étaient ces confréries. Car les religions, surtout les religions supérieures, mais à un moindre degré et sur une moindre échelle les inférieures, ont ce caractère trop peu remarqué, d'introduire dans le monde social la culture du cœur, la culture inconsciente chez les uns, volontaire et savante chez les autres. La culture de l'amitié, notamment, est un art qu'elles seules ont pratiqué. Elles seules ont compris la nécessité de domestiquer pour ainsi dire, de diriger et discipliner les sentiments naturels. Dans les rapports du patron aux ouvriers, du maître aux domestiques, du père aux enfants, elles ont développé et façonné à leur gré l'esprit de concorde. Par des réunions fréquentes, par des banquets rituels, par des processions ou des pèlerinages, autant que par de mutuels services, ce sentiment était cultivé méthodiquement, comme le prouvent les confréries archaïques, si obstinément vivaces, qui subsistent encore çà et là, par exemple en Belgique (1).

De même que la culture de l'amitié, il est vrai, la culture de la haine et de la vengeance a été poussée très loin par les religions du passé. L'institution de la *vendetta* est une sorte de culte haineux. L'horreur du dissident, du gentil, de l'impur, du païen, a été soigneusement entretenue parmi les fidèles de tous les temps. Mais, de ces deux arts opposés, quoique concourant au même but, c'est le premier qui l'emporte de plus en plus. Dans les religions supérieures qui vieillissent, l'affaiblissement graduel de la foi entraîne la destruction rapide du fanatisme haïsseur et intolérant, mais non le relâchement parallèle de l'affectueuse solidarité qui unit les fidèles. Leur mutuel attachement peut se maintenir, et même grandir, pendant que leur foi décline, s'évanouit, se réduit presque à une ombre verbale d'elle-même. Aussi voit-on les plus libres esprits, les plus détachés des dogmes, rester parfois attachés de cœur à la société des fidèles. Les grandes fabriques de haine, aujourd'hui, ce ne sont plus les sectes religieuses, ce sont les sectes politiques, la presse politique surtout ; et jamais les prédicateurs de la Ligue, jamais les moines qui poussaient jadis à la croisade contre les Albigeois,

_____

(1) Voir à ce sujet l'ouvrage très documenté de M. Vanderwelde : *les Associations professionnelles;* Bruxelles, 1891.

n'ont fomenté autant de discordes que nos publicistes socialistes ou antisémitiques d'à présent, attisant les fureurs populaires, non sans raison toujours, il faut l'avouer, contre les
juifs, les banquiers, les « bourgeois ».

VI

Après tout, la religion n'a cette action si puissante sur le
cœur public que parce qu'elle est le plus énergique moyen
d'assimilation (imitative pareillement) (1) entre les hommes de
civilisations distinctes. C'est donc aux courants et aux lois de
l'Imitation, en définitive, et aux lois de l'Invention, qu'il faut
demander l'explication dernière des vicissitudes du sentiment.
L'œuvre finale de l'Imitation, comme de la Religion, me paraît
être le développement de la sympathie ; mais la première,
comme la seconde, débute assez souvent par un effet contraire.
Le moment où deux peuples, jusque-là indifférents l'un à l'autre,
se mettent à éprouver de l'antipathie l'un pour l'autre, est celui
où ils commencent à s'imiter réciproquement. De la dissemblance radicale à la ressemblance parfaite, entre deux nations, il
y a mille degrés ; et c'est à l'un des degrés intermédiaires, non
au premier, encore moins au dernier terme de la série, que s'attache la possibilité de l'antipathie la plus forte. Jamais nous
ne parviendrons, nous, Français, à détester les Nègres ou les
Chinois autant que nous avons haï les Anglais, nos frères en
civilisation occidentale. Bien que les guerres des Romains contre
les Germains aient duré des siècles, beaucoup plus longtemps
que les guerres puniques, il n'y a jamais eu entre Rome et les
Barbares une véritable haine collective et réciproque, comparable à celle qui s'est allumée entre Romains et Carthaginois,
à l'époque où précisément ces deux grands rivaux de la Méditerranée avaient atteint un égal niveau de civilisation. Les
Spartiates et les Athéniens se sont plus détestés entre eux que
les Grecs et les Perses. Les Grecs ont combattu les Perses ;

_____

(1) C'est, en effet, grâce à l'imitation de modèles différents, ici de Jésus, là de
Mahomet, ailleurs de Bouddha, que s'est creusée la différence entre les civilisations chrétienne, musulmane et bouddique. Noter que la grande division des civilisations correspond à celle des religions supérieures et prosélytiques.

mais, au fond, ils ne se haïssaient pas ; et, même au temps le plus brûlant des guerres médiques, on voyait à la cour du grand roi des Hellènes patriotes tels que Thémistocle. Les Romains ont longtemps gardé du *tumultus gallicus* un effroi traditionnel inspiré par les Gaulois ; mais ils redoutaient ceux-ci sans les abhorrer ; et, à peine la Gaule conquise, la plus profonde, la plus durable sympathie se nouait entre les vaincus et les vainqueurs.

En somme, il semble que l'antipathie nationale suppose comme élément indispensable — non suffisant toutefois, — la communauté d'une même civilisation, dans le sein de laquelle les deux nations qui se haïssent, parce qu'elles sont à la fois dissidentes moralement et socialement sœurs, sont également plongées.

La plupart des peuples, avant de se connaître, se méprisent réciproquement ; quand ils entrent en relations, ce mutuel mépris se change ou en haine réciproque ou en jalousie d'une part et pitié de l'autre, rarement en sympathie (1). Plus tard, quand une fusion séculaire les a faits semblables, ces mauvais sentiments s'effacent, dans leurs rapports réciproques, mais pour se tourner collectivement contre quelque autre peuple extérieur à leur groupe, jusqu'à ce qu'ils l'aient assimilé à son tour, ou se soient laissés asssimiler par lui. Et ainsi de suite. Il suit de là que, sur un continent, tel que l'Europe, où un certain nombre de nations, très dissemblables à l'origine, travaillent depuis des siècles à se ressembler un peu, puis beaucoup, puis davantage encore, le rayon des antipathies et même leur intensité peuvent aller croissant, mais seulement jusqu'à un certain moment, à partir duquel ils décroissent. Les darwiniens ont remarqué que, plus la ressemblance s'accroît entre les individus, plus la concurrence vitale et sociale s'avive entre eux. En poussant à bout cette remarque, on pourrait dire que, du train dont va l'assimilation de tous les peuples et de toutes les classes dans le monde civilisé, nous devons nous attendre à quelque « lutte pour la vie » effroyable et monstrueuse, telle que la croûte terrestre n'en a jamais vu. Mais n'oublions pas que, comme la lutte, plus encore que la lutte, l'association pour

(1) Parfois en engouement. Tel est le cas du Japon, qui, après avoir longtemps méprisé, puis profondément haï les Européens, s'est mis à s'engouer de l'Europe.

la vie se nourrit de similitudes ; on ne s'allie, on ne s'aime vraiment qu'entre semblables.

Il y a autre chose encore que des croyances et des intérêts dans ce composé très complexe qui s'appelle un sentiment : il y a des sensations, qui jouent ici le rôle de ferment caché. Non seulement dans nos amours, cela est trop clair, mais dans nos amitiés mêmes et nos inimitiés, il entre une part d'attractions ou de répugnances inanalysables, suggérées par des impressions de nos sens. L'attrait ou la répulsion que deux races distinctes ressentent à première vue l'une à l'égard de l'autre, avant tout contact ou tout conflit, est inexplicable autrement. Cette remarque est essentielle et doit être dite une fois pour toutes (1). Mais ce n'est pas une raison pour exagérer ici l'action de la race. Elle est souvent purement apparente là où elle semble incontestable (2). Quelle est, par exemple, l'origine de cette aversion profonde qui sépare aux Etats-Unis les Blancs et les Nègres, et qui se continue indéfiniment par le préjugé américain contre les *gens de couleur* ? Question de race, dira-t-on. Nullement. Car on ne voit pas pourquoi nulle aversion de nature pareille, même d'un degré moindre, n'éloigne le Blanc du Peau-Rouge. Si le Noir est repoussé par le Blanc comme un être dégradé, si la plus petite goutte de sang noir dans les veines d'un Blanc le fait tenir à distance par les autres Blancs, ses semblables physiologiquement aussi bien que socialement, c'est parce que le Nègre n'a été importé en Amérique que pour y être réduit en esclavage, que l'idée de Nègre et l'idée d'esclave s'y sont indissolublement associées et que le sentiment formé sous l'empire de cette association a persisté, même après l'émancipation des Noirs. Supposez que la découverte de l'Amérique ait eu lieu deux ou trois siècles plus tard, à un âge de la civilisation européenne qui n'ait pas permis à l'antique institution de l'esclavage de refleurir au nouveau monde ; dans cette

(1) Par exemple, les Français et les Italiens, les Français et les Espagnols se sont fait la guerre aux xv⁰, xvi⁰, xvii⁰ siècles, comme les Français et les Anglais. Jamais cependant nos voisins d'Italie et d'Espagne ne nous ont été vraiment antipathiques, comme nos voisins d'outre-Manche.

(2) L'antipathie des Doriens et des Ioniens, qui joue un si grand rôle dans l'histoire de la Grèce, est plutôt sociale que naturelle. Elle a sa source souvent dans l'envie démocratique ou la morgue aristocratique. Elle n'a pas toujours existé. Les poésies de Théognis, d'après Curtius, nous apprennent que, de son temps, « il n'y avait aucun antagonisme entre le sang dorien et le sang ionien ».

hypothèse, le Noir débarqué librement aux États-Unis n'y aurait jamais été traité avec le mépris qu'on sait, et les Américains n'auraient nulle idée de cette répugnance à la fois si violente et si factice contre les mulâtres à peine colorés, qui peut être citée comme un bel exemple du degré d'intensité qu'est susceptible d'atteindre un sentiment purement artificiel. Car, assurément, rien n'est moins naturel, n'est moins inné, que cette horreur éprouvée pour des gens qui ne diffèrent en rien de vous si ce n'est par une imperceptible teinte noire à l'endroit des ongles. Pourtant il n'est pas de passion naturelle qui l'emporte sur cette impression. Ou bien supposez que les colons des États-Unis aient pu asservir et domestiquer les Peaux-Rouges, au lieu des Nègres. Dans ce cas, sans nul doute, c'est l'autochtone américain ou ses métis quelconques qui seraient l'objet du sentiment *sui generis* dont le Nègre et sa descendance sont les victimes.

On voit ici l'importance des faits historiques, des causes fortuites. On la verrait bien mieux en étudiant l'*histoire d'une haine nationale* telle que celle des Anglais et des Français, des Romains et des Carthaginois, des Byzantins et des Arabes, etc., avec autant de soins et de détails que s'il s'agissait d'étudier en romancier naturaliste l'histoire d'une haine individuelle. On pourrait, suivant la même méthode, raconter et analyser les phases d'une de ces amitiés nationales qui resserrent souvent entre peuples alliés le lien de l'intérêt et s'y ajoutent : celle des Français pour les Polonais, jadis, par exemple. Par malheur, soit dit en passant, ces amours collectifs, de nation à nation, sont bien plus rares, bien moins vifs, bien moins profonds, bien moins désintéressés aussi, que les haines collectives du même ordre. Rien de plus violent, en effet, et rien de moins motivé utilitairement, que ces haines de peuple à peuple. L'action de la suggestion ambiante est ici évidente. Au contraire, sous sa forme individuelle, heureusement, la faculté de haïr est moins développée ou moins souvent exercée, en moyenne, que la faculté de sympathiser.

Quoi qu'il en soit, ces haines féroces de tribu à tribu qui existent chez les sauvages et que les voyageurs sont portés à juger éternelles, comment sont-elles nées ? Comment ont-elles grandi ? Comment s'éteignent-elles à la longue ? Les documents sur ce point nous font défaut. Même quand il s'agit de peuples civilisés, le problème n'est pas facile à résoudre. Car, à quels signes historiques reconnaître qu'une haine nationale, qu'une aversion collective quelconque, a augmenté ou diminué? A l'acharnement des combats, pendant les guerres, peut-être Mais, pendant la paix, à quoi? Entre individus la haine ou le mépris se traduit objectivement par une tendance à s'éloigner physiquement l'un de l'autre. Ce signe manque, dira-t-on, entre peuples qui ne peuvent se déplacer, en cela semblables aux végétaux. Cependant la répugnance plus ou moins grande au *connubium* entre Français et Anglais au moyen âge, entre patriciens et plébéiens à Rome, entre les diverses castes dans l'Inde, répugnance qui a subi des variations manifestes d'intensité au cours des temps, peut servir à mesurer le sentiment qu'elle exprime. La répugnance non seulement à se marier, mais à se fréquenter, à se coudoyer, bien plus qu'à commercer et à s'imiter, — car on commerce avec ses ennemis, de même qu'on les imite, par mutuelle exploitation (1), — en d'autres termes, le besoin plus ou moins intense d'avoir des écoles distinctes, des hôtels distincts, des voitures et des wagons distincts, est un thermomètre sociologique excellent. Entre autres applications qu'on peut faire de cette pierre de touche, il s'ensuit que l'émancipation des esclaves aux États-Unis a eu, — momentanément, il faut l'espérer, — pour conséquence de rendre plus profonde encore qu'auparavant l'antipathie des Noirs et des Blancs (2). Les unions physiques des deux races, en effet, y sont de plus en plus rares, car, d'une part, on ne profite nullement du droit de se marier, là où il existe, et, d'autre part, les rapports extra-conjugaux des Blancs avec les Négresses sont

(1) On peut noter les différences que présente l'esprit d'imitation suivant qu'il s'exerce entre amis ou entre ennemis. C'est volontairement et par calcul que l'on copie l'ennemi, le peuple antipathique, sous certains rapports extérieurs, qu'on lui emprunte sa stratégie ou ses armes réputées supérieures, mais jamais ses idées ni ses sentiments. On n'imite inconsciemment et profondément ses voisins, on ne se laisse gagner par leurs croyances, leurs besoins et leurs mœurs pour adopter ensuite leurs vêtements, leurs parures, que lorsqu'ils sont sympathiques. On ne parle *spontanément* la langue du voisin que lorsqu'on l'aime. La diffusion du français en Russie a ce caractère ; si l'on apprend l'allemand dans les écoles françaises, c'est par force et de mauvais gré.
(2) « L'éloignement social des deux races, dit M. Claudio Jannet dans son bel ouvrage sur les États-Unis, s'accroît au fur et à mesure qu'elles deviennent plus indépendantes économiquement. »

devenus beaucoup moins nombreux depuis que le triste lien de la servitude ne les rapproche plus. Le nombre des mulâtres diminue, et le type mulâtre retourne au type noir.

Pour tous les siècles antérieurs au nôtre, nous ne pouvons recueillir que des informations vagues et insuffisantes sur le sujet qui nous occupe. Il serait donc particulièrement intéressant d'étudier les changements des sentiments internationaux survenus au cours de notre siècle. Ici la corrélation des effets et des causes peut être saisie sur le vif, et l'importance des grands hommes d'État, des victoires ou des défaites accidentelles, des événements quelconques, est mise en pleine lumière. La haine des Anglais et des Français ne s'est réveillée au début de la Révolution que parce qu'il a plu aux hommes d'État de l'Angleterre de se mêler de nos affaires ; et, si cette haine a grandi continuellement pendant toute la période révolutionnaire et l'épopée impériale, si elle s'est apaisée un peu sous la Restauration, surtout sous le gouvernement de Juillet, c'est à Napoléon, c'est à Waterloo, c'est aux barricades de 1830, qu'il faut demander en grande partie l'explication de ces phases. La haine des Français et des Allemands serait-elle jamais née sans Napoléon Ier, Napoléon III et M. de Bismarck ? Il semble que l'aversion mutuelle entre les États du Nord et les États du Sud, aux États-Unis, ait eu des causes plus profondes. En tout cas, les progrès de cette animosité avant la guerre de sécession s'observent facilement. Jusqu'à 1850 à peu près, le Nord et le Sud vivaient en assez bonne intelligence. Mais peu à peu se révéla, en même temps que l'antipathie réciproque produite par la divergence des intérêts, — le Nord manufacturier réclamant le protectionnisme que le Sud agriculteur repoussait, — la jalousie du Nord yankee, mercantile, à l'égard du Sud aristocratique, qui avait fourni à l'Union ses plus grands citoyens. « Entre eux se marquait de plus en plus, dit M. Claudio Jannet, une opposition violente de caractère. » Il est probable qu'à cette jalousie le Sud répondait par quelque impertinent mépris. De là cette acuité de haine atroce qui s'est déployée durant l'horrible guerre fratricide par des incendies de fermes et de villes sans nulle utilité stratégique, par des massacres affreux de prisonniers, et, après la guerre, par l'oppression des vaincus.

La haine d'État à État, nous l'avons dit plus haut, à mesure

que les États grandissent, va s'atténuant, malgré l'agrandissement de son objet. J'en trouve la preuve historique dans deux
faits généraux. Le premier, souvent remarqué, c'est que, lorsqu'un grand État apparaît avec une intention manifeste de conquête, parmi une multitude de petits États divisés entre eux, il
n'a jamais beaucoup de peine à utiliser leurs haines mutuelles
pour les dévorer successivement. C'est le cas de la Macédoine
et de Rome dévorant la Grèce par morceaux, grâce au divisions
des cités grecques ; c'est le cas de Rome encore, dans ses longues
guerres soit avec les peuplades gauloises, soit avec les peuplades
germaines ; c'est la politique de plusieurs empereurs allemands
dans leurs rapports avec les républiques italiennes qui passaient
leur temps à se quereller ; de la France, sous Charles VIII,
Louis XII, François Ier, en Italie ; de l'Espagne, de l'Angleterre,
au nouveau monde, dans leurs luttes contre les tribus peaux-
rouges, ennemies les unes des autres ; de Richelieu, de Napoléon, dans leurs rapports avec les principautés allemandes.
Dans tous ces cas, l'intérêt évident des nations naines n'était-il
pas de faire trêve à leurs discussions pour refouler l'envahisseur
géant ? Combien fallait-il que leur mutuelle animosité fût achar-
née et forte pour les aveugler à ce point! Jamais nos grandes
nations modernes n'ont été si passionnées, et, quand un intérêt
majeur leur commande l'alliance, elles n'hésitent pas à s'allier
dès le lendemain d'une guerre.

Le second fait, non moins général, quoique moins remarqué,
c'est le besoin qui pousse les petits États, dès qu'une guerre
éclate entre deux d'entre eux, à prendre parti pour l'un ou
pour l'autre, comme si, à force de leur être habituelle, la haine
était devenue pour eux un plaisir. Quand, par exemple, au
VIIe siècle avant Jésus-Christ, deux villes de l'Eubée, Chalcis et
Eréthris, prennent les armes l'une contre l'autre, on est surpris
de voir toutes les îles de l'Archipel, successivement, sans le
moindre intérêt, entrer de cœur dans cette hostilité, transformer
en conflagration générale cet incendie local; et, dit Curtius,depuis
la guerre de Troie, — qui, elle-même, est un autre exemple, bien
plus fameux, du même phénomène, — la Grèce n'avait pas encore
été remuée si à fond. Plus tard, la querelle de Sparte et d'Athènes
se généralisa de la même manière. Cherchez le noyau de gens
vraiment intéressés à la mêlée sanglante des Armagnacs et des

Bourguignons ou des Guelfes et des Gibelins ou des factions de
noms multiples qui, au moyen âge, ont divisé en deux la population de chacune des cités italiennes ou françaises, autant de
petits États distincts ; vous verrez se réduire à un bien mince
volume le levain de cette pâte immense. Or, plus nous descendons dans la barbarie et la sauvagerie, plus cet instinct de *com-
bativité* haineuse entres peuples ou entre classes se révèle à
nous invincible et féroce. Dans son *Gouvernement populaire*,
Sumner-Maine nous parle de tribus australiennes qui traversent
la moitié de leur continent « pour venir se ranger à côté de combattants portant le même *totem* qu'elles ». « Deux fractions irlan-
daises, qui se sont brisé réciproquement le crâne dans toute
l'étendue de leur île, prirent, dit-on, naissance dans une dispute
à propos de la couleur d'une vache. Dans l'Inde méridionale, une
suite ininterrompue de rixes dangereuses provient de la rivalité
de deux partis qui ne savent rien de plus sur le compte l'un de
l'autre, si ce n'est que les uns appartiennent au parti de la main
droite et les autres au parti de la main gauche. » Il faut reconnaître que, si les partis politiques des nations modernes se font
la guerre, c'est pour des motifs tout autrement sérieux, et cependant sous des formes singulièrement adoucies. Quant à nos conflits internationaux, les intéressés seuls y prennent part, et les
nations voisines, au lieu de s'engager sans raison dans la bataille,
comme font les chiens de tout un quartier quand ils entendent
deux caniches se battre, tâchent de s'interposer pacifiquement
entre les belligérants.

En même temps que les haines collectives, dans leur ensemble,
perdent de leur intensité (1), elles changent de forme et se

(1) Est-ce à dire que le rôle du sentiment aille en décroissant dans la vie des
peuples ? Non, il va se transformant. La preuve qu'il ne diminue pas, c'est que,
comme le remarque M. Novicow dans son dernier ouvrage, la plus grande affaire
de l'Europe aujourd'hui, la question de l'Alsace-Lorraine est « une affaire de sentiment ». La haine mutuelle des Allemands et des Français est un fléau moral que le
XIXe siècle léguera au XXe et qui suffit presque à contre-balancer momentanément
l'admirable legs de découvertes accumulées par ces cent ans de génie scientifique et
industriel à jet continu. — L'invention des machines, le passage de l'outil vivant
à l'outil inanimé, du cheval à la locomotive, du bœuf à la machine à vapeur, etc.,
a eu pour effet, il est vrai, de supprimer les sentiments affectueux du cavalier pour
sa monture ou du bouvier pour ses bœufs, là où ils existaient autrefois. Mais, en
même temps et par la même cause, les fabriques, les usines, la grande industrie sont
nées, et, parmi ces grands rassemblements d'ouvriers qui, jadis, travaillaient isolément, se sont développées des camaraderies toutes nouvelles, comme parmi nos
armées toujours grossissantes. A première vue, on aurait pu croire que notre *machi-*

spécifient diversement. Car l'évolution de la haine à travers les âges et les milieux est curieuse à suivre. Un paysan ne hait pas comme un prêtre, comme un professeur, comme un journaliste. Après le langage de l'amour, rien n'est plus sujet aux caprices de la mode que le langage de l'animosité et du mépris ; le ton satirique qui plaît à une génération et qui blesse mortellement sa victime, ennuie la génération suivante et lui semble inoffensif. L'*esprit* (car c'est le nom donné habituellement au langage du dénigrement plus ou moins haineux) se démode vite et n'est guère transportable d'un pays à l'autre ; ce n'est pas un article d'exportation. Mais n'entrons pas dans ce détail.

VII

Occupons-nous plutôt des transformations sociales de l'amitié et des autres sentiments sympathiques. Elles aussi pareillement sont déterminées par la diffusion imitative des idées religieuses et des autres inventions quelconques, surtout de celles qui ont multiplié les communications entre les hommes et agrandi le domaine social. La propagation du christianisme a été suivie partout d'une certaine affectuosité tendre que l'antiquité n'a point connue, que le monde moderne cherche à remplacer par la fraternité de la religion socialiste. C'est l'esprit chrétien qui donne le ton aux sentiments caractéristiques du moyen âge. La société chrétienne d'alors était cimentée non par l'amour, ni par l'amitié même, — qui y jouaient, en dépit des cours d'amour et de la chevalerie, un rôle bien plus secondaire que parmi nous, — mais par ces quatre sortes d'attachements, essentiellement religieux :

---

nisme avait annihilé l'élément psychologique et moral. Pour remplacer les animaux monstrueux que les Hercules préhistoriques ont détruits, le génie inventeur a suscité de nouveaux monstres, des mammouths d'acier, d'une taille, d'une vigueur, d'une habileté toujours grandissantes. Ils sont de deux sortes, militaires et industriels. Et, pendant que le progrès des premiers, canons géants, cuirassés, torpilleurs, fusils à aiguille, diminuait l'importance jadis attachée à la bravoure et à l'agilité du soldat, le progrès des seconds dépréciait de plus en plus l'intelligence et l'ingéniosité de l'ouvrier. Cela est vrai dans une certaine mesure ; mais, d'autre part, le grossissement des armées n'a-t-il pas eu ce bon effet — faible compensation, il est vrai, d'un tel malheur — d'y faire régner des rapports de cordialité toujours plus intimes et plus nécessaires entre les camarades de même grade et entre les divers degrés de la hiérarchie? Si les relations des ouvriers avec les patrons ne sont point aussi sympathiques partout que celles des soldats avec leurs chefs, ce n'est peut-être qu'un mal passager et compensé par l'union plus étroite des ouvriers entre eux.

le sentiment de la fraternité entre les fidèles, le sentiment de la confraternité corporative entre les collègues, le sentiment de la fidélité conjugale et celui de la fidélité féodale. Ces deux derniers reposaient avant tout sur la vertu sacramentelle du serment. Tous quatre étaient des liens personnels ; mais les personnes qu'ils liaient étaient des personnes au sens social plutôt qu'au sens naturel du mot. Le chrétien aimait ou faisait effort pour aimer, ou croyait qu'il devait faire effort pour aimer, le chrétien comme tel ; le confrère, son confrère comme tel ; ou l'ouvrier son patron, ou le serviteur son maître et *vice versa* ; la femme, son mari comme tel ; le vassal, son suzerain comme tel, quelles que fussent les antipathies naturelles entre eux. Ces amours obligatoires étaient souvent violés, mais ils étaient réputés immortels et indestructibles. Et, quand la sympathie naturelle s'y ajoutait, on voyait éclater le cœur humain en une flore unique, disparue, de merveilleuses affections.

La propagation des procédés civilisateurs et spécialement locomoteurs, qui ont si fort contribué à la complication de la vie urbaine, à la désertion des campagnes et à la pénétration des ruraux eux-mêmes par l'exemple des citadins, a modifié gravement la nature des bonnes relations entre les diverses classes de personnes. A mesure que, par le progrès des communications, aux anciennes corporations héréditaires et locales, où l'on entrait pour ainsi dire en naissant, se sont substituées ou tendent à se substituer des corporations électives et générales, ouvertes au premier spécialiste venu, d'où qu'il vienne, le rapport de confrère à confrère a beaucoup changé sentimentalement : on choisit encore ses amis parmi ses confrères, mais on les aime à titre d'amis, librement choisis, avec une faculté de choix beaucoup plus vaste. Par une raison analogue, les relations des maîtres et des domestiques, des patrons et des ouvriers ont dû se dénaturer.

La domesticité ancienne différait de la nouvelle par sa stabilité plus grande et par la moindre étendue de l'espace circumvoisin où elle se recrutait. Il y avait, autour de chaque maison notable, à la campagne, un groupe peu nombreux de familles de paysans, toujours les mêmes, qui la fournissaient habituellement de servantes et de valets. Plusieurs générations de serviteurs se succédaient ainsi chez plusieurs générations de maîtres. Aujourd'hui les domestiques fournis dans les villes par un bureau de placement qui les recrute dans le monde entier, restent fort peu de temps dans la même place. Cette longue durée des services anciens suffirait seule à prouver l'existence de sentiments affectueux, sans lesquels elle eût été évidemment impossible, dans les rapports des domestiques entre eux d'une part et, d'autre part, des domestiques avec leur maître. Mais on en a la preuve directe par les testaments de nos aïeux, où, presque toujours, comme les archéologues le savent, figurent des legs assez importants aux vieux serviteurs du logis. Autre particularité encore plus significative : assez souvent, les serviteurs des deux sexes étaient choisis comme parrain ou marraine des enfants. C'était leur accorder sur ceux-ci une autorité spirituelle. Comment nous en étonner quand nous savons que les Romains de l'Empire traitaient aussi paternellement leurs esclaves ? Ils avaient l'habitude de leur faire des legs aussi. Un personnage consulaire sous Trajan, Dasumias, lègue à sa nourrice « une métairie à mi-côte avec les meubles qui garnissent la maison » ; il émancipe en même temps ses esclaves et leur lègue à chacun mille deniers. Il veut que ses affranchis soient ensevelis dans son propre tombeau. En retour, l'esclave était le plus souvent dévoué de cœur à son maître, et parfois jusqu'à la mort. — Aux États-Unis, où les domestiques ne restent jamais six mois dans la même maison, où, pareillement, les ouvriers changent de patrons aussi souvent que de vêtements, comment les maîtres et les domestiques, les patrons et les ouvriers, seraient-ils attachés les uns aux autres avec une force d'affection égale à celle dont témoignent ces exemples et tant d'autres ? On voit bien là-bas des patrons (1) se préoccuper du sort de leurs ouvriers considérés en bloc et appeler cette collectivité à partager une partie de ses bénéfices ou organiser en leur faveur des œuvres de bienfaisance. Mais, dans tout cela, rien qui respire l'affection cordiale, l'attachement personnel. En revanche, ce refroidissement relatif du cœur est compensé par son élargissement. Non seulement la pitié humanitaire s'est ajoutée à la fraternité chrétienne, mais le champ de la camaraderie s'est beaucoup étendu. Sans doute, ces changements si fréquents de maîtres, de patrons, de camarades et

---

(1) Dans sa *Vie américaine*, M. de Rouzier cite un des grands industriels de l'Union, « le grand meunier de Minneapolis ».

d'amis, de résidences et de professions, révèlent moins de ténacité dans les affections ; mais, d'autre part, cette facilité à nouer rapidement de nouvelles amitiés ne prouve-t-elle pas une faculté d'aimer plus large et plus souple?

L'amitié est le sentiment qui, après l'amour, s'est le plus ressenti de nos transformations sociales. Elle aussi a beaucoup changé. Aux anciens groupes d'amis que le voisinage rural ou une confraternité née d'une cohabitation prolongée, de traditions familiales, avait formées, tendent à se substituer de nouveaux groupes instables où le legs d'amitiés traditionnelles n'entre plus absolument pour rien, et que nouent librement, pour quelques jours, entre gens de passage, la camaraderie, la politique, le hasard d'une rencontre. Entre deux voisins de campagne, qui ont grandi et vécu ensemble, il se forme des liaisons de cœur indestructibles, aussi profondes qu'étroites. Tout autres sont les relations entre membres d'un même cercle ou clients d'un même café, ou confrères d'une société savante. Rien de plus facile à former et à rompre, rien de plus léger ni de plus fugace, rien de plus distrayant, du reste, ni de plus confortable que des amitiés de ce dernier genre. L'amitié, dans les milieux dits arriérés, unit des familles d'un lien circonscrit, mais tenace ; elle est chose sociale, locale, héréditaire. L'amitié, dans les milieux dits avancés, ne lie plus que des individus détachés à travers de très grandes distances, mais pour un temps très court. Elle est chose individuelle, cosmopolite, éphémère. Ici, comme ailleurs, le temps a fait compensation à l'espace, et l'amitié a perdu en durée ce qu'elle a gagné en étendue territoriale. — A vrai dire, ces deux systèmes d'amitié ont, de tout temps, coexisté ; mais le premier recule sans cesse devant les envahissements du second.

L'amitié dans les campagnes est à l'amitié dans les villes, surtout dans les grandes villes, ce que l'amour conjugal est à l'amour libre. Aux champs, où les voisins, clairsemés, savent le besoin qu'ils ont les uns des autres, on ne se laisse jamais déterminer dans le choix de ses intimes par la seule considération du degré de sympathie qu'on ressent pour les gens à première vue, mais, comme quand il s'agit de prendre femme, on fait entrer en ligne de compte bien des raisons de convenance, le voisinage surtout ; et, comme dans le choix d'une femme pareillement, on a égard non pas à des qualités superficielles de la personne, mais à ses agréments plus profonds et à ses mérites plus solides. Car on sait que ces intimités sont destinées à durer toujours, qu'il est dangereux de les rompre et qu'il faut, par suite, y regarder à deux fois avant de les nouer. Dans une grande ville, on sait qu'on pourra se quitter quand on voudra et qu'on trouvera facilement à remplacer l'ami perdu. On n'a là que l'embarras du choix des amis parmi les connaissances, et des connaissances parmi les inconnus. Aussi cherche-t-on à se rapprocher dès le plus léger et frivole attrait qu'on se découvre l'un à l'autre, et l'on éloigne de soi, parce que leur aspect physique, leur accent ou leur genre déplaît, des personnes souvent bien plus dignes d'estime et d'attachement que les faiseurs par qui l'on s'est laissé capter. C'est ainsi qu'on s'éprend d'une maîtresse dont on n'aurait jamais voulu pour femme. Les conditions de la vie rurale forcent donc l'amitié, en définitive, à être, d'une part, moins spontanée et moins franche peut-être, et à coup sûr plus tiède dans ses expansions, parce qu'il y entre moins de sympathie vive et facile, en général, mais, d'autre part, à être plus sérieuse et plus pénétrante, plus spiritualiste de nature. Ce n'est pas seulement pour le plaisir qu'on a des amis à la campagne, comme ce n'est pas seulement, ni précisément, pour s'amuser qu'on se marie. — On voit donc que la proportion croissante de la vie urbaine aux dépens de l'autre est un remaniement véritable du cœur humain : elle l'intensifie à la fois et le mobilise, multiplie ses fleurs passagères et dessèche quelques-unes de ses fortes racines. Supposez que le mariage disparaisse et que l'amour libre le remplace : c'est l'équivalent du changement que le passage de la vie rurale à la vie urbaine impose à l'amitié.

Voici une très grande ville moderne, en apparence très solide, très hiérarchisée, où abondent les administrations disciplinées, les fabriques, les usines, très bien régies ; où le réseau des intérêts solidaires enlace tous les habitants. Vienne une poignée de factieux s'imposer à cette population de deux millions d'hommes, personne [ne résiste, tout le monde se soumet. Pourquoi ? Parce qu'il n'y a là que des relations d'affaires, pas de vigoureux liens de cœur, entre les citoyens. — Supposons une grande nation où chacun ait deux amis, rien que deux, mais vrais, sûrs, indéfectibles. Cette nation sera manifestement plus forte, plus résistante à l'agression du dehors ou du dedans qu'une nation où personne n'aurait d'amis, mais où tout le monde aurait cent ou mille connaissances superficielles. Cependant, à première vue, cette dernière paraîtra bien plus sociable, bien plus riche que l'autre en trésor de bienveillance et de bonté. La force d'un État se mesure non au nombre, mais à la solidité des attachements personnels.

Est-ce à dire que l'urbanisation des sociétés se traduise par un déficit final de la force d'aimer? C'est le contraire qui me semble vrai. D'abord il n'est pas contestable que la civilisation favorise prodigieusement l'amour proprement dit, et, si elle tend à le transformer lui-même, à le dépouiller de sa jalousie innée pour lui prêter une sociabilité acquise, il n'en est pas moins vrai qu'en l'apprivoisant elle le propage avec la coquetterie féminine. Il en est des besoins du cœur comme de tous les autres : ils se répandent et se déploient par la vue des objets propres à les satisfaire. La civilisation, en mettant sous les yeux du citadin les articles de luxe, attise en lui la flamme grandissante des besoins de luxe ; de même, en faisant défiler devant lui nombre de jolies femmes, beaucoup d'hommes diversement distingués, parmi lesquels il en est toujours d'accommodés à ses goûts, elle surexcite en lui l'ardeur de l'amour et la chaleur même de l'amitié. Dans une petite ville, dans un bourg, on doit se contenter de ce qu'on trouve en fait de charmes féminins ou de sympathies amicales ; aussi l'amour passionné y est-il rare de même que l'amitié vive. En somme, il faut reconnaître que, à raison de cette indigence rurale des ressources du cœur, les ruraux s'aiment, en général, médiocrement en dehors de la famille, sauf exceptions, bien entendu ; et c'est là le plus triste côté de la vie primitive. Le plus fâcheux de la vie civilisée, c'est qu'elle excelle, par malheur, à contrefaire merveilleusement l'amitié ou l'amour et à vulgariser leurs simulacres. Mais, en cela même, elle fait œuvre de logique sociale. L'écart naturel est énorme entre le petit nombre d'hommes aimables ou de jolies femmes qui peuvent inspirer l'amour ou même l'amitié et le nombre immense de personnes qui en ressentent le besoin. L'amour surtout est, à ce point de vue, une source féconde de discordes ; il fait pulluler dans le sein d'une société des sentiments à la fois contraires et contradictoires, des désirs violents qui se heurtent à des résistances invincibles, des adorations rendues en dédains. La coquetterie avec les espérances illusoires qu'elle engendre, semble avoir été inventée tout exprès pour établir l'équation, au moins apparente, entre cette offre et cette demande amoureuses si douloureusement disproportionnées. De là ses progrès si rapides grâce à la vie urbaine et civilisée. Elle est un des procédés les plus répandus d'accord logique et téléologique, purement subjectif à la vérité, mais non moins réel pour cela.

VIII

Le besoin même de *s'amuser* que l'urbanisation de la vie développe si démesurément, est une preuve du progrès de la sympathie au cours de la civilisation. Toutes les fois que ce besoin, trait caractéristique de la vie sociale élevée, arrive, dans une société quelconque, à un certain degré d'intensité et de diffusion, il s'y exprime sous ces formes à peu près les mêmes, sauf des variantes, d'ailleurs caractéristiques : passion du théâtre (cirque, hippodrome, combats de taureaux, tragédies, comédies, opéras), luxe de la table et grands festins, bals, courtisanes à la mode, enfin art raffiné de la conversation et recherche de l'*esprit*. Ce goût passionné de la vie de salon, que Taine a signalé dans l'ancien régime français, ne lui est point particulier et n'a point pour cause unique ni principale la culture classique de notre xviie siècle. Sous d'autres apparences, par exemple, au dehors et non dans des appartements clos, entre hommes et non dans des ruelles de dames où les dames donnent le ton, la Grèce déclinante et Rome triomphante ont connu ce même besoin du dialogue récréatif. A Rome, on faisait des recueils de bons mots, prêtés à Cicéron notamment. A Athènes, au temps de Philippe, « la plaisanterie, dit Curtius, devint un art qui eut ses virtuoses, surtout dans le cercle dit des Soixante, qui se réunissaient au Cynosarge. Le roi Philippe offrit, dit-on, un talent pour un procès-verbal de leurs séances. » L'hôtel de Rambouillet n'attachait pas plus de prix à une épigramme.

Or, si l'on cherche le caractère commun à ces diverses manifestations du besoin d'amusement, on verra que toutes consistent en plaisirs collectifs, en jouissances dont le principal attrait, pour le nombre plus ou moins considérable d'hommes qui les goûtent, est de les goûter ensemble. Cela est vrai non seulement des banquets, du théâtre, etc., ce qui est clair, mais de l'hétaïrisme même, puisque le charme qui s'attache à la courtisane en renom est d'être à la mode, c'est-à-dire d'être une table hospitalière. Ces femmes « publiques », qu'on les nomme joueuses de flûte dans l'antiquité classique, danseuses en Orient, actrices en Europe, doivent leurs succès à l'étalage qu'elles font de leur beauté et de leur talent dans des réunions nombreuses, dans des festins, dans des cafés, sur la scène ; et ce qu'elles donnent en secret à leurs amants n'est qu'une suite de ces joies des yeux et des oreilles qu'elles donnent à tous, ou ne doit sa saveur qu'au souvenir de ces exhibitions. Quant aux prostituées de bas étage, qui n'ont point de talent propre à divertir le public rassemblé, elles ne fleurissent que là où les femmes de théâtre, les courtisanes à mérite artistique ont répandu le goût de la femme *divertissante*. Elles sont la petite monnaie de celle-ci et sa vulgarisation à l'usage de la foule. — Il ne faut pas confondre, en effet, avec ces prostituées, même de l'étage le plus inférieur, que nous voyons trottiner à travers nos grandes villes, toilette tapageuse, nez en l'air, la courtisane des peuples barbares. On a une idée assez fidèle de celle-ci par la prostituée arabe qu'on peut observer encore de nos jours en Algérie. Elle ne ressemble pas à nos « cocottes » ; elle en est tout l'opposé. Elle ne fait pas la noce (1), elle ne boit pas, elle ne rit jamais et a horreur du tapage. On dirait une prêtresse qui exerce un sacerdoce, tant elle est grave et sérieuse... Elles sont assises par deux ou par trois devant leurs portes, nonchalamment accroupies, fumant une cigarette. Elles ne causent pas entre elles. » Rien de moins folâtre que ces femmes. Par elles on peut se représenter assez exactement ces courtisanes hébraïques que la Bible nous montre assises et voilées au carrefour des chemins. Elles ne répondent, les unes et les autres, qu'à des fonctions physiologiques, consacrées par des coutumes religieuses ou du moins empreintes d'une religieuse tristesse, d'un sceau de fatalité sacrée. Elles n'ont rien à voir avec le besoin de se divertir.

Un des caractères de l'homme civilisé, c'est qu'il aime à parler en faisant toute chose : parler en mangeant, parler en travail-

(1) *Archives de l'anthrop. crim.*, mai 1893, article d'Émile Laurent.

lant, parler en aimant. Il y a aussi loin de l'amour muet des Arabes et des Hébreux à notre amour jaseur que des repas silencieux aux festins bruyants. La conversation est la circulation de la sympathie universelle à travers nos joies les plus égoïstes ; elle est le courant multicolore qui diversifie sans cesse, par l'écho des événements publics, des idées et des sentiments publics, des émotions du moment, le fond monotone du manger et de l'aimer.

Par là, nous voyons que le besoin d'amusement est la forme éminemment sociale du besoin de plaisir (1), et nous ne sommes pas surpris que cette forme se développe avec la civilisation aux dépens de la forme individuelle qui lui correspond. Celle-ci, on la désigne, en général, quand on cherche à la louer, sous le nom de besoin de *bonheur*. Être *heureux*, c'est goûter le plaisir chez soi, seul avec sa femme et ses enfants, à sa table de famille étroite et sobre, sans autre spectacle que celui de ses champs et de ses troupeaux. C'est le bonheur ainsi entendu qu'on a raison d'opposer à l'amusement. Mais la défaveur, d'ailleurs justifiée sous tant de rapports, avec laquelle les moralistes traitent ce dernier, ne devrait pas leur faire oublier que le besoin d'amusement et de luxe est presque nécessairement lié au besoin d'art, forme sociale aussi de besoins de plaisir d'un autre ordre.

Ce n'est pas que toute civilisation aboutisse nécessairement à la passion généralisée des divertissements publics. La civilisation byzantine, malgré la fureur de Constantinople pour les jeux

(1) « Les grands plaisirs du peuple sont les joies collectives. A mesure que l'individu sort de la plèbe et s'en distingue, il a un plus grand besoin de plaisirs personnels et faits pour lui seul. » (*Journal des Goncourt.*) Cette assertion est étrange : je crois que la vérité est précisément le contraire. La plus vive jouissance de l'homme du peuple, au dernier degré de l'échelle, c'est de boire ou de manger seul, gloutonnement. Les rares occasions où les paysans se réunissent : moissons, vendanges, frairies, sont des travaux en commun ou d'anciennes fêtes religieuses, auxquelles on a assisté d'abord par devoir, auxquelles on continue à aller par coutume, sans grande joie commune. — Mais, en se civilisant, l'homme recherche les dîners nombreux et choisis, les bals, les réunions mondaines, le théâtre, les émotions électorales, tout ce qui l'arrache à la vie animale, essentiellement isolante, et le jette dans la vie sociale. Même lorsque, en dilettante misanthrope, il déguste des tableaux, des gravures, des livres de psychologie raffinée et quintessenciée, son plaisir n'est pas si personnel, si exclusivement individuel, qu'il peut sembler. Car l'âme cachée de ce plaisir, c'est l'idée qu'un jour le subtil esthéticien, encore isolé dans son goût à part, finira par le répandre au dehors, par le faire partager à des disciples, à toute une école grandissante. Les Goncourt ne jouissaient si vivement de leur XVIIIe siècle artistique savouré à leur façon, que lorsqu'ils avaient foi en leur apostolat esthétique ; leur joie n'était intense que lorsqu'elle leur paraissait devoir être collective un jour.

de l'Hippodrome, la civilisation espagnole, malgré ses combats de taureaux, ont abouti plutôt, avec leur cour monarchique cérémonieuse, à des pompes rituelles et mystiques dépourvues de gaieté. Mais partout et toujours, en se civilisant, les hommes ont éprouvé la passion croissante des *fêtes*, dont la passion des divertissements publics n'est qu'une importante variété. Et qu'est-ce que les fêtes ? C'est le procédé souverain par lequel la logique sociale des sentiments noie et résout tous leurs désaccords partiels, inimitiés privées, envies, mépris, oppositions morales de toutes sortes, dans une immense unisson formée par la convergence périodique de tous ces sentiments secondaires en un sentiment majeur et plus fort, en une haine ou un amour collectifs pour un grand objet, qui donne le ton aux cœurs et transfigure en accord supérieur leurs dissonances. En sorte que, plus une société, en se compliquant, multiplie celles-ci, plus elle a besoin de fêtes, de fêtes magnifiques et fréquentes. Ce sentiment majeur, cette note tonique du cœur public, c'est tantôt une haine nationale qui se magnifie et s'intensifie en s'exprimant par des simulacres de combats, par des égorgements de captifs, par toutes ces *fêtes criminelles*, sanglantes et féroces, où se complaisent tant de primitives civilisations. Tantôt c'est un grand amour national pour un dieu ou pour un homme, une adoration ou une admiration nationale, de couleur religieuse, patriotique ou politique. Dans les fêtes égyptiennes se déploie le culte des morts, la préoccupation avant tout mystique et funéraire de ces agriculteurs architectes qui labourent et bâtissent en vue de la future résurrection, unanime orientation de leurs désirs. Dans les fêtes helléniques si multipliées, jeux olympiques, isthmiques ou autres, processions des panathénées, retour triomphal de l'athlète vainqueur, etc., s'expriment l'admiration intense de la force, de l'agilité, de la beauté et des héros où elles s'incarnent, le respect et l'amour du Dieu ou de la déesse de la cité, la piété et le patriotisme fondus en une combinaison unique. Rome a ses triomphes de généraux montant au Capitole, ses apothéoses d'empereurs, qui, comme les jeux de son cirque, glorifient son amour de la gloire, son appétit de domination et de conquête. Le moyen âge a ses canonisations de saints, ses sacres de rois, ses tournois, ses châsses processionnellement transportées, expression de son mysticisme chevaleresque, féodal ou monarchique.

Nous avons nos fêtes patriotiques, politiques ou humanitaires, revues militaires, enterrement de Victor Hugo, retour des *cendres* de Napoléon Ier, inaugurations de statues en l'honneur de grands écrivains, de grands artistes, d'hommes d'État plus ou moins grands. On ne trouvera point de fêtes, si ce n'est les fêtes de commande — telles que la fête de l'Être suprême, car les vraies fêtes d'alors, c'étaient les manifestations révolutionnaires de la foule, — on n'en trouvera jamais ni nulle part qui n'aient pour vertu de faire un faisceau momentané des âmes, confondues en un sentiment dominant.

Cette unisson des cœurs qu'elles produisent est nécessaire pour compléter l'harmonie des intérêts que les foires et les marchés travaillent à produire. Le progrès de la vie sociale ne consiste pas seulement dans la complication croissante des désirs, des besoins, mutuellement échangés par la vente des produits, mais affaiblis séparément dans chaque cœur à mesure qu'ils s'y multiplient; il ne consiste pas même uniquement dans la complication croissante des idées, communiquées d'esprit à esprit dans le grand marché de la Presse, mais d'autant moins crues en chaque esprit qu'elles y sont plus nombreuses. Il consiste aussi, et avant tout, dans l'intensité croissante de quelques désirs, de quelques idées, partagés par tout le monde et fortifiés extrêmement en chacun par cette unanimité. A ce point de vue, donc, les fêtes, principalement religieuses ou patriotiques, les anniversaires où, tous ensemble, on se plonge dans la commémoration des mêmes souvenirs, dans la communion ravivée des mêmes sentiments — la fête de Noël ou de Pâques, par exemple, chez les chrétiens, ou la Saint-Louis en France sous l'ancien régime, ou les jeux d'Olympie en Grèce et les fêtes de Minerve à Athènes, — ont une importance bien supérieure aux foires et aux marchés où les petits appétits et les petites curiosités se satisfont, mais d'où le paysan, l'ouvrier, sort avec des appétits nouveaux et des curiosités nouvelles. Chose excellente à coup sûr, à la condition toutefois que l'agitation sociale ainsi créée stimule l'activité sociale à chercher de nouvelles sources d'apaisement. Où pourront-elles être découvertes, si ce n'est dans ces idées communes, dans ces sentiments unanimes dont les fêtes publiques sont le déploiement?

IX

On peut rattacher au sujet de ce chapitre une question que nous avons déjà effleurée, dans ce qui précède, mais qui mérite un plus sérieux examen : celle des orgueils, individuels ou collectifs, et des problèmes de logique qu'ils soulèvent. L'évolution des orgueils et des amours-propres se lie d'assez près à l'évolution des cœurs.

L'orgueil divise-t-il les hommes plus qu'il ne contribue à les unir ? Cela dépend non seulement de son intensité, mais de sa nature. L'orgueil individuel, quand il dépasse un certain degré, les isole ; et, quand il est d'une certaine nature, exigeante et entreprenante, les met en conflit ; l'orgueil collectif, même excessif et quel que soit son caractère, les lie entre eux dans l'étendue de leur groupe, mais en faisant naître, il est vrai, entre les orgueils collectifs des différents groupes, des divisions profondes, qui se traduisent en guerres ou en pacifiques émulations, suivant l'espèce de ces orgueils. Le devoir de la logique sociale découle de là. Elle devait tendre, et elle a toujours travaillé en effet, à superposer aux orgueils individuels quelque orgueil collectif qui les accorde, ou à faire que chaque orgueil individuel consiste en une combinaison d'orgueils collectifs de divers genres ; et elle a toujours travaillé aussi à diversifier les formes de l'orgueil collectif, — orgueil familial, municipal, patriotique, orgueil religieux, orgueil professionnel — et à faire prévaloir celles qui sont susceptibles de s'appliquer à des groupes plus étendus ou plus durables, plus extensibles dans l'espace ou dans le temps.

Jetons donc un rapide coup d'œil sur l'histoire générale de l'orgueil. Les sauvages très abrutis, qui sont destinés à rester éternellement au bas de l'échelle sociale, sont relativement très indifférents à ce qu'on dit ou à ce qu'on pense d'eux, ils n'ont aucune préoccupation de gloire ni d'honneur, plongés dans la seule poursuite du boire et du manger. Tels sont les écoliers d'une paresse indécrottable, sans émulation, sans ressort, toujours les derniers de leur classe. Le défaut d'amour-propre n'est-il pas en grande partie ce qui empêche les uns et les autres de s'élever en grade ? C'est vraisemblable. Parmi les sauvages, ceux qui ont un sentiment vif de l'opinion et d'un certain hon-

neur, qui préfèrent la joie d'être loués aux plaisirs physiques, qui
se font une idée exagérée, et à nos yeux grotesque, de leur
importance dans le monde, ou de l'importance de leur famille
et de leur tribu, et qui veulent imposer cette conviction aux
familles ou aux tribus voisines, puis à d'autres plus éloignées,
et la fortifier sans cesse en même temps que l'étendre sans cesse ;
ceux-là passent rapidement de la sauvagerie pure à la barbarie,
pareils à ces bons écoliers qui à un degré suffisant d'intelligence
joignent une forte dose d'émulation.

La barbarie, en satisfaisant leur amour-propre, le surexcite.
Rien de plus vain qu'un barbare. Tous les chroniqueurs des
invasions dans l'Empire romain s'accordent sur ce point. A une
époque peu éloignée de nous, et même encore de nos jours, on
a pu observer ce trait de mœurs chez des peuples, bien doués
d'ailleurs, qui étaient retombés dans un état demi-barbare : les
Siciliens, les Corses, les Grecs, les Arabes (1). Mais déjà se dessine un changement important. Chez les sauvages, les amours-
propres, les orgueils des diverses familles ou des divers clans
étaient à peu près égaux, et, en général, également prodigieux,
sources de guerres sans fin ; chez les barbares, leur inégalité va
grandissant par force, puisque le passage de la sauvagerie à la
barbarie, d'un état disséminé à un état relativement aggloméré, a
exigé un commencement d'organisation et de hiérarchie. Par suite,
il y a dès lors, dans le groupe social très agrandi, des amours-
propres de clans ou de familles très déprimés au profit de certains
autres très dilatés. A mesure que cette inégalité s'accentue avec
celle des classes, les esclaves sont de plus en plus humiliés ainsi
que les artisans, tandis que les guerriers et les prêtres, les rois et
les leudes, s'exaltent en une assomption d'apothéose.

Plus s'accroît, en effet, la densité d'une population, plus s'y
accroît l'inégalité des orgueils. Dans un milieu rural où les
familles sont clair-semées, chacune d'elles a sa fierté, pas une
d'elles ne s'y distingue des autres par l'enflure extraordinaire de
sa vanité, là du moins où le régime féodal n'a point laissé de
traces (2). Mais, dans les villes, la masse est contrainte, en dépit

---

(1) Voir Alonzi, la *Maffia*. — Paul Bourde, *En Corse*. — Elisée Reclus, etc.
(2) Car le régime féodal, loin de faire exception à cette règle, la confirme. Rien
de plus dense, et par suite de plus hiérarchisé, que la population d'un bourg fortifié
du xiiie siècle.

de ses révoltes intérieures, à l'humilité relative ; de tous côtés, à tout instant, l'individu ordinaire y sent son néant, tandis que, çà et là, quelque personnalité en relief, bénéficiant d'une notoriété rapide et brillante, sans nulle proportion souvent avec son mérite, est encouragée à se gonfler d'un orgueil immense. Il en est en cela de la distribution rurale et urbaine de la fierté comme de la distribution rurale et urbaine de la richesse et du pouvoir.

Cette juxtaposition d'amours-propres violemment pressés par quelques-uns d'entre eux extraordinairement enflés est un amas de jugements contradictoires, un état essentiellement illogique et instable. Comment se résoudra cette crise ? Le problème serait insoluble si la vie urbaine, en même temps qu'elle crée ou accentue cette contradiction des amours-propres individuels, ne suscitait des amours-propres collectifs qui se confirment entre eux et qu'elle leur superpose : l'orgueil municipal d'abord qui les rend fiers de leur ville, l'orgueil professionnel qui les rend fiers de leur métier, de leur corporation, l'orgueil confessionnel qui les rend fiers de leur religion. Nous en reparlerons. Mais, avant tout, ce qui les accorde le mieux pendant une longue période historique, c'est cet autre grand orgueil collectif, l'admiration. L'admiration est agréable, c'est-à-dire flatteuse au cœur de celui qui admire, toutes les fois qu'elle est un moyen de s'approprier illusoirement ce qu'il admire. En admirant *mon* député, *mon* professeur, *mon* ami, *mon* élève, *mon* roi même, il me semble que je les fais plus miens qu'ils n'étaient, ce qui ajoute au plaisir que j'avais à les admirer déjà ; il y a donc réciprocité d'action entre mon appropriation accrue qui fait mon admiration plus vive et mon admiration plus vive qui semble accroître ma possession et agrandir l'importance de mon être. En d'autres termes, plus je m'approprie quelqu'un, plus je suis porté à l'admirer ; et plus je l'admire, plus je crois me l'approprier. On voit par là combien cette solution admirative du problème des orgueils, dont nous avons déjà parlé du reste dans un chapitre antérieur, est liée à la solution sympathique du problème des cœurs.

Donc le sujet le plus humble commence par devenir prodigieusement fier de son souverain très glorieux ; il s'approprie par l'admiration et la sympathie, par la fidélité, par la loyauté, la gloire de son chef. L'orgueil par procuration se substitue ainsi, pour ainsi dire, à l'orgueil direct. Ainsi vont les choses, non seulement pendant toutes les phases de la barbarie, mais encore au début de la civilisation, jusqu'au point marqué par l'éclat des Ramsès, des Alexandre, des Auguste, des Louis XIV, des Catherine II. A défaut de cet apogée triomphant, il y a toujours, ce semble, au seuil de la civilisation commençante ou recommençante, une recrudescence vigoureuse des orgueils d'en haut, par exemple dans les républiques grecques, telle que l'Athènes de Périclès, ou dans les cités italiennes de la première Renaissance, non encore monarchiques, déjà soumises à l'ascendant d'un chef de parti, à un Laurent de Médicis entre autres.

A de pareils moments des sociétés le débordement des orgueils supérieurs est si manifeste que Burckhardt a pu considérer la renaissance italienne comme l'ère où l'idée de la gloire individuelle, de l'honneur individuel, — lisez de la gloire et de l'honneur de l'individu prépondérant, incarnant la gloire et l'honneur de tous, — aurait été découverte.

Cette harmonisation des amours-propres de tous par l'admiration d'un seul peut se prolonger indéfiniment là où l'individu admiré, tel que l'Inca du Pérou, l'empereur de Chine, le Pharaon d'Égypte, est élevé si haut par-dessus ses admirateurs qu'il décourage l'envie ou l'empêche de naître ; à la condition aussi que l'orgueil individuel de cet homme, point vivant de ralliement de tous les autres, soit lui-même composé d'orgueils collectifs dont il n'est que la synthèse éclatante. C'est ce qui a lieu quand le monarque est surtout fier, non de ses propres mérites personnels, mais de sa race, mais de son métier et de son devoir royal, mais de sa religion, mais de sa civilisation, et enfin de son peuple, autant que son peuple est fier de lui. Mais, si ces deux conditions ne sont pas remplies, comme il arrive d'ordinaire, l'orgueil du monarque infatué est plus propre à servir d'émulation que de satisfaction aux orgueils inférieurs. A son exemple, les airs de hauteur se répandent, descendent de couche en couche, se généralisent. Cela est d'autant plus inévitable que la civilisation, en se développant, a multiplié les formes d'admiration possibles, créé des royautés industrielles, financières, artistiques, poétiques, et hypertrophié de la sorte un nombre toujours croissant d'amours-propres nourris d'applaudissements de plus en plus étendus et répercutés. Bientôt, au lieu d'un seul orgueil gigantesque, unanimement exalté, il y a des millions d'orgueils moindres, qui mutuellement se dénigrent.

Que faire alors? La fiction monarchique de l'appropriation admirative a fait son temps et ne peut plus se soutenir ; on la remplace par la fiction démocratique de l'égalité proclamée, en dépit du démenti que lui donnent à chaque instant les gloires surgies de tous côtés, plus hautes à mesure que le champ social s'étend, plus éblouissantes pour la masse obscure des soi-disant égaux. Mais, à vrai dire, la proclamation, fût-elle unanime, de cette égalité menteuse serait loin de suffire à harmoniser les amours-propres discordants.

Bien plus efficace est leur accord par ces autres genres d'orgueil collectif que j'ai nommé plus haut. L'orgueil que j'appellerai linguistique, d'abord. On est toujours fier de sa langue maternelle, fier de son patois même, qui vous devient plus cher à mesure qu'il se rétrécit et s'évanouit. On vante d'autant plus ses beautés qu'on est plus seul à en jouir, par protestation contre l'arrêt du destin qui le condamne. Et, par une raison inverse, on est d'autant plus vain de sa langue qu'elle s'est répandue et se répand tous les jours davantage, qu'on la sait parlée par un plus grand nombre d'hommes sur la terre. Cette vanité collective, de plus en plus légitime, est un des liens les plus doux qui unissent les hommes, et tend à les grouper en faisceaux de plus en plus volumineux à mesure que la civilisation prête des ailes aux conquêtes d'une élite de langues supérieures.

L'orgueil confessionnel ensuite. Un croyant est toujours fier de son culte, fier d'être chrétien, fier d'être musulman, fier d'être juif ; et, quand des millions d'hommes se rencontrent en ce même sentiment, en ce même jugement porté sur la supériorité de leur religion, la confirmation mutuelle de leur amour-propre en cela fortifie en chacun d'eux cette espèce de fierté, à tel point que le plus humble des esclaves se sent relevé par là au niveau de son maître. C'est une des plus larges voies triomphales de la logique sociale, l'une des plus propres à s'élargir et se prolonger presque indéfiniment. A l'origine, le groupe humain lié par cette fierté commune était circonscrit aux limites d'un clan, plus tard d'une cité ; puis, s'affranchissant des frontières, il a pris un caractère de plus en plus international et universel.

Et, à mesure que ce genre d'orgueil s'est étendu, il s'est purifié, il s'est dépouillé, de son premier et âpre mépris pour le dissident, il n'en est devenu que plus fort.

Il y a aussi l'orgueil professionnel, avons-nous dit. Toute corporation a pour effet de faire naître un sentiment spécial de dignité. « Les compagnons cordonniers de Leipzig, au XVᵉ siècle, offensés par quelques membres de l'Université, appelèrent au combat les docteurs, licenciés, maîtres et étudiants de la Haute-École, pour soutenir le droit qu'ils avaient de porter des armes et défendre leur *honneur professionnel*. » « On a même retrouvé un cartel dressé par un cuisinier, son marmiton et ses filles, au comte Otto de Somis (1477) (1). »

Ce genre de fierté, comme les précédents, est susceptible de se propager par-dessus les frontières des clans, des cités, des patries ; et, comme eux-aussi, en se propageant, il change de couleur et de nature. Quand la profession était une corporation close, héréditaire, on n'y entrait qu'après avoir appris depuis l'enfance à l'honorer, et, une fois entré, l'individu, se mêlant peu aux professions étrangères, se nourrissait de cette fierté collective qui était l'âme de sa vie. Il y avait beaucoup d'inhospitalité dans cette orgueil, beaucoup d'exclusivisme étroit, et, quand il s'agissait des métiers supérieurs, de professions libérales, beaucoup de mépris pour autrui. Il tend à disparaître, quand le régime des professions ouvertes, recrutées librement, se substitue à celui des castes fermées. Mais il ne disparaît que pour réapparaître transformé ; car ce ne serait certes pas un progrès si, à force de changer de métiers comme en Amérique, et de considérer toute carrière comme un simple lieu de passage, on en venait à ne plus apprécier dans celle qu'on exerce pour le moment que les agréments et les appointements qu'elle vous procure. Heureusement, il n'en est pas ainsi ; si l'orgueil professionnel diminue d'intensité en haut, si l'on est de moins en moins fier d'être magistrat, avocat, médecin, il se propage, il augmente en bas, dans des couches populaires qui ne l'avaient jamais connu au même degré, ni osé l'exprimer si fort, ce qui contribue à le redoubler. Par les progrès de l'assimilation civilisatrice, qui uniformise les produits industriels des divers pays, chaque artisan reconnaît de mieux en mieux pour

(1) L'*Allemagne*, par Jean Jannsen.

confrères tous les artisans similaires des pays voisins, puis des pays éloignés. Il se félicite d'appartenir à une corporation internationale si nombreuse et qui s'accroît toujours. Et comme, par l'effet même du mouvement civilisateur, les contacts des diverses professions se multiplient, il est inévitable que, en chacune d'elles, le sentiment de sa solidarité avec toutes les autres tempère toujours mieux sa tendance à se croire supérieure à d'autres et à les mépriser. De l'orgueil professionnel, donc, comme de l'orgueil confessionnel ou même philologique, nous pouvons dire qu'il s'épure en s'élargissant et que, par ces deux aspects à la fois, se déploie sa vertu harmonisatrice des amours-propres individuels, nés hostiles et contradictoires.

Nous voudrions pouvoir en dire autant de l'orgueil municipal. Celui-ci a changé aussi et s'est étendu, à mesure que les petites villes ou les petits bourgs primitifs se sont agrandis et se sont ouverts, et que, d'abord recrutée par l'hérédité exclusivement, leur population a fait un appel croissant à l'immigration étrangère. Mais il n'a pas, en général, gagné au change; ce qui se mêlait d'intime et de tendre à l'orgueilleux sentiment de la concitoyenneté antique a été remplacé par je ne sais quelle vanité passablement sotte qui se proportionne avant tout au chiffre d'habitants de la ville qu'on habite. Toute puérile quelle est, cette façon de se glorifier à raison du nombre même de ses concitoyens, et, par suite, de se sentir humilié quand ce nombre est très petit, s'est prodigieusement répandue de nos jours, et n'est pas pour rien dans la dépopulation des campagnes et des petites villes au profit des grandes. Plus, en effet, ce genre de vanité singulière et tout arithmétique se propage, plus il tend à refouler un genre d'orgueil tout autre, source de tant d'héroïsmes dans le passé, celui par lequel les habitants de la moindre bourgade s'enorgueillissaient de leurs ancêtres à l'ombre de leur clocher, dans l'enceinte de leurs vieux remparts où s'enchevêtraient des rues tortueuses. A cet orgueil-là s'est peu à peu substituée la honte d'habiter un si petit trou. Or il en est de cette honte collective comme de la vanité collective qui l'engendre : rien de plus contagieux, rien de plus rapidement grossi par la multiplicité des relations et l'échange des confirmations qui en résulte. Chaque habitant d'une petite sous-préfecture lit dans les yeux de ses concitoyens qu'ils rougissent comme lui d'être

forcés d'y vivre, et sa honte ridicule s'en accroît d'autant. Pour y
échapper, un beau jour, et non pas seulement par calcul d'intérêt bien entendu, il va vers « les grands centres ». L'installation
dans une grande ville est, pour les ruraux qui s'y pressent, ou
du moins pour la plupart d'entre eux, une sorte d'anoblissement
imaginaire.

Cette vanité d'appartenir à une grande ville n'est pas chose
nouvelle. L'Empire romain l'a connue. Chez les premiers chrétiens
même, elle se fait jour dans la supériorité graduellement reconnue des évêques métropolitains, de ceux qui résidaient dans les
cités les plus importantes, et, avant tout, de l'évêque romain.
L'évêque de Rome est devenu pape, comme le Conseil municipal
de Paris tend à devenir Parlement, en grande partie par l'effet du
préjugé qui attache un honneur spécial au séjour des capitales.
Cependant il y a lieu d'observer que, dans le prestige des capitales antiques, le chiffre de la population entrait pour une part bien
plus secondaire que dans celui de nos capitales modernes. Ce changement provient de ce que le principe, proclamé de bouche, de
l'égalité des hommes ayant fait de rapides progrès, le nombre des
hommes paraît importer plus que leur qualité. De cette égalité
supposée se déduit logiquement la supériorité de la masse
humaine la plus nombreuse sur la moins nombreuse.

L'orgueil patriotique, bien qu'il ait commencé par n'être que
l'agrandissement de l'orgueil municipal et de l'orgueil familial,
s'en sépare vite par la complexité croissante de ses éléments et
la grandeur de ses destinées. La cité, ainsi que la famille, ne
peut s'étendre au delà d'un certain cercle, sans devenir un tout
factice; mais la patrie a beau s'élargir, elle ne perd rien de sa
réalité, elle ne fait que l'accentuer davantage. Aussi le développement de l'orgueil patriotique est-il une acquisition et un enrichissement graduels d'éléments nouveaux, sans pertes équivalentes. Fierté de race à l'origine, fierté de souvenirs historiques
et d'ancêtres communs, il ne perd jamais ce caractère ; il le renforce au contraire par l'accumulation des faits glorieux dont il se
nourrit, et il y ajoute, quand la patrie grandit et prospère, la fierté
de sa richesse, la fierté de sa langue, de ses lumières, de sa civilisation, la fierté aussi de sa force numérique. Je ne dis pas
qu'une petite patrie, ou une patrie amoindrie, soit moins chère,
mais elle rend moins fier, du moins à une époque comme la nôtre

où le nombre fait loi. L'orgueil anglais, l'orgueil américain, l'orgueil russe, l'orgueil allemand, l'orgueil français, sont les géants de l'orgueil patriotique à notre époque.

Autant, remarquons-le, les orgueils purement individuels sont contradictoires et inconciliables entre eux, autant les divers genres d'orgueil collectif, énumérés dans ce qui précède se concilient et même se confirment. Mais, pour s'harmoniser, ils doivent s'hiérarchiser. L'orgueil du sang et du foyer, l'orgueil du culte, l'orgueil du métier, l'orgueil de la patrie, vivent très bien ensemble dans un même cœur, mais à la condition que l'un d'eux donne le ton ; et, suivant la nature de cette note tonique, l'harmonie du tout est profondément changée. L'agrandissement des États et leur centralisation ont eu pour effet de subordonner heureusement l'orgueil municipal à l'orgueil patriotique, sauf en ce qui concerne la capitale. Plus un État est centralisé, plus cette subordination est manifeste, sauf l'exception indiquée. Un habitant de Liège ou de Bruges est plus fier d'être Liégeois ou d'être Brugeois que d'être Belge ; tandis qu'un habitant de Bordeaux ou de Toulouse même est moins fier d'être Bordelais ou Toulousain que d'être Français. Mais il ne me paraît pas certain que le dernier des gamins de Paris soit plus fier d'être Français que d'être Parisien. Cet orgueil des capitales sera, non détruit, mais maté et discipliné un jour ou l'autre, comme l'a été, et même avec un regrettable excès, l'orgueil familial, ciment nécessaire de toute robuste assise sociale.

Mais comment, à force de s'accroître ainsi et de se fortifier séparément, les orgueils patriotiques des divers peuples pourront-ils coexister sans choc ? Longtemps ils ne l'ont pu, et maintenant c'est encore là le plus anxieux problème de l'histoire. Le grand obstacle à la fédération des États divers, déjà assimilés en une civilisation commune, c'est l'orgueil patriotique de chacun d'eux, c'est la conviction profonde avec laquelle chacun d'eux se juge supérieur aux autres. Cette difficulté n'est, après tout, que la reproduction en grand de l'obstacle auquel s'est heurtée, dans le passé de chaque État, l'association des familles et des classes distinctes, leur fusion en une seule cité et en une seule nation. Nous savons ce qui est arrivé : deux solutions différentes ont concouru : l'une qui a consisté à briser, abattre l'orgueil de la plupart des familles sous l'admiration imposée de l'une d'elles, pour leur permettre à toutes de vivre ensemble; l'autre, qui a consisté à mutualiser l'admiration, unilatérale d'abord, en politesse, hypocrite et nécessaire échange de compliments et d'égards. Deux solutions analogues ont seules répondu jusqu'ici au problème posé par l'amour-propre des nations : la guerre d'abord et la victoire, qui abat quelquefois, pas toujours, l'orgueil du vaincu devant celui du vainqueur ; puis la diplomatie, cette politesse des États. Par la diplomatie, les orgueils nationaux apprennent à se manier ou à se masquer pour s'accorder en apparence, de même que, par la politesse, les orgueils individuels ou domestiques se dissimulent les uns aux autres et se flattent réciproquement.

Mais est-ce tout, et n'aurons-nous éternellement qu'à alterner entre l'horreur des combats et le mensonge des traités, entre la brutalité belliqueuse et la duplicité diplomatique? Peut-être ne faut-il pas désespérer de voir les orgueils patriotiques eux-mêmes se transformer dans un sens qui rendra possible leur accord paisible, franc et spontané. En se développant, ne semble-t-il pas qu'ils tendent à faire prévaloir en eux un élément qui est éminemment propre à les rendre sociables, je veux dire la fierté croissante de cette civilisation européenne qui est le patrimoine commun, sinon l'œuvre commune, des peuples supérieurs? Cette fierté tend à s'élever au-dessus du patriotisme même, à faire naître une sorte de compatriotisme civilisé, humanitaire, qui se répand dans l'élite de tous les pays. L'orgueil de chacun des individus très cultivés qui la composent est une synthèse des divers genres d'orgueils collectifs que nous avons parcourus; et, dans le concert, ce qui domine déjà, n'est-ce pas la fierté de sa culture, la fierté d'appartenir à l'humanité civilisée et civilisatrice, d'y être en communion spirituelle avec des millions d'âmes dispersées dans toutes les grandes patries?

Demandons-nous si, après avoir grandi en se transformant ou s'être transformé pour grandir, l'orgueil n'est pas destiné à décroître, peut-être à s'évanouir, pendant la vieillesse et l'agonie des sociétés. Demandons-nous si, à force de s'exercer et de se déployer dans toutes les voies, l'amour-propre, même l'amour-propre patriotique, ne s'usera point. Il est certain que tout orgueil, collectif où non, est une profonde illusion, et que le progrès des intelligences travaille sans cesse à dissiper l'erreur sous toutes ses formes, même les plus respectables, même les plus indispensables. L'erreur impliquée par l'orgueil, l'erreur d'un être chétif qui croit à sa force, d'un fétu qui croit à son importance, d'un fantoche qui croit à son mérite et à sa supériorité, est aussi absurde que toutes les erreurs mythologiques détruites par les sciences, et elle est beaucoup moins inoffensive que la plupart d'entre elles. Quoi qu'il en soit, il n'est pas douteux que, partout ou nous voyons une société forte, nous remarquons en elle un vigoureux orgueil collectif, et que, le jour où l'individu ultra-civilisé deviendrait généralement sceptique à l'endroit de la renommée, de la gloire, de la réputation, de l'honneur même, et ne tiendrait plus à rien, si ce n'est à l'or et au plaisir, la dissolution sociale ne serait pas loin. Mais rien ne nous prouve qu'il en doive être ainsi. L'illusion, pas plus subjective qu'objective, ne tend à être détruite ; elle ne tend qu'à se renouveler sans cesse sous des formes nouvelles, plus cohérentes entre elles et plus harmonisables. Comme la foi, comme l'amour, l'orgueil est chose éternelle.

G. TARDE.

CHAPITRE VIII

L'ÉCONOMIE POLITIQUE

I

J'ai dit plus haut que je ne me proposais pas pour le moment
de montrer l'application de mes idées à la politique et à la
morale. Mais, en les appliquant à l'économie politique, — assez
librement d'ailleurs et sans m'astreindre à un ordre méthodique, — je commence à combler en partie cette lacune. Bien que
cette science ait pour objet propre la fraction de l'activité
humaine engagée dans le travail industriel, elle a longtemps
étendu et arrondi son domaine au point d'y faire rentrer toutes
les formes d'activité quelconques. Précurseurs des sociologues,
les économistes s'efforçaient de s'étendre sur tout le champ de
ceux-ci, et l'insuffisance de leur sociologie mutilée ne se faisait
sentir à eux que par la protestation des socialistes, autres sociologues anticipés et non moins incomplets. L'erreur des économistes, disons-le tout de suite, est de n'avoir fait que de la téléologie individuelle et de l'avoir faussement présentée comme une
téléologie sociale, comme la téléologie sociale tout entière, et
d'avoir cru pouvoir constituer celle-ci sans souci des considérations tirées de la logique.

Les empiètements successifs de l'économie politique sont manifestes. Songez à ses principales divisions : la production, la
répartition, la consommation des richesses, et examinez-les séparément. Vous verrez qu'au fond toutes trois sont des usurpations :
la première sur la science politique, la seconde sur la science
juridique, la troisième sur la morale. En ce qui concerne la production, je sais bien que les économistes de l'école libérale préconisent la non-intervention de l'État ; mais ce n'en est pas moins
parler en homme d'État et poser les règles d'une politique intelligente, que de conseiller à l'État de se retirer quand sa présence
est indiscrète et nuit à ses propres fins. Si la politique, cet art

supérieur, avait la prétention de devenir une science à son tour, — à l'instar de la pédagogie, cet art modeste, qui a prétendu tout à coup s'enfler en science sublime, — elle consisterait à formuler les causes qui produisent la puissance nationale et les éléments qui la constituent. — Mais en un temps où la puissance paraît comprise dans la richesse comme l'espèce dans le genre, il semble que la meilleure voie pour atteindre au maximum du pouvoir soit de poursuivre le maximum de richesse générale. D'ailleurs, l'individualisme, le libéralisme, semble avoir été moins un caractère constitutionnel qu'un acccident passager et, pour ainsi dire, une maladie infantile de l'économie politique naissante, égarée par l'optimisme leibnitzien de l'harmoniste Bastiat et la foi aveugle en la Providence, qui rendrait la prévoyance inutile. En grandissant, elle démasque ses visées socialistes; elle fait de la politique à propos de tout. Et, de fait, à quoi sert en tout temps le grand ministre, le grand roi, le grand conducteur de peuples, si ce n'est à diriger les forces productrices de la nation dans le sens le plus favorable à l'enrichissement public? De nos jours, le principal producteur de la richesse allemande, n'est-ce pas M. de Bismarck? La mauvaise réglementation ne doit pas faire méconnaître l'utilité, la nécessité de la bonne. Qu'on le veuille ou non, il faut toujours finir par une coordination consciente et systématique, c'est-à-dire politique et gouvernementale essentiellement, des agents producteurs. En effet, toute concurrence aboutit à un monopole plus ou moins déguisé, comme le prouve l'engloutissement graduel des petites industries dans les grandes compagnies, des petits commerces dans les grands magasins. Dans le monde, aussi bien que dans la mer, les baleines avalent les petits poissons et non vice versa. Il est vrai que, dans la mer, les petits poissons se multiplient, malgré tout, pendant que les baleines disparaissent; mais il n'en est point de même dans le monde. — Or, tout monopole, toute concentration du travail en quelques usines géantes, appelle inévitablement l'intervention de l'État et de la législation, à moins que le géant industriel lui-même, faisant office d'État dans l'État, n'ait la sagesse de se réglementer législativement comme le ferait une bonne chambre des députés. Ainsi, il est fatal que l'art de diriger plus ou moins discrètement la production rentre dans l'art de gouverner.

Quant à la répartition des richesses, il est clair que ce chapitre de l'Économie politique est tout simplement la science entière du droit idéal, la formule intégrale de la justice. Ici l'économi: te apprend au jurisconsulte ce que celui-ci devrait enseigner, à savoir la raison d'être du droit de propriété, ses restrictions ou ses extensions désirables ; l'opportunité d'accorder le droit absolu de tester ou de limiter le droit d'hériter; les avantages ou les inconvénients du droit au travail ou du droit à l'assistance; le choix à faire entre la maxime « à chacun selon ses besoins » et la maxime « à chacun suivant ses œuvres », etc. Les économistes les plus libéraux font appel ici à l'État, quoique en vérité je n'aperçoive aucune bonne raison de préférer l'État répartiteur à l'État producteur, et de ne pas dogmatiser la libre répartition aussi bien que la libre production. — Enfin tout ce qui a trait à la consommation, chapitre bien écourté et bien vide, il faut le reconnaître, n'est évidemment qu'une prédication morale, une exhortation puritaine ou prudente à l'épargne, à la sobriété, à la modération dans les désirs.

Ainsi, l'économiste commence par être homme d'État et finit par être jurisconsulte et moraliste. Cela veut dire qu'au-dessus de la science économique, assez restreinte en somme, il y a un point de vue économique applicable à toutes les branches de la conduite humaine. — Quel est le caractère distinctif de ce point de vue? Comment convient-il de le rectifier? Quelles en sont les lacunes et quel en est le complément nécessaire? Nous allons essayer de répondre à ces questions.

Le point de vue économique est une manière de concevoir la téléologie sociale, conception qui s'applique à tout, aux opérations militaires et aux fonctionnements administratifs, aux compositions de l'art et aux œuvres de bienfaisance, et qui tend à prévaloir de plus en plus à notre âge d'imitation-mode, sauf à pâlir de nouveau plus tard devant la conception juridique et morale suffisamment agrandie, quand l'esprit de tradition renaîtra. Dirons-nous que le jurisconsulte et le moraliste s'occupent surtout des buts de l'homme à coordonner entre eux, tandis que l'économiste s'attache de préférence à l'étude des moyens, qu'il nomme valeurs? Cette distinction est assez fondée, mais encore n'y a-t-il là qu'une différence dans le degré d'attention. L'économiste ne se fait pas faute, lui-même, de prescrire tel devoir d'action, de blâmer tel autre mobile de la volonté. Ce qui caractérise bien plutôt sa manière, ce me semble, c'est d'envisager l'activité humaine par son côté *quantitatif* et mesurable, et non, comme le jurisconsulte et le moraliste, par ses aspects *qualifiés* et sans commune mesure. Le jurisconsulte et le moraliste spécifient comme autant de choses hétérogènes, souvent incommensurables entre elles et régies séparément, les droits qu'ils proclament, — originairement privilèges singuliers, — les devoirs qu'ils formulent, — consécration d'instincts particuliers et de circonstances historiques, — les joies et les avantages qu'ils préconisent, — modalités originales du sentir. Le côté affectif, *sui generis*, des impressions, des volitions, des passions, des plaisirs et des douleurs, leur masque le fond identique de cet ondoiement multicolore; d'où la prédilection des âges de coutume, surtout de coutume primitive, c'est-à-dire de morcellement hétérogène, pour la façon juridique de voir les choses. Mais l'économiste affirme implicitement l'identité fondamentale cachée sous cette luxuriante diversité. Il résume tout dans l'idée de richesse, qu'il regarde comme une chose homogène susceptible d'accroissement indéfini et de sommation mathématique. Si cette vue est licite, on comprend sa vogue, sa supériorité scientifique. Mais l'est-elle? Voilà la première question à se poser, et l'économie politique a eu le tort de passer à côté d'elle sans l'apercevoir.

Il s'agit donc de prouver ce que l'économiste affirme. Nous le pouvons en montrant que la richesse est l'incarnation d'une combinaison de désir et de croyance (où le désir joue le rôle principal) et en rappelant cette considération, que toutes nos passions, toutes nos peines et nos plaisirs, sont des mouvements simples ou complexes de désirs positifs ou négatifs, comme toutes nos sensations et nos idées sont des extraits de jugements, d'actes de foi; que, soit d'un état à l'autre dans le même individu, soit d'un individu à un autre, croire et désirer ne changent pas de nature, comportent des degrés innombrables d'intensité symétriquement opposables, et peuvent par suite se soustraire ou s'additionner légitimement. Par malheur, l'économie politique jusqu'ici n'a pas eu conscience de son véritable point d'appui.

Toutes les prescriptions de cette science se fondent sur des jugements d'utilité générale plus ou moins grande; toutes ses formules expriment ou prétendent exprimer les rapports d'entités singulières, croissantes ou décroissantes simultanément, qui sont traitées par elle comme de vraies quantités : le travail, le crédit, le capital, la valeur, etc. Or, assurément, ce ne sont point là de vraies quantités, mais, non moins certainement, il y a quelque chose de quantitatif en elles, et j'en dirais autant de tout ce qui, dans le langage courant, est considéré comme susceptible de plus et de moins, comme supérieur ou inférieur à autre chose. Toutes les fois, donc, qu'un économiste emploie, comme il y est bien forcé, ces expressions usuelles de resserrement ou d'extension du crédit, de progrès du bien-être et de l'activité, etc., ou il parle pour ne rien dire, ou il affirme implicitement que ces diverses collections ou amas des choses en apparence les plus hétérogènes (le travail, amas d'efforts musculaires ou intellectuels des plus variés ; le capital, amas d'approvisionnements de toutes sortes ; le crédit, groupe d'actes de foi, etc.), sont au fond des sommes de choses homogènes et comparables qu'il s'agit de dégager. Là est la difficulté : Quelles sont ces choses ? On a répondu jusqu'ici : les degrés de peine ou de jouissance qui accompagnent les états d'esprit multiformes groupés de la sorte. Telle est l'analyse incomplète des utilitaires. Méconnaissant absolument l'élément intellectuel et *judiciaire*, qui paraît cependant à fleur de terre dans le crédit ; et s'obstinant à ne voir dans la sécurité qu'un avantage réductible en agréments, dans l'effort qu'une douleur plus ou moins vive, plus ou moins prolongée, ils ont cru résumer en ces deux mots : peine et jouissance, l'alpha et l'oméga, la cause et la fin de l'économie politique. L'idéal, ce serait de se procurer, avec un minimum de peine, un maximum de jouissance.

Mutilation énorme qui, loin de rien éclaircir, embrouille tout. Car dans les peines et les jouissances, toutes *sui generis*, le caractère qualificatif, *non mesurable*, est ce qui domine. Mais examinons ces deux idées. Que le plaisir soit simplement la qualité d'une sensation *en tant que désirée*, et la peine simplement la qualité d'une sensation *en tant que repoussée*, cela peut passer pour évident. Poussons plus loin l'analyse, et peut-être, dans la peine, physique ou morale, dans le plaisir, physique ou moral, ne verrons-nous aussi qu'une *hausse* ou une *baisse* alternative, continuelle, inconsciente, de notre *foi en nous-*

mêmes, en notre valeur, en notre puissance, en notre virtualité physique ou morale, individuelle ou sociale.

La question en définitive est donc de savoir si la foi et le désir ont une nature réellement quantitative. Si oui, la science économique est possible ; si non, c'est à bon droit qu'on la qualifie de mauvaise littérature. L'économie politique, encore une fois, postule nécessairement, mais implicitement, les propositions que j'avance et dont cet ouvrage est le développement.

Tant qu'on s'obstinera à fonder l'économie politique sur la notion équivoque de *services*, de *satisfactions*, qui, je le répète, présente le désir et la foi combinés avec des éléments sensationnels dissemblables, et dont l'hétérogénéité est surtout saillante en elle, on rendra cette science radicalement impropre à tout développement philosophique. — L'ambiguïté de cette idée de service contribue à entretenir le conflit entre l'école théorique, déductive, généralisante, unitaire, des économistes tels que Ricardo, Stuart Mill et la plupart des Français, et l'école historique, inductive, particulariste, qui, tantôt plus forte, tantôt plus faible, ne parvient jamais à écraser sa rivale, ni ne cesse de lui résister. Pourquoi cette lutte? Parce que les uns s'appuient, sans le savoir ou sans le voir nettement, sur ce qui fait que les jouissances ou les souffrances les plus diverses, de la vue, de l'ouïe, de n'importe quel sens, physiques ou morales, ont *quelque chose* de comparable malgré tout, de vraiment identique, de mesurable, ou d'évaluable par à peu près au for intérieur, d'où leur vient le droit de *masser* ces choses; tandis que les autres, se récriant non sans apparence de raison, objectent la diversité radicale des joies ou des douleurs envisagées comme sensations. Ces derniers analysent, par exemple, le mot *richesses*, qui est en économie politique ce que la force est en mécanique, la chose fondamentale dont il s'agit d'étudier la production, la direction et la dépense. La richesse, qu'est-ce ? Les troupeaux du peuple pasteur, la terre labourée du paysan, la cassette de l'avare, le vestiaire d'une femme, etc., autant d'objets, autant de plaisirs spéciaux sans rapport aucun, sans mesure commune, disent-ils (1)...

S'ils disent vrai, l'économie politique repose sur un *flatus*

(1) Voir notamment *Revue des Deux-Mondes*, 1er avril 1881, article de M. de Laveleye.

vocis, ou sur un terrain étranger à la science, car il n'y a pas de science du qualitatif comme tel. Et l'on doit convenir avec Cournot, dans ce cas, que le *commun dénominateur* des valeurs, la monnaie, soit métallique, soit fiduciaire, est purement fictif et conventionnel. Mais, si, conformément à notre manière de voir, on fait sa juste part à chacune de ces deux écoles, on comprend pourquoi, malgré l'érudition, l'esprit, le bon sens aiguisé, déployés par la seconde, la première est inexpugnable. Elle serait pourtant bien plus forte si elle avait conscience de sa véritable raison d'être, à savoir la possibilité théorique de mesurer la foi et le désir. Je dis théorique, et cela suffit pour qu'il y ait lieu à une science économique. Mais ce qui empêchera toujours cette science de se fixer, de se formuler en lois exactes et vérifiables, c'est l'impossibilité de mesurer pratiquement, commodément, la croyance et le désir, si ce n'est parfois en bloc et avec des approximations insuffisantes.

Quand, par hasard, les économistes ont appuyé sur l'idée de désir plutôt que sur celle de service, ils en ont fait un usage assez malheureux. Par exemple, ils ont donné pour source à la production le désir de la richesse. Le désir de la richesse est en économie politique ce que le désir du bonheur est en morale : une pure tautologie. Autant vaudrait dire le *désir du désiré*, puisque le fait même d'être désiré individuellement élève un état de l'âme quelconque au rang de bonheur, et que le fait même d'être désiré généralement élève un objet ou un service quelconque au rang de richesse. Encore faudrait-il distinguer entre le désir de produire la richesse, ce qu'on appelle travail, et le désir de l'acquérir ou de la retenir, pour la transformer en satisfactions personnelles, ce qu'on appelle consommation.

II

Les lacunes de l'économe politique sont d'ailleurs profondes et manifestes, à notre point de vue, et nous ne nous attarderons pas longtemps à cette critique. Il nous suffira de signaler son oubli du rôle que joue l'imitation dans les faits dont elle s'occupe. Supposez un marché composé d'acheteurs très originaux ayant chacun ses goûts spéciaux, ses besoins à part, sa manière personnelle d'évaluer les objets : par exemple un Anglais, un Chinois, un Hindou, un Iroquois, un Arabe, un Grec du temps de Périclès, un Égyptien du temps de Ramsès, etc., réunis ensemble pour échanger leurs produits. L'échange serait encore possible, mais non la valeur au sens économique du mot. Celle-ci réclame comme postulat une certaine similitude des besoins et des appréciations, que le fonctionnement prolongé de l'imitation a seul pu produire. Ce fait reconnu, qu'en général (non toujours), il y a un seul prix sur un même marché n'est explicable qu'ainsi : c'est le point de départ de Ricardo dans sa théorie de la rente, lanterne excellente, quoique étroite, qui a grand besoin d'être éclairée comme il vient d'être dit. Pourquoi un acheteur très riche, en pays civilisé, trouverait-il fort mauvais qu'on voulût lui faire payer ses fournitures proportionnellement au chiffre de son revenu combiné avec le taux de son désir ? Uniquement parce qu'il passe sa vie à se comparer à autrui, à se modeler sur autrui, en achetant ou en vendant, et que cette habitude irrésistible le porte à considérer comme la justice même cette assimilation fort commode assurément dans la pratique, mais non moins certainement injuste et irrationnelle.

La fameuse loi, si creuse et si vague, de l'offre et de la demande, est faussée par l'omission de la même considération capitale. Quand une personne, désirant acheter un objet à tel prix, apprend qu'une autre personne désire acheter ce même objet à un prix égal, aussitôt son désir personnel s'avive au point qu'elle consentirait à l'acquérir à un prix supérieur ; et cette autre personne, à son tour, si elle vient à le savoir, sent s'accroître son désir et s'élever le prix maximum qu'elle se résignerait à débourser. Il y a dans cette exacerbation croissante du désir d'achat, que la *chaleur des enchères* atteste tous les jours, et aussi bien dans l'exagération du désir de vente en cas inverse, mais analogue, un phénomène d'imitation réciproque, alternative et accumulée, que le principe de l'intérêt *individuel*, d'où les économistes prétendent tout faire découler, n'explique pas. Or cette mutuelle et vive influence des convoitises concurrentes, en désaccord avec le prétendu axiome économique, est tout ce qu'il y a de vrai au fond de la loi de l'offre et de la demande. — D'ailleurs, ce ne sont pas seulement les désirs d'achat qui rivalisent avec les desirs d'achat, les désirs de vente avec les désirs de vente ; on omet de nous dire que les premiers influent sur les seconds, et réciproquement. Mais en quel sens ? Quand le *demandeur* s'aperçoit que l'*offreur* a un très vif désir de vendre, est-il vrai que son désir d'acheter diminue ? Nullement. Son *espérance* d'acheter à un prix plus bas, il est vrai, s'accroît quelquefois par cette révélation (son espérance, c'est-à-dire le degré de sa *croyance* relativement à cette concession sur le prix). Mais, s'il est certain que le prix ne sera pas abaissé, si le prix du magasin est réputé fixe, et ce cas tend à se généraliser, son désir d'acheter sera plutôt avivé sympathiquement qu'amoindri par la manifestation du désir de vendre. La demande ici, — comme tous les commis de magasin le savent bien, — est si peu en raison inverse de l'offre qu'elle est en raison directe jusqu'à un certain point. Les airs engageants, les excitations à la consommation, les prospectus enfin et les réclames, où s'étale pourtant sans le moindre détour le désir ardent de vendre, sont rarement inefficaces. — Au demeurant, laissons là cette soi-disant loi qu'on ne sait par quel bout prendre, et dont Cournot le premier a fait justice (1).

Si l'économie politique postule le jeu de l'imitation, elle postule avant tout, par conséquent, l'exercice de l'invention. Chacun des métiers, c'est-à-dire des talents, des habitudes, des désirs de production, chacun des besoins, c'est-à-dire des genres, des habitudes, des désirs de consommation, dont elle étudie l'effet commun sous le nom de richesse, est né d'un trait de génie, antique ou récent. Le besoin de fumer, de boire du thé ou de l'eau-de-vie, de manger du pain, de monter à cheval ou en voiture, et aussi bien l'art de fabriquer le tabac, de cultiver et de faire le thé, de distiller l'eau-de-vie, de labourer le blé, de faire lever la pâte et de la cuire au four, l'industrie de la sellerie et de la carrosserie, ont pour origine la découverte des propriétés du tabac, du thé, de l'alcool, l'invention de la charrue et, en général, de l'agriculture, l'idée de la domestication du cheval et de l'équitation, si merveilleuse, et la conception de la roue, si simple et si féconde.

Les inventions sont de deux sortes. Les unes (littéraires,

____

(1) Voir *Principes de la théorie des richesses*, le ch. intitulé la *Loi de la demande*.

artistiques, parfois industrielles, culinaires par exemple) intro-
duisent dans l'humanité une combinaison nouvelle de sensations ou d'images, objet bientôt d'un désir spécial. Les dramaturges ont créé le goût du théâtre ; chaque auteur dramatique
a créé le goût de son genre propre. Les autres (presque
toutes industrielles : métier à tisser, imprimerie, photogra-
phie, etc.), par l'abaissement du prix auquel elles permettent
d'offrir les objets connus qui satisfont les désirs anciens,
mettent ces objets à la portée de beaucoup de gens qui n'auraient
jamais songé sans cela à les acquérir. Par suite, elles font naître
chez eux les désirs correspondants, qui n'y existaient pas avant
elles. D'une manière ou d'une autre, on le voit, la première
cause de tout désir économique, c'est l'invention. Je néglige
comme trop élémentaires certains désirs tout à fait primitifs,
tels que le désir de voir la lumière ou de boire l'eau de source.
Encore ici ferai-je observer que la direction prise par ces désirs
tout physiologiques, c'est-à-dire leur spécification à chaque instant, est déterminée par une influence sociale résoluble en
inventions. Les objets que je désire voir en ouvrant les yeux
et que je regarde en effet me sont désignés par tous les savants
ou tous les artistes dont les idées ont formé mon esprit. Même
quand j'ai soif et soif d'eau pure, mon désir de la boire dans un
verre et non dans le creux de ma main, est le résultat de bien
des inventions, celles des métaux et du verre, du tour. etc.

La richesse n'est pas seulement désir, elle est foi (1). En effet,
l'utilité d'un objet ou d'un service, la richesse qu'il incarne,
consiste tantôt à procurer une confiance, une sécurité (c'est
l'effet d'une inscription hypothécaire ou d'une vaccination, par
exemple), ou une information, une vérité (c'est l'effet d'un livre
ou d'une conférence), tantôt de répondre à un désir. Et, même
dans ce dernier cas, l'utilité de cet objet ou de ce service

_____

(1) Cela ne veut pas dire que toutes les lumières soient des richesses et que les
économistes aient raison de confondre ces deux idées dans la seconde. Si toute
lumière, toute connaissance acquise par tradition de famille ou de métier, par instruction scolaire ou conversation, peut être considérée comme une espèce singulière
de richesse, toute richesse aussi bien peut être considérée comme l'effet d'un enseignement : sans la connaissance des secrets du métier, quel produit serait possible ?
Certainement, ces deux choses : connaissances et produits, sont liées, mais la preuve
qu'elles sont bien distinctes, c'est que l'une peut augmenter pendant que l'autre
diminue. L'instruction professionnelle des ouvriers ou des directeurs d'une usine
peut s'accroître pendant que leur activité productrice décroît. La comparaison entre
la production des richesses et la production des lumières pourrait n'être pas sans

dépend : 1° de l'intensité de la croyance avec laquelle on le juge propre à satisfaire un besoin, à réaliser une volonté ; 2° de l'intensité du désir dont le besoin en question est la prévision, ou dont la volonté en question est l'option réfléchie entre plusieurs autres jugés moindres. Ces deux éléments sont si intimement liés l'un à l'autre dans l'idée d'utilité, que l'augmentation de l'un peut compenser la diminution de l'autre. Deux eaux thermales peuvent avoir une utilité égale si l'une est réputée *infailliblement* propre à délivrer d'un mal *léger*, tel qu'un mal de gorge, et si l'autre passe, mais non sans contestation, pour avoir quelque efficacité dans les maladies plus graves, telles que la bronchite chronique. Quand on dit que les bénéfices de l'entrepreneur sont en partie un dédommagement des risques qu'il a courus, on reconnaît la légitimité d'une compensation semblable. Le désir plus vif que suscite dans le cœur de l'entrepreneur l'appât d'un bénéfice bien supérieur au salaire de ses ouvriers le console d'être bien moins assuré du succès qu'ils ne le sont de toucher leur paye.

Or l'invention est mère de la foi aussi bien que du désir. Les découvertes qui consistent à créer des confiances ou des certitudes nouvelles, à augmenter la somme sociale de foi, sont principalement scientifiques; mais n'oublions pas d'y comprendre les idées administratives, législatives, militaires, judiciaires. La découverte des causes en astronomie, en physique, en chimie, en biologie, a mis successivement fin à nos incertitudes sur elles et aux terreurs superstitieuses nées de ces doutes La science ainsi nous a rassurés, contre les éclipses, par exemple, et éclairés en même temps. Ajoutons que le perfectionnement graduel des méthodes d'enseignement a permis de faire descendre à des couches de plus en plus basses et étendues de la société le bénéfice de cette clarté supérieure. Mais c'est là une

---

intérêt. On pourrait, en pédagogie aussi, analyser compendieusement les divers facteurs de la production des lumières. De même que les économistes distinguent le Travail, la Terre et le Capital, les pédagogistes pourraient distinguer l'activité et l'intelligence de l'élève, et la science du professeur. A vrai dire, ces dissertations-là ne serviraient pas à grand'chose. Avant tout, la première condition d'un bon enseignement, — les conditions psychologiques du maître et de l'élève étant remplies, — c'est un bon programme scolaire, et un programme suppose un système d'idées, un crédo. Pareillement, la première condition d'une bonne production économique, c'est une morale sur laquelle on soit d'accord. Une morale est un programme de production industrielle, c'est-à-dire de consommation, car l'un et l'autre sont solidaires.

production de lumière exclusivement, non de richesse, et l'économie politique n'a pas à s'occuper des progrès de cet ordre.
Elle s'intéresse déjà un peu plus aux suivants. Les progrès séculaires de la législation, de l'administration, des armements, de
la stratégie, peuvent être considérés comme une série de véritables inventions par lesquelles l'État, grande compagnie d'assurance générale, tantôt crée de nouvelles espèces de garanties
précédemment inconnues (par exemple, la presque certitude de
n'être pas tué par les voleurs sur les grandes routes où passe
la Sainte-Hermandad, les chartes ou les contrats quelconques
qui garantissent telle ville, telle classe, telle profession, contre
l'arbitraire de telle autre, les garanties individuelles imaginées
par nos modernes constituants), tantôt propage et répand sur un
nombre plus considérable de citoyens quelques espèces d'assu-
rances déjà octroyées à un petit nombre (par exemple, extension
à l'Italie, puis à tout l'Empire romain, du droit de cité romaine,
affranchissement des serfs en Russie, nuit du 4 août qui généralise les privilèges devenus liberté, transformation du suffrage
restreint en suffrage dit universel). Enfin il n'est pas jusqu'aux
progrès industriels eux-mêmes qui ne soient producteurs de foi.
Le paratonnerre, application industrielle d'une découverte scientifique, est une assurance contre la foudre, assurance à laquelle
on ne songeait pas avant Franklin. Les bateaux à vapeur, trans-
porteurs du blé d'un monde à l'autre, sont une assurance contre
la famine. Il n'est pas un perfectionnement nouveau dans une
fabrication quelconque qui n'augmente la confiance dans la satisfaction du besoin auquel elle correspond.

En un mot, les deux éléments constitutifs de l'utilité, la
croyance et le désir, sont engendrés ou augmentés à la fois par
le génie inventif. La cause première de la richesse donc, c'est
l'invention.

Si les économistes avaient eu égard à cette haute source
du fleuve fécond dont ils se disent les géographes, ils ne seraient
pas tombés dans l'erreur fâcheuse de faire rentrer l'invention
dans le Travail ; et ils se seraient évité bien des perplexités inutiles au sujet de la définition du Capital. Les économistes auraient
dû prendre la peine de remarquer que le travail est un faisceau
d'actions similaires, d'actes répétés à l'exemple, conscient ou
inconscient, d'un premier acte qui n'émane nullement du tra-

vailleur lui-même, mais d'un inventeur antique ou récent, connu ou inconnu. Le paysan qui laboure, multipliant les sillons parallèles ; le vigneron qui soufre ou sulfate sa vigne ; le tisserand qui pousse sa navette ; le chauffeur de locomotive qui, dans la gueule enflammée du foyer, lance, à temps égaux, pelletée de houille sur pelletée de houille ; tous, à chaque effort, ne font qu'imiter quelqu'un, à savoir l'inventeur ou les inventeurs de la [charrue, du soufrage et du sulfatage de la vigne, de la machine à tisser, de la locomotive.

Le travail n'est donc qu'une des branches de l'imitation. Si l'on avait eu égard à cela, on n'aurait jamais été en danger d'oublier que le corrélatif nécessaire, indispensable, du travail, c'est, non pas le capital précisément, mais l'Invention, à moins que, comme il conviendrait, on ne voie en celle-ci le capital par excellence. Les économistes, en omettant l'idée d'invention, ont décapité leur science. Ils ont fait rentrer cette idée, parfois, dans celle du travail, comme l'espèce dans le genre. Singulière espèce, sans laquelle le genre ne serait point. De là tant de fausses définitions que le socialisme a exploitées. Sous le même vocable *produit*, par exemple, on range à la fois les produits dits matériels et les produits dits immatériels, brouillant pêle-mêle les découvertes et leur propagation, les créations de l'art et leurs reproductions industrielles. On rend ainsi inexplicable et injustifiable la propriété artistique et littéraire.

« Le travail, dit-on encore, est la source de toute richesse et de toute civilisation. » Tel est l'axiome d'où partent, avec l'agrément des économistes, les socialistes. On n'a point l'idée de contester cela. Or, cela admis, la légitimité des prétentions exorbitantes émises par les « travailleurs », en découle logiquement. La seule manière de les réfuter ou de les réduire à leurs justes proportions, est de mettre en lumière la part capitale de l'invention dans la formation des valeurs et des richesses. Qu'on découvre une matière textile meilleure que le coton, et toutes les manufactures de coton vont perdre les neuf dixièmes de leur valeur. Qu'on découvre un aliment préférable comme vertu nutritive, comme facilité de culture et bon marché, au blé et à la pomme de terre, toutes les minoteries sont réduites à néant, et la valeur relative des terrains bouleversée. Qu'on découvre un procédé plus économique de chauffage, et tous les procédés usités sont dépréciés sur-le-champ. Qu'on découvre en poésie, en musique, en peinture, sur la scène, un *beau nouveau*, aussitôt tous les genres anciens perdent leur vogue, on ne vend plus ou presque plus les productions de leurs adeptes. Il n'y a pas une valeur agricole, industrielle, esthétique ou autre, qui ne soit à la merci d'une découverte éventuelle. A l'inverse, il dépend aussi d'une découverte possible de donner une grande valeur à ce qui est actuellement sans valeur. Quel prix acquiert un terrain stérile le jour où l'on y découvre par hasard un filon de kaolin !

Voilà la vraie source de la valeur, et voilà pourquoi la classe la plus inventive d'une société, fût-elle la classe la plus oisive, surtout s'il y a lieu de penser que le loisir relatif est une condition indispensable de liberté d'esprit et de fécondité d'imagination, a droit à sa large part des biens sociaux. Voilà aussi pourquoi le capital, cette autre idole des économistes, qui l'adorent sans le comprendre, n'est nullement du travail accumulé, ou du moins n'est pas cela essentiellement, mais bien, avant tout, de l'invention accumulée (1). On s'est torturé l'esprit pour le définir en le distinguant nettement, comme on en sentait la convenance, des simples produits du travail. Les plus rapprochés de la vérité ont dit : c'est la portion des produits destinée à les reproduire. Susciter des reproductions, c'est bien là, en effet, la vertu éminente du capital tel qu'il doit être entendu. Mais à quoi est-elle inhérente ? Aux produits, à une certaine espèce de produits ? Non, aux initiatives heureuses dont le souvenir s'est conservé. Le capital, c'est la tradition, mémoire sociale, qui est aux sociétés ce que l'hérédité, mémoire vitale, énigmatique dans sa nature, est aux êtres vivants. Quant aux produits épargnés et mis en réserve pour faciliter la réalisation de nouveaux exemplaires conformes aux modèles conçus par des inventeurs, ils sont à ces modèles, véritables germes sociaux, ce que le cotylédon, simple approvisionnement de la semence végétale, est à l'embryon. A ceux qui professeraient encore le dogme du progrès indéfini, je ferais remarquer que ma définition permet de lever l'objection la plus redoutable où leur thèse se heurte : le

(1) Que le lecteur veuille bien se reporter à mon article d'octobre 1881, dans la *Revue philosophique*, sous ce titre : *la Psychologie en économie politique* (seconde partie).

moyen âge succédant aux splendeurs romaines. Tout le travail accumulé par les générations de l'empire : routes, ponts, cirques, thermes, aqueducs, bibliothèques, a été à cette époque anéanti, et, si le capital n'est que du travail, il est certain qu'alors l'humanité a perdu ses forces reproductives, rétrogradation manifeste. Mais il n'en est est rien si le capital est avant tout, qu'on me passe le mot, un paquet de graines, qui s'est conservé sans déchet notable dans le fond de certains cloîtres, en attendant de beaux jours nouveaux, et qui même s'est accru, pendant ce long hiver, de quelques semences précieuses d'où le monde moderne est éclos.

Henry George a raison de faire remarquer, après Stuart Mill, que la richesse n'est pas susceptible d'une accumulation considérable, qu'en réalité, lorsqu'on croit qu'elle s'accumule, elle se renouvelle seulement, si bien que les désastres d'une guerre ou d'un tremblement de terre sont réparés avec une rapidité merveilleuse. Mais, si cela est certain, il n'en est pas moins vrai que les inventions, mères de la richesse, sont susceptibles, elles, d'une accumulation indéfinie. Elles ne sont donc pas un produit comme un autre. Ajoutons que, si elles peuvent s'accumuler, elles peuvent aussi se substituer et se détruire. Toute révolution dans les usages, les idées ou les mœurs, a pour effet une immense destruction d'idées géniales devenues inutiles, dépréciées brusquement, et remplacées parfois par une immigration d'inventions exotiques qui ne peuvent être considérées comme un progrès sur elles. C'est une face de la question à laquelle ni les économistes ni les socialistes ne prennent garde. La recherche de l'utile se complète par l'expulsion de l'inutile, qui si facilement devient le gênant et même le criminel : voilà les deux aspects de l'utilitarisme social, médaille qu'on ne regarde, en général, que d'un seul côté.

Les économistes qui font du travail, c'est-à-dire d'une des branches de l'imitation, le seul agent des progrès sociaux, reproduisent en sociologie le point de vue biologique de Darwin, qui fait de la génération ordinaire l'unique facteur du progrès vital. De même que ces économistes, on a pu le voir aisément, méconnaissent en ceci la part capitale de l'invention, source intermittente et multiple du travail continu, ainsi Darwin a le tort, suivant nous, d'omettre l'action prépondérante d'une *inconnue* qui

G. TARDE.

23

réside dans l'intimité infinitésimale pour ainsi dire de l'élément vivant, et qui est ou semble être aux faits vitaux ordinaires ce qu'une découverte est aux idées reçues, ce qu'un trait de génie est à une journée d'ouvrier. Darwin a voulu, en d'autres termes, faire résulter de l'entassement même des répétitions biologiques les innovations de la vie, tandis que nous voyons clairement parmi nous, dans nos organismes sociaux, les répétitions naître des innovations, les travaux industriels des théories scientifiques, les imitations des inventions. Sa confusion est analogue à celle des économistes. Mais il importe de bien distinguer ce qu'ils confondent.

Quoique, assurément, l'inventeur ait presque toujours beaucoup travaillé, et que, parfois, le travailleur découvre, l'inventeur, par des traits caractéristiques, diffère du travailleur. Inventer, c'est une grande joie ; travailler, c'est toujours une peine. Quand l'homme de génie a dit εὕρηκα, toute sa fatigue antérieure n'est plus rien ; et, de fait, importante ou non, prolongée ou brève, elle ne compte pour rien dans la valeur de sa découverte, dans le dédommagement pécuniaire qu'il va en retirer. C'est sa joie qu'on va lui payer, non sa peine. S'il était mort une minute avant la félicité de sa trouvaille, toute la douleur de sa recherche eût été une non-valeur. Et c'est plutôt à l'intensité de son plaisir qu'à celle de son effort, que le prix de sa création est proportionné. Ne voir, donc, dans ce vin que je bois, dans ce wagon où je monte, dans ce livre sur l'*Origine des espèces* que je relis, dans tout ce que je consomme, autre chose que le fruit des sueurs humaines, des sueurs du vigneron, du fabricant de machines, du typographe, c'est un point de vue aussi erroné que navrant ; et il est à la fois plus exact et moins triste d'y voir l'incarnation des ravissements enthousiastes de Noé ou de tout autre, de Watt, de Stephenson et de Darwin. Il peut sembler singulier qu'un homme soit ainsi remercié de son bonheur. Mais la chance de l'inventeur est injuste à peu près comme la beauté est inutile. Toute branche du travail, c'est-à-dire toute justice, provient de cette injustice-là, comme toute utilité est suspendue à cette inutilité supérieure.

Inventer, en second lieu, c'est se dévouer, qu'on le sache ou non ; travailler, c'est, sciemment ou non, poursuivre son intérêt. L'inventeur devient la chose de son idée fixe, elle l'emploie.

Il ne la poursuit pas parce que, avant de la désirer, il l'a jugée
son bien suprême ; mais elle se fait son bien suprême parce
qu'il la poursuit. Le travailleur, au contraire, sait, avant de travailler, les biens qu'il recherche, et ne s'attache à son travail
que comme au moyen de les acquérir. Il emploie l'idée de l'inventeur qui a été employé par elle. Mais, dira-t-on, l'intérêt personnel n'est-il pas toujours le mobile de nos actions ? Non, à
moins qu'on ne réduise cet axiome banal, comme on le fait le
plus souvent, à une pure tautologie. Si l'on entend par là qu'un
objet désiré se présente toujours comme agréable, je ferai observer qu'un objet paraît agréable justement parce qu'il est désiré,
et cette proposition merveilleuse revient à dire au fond qu'on
désire toujours ce qu'on désire. Mais pourquoi désire-t-on ceci
plutôt que cela ? Est-ce toujours par intérêt personnel ? Nullement, car l'intérêt personnel, si l'on veut donner une portée
véritable à cette expression, suppose qu'on a déjà éprouvé beaucoup de désirs, recherché beaucoup de choses, sans nulle préoccupation de cet intérêt. On ne peut poursuivre sciemment ou
inconsciemment *ses biens* qu'après les avoir *formés*. Il y a un
âge où nous projetons pour la première fois autour de nous nos
désirs dans le vaste monde, comme des flèches neuves ; c'est
l'âge où nous concevons nos *buts*, où nous *formons* nos biens.
Puis, vient un second âge où, après les avoir faits, nous les *pour-*
suivons. Mais l'inventeur, lui, ne dépasse jamais le premier.
C'est là sa marque distinctive. Le travailleur arrive promptement
au second. Mais lui-même, je le répète, ne met et ne peut mettre
son égoïsme, toujours acquis et toujours incomplet, qu'au service de son désintéressement initial. Tous ses calculs ont pour
données ses convictions ou ses passions, qui, soit copiées, soit
spontanées à l'origine, vivent par lui et non pour lui.

III

En somme, les inventions industrielles déjà lancées constituent les données premières de l'économie politique. Par elles a
été *produite* toute la richesse dont cette science s'occupe ; aussi,
comme les conseils qu'elle donne s'adressent aux travailleurs,
non aux inventeurs, et comme les constatations qu'elle fait ont

trait aux actes des premiers, non aux intuitions des seconds, on peut dire que ce n'est pas la production, mais bien la reproduction des richesses qui est son véritable objet. En d'autres termes, elle étudie purement et simplement, et sans s'en douter, les lois de l'imitation à son point de vue particulier. Et, de fait, sans la propagation des exemples, exemples d'actes reproducteurs ou de besoins consommateurs, en progression géométrique, de haut en bas, par coutume ou par mode, etc., rien ne s'explique économiquement. Les considérations de ce genre devraient remplir la première partie de l'économie politique. Mais elle se renferme exclusivement dans ce qui devrait être sa seconde partie ; je veux dire dans l'étude de la valeur. Arrivons à cette recherche difficile, entrons dans ce labyrinthe obscur, où les principes de la logique telle que nous l'entendons nous serviront de fil conducteur. Nous verrons que les économistes ont eu le tort ici de brouiller ce qui a trait à la téléologie individuelle et ce qui touche à la téléologie sociale (1), et de ne pas distinguer davantage entre le duel téléologique des désirs qui se contrarient et l'accouplement téléologique des désirs qui s'entr'aident.

Le mot richesse ci-dessus a été pris comme synonyme d'utilité. L'objet ou le service utile est celui qui répond à un désir, toujours créé ou spécifié, nous le savons, par une invention. D'ailleurs, que ce désir soit ou non combattu par un autre désir, que l'invention mère de ce désir soit ou non contrariée par une autre invention, cela ne regarde pas la notion d'utilité. Or, quand le désir auquel un objet ou un service répond n'est satisfait que moyennant le sacrifice d'un autre désir, son utilité n'est pas gratuite, elle est coûteuse ; cet objet ou ce service *vaut* ce qu'il coûte. Je prétends donc que la valeur, en ce sens, a la significa-

---

(1) La téléologie individuelle est si distincte de la téléologie sociale que celle-ci croît souvent aux dépens de celle-là. « Dans une société grossière, dit Stuart Mill, un homme bien doué par la nature peut faire un bien plus grand nombre de choses (qu'un civilisé), il a bien plus de facilités pour approprier les moyens au but ; il est plus capable de tirer lui-même et les autres de quelque embarras imprévu que les 99 centièmes de ceux qui ne connaissent que ce que l'on appelle la vie de civilisation. » Mais, « à mesure que les hommes perdent les qualités du sauvage, ils deviennent plus disciplinables, plus capables d'exécuter des plans concertés d'avance et sur lesquels ils n'ont pas été consultés, ou de subordonner leurs caprices individuels à une détermination préconçue et de faire séparément la portion qui leur a été assignée dans un travail combiné. Ce qui caractérise l'homme civilisé, c'est l'association dans le travail, aptitude qui, comme toutes les autres facultés, augmente par la pratique. »

tion d'un duel téléologique, comme je vais le montrer. Mais je
prétends aussi que ce sens n'est pas le seul, et qu'il y en a un
autre, indiqué par le langage courant, négligé par les économistes. S'il est des désirs qui s'entravent, en effet, il en est qui
s'entre-servent; et, lorsqu'un désir en se satisfaisant permet d'en
satisfaire mieux un autre, l'utilité de l'objet qui répond au premier non seulement ne coûte rien mais, au contraire, nous *vaut*
par surcroît l'utilité d'un autre objet propre à la satisfaction du
second. En ce nouveau sens, inverse et complémentaire du premier, valeur signifie union téléologique. Distinguons soigneusement la *valeur-lutte* et la *valeur-aide*, autrement dit le *prix* des
choses et leur puissance d'action, l'amoindrissement de leur utilité par le retranchement des autres utilités qu'on lui sacrifie, et
l'accroissement de leur utilité par l'addition des autres utilités
qu'elle procure.

Tout le progrès économique consiste dans la substitution graduelle du second sens au premier. Est-ce à dire que la civilisation diminue les chocs de désirs ? Nullement, elle les multiplie
en multipliant les richesses, qui font se heurter dans les cœurs
autant de convoitises rivales ; mais, par les améliorations industrielles et l'abaissement des prix, elle atténue sans cesse ces conflits ; et, en même temps, par le nombre des emplois et des débouchés qu'elle ouvre, par les progrès incessants de l'échange,
de l'organisation du travail, de l'association consciente ou inconsciente, elle multiplie encore plus rapidement les alliances de
désirs. Mais nous reviendrons là-dessus.

THÉORIE DE LA VALEUR

Remarquons avant tout que, considérée soit comme conflit
soit comme concours d'utilités, la valeur peut être entendue
dans deux acceptions, l'une psychologique, l'autre économique.
Occupons-nous d'abord de la valeur-lutte, de la valeur proprement dite. Pour Robinson qui hésite entre deux biens à sa portée, mais qu'il ne peut atteindre à la fois, entre la capture d'un
beau poisson et celle d'un beau lièvre par exemple, l'acquisition
de l'un vaut la renonciation à l'autre. S'il hésite entre l'attrait
d'un bien et la crainte d'un mal, par exemple entre le plaisir de
tuer un tigre et la peur d'être dévoré, le bien lui vaut le danger

du mal. Valeur signifie donc résultat du conflit entre deux ou
plusieurs syllogismes téléologiques, conscients ou inconscients,
dont chacun a pour majeure un besoin éprouvé, pour mineure
un jugement porté sur un moyen de le satisfaire, et pour conclusion le devoir d'acquérir ou de conserver ce moyen. Il s'agit
de sacrifier l'un de ces devoirs à l'autre. Pour passer de ce sens
tout individuel de la valeur (de la valeur-lutte) au sens ordinaire,
avec lequel l'échange nous a familiarisés, il suffit d'admettre que
les deux biens ou le bien et le mal entre lesquels l'hésitation a
lieu sont possédés par deux personnes différentes, membres de
la même société, sinon du même peuple (1). Dans ce cas, la convoitise du bien d'autrui ne peut, en général, se satisfaire que par
l'échange, ou, ce qui revient au même, par l'achat. Remarquons
cependant, que l'échange a été précédée par la spoliation dont
elle est la forme réciproque. Avant toute valeur d'échange, le
bétail a eu une valeur de spoliation, quand ce butin, conquis sur
l'ennemi, coûtait des blessures et des risques de mort. L'idée
d'*équivalence* préexistait donc à l'échange, dont le seul mérite a
été de la mettre en lumière. L'échange, du reste, n'est que l'expression commerciale de la division du travail, lisez de l'organisation du travail, c'est-à-dire de l'association implicite ou
expresse, inaperçue ou patente ; il n'est qu'un procédé ingénieux,
très ancien et très vulgarisé, le meilleur à coup sûr maintenant,
mais non le seul procédé possible, pour réaliser la répartition
des richesses au gré de tous les associés. Il est tel autre procédé
qui, se substituant à l'échange, par exemple la distribution de
bons de pain, de viande, de sucre, etc., dans l'Etat communiste,
retour final à la famille-Etat primitive, ferait perdre de son
importance à la question de savoir si deux produits s'équivalent,
et mettrait au premier rang la question de savoir s'ils concourent
au but commun, s'ils convergent vers le résultat d'ensemble
poursuivi par les divers travailleurs. C'est ainsi que, dans les
rangs d'une armée, sorte de phalanstère belliqueux, la question
pour chaque soldat ou pour chaque officier n'est pas de recevoir

(1) La différence n'a rien d'essentiel. Voici un jeune Romain qui possède à la fois
une belle esclave et un beau cheval ; mais la passion de l'équitation l'emporte sur
l'amour. On peut dire que son cheval lui coûte cher, puisqu'il lui coûte sa maîtresse qu'il délaisse entièrement. Au fond, ce cas diffère-t-il essentiellement de celui
où, possédant l'esclave mais non le cheval, il aurait vu celui-ci chez un ami, en
aurait eu envie et l'aurait échangé contre l'esclave ?

des autres un service précisément égal à celui qu'il leur rend, mais de concourir le mieux possible, inégalement n'importe, à la victoire commune. Pour un parfait fonctionnaire, la grande préoccupation est non de travailler juste autant que ses collègues, mais de remplir l'objet de son administration. — Toutefois, pour être devenue moins usuelle, l'idée d'équivalence n'aurait point cessé d'exister au fond des esprits (de même que, antérieurement, sous le régime *échangiste*, l'idée d'une certaine convergence, d'une vague co-adaptation de toutes les activités à un certain idéal collectif, pour avoir joué un moindre rôle, ne laissait pas de se faire jour); et la preuve en est que le communisme, si nous en jugeons par ses premières étapes socialistes, se signalerait par le développement extraordinaire de la statistique, par l'*évaluation* numérique de plus en plus précise et générale de tous les produits et de tous les services dans l'inventaire de la richesse nationale. Évaluer ainsi toutes choses, c'est leur attribuer une valeur de répartition sinon d'échange, c'est supposer qu'elles ont une commune mesure, qu'elles sont susceptibles d'être équivalentes, égales en valeur les unes aux autres ; et cela veut dire, je le répète, que les croyances et les désirs inhérents à toutes ces choses sont des quantités.

Dans les théories de la valeur émises jusqu'ici, il est une classe importante de valeurs dont on ne s'est pas occupé le moins du monde, bien qu'elles aient joué et jouent encore en guerre et en pénalité un rôle considérable. Je parle des *équivalences de préjudices*, non moins familières aux esprits, hélas ! que les équivalences de services. La valeur de *spoliation* suppose, chez le guerrier ou chez le voleur qui estime ce que peut lui coûter son butin, la pesée intime de l'avantage recherché et du risque couru. D'autre part, quand les guerriers se battent entre eux, et quand la société honnête rend au malfaiteur une partie du mal qu'elle a reçu de lui, on voit se faire jour, même dans ce dernier cas, à travers les idées plus complexes de justice et d'utilité publique, la notion d'une équivalence des préjudices, sans laquelle on n'expliquerait ni les représailles en temps de guerre, ni les vendettas, ni le code pénal d'un peuple quelconque. — Qu'on rende raison, si l'on peut, de cette valeur-là par la loi de l'offre et de la demande, ou par la rareté combinée avec l'utilité.

En somme, nous prétendons que tous les problèmes relatifs à la valeur se ramènent à mettre en balance, dans des syllogismes téléologiques affrontés, des désirs et des croyances. Dans la société communiste, ce serait manifeste : pourquoi tel bon de concert y serait-il jugé valoir précisément tel billet de parcours sur une ligne de l'État, ou valoir, deux, trois, quatre fois davantage, si ce n'est parce que le désir de ce bon (1) et le désir de ce billet, dans le cœur de ceux qui les éprouveraient à la fois, seraient l'un à l'autre en moyenne comme un est à un, à deux, à trois, à quatre ? Aussi suffirait-il du passage d'une chanteuse en renom ou d'un accident récent de chemin de fer sur la ligne en question, pour faire hausser ou baisser rapidement la cote de chacun de ces articles. La clarté du raisonnement ici tient simplement à ce que, par hypothèse, les fortunes des gens seraient égales, c'est-à-dire nulles ou à peu près, et à ce que, par hypothèse aussi, le frottement social des individus aurait émoussé leur originalité au point de rendre à peu près pareille, chez les personnes affectées à la fois de tels et tels désirs différents, l'intensité proportionnelle de ces désirs. Si, dans notre société échangiste, ces deux dernières conditions étaient aussi bien remplies, notre manière de voir s'y appliquerait sans nulle difficulté. Mais les revenus, on le sait, y sont très inégaux et l'inégalité des fantaisies ou des convoitises n'y est guère moindre. De là une double cause de complication qui explique l'obscurité apparente du sujet. Nous allons essayer d'éclaircir ce point.

Supposons, sur un de nos marchés actuels, que toutes les personnes désireuses d'acquérir un produit aient une fortune égale et que leur désir d'acquérir ce produit ait chez chacune d'elles la même intensité proportionnelle, relativement à celle de leurs autres désirs. Il en résultera que chacune d'elles sera également disposée à payer, s'il le faut, pour se passer ce caprice, la même fraction *maxima* de son revenu total, soit par exemple 1,000 fr. au plus. Pourquoi ? Parce que, entre tous les désirs divers dont la satisfaction pourrait être obtenue au moyen de cette somme, et qui doivent être sacrifiés à l'un d'entre eux par l'emploi de ces 1,000 francs, le plus intense, mais de bien peu, est encore le désir satisfait par le produit en question. Mais, si le

(1) J'omets ici pour plus de simplicité l'élément croyance, c'est-à-dire le plus ou moins de confiance dans les avantages de ce bon et de ce billet.

prix était plus fort, 1,100 francs par exemple, des désirs plus intenses entreraient en ligne et l'emporteraient sur celui-ci. Ce prix s'impose donc par suite de la *lutte interne* qui a lieu ainsi dans le cœur de chaque acheteur intentionnel. Dès lors, au point de vue de la fixation du prix, qu'importera le nombre des personnes concurrentes (si du moins chacune d'elle ne consulte que son intérêt et ne subit point l'influence contagieuse, irrationnelle, du désir d'autrui)? Qu'il y en ait cent ou un million, le fabricant, — que nous supposerons jouir d'un monopole, pour simplifier la question, — sera averti, s'il connaît cette situation, d'avoir à coter son produit 1,000 francs, ni plus ni moins. Il produira plus ou moins suivant le nombre des acheteurs prévus, mais le prix ne variera pas.

La concurrence des acheteurs ne jouerait donc aucun rôle dans ce cas. Effectivement, par elle-même, elle n'agit en rien sur les prix, malgré le préjugé contraire. Le nombre de ceux qui *ont envie* d'un objet n'influe qu'indirectement sur son prix en élargissant l'écart des fortunes les plus hautes et les plus basses, des désirs les plus intenses et les plus faibles, qui se le disputent et aussi en surexcitant l'esprit de rivalité et d'émulation. Si petit que soit un État, quand l'inégalité des conditions y est très grande, les objets rares y sont cotés à des prix extravagants ; et si vaste que soit un empire, lorsque les conditions s'y nivellent, l'extravagance des prix exceptionnels s'y atténue. Elle pourrait servir à mesurer assez bien le progrès de son nivellement. Si de vieilles reliures se payent 2,000, 3,000, 4,000 francs, cela prouve, non qu'il y a une foule de bibliomanes qui se les disputent, mais bien qu'il y a quelques bibliomanes richissimes (peut-être deux seulement), qui auraient été embarrassés pour satisfaire avec la même somme, s'ils ne l'avaient pas dépensée ainsi, une fantaisie aussi chère ou plus chère à leur cœur que celle-ci, toute légère et frivole qu'elle est. Avant de se décider, l'amateur qui a enchéri a vu défiler rapidement devant ses yeux l'image de ses diverses fantaisies à satisfaire, il les a pesées à son insu dans les balances ténues et invisibles de sa conscience, et il a trouvé que la velléité de posséder cette curiosité à peine artistique était encore la plus pesante (1).

(1) A Rome, sous l'Empire, l'engouement de l'aristocratie romaine pour les paons et les pigeons avait porté à 5 fr. 50 l'œuf de paon et à 280 francs le pigeon d'élite ;

Si, comme croit le démontrer M. Paul Leroy Beaulieu, notre évolution sociale court à un aplanissement presque complet des rangs et des fortunes, si, en outre, l'effacement des traits distinctifs de race et de province, l'uniformité réglée des occupations, la multiplicité des voyages, doivent amener à la longue la similitude complète des appétits, des goûts, des caprices mêmes, et si enfin le progrès de la raison sur la passion attiédit ou éteint l'ardeur de l'émulation, le feu des enchères, l'hypothèse où je viens de me placer tout à l'heure serait destinée à se réaliser dans l'avenir. L'influence, même indirecte, de la concurrence des acheteurs, serait donc une de ces causes séculairement déclinantes que le progrès doit finir par user; et un jour viendrait où apparaîtrait nettement cette vérité déjà certaine que la valeur des choses se détermine par des pesées internes de désirs et aussi bien de croyances, dont les objets sont d'ailleurs hétérogènes.

Il est vrai qu'il ne faudrait peut-être pas trop se fier à ces belles espérances, soit dit en passant. On prouve facilement que tous les grands faits économiques ordinaires — abaissement du revenu des terres et en général de tous les privilèges de situation industriels ou agricoles par le progrès de la voirie; abaissement du taux de l'intérêt par la moindre productivité des capitaux, élévation des salaires, etc., — convergent vers un nivellement démocratique des conditions, comme on prouve facilement que tous les faits géologiques ordinaires — érosion et décapitation des montagnes par les eaux, exhaussement des vallées et du fond des mers — concourent à aplanir la surface du sol. Mais on compte ici et là sans les soubresauts intermittents qui soulèvent une montagne nouvelle ou font jaillir un César quelconque, fondateur d'une dynastie appuyée sur des contreforts d'aristocraties improvisées. Et il est à remarquer

tandis que le blé était à des prix très bas. Rien ne prouve mieux l'inégalité des fortunes dans cette société. Qu'on essaie d'appliquer ici la théorie qui explique la valeur par la combinaison des deux idées de rareté et d'utilité. Ici ces deux idées n'en font qu'une, comme pour tant d'objets de luxe ; en effet l'utilité du paon et des pigeons rares consiste précisément, pour les classes qui les achètent à si haut prix, dans leur rareté. Puis, ce n'est pas leur rareté principalement qu'on apprécie ; car combien y a-t-il de choses plus rares qu'on ne se dispute point ! Parmi les choses rares, le courant de la mode a désigné et signalé aux riches ces deux volatiles ; et ce courant lui-même a eu pour source l'exemple d'un grand quelconque, d'un général victorieux, qui a eu l'initiative de collectionner ces oiseaux et que, de proche en proche, on a imité.

que les montagnes les plus récemment soulevées sont les plus hautes. Après tout, le sentiment qui est l'âme et le soutien de toutes les aristocraties, le culte du succès, n'a pas l'air d'avoir beaucoup diminué ; et, à la première grande éruption de gloire et d'orgueil, on ne sait ce qui se pourrait revoir encore. Puis, prenons garde que le caractère d'une civilisation en progrès, *c'est la facilité croissante qu'elle procure à un plan individuel mis en vogue de triompher rapidement et complètement.* — Pour redescendre à des considérations plus humbles, si le taux de l'intérêt s'abaisse par suite de l'épuisement des anciennes inventions, d'autres grandes découvertes peuvent se produire et nous ramener aux taux élevés d'autrefois.

Rien n'est donc moins probable que l'égalisation des rangs et des fortunes ; et, quant à l'égalisation des désirs par la fusion des races et des classes, elle ne pourra être que la substitution de nuances individuelles infinies sans couleurs tranchées à quelques couleurs tranchées sans nuances intermédiaires. — Quoi qu'il en soit d'ailleurs, l'inégalité des fortunes et des âmes n'empêche nullement le prix stable et normal d'être déterminé en entier par la *concurrence psychologique* de désirs et de croyances et non par la *concurrence des acheteurs.* Seulement il devient plus difficile de démêler cela, comme nous allons le voir.

Maintenant, quelle est l'action de la *concurrence des protec-*teurs, *des vendeurs* entre eux, sur la détermination des prix ? Est-il vrai qu'elle tende à les abaisser jusqu'à une limite extrême marquée par le moindre coût de production des articles similaires, en sorte qu'à cette limite correspondrait le seul prix stable et normal, le seul prix juste ? Non. Sans doute, dans l'hypothèse où les privilèges de situation industrielle ou agricole seraient supprimés, où aucun produit ne serait en quantité limitée, infranchissable, où tous les produits seraient susceptibles d'étendre leur développement avec une élasticité parfaite, sans augmentation proportionnelle de frais, où le talent des entrepreneurs, l'habileté des ouvriers, les moyens et les engins de production seraient égaux et semblables, où enfin tous les meilleurs procédés de fabrication seraient divulgués et connus de tous les concurrents, c'est-à-dire où toutes les inventions, non seulement anciennes, mais récentes, seraient tombées dans le domaine commun, dans cette hypothèse chimérique, la rivalité à outrance des producteurs *pourrait* faire descendre les prix presque jusqu'à la limite indiquée. Mais pourquoi supposer tant d'impossibilités à la fois, comme si elles étaient le cas habituel? Au moment où cet idéal des économistes semblait s'approcher un peu de nous, voyez s'élever nos grands magasins. Qu'importe après tout à l'acheteur le plus ou moins de travail, d'effort dépensé, qu'une marchandise condense en elle? Cet effort *fut* un désir *qui n'est plus*. La confiance dans son utilité, source de cet effort, fut une croyance qui n'est plus. Parlons du désir actuel, seul réel, qu'on a de posséder certains avantages, et de la confiance actuelle, seule réelle, qu'on a dans l'aptitude de telle chose à réaliser ces avantages. Voilà les sources de la valeur. Dans une ville, les vieilles maisons qui ont coûté le moins cher à bâtir se vendent et se louent autant que les maisons nouvelles, et même plus cher si elles sont dans un quartier plus central. Les terres les plus faciles à travailler vendent leurs denrées au même prix que les denrées des sols les plus ingrats.

Le prix cesse-t-il donc d'être juste quand il est fixé par un inventeur breveté qui exploite seul sa propre invention? A coup sûr, il peut être stable, quoique très supérieur aux frais de production. Il l'est dès qu'il est tant soit peu inférieur au prix des rivaux qui, produisant à plus de frais, ne sauraient abaisser le leur sans perte. La marge peut être énorme entre les frais d'un fabricant breveté ou privilégié ou plus habile et les frais de ses concurrents. Le producteur triomphant, une fois débarrassé de ses adversaires, a toute cette marge pour déterminer lui-même son prix suivant la loi de son intérêt. Alors, à quoi a-t-il égard? Comme le monopoleur précité, il se règle uniquement sur ce qu'il sait de la richesse publique et de sa distribution plus ou moins inégale. Si tous les goûts étaient tous pareils et toutes les fortunes égales, son prix ne varierait pas, quelle que fût l'ampleur de son marché, quel que fût le chiffre de ses clients. Il lui suffirait de *lire dans un seul cœur* la proportion de ses désirs, pour la lire dans tous les cœurs. Comme les fortunes sont inégales ainsi que les goûts, sa pénétration doit être multiple et et plus complexe. Si sa production est limitée, celle du vin par exemple, celle des cotonnades, faute d'arrivages de coton, etc., il fait le raisonnement suivant, ou doit le faire : « J'ai mille objets à vendre ; mon marché se compose de cent mille personnes dont le revenu oscille entre mille francs et un million Mais mon prix doit être unique, le même pour tous (1), riches ou pauvres. C'est là la vraie injustice, l'injustice flagrante mais nécessaire imposée par les habitudes et les mœurs. Que ne puis-je prendre chaque client riche à part, le tenir dans l'ignorance complète du prix auquel son voisin moins riche ou pauvre achète le même article et lui imposer un prix spécial ! Le prix le plus élevé qu'il consentirait à y mettre serait celui auquel cesserait presque pour lui la supériorité de son désir d'avoir mon article sur les désirs différents qu'il pourrait satisfaire avec cette somme et qu'il doit sacrifier. Il s'établirait en lui, au moment où il achèterait, presque à regret, un concours de caprices ou de besoins parmi lesquels le caprice ou le besoin de mon article l'emporterait de bien peu. — Malheureusement, je le répète, mon prix doit être fixe, et il doit être tel que, dans mille cœurs sur cent mille, le concours dont je parle soit à l'avantage du désir particulier que ma marchandise satisfait. Cette lutte ne sera réellement vive que chez les pauvres parmi ces mille ; quant aux autres, plus ils seront riches, moins les désirs avec lesquels le désir en question entrera en conflit seront importants, les privations nécessitées par leur déboursé, si privation il y a, étant toujours de plus en plus légères. Pour eux, pas de difficulté ; que je cote l'article quelques centimes, quelques francs de plus ou de moins, ils ne m'échapperont pas. Aussi n'ai-je à me préoccuper que des plus pauvres parmi les mille dont j'ai besoin. Chez eux, le désir auquel répond mon article l'emportera-t-il encore ou non en

(1) Au sujet de cette uniformité inique et nécessaire des prix, faisons nos réserves. Elle n'existe que dans la mesure où les divers acheteurs communiquent entre eux et éprouvent le besoin de s'imiter. Dans beaucoup de villes d'eaux, il y a deux prix, l'un pour les étrangers, l'autre pour les indigènes. Quand les Phéniciens allaient de rivage en rivage, colportant des vases, des verreries, des étoffes de pourpre, des objets d'art assyriens ou phéniciens, et tâchaient d'écouler toute cette cargaison parmi des peuples divers qui ne se connaissaient pas et qui étaient très inégalement riches, il est très probable que leurs prix (j'entends leurs prix en nature, car ils ne connaissaient pas la monnaie) étaient bien loin d'être fixes, comme celui de nos principaux magasins. Leurs prétentions variaient du simple au double ou au quadruple ou au décuple suivant la richesse de leurs clients et le désir d'achat lu dans les regards de ceux-ci. Au moyen âge, il s'était établi une sorte de prix courant pour les rançons des captifs. Encore y avait-il des rançons exceptionnelles, non tarifées, celles du roi Jean, de Bertrand du Guesclin, plus tard de François Ier.

intensité sur ceux qu'ils pourraient satisfaire, si j'augmente mon prix de ces quelques francs ou de ces quelques centimes? — *voilà la question.* »

Dans le cas où il s'agirait d'un produ· susceptible d'une fabrication illimitée, le problème se compliquerait, parce qu'il renfermerait deux inconnues, fonctions d'ailleurs l'une de l'autre, à savoir : quelle quantité dois-je produire et quel prix dois-je adopter, pour réaliser le plus grand bénéfice? Mais les données resteraient les mêmes. Il faudra ne jamais oublier que le *désir d'acheter* un objet est en quelque sorte le reste d'une soustraction, c'est-à-dire l'excès du *désir de posséder* l'objet sur le regret de se déposséder de l'argent qu'il coûte. Il y a ici un désir positif et un désir négatif dont le second neutralise partiellement le premier, du moins pendant quelque temps. Car, après l'achat, l'argent dépensé s'oublie en sa qualité d'absent, et la vue de l'objet entretient constamment le désir de sa possession, dont l'étendue se démasque.

Le public, à l'égard d'un article quelconque, dont le prix lui est indiqué, se partage en deux portions : les gens chez lesquels l'amour de cette chose l'emporte sur l'amour de son prix et les gens qui tiennent plus au contraire à son prix qu'à elle. Mais on conçoit qu'en deçà et au delà de cette ligne idéale de démarcation il y aurait théoriquement des degrés infinis de plus ou de moins à marquer. On n'a égard en économie politique qu'aux gens chez lesquels le désir d'acquisition l'emporte. Tout au moins devrait-on dire que, suivant qu'il l'emporte plus ou moins, l'objet en question *vaut plus ou moins son prix* pour chacun d'eux. Ce qui serait un nouveau sens du mot valeur. A l'inverse, m'occupant de ceux qui ne veulent pas acheter l'objet dont il s'agit et qui repoussent plus ou moins vivement la pensée de l'acheter à un prix jugé par eux excessif, j'ajouterais volontiers qu'il y a là les éléments d'une *contre-valeur* susceptible d'autant de degrés que la *valeur* correspondante, et très propre à faire comprendre, par son opposition, la nature vraiment quantitative de celle-ci.

Mais concluons. J'en ai assez dit, peut-être trop, je le crains, pour montrer quelle est la vraie concurrence dont les économistes théoriciens devraient s'occuper, non pas celle des consommateurs et des producteurs, mais celle des divers désirs et aussi bien des diverses croyances dans chaque consommateur distinct. Ramener, en définitive, tous les problèmes économiques, quels qu'ils soient, à une pesée relative et syllogistique de désirs ou de croyances : telle est notre méthode encore une fois.

Dans ce qui précède, j'ai écarté l'hypothèse vraiment invraisemblable, quoique si chère aux économistes, où, tous les privilèges de situation ou autres étant supprimés, la concurrence, entièrement libre entre les fabricants, agirait sur les prix pour abaisser. Mais, dans cette hypothèse même, la théorie ci-dessus de la valeur serait-elle inapplicable en ce qu'elle a d'essentiel, et faut-il penser que l'abaissement du prix descendrait jusqu'à une limite extrême marquée par le coût de fabrication, ou peu s'en faut? Non. D'abord, puisqu'on est en goût de suppositions, pourquoi n'en pas faire une dernière, et non la moins admissible, à savoir que les producteurs s'entendront dans leur intérêt commun pour se retenir tous ensemble sur la pente d'un abaissement aussi désastreux? Alors s'établirait une sorte de monopole collectif, et nous retomberions dans le cas précité, celui où le producteur fixe lui-même le prix de son produit conformément à la loi de son bénéfice le plus grand. Au lieu d'un seul producteur, il y en aurait 10, 100, 1000, qui se demanderaient jusqu'à quel point, *vu le plus ou moins de force des goûts du public*, l'accroissement du nombre des achats, obtenu par la diminution du prix des articles vendus, procurerait une augmentation de bénéfice net. Et, de concert, ils arrêteraient le prix à cette limite (1).

(1) En fait d'armements, notre théorie de la valeur trouve sa confirmation évidente. Le prix auquel un stock de fusils, de cartouches, un vaisseau cuirassé, etc., est vendu à un gouvernement dépend : du besoin relatif, comparé à ses autres besoins simultanés, que ce gouvernement a de s'armer; de la confiance plus ou moins grande qu'il a dans l'efficacité des armes qu'on lui propose; enfin de l'état et des ressources de son budget ou de son crédit. De plus, cette valeur, c'est clair, est née de l'invention d'où cette arme est sortie ; et il suffit d'une nouvelle invention jugée préférable pour déprécier presque entièrement tous les modèles anciens, tous les anciens types de navires, etc., et, si je dis seulement *presque*, c'est parce que, après tout, l'invention récente ne fait jamais qu'amoindrir l'utilité des précédents et supprimer leur excellence ; et le bénéfice de celle-ci reste acquis au public qui s'y réfugierait au besoin s'il y était forcé par les exigences excessives du nouvel inventeur. Si l'inventeur des allumettes chimiques avait voulu les vendre trop cher, on aurait continué à se servir du briquet.

Eh bien, si mon explication s'applique aux armements avec une clarté parfaite, y a-t-il une raison quelconque pour qu'elle soit moins applicable au fond à n'importe quelle autre marchandise ?

Cependant admettons tout ce qu'on voudra; supposons que cet accord n'ait point lieu. Jusqu'où descendra de lui-même le prix du produit? Non pas jusqu'au coût de production, mais jusqu'au point où le bénéfice des producteurs serait moindre (autrement dit, moins désiré) que les bénéfices qu'ils pourraient faire en se livrant à d'autres genres de fabrication. — Ici, la concurrence des désirs, fondement du prix, aurait lieu dans le cœur des producteurs et non des consommateurs. Mais, à cela près, l'explication est la même.

Quoique, en général, avons-nous dit, le prix soit fixé par le fabricant, il arrive parfois que, forcé de vendre à bref délai et de liquider sa situation, un commerçant soit à la merci du public. Le consommateur alors fait son prix. Mais il le fait en se conformant toujours, sans d'ailleurs s'en douter, à ma manière de voir. Il offre le prix le plus bas que le commerçant puisse préférer à la non-vente, c'est-à-dire un prix tel que celui-ci cesserait, à un prix tant soit peu inférieur, de désirer vendre.

C'est en vérité extrêmement simple, et j'ai presque honte d'avoir à développer des idées si tangibles. Mais elles me paraissent avoir l'avantage d'éclaircir et de simplifier un sujet très obscur ou très obscurci.

Cette détermination du prix stable, de la véritable valeur des choses, par des pesées internes et inaperçues de quantités psychologiques, est si bien dans la nature des choses que, dans l'hypothèse des changements sociaux les plus absolus rêvés par le communiste le plus téméraire, sa nécessité s'imposerait encore. On se récrie contre la rente foncière urbaine, contre l'énormité des loyers, et l'on espère faire cesser cet état de choses par le communisme. Mais, si l'État était propriétaire de toutes les maisons de Paris, malgré la meilleure volonté du monde d'abaisser les loyers en général, et en outre de les égaliser, il ne tarderait pas à les relever pour opposer une barrière à l'affluence des étrangers et des provinciaux, et à les rendre inégaux pour empêcher tous les Parisiens de se précipiter dans les quartiers les plus recherchés. Égoïste ou bienfaisant, n'importe, on ne peut, lorsqu'il s'agit de choses en petit nombre désirées par un grand nombre d'hommes, arriver à l'équation entre les choses à donner ou à vendre et les candidats au don ou à l'achat, que moyennant une surélévation des prix ou des conditions de la

donation. Préférerait-on et trouverait-on plus juste que, parmi
de nombreux compétiteurs empressés à occuper un même loge-
ment splendide à très bon marché, l'État philanthrope désignât
arbitrairement son favori ? Or la limite où s'arrêterait, pour
l'État désintéressé comme pour les propriétaires cupides, la surélévation nécessaire des prix ou des conditions, serait celle où il
cesserait d'y avoir un nombre suffisant de candidats qui juge-
raient avoir avantage à accepter, toute pesée faite de leurs désirs
divers et de leurs confiances diverses dans l'utilité des objets
correspondants.

Les formes et la nature de cette pesée intime peuvent varier
et donner des résultats discordants ; mais c'est toujours elle qui
détermine le prix. Chez les hommes à principes, que leurs convictions plutôt que leurs passions entraînent, la volonté d'acheter
se produit au moment où ils sont plus *convaincus* du devoir
d'acquérir la chose en question que du devoir d'acquérir les
autres du même prix. — Bien plus souvent, quand on hésite à
acheter, on se livre à des évaluations comparées de doses de foi
et de doses de désirs, comme il a été dit précédemment. Entre
deux actions industrielles à vendre, dont l'une produit un intérêt de 4 3/4 et est très solide ou paraît telle et dont l'autre, de
solidité douteuse, donne 7 à 8 0/0, je me demande de quel côté je
dois pencher. Il s'agit de réduire deux quantités hétérogènes à
une mesure commune, ce qui serait impossible, si l'une d'elles,
la foi, n'était le terme et l'origine de l'autre, sa cause et sa
consommation.

Ce qui précède n'a trait qu'au prix que j'ai appelé stable et
normal et qu'il conviendrait peut-être d'appeler naturel et forcé.
Disons maintenant un mot du juste prix. Soit imposé par le vendeur ou l'ouvrier, soit imposé par l'acheteur ou le patron, le prix,
le salaire peut être stable sans être équitable. Quand devient-il
équitable ? L'est-il toujours quand il est déterminé par l'accord
des volontés à la suite d'un libre débat ? Il est rare que les conditions de cette liberté parfaite se réalisent. Puis, en admettant
leur réalisation, pourquoi l'accord de deux volontés aurait-il la
vertu de rendre juste un prix qui sans cela serait injuste ? On ne
serait donc jamais en droit, avant tout débat, de regarder un
prix quelconque comme juste ou injuste, et le sens moral du
public, qui proteste si souvent, si énergiquement, contre l'injus-

tice de certaines exigences acceptées, serait taxé de chimère et
de mensonge. — Si, la notion de liberté étant écartée, on s'appuie
sur celle d'égalité pour établir le prix juste, il semble bien qu'on
marche sur un meilleur terrain, mais obscurément et à tâtons,
à moins d'admettre notre point de vue. Il ne peut être question,
bien entendu, du prix égal pour tous ; à ce compte, tous nos
prix modernes seraient la justice même. Mais on parle d'un prix
proportionnel au travail, ou au produit, ou aux besoins : autant
de quantités bien étranges si on ne les décompose. Disons plutôt
que le prix est regardé comme juste par un spectateur impartial
lorsqu'à ses yeux les deux parties contractantes trouvent dans
l'affaire dont il s'agit un égal avantage, c'est-à-dire la satisfaction
de désirs égaux, quoique dissemblables, ou l'assurance égale de
satisfaire ultérieurement des désirs égaux, ou l'assurance inégale
de satisfaire des désirs inégaux, mais de telle manière qu'il y ait
compensation entre l'assurance plus grande d'un désir moindre
et l'assurance moindre d'un désir plus fort. Je ne prétends pas
que le spectateur en question ait conscience du calcul psychologique que je lui prête, mais il le fait sans s'en douter (1).

Par exemple, dans une forge composée d'un patron et d'un
seul ouvrier, qui, par hypothèse, ont la même habileté et la même
ardeur au travail; il trouvera juste le salaire donné par le patron
à l'ouvrier, eu égard au bénéfice du premier, lorsque la quasi-
certitude, chez le second, de pouvoir se procurer à ce prix un
faible degré de bien-être, lui paraît faire équilibre à l'espérance
incertaine, chez l'autre, d'obtenir une plus large aisance. Mais,
si les bénéfices du patron sont aussi assurés que le salaire de
l'ouvrier, il lui paraîtra injuste que les bénéfices soient supérieurs au salaire. — Bien entendu, il n'en sera plus de même
dans une grande fabrique où, à lui seul, l'entrepreneur concourt
souvent à la production, par sa prévoyance et sa force de combinaison, autant que tous les ouvriers réunis. Pourquoi? Parce
qu'ici la notion de justice se complique, mais sans d'ailleurs se
dénaturer. S'il peut sembler juste que l'acheteur d'un produit
ou d'un service trouve à l'acheter un avantage égal à celui que
le producteur ou le travailleur trouve à le vendre, il semble

---

(1) Quand on dit que, en pays civilisé, la probabilité plus forte d'une peine
moindre équivaut, comme pénalité, à la probabilité plus faible d'une peine plus
dure, on se place au même point de vue.

juste aussi que les bénéfices résultant de la vente se répartissent
entre les co-producteurs ou les co-travailleurs *proportionnellement* à leur participation dans l'œuvre commune. Et qu'est-ce
que cela peut signifier, sinon que, la peine ou la crainte évitées,
le plaisir ou l'assurance procurés à l'acheteur du produit ou du
service, sont chose susceptible d'évaluation numérique, théoriquement au moins ? Niez cela, et la proportionnalité exigée
devient chimérique.

S'agit-il maintenant de répartir les bénéfices, deux procédés
se présentent : l'un indirect, seul usité jusqu'à ce jour, le *salariat*,
comme disent les socialistes ; l'autre, préconisé par ceux-ci, la
participation proprement dite aux bénéfices. Puisque tout produit se paye en raison du service qu'il rend et non du travail
qu'il a coûté, il semble que le travailleur, le producteur, devrait
recevoir une rémunération proportionnée au service qu'il se
trouvera effectivement avoir rendu et que la vente révélera, et
non à son travail, dont le résultat futur, utile ou inutile dans
une mesure quelconque, est encore inconnu. Mais on oublie que
l'ouvrier n'a pas le temps d'attendre la vente de son produit, et
que la participation aux gains implique la participation aux
pertes. Comme il ne peut consentir à courir cette chance et qu'il
exige la certitude du payement et non pas seulement sa probabilité, il faut qu'il accepte les inconvénients de cette sécurité
dont il a besoin et dont il recueille l'avantage. Les probabilités,
les chances de profits ou de préjudice sont un luxe réservé à
ceux dont les besoins, c'est-à-dire les désirs quasi infinis et
absolus, sont satisfaits. Les désirs moindres, les désirs relatifs,
peuvent seuls être l'objet d'une demi-certitude, d'une croyance
relative et faible. Mais aux désirs pleins il faut une foi pleine
dans leur satisfaction immédiate ou prochaine. Voilà pourquoi
la nécessité du salaire s'impose encore et s'imposera aussi longtemps que la majorité des travailleurs n'aura pas de ressources
capitalisées en quantité suffisante pour lui permettre d'attendre
la vente des produits de son travail. Au reste, indirectement et
dans l'ensemble, le salaire se proportionne toujours ou tend à se
proportionner aux bénéfices. Dans les pays de vignobles, il haus-
sait avant le phylloxera ; il y a baissé après, quoique le travail
des vignerons fût resté aussi pénible. Dans ce cas comme partout, les ouvriers ont participé non seulement aux gains, mais

aux pertes, et il en sera toujours ainsi, avec cette double réserve que leur participation aux pertes n'ira point jusqu'à entamer le salaire *minimum* faussement appelé *naturel*, et que leur participation aux gains ne portera pas atteinte au privilège de l'entrepreneur, lequel, courant de plus grands dangers et en outre pouvant juger à bon droit son travail le plus productif de tous, doit prélever dans les profits une part exceptionnelle. Sans la première de ces réserves, personne ne voudrait être ouvrier ; sans la seconde, personne ne voudrait être entrepreneur. La compensation du désir par la foi, et vice versa, dont j'ai cité tant d'exemples, explique cela sans peine. ·

On voit maintenant en quoi le prix forcé, fatal, diffère du prix juste et désirable. Le premier, déterminé par l'égoïsme pur (abstrait, par hypothèse, de tout sentiment désintéressé) d'un vendeur ou d'un acheteur, d'un ouvrier ou d'un patron, qui peut imposer sa loi, résulte d'une pesée psychologique dont les poids à équilibrer sont des doses de désir ou de croyance dépensées par un même individu. Le second, déterminé par le désintéressement pur d'un spectateur fictif, s'obtient par la mise en balance de doses de foi ou de désir inhérentes à plusieurs individus distincts. C'est la solution d'un problème bien autrement ardu que le précédent, puisqu'il s'agit de confronter et de mesurer des sensations ou des groupes de sensations non seulement *autres*, mais encore éprouvées par des individualités *autres*, et de franchir à la fois un double abîme : l'*altérité* des personnes et l'altérité des sensations. On ne doit donc pas s'étonner si la notion du juste prix, malgré l'ardent effort de poursuite dont elle a été l'objet, est restée obscure. Mais ce qui serait encore plus surprenant, ce serait que, malgré cette obscurité, elle ne répondît à rien de réel. Si vraiment elle repose sur quelque chose de solide, si la conscience de l'humanité tout entière ne nous trompe pas en ceci, il n'y a pas de plus puissant argument à faire valoir en faveur de notre idée principale.

Terminons en remarquant que le progrès économique des sociétés ajoute sans cesse de l'importance à notre point de vue tout psychologique. L'industrie en grand, la fabrication perfectionnée, doit prévoir les besoins de la consommation future, au lieu d'attendre patiemment, suivant l'habitude des petits fabricants, la commande directe du client. Le progrès industriel

oblige donc l'entrepreneur à l'audace, à la considération atten-
tive des moindres degrés de sa croyance dans l'étendue et
l'intensité des désirs futurs du consommateur. Il doit monter et
descendre mille fois l'échelle immense qui va du doute à la conviction positive et négative, échelle dont les petits fabricants ne
connaissent que le dernier échelon, la conviction parfaite. Si le
fabricant moderne exigeait la certitude avant de se lancer, il
serait aussi facilement distancé par ses rivaux qu'un philosophe
ou même un savant de nos jours qui aurait la même exigence.
— Il faut faire des hypothèses en philosophie, induire dans les
sciences, se risquer dans le commerce. L'homme qui pour
terme de son activité se propose une sécurité de plus en plus
grande, doit se contenter d'une sécurité de moins en moins grande
pendant qu'il agit (1).

Ce n'est pas tout. L'industrie progressive a pour caractère de
ne pas se borner à satisfaire et à prévenir des besoins généraux,
c'est-à-dire des désirs jugés pratiquement infinis, mais de travailler aussi en vue de répondre aux demandes incertaines de
désirs bien moindres, de plus en plus légers, capricieux et
variables. Il en est de la moralité et des sciences comme de l'industrie. Le progrès de la moralité se manifeste par l'importance
croissante attachée aux *demi-devoirs*, et les progrès des sciences
à l'importance croissante de la méthode inductive. L'écolier n'a
pas besoin de s'écouter et de prêter attention à ses degrés de
croyance. On ne lui apprend que des principes certains ou tenus
pour tels; la partie conjecturale du savoir humain, celle qui
gagne et s'étend, lui est soustraite avec grand soin.

Les désirs les moins vifs sont ceux dont la prévision est la plus
difficile. Par suite, la marche de la civilisation pousse les fabricants à se contenter d'un minimum de confiance dans l'utilité
d'articles qui doivent répondre à un minimum de désir (2).

(1) Les progrès de la statistique appliqués à l'étendue des diverses consomma-
tions pourront plus tard servir de base au calcul de probabilités de l'industriel et
diminuer son aléa. Notons en passant que, s'il en était jamais ainsi, chacun étant
plus sûr que la production actuelle est proportionnée aux besoins futurs, la valeur
de tous les produits augmenterait à production égale et par le seul effet de la statistique.

(2) Ce n'est pas seulement d'aujourd'hui que les *bruits* relatifs à des événements
politiques, ou à des mouvements sociaux, ont influé sur la *valeur* des choses, en diminuant ou augmentant non leur utilité actuelle, mais la confiance en leur utilité future
ou en sa durée. Au commencement du XVIᵉ siècle, par exemple, peu après la révolte
de Luther, on parle de convoquer un concile. Le pape et sa cour étaient opposés à

L'extension grandissante de la monnaie de papier, qui emprunte instantanément toute sa valeur à nn acte de foi, vient à l'appui de ces considérations (1). Le jour n'est peut-être pas éloigné où non seulement de province à province, mais d'État à État, les grands billets de banque rompront définitivement leurs derniers liens de vassalité nominale avec les métaux précieux dont ils sont censés tenir leurs pouvoirs. Il sera clair alors que la confiance est une des sources de la valeur. C'est la raison peut-être pour laquelle l'altération des monnaies, si fréquente dans le passé, grâce à l'ignorance, n'avait point tout d'abord, par suite de cette ignorance même, qui maintenait toujours, au début, la même foi dans les monnaies altérées, les inconvénients majeurs instantanés qu'elle aurait aujourd'hui.

Notre théorie de la valeur, on le voit, n'est qu'une application de notre théorie du syllogisme. Dans un autre ouvrage (2), j'ai esquissé une théorie de l'obligation qui s'y rattache intimement. Je n'y reviendrai pas, et je me permets d'y renvoyer le lecteur. Par là se montre l'intime soudure, non moins que la distinction, de l'Économie politique et du Droit. J'ajouterai qu'il y a des degrés d'obligation comme il y a des degrés de valeur. Seulement, l'obligation *juridique* a pour caractère propre d'être toujours égale à elle-même, puisqu'elle est, par définition, une obligation *maxima*. Mais il ne faut pas oublier qu'elle rentre dans un genre plus vaste, où sont comprises les obligations non juridiques, devoirs moraux, devoirs de convenance et de politesse, à l'égard desquels il n'est pas douteux qu'on est plus ou moins obligé à les remplir.

---

cette idée, car une telle assemblée, dit M. Philippson, « devrait combattre et détruire bien des abus qui étaient, par la cour romaine, autant de sources de revenus. *A la première mention de la convocation du conseil, le prix de tous les emplois négociables de la curie diminue considérablement.* » Nos mouvements de Bourse sont exactement de même nature.

(1) L'édifice entier de notre immense commerce, dit Stanley Jevons, repose sur cette supposition que jamais *probablement*, les commerçants et les autres clients des banques n'éprouveront le besoin soudain et simultané de retirer seulement la vingtième partie de la monnaie d'or qu'ils ont droit de recevoir sur leur demande à tous moments pendant les heures où les banques sont ouvertes. » Une probabilité très forte, c'est-à-dire une croyance très forte : voilà donc le fondement du commerce.

(2) Les *Transformations du Droit*, 2° édition (Alcan, éditeur, 1894), ch. sur les *Obligations*.

IV

Dans tout ce qui précède, il n'a été question que de la valeur entendue dans le sens de prix, de coût de désirs en conflit. Encore n'avons-nous pas nettement marqué la différence qui sépare ici le duel individuel du duel social. Puisque la valeur, pourra-t-on me dire, est toujours le résultat de la concurrence de plusieurs désirs, du sacrifice de quelques-uns et du triomphe de l'un d'entre eux, au for intérieur, comment peut-elle intéresser la téléologie sociale? Je pourrais répondre d'abord que les désirs rencontrés dans le cœur de l'individu s'y trouvent d'habitude, et de plus en plus au cours de la civilisation, par importation du dehors, par suggestion sociale, en sorte que, si l'on considère leurs vraies sources, ces désirs belligérants appartiennent à des individus différents, à savoir à leurs premiers et divers promoteurs. Je pourrais ajouter que les conditions du sacrifice et du triomphe dont il s'agit, c'est-à-dire le prix rendu chaque jour plus uniforme pour tous, ont été réglées par la société ambiante, par les premiers auteurs de ces prix qui ont eu la chance, entre beaucoup d'autres, de se propager dans le public. Ces raisons sont sérieuses, mais elles se réduisent à faire remarquer qu'il y a des interférences d'imitation; elles ne montrent la lutte sociale des désirs qu'à l'état de mélange intime avec leur lutte individuelle. Au contraire, leur combat purement social nous apparaît dans la concurrence que les acheteurs se font entre eux ainsi que les vendeurs. Quand les divers acheteurs veulent acquérir le même objet ou se disputent un nombre d'objets inférieur à leur nombre, leurs désirs sont en opposition d'autant plus vive que leur imitation mutuelle fait croître leur intensité respective. Pour les vendeurs, il en est de même. De là un choc ou un froissement, inévitable dans une certaine mesure, mais non moins fâcheux, et qui, partout où il se produit, se résout toujours de la même manière : par l'immolation de la plupart des rivaux au succès des plus favorisés.

Ainsi, la concurrence des consommateurs et des producteurs est en quelque sorte l'image extérieure de la concurrence interne des désirs de consommation ou de production (1) ; et le monopole

(1) Ces derniers (les désirs de production) se combattent aussi individuellement, toutes les fois qu'on hésite entre deux travaux, entre deux talents, entre deux direc-

plus ou moins déguisé, — monopole des acheteurs privilégiés ou des vendeurs exclusifs, — qui met fin à cette concurrence, fait pendant à la décision volontaire par laquelle chacun de nous, en achetant ou en produisant, tranche ou dénoue ses hésitations. L'analogie se poursuit si l'on observe que le résultat du duel, soit interne, soit externe, est de faire triompher les désirs les plus forts (ou les croyances les plus fortes, ou les combinaisons les plus fortes de désir et de croyance compensés) et d'immoler les plus faibles. Intérieurement, c'est évident ; extérieurement, c'est aussi vrai. A fortune égale, ce sont les concurrents les plus désireux d'acquérir l'article disputé, ou les plus convaincus de son utilité, qui enchérissent assez pour l'avoir ; et, parmi les producteurs, ce sont les concurrents les plus actifs ou les plus intelligents, les plus entreprenants ou les plus confiants, à chance égale, qui réussissent à s'emparer du marché (1). Là est l'avantage au point de vue de notre arithmétique morale ; mais, au même point de vue, l'avantage est bien plus grand encore, comme nous allons le voir.

C'est en effet le moment de considérer maintenant la Valeur sous son second et meilleur aspect, non plus comme la neutralisation partielle (partielle seulement, par bonheur) d'une utilité par une autre qui lui fait obstacle, mais comme la combinaison de deux utilités qui se fortifient l'une par l'autre. Si la forme économique la plus répandue du duel téléologique est la concurrence, la forme économique la plus répandue de l'union téléolo-

tions de l'activité, dont l'une coûte le retranchement de l'autre. Car ce qu'on appelle le développement d'un homme n'est qu'une série d'avortements souvent douloureux, toujours pénibles.

(1) On pourra dire que notre comparaison pèche en ce que d'ordinaire la concurrence interne des désirs s'établit entre désirs d'objets différents, hétérogènes, tandis que la concurrence extérieure, soit entre les producteurs, soit entre les consommateurs, met en conflit des désirs de même nature. Quand j'hésite à acheter une pendule, je songe aux sacrifices d'autres objets que cette dépense m'imposera, à la privation de tel beau livre, de tel tapis, de tel service de table, etc. Mais quand, cherchant à acquérir cette pendule dans une enchère, j'entre en concurrence avec d'autres personnes, leur désir est semblable au mien. — Toutefois cette différence n'est qu'apparente. D'une part, quand je me décide à acheter la pendule, ce n'est pas seulement à la possibilité d'acheter le tapis ou le livre que je renonce, c'est encore à la possibilité d'acheter telle ou telle autre pendule plus ou moins pareille qui, dans mon esprit, a rivalisé quelque temps avec la préférée. D'autre part, ce ne sont pas seulement les marchands de pendules qui font concurrence aux marchands de pendules, mais encore les marchands de meubles, les bijoutiers, etc., en un mot les vendeurs d'articles quelconques propres à détourner sur eux l'or des acheteurs au préjudice des pendules.

gique est l'échange. Quand une dame achète un chapeau chez
une modiste, il s'est accompli, nous le savons, dans le cœur de
chacune d'elles, une lutte purement psychologique entre le désir
d'acheter et le regret de se déposséder du prix, ou entre le désir
de vendre et le regret de se déposséder du chapeau, c'est-à-dire
entre l'*utilité* d'acheter et l'utilité de ne pas se déposséder du prix,
ou entre l'utilité de vendre et l'utilité de ne pas se déposséder du
chapeau ; et dans chacune d'elles le désir le plus fort, l'utilité la
plus grande l'a emporté. Mais, en outre, il s'est établi entre elles,
par le fait de leur marché, un accord téléologique social entre le
désir que l'une a de vendre et le désir que l'autre a d'acheter ; le
rapport de ces deux désirs, en effet, est bien celui de moyen à
fin, le premier se réalise par le moyen du second et réciproquement. Il est vrai que la convoitise du chapeau, chez la dame, est
en opposition avec le regret du chapeau chez la modiste, et aussi
bien le désir de toucher l'argent chez celle-ci avec le regret de
s'en défaire chez celle-là ; ce qui constitue un double désaccord
social. Mais il n'y a pas compensation, nous le savons, puisque les
désirs, les utilités harmoniques, sont ici très supérieurs en intensité aux désirs, aux utilités antagonistes. Tel est le bénéfice positif de l'échange au point de vue de la téléologie sociale.

A ce sujet, il y a quelques remarques à faire. D'abord ce bénéfice sera d'autant plus grand que l'échange sera plus équitable,
c'est-à-dire qu'on se rapprochera davantage de l'idéal du juste
prix. La somme des deux désirs harmoniques, en effet, sera
d'autant plus élevée et la somme des désirs antagonistes le sera
d'autant moins, que les co-échangistes trouveront dans leur marché un avantage plus égal ou moins inégal et vice versa. Si un
fournisseur exploite le besoin personnel ou momentané que j'ai
de sa marchandise pour me la faire payer deux ou trois fois plus
qu'elle ne vaut pour la moyenne des gens, mon regret de l'argent
dont je me déposséderai sera bien plus fort, et la convoitise de
cette somme chez le marchand sera plus forte aussi ; l'antagonisme sera donc accru ; au contraire, mon désir d'acheter sera
amoindri ; et, si son désir de vendre est augmenté, il n'y aura
point compensation, en sorte que le total sera moindre. Voici
pourquoi. Il résulte, comme on sait, d'un théorème de Laplace
que, à fortune égale, le plaisir d'un gain ne saurait égaler le chagrin d'une perte équivalente. Cela est clair, s'il s'agit d'une grosse

somme, de 20,000 francs par exemple, gagnés ou perdus sur une
fortune de 40,000 francs. Celui qui perd voit sa fortune réduite
de *moitié* ; celui qui gagne voit la sienne grossie du *tiers* seulement. Or, au degré près, si petite que soit la somme, le même
phénomène se produit. Puis, toutes diminution des ressources,
en revenu ou en capital, est sentie comme la privation de jouissances connues, habituelles et chères, et toute augmentation,
comme la perspective de plaisirs indéterminés, nouveaux, ou
relativement indifférents. Par suite, il est faux de dire que l'intérêt général n'a rien à voir dans les catastrophes financières
des uns compensées par l'enrichissement des autres, et dans la
répartition équitable ou léonine des avantages de l'échange dans
les affaires de tout genre. La justice en somme est la grande
voie séculaire de l'utilité sociale en progrès.

En second lieu, plus le prix des objets s'abaisse, plus le bénéfice téléologique augmente pour la société. Pour deux raisons :
premièrement, parce que cet abaissement rend cet article acces-
sible à un plus grand nombre de bourses et multiplie d'autant
les échanges, dont chacun est un *bien social* nouveau ; seconde-
ment, parce que dans chacun de ces marchés les désirs antagonistes sont plus faibles qu'ils ne l'étaient auparavant. Il est vrai
que l'un des désirs harmoniques, de vendre et d'acheter, a pu
diminuer aussi (celui de vendre), mais non l'autre ; et il n'y a
pas compensation.

Donc, tout ce qui abaisse les prix est un pas nouveau vers
l'organisation téléologique des intérêts. Mais qu'est-ce qui abaisse
les prix ? Toute invention nouvelle qui se propage ou toute propagation nouvelle d'une invention précédente ; et toute association nouvelle qui réussit, ou toute extension nouvelle d'une association préexistante, qu'il s'agisse d'une association proprement
dits, expresse et réglée, ou de cette association libre communément nommée division du travail, par laquelle les travailleurs
divers semblent s'être entendus pour produire, avec une économie de travail et de frais pour chacun, un ensemble d'articles.
Plus ces articles seront nombreux, plus chacun d'eux aura de
facilités de s'échanger avantageusement contre les autres, le
choix parmi ceux-ci étant plus varié. On reconnaît dans cette
remarque la *loi des débouchés* de J.-B. Say. A chaque produit
nouveau introduit, par le libre échange ou l'imitation de l'étran-

ger, dans le cercle des anciens produits, ceux-ci reçoivent un surcroît d'utilité due précisément à leur dépréciation partielle. Leur *valeur-coût* a été en raison inverse de leur *valeur-emploi*. Si le progrès de l'industrie permettait de s'éclairer électriquement à un prix presque nul, ce mode d'éclairage deviendrait une richesse comparable aux utilités gratuites fournies par la nature ; mais, dépourvu de presque toute valeur vénale, il ne laisserait pas d'avoir une grande valeur d'emploi, et cette valeur s'accroîtrait à mesure qu'on inventerait de nouveaux travaux (photographiques notamment) à exécuter le soir à la lumière, ou de nouveaux spectacles pour la soirée. C'est ainsi que chaque invention nouvelle qui permet d'utiliser à des nouvelles fins l'eau, l'air, les minéraux les plus vulgaires, augmente leur valeur dans le même sens, quoiqu'elle ne leur donne pas un centime de valeur vénale.

J'ai comparé l'invention à l'association. Effectivement, leurs effets sont tout à fait semblables, et nous n'en serons pas surpris si, poussant à bout l'analyse des deux, nous constatons que la seconde se ramène à la première. Mettons ce point en lumière. Une invention, qu'est-ce ? Un croisement heureux d'imitations différentes dans un cerveau, c'est-à-dire une idée ingénieuse consistant à établir un lien de moyen à fin entre deux inventions antérieures, qui, jusqu'alors, indépendantes et étrangères l'une à l'autre, circulaient séparément dans le public, mais désormais sauront se présenter liées ensemble et se donner par cette liaison une impulsion mutuelle. Par exemple, grâce à l'invention de la machine à vapeur, l'idée antique du piston s'est unie à celle de la vapeur d'eau, non moins ancienne, la fabrication des pistons à reçu un nouvel emploi de la vaporisation de l'eau par la chaleur, et réciproquement. A chaque perfectionnement de la machine à vapeur, à chaque invention additionnelle dont elle s'est enrichie, il en a été de même. L'application de la machine à vapeur à la locomotion par l'invention de la locomotive a été l'adaptation de l'antique invention des roues et des chars à l'invention plus récente de la machine à vapeur. On a dès lors fabriqué bien plus de voitures parce que les machines à vapeur leur offraient un débouché nouveau, et bien plus de machines à vapeur parce que les voitures leur procuraient un nouveau placement. Ajoutons que la locomotive sans

le rail de fer ou d'acier n'aurait pas servi à grand'chose. Il a
donc fallu que sur elle s'insérât, par un autre greffage téléologique de même nature, l'idée du rail, invention depuis longtemps connue et exploitée en petit pour la circulation de tombe-
reaux dans certains chantiers. Ce nouvel emploi du rail en a
singulièrement, comme on sait, développé la production. Ce
n'est pas tout : la locomotive ainsi complétée, il a fallu imaginer
aussi le percement des voies ferrées avec leurs viaducs et leurs
tunnels, inventions antiques, sans rapport jusque-là avec le transport des voyageurs, maintenant adaptées à cet usage ; et le
système des manœuvres dans les gares : autant d'idées nouvelles, autant d'*insertions* d'anciens procédés sur le groupe de
procédés en train de se systématiser. — A chaque complication d'une invention quelconque, en somme, on voit se fortifier, s'étendre, se multiplier les liens de solidarité entre les
diverses branches de la production, si bien qu'aujourd'hui, pour
continuer notre exemple, presque tous les métiers, maçons, for-
gerons, menuisiers, fondeurs, terrassiers, etc., collaborent, même
sans nulle association proprement dite entre eux, à l'œuvre
commune d'un chemin de fer à créer ou à entretenir. — Il arrive
assez souvent, sans doute, que le perfectionnement apporté par
une invention nouvelle est non une complication, mais une
simplification relative. N'importe, les éléments dont elle s'est
constituée n'en sont pas moins des procédés antérieurement
connus, ou antérieurement découverts par l'inventeur ; et le
fruit de ce mariage téléologique est un agrandissement de l'ins-
dustrie ainsi simplifiée.

Maintenant, que fait l'association ? Exactement la même chose
que l'invention. Celle-ci, soit qu'elle consiste à compliquer ou à
simplifier, amène et prépare fatalement celle-là. Si elle consiste
à compliquer, c'est clair, et, de fait, dans l'exemple ci-dessus,
nous avons passé presque sans nous en apercevoir de l'invention
proprement dite à l'association proprement dite, à l'organisation
des compagnies de chemins de fer. Si elle consiste à simplifier,
par conséquent à abaisser le coût du produit auquel elle s'applique, elle en répand l'usage et le besoin dans des classes ou
des pays qui l'ignoraient, elle ajoute ce produit au nombre de
ceux qui s'y servent de débouché les uns aux autres, et de la
sorte étend cette grande association implicite et anonyme des

producteurs qui, à y regarder de près, est une mutuelle utilisation d'industries, d'inventions, jugées à tort indépendantes. — Du reste, l'ingénieuse idée d'associer d'une certaine façon des travailleurs différents dans un usine ou des soldats dans une armée et de coaliser des efforts impropres séparément à atteindre leur but, est assimilable à une invention. Les idées de ce genre sont des inventions assez faciles ; ce qu'il y a de difficile, c'est de les réaliser ; tandis que, pour les inventions appelées de ce nom, la difficulté est de les concevoir plus encore que de les répandre. Mais, théoriquement, cette différence ne compte pas. Le résultat, en tout cas, est le même ; c'est le résultat reconnu de la division du travail et de l'échange, notamment du troc international (1) : l'économie du travail. Par l'échange, la consommation de chaque objet passe de quelqu'un qui la désire moins à quelqu'un qui la désire plus, et le progrès de l'échange étend sans cesse cet écart ; par la division du travail, la production de chaque objet passe de quelqu'un qui la produisait avec plus de temps et de peine à quelqu'un qui la produit plus vite et moins péniblement, et le progrès de la division du travail ne cesse d'élargir cette différence. Ces deux progrès collaborent donc à la même œuvre d'harmonie, et sont en cela les auxiliaires du génie inventif.

De même que les associations qui poursuivent un même objet tendent à se fondre en une seule ou à se réduire à une seule, par l'effet de la concurrence, les inventions relatives à un même métier tendent également à se synthétiser ou à disparaître devant l'une d'elles ; et, cela fait, l'invention triomphante, aussi bien que l'association victorieuse, se montre clairement comme la mutuelle utilisation des intérêts qu'elle met en jeu. De plus, si cet idéal de concentration était complètement réalisé, les diverses inventions et associations ainsi survivantes et conquérantes tendraient à former faisceau par l'échange ou même sans l'échange. Dans l'État communiste, la division du travail, l'association et l'invention, ne laisseraient pas de produire leur bénéfice téléologique dû à l'excès constant des désirs accordés sur les désirs en désaccord. Le bénéfice s'expliquerait ici directement par l'économie du travail et non plus indirectement par la diminution des prix.

(1) Voir M. Gide à ce sujet.

Toute association, soit dit en passant, est une espèce d'invention, par la même raison que toute systématisation philosophique est une espèce de découverte ; et toute invention est une association d'inventions précédentes, par la même raison que toute découverte est une systématisation de découvertes antérieures, ou tout au moins d'observations et d'expériences déjà perçues et signalées. Découvrir, n'est-ce pas constater un lien de cause à effet, de signe à chose signifiée, de propriété à substance, mais en tout cas de prédicat à sujet et de sujet à prédicat (1), entre deux phénomènes déjà découverts, comme inventer, c'est établir un lien de moyen à fin entre deux actions déjà imaginées ?

Au résumé, valeur a deux sens, le sens de *prix*, qui suppose une lutte de désirs, ajoutons de confiance, et le sens d'*emploi*, qui suppose un concours de désirs et de confiances. Une chose vaut : 1° ce que coûte son acquisition; 2° ce qu'elle permet d'acquérir si on l'échange, ou ce qu'elle contribue à produire si on la consomme (2). D'après la loi des débouchés, plus se multiplieront et se diversifieront les autres objets contre lesquels elle pourra être échangée, et plus sa valeur dans ce second sens s'accroîtra (en même temps que, dans le premier sens elle diminuera). Complétons cette loi, — puisque l'échange n'est pas l'unique ni la principale nature d'emploi que comporte un objet, — en remarquant que, plus les diverses espèces de consommation seront solidaires les unes des autres, rattachées les unes aux autres par l'orientation vers une fin commune, et plus la chose consommée (et non plus échangée) aura de valeur, toujours dans la deuxième acception du mot. La denrée la plus vulgaire, le service le plus simple, vaut infiniment quand il sert à atteindre un but infiniment désiré. Que ne vaut pas, au moment d'une

(1) C'est-à-dire que l'affirmation d'une de ces choses, implique et confirme celle de l'autre.

(2) De même que la valeur des produits, la vérité des idées, dans le sens individuel ou social du mot, a deux sens différents. Le *degré de vérité* d'une idée signifie tantôt sa force de résistance aux idées contradictoires ou, ce qui revient au même, sa force de propagation par sa victoire successive sur celles-ci, tantôt sa fécondité, sa compréhension, son aptitude à s'assimiler des idées différentes, ou à s'allier avec elles. Qu'on songe à l'accroissement de vérité dont bénéficie une idée chaque fois qu'apparaît une nouvelle idée qui la confirme. C'est le pendant de l'accroissement de valeur (de valeur-alliance) dont bénéficie un article industriel quand un nouvel emploi lui est offert par la création d'un autre article dans la fabrication duquel il entre.

bataille, une ration d'eau-de-vie qui réveille l'ardeur du soldat et décide de la victoire? Par cette considération se montre à nous la nécessité économique d'un haut degré de moralisation générale. — Nous avons dit, en outre, que, dans le sens de prix, la valeur était ou simplement psychologique, et, dans ce cas, s'exprimait par l'hésitation interne entre deux biens terminée par le sacrifice de l'un d'eux, ou économique, et, dans ce cas, se produisait par la concurrence aboutissant au monopole. Nous pouvons dire aussi bien maintenant que, dans le sens d'emploi, la valeur présente une division pareille.

Psychologiquement, elle se mesure au degré de finalité dans la conduite individuelle; économiquement, au degré de collaboration des activités associées (1). — Pour l'homme pris à part, en effet, un aliment n'est pas seulement utile à apaiser sa faim, une boisson à calmer sa soif, mais encore à satisfaire tous les besoins de seconde nécessité ou de luxe et à produire toutes les actions, tous les genres de travaux grossiers ou subtils, qui vont se dérouler à la suite de sa soif et de sa faim assouvies. Plus le déroulement de cette série sera long et varié, plus l'enchaînement de ses termes sera rigoureux, plus les désirs ainsi liés et secondés les uns par les autres seront intenses, et plus le moindre morceau de pain vaudra. S'il s'agit d'un homme méthodique et calculé, actif et raffiné, mais froid, toute jouissance, si minime soit-elle, qui a sa place marquée dans la série compliquée et régulière de ses habitudes, équivaut à toutes les autres que son absence troublerait. La chaîne est longue ici, et les anneaux bien rivés; mais, malgré tout, la valeur ainsi produite n'est pas très considérable, vu la faible intensité de tous ces penchants unis. Chez un homme passionné, épris d'une femme ou d'une gloire quelconque, la chaîne est souvent bien plus courte, et la liaison des actes a moins de rigueur apparente ou constante; mais

(1) Les économistes qui vantent à la fois, pêle-mêle, la *concurrence* et la *division* du *travail*, sont des hégéliens sans le savoir, qui célèbrent en même temps le *pour* et le *contre*. La concurrence, duel téléologique, c'est l'opposition du travail contre lui-même, la soi-disant division, union téléologique en réalité, c'est la combinaison des travaux entre eux. Sans doute, ces deux opérations sont simultanées, et doivent l'être, comme nous le savons par notre précédent chapitre. Mais l'une doit aller en diminuant sans cesse, ou du moins proportionnellement à l'autre, à la seconde, qui va sans cesse se développant. — D'ailleurs, ce sont les inventions qui suscitent les concurrences, comme ce sont elles aussi qui resserrent l'organisation du travail; mais la concurrence suscitée par une invention nouvelle et préférable contre les exploiteurs d'une invention ancienne, tend à faire disparaître celle-ci.

combien le désir fixe qui anime toute sa vie, a de vigueur, et prête sa force à tous les désirs passagers qu'il aimante par son contact! Je ne sais ce qu'à Roméo a coûté son échelle de soie ; mais elle lui a valu Juliette. La passion, c'est l'apogée de la fina-lité individuelle.

Ce qui est vrai de l'individu l'est des sociétés. Pour atteindre le résultat qu'elles poursuivent depuis des siècles et qu'elles poursuivront bien des siècles encore, pour élever au *maximum* la valeur des choses entendues dans notre second sens,— tout en abaissant au minimum leur valeur-prix, — il ne suffira pas aux nations de l'avenir de compliquer les besoins, de multiplier les échanges, de solidariser même les travaux, et de ressembler à cet automate distingué, à ce mandarin ou à ce banquier de haute race, dont je viens de parler. Vienne un grand vent de passion unanime soulever les cœurs, ce fin tissu d'habitudes entrelacées ou de fantaisies échangées sera déchiré peut-être, mais le mal ne sera pas grand, si l'enthousiasme ardent substitué à cet indus-trialisme fiévreux est de ceux qui durent, et si son objet n'est pas aussi propre à tromper les espérances qu'à les concentrer. Par malheur, on le cherche, on a de la peine à le trouver, ce pôle vrai et universel des peuples, cet idéal collectif qui, sans être une illusion religieuse et décevante ni une réalité patriotique et meur-trière, aurait la vertu de dresser et de serrer le faisceau des âmes aussi énergiquement que la religion et la patrie. Les corpora-tions industrielles d'autrefois étaient solides parce qu'elles étaient des confréries ; la mutuelle assistance y avait pour principe la coopération en vue du *salut*. Aujourd'hui, les syndicats ouvriers doivent leur force à leurs visées politiques ; et ces grands syndi-cats nationaux qu'on appelle la France ou l'Allemagne, la Russie ou l'Angleterre, doivent leur prospérité à leur passion de préémi-nence patriotique. Il en sera ainsi aussi longtemps qu'il y aura des nations et des classes rivales. Mais après ? Quand la prépon-dérance d'une classe ou d'une nation sera bien établie, qu'est-ce qui restera à vouloir, à espérer, à poursuivre collectivement ? Est-ce que la source de l'enthousiasme social alors sera tarie ? Est-ce que rien ne paraîtra plus valoir la peine d'être voulu en commun, d'être aimé en masse, et se faudra-t-il réduire à l'émiet-tement de l'espoir et du désir, voie fatale de la décadence ? On hésite à répondre. Et cependant, il est certain qu'une société, comme un homme, a besoin par-dessus tout d'un grand amour, et que, si elle cesse d'aimer quelque chose plus que la vie, sa vie dès lors ne mérite plus d'être vécue (1).

V

Au petit enfant qui apprend à marcher, à parler, la moindre action demande un effort, un acte de volonté expresse ; le moindre geste lui est *coûteux*, pénible, parce que les tendances, les désirs de ses nerfs et de ses muscles différents se contrarient au lieu de s'associer. Mais, à mesure que ses nerfs et ses muscles se solidarisent, ce qui était volontaire chez lui devient habituel. Or, cette chute graduelle, infiniment salutaire, de la volonté dans l'habitude, cette transformation de l'activité combattue et consciente en activité secondée et machinale, correspond parfaitement, dans le monde social, au passage continu de la production difficile, éparse et laborieuse, à la production aisée, organisée et presque agréable, du prix à la gratuité. — Mais nous savons aussi qu'à peine devenu habituel, un acte, naguère volontaire, tel que la prononciation des mots, la lecture des lettres ou des notes de musique, l'équitation, etc., cesse d'être un but et n'est plus qu'un simple moyen au service d'un but ultérieur, d'un effort nouveau qui consiste lui-même en un conflit gênant de tendances internes. Il en est de même socialement : les associations, ces sortes d'habitudes sociales, qui ont été précédées de concurrences industrielles, sortes d'efforts sociaux, d'où elles sont sorties, semblent n'avoir d'autre utilité que de servir d'instrument d'action en vue de soutenir quelque concurrence gigantesque d'un nouveau genre, politique ou nationale, électorale ou guerrière ; et, en un sens plus général, la richesse devenue presque gratuite ou facile à acquérir n'est plus poursuivie pour elle-même, mais

(1) Les Expositions universelles ont cela de remarquable, à ce point de vue, que, pour la première fois, elles semblent donner momentanément aux populations de même civilisation morcelée en Etats divers, un but commun autre que la guerre. Au moyen âge, les croisades furent la seule collaboration des nations chrétiennes, comme les guerres médiques avaient été la seule collaboration des Hellènes. Maintenant, une belle et gigantesque exhibition de tous les produits est, de temps en temps, la grande collaboration pacifique des Etats modernes. Et, quand cette œuvre réussit, elle procure autant de gloire à son initiateur que jadis une grande victoire... Mais voici que déjà on s'en lasse...

G. TARDE.

n'est considérée que comme un moyen de produire quelque autre richesse encore mal aisée et coûteuse. — Je le demande, où serait l'avantage s'il n'y avait pas de fin concevable à cette résurrection de la lutte et de l'effort, toujours supprimés et toujours renaissants ? Un grand amour même, après tout, n'est qu'une grande peine, « une grande vanité et un tourment d'esprit ». N'y a-t-il pas d'autre port moins orageux pour la société ?

On peut croire que pour l'humanité comme pour l'homme, l'âge des passions fortes n'a qu'un temps, et que ce temps a fui. On peut ne pas trop le regretter. La téléologie sociale y perdra sans doute, mais la logique sociale y gagnera, et cela vaudra mieux, — si l'impossibilité de se passionner désormais rend plus manifeste la nécessité de se rassurer, de s'éclairer, — je n'ose dire de s'illusionner encore et de plus belle. L'inutilité démontrée de vouloir davantage ne pourra que redoubler l'avantage de croire et de connaître.

C'est surtout par son côté-croyance que la richesse aspire à se faire regarder et qu'elle continuera à se développer quand son côté-désir pâlira. Et déjà ce mouvement est visible. Pourquoi la soif de l'or grandit-elle toujours dans nos sociétés de plus en plus détachées des croyances religieuses ? Parce que l'assurance donnée par l'or à son possesseur a deux caractères distinctifs qui lui font jouer *économiquement* le rôle de ces croyances. Il y a, dans l'indétermination du contenu mystérieux de jouissances futures que promet la monnaie, une infinité apparente, une perspective illimitée, dont l'homme ne se passe point. En outre, la monnaie incarne une croyance commune et générale, chose indispensable à une société. Plus la monnaie a un cours uniforme et est d'un transport facile, plus la confiance qu'elle inspire se généralise, et plus elle est apte à remplacer dans une certaine mesure, *et au point de vue du travail*, les espérances religieuses, telles qu'elles nous apparaissent dans les premiers siècles de notre ère, par exemple. Représentons-nous un missionnaire en train de prêcher la bonne nouvelle à une peuplade irlandaise ou saxonne, batailleuse et inoccupée jusquelà. Dans ces cervelles imprévoyantes, insouciantes de l'avenir, il fait entrer la foi à une vie posthume et la persuasion que par certains travaux, par certaines privations ou certains rites, on peut acquérir la certitude de satisfaire tout le long de cette exis-

tence d'outre-tombe des désirs inconnus. Acquérir la certitude
ou la probabilité du salut, obtenir une *sécurité éternelle :* tel
devient le but de ces hommes, qui n'avaient pas auparavant
l'idée de sécurité. De là les monastères, les églises, les hôpitaux
qu'ils construisent ; de là les guerres plus rares, les labeurs de
la paix plus fréquents. L'espérance du ciel, croyance infinie et
croyance commune, aura donc été pour ces barbares un véritable
capital (dans le sens usité du mot), un capital aussi fécondant que
l'eût été la découverte par leur chef d'une mine d'or dont il eût
promis de leur distribuer les lingots monétisés pour récompense
de leur bonne conduite.

La foi en l'or peut être aussi trompeuse que toute autre, les
satisfactions qu'on attend de lui peuvent échapper. Mais, en
attendant, la sécurité justifiée ou décevante qu'il nous fait luire
est une force productive *sine quâ non.* Et voilà pourquoi la soif
de l'or grandit toujours. Quand on dit couramment, quand on
répète d'écho en écho, d'économiste en économiste, que le
devoir de l'État se *borne* à procurer aux citoyens la sécurité, on n'a pas l'air de se douter du fardeau écrasant qu'on lui
impose. Autant vaudrait dire qu'il lui *suffit* de nous enrichir
tous.

Quoique la soif de l'or soit un désir, son accroissement atteste
donc surtout un accroissement de confiance et de foi. Mais cette
espèce de foi qu'implique la monnaie, comme toute richesse, est
une foi bornée et assujettie, subordonnée au désir, puisqu'elle a
pour objet la possibilité de sa satisfaction future. La foi qui suppose un droit ou un honneur est déjà plus libre : elle a pour
objet la possibilité de jugements d'autrui, de croyances aussi, mais
de croyances restreintes à certains objets d'une importance
toute subjective : votre mérite personnel, l'approbation que comportent vos actions dans les limites de ce qu'on appelle votre
droit. La foi ne s'émancipe véritablement que par la culture
scientifique. La foi en un théorème a pour objet la possibilité de
toutes les certitudes objectives que son application a fait ou fera
naître dans mon esprit ou celui des autres hommes.

Avoir de l'argent, c'est être certain d'être servi à l'occasion par
autrui, de trouver des gens conformes à vos désirs. Avoir de la
considération, jointe à la fierté légitime qu'elle donne, c'est être
certain d'être bien jugé à l'occasion par autrui, de trouver les

gens conformes, au moins en partie, à votre jugement sur vous-même. Le paiement en honneur, en respect, en déférence, c'est le paiement en opinion et non en service. Mais, bien qu'il pèse infiniment moins que l'autre aux finances d'un État, ce n'est pas à dire qu'il soit plus inépuisable. Le respect, une fois tari, est la plus irretrouvable des fontaines. Il semble que les sociétés aient le sentiment de cette vérité, à en juger par la vitalité des institutions honorifiques. De toutes les créations du premier empire, le seul qui n'ait jamais été sérieusement attaqué, c'est le plus contraire, en apparence au moins, à notre égalitarisme : la Légion d'honneur. Que nous reste-il de l'ancien régime? l'Académie française. — Il est vrai, lorsque la source de l'honneur, propre aux temps de coutume dominante, donne des signes d'amoindrissement aux âges de mode, par suite du nivellement et du dénigrement démocratique, on voit par l'effet des mêmes causes, multiplication des rapports et progrès de l'assimilation, grossir et déborder de toutes parts les sources de la célébrité et de la notoriété. S'il y a moins d'honneur donc à distribuer, il y a immensément plus de gloire ou de gloriole à répartir entre tous les ambitieux qui se disputent cette monnaie neuve, plus noble que l'or après tout.

Mais l'abondance de ce minerai spirituel, beaucoup trop prompt à l'usure et à la rouille, ne peut, sous tous les rapports, compenser la raréfaction du métal ancien, plus inaltérable à coup sûr et plus résistant. Un grand nombre de services sociaux et des plus essentiels, à commencer par le service de la maternité, de la paternité, de l'éducation des enfants, ne sauraient être rémunérés qu'en respect ; et, dans une société stable, la plupart des fonctions doivent être recherchées en majeure partie pour l'honneur qui y est attaché. Les États les plus industriels ne font pas exception. Voyez l'Angleterre : combien de fonctions, sans parler de la pairie et du mandat législatif, y sont purement honorifiques! Prenez un Anglais quelconque, père de famille : si vous ne songez qu'à ses relations avec les autres peuples, avec ses clients étrangers sur le grand marché du monde, vous le dites plongé dans l'unique préoccupation du *doit* et de l'*avoir* ; mais pensez à ses relations avec les autres Anglais, c'est-à-dire avec ses nombreux enfants d'abord, pour lesquels il fait tant de dépenses sans le moindre espoir de remboursement, avec ses

pauvres ensuite, avec les innombrables malheureux secourus
par les sociétés de bienfaisance dont il fait partie, vous recon-
naîtrez qu'il se dépossède de ses biens plus souvent par donation et générosité que par vente et spéculation. Le paiement en
argent, je le répète, n'est donc que l'une des formes, et non la
plus fréquente ni la meilleure, de la rémunération. Le père est
assez dédommagé de ses sacrifices par la reconnaissance respectueuse de ses enfants, comme le vrai savant ou le magistrat est
assez récompensé de ses travaux par l'estime de ses concitoyens.
Mais il leur faut ce dédommagement. Si donc (comme il arrive
aux âges où l'imitation admirative des contemporains l'emporte
sur celle des aïeux) l'irrévérence filiale fait des progrès sensibles,
la population — toutes choses égales d'ailleurs — tendra à
décliner, ce qui n'est pas le moins important côté ni le moins
inaperçu de cette question statistique. Le mal sera plus grand
d'ailleurs que ne l'indiqueront les chiffres ; car une société vit
de dévouement, le dévouement comme toute autre force a besoin
d'exercice pour se développer, et la grande école d'abnégation,
l'apprentissage journalier du sacrifice dans un État, c'est une
nombreuse famille à diriger. Il n'y a rien de tel pour ouvrir largement le cœur, et, une fois ouvert sur les enfants, il lui en
coûte moins de se répandre ailleurs. Quand le cœur se resserre
au foyer même, comment serait-il déployé au dehors ? L'on peut
constater que les pays de paternité copieuse sont aussi les pays
de philanthropie exubérante et de patriotisme fervent.

En tant que propriétaires de vignobles ou de terres à blé, le
père, le savant, le magistrat dont j'ai parlé, exigent de ceux à
qui ils livrent leur vin ou leur blé autre chose que de la considération, je le sais. Mais cette qualité de propriétaire est-elle le
côté dominant de leur personne au point de vue social ? Assurément non. Il serait, certes, à désirer que tout pût se payer en
sympathie et en égards ; et c'est à cet idéal, non à l'idéal opposé,
qu'il faut tendre. A sa lumière, on voit qu'une société progresse
ou décline suivant qu'elle se rapproche ou s'éloigne de ce terme.

Le point de vue économique est donc exclusif et insuffisant ; il
demande à être complété par le point de vue éthique ou esthétique auquel nous venons de nous placer. Ajoutons : par le point
de vue juridique, qui s'en distingue à peine. Qu'est-ce qu'un droit,
et qu'est-ce qui fait qu'un droit, même violé, même dépourvu de

sanction et de force, n'est pas un *flatus vocis*? Une richesse est
un pouvoir sur les actions, sur les désirs d'autrui, alors même
que les actions d'autrui ne seraient pas d'accord avec ses jugements d'approbation ou de blâme. Une richesse est une assurance
de jouissances légitimes ou non ; un droit est une assurance
d'approbation efficace ou non. Si les croyances n'étaient pas dans
une large mesure indépendantes des désirs, si les convictions du
public, avouées ou inavouées, n'étaient pas souvent contraires à
ses intérêts, si l'on pouvait croire toujours comme on désirerait
croire, cette distinction du droit et de la force, du droit et de la
richesse, n'existerait pas, ne se concevrait pas. Là est son origine
et sa raison d'être. Et, comme la croyance est supérieure au désir,
comme l'intelligence est supérieure à la volonté et continue à se
fortifier longtemps encore après que la volonté est entrée en
déclin, comme au surplus la connaissance, l'expérience, la science
est le terme de l'action, le gain final et suprême de la vie, il
importe d'attacher plus d'importance à l'opinion qu'au fait, au
droit et à l'honneur qu'à la force et à l'argent, d'apprécier surtout
l'enrichissement pour l'élévation aux nouveaux droits et aux nouvelles dignités qu'il procure, non l'accession aux dignités et la
conquête des droits pour l'enrichissement qu'elle facilite.

Grâce au point de vue juridique, les questions téléologiques
se traduisent en problèmes logiques, les disputes en discussions,
et les conciliations d'intérêts se ramènent à des déductions de
principes. Les utilités se transforment en vérités. La clarté y
gagne et la profondeur. Le jurisconsulte poursuit un maximum
de sécurité et d'équité, c'est-à-dire un ordre qui satisferait la
raison et qui impliquerait sinon le maximum de richesse rêvée
par l'économiste, au moins le maximum de bonheur conçu par
le moraliste.

Tout cela n'est rien, cependant, comparé à cette pleine émancipation de la logique sociale, dégagée de toute téléologie, qui
s'opère par l'épanouissement théorique d'une société soit imbue
de dogmes, soit nourrie de sciences qui dogmatisent à leur tour.
Bien plus que la reproduction et la distribution des richesses,
même envisagées par leur aspect rassurant, honorable et légitime,
ce qui préoccupera l'avenir, ce sera la reproduction la plus vaste
et la meilleure répartition des lumières, j'entends des hautes,
réservées aujourd'hui à une élite, qui demain sera légion. Après

cette course effrénée à la fortune, la poursuite de la vérité, espérons-le, aura son tour, elle s'imposera. Car, longtemps après qu'il n'apparaîtra plus dans les airs de nouvelle colonne de feu, de nouvel idéal majeur propre à fasciner les volontés, il se découvrira dans le ciel des esprits, par le perfectionnement du télescope mental, de nouvelles étoiles polaires, propres à orienter les intelligences.

Sera-ce tout ? Non. Le monde byzantin a fini par l'absorption de la téléologie dans la logique sociale, de l'utilité dans la vérité sociale, sous la forme religieuse ; et, quoique très supérieur à son renom et même à son destin, il est loin d'avoir comblé les vœux de l'histoire. C'est que la logique comme la téléologie, la raison comme la finalité, soit sociales d'ailleurs, soit individuelles, sont subordonnées à quelque chose qu'elles semblent combattre et qu'en fait elles secondent, à quelque chose qui n'est ni croyance ni désir, mais que toute croyance et tout désir supposent et que tout exercice du jugement et de la volonté raffine, déploie, diversifie : à l'élément sensitif pur, à la nuance unique et fuyante, appelée impression intime ou couleur historique, qui éclot, comme la plus inutile des fleurs, du milieu des utilités et des principes en gestation laborieuse, et qui n'en est pas moins leur dernière explication. Si l'univers, en effet, est fait de répétitions et de similitudes, à quoi bon ses monotonies et ses harmonies, si ce n'est à ce luxe inépuisable de différences qui éclatent partout et toujours, et sans lesquelles sa régularité stérile ne serait qu'un sénile ressassement ? Le jeu monotone de la génération sans les variations individuelles des êtres vivants, le jeu monotone de l'ondulation aérienne ou éthérée, moléculaire ou stellaire, sans les diversités de tout genre, météorologiques, astronomiques, géographiques, chimiques ; le jeu monotone de l'imitation, dans la civilisation même la plus noble et la plus rationnelle, sans les originalités artistiques, sans les nouveautés historiques de chaque heure et de chaque lieu ; que vaudrait tout cela ? Mes organes, mes fonctions, mon type spécifique tiré à milliards d'exemplaires avant moi, sont pour moi, pour mon apparition, et non moi pour leur incarnation ; et, de même, mon gouvernement, mes lois, ma civilisation, sont choses que je m'approprie comme être social pour déployer socialement mon individualité native, unique, *sui generis*, et qui n'ont pas le droit de m'assujettir au delà du point où elles cessent de me servir ainsi. D'où une raison de penser que, malgré le déluge socialiste qui se prépare, le libéralisme individualiste ne saurait périr et renaîtra finalement sous des formes plus hautes. Les quantités sont pour la qualité ; l'harmonie est pour la différence ; l'éternel est pour l'instantané ; et non vice versa. La réalité, c'est ce qui n'est qu'une fois et qu'un instant. Voilà pourquoi l'art, disons-le enfin, a, du moins par sa floraison finale, une place tout à fait à part dans la vie des sociétés.

CHAPITRE IX

L'ART

I

Il y a les beaux-arts, et aussi les arts qui ne sont pas beaux, par exemple la politique, telle du moins que la plupart des politiciens la comprennent. — Cela signifie que le mot art a deux sens. Dans son acception large, il comprend tous les exercices de l'imagination et de l'ingéniosité humaine, l'invention aux mille formes. Tout est un effet de l'art en ce sens, les grammaires et les dictionnaires, les dogmes et les rites, les théories même et les méthodes scientifiques, aussi bien que les cérémonies ou les procédures juridiques, les administrations ou les industries. Il n'est pas un produit industriel, pas un outil, une machine, qui n'ait commencé par être une œuvre d'art. — Mais, parmi toutes ces productions de l'art, il en est que l'on qualifie artistiques dans un autre sens du mot qu'il s'agit d'abord de préciser. De même qu'une société formée, pour répondre à ses besoins vulgaires, c'est-à-dire de source presque entièrement naturelle, possède ces moyens d'action qu'on appelle ses industries propres, elle possède aussi, pour répondre à ses besoins dits esthétiques, d'origine sociale s'il en fut, ces moyens de plaisir éminemment social, qu'on appelle ses types spéciaux de bijoux, d'armes ciselées, de monuments, d'instrumentation musicale, de poésie. Or, qu'est-ce qui caractérise ces besoins supérieurs ?

Si nous n'avions égard qu'à l'art des époques avancées, nous dirions peut-être qu'il sert à satisfaire le besoin d'expression inventive ou d'invention expressive. Il semble alors, en effet, être avant tout expressif ou inventif, ou l'un et l'autre à la fois, et de ces deux traits de son signalement, c'est le second qui paraît le plus essentiel, L'art arabe, qui s'est interdit, par scrupule religieux, les représentations vivantes, n'est pas expressif ;

il n'est qu'imitatif de lui-même : mais, en même temps, il est
inventif par le moyen de ces imitations combinées ; cela suffit.
La musique, qui exprime confusément, bien qu'avec force, mais
qui invente beaucoup, est supérieure à la sculpture qui, inven-
tant peu, exprime avec précison et vigueur. Et d'ailleurs, la
poésie , qui réunit ces deux qualités, est l'art souverain. Cependant, même aux âges où des inventions accumulées en tout genre
ont développé outre mesure un besoin nouveau, le besoin d'inventer pour inventer, et où des découvertes multipliées en ont
fait naître un autre, celui de découvrir pour découvrir, il n'a
jamais suffi à une œuvre d'art, pour être jugée belle, de flatter
ce double penchant et d'être soit fantaisiste et originale, soit
documentaire et instructive. Et, quant aux époques plus anciennes, ce n'était certainement point par sa nouveauté ni sa
vérité même, par son côté ingénieux ou pseudo-scientifique,
qu'une statue ou une poésie était appréciée. Combien de peuples
qui, en fait d'art, n'ont connu que l'épopée ou l'architecture, et
qui ont répété pendant des siècles, sans jamais se lasser, les
mêmes chants traditionnels, les mêmes formes de temples, de
palais ou de tombeaux, impressionnantes quoique inexpres-
sives, et jugées belles précisément parce qu'elles n'étonnaient
point ! Cinq ou six mille ans, l'Égypte a fait et refait, avec un
inépuisable amour, sa pyramide, son temple massif, son obé-
lisque. La Chaldée n'a pas été moins fidèle à sa tour à degrés, à
ses motifs de décoration, à ses lions affrontés, ni la Chine à ses
toits relevés comme des tentes, où se marque peut-être l'origine
pastorale de son peuple. La Grèce même, malgré cet amour des
nouveautés qui la signale entre toutes les nations éteintes, qu'a-
t-elle fait que se recopier cent fois en se variant à peine ? Et, depuis l'époque reculée (xiiiᵉ siècle environ avant notre ère) où le
rayonnement de l'art oriental commence à la toucher, jusqu'au
viiᵉ siècle, où son génie s'éveille, ne s'est-il pas écoulé cinq cents
ans, passés pour elle en redites de l'Orient ?

Voilà pour l'invention. Mais dira-t-on que l'expression était
recherchée ? Oui, souvent ; jamais toutefois pour elle-même.
Expressif, le sculpteur ou le peintre égyptien l'était-il ? Non ; il
était narratif plutôt. Quand il déroulait en processions de profils
alignés, le long de ses bas-reliefs, suite et complément de ses
hiéroglyphes, les légendes des dieux où les victoires des rois, il

se proposait moins d'exprimer, de faire comprendre le personnage sculpté ou peint, que de se faire comprendre par lui : et,
avant tout, il s'agissait ainsi d'imprimer dans l'âme du spectateur
l'admiration du roi ou l'adoration du dieu, de fortifier ce sentiment social en son temps et moral au plus haut degré, principe
d'union et de force nationale. Il est vrai que les statues de l'ancien empire sont vivantes comme des portraits ; mais est-ce à dire
que le sculpteur était réaliste ? Pas le moins du monde. Son réalisme apparent était commandé par le but profondément religieux, et social par conséquent, qu'il poursuivait. L'embaumeur
qui momifiait les morts pour les rendre aptes à la résurrection
future, ne suffisait point à rassurer l'Égyptien ; son cadavre em-
baumé pouvait être détruit ; en prévision de cette éventualité
funeste, le statuaire était chargé de fournir un fac-similé indes-
tructible, un équivalent du corps, en diorite ou en granit, le plus
dur et en même temps le plus ressemblant qu'il se pourrait.

De là, sur tous les débris de l'art précisément le plus antique,
ce cachet individuel qui frappe nos artistes contemporains, mais
où ils auraient tort de se mirer, même pour y voir la preuve que
le talent d'individualiser n'est pas le dernier terme du progrès.
Exprimer l'individu, non pour le plaisir de faire admirer cette
expression, qui devait rester éternellement cachée au fond d'une
tombe, mais pour garantir un homme contre la peur de l'anéantissement posthume, pour combler son cœur d'une sécurité
profonde, en lui donnant l'assurance d'atteindre une félicité surnaturelle où se tournaient ensemble, pour se concilier par cette
convergence dans l'imaginaire, les vœux de tous les enfants du
Nil : telle était la haute mission du vieux sculpteur qui a peuplé
tant de nécropoles. Quoique plus humble en apparence que celle
du ciseleur des bas-reliefs royaux ou divins, elle n'était pas
moins noble ; et l'un ne contribuait pas moins que l'autre à
l'harmonie majestueuse de ce peuple assis et heureux comme
ses colosses. — On ne niera point non plus, et c'est une bana-
lité de le rappeler, que l'art ait été en Grèce, à la belle époque, et
en Occident au moyen âge, un principe d'accord social. Qu'on
songe aux Grecs rassemblés pour entendre une tragédie de
Sophocle ou un chant d'Homère, aux Français du xiie siècle
réunis dans une cathédrale gothique qui les apaise momentanément et les enivre de son plain-chant, de ses vitraux, de sa magie,

de ses espérances paradisiaques chantées, sculptées, émaillées ou peintes, durant une trève de Dieu ! Il n'est pas jusqu'au sculpteur athénien qui faisait la statue d'un athlète vainqueur au ceste ou au pugilat, il n'est pas jusqu'au poète lyrique qui cherchait à éterniser le nom de ce triomphateur subalterne, qui ne fît œuvre patriotique en fortifiant le goût national pour cette gymnastique traditionnelle propre à entretenir la santé et la joie, la discipline et la vigueur militaire de cette race admirable, et à la retenir sur la pente de la mollesse asiatique.

Dans tous ces exemples empruntés à des sociétés qui ont eu leur art à elles, l'art nous apparaît donc comme concourant avec le devoir et s'orientant vers le même pôle, ou plutôt l'éthique ne s'y montre que comme une esthétique supérieure, l'art de la conduite belle et louable. Le propre de l'art, et aussi bien de la morale, est de chercher et de croire découvrir un but divin à la vie, un grand but digne du sacrifice individuel. Quand l'art se présente séparé de la morale, quand il est un agent non d'harmonie, mais de dissolution sociale, c'est un signe qu'il est importé du dehors, soit de l'étranger, comme à Rome sous les Scipions, comme à Tyr, à Sidon, et dans toutes les villes phéniciennes, comme, à vrai dire, dans la plupart des peuples, qui se laissent ensemencer passivement par les produits d'un art extérieur, sans les faire germer en un art nouveau ; soit d'une civilisation morte qui revit, comme en France à la Renaissance. L'art alors est immoral et dissolvant, parce qu'il apporte avec lui-même son but, l'aspiration spéciale, collective et patriotique dans le lieu de sa naissance, à laquelle il répond sciemment ou à son insu, et qui, dans son nouveau milieu, devenue une anomalie individuelle, se trouve en conflit avec le pôle habituel et traditionnel des cœurs qu'elle désoriente.

Quel était le but de la vie pour les humanistes des xve et xvie siècles, restés chrétiens sous leur paganisme d'emprunt ? Ils n'en savaient rien au juste (1) ; aujourd'hui ils ne songeaient qu'à

(1) Aussi étaient-ils d'une dépravation et d'une irréligion (chose grave à cette époque) qui leur ont valu le profond mépris où ils sont tombés au xvie siècle après leur splendeur précédente. « Les anciens, dit Burckardt, faisaient tort à leur moralité, sans leur communiquer la leur ; même en matière religieuse, l'antiquité agissait sur eux surtout par son côté *sceptique et négatif,* puisqu'il ne pouvait sérieusement être question d'adopter le polythéisme d'autrefois. » On voit, par cet exemple, observation d'une importance capitale en histoire, que le conflit historique

mériter le ciel, demain qu'à obtenir la gloire poétique, et, tour à
tour, l'entrée au Paradis ou la montée triomphale au Capitole
s'offrait à leur âme comme le faîte du bonheur. Dans ce conflit
de pôles, qu'arrive-t-il d'ordinaire ? L'art, désorienté lui-même
comme la conduite, se borne à plaire, et la recherche du plaisir
devient son seul objet; mais, encore ici, sa vertu pacifiante se fait
jour, et jusque dans le perturbateur d'un ordre établi on pressent
l'organisateur d'un ordre futur, plus large et plus puissant. Ce
plaisir, en effet, dont il avive et généralise le désir, c'est le plaisir
d'aimer et de sympathiser, d'élargir sans cesse le cercle de sa
sympathie ou de son amour ; c'est le plaisir, éminemment social,
qui se double en se partageant, audition d'une pièce ou d'une
musique applaudie, lecture d'un poète illustre ; le plaisir du goût
fondé sur un jugement du goût qui se fortifie en chacun à mesure
qu'il est répété par tous. — Il est clair qu'il y a désaccord logique
dans l'état social quand la morale se méfie de l'art, ou quand
celui-ci tient celle-là à distance. Le désaccord vient quelquefois
de ce que l'un est en avant de l'autre. Il se peut, en effet (en est-
il ainsi à notre époque?) que la morale continue à s'appuyer sur
des dogmes vieillis quand déjà l'art, anticipant l'avenir, se tourne
instinctivement vers quelque conception plus large ou plus profonde du but de la vie, qui servira de base à la morale de demain. Mais, à tous les âges vraiment logiques, l'art n'a été que le
traducteur et l'enlumineur de la morale. La sainteté, au moyen
âge, était à la fois la beauté et la moralité suprêmes. Ne revien-
drons-nous pas à quelque haute conciliation pareille?

II

Dans tout ce qui précède, j'ai préjugé, on le voit, que l'art est
un moyen pour atteindre un but, et que le jugement d'approbation esthétique est, au fond, un jugement de convenance téléologique. Si pourtant l'on en croit les esthéticiens raffinés qui en
ont esquissé la métaphysique, l'art n'aurait d'autre fin que lui-
même. Il aurait, lui aussi, comme la morale, son impératif caté-

---

des idées, cause de la désorientation des cœurs, consiste non dans la lutte de deux
doctrines, de deux affirmations, mais dans celle d'une *négation* nouvelle opposée à
une *affirmation* ancienne.

gorique : l'art pour l'art, comme le devoir pour le devoir. Autrement dit, une statue, un tableau, un monument, en tant qu'œuvre d'art (non, bien entendu, en tant que meuble ou maison) serait sans but. S'il en était ainsi, les appréciations des connaisseurs ou du public sur le plus ou moins de beauté d'une œuvre artistique seraient purement arbitraires, car il n'est pas possible de leur trouver un autre fondement que le degré d'intensité ou de généralité du besoin auquel cette œuvre a répondu et le degré de force ou de justesse de cette réponse. De fait, si nous jetons un coup d'œil sur l'art comparé des diverses époques anciennes, au lieu de nous borner à étudier celui de la nôtre, où le besoin auquel l'art répond est si général et si profond que personne n'en a plus la conscience nette, nous apercevons sans trop de peine que l'œuvre d'art a eu historiquement des buts véritables extérieurs à elle-même, et des buts variables d'âge en âge. Si l'on n'a égard à la distinction de ces fins successives et différentes, toujours mal discernées des contemporains, que l'artiste a poursuivies, on n'aura nulle intelligence du développement d'un art quelconque et de la succession de ses phases, énigme dont on demanderait en vain le mot à une soi-disant loi de l'évolution artistique. Quand, déployé exceptionnellement, par les causes mêmes qui lui ont donné satisfaction, un besoin est devenu très intense et très répandu au sein d'un peuple et d'une génération de ce peuple, il s'impose inconsciemment aux architectes, aux peintres, aux poètes, aux musiciens. A une époque théocratique ou essentiellement religieuse encore, parce que l'abondance des mythes et des légendes y développe la passion du merveilleux, les artistes sculptent, chantent, construisent, pour l'édification des fidèles. Plus tard, quand la foi a diminué, quoique vive encore, et, grâce à un mélange d'ordre subsistant et de liberté naissante, a fait place en partie au goût des proportions en toutes choses ; quand, par suite des victoires nationales, et d'événements qui ont suscité l'admiration, le besoin d'admirer, de glorifier la cité et ses grands hommes, plutôt que celui de prier ses dieux, est devenu prédominant, alors commence la période classique où, répondant à ce sentiment, l'œuvre d'art, aristocratique ou monarchique, brille de noblesse ou de grandeur. Telles sont les œuvres du temps des Ramsès, de Phidias, d'Auguste, de Louis XIV.

Puis les habitudes de bien-être et de sympathie mutuelle, d'éclectisme et de libéralisme, nées de la paix prolongée, du commerce et du contact avec des civilisations différentes, ayant développé surtout la soif de plaisir et d'émotion communicative, il faut que l'œuvre d'art soit voluptueuse, émouvante, plaisante; et c'est ce qui arrive en France au xviii° siècle, en Grèce au temps de Lysippe et d'Euripide et même déjà au temps de Praxitèle. Enfin, quand, à notre époque contemporaine, par exemple, la poussée extraordinairement rapide des sciences parmi les autres branches de l'arbre social a rendu très vif et très général le besoin de comprendre, d'enseigner et de s'instruire, une école d'art apparaît inévitablement, à savoir le réalisme ou le naturalisme, auxiliaire libre ou franc-tireur de la science, qui consiste en petites découvertes de petits faits, du reste insignifiants, mais n'en est pas moins un régal pour les curieux, jusqu'à ce qu'une inévitable réaction s'ensuive, mystique et idéaliste, pour répondre à des besoins du cœur que la science n'a pas satisfaits.

Pourquoi, très réaliste, très individualiste comme exécution, sous l'ancien empire, la sculpture égyptienne, — contrairement à toutes les formules d'évolution de l'art qu'on a énoncées ou balbutiées, — devient-elle ensuite, par degrés, idéaliste et conventionnelle? Était-ce déclin, affaiblissement de la force expressive? Non, car les colosses thébains ou les bas-reliefs *historiographiques* et fastueux de Karnak ou de Louqsor, n'ont pas moins pleinement rempli les vœux de l'artiste de cette époque, glorificateur et narrateur officiel avant tout; ils n'ont pas moins rendu l'idée de puissance et de majesté pharaonique dont il était obsédé, que les statues des premières nécropoles n'ont satisfait le désir superstitieux ou religieux de leurs auteurs. Cette remarque même mériterait d'être universalisée; et il est certain qu'un art quelconque, après un certain temps d'apprentissage, un art adulte et formé, de même qu'une espèce vivante fixée, est toujours un moyen parfaitement adapté à son but.

Mais ce but, je le répète, avait changé. A mesure que baissait, comme le Nil après l'inondation, la foi des Égyptiens dans la conception si bizarre que leurs aïeux s'étaient faite de leurs dieux à tête humaine sur un corps animal, ou à tête animale sur un corps humain, la puissance d'Osiris, de Hous, d'Ammon-Râ était de moins en moins, et la puissance des pharaons était de plus en plus la source providentielle de faveurs où se tournait l'espérance populaire ; de là une nouvelle orientation de l'art, qui, de religieux, devenait monarchique. Et, à mesure aussi que les croyances primitives, si grossières, sur le séjour des morts et la vie d'outre-tombe, allaient s'affaiblissant, le premier but de l'art, perpétuer la personne en vue de la vie future, s'effaçait devant ce but, jadis secondaire, devenu principal, perpétuer pour les vivants le récit, le souvenir des actions du mort, de leurs exploits s'il s'agissait d'un grand personnage.

Or, ici, se fait sentir une cause très particulière qui a dû décider la sculpture à revêtir un caractère plus abstrait, à accentuer le type par le sacrifice des détails individuels. Cette simplification, d'après Perrot, a été commandée notamment par l'influence prolongée et persistante, absolument démontrée du reste, de l'écriture hiéroglyphique sur les arts du dessin. L'habitude d'avoir pour mots des espèces de dessins conduisait à voir dans les dessins véritables des espèces de mots, des signes idéographiques avant tout, parlant à l'esprit plus qu'aux sens, clairs encore plus que beaux, ou plutôt dont la beauté la plus appréciée, outre leur grandeur hyperbolique d'apothéose, consistait dans leur clarté la plus lumineuse. De là ces conventions dont le dessin égyptien ne s'est jamais affranchi, dont il n'a jamais cherché à s'affranchir. On ne persuadera pas à un connaisseur que des artistes assez fins pour dessiner les délicates silhouettes que l'on sait, pour reproduire avec une incomparable perfection, quand ils l'ont voulu, les moindres nuances des traits, ont pu rester des milliers d'années sans s'apercevoir que leurs poitrines sont toujours présentées de face alors qu'elles devraient l'être, suivant nous, de profil, comme les têtes et le reste des corps. S'ils ont commis cette prétendue faute, c'est en connaissance de cause, et parce qu'ils jugeaient la vue de face plus propre à caractériser la poitrine, de même que la vue de profil plus propre à donner du visage une idée précise (1). Ils n'ont pas ignoré, ils ont méprisé la perspec-

(1) Ce caractère éminemment descriptif, narratif, explicatif, de l'art naissant se montre encore dans les vues panoramiques, où les divers plans d'un même paysage ou d'une même action sont vus superposés sur le même plan afin d'être vus tout entiers séparément. Le peintre, en peignant cela, ne croyait pas plus représenter exactement la nature que le peintre du moyen âge, en peignant les décors des

tive, parce qu'ils auraient manqué, en y ayant égard, à leur *devoir* de tout mettre au premier plan, à l'unique plan, foyer de la plus grande clarté, de la plus grande discernabilité possible.

Pour la même raison, le peintre égyptien se gardait de nuancer ; sa couleur, *non imitative souvent* (1) et toujours étendue à plat, était destinée simplement à faire ressortir les contours, et aussi à satisfaire un besoin méridional de polychromie, ou à compléter l'air de fête et de triomphe. Du reste, en peignant parfois des visages bleus ou verts, ils savaient fort bien que rien de pareil n'existait dans la nature. Ils n'ignoraient pas moins que leurs yeux de face sur des profils étaient contraires à la nature. Un peintre français auquel un souverain commande un tableau représentant une grande bataille s'évertue à présenter simultanément à l'œil du spectateur, sous un même regard, toutes les parties de cette grande action générale, et même, dans une certaine mesure, les péripéties successives qui l'ont composée. Cette convention propre à son art l'oblige à grouper dans son tableau ce qui, en réalité, fut désuni, et à modifier les faits pour les adapter à son parti pris inconscient et fondamental. Supposez qu'on ait reproduit les divers moments de cette bataille en un certain nombre de photographies instantanées ; la peinture sera leur simultanéité conventionnelle. A l'inverse, chargé de peindre un combat, le peintre assyrien ou égyptien le détaillait en autant de tableaux distincts et enchaînés qu'il avait eu non seulement de phases consécutives, mais encore de parties, d'actions partielles, simultanées pourtant. En cela, la peinture ou la ciselure de ces anciens peuples montrait bien qu'elle était une écriture. Chacun de ses tableaux ou, pour mieux dire, de ses longs rubans d'esquisses narratives, était une phrase dont l'ensemble était destiné à susciter dans l'imagination du spectateur le spectacle total, intellectuel et non visuel. C'est ainsi que Voltaire a fait le *tableau* du siècle de

mystères où il juxtaposait, dans le même panneau, la crèche de Bethléem, le désert de la fuite en Égypte, le Golgotha, le ciel et l'enfer, ne se faisait illusion sur l'exactitude de sa peinture. Ce dernier exemple nous prouve le succès prolongé d'une telle convention usitée jusqu'aux temps modernes.

(1) Il en était souvent de même dans les plus exquises miniatures des vieux manuscrits du moyen âge, où l'on voit parfois, dit M. Legoy de la Marche, des lévriers peints en rose ou en bleu.

J. TARDE.

26

Louis XIV. Mais cela ne prouve pas que ce ne soit pas là un art, et un grand art.

La peinture chinoise, elle aussi, a pour caractère essentiel d'être graphique. Peindre, c'est écrire, en Chine. Et il est remarquable que les conventions de cet art des Célestes rappellent singulièrement celles de la sculpture et du bas-relief égyptiens : têtes de profil avec des yeux de face, superposition verticale des plans au lieu de leur fuite horizontale, etc. Mais ces conventions sont devenues si naturelles là-bas, si nécessaires au public, que nos portraits et nos tableaux européens, importés dans l'Empire du Milieu, y ont soulevé les critiques les plus unanimes (1).

III

Je crois avoir déjà le droit de conclure, encore une fois, que l'art est une branche importante de la téléologie sociale, un moyen d'atteindre un but social ; et aussi, que la nature de ce but est, à chaque moment de l'histoire, déterminée par celle de certaines inventions religieuses ou autres qui dominent alors, et qui auraient toujours pu ou ne pas apparaître chez un peuple, ou y apparaître soit plus tôt, soit plus tard et y succomber peut-être dans leur lutte avec des innovations préférables. Par exemple, les idées religieuses des anciens Égyptiens étonnent, par leur grossièreté fétichiste, chez un peuple déjà si avancé en civilisation. Rien n'empêche d'admettre qu'il aurait pu et même dû s'être fait déjà, sous ses premiers rois, une idée moins sauvage des conditions de la vie posthume. Or, dans cette hypothèse, l'art n'étant plus astreint à la reproduction exacte de ses modèles et ne s'attaquant pas de préférence aux matières les plus dures, les plus rebelles au ciseau, aurait absolument changé de caractère. De même, il est permis de croire que, si l'esprit inventif de ce peuple se fût donné la peine de développer lui-même les germes d'écriture phonétique déjà contenus dans ses hiéroglyphes, il n'aurait pas manqué de se faire, longtemps avant les Phéniciens, un alphabet complet. Supposez cela, et vous verrez que, l'écriture hiéroglyphique tombant dès lors en

(1) Voir l'*Art chinois*, par M. Paléologue (Quantin).

désuétude, l'art échappé à son influence va perdre cette raideur idéale qui le distingue (1).

Mais cette remarque, qui s'applique d'ailleurs aussi bien à la détermination sociale des besoins de tout genre, industriels ou esthétiques, n'importe, ne nous dit pas ce que ces derniers ont d'essentiel et de spécial. Demandons-nous donc pourquoi les besoins de s'abriter purement et simplement, de se vêtir, de s'alimenter, rendent les produits qui leur donnent satisfaction indignes de porter le nom d'œuvre d'art. On peut dire, d'abord, avec une certaine vérité, que la distinction de la douleur et du plaisir sert de base à celle de l'industrie et de l'art. Un objet fabriqué qui satisfait le simple désir de supprimer une douleur ou un malaise est chose industrielle ; dès qu'il procure un plaisir, il devient luxe, ce qui est une espèce d'art. Une maison sans le moindre luxe se borne à nous défendre contre le froid ou la pluie ; luxueuse, elle nous donne des plaisirs de confort ou de vanité. Pareillement, un gouvernement pur et simple, qui se contenterait de nous protéger contre les voleurs et les assassins, ou les ennemis extérieurs, ne serait qu'une industrie comme une autre. Mais, s'il se mêle de nous procurer la gloire, la fierté nationale, des jeux et des fêtes, il devient un luxe artistique, et non des moins coûteux. Mais cette explication est incomplète, et, pour la rendre satisfaisante, il ne suffirait pas d'ajouter que le plaisir dont le besoin est esthétique est sympathique et non égoïste, social et non individuel. Exprimons avec plus de plénitude notre pensée en disant que, si le progrès industriel ou

(1) Tous ces jeunes peintres qui peuplent nos musées ou s'extasient dans nos champs devant la nature, et qui ont un sentiment si vif de leur vocation soi-disant innée pour leur art, seraient bien surpris si on leur apprenait que, sans le génie de Giotto, humble source originale de la peinture moderne, et sans la folle entreprise de Charles VIII, qui a mis la France en goût d'imiter les peintres italiens, jamais peut-être ils n'auraient eu l'idée de brosser des toiles et de fondre des couleurs. Ils répondront que si Giotto n'avait pas apparu, quelque autre grand initiateur aurait joué un rôle analogue au sien, et que, à défaut de Charles VIII, on aurait eu le commerce avec l'Italie, qui aurait suffi à la longue à nous mettre en rapports avec les artistes de ce pays. Mais l'équivalent de Giotto aurait pu se faire attendre un siècle, et probablement il eût été différent ; et les relations commerciales auraient mis des siècles à produire le *rayonnement imitatif* de l'art italien en France, que l'expédition du royal aventurier a provoqué en quelques années. D'où il résulte que peut-être nos jeunes artistes ne seraient pas touchés encore, dans cette hypothèse, par le flot retardé de la contagion imitative dont il s'agit. Il est vrai que la peinture française serait née presque inévitablement du développement de la miniature des manuscrits, ce qu'elle a fait d'ailleurs en partie ; mais son évolution eût été différente.

gouvernemental contribue à diminuer nos insécurités, nos
craintes, et délie ainsi les chaînes de notre désir, l'art seul lui
prête des ailes, et accroît sans cesse le trésor de nos sécurités,
de nos espoirs. Une dévotion chrétienne qui tendrait simplement à faire éviter l'enfer serait un travail industriel en
quelque sorte ; mais la ferveur mystique, quand elle vise au
ciel, à l'ineffable vue de Dieu, a quelque chose d'esthétique.
Ce n'est point l'art qui est libérateur à proprement parler ; il
est mieux : il est ravisseur. Il flatte et nourrit, il échauffe ou
enflamme, à chaque époque et en chaque peuple son illusion
propre ; ciel pothume, gloire, plaisir. Seul il donne forme et
corps à cette chimère dont un peuple vit, à l'objet vague et
confus de son enthousiasme. Seul, il précise le bonheur posthume, les idoles populaires, les dieux, les demi-dieux, les
légendes divines ou royales. Seul, il pare et embellit l'objet de
l'amour, et l'on dirait qu'il l'éternise. Sans lui, l'Égyptien se
serait-il fait une idée quelque peu nette de son Élysée étrange,
et de ses divinités ? Sans lui, le chrétien aurait-il pu rêver de
son paradis, de ses élus et ses anges ? l'Hellène, de son Olympe,
et même de sa cité ? La cité, n'est-ce pas lui qui la frappe à son
sceau, qui l'imprime à jamais dans l'âme du citoyen ? Imaginez
Athènes sans le Parthénon ! imaginez la Grèce sans Homère !

Spencer, quelque part, rattache l'art à l'amour, et l'amour à
la monogamie. Mais d'abord on ne voit pas que les peuples
polygames, les Arabes par exemple, ces premiers modèles de
la galanterie chevaleresque, soient moins enthousiastes de la
beauté féminine que leurs voisins monogames. Puis, l'art a
bien plus aidé à grandir, exalter et ennoblir l'amour, que l'amour
n'a servi au développement de l'art. La gloire des grands et des
dieux, chose sociale, bien plus que la beauté des femmes, chose
naturelle, a suscité les précoces élans de l'art et de la poésie,
depuis les temples et les palais égyptiens, chaldéens, aztèques,
jusqu'au sanctuaire de Delphes et à Notre-Dame de Paris,
depuis le poème de Pentaour et les hymmes de David jusqu'à
l'Iliade. Seulement, quand, à défaut d'un art original, amant
et créateur à la fois d'un beau nouveau et vraiment sien, un
peuple fait de l'éclectisme, au milieu d'arts étrangers dont les
inspirations lui échappent ou se combattent en lui, la tendance
voluptueuse qui leur est commune, quoique secondaire et

accessoire en chacun d'eux, est la seule qu'il comprenne ou qu'il accueille, et voilà, peut-être, en partie, l'explication de la voie sensuelle où s'est engagé l'art hybride de la Phénicie, et aussi bien notre littérature contemporaine. Les beautés naturelles, ou de moins en moins artificielles, se dégagent à la longue du conflit des arts, à peu près comme les vérités naturelles, scientifiques, se dégagent du conflit séculaire des philosophies et des religions. Encore est-ce toujours à travers les lunettes colorées de la mode et de la coutume, des méthodes et des théories préconçues, que ces beautés ou ces vérités dites naturelles nous apparaissent. Mais ce repos de l'art dans le culte du plaisir, ce repos de la pensée dans la science pure, n'est jamais que momentané.

Et d'ailleurs, même ici, éclate la magie bienfaisante, la *magie blanche* de l'art. L'amour, qui est certainement un principe de téléologie individuelle, puisqu'il concentre aussi longtemps qu'il dure tous les vœux, toutes les démarches, toutes les actions de l'individu vers un même but, l'amour est une source de discordes entre les hommes, un trouble apporté à la collaboration sociale. Or l'art, même né de l'amour, est toujours une cause d'harmonie humaine. Tout ce qui paraît beau, tout ce qui suscite l'amour, il le chante ; mais, en le chantant, il suscite un nouvel amour, un beau nouveau, lui-même ; et, en reportant sur lui-même les désirs que ses objets excitent, il les accorde souverainement. Toutes les réalités qui font envie, les beaux pays qu'on ne verra jamais et dont on rêve, les belles femmes qu'on pleure de ne pas posséder, les belles chasses, les belles résidences, les fêtes qui font soupirer le pauvre, les grandeurs historiques qui humilient le plébéien, tout cela est peint, décrit, célébré par l'art, et ses peintures sont si charmantes que, loin de paraître un faible reflet de leurs modèles, elle semblent seules donner à ces réalités leur raison d'être ; et la résignation calme suit cette contemplation heureuse ou cette joyeuse production. Un public populaire encombre nos musées où il se complaît à l'image des monarchies ou des aristocraties dans leur splendeur, et il sort de là moins disposé à la révolte et à la haine. L'art pur consiste à généraliser l'amour des choses inappropriables, et, par suite, à réconcilier les désirs irréconciliables.

L'art, c'est le culte et le déploiement du beau social. Or qu'est-ce que le beau? Nous appelons belle une formule simple et féconde, la loi de l'attraction newtonienne ou de l'équivalence des forces, une découverte grosse de conséquences, de vérités pressenties indéfiniment accumulables, ou une invention susceptible d'applications, d'utilités prolongées et sans limite aperçue (1). Nous appelons belle une forme géométrique régulière, l'ellipse, la sphère, la ligne droite même, soit parce que la connaissance d'un seul de ses éléments nous procure implicitement celle de tous les autres, soit parce qu'elle est le chemin et donne l'idée d'une force non entravée, sûre d'elle-même et de son développement. Nous appelons belle une forme fémine qui réveille en nous soudain la foi endormie en la possibilité d'une félicité immense, c'est-à-dire d'une confiance sans borne en nous-même, en notre puissance et notre avenir. N'y a-t-il pas dans la vue d'une femme aimée, en même temps qu'un trouble profond, la perspective illimitée d'une sécurité profonde, incomparable, d'une plénitude de foi intérieure, d'un apaisement complet de toutes nos avidités, que sa possession nous promet? Nous appelons belle la gloire qui nous assure le prolongement de notre vie multipliée, qui fait qu'avec l'attestation intérieure de notre existence étroite, individuelle, la certitude de notre action au dehors, large et grandissante, nous est donnée. Nous appelons belle, à un moindre degré, la santé, qui, à un moindre degré, nous atteste le progrès ou la durée de notre pouvoir. Nous saluons belle la patrie quand elle est grande et forte et procure au citoyen l'assurance orgueilleuse, la foi du Romain dans sa ville éternelle. — En un mot, tout ce qui ouvre à notre besoin de confiance et de foi une clairière inattendue, tout ce qui concourt puissamment à notre recherche du maximun de croyance, nous le qualifions beau. La beauté, c'est la vérité rassurante, fortifiante. La beauté, pour être plus précis, c'est le pressentiment de la vérité ou de l'utilité future, indéfinie, pleine et totale, et, en

(1) Le plus haut degré de l'utilité d'une chose, c'est d'être utile à provoquer de nouvelles utilités différentes ; le plus haut degré de la vérité d'une idée, c'est d'être la source de nouvelles vérités. Aussi, le plus souvent, appelons-nous simplement utile une invention que nous jugeons susceptible de se répandre par imitation d'une façon durable, et vraie une idée que nous nous bornons à juger susceptible de se propager longtemps dans les esprits; tandis que nous réservons l'épithète *belle* pour une idée que nous jugeons propre à en faire découvrir d'autres, et pour une invention que nous jugeons féconde en inventions ultérieures.

outre, de la vérité ou de l'utilité collective, s'il s'agit de la
beauté de l'art.

IV

On a cependant fait observer, non sans finesse, que la beauté
recherchée dans l'art était une utilité passée ; on aurait aussi bien
pu ajouter : une vérité, une croyance passée. Y a-t-il lieu de
sacrifier entièrement cette définition à la précédente ? Non, car
les deux se complètent. Le beau est le fantôme de l'utile, aussi
bien que son apparition anticipée ; il en est l'*alpha* et l'*oméga*.
Non seulement, en effet, l'art a un but social, mais il emploie,
pour l'atteindre, des moyens sociaux, des procédés qui s'imposent
à la fantaisie de l'artiste le plus libre, des types ou des genres
consacrés, fils de la tradition ou de la mode, de l'imitation sous
ses deux formes (1).

La beauté de l'ogive ou de la voûte à arêtes, pour le premier
qui a conçu ou qui a salué ces ingénieuses solutions données à
des problèmes depuis longtemps posés à l'architecte religieux,
a consisté dans la perspective entrevue de leur immense emploi
ultérieur (2). Mais il est venu un moment plus tard où, même
inutiles, par exemple dans la construction des châteaux forts,
elles ont été jugées belles par habitude, en vertu d'un jugement
traditionnel du goût, dont le dispositif a survécu à ses considé-
rants tombés en oubli (3). Pourtant ce jugement n'a point changé

(1) La peinture d'ornement en Égypte confirme, dit Perrot, les vues de Semper
sur l'origine du décor. « Cet écrivain a montré le premier que le vannier, le tisserand et le potier, en travaillant les matières premières sur lesquelles s'exerçait leur
industrie, ont produit par le seul jeu des procédés techniques, des combinaisons
de lignes et de couleurs, des dessins dont l'ornemaniste s'est emparé dès qu'il a
eu à décorer les murs, les corniches et les plafonds des édifices. » C'est ainsi qu'à
ses débuts la colonne a imité le pilier de bois, et la maçonnerie la construction en
bois ; ou plutôt c'est l'exemple de ses devanciers que le nouvel artiste a imité
nécessairement, par un besoin d'analogie tout logique au fond.

(2) L'idée de la voûte à arêtes a consisté à imaginer la combinaison de deux
voûtes en berceau (demi-cylindres) perpendiculaires l'une à l'autre et *s'entre-pénétrant*. L'avantage inappréciable, c'est que la poussée de la voûte en berceau
s'exerce sur toute l'étendue des murs, tandis que celle de la voûte à arêtes est
concentrée sur un point étroit, qu'il est facile de rendre résistant au moyen d'un
contrefort.

(3) Jamais peut-être le despotisme de l'opinion ambiante n'agit plus souverainement sur l'individu que pour la formation de ses jugements et par suite de ses
plaisirs esthétiques. Toutes nos admirations en cela nous sont soufflées à notre
insu, comme toutes nos indignations en matière morale.

de nature alors, et, comme au début, il exprimait ou supposait toujours une confiance, trompeuse, il est vrai, dans l'utilité actuelle ou future de ces dispositions architecturales. Quand le public s'est aperçu ou a cru s'apercevoir de son erreur, son arrêt est tombé de lui-même, et la beauté ogivale s'est évanouie jusqu'au jour où, crue et affirmée de nouveau, de nouveau elle a existé et frappé tous les yeux. — Or, à chaque instant, il y a nécessairement dans une société un grand nombre de ces juge-ments tout faits en train de devenir *notions*, puis *sentiments* esthétiques, préjugés souvent erronés avec lesquels l'artiste créateur doit toujours compter; car, s'il essayait de heurter de front ces croyances, au risque de s'y briser, ou même s'il négli-geait de les concilier avec les nouveaux jugements du goût qu'il prétend faire prononcer, et de les prendre pour éléments du beau nouveau qu'il apporte au monde, il manquerait à sa mission sociale, qui est d'enrichir et non de diminuer, de fortifier et non d'affaiblir le faisceau de la foi publique : but commun de la logique sociale et de l'esthétique, et signe de leur parenté.

Cela veut dire, je le répète, que les types et les genres tradi-tionnels sont la langue nécessaire, logiquement nécessaire, de l'art, les mots dont il ne saurait ne pas se servir; et la pensée la plus nouvelle n'a qu'à gagner, on le sait, à faire usage autant que possible des plus vieux mots de la langue, vibrants et clairs entre tous. L'originalité de l'artiste n'a le droit ni le pouvoir de se faire jour, qu'à travers ces types transmis par une longue suite d'imitations, comme l'individualité de l'être vivant ne peut apparaître que sous la livrée de son type naturel, héritage d'une longue suite de générations. Il n'est pas moins vrai qu'elle s'ap-proprie ses chaînes mêmes, et s'en fait un appui. On peut dire, ce me semble, en biologie, qu'une variété individuelle d'une espèce est presque toujours une nouvelle espèce en projet ; il suffirait, en effet, d'exagérer la tendance organique dont cette variété est l'expression pour aboutir, grâce aux lois qui règlent la corrélation de croissance et la solidarité de développement des divers organes, à la nécessité d'une refonte de l'équilibre nouveau, viable ou non, n'importe. Cela est conjectural ; mais il est certain du moins que, pareillement, toute variation artistique d'un thème ancien est un nouveau thème en projet et en essai, souvent déjà formulé du reste dans l'esprit de son auteur plus

complètement qu'il n'ose l'exprimer. Telle a été la première ogive
qui a servi à varier l'église romane, ou le premier dialogue à
deux personnages qui a fait son apparition timide et modeste
dans un chœur de Bacchus, avant Eschyle, ou la première rime
qui a été ajoutée à un vers latin comme fioriture... Les auteurs
de ces modifications légères en apparence n'ont-ils rien deviné
des développements qu'elles contenaient en germe? En tout cas,
même sans les voir, ils les ont visés. Et dans les moindres innovations que le plus humble des poètes, des musiciens ou des
dessinateurs s'est permises dans ses ouvrages, on reconnaîtrait,
en cherchant bien, quelque nouveau genre, quelque nouvelle
école en puissance, digne ou non de succès, d'ailleurs. Il n'est
pas jusqu'à l'acteur qui, en répétant sans y changer un mot un
rôle depuis longtemps dit et redit par d'autres, ne le pénètre d'un
charme et d'une âme caractéristique qui donne l'idée d'un rôle
différent, modifié et refondu suivant les intentions imprévues
qu'il lui prête; et, si je ne craignais de fatiguer le lecteur par mes
hypothèses risquées, je comparerais volontiers à cet acteur qui
joue fidèlement sa pièce l'individu vivant normal et banal, la
monade qui représente *son* espèce avec la plus grande correction, mais sans abdiquer pourtant son essence propre et inaliénable. C'est la magie de l'art, et aussi bien de la vie, — car,
Guyau l'a profondément montré, la vie et l'art sont identiques,
— de nous révéler lumineusement le fond des choses, et, par la
répétition universelle des phénomènes, de faire éclater à nos
yeux la différence universelle des éléments.

Ajoutons que le beau moral, comme le beau artistique, est
conformiste. Une belle action est celle qui, tout en se conformant aux mœurs de l'époque, à un type d'honneur en possession
de l'estime publique, donne en même temps l'idée d'un type
différent et meilleur; meilleur comme présentant un exemple
qui, s'il était suivi, donnerait au corps social plus de garanties
et de force collective, ou bien rendrait plus complet l'accord
entre la conduite et la pensée nationales. — Le premier barbare
qui, à un sacrifice humain, a substitué, pour honorer les Dieux,
un sacrifice animal, n'a apporté qu'une modification à la coutume régnante ; mais il a eu l'anticipation et le souhait confus
d'une morale beaucoup plus pure encore, proscrivant tout
sacrifice sanglant. Le sacrifice non sanglant, c'est la messe, qui

a été à l'origine un progrès immense. De ce simulacre nominal d'un sacrifice à l'abolition complète de l'idée même de sacrifice en religion, il n'y a pas loin. On sent, à lire les prophètes hébreux, que leurs aspirations morales, déjà chrétiennes, vont bien au delà de leurs préceptes moraux, encore mosaïques.

V

Mais revenons. Cette nécessité, toute logique, nous le savons, où est l'artiste, de se conformer aux habitudes du public, même pour les réformer, va nous permettre de jeter un pont par-dessus un profond hiatus, jugé assez souvent infranchissable, qui semble séparer en deux le grand domaine de l'art. Il y a, d'un côté, les arts d'*imitation* (on entend par là d'imitation de la *nature*), à savoir la sculpture, la peinture, la poésie ; et, d'un autre côté, la musique et l'architecture qui se vantent de n'être pas imitatives. — La vérité est cependant que, si ces deux derniers arts n'imitent point les objets de la nature, et se bornent à exprimer ou à satisfaire des sentiments et des désirs naturels, ce qui n'est pas la même chose, ils sont astreints eux-mêmes à imiter, à reproduire des motifs, des genres, des formes architecturales ou musicales auxquelles leur public est habitué, absolument comme la peinture, la statuaire et la poésie sont forcées d'imiter, de reproduire, non pas des objets naturels précisément, mais des types conventionnels (centaures, chimères, anges, taureaux ailés, sphinx, têtes nimbées, etc.) et, parmi les êtres ou les phénomènes naturels, ceux que le public aime ou remarque, ceux que l'éducation, la coutume et la vogue désignent au choix de l'artiste, le lion ou le tigre en Assyrie, le lotus en Égypte, l'acanthe en Grèce ; ici l'éléphant plutôt que le cheval, là l'épervier plutôt que l'aigle, ou le scarabée plutôt que l'abeille. Les statues grecques, y compris les statuettes de Tanagra, ont beau être variées d'attitude et de groupements, vous rappelez-vous en avoir vu une qui représente ce groupe si simple et si vulgarisé, depuis le christianisme, une mère portant son enfant sur le bras ? En fait d'enfants, ces voluptueux sculpteurs n'ont vu que des amours ailés. Il y a ainsi, à toute époque, des sujets qu'il est interdit à l'artiste de traiter, sans que lui-même s'en doute, et d'autres sujets qui lui sont imposés. Les peintres de notre nouvelle école contemporaine professent une sorte d'anarchisme de l'originalité, d'individualisme à outrance ; ils n'en sont pas moins le meilleur exemple qu'on puisse citer de l'asservissement à un mot d'ordre collectif qui va jusqu'à leur fausser le sens des couleurs et à leur suggérer notamment l'obsession du violet. Dans une certaine mesure, d'ailleurs, ce conformisme est nécessaire. Supposez un poète qui puiserait ses images ou le sujet de ses poèmes, supposez un peintre qui irait chercher le modèle et l'idée de ses tableaux, dans une faune et une flore inconnues à son public, dans un cœur humain étranger à celui de son public, dans des croyances philosophiques ou religieuses dont son public n'aurait jamais ouï parler. Les types que le peintre, le sculpteur et le littérateur emploient sont donc sociaux, ou le sont devenus, puisque, sans le fonctionnement social de l'imitation dans le public, ils ne seraient pas, du moins en tant que types artistiques ; et, en cela, ils ne diffèrent nullement des types à l'usage de l'architecte ou du musicien. La seule différence est que l'imitation d'où les premiers procèdent a eu, le plus souvent, sa source dans une *découverte*, celle du premier savant ou du premier voyageur qui a remarqué et fait connaître une plante, un animal, un phénomène quelconque ; tandis que l'imitation d'où procèdent les seconds a sa source dans une *invention*, celle du premier architecte qui a imaginé le fronton, la colonne dorique ou la voûte, du premier musicien qui a imaginé le plainchant, ou les règles de l'harmonie (1).

Or l'explication de cette différence est, je crois, fournie par cette particularité de la nature extérieure, que, très riche en combinaisons de couleurs et de lignes irrégulières, et en combinaisons de ce genre fixées, répétées, susceptibles de donner lieu à des remarques intéressantes et à des habitudes visuelles d'un homme ou d'un peuple, elle est extrêmement pauvre au contraire en combinaisons tant soit peu remarquables et persistantes de lignes géométriques et de sons. Il a donc fallu, afin de satisfaire

(1) On peut prétendre néanmoins, et je n'entends pas ici trancher cette question, que les créations de l'art ne sont pas seulement des inventions, mais bien des découvertes véritables, et qu'un beau nouveau créé par un poète ou un peintre préexistait à sa manifestation. Mais, au fond, cela veut dire que le besoin esthétique auquel ce beau répond, né en parties de créations antérieures de l'art, a sa source profonde dans le cœur humain. Je ne le nie pas,

pleinement les besoins esthétiques de l'ouïe et de la vue, inventer ces dernières, tandis que, pour les premières, il a presque toujours suffi de les découvrir, de les observer. — Non seulement, en effet, la nature nous offre toutes les teintes et toutes les formes flexueuses, non formulables géométriquement, que nous pouvons rêver, mais encore presque toutes les alliances et les complications imaginables de ces éléments, dans l'infinie variété des êtres vivants, animaux ou plantes, des accidents de terrain ou des jeux d'ombre et de lumière. A l'œil qui s'ouvre au jour, ces types naturels — aperçus suivant l'angle et dans la direction que donnent au regard et à l'esprit l'éducation, l'influence ambiante du milieu humain — s'imposent par leur intérêt ou leur fixité ; ils finissent par remplir la mémoire visuelle et ne laisser à l'imagination, si elle cherche à s'en distraire, d'autre issue que le surchargement ou l'accouplement monstrueux de ces êtres naturels.

Ce n'est pas à dire d'ailleurs, et j'ouvre ici une parenthèse, que ces combinaisons fournies par la nature soient, indépendamment de leur expression, résultat de l'expérience et de l'habitude individuelle ou sociale, les plus belles en elles-mêmes pour nous, celles que nous aurions pris la peine d'inventer à défaut de la nature. Les formes vivantes, si nous ne savions l'harmonie organique dont elles sont l'*expression alphabétique* en quelque sorte, et si nous n'étions accoutumés à les voir ou à les entendre admirer, seraient pour nous aussi étranges, aussi peu gracieuses en soi d'ordinaire, que le sont les caractères d'une écriture qui nous est inconnue. Mais les caractères latins dont nous faisons usage, expressifs et clairs à nos yeux, ne nous choquent point, et leur bizarrerie nous échappe ; même, quand ils sont écrits par une belle main, à la fois élégante et caractérisée, qui donne à ces types imposés toute la grâce et toute l'originalité dont ils sont susceptibles, l'écriture alors exerce sur nos yeux un charme profond, parfaitement comparable à l'agrément puissant que nous procure la vue des formes corporelles de notre race ou de notre connaissance représentées par un bon peintre, véritable calligraphe de la nature.

Ma parenthèse fermée, est-il besoin d'ajouter à quel point, en fait de sons proprement dits (non de bruits), c'est-à-dire en fait de séries régulières de vibrations égales, et en fait de lignes droites ou courbes géométriquement définies, la nature nous

présente peu d'éléments déjà combinés par elle? Çà et là quelques
notes pures, mais jamais de mélodies ni d'harmonies tant soit
peu savantes ; quelques lignes à peu près droites (l'horizon de la
mer), quelques cercles à peu près réguliers (l'arc-en-ciel), mais
rien qui ressemble à un assemblage symétrique et réglé, harmonieux et répété uniformément, d'éléments rectilignes et circu-
laires. Concevoir, dégager du fond de leur âme ces nobles accords,
les réaliser en portiques et en colonnades, en chansons et en
symphonies, a été l'obligation laborieuse de l'architecte et du
musicien. D'ailleurs, si les oiseaux des bois, par exemple, rem-
plissaient nos oreilles, dès le berceau, de modulations et d'or-
chestrations égales en profondeur, en richesse, en génie,
aux figurations divinement variées des êtres vivants, soyons
sûrs que la musique elle-même serait nécessairement un art
d'*imitation*, et que Wagner lui-même s'abaisserait à copier le
modèle naturel, tout comme Raphaël ou le Titien. A l'inverse,
supposez, sur une planète entièrement dépourvue de plantes et
d'animaux, un Adam artiste, un Rubens qui cherche à satisfaire
sa vocation ; ne sera-t-il pas obligé d'imaginer toutes sortes
d'arabesques et de dépenser en motifs de décoration, devenus
bientôt autant de créatures spéciales, aimées, répétées indéfiniment par lui-même ou par ses élèves, son pouvoir créateur? Tel
est le musicien. Jeté dans un univers stérile et ingrat pour lui,
aussi bien que l'architecte, il doit se faire à la longue, comme
celui-ci, la matière première de son art.

L'ensemble des considérations qui précèdent explique un fait,
de prime abord étrange, dont on peut facilement faire l'observation. Le respect des traditions d'écoles et des formes léguées par
le passé de l'art est bien plus rigoureusement exigé dans les arts
réputés libres, musique et architecture, que dans les arts appelés
imitatifs, précisément parce que ceux-ci sont soumis à une servitude d'autre sorte, quoique pareille au fond : le respect des
formes naturelles. Et, en ce qui concerne ces derniers considérés
isolément, il est à remarquer aussi qu'il s'opère une espèce de
balancement entre le culte des modèles traditionnels et celui
des modèles physiques. Plus la peinture, par exemple, s'assu-
jettit de nos jours à copier exactement la réalité (celle, au moins,
que la mode lui désigne et que la science courante lui montre
du doigt), et plus elle s'individualise et s'affranchit dans une

certaine mesure, bien moindre du reste qu'on ne pense, des
règles et des schèmes classiques. Inversement, plus elle se tra-
ditionnalise, si l'on peut dire, et plus elle néglige de se conformer aux êtres réels. Le choix entre ces deux directions peut être
déterminé par bien des influences. Ainsi, à notre époque, le
développement des sciences de la nature et le goût chaque jour
plus vif et plus répandu que le public y prend, par suite l'habitude ou la mode généralisée de diriger l'attention sur la nature,
d'observer mieux les choses et les êtres naturels et d'en observer
un très grand nombre qui n'étaient pas remarqués jadis, ont dû
beaucoup favoriser la tendance réaliste, naturaliste, des arts et
des lettres, et servir à y pallier l'épuisement relatif de l'inspiration. En ce qui concerne les arts traditionnalistes par essence,
l'architecture notamment, un fait que je puis regarder comme
analogue se produit aux âges d'éclectisme et d'érudition, où l'architecte a sous la main tant et tant de types artificiels, legs accumulés de ses devanciers, qu'il ne prend plus la peine de les
combiner même et se contente d'y faire son choix à son gré.
L'équivalent du naturalisme, ici, c'est l'exactitude servile de ces
pastiches des monuments de la Renaissance, de l'architecture
gothique, pompéienne et autre, où s'étale une érudition, qui copie
pour copier, et se donne aussi des airs pseudo-scientifiques. Mais
cette phase n'est que passagère, et le passé peut nous instruire
à cet égard. Par exemple, on peut voir, dans le dictionnaire de
Viollet-le-Duc, une carte représentant le rayonnement géographique de huit types différents de clochers qui se sont répandus
en France du xie au xvie siècle (1) : on dirait autant d'espèces
organiques, parentes et distinctes, propagées à partir de leur
centre de création. Or, longtemps chacun de ces types a été une
matière pétrie, travaillée librement par les architectes qui l'em-
ployaient, pendant que les sculpteurs des xiie et xiiie siècles, de
leur côté, façonnaient pour leur amour, animaient de leur âme,
les formes du corps humain et des animaux ou des plantes de
la contrée environnante, leur matière première à eux. Plus tard,
la mode a été de calquer le tout, aussi bien ces types que ces

---

(1) Observons, en passant, que, principalement destiné d'abord à défendre l'entrée
de l'église contre les Normands ou autres assaillants, le clocher ne servait qu'acces-
soirement à contenir et suspendre les cloches. Puis, par degrés, cette destination
accessoire est devenue principale.

formes ; jusqu'à ce qu'on ait voulu être plus naturel que la nature, plus moyen âge que le moyen âge ; et l'on a abouti, d'une
part, aux sculptures grimaçantes d'un réalisme ignoble, sorte
d'idéalisme retourné, d'autre part aux cathédrales surchargés de
tous les caractères propres au style gothique, mais excessifs
et entassés sur un trop petit espace (1).

VI

En résumé, soit par son but, soit par ses procédés, l'art est
chose essentiellement sociale, éminemment propre à la conciliation supérieure des désirs et au gouvernement des âmes. Mais
une conclusion si vague ne peut nous suffire, et ce sujet est si
complexe que nous demandons à le reprendre pour le serrer de
plus près et aboutir à des idées plus précises. Tout ce qui précède, à vrai dire, n'est qu'un simple préliminaire de ce qui va
suivre.

Tâchons d'abord de mieux préciser les différences entre l'industrie et l'art. Ici, comme partout d'ailleurs (remarque qui
semble échapper à la plupart des évolutionnistes, et dont l'oubli
détourne de leur doctrine nombre d'esprits nets), la continuité
des transitions n'empêche pas la netteté des distinctions. La continuité des nuances, loin d'empêcher la discontinuité des couleurs, la suppose. Quoique l'ingénieur, par exemple, soit toujours
plus ou moins architecte, et l'architecte plus ou moins ingénieur,

(1) L'évolution de l'écriture à partir du dessin est précisément l'inverse de l'évolution artistique, qui a conduit de nos jours au réalisme. On pourrait dire de
l'écriture, comme de l'architecture, qu'elle n'est pas un art d'*imitation*. Mais il est
plus exact de dire qu'elle ne l'est plus. Elle a commencé par être une figuration
exacte, puis abrégée, et de plus en plus dénaturée, des objets et des actes exprimés
par elle. Or, à mesure qu'en devenant hiéroglyphique, elle s'affranchissait de l'imitation des objets et des actes, elle se pliait plus servilement à l'imitation des traits
abréviatifs et conventionnels. Enfin il est venu un moment où elle a été mûre pour
sa transformation phonétique. — Le contraste du droit quiritaire qui décline à
Rome, à mesure que le droit prétorien grandit, peut se rattacher à l'ordre des faits
précédents. Le droit prétorien se modelait sur les besoins de la nature humaine,
types en quelque sorte extérieurs au droit et imposés à l'art du juriste ; et le droit
quiritaire était la conformité littérale à des types *juridiques* du passé. Dans la
période historique qui nous est connue, nous voyons celui-ci reculer devant l'autre ;
mais il est probable que, au contraire, pendant la période inconnue, très antérieure
au droit prétorien, où le droit quiritaire s'est formé, il a dû refouler, en grandissant,
des habitudes de vie barbare plus conformes que lui aux inclinations physiologiques, aux besoins naturels de la race.

et que l'architecture même ne soit jamais qu'un art plus ou moins industriel, il n'en est pas moins vrai que chez l'architecte comme chez l'ingénieur la qualité d'artiste et celle d'industriel diffèrent profondément. — Or, en fait d'art ou d'industrie, n'importe, commençons par distinguer entre les désirs de consommation et les désirs de production. Parlons des premiers.

Il n'est pas, dans la société la plus raffinée, un désir quelconque du public qui n'ait en partie sa source dans les impulsions (1) naturelles ; et il n'en est pas un, non plus, qui s'explique uniquement par elles. A cet égard, il n'y a qu'une différence de degré, importante il est vrai, entre l'industrie et l'art. Un besoin purement naturel, exclusivement formé par l'instinct hérité des parents sans aucune influence sociale de l'exemple, un besoin tel que celui de manger n'importe quoi de nutritif, ou de boire n'importe quoi de désaltérant, dans les limites simplement indiquées par des répugnances ou des prédilections instinctives, peut bien suffire à éveiller l'ingéniosité du sauvage primitif, chasseur ou pêcheur de race, producteur de tout ce qu'il consomme et consommateur de tout ce qu'il produit. Mais, tant que l'individu ne travaille ainsi que pour lui-même, tant que ses besoins naturels, indéterminés en soi, se spécifient indifféremment au gré des circonstances extérieures, l'industrie n'est pas née ni ne peut naître. Elle suppose l'échange, et, par suite, la diffusion plus ou moins générale de certaines formes consacrées que l'usage a fait choisir de préférence entre mille autres que les

(1) Sans doute, la suggestion sociale ne fait qu'imprimer sa direction propre, variable d'après les pays et les époques, à nos penchants naturels ; mais, sans cette direction qui leur permet seule de se réaliser, ceux-ci ne seraient que des tendances impuissantes. Et, quand on analyse de très près un besoin qui paraît naturel, on s'aperçoit le plus souvent qu'il ne serait pas ce qu'il est sans la société ambiante. Par exemple, M. Lenormand nous apprend qu'au xvie siècle, en Italie, la mode était, chez les personnes qui désiraient avoir leur portrait, de le faire couler en médaillon de bronze ou d'autre métal ; « comme c'était chez nous la mode au xviie siècle, de se faire graver son portrait au burin », ou comme, dans l'Egypte antique, on rêvait d'avoir sa statue en granit, ou comme, à d'autres époques, on a la rage de se faire peindre à l'huile. Or il ne faut pas se hâter de dire que, quelle que soit la diversité de ces modes, elles expriment toutes un même besoin naturel, à savoir celui de fixer le souvenir de ses traits corporels. Car ce besoin même n'est qu'une des expressions sociales par lesquelles se traduit et en même temps se réalise le vague besoin, vraiment primitif celui-là, mais bien vague et indéterminé, de conservation individuelle. Tantôt c'est par la poursuite de la gloire, comme chez les anciens, tantôt par une postérité nombreuse, comme en Israël, tantôt par la prolongation de la vie, grâce à l'hygiène, tantôt... etc., que ce besoin se satisfait ou cherche vainement à se satisfaire.

besoins naturels pourraient revêtir. Il n'y a donc point, comme nous l'avons déjà dit plus haut, d'industrie possible si l'imitation née de certaines découvertes ou inventions n'a déjà uniformisé de la sorte les besoins naturels, en faisant qu'ici, par exemple, le besoin de manger est devenu le désir de manger du pain ou du porc, ailleurs le désir de manger du riz, du renne ou de la baleine. Et la grande industrie ne devient possible qu'à partir du moment où cette uniformité, grâce à la mode, qui rompt les barrières locales de la tradition en fait de vêtements, d'objets de luxe et même d'objets d'alimentation, s'est étendue à une vaste région.

Il en est de même de l'art, qui suppose toujours un public et un artiste : un public désireux de voir ou d'entendre des œuvres plastiques, musicales ou littéraires, créées suivant les exigences de son goût momentané, que l'admiration imitative des maîtres anciens a modelé et répandu ; et un artiste plus pénétré de ce goût général qu'il ne le croit lui-même, et cherchant à s'y conformer dans une certaine mesure, même avec l'intention affichée de le réformer. Non seulement le grand art exige ces conditions ; mais l'art le plus individualiste ne saurait s'en affranchir. L'*impressionniste* qui se prétend émancipé de toute influence d'école, ne ferait pas de l'impressionnisme si ce n'était la mode.

Toute la différence à ce point de vue entre l'art et l'industrie est que les désirs de consommation auxquels l'œuvre d'art répond sont bien plus artificiels que les autres, et résultent d'une élaboration sociale bien plus prolongée. Cette différence de degré, dont nous trouverons bientôt la cause dans une différence de nature, est aussi évidente qu'importante. La passion d'entendre des opéras à la Wagner ou de lire des poésies parnassiennes, est évidemment beaucoup moins naturelle, beaucoup plus fabriquée, que la manie de fumer des cigarettes ou de porter des chapeaux noirs. La source instinctive, ici, le besoin de se couvrir la tête ou de prendre des excitants, est ce qui importe, et sa dérivation particulière, grâce à la découverte du tabac et à quelques inventions de papetiers ou de chapeliers, est secondaire ; là c'est la dérivation, c'est l'accumulation séculaire des chefs-d'œuvre, qui est tout, la source est peu de chose. En d'autres termes, ici la *matière*, la *forme* là est la chose principale. — Or, précisément parce que les désirs de consommation ou, pour mieux dire, de contemplation artistique, sont, à plus juste titre encore que les désirs de consommation industrielle, fils de l'imagination inventive ou découvreuse, ils ne sauraient être satisfaits entièrement par les inventions mêmes qui les ont sus-cités. Les désirs que sert l'industrie, façonnés il est vrai par le caprice des inventeurs, jaillissent spontanément de la nature et se répètent chaque jour les mêmes, comme les besoins pério-diques qu'ils traduisent ; mais les goûts que l'art cherche à flatter se rattachent par une longue chaîne d'idées géniales à de vagues instincts, non périodiques d'ailleurs, et ne se reproduisent qu'en se modifiant. L'imagination qui les a fait naître, seule peut les satisfaire ; et, comme tels, ils restent en partie indéter-minés jusqu'au moment où ils se satisfont. En entrant dans une galerie de tableaux, on désire voir des peintures, mais non telle toile déterminée, à moins que ce ne soit pour y découvrir, en la revoyant, comme en écoutant pour la dixième fois une partition, des beautés jusque-là inaperçues. Au contraire, quand on entre dans un magasin, on sait presque toujours au juste l'article dont on a besoin ; et ce n'est pas pour y chercher de nouvelles sortes d'utilités, c'est pour leur demander des services identiques, qu'on achète pour la centième fois les mêmes faux-cols, les mêmes cigares, les mêmes liqueurs. Si, par exception, on entre dans un grand magasin sans savoir nettement ce qu'on veut et avec l'intention de se décider à la vue des marchandises étalées, l'aspect de celles-ci ne fait que réveiller le désir d'ailleurs pré-formé qui lui correspond, ou bien, quand une étoffe, une coupe de vêtement, nous séduisent par leur nouveauté même, que nous ne soupçonnions pas avant de les avoir aperçues, il semble, non sans raison, que ce caprice ait quelque chose d'artistique.

Ainsi, le désir de consommation industrielle *préexiste à son objet ;* et, précisé tout à fait par certaines inventions du passé, il ne demande à son objet que leur réalisation répétée ; mais le désir de consommation artistique *attend de son objet même son achèvement* et demande à des inventions nouvelles que cet objet doit lui fournir la variation des anciennes. Il est naturel, en effet, qu'un désir *inventé* comme son objet ait pour objet aussi le besoin même d'inventer, puique l'habitude de l'invention ne saurait qu'en faire naître et en accroître le goût. On ne doit donc pas s'étonner que, très faible au début de l'histoire, comme nous l'avons montré plus haut, la soif d'innovations en fait d'art ait été se fortifiant et se déployant sans cesse, à mesure que s'accumulaient les chefs-d'œuvre, les idées novatrices du génie. Nous reviendrons sur ce caractère différentiel du sentiment de l'art pour signaler ses effets ; mais auparavant montrons sa cause et son explication physiologique.

Les désirs de consommation, dans l'industrie, tendent toujours, soit à l'absorption ou à la non-déperdition corporelle de certaines substances alimentaires ou stimulantes, dont la forme d'ailleurs importe peu, mais qu'il s'agit d'assimiler ou de maintenir assimilées, éléments de la forme même du consommateur ; soit à l'absorption ou à la non-déperdition corporelle de certaines forces : chaleur, lumière, électricité, qui sont produites ou maintenues par des murailles et des toitures, par des cheminées ou des vêtements ; soit enfin à l'exercice de certaines forces extérieures, naturelles ou artificielles, chutes d'eau, cheval, bœuf, vent, vapeur, en vue de produire des déplacements ou des travaux déterminés, qui, s'ils étaient exécutés à l'aide des seuls organes de l'individu, lui coûteraient une grande dépense de sa force ou de sa substance corporelle, et qui, par suite, la lui épargnent. En ce qui concerne le désir d'être armé, qui ne paraît pas rentrer dans les catégories précédentes, j'observerai que les armes, en tant que défensives, sont simplement des vêtements spéciaux, propres à maintenir intacte, sans perte ni partielle ni totale, la masse et l'énergie du corps ; que, en tant qu'offensives, elles poursuivent indirectement le même but par la mort de l'ennemi mortel, ou bien l'asservissement de l'ennemi devenu esclave ou tributaire et réduit à travailler pour épargner des fatigues à son vainqueur ; des fatigues, c'est-à-dire des pertes de substance ou de force. Que si la guerre a des visées généreuses ou chevaleresques, on peut dire qu'elle est faite pour l'amour de l'art. — En somme, tous les outils ou les produits, et tous les services que l'industrie met à la disposition de son consommateur, peuvent être considérés comme des membres ou des fonctions supplémentaires et facultatifs qui manquent au corps humain, mais que l'esprit humain lui ajoute ou lui ajuste le mieux possible, et qui répondent tous au besoin général de *nutrition*, développé et agrandi par l'effet même de cette extension extérieure de l'organisme.

Tout autres sont les désirs de consommation artistique. Il ne s'agit pas ici de se sentir accrû ou fortifié, ou du moins non diminué ni affaibli corporellement ; il s'agit de se voir *reflété* au dehors, embelli (1) ou accentué, grâce à des couleurs et à des formes, à des sons ou à des rythmes, qui seuls importent dans l'œuvre contemplée ou la matière employée ; et les forces physiques dépensées sont chose accessoire. Il s'agit de se voir reproduit idéalement, non à la lettre, mais avec des variations libres et multiples, propres à raviver, à diversifier le plaisir de se posséder soi-même dans ce reflet imaginaire ; reproduit de toutes manières, soit dans la forme humaine par la sculpture, soit dans les spectacles solennels ou familiers de la vie humaine, par la peinture historique ou de genre, soit dans la destinée humaine réelle ou possible par la littérature et la poésie, soit dans les richesses ou les profondeurs du sentiment humain par la musique. Même quand il peint des paysages ou des animaux, l'artiste cherche à évoquer les souvenirs et les émotions de son public, à lui remettre sous les yeux quelque chose de lui-même, et n'espère lui plaire que par la vertu de cette reproduction. Même quand il frappe des monnaies, — l'une des plus vieilles industries artistiques, — non seulement il y grave l'effigie des rois ou les légendes des dieux conçus à l'image de l'homme, mais encore il faut qu'il y distingue deux côtés inégaux, une *face* et un *revers*, dualité fondamentale en numismatique. Même quand il élève des temples ou des palais, il reflète l'homme, non seulement par cette symétrie des formes architecturales visiblement inspirée de la symétrie des corps vivants et animés dont l'homme fait partie, mais encore et surtout par le caractère simple, logique, abstrait, de ces lignes pures où se mire admirablement ce qu'il y a de plus humain dans l'homme, la raison.

Se mirer ainsi en soi-même, mais en soi-même multiplié et multiforme, idéalisé et transfiguré ; s'admirer soi-même et s'aimer ; tel est le plaisir que procure l'art, soit à l'artiste, soit à son public. L'œuvre d'art n'est pas un organe artificiel ajouté à

(1) Embelli : aussi l'artiste choisit-il pour modèle à chaque époque ce qu'elle admire le plus. On s'explique ainsi pourquoi c'est en vieillissant que l'art grec s'attache de préférence à reproduire dans sa sculpture et sa peinture les formes adolescentes, comme dans sa poésie les passions juvéniles. Dans sa première jeunesse, à l'inverse, l'art, hiératique et respectueux, ne chantait, ne peignait, ne sculptait d'habitude que des figures vénérables, des vieillards divins.

l'individu ; elle est, qu'on me passe l'expression, une maîtresse
artificielle, imaginaire. Elle ne répond pas à un besoin, mais à un
amour. L'art se rattache donc, mais en un autre sens que plusieurs l'ont pensé, à l'instinct de reproduction, comme l'industrie
a ses racines dans les fonctions physiologiques de nutrition. Ce
n'est pas que l'art s'inspire exclusivement de l'amour, malgré
leurs affinités profondes, toujours de mieux en mieux senties,
mais il joue socialement le même rôle que lui.

Or, bien que la nutrition, la croissance, puisse être regardée
comme une reproduction interne, et la reproduction comme une
croissance extérieure de l'individu, malgré l'origine commune
de ces deux sortes d'activités, il n'en est pas moins vrai que,
développées, elles sont inverses l'une de l'autre. L'une est
l'égoïsme même en action, et l'on ne doit pas s'étonner de voir
son extension sociale, l'industrie, imprimer aux civilisations où
elle donne le ton un caractère éminemment utilitaire. L'autre est
le germe premier de la sympathie, dont l'art, et puis la morale,
sont l'épanouissement. — En second lieu, autant les besoins de
nutrition sont constants, réguliers, périodiques, et se reforment
d'eux-mêmes spontanément sans avoir besoin d'être provoqués
par la vue des objets propres à les satisfaire, autant les désirs de
reproduction ont d'irrégularité et dépendent des rencontres qui
les provoquent. Ces désirs intermittents, variables, *nés de la
découverte de leurs propres objets*, on les appelle amours. Et
l'on s'explique à présent pourquoi l'art a soif de rénovations ou
de variations incessantes. Rien de plus fixe en nous que les
besoins proprement dits, rien de plus élastique au contraire que
la faculté d'aimer : une femme trouvée sur notre chemin suffit à
nous révéler des avidités de cœur dont nous pensions naguère
être à tout jamais incapables ou guéris. Mais l'amour, n'est-ce
pas essentiellement confiance et foi, et, dans le désespoir même,
illusion d'une plénitude de bonheur possible ? Eh bien, le privilège de l'art est de susciter en nous des sentiments qui jouent
dans la vie et la logique sociales précisément le rôle de l'amour
dans la vie et la logique individuelles. Le sentiment de l'art est
un *amour collectif* et qui se réjouit d'être tel. Quand un homme
est épris d'une femme qu'il sait aimée par d'autres, il souffre de
ce partage ; mais chaque spectateur qui admire un tableau,
chaque auditeur qui applaudit un poème, est heureux de voir

son admiration partagée. — L'art est la joie sociale, comme l'amour est la joie individuelle.

Un autre caractère du désir de consommation artistique, c'est qu'il est éprouvé par le producteur lui-même. L'artiste cherche à flatter son goût propre et non pas celui de son public seulement. En même temps qu'il est le père idéal de son œuvre, il en est l'époux mystique, comme le spectateur ou l'auditeur qui s'unit à elle en une sorte d'hymen spirituel par la vue et l'ouïe, et non par les bras et le toucher. Il n'en est jamais de même dans l'industrie, où le tailleur ne fait pas des habits pour les endosser ni le cordonnier des bottines pour les mettre à son pied. Et cette remarque nous conduit à nous occuper un peu, maintenant, des désirs de production artistique ou industrielle.

VII

Résumons-nous d'abord. Les désirs de production, en fait d'industrie, ont pour objet, disons-nous, la satisfaction de désirs de consommation préexistant déjà, tout formés soit physiquement soit socialement, de besoins grossiers ou raffinés, qui sont ressentis par le public, non par le producteur. En fait d'art, ils ont pour objet la satisfaction de désirs de consommation que l'œuvre elle-même contribue à préciser et déployer, non pas de besoins, mais d'amours de nature essentiellement psychologique et sociale, que l'artiste éprouve comme le public. Cette différence n'empêche pas une analogie profonde qui importe beaucoup au point de vue de notre logique. Soit artistique, soit industrielle, — à un degré très inégal, il est vrai, — la production est par elle-même un plaisir spécial dont la recherche (comme nous le savons déjà en ce qui concerne l'industrie) a ce privilège, d'unir les hommes au lieu de les diviser. La consommation les divise au contraire, même en fait d'art, bien qu'infiniment moins qu'en fait d'industrie. On peut dire que les gens se disputent les billets de concerts ou les bonnes places au théâtre, le spectacle privilégié des beaux monuments vus de leur fenêtre, ou les belles peintures, comme ils se disputent les champs de blé, les troupeaux et les maisons. Mais, comme, dans le plaisir éprouvé par chacun des consommateurs d'art, le plaisir semblable d'autrui entre pour une large part, et qu'en général ce genre d'agrément se double en se partageant, l'égoïsme des convoitises est ici singulièrement tempéré par la sympathie des jouissances. En outre, le désir de consommation artistique a cela de particulier d'être bien plus vif encore, et la joie qui le suit plus intense, chez le producteur lui-même que chez le simple connaisseur. En cela, l'art diffère profondément de l'industrie. Et il s'ensuit que le sentiment de l'art tend à se développer dans les mêmes milieux, et dans la même mesure, que l'activité artistique, tandis que les besoins de consommation industrielle peuvent fort bien s'accroître précisément dans un pays de paresseux, dans une classe désœuvrée, sans y être joints à un accroissement correspondant de l'activité industrielle. En fait d'art, la distinction entre la production et la consommation va perdant de son importance, puisque le progrès artistique tend à faire de tout connaisseur un artiste, de tout artiste un connaisseur. En fait d'industrie, elle devient chaque jour plus importante, puisque, de plus en plus, le producteur et le consommateur font deux, et qu'on ne voit pas les boulangers travailler pour les boulangers, et les maçons pour les maçons, comme on voit les musiciens composer leurs œuvres de prédilection pour des musiciens, les peintres pour des peintres, les poètes pour des poètes.

Toute profession, même industrielle, il est vrai, retient son ouvrier par un certain plaisir attaché à son labeur spécial; mais ce plaisir, qui facilite le devoir professionnel et favorise la paix sociale, a toujours quelque chose d'esthétique, et, en tout métier où nous le rencontrons, nous sommes sûrs qu'il existe de l'art mélangé à diverses doses. L'ouvrier, surtout l'ouvrier primitif, se plaît, dans une certaine mesure, à fabriquer des sabots, à tailler des pierres, aussi bien qu'à sculpter des bâtons de commandement ou des crosses d'évêques; et, si dégoûté qu'il soit de sa besogne, il est rare qu'il ne l'accomplisse pas en partie par *amour de l'art*, en vertu d'un reste de goût qu'il a pour elle. Chez les paysans, l'attachement de cœur aux travaux agricoles est manifeste; chez les soldats, souvent, l'enthousiasme militaire. Les artisans du moyen âge donnaient un spectacle pareil; et il y a encore force ateliers où la gaieté du travail n'en est pas le moindre salaire. L'idéal d'une société serait

qu'un tel exemple fût universellement suivi. Est-ce impossible?
et le rêve de Fourier sur le travail attrayant n'est-il qu'une puérilité ? Je ne le pense pas. En tout cas, une société où chacun
commence à se dégoûter de sa profession est en train de se
dissoudre; et, à l'inverse, un pays devient fort et grand quand
chaque citoyen s'y livre à sa tâche propre avec un attrait toujours croissant. La fameuse harmonie des intérêts, trop célébrée
par les optimistes, n'est en effet une vérité que s'il s'agit des
habitudes et des goûts en vertu desquels le travailleur s'intéresse, avec désintéressement, pour ainsi dire, à sa besogne
artistiquement considérée.

Par malheur, à mesure que grandit l'industrie armée de ses
puissantes machines, dont l'effet est de rendre machinal lui-
même le travail des ouvriers leurs serviteurs, les tâches industrielles perdent le caractère attachant qu'elles ont pu avoir dans
le passé ; les devoirs professionnels ne sont plus sentis que
comme des douleurs ou des ennuis, et le côté esthétique des
métiers s'efface. Alors, que voyons-nous? La soi-disant harmonie des intérêts, telle qu'on l'entend, tombe et nous démasque
cette hostilité profonde, terrible, qui nous menace de révolutions sans merci. — Cependant, cette situation est-elle sans
remède? Non. Si les transformations gigantesques de l'industrie
ont fait perdre au travail son charme attrayant, elles ont
diminué encore plus son poids fatigant, propre à exercer le
muscle aux dépens du nerf et à *bestialiser* l'homme. Mieux
vaut encore le rendre machinal que bestial, car la machine est
une œuvre humaine et spirituelle avant tout. Et, de fait, une
activité machinale se concilie fort bien avec une haute spiritualisation, tandis que l'homme grossier et robuste à l'excès est
incapable d'effort mental. C'est le progrès des machines qui
pousse les campagnes vers les villes. Or, je sais les dangers de
ce mouvement ; mais, en somme, cette hypertrophie des cités
et cette anémie des bourgs, ce développement de la vie urbaine
et ce déclin de la vie rurale, n'est-ce pas le développement du
système nerveux aux dépens du système musculaire ? — Rien
de plus favorable, certes, que cette transformation capitale des
tempéraments à l'épanouissement artistique d'une race. Et
comme, en même temps, le progrès industriel laisse au travailleur plus de temps libre, on voit que, par ces deux côtés à la

fois, la grande industrie présage au grand Art une nouvelle ère inespérée. Il n'est pas jusqu'à l'aridité croissante des travaux qui ne concoure au même but. Si jadis, en effet, chacun se faisait un art de son métier même, en sorte qu'il n'avait nul besoin de loisirs en dehors de son métier, aujourd'hui les métiers, en devenant plus ingrats, mais aussi moins absorbants, forcent l'ouvrier à chercher d'autres sources de jouissances esthétiques toutes pures, dont ils lui laissent le loisir. Donc, après s'être confondus, l'art et l'industrie tendent à s'épanouir séparément ; mais cela reviendra au même, ou plutôt cela vaudra mieux ; et la vertu pacifiante de l'art (quand l'ouvrier, l'ayant goûté, l'aura préféré à l'alcoolisme) étendra sur tous la résignation au labeur aride et bienfaisant dont il remplira de fleurs pures les intervalles.

Alors, de l'excès même de l'industrialisme peut-être sortira le remède au mal. Jamais l'armure des chevaliers n'avait été si compliquée qu'au moment où elle allait devenir inutile par suite du progrès des armes à feu, au xvie siècle. Peut-être en sera-t-il de la complication de nos besoins de luxe comme il en a été de la complication des armes défensives. Pendant longtemps, le casque suffit ; puis, le *besoin* de défendre la poitrine se fit sentir ; ensuite, le besoin de couvrir les jambes, les bras, les mains ; d'où le *coudier*, la *genouillère*, le *gantelet*, etc., jusqu'à ce qu'enfin le poids de ces utilités les ait rendues fort gênantes, avant même que le perfectionnement des arquebuses et des canons les ait rendues superflues. — Eh bien, l'homme s'est défendu contre les intempéries extérieures, contre la faim et la soif, contre tous les obstacles quelconques opposés à la réalisation de ses désirs, à peu près comme il s'est défendu contre les flèches et les lances ennemies. Une précaution prise a fait naître l'idée d'en prendre une autre, et ainsi de suite à l'infini. Mais la satisfaction de tous ces besoins si compliqués suppose l'activité ininterrompue d'innombrables usines, fabriques, manufactures, d'un peuple d'ouvriers adonnés à leur labeur sans fin. Or, le temps n'est-il pas proche où, plus fort que tous ces besoins entassés et factices, le besoin de loisirs et de paix esthétique d'esprit se fera jour et leur fera échec ? Toutes les grandes civilisations s'achèvent par une éruption d'art. La nôtre seule ferait-elle exception ?

VIII

Après avoir ainsi étudié les différences caractéristiques qui existent entre l'Industrie et l'Art, au point de vue des désirs de consommation et de production qui leur sont propres, revenons aux caractères distinctifs de l'œuvre d'art considérée en elle-même et tâchons d'en faire dériver la loi de l'art, la raison d'être de ses phases et de ses formes. Un mot suffira sur la suite de ses phases. Nous avons dit que les besoins, soit de consommation, soit de production, auxquels cette œuvre répond, sont des sortes d'amours artificiels, c'est-à-dire des besoins non périodiques mais accidentels, des besoins qui ne jaillissent pas du cœur tout armés pour courir à leur objet, mais que leur objet même engendre ou achève, et qui, nés d'une rencontre imprévue, exigent un imprévu perpétuel pour vivre. Nous avons dit aussi que, comme l'objet de l'amant est un être semblable à lui, mais plus beau au complémentaire, où il apprend à se mieux connaître et à se compléter en se reflétant, de même l'œuvre d'art est toujours le miroir révélateur et transfigurant de l'artiste, et l'art l'image idéale de sa société. — Ces deux caractères réunis nous expliquent pourquoi tout art à la fin s'épuise et décline ; car le second circonscrit étroitement le champ où la richesse de variations exigée par le premier peut être moissonnée ou glanée avec bonheur. Tout art croît et tout art meurt, comme tout amour, et pour la même cause. L'amour, même le plus fixé, est toujours inquiet, parce qu'il consiste essentiellement en une rupture d'équilibre et que le choc originaire d'où il est né, la troublante apparition d'une beauté inattendue, a besoin d'être reproduit par une suite de petites découvertes, à défaut desquelles s'arrêterait vite cette heureuse perturbation. Sa fidélité n'est qu'une inconstance contenue dans les limites d'un objet unique. Tel est le culte passionné d'un peuple pour certains types d'art, appelés classiques, que le hasard des idées de génie lui a fait rencontrer et que leur conformité avec son âme nationale lui a fait applaudir entre tous. Ce culte a beau être enraciné, la nécessité de varier indéfiniment et de compliquer ces thèmes consacrés ne s'impose pas moins aux artistes et aux écrivains. Le public des théâtres ou des expositions de tableaux n'aime son théâtre national, sa peinture nationale, qu'autant qu'il y trouve chaque jour une pointe nouvelle d'étrangeté ; et le dramaturge, le peintre, ne s'est passionné lui-même pour son œuvre au cours de sa composition que parce qu'à chaque instant de nouvelles idées lui sont venues, vignettes harmonieuses et originales de son texte. Mais le trésor de modulations cachées dans un thème artistique, dans une beauté féminine, n'est jamais inépuisable ; et de là vient fatalement la corruption du goût, la dégénérescence de l'amour, malgré les raffinements inutiles auxquels l'un et l'autre recourent pour se ranimer, — à moins qu'un nouvel amour ne surgisse, à moins que de nouvelles formes de l'art n'éclosent à temps de quelque puissante imagination. — D'ailleurs, un amour qui changerait sans cesse d'orientation, qui se nourrirait d'objets toujours nouveaux au lieu de rechercher le renouvellement d'un même objet, s'épuiserait bien plus vite encore, et déploierait moins largement la capacité d'aimer qu'un amour fidèle. Pareillement, pour parvenir à sa plénitude, le goût esthétique ne doit pas être trop changeant ; il a besoin d'arrêter sa course pour labourer et ensemencer son domaine.

On voit, du même coup, pourquoi les industries ont la vie incomparablement plus dure que les arts. Elles peuvent, elles, se propager indéfiniment par la seule vertu de l'imitation et vivre ainsi sur un fonds non renouvelé d'inventions anciennes ; mais les arts, je le répète, ne sauraient ni croître ni durer même sans être constamment ragaillardis par de nouvelles inventions. Depuis des milliers d'années, la Chine, le Japon, la Perse, ont pour toute richesse un legs primitif de découvertes industrielles, qu'ils exploitent sans y rien ajouter et néanmoins sans un alanguissement sensible de leur travail. En Europe aussi, on a vu, pendant des siècles, l'industrie du tisserand, du boulanger, du sellier, du forgeron, etc., se développer incessamment sans perfectionnements notables apportés aux procédés des aïeux. Dans notre siècle même, ne voyons-nous pas s'étendre et se compliquer d'année en année, avec une vitesse extraordinaire, le réseau des chemins de fer, quoique, somme toute, ce genre de locomotion soit demeuré, à peu de chose près, ce qu'il était déjà, il y a trente ou quarante ans ? En tout cas, les modifications qu'on y a apportées n'ont-elles été qu'un

bien faible stimulant de cette contagion imitative si accélérée.
— Au contraire, voyez combien toutes les branches de l'art à
notre époque, même celles qui ont commencé à pousser il y a
peu de temps, par exemple le roman historique, le mélodrame,
la peinture de paysage, la musique à la Rossini, à la Gounod, à
la Wagner, sans parler des vieux genres, tragédie, peinture
religieuse, poésie lyrique, épopée, musique du XVIIIe siècle,
donnent des signes manifestes de dessèchement! On imite de
plus en plus les maîtres, on réédite les inventions magistrales,
mais mollement, sans foi ni flamme, car une idée artistique est
d'autant moins parfaite qu'elle est imitée davantage, à la différence des idées industrielles ; et si, grâce au soulèvement de
nouvelles couches du public, qui viennent s'asseoir au banquet
élargi de l'art, ces rééditions déguisées peuvent se donner pour
originales, et obtenir un succès tout industriel, leur succès
vraiment artistique est de moins en moins marqué. Cependant
on ne saurait dire que nos artistes, nos littérateurs, nos poètes
ont cessé d'être inventifs. Ils brodent avec un grand luxe de
variations imaginatives les formes créées par le génie. Mais il
paraît que l'attisement de l'art obtenu par ces petites inventions
ne suffit pas à lutter contre l'indifférence croissante du public
d'élite. On dirait que l'accroissement de la population artistique
(productrice), comme celui de la population en général, se
heurte à l'obstacle de Malthus ; il tend à marcher plus vite que
ne s'accroît la fertilité du champ de l'imagination, sol spécial
travaillé par ce peuple spécial. Et, pour prévenir les suites
fâc heusesde ce désaccord, à savoir la famine imaginative des
artistes et des écrivains, on peut se demander quelle *contrainte
morale* devra être un jour exercée.

La condamnation à la vieillesse et à la mort : tel est donc
l'arrêt fatal qui pèse sur toutes les formes de l'art, tel est le triste
privilège qui le distingue des industries, et des autres œuvres
sociales, comme un privilège analogue caractérise les êtres
vivants et les met à part des êtres chimiques ou astronomiques,
molécules ou systèmes stellaires. L'art ne jouerait-il pas dans
le monde social le même rôle que la vie dans le monde naturel ?
Les métiers, les gouvernements, les religions périssent, certes,
même les mieux établis, mais c'est par suite de quelque choc
extérieur, inévitable d'ailleurs un jour ou l'autre, à savoir par la

rivalité d'un métier nouveau, d'un système gouvernemental ou d'un dogme religieux jugés préférables ; ils ne portent pas en soi les causes de leur destruction, à bref délai. Ou, quand ils se suicident, c'est, une fois installés, pour avoir voulu se donner le luxe d'une variation qui leur est toujours dangereuse, au lieu de se borner à une répétition uniforme et *machinale*. Mais l'art ne meurt pas seulement, il se tue ; et, s'il vit quelque temps, ce n'est qu'à la condition de se diversifier sans cesse. Il en est de même de la vie. Pendant que les astres gravitent et que les molécules ondulent avec un air de régularité imperturbable jusqu'aux rencontres accidentelles qui rompront sans doute dans la suite des temps ces monotones périodicités ; pendant, même, que les types organiques abstraitement considérés (1) comme des équilibres mobiles de pareille sorte, semblent non moins stables en eux-mêmes, non moins susceptibles, dans un milieu non changeant, de durée indéfinie, l'être vivant, lui, est voué à la mort dès le berceau, comme si, les variations originales qu'il apporte au monde étant son unique raison d'être, il était forcé de se renouveler pour vivre jusqu'à épuisement complet et prompt de son originalité.

On m'objectera peut-être que les œuvres dites classiques ont, en tout pays, ce privilège de reluire toujours d'un éclat nouveau après les rayonnements plus vifs, mais passagers, qui de temps à autre les éclipsent. Je ne le nie pas ; et ce fait serait bien de nature à faire imaginer que certaines œuvres, par leur accord singulier avec le fond peu changeant d'une race, d'une nation ou d'une civilisation, sont comparables à certains procédés industriels, par exemple la fabrication du pain ou la construction des murailles, qui, répondant parfaitement à des besoins primitifs, très simples et très permanents, sont destinés à être d'un emploi perpétuel, — ou bien à certaines formules scientifiques, la loi de l'attraction newtonienne, notamment, qui, exprimant l'ajustement le plus parfait possible de l'esprit humain, du langage humain, à la réalité extérieure, sont pareillement destinés à se répandre par les progrès de l'instruction

(1) Les outils, les procédés de l'industrie, passent et se remplacent, mais les besoins auxquels ils répondent demeurent toujours : besoin de s'alimenter, de se vêtir, de s'abriter, etc. Au contraire, les besoins supérieurs et artificiels, vraiment sociaux, auxquels répond l'art, passent et s'en vont, mais les types artistiques restent, et servent ensuite à d'autres fins. En cela encore l'art ressemble à la vie.

aussi longtemps que le cerveau de l'homme persistera avec ses traits spécifiques. Mais cette remarque n'ôterait rien à la vérité du contraste signalé plus haut entre l'industrie et l'art. C'est, en effet, grâce à l'engoûment momentané, mais sans cesse renouvelé, pour des œuvres d'actualité, que l'admiration du public pour son art classique se retrouve jeune et fraîche, dans la mesure (assez faible d'ailleurs) où elle est sincère. Supposez que, depuis l'apparition de Phèdre, du Misanthrope, de Télémaque, des Caractères de la Bruyère, de la Flûte enchantée, la production artistique, en fait de tragédies, de comédies, de romans, d'observations morales, d'opéras, se soit tout à coup arrêtée : pense-t-on que le goût pour ces anciennes compositions serait maintenant aussi général qu'il l'est — ou qu'il semble l'être ? Certainement non. Loin de nuire à l'éclat de leurs célèbres devanciers, les successeurs de ces grands artistes ont alimenté sur l'autel de leur tombe le feu sacré de la gloire inextinguible. Ils leur ont prêté, par contraste, un air nouveau, ou les ont révélés sous un nouveau jour. C'est dans l'intérêt des classiques que les romantiques ont travaillé, que les *naturalistes* et les *symbolistes* mêmes travaillent. Ceux-ci sauvent ceux-là de l'affadissement du goût général. Il n'a donc pas fallu moins de mille innovations tragiques, comiques, romanesques, littéraires, musicales, pour préserver d'un prompt et irrémédiable épuisement le rayonnement imitatif des inventions anciennes, même classiques, dans le domaine de ces divers arts. Mais en est-il de même des inventions industrielles ? Nullement. N'eût-on pas inventé la brioche, le pain n'aurait pas laissé d'avoir le même succès. Bien mieux, au lieu de favoriser la propagation des anciens procédés de tissage, de locomotion, d'éclairage, etc., l'invention de la *mull-jenny*, de la locomotive, de la lampe modérateur ou à pétrole, a relégué aux oubliettes ce legs vénérable du passé.

On pourra m'objecter encore la quasi-pérennité, presque sans modifications, de certaines formes de l'art très antiques. J'ai plus haut signalé ce caractère de l'art égyptien et chaldéen. — Mais le moment est venu de dire que tous ces arts primitifs, y compris même celui de la Grèce jusqu'à une époque avancée, et comme nos arts du moyen âge, ont été des combinaisons très stables, de simples combinaisons pourtant, où l'art proprement dit se

trouvait engagé et d'où il n'a pu se dégager qu'à la longue. Au
lieu de s'y créer son propre but à lui-même, suivant son essence
propre, il y poursuivait des buts imposés par la religion ou la
politique (glorifier le dieu ou le roi, éterniser la forme du mort
en vue de la vie posthume), et toute sa valeur consistait presque
dans sa haute utilité mystique ou dynastique, à peine dans son
charme indépendant, ressenti à la dérobée. La grâce d'une Cybèle
ou même d'une Vénus miraculeuse importait peu au dévot de
l'antiquité. L'art, asservi de la sorte et mélangé aux croyances
ou aux institutions sacrées d'une nation, participait donc à leur
immutabilité relative. Mais il tendait à s'affranchir, quoique,
devenu libre, il aspire à s'appuyer de nouveau sur plus fort que
soi. Ces arts religieux ou politiques d'autrefois étaient comparables aux arts industriels de nos jours, et offrent à l'esthéticien
le même sujet d'études. — Il s'agit cependant d'extraire de ces
combinaisons diverses, l'élément artistique pur, et de montrer
ce qu'il est. C'est ce que nous venons d'essayer, c'est ce que
nous allons tenter encore.

IX

Passons, en effet, maintenant aux formes de l'art pur et à leur
explication. Nous dirons, avant tout, que, quelle que soit sa
forme, le propre de l'œuvre d'art est d'être *intéressante*. Le produit de l'industriel peut présenter accidentellement, involontairement, de l'intérêt ; mais jamais le but du constructeur n'a été
d'intéresser. Aussi est-ce seulement par hasard que *sa vue* peut
suffire à répondre aux points d'interrogation qu'elle pose à
l'esprit. En général, il faut démonter une machine pour la comprendre à fond. D'ailleurs, même quand elle répond à la curiosité
qu'elle suscite, l'œuvre industrielle n'offre d'autre intérêt que la
solution d'un problème ; et la source de l'intérêt propre à l'œuvre
d'art est plus complexe. Celle-ci intéresse d'abord comme problème résolu, comme difficulté vaincue, mais aussi comme
expression fidèle et réussie de nous-mêmes. A cet égard, on peut
dire qu'elle est un jeu, et que les jeux sont intéressants de la
même manière. Effectivement les jeux ont été, avec les contes et
les autres récits d'imagination, les premiers arts purs. Les

échecs, l'un des plus anciens jeux (1), outre les surprises qu'ils
nous ménagent, sont une image de la vie militaire, une suite de
sièges, de combats d'infanterie et de cavalerie. Il en est de même
de tous les jeux d'enfants, calques réduits des luttes humaines.
On sait que les quatre couleurs de nos cartes ont commencé par
exprimer des armées différentes, en sorte que leurs jeux étaient
des combats simulés. Ce caractère représentatif des jeux s'efface,
il est vrai, à mesure que les arts se développent; mais à l'époque
très reculée où ils étaient tout l'art, il était beaucoup plus
marqué. Il ne l'est que trop dans les combats de gladiateurs. Et,
de fait, l'art est un jeu, mais un jeu sérieux et profond, comme
l'amour. On peut donner quatre sources distinctes à l'évolution
historique des beaux-arts : la cérémonie, si bien étudiée par
Spencer, le culte (surtout funéraire), la parure (masculine ou
féminine), et les jeux. Il n'est point d'art où l'on ne puisse
aisément remarquer le vestige de l'un⌐ ⌐e ces provenances.
Mais la plus certaine, à mon sens, ou la plus pure, est la dernière. Aussi tout peuple artiste a-t-il été gai et voluptueux,
encore plus que formaliste, mystique ou fat. L'art, avant tout,
est né du loisir et du plaisir. Il est la poursuite d'un charme
neuf et inattendu qu'une âme ou une société se crée à elle-
même pour se donner l'agrément de l'aimer, ou plutôt elle est la
poursuite de son ombre qu'elle projette transfigurée au-devant
de ses pas. On conçoit que le vide et la vanité décevante de cet
amour décident l'art émancipé à rechercher encore ou à regretter
la direction de ses premiers maîtres et à redevenir volontairement mystique, patriotique, ou à se faire scientifique et com-
mercial, pour soutenir d'un appui robuste sa fragilité apparente.
Mais cette vigne est peut-être plus vivace que son ormeau, ce
lierre plus durable que sa tour.

Toute œuvre d'art, disons-nous, est intéressante. On le
contesterait à tort, en demandant, par exemple, quel genre
d'intérêt présente un beau monument, une belle ouverture
d'opéra, une statue, un paysage. Est-ce que l'audition de cette
ouverture, la vue de cette statue, de ce monument, de ce tableau,

(1) L'antiquité des jeux est prodigieuse. Dès le Moyen-Empire Égyptien, on connaissait non seulement les échecs, mais les dames, la toupie, les poupées, les pan-
tins, les balles ; ajoutons sur la même ligne (car le lien des arts et des jeux est ici
manifeste) la musique et la danse.

n'intéresse pas, ne passionne pas la curiosité du peintre, du compositeur, du poète, de l'architecte, presque au même degré, et, comme nous le verrons, de la même manière au fond, que la représentation d'une pièce de théâtre ? C'est que ces artistes ont conscience des difficultés que leur confrère est parvenu à résoudre dans l'œuvre étudiée par eux. Ils se placent au point de vue des problèmes qu'il s'est posés, ils assistent au travail douloureux d'abord, puis triomphant, de son imagination. Alors ils admirent. Leur admiration finale n'est que leur applaudissement intérieur à un beau dénoûment dont l'artiste, leur rival, est à la fois l'auteur et le héros. J'entre dans une cathédrale, et je dis froidement, moutonnièrement à vrai dire, moi qui ne suis pas du métier : Elle est belle. Si j'avais vécu au xviiie siècle, j'aurais trouvé cela fort laid ; c'était la mode. Et qui avait mis à la mode ce faux jugement ? Des architectes qui, ayant d'ailleurs étudié et compris à fond les monuments grecs et romains et s'étant par suite intéressés aux problèmes spéciaux résolus par ceux-ci, avaient passé devant les édifices du moyen âge sans daigner les examiner et les avaient jugés indignes d'attention ; à peu près comme les prédécesseurs de Champollion, habitués à notre alphabet, jugeaient, en passant, les hiéroglyphes inintelligibles et insignifiants. Mais, depuis qu'une nouvelle génération de chercheurs a trouvé la clé de ces merveilleuses constructions, depuis que l'anatomie de leurs organes, voûtes, arcs-boutants, rosaces, etc., a été mieux connu, qu'on a vu en eux aussi des réponses neuves, des réponses de génie, à des problèmes nouveaux posés par les besoins de leur temps, on a commencé à les admirer à leur tour ; et cette admiration, contagieuse parce qu'elle était sincère, profonde et motivée, a été la vraie source du plaisir spontané et irréfléchi que le premier venu trouve maintenant à regarder les grandes œuvres du xiie siècle avant même de les avoir comprises.

C'est donc, en définitive, à cette source qu'il nous faut remonter ; et, au lieu de chercher au plaisir esthétique je ne sais quelle explication entortillée, il convient de l'expliquer avant tout par l'intérêt, par la curiosité du critique intelligent qui, à travers l'œuvre, voit toujours l'opération, à travers le mouvement la conception, à travers l'ode l'inspiration, qui se passionne au spectacle des combats de l'artiste contre lui-même,

G. TARDE.

contre ses désirs que d'autres désirs surmontent, contre ses préjugés que ses lumières dissipent, et qui, à chaque triomphe, dit: Bravo ! intérieurement, comme les dames applaudissent dans un tournoi à chaque beau coup d'épée. — Philosophiquement, esthétiquement, donc, l'admiration ou la réprobation du public pour une œuvre d'art ne compte pas. Ses applaudissements ou ses sifflets ne sont que l'écho inconscient d'applaudissements ou de sifflets tout autrement importants qui, après réflexion, après un déchiffrement laborieux, curieux, intéressant, des procédés de l'artiste, de ses découvertes, de ses ingéniosités, sont partis d'un petit coin du monde où un spectateur obscur, libre et attentif, regardait.

L'unité de l'œuvre d'art, par suite, consiste simplement dans l'accouplement d'une question et d'une réponse, d'un problème et de sa solution, d'un combat et d'une victoire. Toute phrase, musicale ou parlée, est une *onde* qui a son ventre et son nœud, qui s'élève et redescend. Elle fait un tout, parce qu'elle commence par exciter la cusiosité, et ensuite la satisfait, parce qu'elle est la rupture puis le rétablissement d'un équilibre intérieur. Or tout est *phrases* et *ondes* dans un art quelconque ; et leur ensemble est lui-même une onde complexe, une période. — Ces *touts partiels*, ces unités élémentaires qui composent le *tout total* de l'œuvre d'art, où les trouvons-nous en peinture ? C'est bien simple. Chaque objet distinct, arbre, animal, rocher, fleuve, personnage, ou bien chaque groupe d'objets pareils, indistincts séparément, joue dans un tableau un rôle comparable à celui d'un motif dans une mélodie, ou d'un strophe dans une pièce de vers. Chacun de ces êtres ou de ces groupes d'êtres, en effet, est peint de manière à attirer *un certain degré* d'attention et à la satisfaire complètement *dans la mesure* où elle a été excitée. Voilà pourquoi la plus simple silhouette de la moitié ou du quart d'un personnage épisodique est, à mon sens, un tout partiel, une phrase incidente complète en soi, quoique secondaire. A mesure que la peinture progresse, elle distingue mieux les plans, c'est-à-dire étend et précise davantage l'échelle des degrés d'attention dont elle dispose et qu'elle distribue entre les parties de ses œuvres, de même que le progrès du langage établit des distinctions chaque jour plus nettes et plus étendues entre les propositions principales et incidentes. L'architecture aussi a ses phrases ; elle pose et doit poser au spectateur ces questions :

« Qu'est-ce que cela ? Temple, palais, caserne ? A quoi bon ? »
Il faut que la réponse se trouve écrite sur la façade, sur l'extérieur de l'édifice, toujours divisé en parties distinctes, ouvertures, chapiteaux, fûts, moulures, etc. Seulement, si la netteté
symétrique des phrases est ici plus marquée que dans un tableau,
leur variété est infiniment moindre. Par sa dyssymétrie ou sa
symétrie voilée, par son abondance instructive et souple, la peinture est comparable à la belle prose ; l'architecture répondrait
plutôt à la versification. Quant à la sculpture, rien de plus
simple. Chaque statue est une phrase unique, une pensée
détachée. De là peut-être la stérilité relative de cet art, de même
que celle du genre aphoristique, et leur résistance commune aux
efforts faits pour les renouveler.

N'est-ce pas abuser de la métaphore, me dira-t-on, que d'assimiler une femme portant une cruche dans un tableau du Poussin,
ou une tête du Corrège, à un motif de Mozart ? Non, rien de plus
comparable. Les objets naturels représentés par le peintre sont,
répétons-le, des variations de types naturels, de *thèmes* que le
peintre n'a pas inventés, il est vrai, mais qu'il s'approprie en les
variant, puisque leur seule raison d'être est d'être variés. Le
mérite éminent du musicien est de créer ses propres thèmes à
lui, au lieu de se borner à diversifier des modèles extérieurs. Du
fond de son âme, il tire ces créatures idéales, ces nouvelles
espèces musicales qui surprennent et ravissent son auditoire
autant que l'apparition d'une flore nouvelle émerveille le voyageur. Mais de ces thèmes aussi il est vrai de dire qu'ils ont pour
fin essentielle leurs propres modulations. Voilà pourquoi l'artiste
qui les crée leur dit toujours : Multipliez-vous, et les diversifie
lui-même en les reproduisant plusieurs fois au cours de son
œuvre. N'est-il pas vrai que toute belle mélodie aspire à être
répétée et renouvelée, comme toute forme vivante ? Et pourquoi
cela, sinon parce qu'une belle mélodie, comme un type organique, est un accord, un trouble et un apaisement spécial du
désir, une curiosité spéciale suscitée et assouvie ?

X

Toute œuvre d'art est donc intéressante ; mais son intérêt est
double. Une ode, une élégie, une pièce de vers quelconque, inté-

resse d'abord par la curiosité d'apprendre, par exemple, comment l'auteur s'y prendra, pour concilier avec les exigences de son sujet, de sa pensée, celles du rythme qu'il a choisi. Mais à ce genre secondaire d'intérêt, de curiosité, s'en ajoute un autre, s'il s'agit d'une poésie narrative ou dramatique ; je veux dire l'intérêt provoqué par le conflit de passions ou de croyances incarnées dans les personnages, et par le problème de savoir comment cette difficulté, elle aussi, sera résolue. En cherchant bien, nous retrouverons cette distinction, même en architecture, même en musique, quand ces arts auront acquis tout le développement auquel ils aspirent dès leur berceau. Exprimons-la en termes bien compréhensifs : une œuvre d'art quelconque, disons-nous, nous intéresse, d'abord en tant que, suivant en réalité (s'il s'agit de poésie ou de musique) ou par la pensée (s'il s'agit des arts du dessin) le travail successif de l'artiste en train de la composer, nous nous faisons une idée des difficultés qui l'ont agité et qu'il a fini par surmonter ; et elle nous intéresse en second lieu, en tant que les personnages représentés par le récit, le drame, ou le dessin, ou, ce qui revient presque au même, les états généraux de l'âme exprimés par une peinture de paysage ou une orchestration (1), nous révèlent une contradiction passagère ou apparente, finalement résolue en un plein accord. Un personnage dramatique, épique ou romanesque, n'est qu'un état général de l'âme individualisé, une idée ou une passion incarnée ; un état de l'âme, par suite, est en quelque sorte un personnage sous forme impersonnelle. Tel est le sens de l'identité approchée que je viens d'établir en passant. Et, à ce point de vue, on voit déjà que ni l'architecture, ni la musique, ni la peinture de paysage, ni la poésie lyrique, ne sont elles-mêmes dépourvues du second genre d'intérêt en question et ne se réduisent au premier. Mais ajoutons que, pour plusieurs raisons, un état de l'âme exprimé gagne à revêtir une incarnation individuelle. Son expression de la sorte est plus claire et plus forte ; et sa lutte avec d'autres états cesse d'être simplement psychologique pour devenir sociale. Voilà pourquoi le développement naturel des arts

---

(1) On a fort bien dit qu'un paysage (peint) est un état de l'âme. Ajoutons un état de l'âme complexe, dans lequel nous en discernons aisément plusieurs dont le paysage, s'il est réussi, exprime la conciliation heureuse, l'harmonie après une lutte psychologique. Il en est de même d'un beau morceau de musique.

conduit presque fatalement l'architecture à se doubler de la peinture murale ou de la sculpture, la musique à s'appuyer au drame ou à la comédie pour former l'opéra ou l'opérette, la poésie à ne pas séjourner dans le lyrisme, mais à se donner carrière dans le drame, l'épopée ou le roman. Grâce à ses fresques, en effet, grâce à ses mosaïques, à ses vitraux, à ses chapitaux sculptés, aux représentations figurées qui le couvrent, le monument se trouve avoir quelque chose à raconter ; et il convient que ses peintures ou ses sculptures racontent précisément les luttes victorieuses de certaines croyances religieuses, de certains desseins politiques, dont ses grandes lignes élancées ou horizontales, brisées ou pleines, suppliantes ou orgueilleuses, donnent déjà l'impression confuse au spectateur (1). De même, le libretto d'un opéra ou les paroles d'une romance rendent à la musique ce service de traduire ou de lui compléter sa propre pensée.

Cela dit, demandons-nous si les deux genres d'intérêt distingués par nous sont essentiellement différents l'un de l'autre. Nous venons de laisser entrevoir qu'il n'en est rien. Mais soyons plus explicites et plus complets. Bien que l'exécution technique, et l'idée inspiratrice d'une œuvre d'art soient toujours intimement unies, elles se laissent distinguer ; et la première consiste en une délivrance de l'artiste affranchi de sa propre peine intérieure, ou en une allégresse de l'artiste heureux de dépenser sa force active, le second consiste en un *conflit* d'êtres animés (ou d'états de l'âme) qui se noue et se dénoue, ou en un *concours* qui se déroule. Mais, dans l'un et l'autre cas, les peines et les difficultés surmontées sont ou des idées qui paraissent se contredire, ou des désirs (2) qui paraissent s'entraver, et les bonheurs de l'activité déployée sont des idées ou des passions qui se con-

---

(1) A défaut de dessins d'hommes ou d'animaux, interdits par le Coran, les édifices arabes ont éprouvé le besoin d'admettre, parmi leurs motifs de décoration, force inscriptions empruntées à leur livre sacré.

(2) Par exemple, l'embarras où s'est trouvé le premier architecte qui s'est posé et a résolu le problème de la voûte à arêtes, résultait de ce qu'il *voulait* une chose (une large voûte en pierre servant de plafond à une église) et que cette chose lui paraissait, avant sa découverte, avoir une conséquence qu'il ne *voulait pas* (la poussée tout le long des murs et la nécessité de faire des murs extrêmement épais). Une volonté et une *nolonté* étaient donc en lutte dans son esprit ; et aussi bien une affirmation et une négation, puisque tantôt *il croyait*, tantôt il ne *croyait pas* possible de construire une voûte si large sans faire des murs d'une énorme épaisseur. Or cette double perplexité, n'est-ce pas tout un petit drame intérieur, dont l'artiste est à la fois tous les héros ?

firment ou s'entr'aident, et qui, par suite, se font valoir en se
rapprochant heureusement, en ayant la chance de se suivre dans
l'imagination de l'artiste ou de s'incarner dans ses personnages
différents. Seulement, tandis que l'artiste cherche à nous dissimuler les hésitations, les péripéties intimes, qui ont précédé le
triomphe tout psychologique, dont son œuvre est le fruit, il se
complaît à nous étaler les luttes et les démêlés de ses personnages. Aussi, en général, son exécution nous intéresse-t-elle
surtout comme *concours* heureux et imprévu plutôt que comme
conflit douloureux d'idées et de sentiments, et son sujet nous
intéresse-t-il comme conflit plutôt que (1) comme concours. Le
concours n'a lieu d'ordinaire qu'au dénoûment. Même la *Divine
Comédie*, si dépourvue d'intérêt dramatique dans l'ensemble,
rachète cet inconvénient par le pathétique des récits ou des
drames qu'elle nous déroule en détail, ainsi que par l'importance
des dissertations doctrinales, théologiques ou philosophiques,
qu'elle met dans la bouche de Virgile ou de Béatrix, comme solution des problèmes, comme apaisement des perplexités qui
agitent l'âme du poète voyageur. Et d'ailleurs elle nous captive
aussi, dans chacune de ses trois parties, par la galerie de figures
unanimement, mais diversement perverses, pénitentes ou saintes,
qui la composent. Cette exception, au surplus, est presque
unique. Il faut pourtant y ajouter le second *Faust*, défilé ou caval-
cade fantastique et historique plutôt que drame.

La raison de la différence dont il s'agit est que le spectacle
d'une âme se faisant obstacle à elle-même nous est, d'habitude,
désagréable à voir, comme celui d'un échantillon mal venu de la
nature humaine, comme celui d'un homme impropre à la vie
vraiment humaine, à la vie sociale ; tandis que le spectacle
d'âmes se contrariant, mais fixées chacune à part, momentanément du moins, en une idée, en une passion unique, comme
toute âme doit l'être socialement, est la représentation fidèle de
la vie humaine, de la vie sociale *en action*, telle que nous souhai-
tons de la revoir dans le miroir ondulant de l'art. Je dis *en action ;*
c'est, en effet, la Logique sociale *dynamique*, et non *statique*,

(1) Cela est surtout vrai des œuvres littéraires ; car les peintures et les bas-reliefs
ont presque aussi souvent pour sujets des processions, des sacrifices aux dieux, des
jeux (concours de volontés et d'esprits unanimes) que des batailles, des duels, des
situations dramatiques, des naufrages. Aussi une peinture ou une sculpture est-elle
toujours bien moins intéressante par son sujet qu'un roman ou une pièce de théâtre.

que l'Esthétique nous reflète ; et rien peut-être ne nous révèle mieux le fond de l'histoire, de l'histoire religieuse, politique, militaire, industrielle, n'importe, que l'œuvre d'art parvenue à son complet épanouissement, c'est-à-dire le drame.

Il reste cependant à expliquer la raison d'être des œuvres d'art qui sont des *processions* et non des *luttes*. A ce propos, je me souviens avoir lu cette remarque judicieuse que les procédés littéraires de Victor Hugo se réduisaient à deux : l'*antithèse* et l'*énumération*. Rien de plus vrai ; mais précisément il me semble qu'en cela le grand poète a montré le caractère compréhensif de sa poésie, puisque ces deux aspects de son talent expriment les deux types de l'art, complémentaire l'un de l'autre. Remarquons que toutes les rencontres historiques d'idées et de passions, et des personnages dans lesquels elles s'incarnent, sont des *luttes* ou des *combinaisons*. Or ces dernières rencontres, sources des découvertes, des inventions, des initiatives fécondes, sont susceptibles de se produire entre un nombre indéfini de termes et non entre deux termes seulement. Il n'est pas une théorie scientifique qui ne soit un enchaînement d'expériences et d'observations nombreuses se confirmant mutuellement ; il n'est pas une mythologie, ou une théologie, qui ne soit une suite de divinités fraternelles exprimant une même conception de l'univers, ou une suite de dogmes inspirés par un même esprit ou un même dessein. Il n'est pas une législation qui ne soit une ramification d'idées juridiques de même orientation, et de même sève, poussées successivement sur le même tronc politique. — Au contraire, sur un champ de bataille il n'y a jamais que deux armées en présence, — dans une élection, il n'y a jamais que deux partis, — dans une rivalité artistique, il n'y a jamais que deux écoles en lutte, etc. Ainsi donc, en histoire comme dans Victor Hugo, tout n'est qu'énumération ou antithèse. Cela se conçoit d'après notre manière de voir, car l'énumération artistique est le développement de la victoire qui suit l'antithèse et le combat. Après la bataille, le triomphe, déroulement orgueilleux et harmonieux des forces dégagées par la soumission du vaincu. Il ne faut donc pas s'étonner de voir les civilisations et les religions triomphantes, assises dans la sécurité de leur puissance, s'exprimer en des œuvres processionnelles, telles que la trilogie du Dante ou le second *Faust*, ou les frises du Parthénon.

Mais revenons. L'évolution de l'art pur commence habituellement par l'épopée, par le récit, et se termine par le drame.
Entre ces deux termes, du reste si semblables l'un à l'autre,
éclosent toutes ses formes différentes. Si l'on en croit Spencer
pourtant (1), tous les arts, y compris la littérature écrite (bien
mal aisée à séparer, soit dit en passant, de la littérature simplement parlée, rhapsodie et art oratoire), dériveraient de l'architecture, dont ils ne seraient que des démembrements
successifs. Pour apprécier la valeur de cette vue spécieuse,
remarquons d'abord que, dans le même passage, et ailleurs,
Spencer insiste aussi, et avec raison, sur le caractère éminemment religieux et gouvernemental qu'avait l'art à ses débuts.
« De même qu'en Égypte et en Assyrie, les arts jumeaux, la
peinture et la sculpture, étaient d'abord unis l'un avec l'autre,
et avec leur mère, l'architecture, ils étaient les auxiliaires de la
religion et du gouvernement. » Cela est certain, mais l'auteur a
l'air de croire plus bas que rien de pareil ne se voit après
l'émancipation des arts. Il est pourtant bien visible qu'ils ne
jouissent jamais longtemps de leur liberté et s'empressent de
s'enchaîner à quelque nouvelle puissance. Aujourd'hui la littérature et les beaux-arts se sont mis à la mode scientifique et
démocratique par la même raison qu'hier ils se pliaient au
goût philosophique et aristocratique, et avant-hier endossaient
la livrée théologique et royale. En ce sens, et de tout temps, les
arts ont fait partie à la fois du Pouvoir et du Dogme, suivant
qu'ils ont servi à la coordination des volontés ou des croyances;
et, à ce titre, ils rentrent, en se bifurquant, dans le cadre des
catégories de notre logique sociale statique. A vrai dire, l'art
est destiné à redevenir enfin ce qu'il a été d'abord, chose essentiellement religieuse plus que gouvernementale. Un jour viendra
peut-être où la Poésie, essence de l'art, sera la religion finale
de l'humanité, c'est-à-dire la synthèse transfigurante, supra-
scientifique, de l'Univers.

Mais, s'ensuit-il qu'il n'ait jamais existé, dans le passé aussi
bien que dans le présent, des germes plus ou moins développés d'un art pur et libre, et que, même en s'asservissant
comme il le fait toujours, l'Art ne possède pas une essence

_____

(1) Voir ses *Premiers Principes*, trad. franç., pp. 372 et s., pp. 375 et s.

propre, qui permet de le considérer à part de l'Église et de
l'État? Voilà ce qu'il faut voir. Or il est remarquable que, dès
la plus haute antiquité, et même chez les peuples les plus cour-
bés sous le joug traditionnel de leurs prêtres et de leurs rois,
nous voyons fleurir non seulement des jeux variés purement
récréatifs et représentatifs de la vie humaine idéalisée ou
caricaturée, mais une poésie de chants populaires, épiques ou
satiriques, toujours narratifs même lorsqu'ils sont lyriques.
On voit que l'art a eu, en naissant, la conscience précise et la
visée directe de son but propre, qui est l'expression de l'homme
ou de l'humain par l'homme. De cette humble source tous nos
arts procèdent, et non de l'architecture. A l'origine de toutes les
civilisations, de toutes les floraisons artistiques, de celles du
moins où nous voyons quelque peu clair, nous trouvons, non
pas un monument, mais un livre, un livre écrit qui a commencé par être simplement parlé, un livre sacré ou vénéré qui
a commencé par être un recueil de chants plus ou moins pro-
fanes, d'hymnes inspirés par quelque circonstance individuelle,
tels que ceux de David ou des Vedas et probablement d'Or-
phée. N'est-il pas vrai que toute notre peinture, toute notre
sculpture moderne, ajoutons toute notre musique, a découlé,
non des cathédrales gothiques ou romanes, mais de la Bible et
de l'Évangile, dont nos premiers tableaux et nos premières
statues n'ont été pour ainsi dire que l'enluminure, la reproduction fragmentaire et multiple, en pierre, en marbre, en bois, en
toile, et dont nos cathédrales elles-mêmes, qui ne seraient pas
sorties de terre sans ces deux livres, n'ont été que la traduction
libre, en tant qu'œuvres d'Art, comme nos premiers essais de
mélodie et d'harmonie, plain-chant et oratorios? Et quand,
avant même la Renaissance, la Bible et l'Évangile cessent d'être
la fontaine unique de l'art, n'est-ce pas parce que d'autres
livres inspirateurs aussi, quoiqu'à un moindre degré, ont apparu,
à savoir les romans de chevalerie d'abord, puis toute la littérature classique? C'est une remarque sur laquelle insiste
Burckhardt (la civilisation en Italie), que « dans le phénomène de la Renaissance, le mouvement intellectuel (c'est-à-
dire littéraire) précède le mouvement artistique. » A d'autres
époques il en est de même : « En Italie, la culture, dont
la poésie est une manifestation essentielle, précède toujours

l'art plastique et contribue à le faire naître et à le développer. »

Cette loi est générale. N'est-il pas manifeste que tout l'art arabe est né du Coran, que tout l'art grec, depuis le plus ancien temple dorique jusqu'aux frises de Phidias, depuis Eschyle jusqu'à Euripide, est né d'Homère, merveilleux compilateur de rhapsodes bien antérieurs à lui ? que tout l'art de l'Inde est une émanation de ses poèmes gigantesques et de ses hymnes védiques ? Ne pouvons-nous pas ajouter que tout l'art de la Chaldée, père de l'art assyrien, s'explique très probablement par les livres sacrés des prêtres chaldéens, dont quelques fragments nous sont parvenus ; et que, probablement aussi, les croyances religieuses des Égyptiens, avant de s'exprimer dans leurs statues, leurs silhouettes monumentales et leurs pyramides, s'étaient d'abord formulées en quelques poèmes, générateurs de tout leur art ? Il y a donc, ce me semble, plus d'ingéniosité que de vérité dans cette conclusion de Spencer : « Quelque étrange que cela paraisse, il n'en est pas moins vrai que toutes les formes du langage écrit, de la peinture et de la sculpture, ont leur raison commune dans les décorations politico-religieuses des temples et des palais antiques. » Même restreint aux arts du dessin, abstraction faite des genres littéraires, l'ordre d'évolution indiqué par l'éminent philosophe anglais est des plus contestables. Il y a des raisons sérieuses de croire, par exemple, que les premières peintures florentines ont été provoquées non par la vue de mosaïques ou de fresques incorporées aux murs d'édifices religieux ou civils, comme il le faudrait d'après Spencer, mais bien par la vue des miniatures qui ornaient les manuscrits du moyen âge (1). « Même en peignant leurs grands tableaux, dit M. Legoy de la Marche, Giotto, le Pérugin, Raphaël, ont l'air de se souvenir des brillantes enluminures où ils ont puisé dès leur enfance le goût du dessin, en feuilletant les vieux manuscrits de leurs églises et de leurs bibliothèques. » Les premiers tableaux florentins sont des miniatures agrandies et détachées, et les miniatures elles-mêmes, avant d'être des estampes indépendantes du texte, ont commencé par être de simples jambages des

(1) Je renvoie à l'ouvrage de M. Legoy de la Marche sur la *Miniature et les manuscrits*. (Quantin, 1885.)

lettres initiales : on suit les étapes de cette transformation (1).

Ce n'est pas l'architecture, c'est la parole qui a été le premier des arts. De la parole, parlée ou écrite, tout art dérive. On a

(1) Un spécimen de la manière dont se fabriquent, en sociologie et ailleurs, les « lois d'évolution ». Il paraît que les Peaux-Rouges dressaient des colonnes commémoratives, les unes lisses, les autres portant un dessin au trait où s'entrevoyait vaguement le portrait de l'homme en l'honneur de qui la colonne était érigée, les autres enfin plus ou moins grossièrement sculptées à l'effigie de cet homme. De là un sociologue italien distingué se hâte de conjecturer que « la statue se serait peu à peu, par modifications insensibles, dégagée de la colonne. »

Ce qui semble certain, c'est que cette dérivation s'est réalisée en certains pays. Mais, en des pays différents, c'est des murs du temple, par voie de bas-reliefs de plus en plus saillants, de plus en plus détachés de la paroi, que la statue est sortie. Et c'est cet enfantement que Spencer, dans ses *Premiers Principes*, a le tort, lui aussi, de trop généraliser.

Reste toujours, en définitive, la question de savoir si par d'autres chemins, encore, plus longs ou plus courts, l'effort industriel ou artistique n'a pu aboutir à l'exécution de la statue. Or qu'est-ce qui empêche de supposer de *tenir pour extrêmement vraisemblable* que les premiers sauvages, comme nos enfants, se sont amusés parfois à pétrir la boue, l'argile ou la neige, à l'image réduite d'un animal ou d'un homme, et que l'idée de faire de grandes statues d'argile, puis de bois, puis de pierre ou de marbre, quand l'emploi du bronze ou du fer s'est répandu, leur est venue ainsi ?... N'est-il pas probable aussi que ce n'est point primitivement ou exclusivement le besoin de *commémoration* ou de *signification* qui a fait concevoir et exécuter la statue *sérieuse* (à la suite de la statue *pour rire*, enfantine, minuscule), mais plutôt le besoin de *conservation* ou de *résurrection* personnelle, suscité par une croyance religieuse ? Le fait est que, aussi haut que nous remontions dans le passé de l'Égypte, nous n'y découvrons point les phases de la transformation imaginée soit par Ferrero soit par Spencer, et que, loin d'y succéder au bas-relief et à la colonne, la statue les a plutôt précédés, car les plus réalistes et vivantes statues sont de l'époque de l'ancien Empire, où, nous le savons, elles ont jailli de la superstition qui faisait voir dans la conservation du corps par la momification ou, *à défaut de la momie, dans la reproduction des traits du corps par la statue,* la condition *sine quâ non* de la résurrection posthume. — Ici, nous voyons que *la statue,* si l'on veut qu'elle soit sortie d'autre chose que les essais sculpturaux des enfants, *est née de la momie.*

Généraliserons-nous, à notre tour, cette « loi d'évolution », et nous amuserons-nous à chercher des degrés intermédiaires (que nous trouverions sans nul doute) entre la momie et la statue ? Nullement.

Mieux vaut observer que la *statue* diffère d'elle-même, suivant le mode de sa génération ; qu'il y a statue et statue, la statue *commémorative* et la statue *résurrectionnelle,* pour ainsi dire, sans compter la statue *imaginative,* etc.

De tout cela, concluons-nous qu'il n'y a nulle formule possible de l'évolution artistique ? Assurément non. Et d'abord, nous répétons ici ce que nous avons dit ailleurs sur l'*ordre irréversible* de certaines inventions. Ne s'agit-il même que de l'irréversibilité d'inventions industrielles, l'art pourrait s'en ressentir. Par exemple, les premières statues grecques, et probablement égyptiennes ou autres, ont été en bois, plus tard en pierre, en marbre, et plus tard en bronze. C'est conforme à la loi générale qui pousse l'industrie à se servir d'abord de substances vivantes ou ayant eu vie, puis de substances minérales.

Il y a des remarques plus instructives à faire. En toute littérature originale (pas à Rome, parce que sa littérature est empruntée), n'est-il pas visible que la floraison du vers précède celle de la prose ? En Grèce, celle-ci ne s'est formée, de Thucydide à Isocrate, que longtemps après la poésie. On peut rapprocher ce fait de cet autre, qui dérive d'une cause analogue : la tragédie s'est développée partout avant la comédie.

fort bien prouvé que toute écriture a commencé par être un dessin, une imitation de la nature ; on prouverait aussi bien que tout dessin a commencé par être une écriture ; et cela même nous explique le caractère à la fois raffiné et, d'après nos idées modernes, incorrect, des primitives gravures mexicaines ou égyptiennes. « Des peuples qui expriment leurs idées par des peintures, dit Humboldt, attachent aussi peu d'importance à peindre correctement que des savants d'Europe à employer une belle écriture dans leurs manuscrits. » Quand ces savants soignent leur écriture, c'est pour la rendre expressive plutôt qu'élégante ; et tel est le cas des artistes pharaoniques ou aztèques quand ils *s'appliquent*. — Poursuivons. Il serait aisé de prouver, je crois, que toute parole a commencé par être une musique imitative des bruits de la nature encore plus qu'un cri de douleur ou de joie, une onomatopée encore plus qu'une interjection ; et, à l'inverse, toute musique n'a-t-elle pas débuté par être un langage en ce sens ? — Seulement, il y a à noter une différence instructive entre les deux évolutions qui ont pour points de départ dessin, onomatopée écrite, et l'onomatopée, dessin parlé musical. Tandis que le dessin, en se développant sans cesse à part de l'écriture au cours de la civilisation, devient l'ensemble des arts plastiques, sculpture et peinture (pourquoi pas architecture aussi?) et paraît susceptible de variations inépuisables, l'onomatopée séparée du langage s'arrête dès le début et semble incapable de progrès. Il est vrai que la musique, ai-je dit, se développe, mais la musique est un art expressif bien plus qu'imitatif. Par ce caractère, elle est l'analogue acoustique de l'architecture, plus que de la peinture.

Pourquoi donc ce contraste ? Avant de répondre, remarquons qu'un contraste précisément inverse se montre à nous entre deux développements artistiques liés aux précédents. La parole distincte de l'onomatopée, en effet, la parole en ce qu'elle a de plus accidentel et de plus arbitraire dans chaque idiome, a donné lieu à un art spécial, au plus noble et au plus fécond des arts, la littérature. Or quel est l'art auquel l'écriture comme telle, l'écriture alphabétique, détachée du dessin, a donné lieu de son côté? La calligraphie, qui, somme toute, a une valeur esthétique si insignifiante. — La raison, je crois, de ce double contraste nous est fournie par ce que j'ai dit plus haut sur la richesse de la nature en combinaisons heureuses de lignes opposée à sa pauvreté en combinaisons de sons musicaux. L'onomatopée, dessin musical, ne se développe pas, car les modèles naturels lui manquent ; et la parole poétique ou littéraire, calligraphie parlée, se développe par la même raison, c'est-à-dire parce que l'imagination acoustique de l'homme, étant dépourvue d'images du dehors supérieures à la mélodie caractérisée des phrases et des syllabes, reçoit avidement celle-ci. A l'inverse, le dessin devait se développer dans un univers si riche en modèles à copier ; et la calligraphie devait avorter, par suite de l'indigente bizarrerie de ses beautés propres comparées à celle du dessin et des formes vivantes ou physiques dont s'alimente celui-ci.

XI

Disons donc que le langage, et d'ab[...] langage parlé bien entendu, est le principe et la substan[...] astique de tout art. Les deux arts qui procèdent le moins dir[...] ment de cette source sont l'architecture et la musique. Mais i[...] paraît impossible de ne pas admettre que la première parole rythmée a dû précéder le premier chant et la première construction régulière et symétrique, tant soit peu artistique d'intention. On peut accorder à Spencer que la statue détachée et libre, destinée à être vue de tous côtés, est sortie par degrés du bas-relief sculpté sur les murs d'un palais ou d'un temple. Mais le temple ou le palais, pourquoi ont-ils été construits si ce n'est pour abriter l'équivalent primitif de la statue, l'idole plus ou moins grossière, ou l'arche, ou tout autre essai informe de sculpture, qui préexistait à l'architecture au lieu d'en provenir, et qui exprimait des idées religieuses déjà répandues par la poésie ?

La poésie narrative, l'épopée: tel est le germe complexe et confus de tout le développement artistique. Tout le reste en sort par voie de ramification divergente. La première musique n'a été que le récitatif du premier poème, autrement dit sa récitation accentuée. La première danse en a été la musique, c'est-à-dire la gesticulation exagérée. La première statuaire n'a fait que préciser et fortifier les traits des dieux ou des rois tracés par le

poète ; la première peinture n'a fait que fixer et aviver ses des-
criptions ; la première architecture, le premier monument digne
de ce nom, n'a été que la pétrification de ses rêves les plus
extravagants ou de ses conceptions les plus hautes et l'abri des
dieux chantés par elle. Enfin, le premier drame n'a été qu'un
épisode ou un fragment de ses récits découpé et dialogué, et
en même temps un développement de sa mimique chorale,
comme le prouve le théâtre grec.

L'art a dû débuter par le récit et finir par le drame, parce
que l'homme est avant tout social. Aussi ses premiers récits
donnent-ils une faible place à la psychologie individuelle ; tout y
est lutte entre hommes, puis accord entre eux, batailles et
traités de paix ou morts. Si la narration épique ainsi conçue,
bien différente en cela de nos romans individualistes, a dû
précéder le drame, cela s'explique d'abord par le caractère plus
artificiel et le maniement plus difficile du cette dernière forme
de l'art ; puis par l'aptitude plus grande de l'homme rude et
grossier à l'action qu'à la parole. La part exorbitante du dialogue, qui constitue l'expression dramatique de la vie humaine,
n'a été possible qu'à un âge de culture déjà avancé. — La forme
du récit diffère de celle du drame en ce que celle-ci ne peint les
agitations intérieures des personnages qu'à travers et moyennant leurs discussions entre eux ; ou, si elle isole et met en
relief ces agitations, c'est, par exception, dans le monologue
et dans le chœur à la façon des Grecs, deux organes imparfaits
que le développement de l'art dramatique résorbe ou supprime par degrés.

Quoi de plus invraisemblable qu'une pièce de théâtre ? Quoi
de plus artificiel que les conventions sur lesquelles le théâtre
est fondé ? Cependant rien de plus intéressant, rien où éclate
mieux la force de l'art dans toute sa pureté. Un temps d'individualisme momentané, de dissolution sociale en attendant une
réorganisation sociale, et de chute dans la psychologie pure et
simple, peut bien rendre vigueur au récit romanesque. Mais, à
ces basses époques même, la supériorité artistique du drame se
montre en ce que l'on voit tous les jours les romans réussis,
pour couronner leur succès, monter sur les planches, tandis
que l'inverse ne s'est jamais vu. Quel dramaturge s'aviserait de
traduire sa pièce en roman pour ajouter à sa réputation ? Or

cette transformation du récit en drame, jamais du drame en récit,
est le fait constant de toutes les évolutions littéraires. Tout le
théâtre grec est sorti des flancs d'Homère ; tout le théâtre de
l'Inde descend des âmes de ses grands poèmes ; nos premiers
mystères étaient la naïve traduction des récits évangéliques.
Mais qu'on me cite une épopée née d'une tragédie !

C'est que le dialogue pur dégagé de tout autre élément, a
l'avantage de mettre en saillie le fait logique, socialement
logique, par excellence, à savoir le conflit ou le concours de
deux croyances ou de deux désirs, incarnés dans *deux* personnages distincts, et le résultat de cette lutte ou de cette collaboration. Il est la manifestation la plus nette de la logique sociale en
action. Puisque l'Art, nous le savons, est la réponse au besoin
que l'homme éprouve de se réfléter lui-même dans sa vie propre,
dans sa vie humaine et sociale, il est naturel, on le voit, que le
plus haut point de l'art soit le drame. Qu'est-ce que l'histoire,
en effet ? L'histoire se laisse facilement décomposer en actions
élémentaires d'une longueur on ne peut plus variable, mais qui
se réduisent toutes à une révolution suivie d'un nouveau
régime, à une guerre suivie d'un traité, à une difficulté suivie
d'un arrangement, à un procès suivi d'un arrêt, à une discussion
suivie d'une conclusion, en un mot à une question suivie d'une
réponse. C'est ainsi qu'une pièce de théâtre se compose essentiellement d'un nœud et d'un dénouement. Et, si nous l'analysons avec plus de soin, nous verrons que le nœud consiste ou
en un *oui* opposé à un *non*, ou en une thèse vis-à-vis d'une antithèse, ou en plusieurs couples pareils diversement combinés.
Les premières pièces sont toujours des dialogues à deux personnages. — Nous verrons aussi qu'un dénoûment, au théâtre
ou dans l'épopée, est, de même que dans la vie, une paix après
un combat de désirs et d'idées. Seulement, dans la vie, les opinions où les passions contraires n'arrivent en général à l'accord
que moyennant des concessions mutuelles, et celle qui triomphe
se trouve elle-même mutilée, pareille à ce sauvage qui, s'étant
battu à coups de hache avec un autre insulaire pour la possession d'une boucle d'oreilles, sortit vainqueur de la lutte, mais
avec les deux oreilles coupées. Au contraire, dans les œuvres
d'imagination, la volonté ou la conviction triomphante triomphe
entièrement ; et il arrive même quelquefois, dans les pièces

comiques ou gaies, que les deux adversaires finissent par être
enchantés à la fois. En cela l'œuvre d'art manifeste l'idéal caché
du désir humain et anticipe la fin de l'histoire : l'accomplissement intégral de quelque dessein personnel universalisé sans
restriction ni sacrifice.

Mais ici, il faut distinguer entre la tragédie et la comédie (1).
Dans la comédie, le conflit des opinions et des intérêts se termine
d'ordinaire par le mutuel embrassement des adversaires qu'un
futile obstacle séparait et qui finissent par reconnaître sa futi-
lité. Dans la tragédie, l'accord des volontés et des pensées en
ce sens n'est presque jamais possible, à cause de l'intensité
beaucoup plus grande du désir et de la foi qui y animent les
personnages et qui les pénètrent jusqu'à la moelle. Le problème
posé ne peut se résoudre le plus souvent, comme Hegel l'a fort
heureusement remarqué, que par la suppression de l'une des
deux croyances ou des deux passions contraires, c'est-à-dire
par la mort de l'un des héros, soit d'un martyr comme Polyeucte,
soit d'un ambitieux comme Macbeth. Toute la différence des
œuvres gaies et des œuvres sévères se ramène donc au degré
différent de la foi et du désir qui y sont en jeu. C'est qu'en effet
il suffit d'un peu plus ou d'un peu moins de conviction et de
résolution dans la vie pour rendre sérieux un homme frivole, ou
frivole un homme sérieux. — Par exemple, une jeune fille veut
se marier avec un jeune homme, parce qu'elle le juge doué de
toutes les qualités ; et le père de la jeune fille ne veut pas cette
union, parce qu'il est persuadé que ce jeune homme est pétri
de défauts. Mais, en fin de compte, le père est forcé d'avouer
qu'il s'est trompé, et il consent au mariage. Or, s'il reconnaît
son erreur et change d'avis, n'est-ce pas parce qu'au fond l'opinion qu'il avait de son futur gendre n'était point une des idées
capitales de sa vie, telle qu'eût été sa foi religieuse au xvi° siècle
ou sa foi politique à la fin du xviii° ? Et n'est-ce pas aussi parce

(1) Observons, à ce propos, que le domaine tout entier de l'art est traversé, dans
chacun de ses compartiments, par la grande distinction de la tristesse et de la gaîté.
Il y a une littérature triste — ou sérieuse — et une littérature gaie ; il y a une musique triste et une musique gaie (opéras et opérettes) ; il y a une peinture triste ou
grave, et une gaie ou légère. Et, si cette division est difficile à suivre en sculpture
et en architecture, elle n'y en existe pas moins. Les statues nobles de la Grèce ne
font-elles pas une parfaite antithèse avec les statuettes de Tanagra ? Les temples,
les palais majestueux, avec les riantes villas de nos villes d'eaux et les édifices fan-
taisistes de nos expositions ?

que son dessein d'empêcher ce mariage dont il s'agit n'était
point un des buts essentiels et profonds de son existence, comme
la défaite de l'Angleterre était le but de Napoléon Ier, ou l'écrasement de la maison d'Autriche le but de Richelieu ? Supposez
Polyeucte au cinquième acte se convertissant au paganisme, ou
Macbeth renonçant à toute ambition dans le fond de quelque
villa ! — Vitalement, l'homme se doit à la propagation vitale du
type spécifique ou de la variété individuelle dont il est l'incarnation. Mais, socialement, il incarne en lui un dessein traditionnel
ou un plan personnel, un dogme transmis ou une vérité trouvée,
et il se doit aussi, tout entier, à leur propagation dans l'humanité. Plus il émerge de la vitalité, plus il subordonne son devoir
vital à son devoir social. Quand il sacrifie ses dieux, ses principes, sa patrie, à l'amour physique, il fait le contraire, il se re-
plonge dans la vie d'en bas. On comprend donc pourquoi le rôle
de l'amour décroît à mesure qu'on s'élève vers les hautes régions de l'art. Dans les œuvres inférieures, l'amour est l'alpha
ou l'ôméga, le point de départ et la barrière ; dans les œuvres
élevées et graves, il est la borne à tourner, l'écueil à franchir.
Le plus haut point que l'homme social puisse atteindre est cette
abnégation héroïque qui lui fait donner son sang pour sa foi ou
son rêve. Tel est le courage du soldat ou la fermeté du martyr.
Rien de plus beau, rien de plus unanimement loué, mais rien
de moins conforme à la morale utilitaire. — Les héros tragiques
sont caractérisés par cette spiritualisation supérieure. Chez
ces types épurés de l'humanité, rien de l'animalité ne subsiste,
et l'esprit, chose essentiellement affirmative et volontaire, doit
briller de tout son éclat. Leur seule raison d'être est le but ou
l'idée qui les meut; ils ne sauraient lui survivre sans contradiction.

L'homme est un être social greffé sur un être vital ; il n'est
que cela : que resterait-il de la psychologie, la physiologie ôtée,
(comme l'a dit, je crois, M. Taine), si ce n'est ce qu'y ajoute la
sociologie ? Par suite, l'art, reflet de l'homme, emprunte tour à
tour son inspiration dominante aux passions de la vie ou aux
aspirations de la société. Il a deux pôles: l'amour d'une part,
d'autre part la politique et la religion, l'humanitarisme ou la
science. Il est érotique dans le premier cas, officiel ou religieux,
industriel ou naturaliste, humanitaire ou philosophique, dans le

second. Or, à mesure qu'il s'élève, il se socialise, et les derniers caractères indiqués s'accentuent en lui. Mais, si noble que soit l'attraction supérieure à laquelle il obéit alors, ce serait une erreur de croire qu'elle finira jamais par triompher de la première, ou même que celle-ci ira s'affaiblissant. Le social, après tout, n'est et doit être que la transfiguration du vital, c'est-à-dire de l'individuel ; et, comme il n'est rien de tel que l'amour, développé par la société, pour éclairer, colorer, épanouir la psychologie de l'individu, comme il n'est rien de comparable aux fontaines lumineuses, pour ainsi dire, que l'amour socialisé fait jaillir du cœur de l'homme, il ne se peut que l'art, en gravissant ses sommets, ne sente pas s'aviver en lui la soif de boire à cette source, et le besoin de recourir d'autant plus à ce charme pour se faire pardonner sa hauteur.

Observons que des deux parties dont se compose l'œuvre d'art, à savoir du nœud et du dénouement, de la lutte et de la combinaison, la seconde est la plus essentielle, quoique dans la plupart des pièces de théâtre la première soit de beaucoup la plus développée. La preuve en est qu'un dénouement sans pièce, quoique peu intéressant, peut faire un tout complet ; c'est le cas des œuvres d'art processionnelles dont j'ai parlé plus haut, et où l'artiste a sous-entendu les conflits historiques d'où l'harmonie qu'il déroule est issue ; tandis qu'une pièce sans dénouement est une phrase inachevée, qui laisse l'esprit non satisfait. — Pareillement, lisez les résultats de l'histoire, même sans l'histoire, cette lecture, par exemple, celle du magistral ouvrage de Cournot, sur *la Marche des idées* dans les temps modernes, ou, à un point de vue plus particulier, celle d'un ouvrage de vulgarisation quelconque, vous satisfera l'esprit, je ne dis pas vous passionnera ; et ce tableau pourra avoir quelque chose d'éminemment artistique, bien qu'une exposition à la fois historique et dogmatique d'un corps de sciences ou d'un corps de droit ait plus de chance de prétendre au titre d'œuvre d'art. Mais lisez l'histoire en train de se faire, non encore faite, une discussion entre deux astronomes sur les taches du soleil, entre deux théologiens sur un dogme, entre deux partis sur une question de politique, jamais, quel que soit l'intérêt du problème soulevé, non résolu, vous ne goûterez là rien de semblable à l'apaisement fortifiant que le passage de l'art laisse après lui.

Nous pouvons apercevoir d'autres similitudes encore entre le drame et notre explication de l'histoire. Mais ne sommes-nous pas déjà en droit de conclure que l'œuvre d'art est de toutes les œuvres de l'homme la plus logique peut-être et la plus téléologique ? Non seulement, en effet, comme nous l'avons prouvé en commençant, elle est un excellent moyen à la poursuite d'un grand but plus ou moins inconscient, ambiant ou intime, qu'elle atteint toujours, ajoutons le meilleur argument en faveur d'une grande foi nationale ou individuelle, qu'elle exprime et démontre aux sens ; non seulement elle est de la sorte une difficulté tranchée et un problème résolu, un accroissement de sécurité et de vérité ; mais encore les éléments qui la constituent, les personnages sculptés, peints, joués, chantés par elle, ont aussi leurs obstacles à franchir, leurs doutes à éclaircir, leurs fins ou leurs croyances propres à faire triompher, et ils parviennent eux aussi toujours à cette victoire ou à cette paix finale qui est le terme de toute lutte et le dénouement de toute vie.

XII

Est-ce tout ? Non, je n'ai pas encore dit ce qu'il y a de plus essentiel et de plus caractéristique dans le rôle social de l'art, ce qui fait à l'Esthétique une place à part, en dehors et au-dessus de la logique et de la téléologie sociales. Il ne suffit pas de dire qu'elle achève et couronne celles-ci ; elle leur ajoute quelque chose d'infiniment précieux.

D'abord, elle les achève, nous le savons. L'art, répétons-le, est un puissant moyen d'accorder les croyances et les désirs. Il accorde les désirs, non, comme l'industrie et le commerce, en faisant servir chacun d'eux aux fins des autres, sans diminuer en rien leur dissemblance: il les identifie, il les unit en faisceau, en une grandiose unisson, comme fait l'action guerrière. Mais, tandis que la guerre obtient la convergence des désirs nationaux au prix d'un conflit international, l'art, alors même qu'il est un simulacre de combats, concourt à l'union fédérative des peuples voisins, en suscitant un objet supranational d'admiration, un beau nouveau, prompt à franchir les frontières les plus hautes. L'art est le grand magicien, le grand charmeur de serpents des âmes.

Mais pourquoi cela ? Parce qu'il ne se borne pas à leur sug-

gérer des volontés et des idées communes, et qu'avant tout il
imprime en elles des sensations communes. Nous l'avons dit en
commençant : les phénomènes de conscience ne se résolvent pas
entièrement en croyances et en désirs, en jugements et en
volontés : il y a toujours en eux un élément affectif et différentiel,
qui joue le rôle actif et principal dans les sensations proprement
dites et qui, dans ces sensations supérieures appelées sentiments, même les plus quintessenciées, agit d'une action dissi-
mulée mais non moins essentielle. La vertu propre et caractéristique de l'art est de régir les âmes en les saisissant par ce grand
côté sensationnel. Comme manieur d'idées et de volontés, il est
bien inférieur, en somme, à la religion, et aux diverses formes du
gouvernement, politique, droit, morale. Mais, comme éducateur
des sens et du goût, il n'a pas son égal.

Il a pour caractère de faire tomber en communauté sociale,
pour ainsi dire, les sensations elles-mêmes des hommes, en ce
qu'elles ont de plus fuyant, de plus nuancé, de plus individuel.
Chaque artiste saisit au vol, dans le ciel de son cœur (1), quelqu'une de ces nuances fugitives, la fixe et l'offre au public, qui
la copie et souvent la renforce par l'effet habituel de la contagion. On a vu de la sorte l'humour de Sterne ou la mélancolie
de Rousseau se répandre en s'assombrissant, et imprégner de
leur teinte les individus souvent les moins faits pour les ressentir. Les grands peintres nous habituent à voir dans la nature
les couleurs, les formes, qu'ils y regardent, et telles qu'ils les
regardent. Les grands musiciens nous font une oreille modelée
sur la leur. — Dans son journal, Eugène Delacroix dit très bien
qu'il y a toujours du nouveau à découvrir dans les plus vulgaires
beautés de la nature, et que, en lisant une belle poésie ou en
voyant une belle peinture, les lecteurs ou les spectateurs croient
pour la première fois entendre parler du rossignol ou de la mer
« et de tout ce que leurs grossiers organes ne s'entendent à
sentir *que quand on a pris la peine de le sentir pour eux
d'abord.* » C'est en cela que l'artiste est inventeur véritablement,

(1) Les découvertes esthétiques, en effet, sont plutôt subjectives qu'objectives.
Quand on dit que Rousseau, vers le milieu du xviiie siècle, a découvert les beautés
du paysage non remarquées avant lui, il serait plus exact de dire qu'il a découvert
en lui-même une certaine manière vive et amoureuse de sentir la nature, de jouir
de soi-même dans la solitude des champs, et que cette impression ainsi révélée à
cet homme dans son style de génie a eu le don de se propager par imitation.

ou plutôt découvreur. Il ajoute, à chaque chef-d'œuvre, une sensation ou une variété nouvelle de. sensation à la sensibilité du public. Et il ne serait pas bien difficile de montrer que toute la rétine et tout le tympan des habitants d'une grande ville telle que Paris, leur ont été fabriqués par des générations de musiciens, de peintres, de statuaires, d'architectes, innombrables collaborateurs. Rien de ce qu'ils sentent à chaque instant, à la vue d'un soleil couchant, d'un paysage quelconque, d'un geste ou d'un mouvement expressif, à l'audition d'un son, ils ne le sentiraient, ou ils ne le sentiraient ainsi, aussi finement, aussi délicatement, aussi profondément, si tels ou tels grands-maîtres qu'on pourrait citer n'avaient apparu et fait souches d'élèves. J'en dirai autant du cœur et du goût publics : on n'imagine pas la part des poètes, et spécialement des dramaturges, dans la formation de nos sentiments sympathiques ou antipathiques. Dans les affaires de crimes dits passionnels, les indignations, les émotions plus ou moins factices qui remplissent la cour d'assises et déterminent les verdits d'acquittement ou même de condamnation les plus scandaleux, y sont l'écho pur et simple des déclamations qui ont déjà fait vibrer je ne sais combien de salles de théâtre.

Or, en nous fabriquant de la sorte le clavier de notre sensibilité, en nous l'étendant, et le perfectionnant sans cesse, les poètes et les artistes superposent et en partie substituent à notre sensibilité naturelle, innée, inculte, différente en chacun de nous et essentiellement incommunicable, une sensibilité collective, semblable pour tous, impressionnable comme telle aux vibrations du milieu social, précisément parce qu'elle est née de lui (1). Les grands maîtres de l'art, en un mot, disciplinent les sensibilités, et, par suite, les imaginations, les font se refléter entre elles et s'aviver par leur mutuel reflet, pendant que les grands fondateurs ou réformateurs de religion, les savants, les législateurs, les hommes d'État, disciplinent les esprits et les cœurs, les jugements et les volontés.

---

(1) Le besoin social de marcher d'accord ensemble a fait naître la danse (et le pas militaire). Le besoin social de respirer d'accord ensemble, et surtout d'éprouver ensemble les mêmes sensations acoustiques, a donné naissance au rythme musical et poétique. Le besoin social de pleurer, de rire, de s'indigner, de s'attendrir, de sentir enfin à l'unisson les uns des autres, a provoqué les premiers poèmes ainsi que les premières mimiques.

La place de l'art, ainsi conçu, devient donc très nette et très haute. De même que la science, après ou avec la religion, est la socialisation des croyances, de même que la morale, après ou avec l'Etat, est la socialisation des désirs, ainsi l'art est la socialisation des sensations pures, — ce qui ne l'empêche pas d'être aussi le reflet de l'homme agissant et croyant ; mais il est cela comme il est le reflet de l'univers entier, le tout afin d'aiguiser, de rajeunir, de diversifier, d'étendre le champ de l'impressionnabilité individuelle, devenue sociale grâce à lui. L'œuvre d'art, en effet, ne cherche pas, essentiellement, à prouver quelque chose, ni à produire quelque action ; mais elle cherche à nous émouvoir, à nous impressionner d'une certaine façon neuve et la même pour tous.

Mais ce n'est pas tout. L'art ne socialise pas seulement les sensations, il les harmonise pour les socialiser, et il les harmonise par des procédés qui n'ont rien de comparable à ceux de la logique et de la téléologie. Entre les sensations, comparées comme telles et non comme agrégats de jugements et de vouloirs implicites, il ne saurait être question d'accord logique ni utilitaire. Car elles ne se confirment pas plus qu'elles ne se contredisent. Elles n'en ont pas moins des affinités et des répulsions réciproques. Dans un chapitre antérieur, nous avons parlé du progrès moral qui consiste à accorder les sentiments du cœur, et même les impressions des sens, par le moyen des fêtes religieuses ou nationales, mais en tant que ces sentiments et ces impressions sont formés de désirs et de croyances. Maintenant il s'agit d'autre chose, et cela, à vrai dire, ne rentre plus dans le cadre de ce livre, puisque l'art, par ce côté, se révèle étranger à la logique et à la téléologie sociales ; mais, comme elles, il est un puissant agent de l'imitation universelle.

Déjà, dans ces fêtes dont nous vantions la vertu pacifiante, l'art apparaît dès le début, et son action y grandit d'âge en âge. A vrai dire, c'est là qu'il est né, par le besoin impérieusement ressenti de les compléter en l'y mêlant. Supprimez par la pensée les pompes et les cérémonies religieuses (processions, mystères de Cérès et de Bacchus ; fête-Dieu au moyen âge, Pâque, Noël) les triomphes et les exercices militaires (ascension au Capitole, tournois, carrousels), et demandez-vous si, dans cette hypothèse, le développement de l'architecture, de la sculpture, de la danse, de la musique, de la poésie, épique ou dramatique, serait concevable. C'est en vue d'une fête, sans nul doute, que le premier monument digne de ce nom a été bâti, — un temple, — que la première statue a été sculptée, — une idole. C'est en vue d'une fête que le premier chœur chorégraphique et musical a été formé, que le premier drame a été conçu. Tous les arts ont commencé par être le grand décor, d'abord secondaire, puis de plus en plus indispensable et admiré, de ces grandes commémorations pieuses ou patriotiques, dont il accentuait le caractère de simulacre mythologique ou belliqueux. Dès le commencement du moyen âge, dit Burckhardt, les processions religieuses furent des prétextes à mascarades », enfants vêtus en anges, personnages de la Passion, etc. Suivez ici l'enchaînement des idées. Besoin de se masquer, de simuler un visage autre que le sien : premier germe de l'art représentatif, première fiction poétique. Bal masqué, carnaval. Carnaval, né à Rome, simulacre des antiques triomphes romains, qui eux-mêmes étaient des simulacres de victoires. C'est ainsi que toute fête, même la plus frivole en apparence, est le souvenir oublié, la commémoration effacée, d'une grande action commune. Or, en même temps qu'il concourait à cette puissante association des âmes dans un même grand souvenir et un même grand rêve en commun, l'art naissant répondait déjà à un besoin nouveau et plus lent à s'éveiller.

Il semble, en effet, que les sensations soient plus lentes à s'associer, à s'assimiler par imitation, que les idées et les volontés. Chez les enfants, on peut observer combien l'éveil de la sympathie proprement dite est tardif ; longtemps, ils paraissent insensibles aux peines et aux douleurs de leurs meilleurs amis. En revanche, de très bonne heure, ils se communiquent leurs goûts, leurs idées, leurs caprices. Dans sa *Descendance de l'homme*, Darwin cite force exemples de l'instinct de sociabilité chez les animaux ; il nous montre les chiens, les chevaux, les singes, qui vivent en troupe, se coalisant pour une action collective, s'entre-protégeant, comprenant les cris ou les signes quelconques par lesquels ils s'informent de l'approche d'un ennemi ; et, malgré cela, il reconnaît que ces animaux ne compatissent probablement pas aux peines les uns des autres. Encore n'est-il question ici que des états affectifs en tant qu'agréables ou douloureux, c'est-à-dire impliquant un élément considérable de

désir. Quant aux *affections* pures de tout désir, leur communication d'individu à individu n'est possible qu'assez tard, et difficilement, dans les sociétés humaines. Et, même en celles-ci, le
sentiment de la sympathie n'éclate avec force, avec conscience
de lui-même, que longtemps après les grandes explosions de foi
ou de devoir. Quand, dans une société, on commence à être
curieux de ce que d'autres *sentent*, de leurs impressions à part
de toute conviction et de toute passion, c'est un signe certain
que la vie esthétique y devient intense. Il suit de là que l'assimilation et l'harmonisation des impressions affectives, qui est
l'effet d'un art développé, est un genre d'accord supérieur *en un
sens* à l'accord logique et à l'accord téléologique, à la science et
à la morale.

Quand je disais plus haut que le drame est la dernière forme
de la poésie, je n'envisageais pas encore l'art pur et libre, absolument émancipé, et, à vrai dire, impuissant à vivre longtemps
en cet état d'indépendance, mais aspirant toujours à s'y essorer.
Celui-ci ne saurait souffrir d'être assujetti à reproduire les conflits et les alliances des volontés, le jeu des passions humaines,
et à servir de distraction aux foules rassemblées. Il prend l'individu à part, solitairement, et le fascine d'autant mieux. Il évoque,
il transfigure les spectacles de la nature physique et vivante et
place en face d'eux le sujet magnétisé par lui. On doit attribuer,
en effet, au milieu géographique, à la faune ou à la flore, au
climat et au sol d'une contrée, à ses ciels et à ses paysages, une
importance bien plus grande dans la formation des notions et des
goûts esthétiques, des vocations artistiques (1), que dans le
développement des dogmes et des théories et même dans les
transformations économiques. — La peinture de paysage, ou, en
général, la peinture plus éprise de couleurs subtiles que de formes
nettes, plus attachée à l'impression qu'à l'expression, et appréciée
comme un raffinement exquis de la vue ; la musique déployée
dans le sens de l'harmonie, traitée comme une culture raffinée

---

(1) L'art rattache puissamment l'homme à son sol, et en cela contribue effica-
cement à la paix sociale. A toutes les excellentes raisons données par Guyau, dans
son *Irréligion de l'Avenir*, pour préconiser le sentiment de la nature et répandre
dans le peuple l'amour des beautés naturelles, il faut ajouter celle-ci, que le développement de ce sentiment ne donne lieu à aucune contradiction d'esprit à esprit,
de cœur à cœur, d'où puisse naître un désaccord social. Au contraire, l'amour d'un
même pays, le savourement de son charme et de son pittoresque spécial, sont un
lien profond entre compatriotes.

de l'ouïe, et, sans doute expressive, mais avant tout impressionnante ; enfin, la poésie lyrique, la poésie qui n'a plus rien de
didactique ni d'oratoire, d'instructif ni de persuasif, et ne vise
qu'à saisir au vol, dans les sommités de l'âme, les plaisirs rares,
les douleurs d'élite, les manières de sentir les plus fugaces ; en
trois mots, le colorisme, l'harmonisme et le lyrisme ; telle est la
triple fleur terminale de l'art, délicate et passagère. Ces trois
éléments ne manquaient jamais, sans doute, à l'état de mélange,
dans les manifestations artistiques d'un ordre antérieur. Partout
et toujours, le but de l'art a été, je le répète, d'impressionner
d'une certaine façon plutôt que de persuader et de convaincre.
Mais à la fin l'art s'émancipe et montre à nu sa tâche propre,
qui est d'élaborer les impressionnabilités individuelles dans le
sens à la fois de leur originalité la plus complexe et de leur plus
grande sociabilité.

Cette élaboration consiste à trier les impressions conson-
nantes, à éliminer les impressions dissonantes, à faire un monde
de ce chaos. Qu'est-ce, d'ailleurs, que ces accords ou ces désaccords esthétiques des sensations ? C'est très obscur. Il ne s'agit
point là des rapports de principe à conséquence, de moyen à
but, d'affirmation à négation, de but à obstacle ; il est très difficile de comprendre la nature vraie de ces relations. Leur source
mystérieuse est celle de la vie, mais cela tient à sa profondeur.
De là le charme et le prix de l'art.

L'accord ou le désaccord esthétique se révèle, à son plus bas
degré, dans ces harmonies ou ces incompatibilités de sensations,
qu'on n'explique suffisamment par aucune raison d'utilité.
Nous savons que les couleurs complémentaires s'associent harmonieusement, que le jaune et le vert, le bleu et le violet, jurent
de se voir accouplés, comme le *do* et le *ré ;* que telles lignes, en
architecture, excluent telles autres lignes. Observons qu'il y a
deux esthétiques comme deux logiques et deux téléologies, à savoir
une esthétique individuelle et une esthétique proprement
sociale, et que la première, sans cesse, à notre insu, depuis notre
naissance, travaille en nous à diriger notre sensibilité à travers
l'univers dans la voie des plus grands accords ou des moindres
désaccords sensationnels, à faire, par exemple, de notre champ
visuel, à chaque instant, par l'assourdissement de telle couleur,
de telle forme, ou le rehaussement de telle autre, une œuvre

d'art instinctive plus ou moins réussie. — Mais ce qui est vrai des sensations, ces sentiments élémentaires, l'est aussi des sentiments, ces sensations supérieures. Il y a tel genre d'émotion, par exemple la rêverie amoureuse, qui s'harmonise admirablement avec l'amour des bois, des rochers et des eaux, avec le savourement prolongé des beautés du paysage, et qui est inconciliable avec les délices de l'ambition politique ou guerrière. L'esthétique sociale, sous sa forme littéraire surtout, mais sous celle des beaux-arts aussi, s'évertue à produire et à propager les meilleures combinaisons possibles, les plus viables et les plus contagieuses, de ces émotions, de ces impressions, de ces nuances compliquées des âmes. Chaque chef-d'œuvre est une de ces combinaisons fécondes. Les beaux-arts, sans doute, s'exercent sur une matière sensitive déjà travaillée par l'esthétique innée et vitale dont nous venons de parler, et ils achèvent son œuvre, mais ils y ajoutent, par leur puissance expressive, une communicabilité qui fait défaut à cette matière et qui lui vient des sentiments exprimés. — Comme, à chaque ascension du cœur de l'homme sur les hauteurs de la pensée, de nouvelles émotions lui surviennent, le progrès scienfique, on le voit, et, en général, le cours de la civilisation, entraîne un renouvellement continuel des conditions de l'esthétique sociale, pendant que l'esthétique individuelle reste stationnaire, réléguée à un rang de plus en plus secondaire et oublié.

Il n'est rien, disons-le en finissant, de plus inutile en apparence et de plus nécessaire en réalité que ce luxe de l'art. Il est ce que la société élabore de plus exquis, de plus purement social, et ce qui la fait le mieux communier avec la nature, se marier à la vie ambiante et universelle. Il est le raffinement du social obtenu par la perfection du naturel. Et, en même temps, avec son air d'indifférence à l'effort moral, il prépare les voies à la moralité la plus haute, qu'il atteint sans la viser, et précisément peut-être parce qu'il ne la vise point directement, comme on est d'autant plus sûr d'atteindre la santé et le bonheur qu'on n'en fait point l'objet direct de son désir. N'est-il pas vrai qu'il y a deux genres de moralité ? L'un, propre aux peuples barbares et aussi aux incomplètement civilisés, dérive d'un principe tout patriotique, c'est-à-dire politique et militaire, auquel la conduite entière est soumise, comme à Sparte et dans la Rome des premiers temps. Courage, sobriété, discipline, obéissance aux chefs : voilà les vertus cardinales. L'autre, — dont le germe s'entrevoit dès les temps les plus reculés dans certaines prescriptions telles que le devoir de l'hospitalité et même la vendetta, mais ne se développe qu'à la longue, — procède d'une inspiration au fond esthétique, quoique d'abord présentée sous couleur religieuse. Le salut chrétien, chez les âmes les plus élevées du christianisme, n'est-il pas une contemplation désintéressée de la beauté divine ? Même la grâce idéale des houris est, chez les musulmans, un attrait sublime ; et l'*honnêteté*, la conformité aux lois, nullement utilitaires, de l'*honneur*, est certainement, pour « l'honnête homme » du XVIIe siècle, un beau nouveau à réaliser en soi. Pendant que la science élucide le vrai, l'art, sous les espèces du beau, collabore à la création du bien, le précise, le personnifie, le vivifie. Je sais bien que cette beauté qu'il nous crée, et qu'il propose à notre amour, il l'emprunte toujours davantage à ce qu'il y a de plus voluptueux dans les créations de la vie, formes enchanteresses de la femme ou paysages délicieux. Mais par le philtre qu'il nous compose de la sorte et dont il nous grise, outre qu'il nous dégoûte ainsi du brouet noir, il nous fait l'âme douce et clémente, résignée au sort, exempte de haine et d'envie, apte à s'enivrer de la morale en ce qu'elle a de plus noble et de plus pur.

Et ce n'est donc pas à tort que, primitivement, l'œuvre d'art a eu un caractère réputé magique et sacré ; toute statue a commencé par être une idole, toute médaille par être une amulette, toute peinture par être une *effigie* à l'usage des magiciens. Tout monument a commencé par être un temple, un lieu saint, asile sûr, guérisseur de tous les dangers et de tous les maux. Toute poésie, toute musique, a été d'abord un hymne, d'efficacité merveilleuse et sacramentelle. Et il en sera de même toujours, sous des formes nouvelles.

FIN

TABLE DES MATIÈRES

BIBLIOTHÈQUE NATIONALE R.F.

Tours, imp. E. Arrault et Cie, 6, rue de la Préfecture.

www.ingramcontent.com/pod-product-compliance
Lightning Source LLC
Chambersburg PA
CBHW050552270326
41926CB00012B/2027